Ammon/Knoop/Radtke (Hrsg.)
Grundlagen einer dialektorientierten Sprachdidaktik

Pragmalinguistik Band 12

Herausgegeben von Ulrich Ammon und Gerd Simon

Grundlagen einer dialektorientierten Sprachdidaktik

Theoretische und empirische Beiträge
zu einem vernachlässigten Schulproblem

Herausgegeben von Ulrich Ammon, Ulrich Knoop
und Ingulf Radtke

Beltz Verlag · Weinheim und Basel 1978

Ulrich Ammon, Prof. Dr., (1943), seit 1974 Wiss. Rat und Professor
für Germanistik/Linguistik an der Gesamthochschule Duisburg.
Ulrich Knoop, Dr. phil., (1940), seit 1970 Wiss. Mitarbeiter am Forschungsinstitut
für deutsche Sprache in Marburg.
Ingulf Radtke, (1944), Wiss. Mitarbeiter an der Deutschen Akademie für
Sprache und Dichtung in Darmstadt.

CIP-Kurztitelaufnahme der Deutschen Bibliothek

**Grundlagen einer dialektorientierten Sprach-
didaktik** : theoret. u. empir. Beitr. zu e.
vernachlässigten Schulproblem / hrsg. von
Ulrich Ammon . . . – Dr. nach Typoskript, 1. Aufl. –
Weinheim, Basel : Beltz, 1978.
    (Pragmalinguistik ; Bd. 12) (Beltz-Studienbuch)
    ISBN 3-407-51135-3
NE: Ammon, Ulrich [Hrsg.]

Druck nach Typoskript

© 1978 Beltz Verlag · Weinheim und Basel
Seriengestaltung des Umschlags: G. Stiller, Taunusstein
Printed in Germany

ISBN 3 407 51135 3

Der Philipps-Universität zu
Marburg aus Anlaß der 450.
Wiederkehr ihres Gründungs-
tages (1527 - 1977)
gewidmet

Vorwort der Herausgeber

Entgegen allen negativen Prognosen gibt es auch heute noch
Dialekte, ja, sie erfreuen sich sogar zunehmender Beliebt-
heit, will man ihre vermehrte Berücksichtigung in den Medien
und die stark angestiegene Konsumtion von Dialektliteratur
als Nachweis dafür nehmen. Da es die Dialekte also doch noch
gibt, ist ein gravierendes Problem des Sprachunterrichts weiterhin gegeben und hat sich nicht, wie Sprachdidaktiker unter dem ihnen oft vermittelten Eindruck des Dialektschwunds
vermuteten, von selbst erledigt. Wenn nun seit 1972 unter
den Stichworten "Dialekt und Schule" bzw. "Dialekt als
Sprachbarriere" subsumierbare Forschungen verstärkt eingesetzt haben, deren empirisch abgesicherten Ergebnisse dialektbedingte Schulschwierigkeiten offenkundig machten, so
heißt dies freilich nicht, Wissenschaft und Schule hätten
von diesen Schwierigkeiten nichts geahnt. Bereits im ersten
Jahrgang der ersten dialektologischen Zeitschrift "Die deutschen Mundarten" findet sich ein Beitrag von A. GUTBIER zu
"Ideen über die Vergleichung der Mundart mit der Schriftsprache in der Volksschule" (1854) und auch aus der Schulge-
schichte selbst sind die Bemühungen der fast immer einheimischen Lehrer bekannt, die dialektsprechenden Kinder unter
Berücksichtigung ihrer Eigensprache an die Einheitssprache
heranzuführen, was sich beispielsweise in der bekannten Empfehlung RUDOLF HILDEBRANDs niederschlug: "Das Hochdeutsche
sollte gelernt werden im Anschlusse an die Volkssprache oder
Haussprache" (1908, 66), eine Vorgehensweise, zu der sich
die Sprachdidaktik verbal später immer wieder bekannt hat.
Ein Beispiel ist ERIKA ESSEN: "Wenn Kinder von Hause aus
Mundart sprechen, sollte gerade der Deutschunterricht ihnen
diesen sprachlichen Heimatboden zu erhalten suchen. Natürlich muß das Kind in die Hochsprache hineinwachsen. Das
wird ihm aber leichter fallen, wenn es seine Mundart nicht
als Hemmung, sondern als besonderen Besitz empfindet" (1962,
39). Insgesamt jedoch hat sich die Sprachdidaktik mehr der
pflegerischen Behandlung des Dialekts zugewandt, was teilweise auch in diesem Zitat zum Ausdruck kommt ("besonderer
Besitz"), denn dem möglichen Ausgleich von Nachteilen, die
dem Dialektsprecher aus seiner Sprache erwachsen. Zwar hat

die Dialektpflege in den letzten Jahrzehnten an Bedeutung
verloren, jedoch sind noch nicht alle diesbezüglichen Bemühungen überwunden, vielmehr keimen sie unter dem Eindruck
der gegenwärtigen "Dialektwelle" vereinzelt sogar wieder auf.
Erst in Auseinandersetzung mit der Soziolinguistik und
der Reform des Deutschunterrichts wurde wieder deutlich, wie
gravierend das Dialektproblem noch ist und daß es infolge
der hohen regionalen Mobilität der Lehrer und ihrer zunehmenden Dialektunkenntnis nicht nebenbei wie von selbst gelöst werden kann. Außerdem war die Forderung nach einer aus-
reichenden Ausbildung aller Kinder in der Einheitssprache
nie zufriedenstellend erfüllt worden, was heute angesichts
der stark vermehrten Notwendigkeit zur einheitssprachlichen
Verständigung in allen Lebensbereichen noch mehr als akuter
Mangel vermerkt werden muß.
In der Tat handelt es sich bei dem Befund "Dialekt als
Barriere" um ein soziolinguistisches Paradigma, nicht nur
wegen des Begriffs "Barriere". Die Anfangsphase soziolinguistischer Betätigung in der BRD war durch Diskussion und empirische Analyse der Dichotomie "restringiert/elaboriert" als
Bezeichnung zweier qualitativ unterschiedlicher Sprachver-
wendungsmodi, die der sozialen Unter- bzw. Mittelschicht zu-
geordnet wurden, gekennzeichnet. Zwischen diesen beiden
Sprachverwendungsmodi wurde eine "Barriere" angenommen, die
der restringierte Sprecher nicht zu überwinden vermochte.
Als Vehikel zu ihrer Überwindung wurde die Kompensatorik
propagiert und vereinzelt in Schulversuchen auch getestet.
Seit 1972 hat sich nun - neben der prinzipiellen Kontroverse
"Defizit vs. Differenz" - der Dialekt als Barriere zum maßgeblichen soziolinguistischen Forschungsobjekt konkretisiert.
War also die kompensatorische Spracherziehung - die z.B. in
den durch das Fernsehen vermittelten Serien zur Vorschuler-
ziehung in Form von "Sesamstraße" oder "Rappelkiste" sowie
in einzelnen Schulversuchen fortexistiert - die praktische
Konsequenz der "ersten Sprachbarrierendiskussion", so können die gegenwärtig erscheinenden kontrastiven Grammatiken
"Dialekt/Einheitssprache" als Konsequenz der zweiten, der
"Dialekt als Sprachbarriere"-Diskussion angesehen werden.
Beide auf Ausgleich schlechter Startchancen abzielenden
sprachdidaktischen Konzepte bedürfen dringend des weiteren
theoretischen und praktischen Ausbaus. Die kontrastiven
Grammatiken stellen bislang das einzige substanzielle Ergebnis der Bemühungen dar, die Probleme dialektsprechender Kinder abzumildern.
Die Herausgeber faßten gegen Ende 1974 den Plan, die bisherigen Ergebnisse zu sammeln und die neuesten wissenschaftlichen Erkenntnisse zu dieser Problematik vornehmlich den
Lehrern und Studenten zur Verfügung zu stellen. Nahezu alle
von uns zu diesem Vorhaben eingeladenen Fachwissenschaftler
haben bereitwillig zugesagt. Daß dabei die Auffassungen in
mancher Hinsicht divergieren - auch unter den Herausgebern -,
ist unseres Erachtens geradezu der adäquate Ausdruck des derzeitigen, noch relativ rudimentären Forschungsstandes. Wie
kontrovers das Problem und eventuelle Lösungsmöglichkeiten

momentan noch sind, das haben auch die Diskussionen anläß-
lich eines Symposiums "DIALEKT UND SCHULE" im Juni 1977 in
Marburg/Lahn gezeigt, in dem einige der in diesem Buche versammelten Autoren vorab ihre spezifische Sicht des Problems
darlegten.

Bereits der Titel macht deutlich, daß der vorliegende
Band keine konkreten Unterrichtsmaterialien anbietet und angesichts des gegenwärtigen Standes der Diskussion auch kaum
anbieten könnte. Obgleich den Autoren bei der Abfassung ihrer Beiträge ein gewisser Spielraum einzuräumen war - Grenzen waren nur im Hinblick auf mögliche Überschneidungen gesetzt -, konnte das ursprüngliche Konzept der Herausgeber,
schwerpunktmäßig Akzente zu setzen und relativ kompakte
thematische Blöcke einzurichten, in Grundzügen eingehalten
werden.

Nach allgemein einführenden Beiträgen zum Stand der Diskussion und zur Aufhellung des Problemfeldes unter spezifischen Gesichtspunkten (RADTKE), zur historischen Entwicklung
der Einheitssprache aus den Dialekten (HILDEBRANDT), zu den
Begriffen "Dialekt" und "Einheitssprache" und ihrer sozialen
Verteilung, die im Rahmen einer gesamtgesellschaftlichen
Theorie erklärt wird (AMMON), und schließlich zum sozio-kul-
turellen Umfeld der gegenwärtigen "Dialektwelle", die im Zusammenhang mit einem kulturkritischen Ansatz interpretiert
wird (GLOY), schließt die Erörterung spezieller Probleme an:
die Einschätzung des Dialekts und seiner Sprecher durch andere - seien dies Dialekt- oder Einheitssprache-Sprecher -
sind Gegenstand einer sozialpsychologischen Darstellung (RIS);
der vieldiskutierte Begriff der Identität im Zusammenhang
mit einem drohenden Verlust dieser beim sprachlichen Übergang vom Dialekt zur Einheitssprache wird zugunsten des Begriffs des Selbstverständnisses zurückgewiesen und in Auseinandersetzung mit gängigen Identitätskonzepten entfaltet
(MUMM); die spezifischen Probleme, die dem Dialektsprecher
aus der unumgänglichen Konfrontation mit einer schriftsprachlich organisierten Welt erwachsen, werden erörtert
(KNOOP). Das Dilemma, das sich einerseits darin zeigt, daß
die Dialektologie als diejenige Disziplin, der die Dialekte
und ihre Erforschung ureigenstes Anliegen waren, kaum nenn-
bare Hilfsdienste für die Sprachdidaktik anzubieten in der
Lage war, und andererseits darin, daß auch gegenwärtig be-
nutzte Sprachbücher dem Dialektproblem nicht im entfernte-
sten in angemessener Weise Rechnung tragen, wird grundsätzlich und exemplarisch sowie mit Ausblicken auf eine adäqua-
tere sprachdidaktische Praxis abgehandelt (BROWELEIT); es
wird an Hand von konkretem Material aufgezeigt, in welcher
Weise der Dialektgebrauch von Lehrern im Unterricht zu er-
folgreicher Kommunikation beitragen kann (RAMGE); der letzte
Beitrag dieses Komplexes unternimmt den Versuch, semantisch-
pragmatische Differenzen zwischen einem hessischen Dialekt
und der Einheitssprache aufzuzeigen (VAHLE). Damit werden u.
a. der Pragmatik Perspektiven der empirischen Forschung er-
öffnet, die sie bislang kaum hatte. Eine zentrale Bedeutung
kommt dem Beitrag zu, der empirische Ergebnisse dazu vorlegt,

daß Schwierigkeiten der Dialektsprecher in der Schule auftreten, ganz gleich um welchen Dialekt es sich handelt, und
daß sich aus ihnen soziale Nachteile ergeben (HASSELBERG).
Der abschließende Komplex präsentiert Fallstudien, exemplarisch entwickelt an spezifischen Dialektregionen unter
besonderer Berücksichtigung einzelner sprachlicher Beschreibungsebenen: am Beispiel des Alemannischen werden die Schwierigkeiten der Dialektsprecher im orthographischen Bereich
aufgezeigt und das Prinzip der kontrastiven Grammatiken Dia-
lekt/Einheitssprache entwickelt (LÖFFLER); der in empirischen Studien im Vergleich zur südlich der zweiten Lautverschiebungsgrenze angesiedelten Dialekte relativ wenig untersuchte niederdeutsche Bereich ist Gegenstand einer fehler-
analytischen Untersuchung über den Einfluß niederdeutscher
Dialekte und norddeutscher Umgangssprache auf schriftsprachliches Gestalten (KETTNER); untere sprachliche Beschreibungsebenen - Morphologie und Lexik - werden im Verhältnis des
Bairischen zur Einheitssprache untersucht (ZEHETNER), damit
derjenige Bereich - neben natürlich der Phonologie -, durch
den die Dialekte am meisten auffallen und der traditionsgemäß auch derjenige war und ist, auf den die Dialektologie
rekurriert. Der Bereich der Syntax wurde von der Dialektologie weitgehend vernachlässigt: er ist Gegenstand einer kontrastiven Analyse des Pfälzischen im Vergleich zur Einheitssprache (HENN). Ein weiterer, bislang wenig behandelter Bereich ist das Verhältnis des Dialekts zu einer Fremdsprache.
Haben es Sprecher bestimmter Dialekte leichter oder schwe-
rer, eine Fremdsprache zu erwerben, als Sprecher der Einheitssprache? Dieser Frage geht der letzte Beitrag nach
(KETTEMANN/VIERECK).
Wir möchten abschließend allen am Zustandekommen dieses
Bandes Beteiligten herzlich danken: den Autoren, der Philipps-Universität Marburg, die sowohl das Symposium "DIALEKT
UND SCHULE" am 29./30. Juni 1977 in Marburg durch Bereit-
stellung der Räume und der finanziellen Mittel ermöglichte,
als auch an der Herstellung dieses Bandes finanziell beteiligt war, stellvertretend für die Universität namentlich
Herrn Regierungsdirektor AXEL GRÖNDAHL für seine Hilfsbe-
reitschaft und sein tätiges Entgegenkommen, den Teilnehmern
des Symposiums "DIALEKT UND SCHULE" für ihr großes Interesse
und ihre ungewöhnliche Diskussionsbereitschaft und nicht zuletzt allen denjenigen, die an der Herstellung des Typo-
skripts und der Grafiken mitgewirkt haben.

Duisburg/Marburg an der Lahn, im Dezember 1977,

Ulrich Ammon, Ulrich Knoop, Ingulf Radtke

Inhaltsverzeichnis

12

Ingulf Radtke

Drei Aspekte der Dialektdiskussion
Einführende Bemerkungen zum vorliegenden Band

1. Vorbemerkung

Daß sich im Dialekt ein vielschichtiges Phänomen konkretisiert, weiß man nicht erst seit heute. In mehrfacher Weise
erstaunt es dagegen, wie diese Sprachvarietät, deren Aussterben schon frühere Generationen prophezeit haben und deren Ableben auch heute in einem wahrscheinlichen Maße kaum
prognostiziert werden kann, stets aufs neue Ausgangspunkt
für intensive Diskussionen ist und in Gebiete und Lebensbereiche eindringt, deren Willfährigkeit, sich dialektaler Pe-
netration zu öffnen, man nicht so ohne weiteres vermuten
durfte. So wie sich der Dialekt heute präsentiert, muß er
als ein sprachliches, soziales und ganz allgemein kulturelles Ereignis angesehen werden. Daran ändert auch nichts,
wenn man ihn gegenwärtig als Gegenstand einer letztlich
vorübergehenden Modeerscheinung anzunehmen geneigt ist: ob
es sich bei der sogenannten "Dialektwelle" um ein Übergangs-
phänomen handelt, das seinen exotisch angehauchten Reiz in
absehbarer Zeit wieder verlieren wird, muß abgewartet werden. Die angesprochene Vielschichtigkeit des Dialekts verbietet es, ihn eindimensional und restriktiv angehen zu wollen, wie dies paradigmatisch in der Arbeitsweise weiter Teile der Dialektologie augenscheinlich wird, wenngleich einem
solchen Vorhaben, den Dialekt und seine zahlreichen Erschei-
nungsaspekte in einer "Zusammenschau" zu analysieren und
schlüssig zu erklären, freilich Grenzen gesetzt sind. Der
Linguist, Dialektologe, Literaturwissenschaftler, Pädagoge,
Soziologe oder Kulturkritiker hat seinen jeweiligen fachspe-
zifischen Ansatz, dessen Zukurzgreifen man legitimerweise
nicht ahnden sollte. Hingegen ist eines klar: Die Dialektologie, die sich seit nunmehr hundert Jahren - also etwa ab
der Zeit nach SCHMELLER, dessen nach vorn weisende Leistung
immer noch nicht die ihr gebührende Aufmerksamkeit der Dialektforschung erfährt - wissenschaftlich mit den Dialekten
abgegeben und sich beinahe handstreichartig das Monopol auf
Dialektbefassung erworben hat, hat diejenigen, die sich mit
dem Dialekt als einem sprachlichen Problem mit sozialem Rang

herumschlagen mußten - also vor allem im Bereich der Schule - in erschreckender Weise im Stich gelassen. Dieses Verdikt behält in mehrfacher Weise Gültigkeit, wenn man darauf
verweist, daß zwar die Arbeitsweise der Dialektologie von
Anfang an untrennbar mit jeweiligen linguistischen Theorie-
und Forschungsansätzen (von der Lautphysiologie junggrammatischer Provenienz bis hin zu Strukturalismus und Transformationsgrammatik - mit der Soziolinguistik ändert sich dann
das Bild) verbunden war und damit den diesen jeweiligen Ansätzen innewohnenden Zwängen zur Restriktion und Formalisie-
rung in gleicher Weise unterlag, sie aber damit auch darauf
verzichtet hat, sich einen eigenen überzeugenden theoretischen und methodologischen Rahmen zu schaffen, der ihrer
spezifischen Forschungsperspektive entsprechen konnte. Die
aus der Geographie entlehnte sprachgeographische Methode,
die zwar wichtige Einsichten in landschaftlich gebundene
Sprache ermöglichen konnte, war als inhaltliche Füllung wissenschaftlicher Dialektforschung für die Gewinnung objektiver Erkenntnisse entschieden zu wenig und sie versagt dann
gänzlich, wenn man soziolektale Phänomene untersuchen will.
Dies beweisen Forschungen in den USA relativ eindeutig und
demzufolge sind die Angriffe auf die amerikanische Sprachgeographie auch außerordentlich scharf[1]. Und die Kritik ist
in besonderer Weise auch von daher berechtigt, als nicht wenige der großen Exponenten damaliger Dialektforschung - hier
vor allem FERDINAND WREDE - nicht nur darum wußten, daß der
Dialekt der Dialektologen generell etwas anderes sei als der
von Menschen gesprochene Dialekt, sondern dies auch schrieben und Postulate an die Dialektologie herantrugen, die erst
Jahrzehnte später - insbesondere mit dem Aufkommen der Soziolinguistik - Früchte trugen[2]. Und schließlich: es waren
ausgerechnet Lehrer, die als dörfliche Autoritäten und mit
der Sprache ihrer Mitbewohner in besonderer Weise eng vertraut beim Aufbau des renommiertesten deutschen Dialektfor-
schungsinstituts, des "Deutschen Sprachatlas", dessen Titel auf die Institution wie auf die Darstellungsmethode der
wissenschaftlichen Ergebnisse in gleicher Weise verweist,
mithalfen, indem sie als dienstbare Geister diejenigen empirischen Daten ablieferten, die für die Voranbringung der
dialektgeographischen Methode notwendig waren[3]. Sie bekamen
für ihre Tätigkeit nichts zurück, was ihnen für ihre Arbeit
hätte hilfreich sein können. Von daher gesehen ist auch der
Bekennermut des Direktors des "Deutschen Sprachatlas", REI-
NER HILDEBRANDT, zu verstehen, wenn er den Teilnehmern des
Symposiums "DIALEKT UND SCHULE" (29./30. Juni 1977 in Mar-
burg/Lahn) erklärte, mit dieser Veranstaltung solle ein erster bescheidener Beitrag zur Abstattung der Schuld gegenüber der Schule und den Lehrern geleistet werden, die dieses Institut noch abzutragen hat. Bei alledem soll aber
nicht der Eindruck erweckt werden, als käme das Heil einzig
von den Linguisten und den "neuen" Dialektologen, wenn es
um das Problem "Dialekt und Schule", genauer: um die Bereit-
stellung von Grundlagen für eine dialektorientierte Sprachdidaktik geht. Dies ist angesichts des gebrochenen Verhält-

nisses von Schul- und Hochschulgermanistik auch in anderer
Weise ein besonderes Problem; im übrigen ist von der Linguistik in den letzten Jahren ohnehin nicht viel Heilsames
ausgegangen: man denke vor allem an das jähe Hereinbrechen
des unheilvollen Kommunikationsmodelles, das der Schule dann
den "kommunikationsorientierten Sprachunterricht" ("Lehr-
ziel: Kommunikation") beschert hat. Es wäre aber der Dialektologie gegenüber unredlich, wollte man nicht zumindest
darauf hinweisen, daß bezüglich des vorliegenden Problems
auch die Sprachdidaktik erhebliche Versäumnisse aufzuwei-
sen hat: Angesichts der Schulwirklichkeit hätte sie den vor-
schnellen Prophezeiungen des Dialektschwundes, der, wäre er
in dieser vorausgesagten Form wirklich eingetreten, das Problem "dialektorientierte Sprachdidaktik" damit praktisch
von selbst eliminiert hätte, nicht trauen dürfen; und wenn
man sich vereinzelt und sporadisch doch mit dem Dialektproblem befaßt hat, so mehr aus einem dialektpflegerischen Interesse -, das sich wiederum unmittelbar mit einem volkskundlichen und dialektologischen Interesse verbindet, -
heraus, denn mit dem Vorsatz des möglichen Ausgleichs von
Nachteilen, die den Kindern aus dem Gebrauch des Dialekts
erwachsen.

Ich werde mich im einleitenden Teil unter den drei Aspekten "Dialektwelle", "Dialektologie" und "Dialekt und Schule"
mit dem Dialekt befassen, ohne dabei mit den einzelnen hier
versammelten Autoren in unangemessener Weise ins Gehege zu
kommen. Diese Aspekte scheinen mir im Zusammenhang mit dem
Thema die entscheidenden zu sein: Die "Dialektwelle" birgt
die nicht zu unterschätzende Gefahr in sich, durch eine
falschverstandene vorschnelle Aufwertung des Dialekts diejenigen Probleme, um die es hier geht, wieder zu verschleiern und die Diskussion in andere Gleise zu lenken, deren
Weichen durch die initiativen Arbeiten von AMMON, HASSEL-
BERG, LÖFFLER und zahlreicher anderer, die zum Teil auch
in diesem Bande vertreten sind, bereits gestellt waren und
den richtigen Weg aufzeigten; einige Punkte der Kritik an
der Dialektologie und ihrer Verfahrensweise sollen deutlich
machen, wie diese Disziplin den Blick auf den Dialekt und
die Schwierigkeiten seiner Sprecher angesichts einer zu ver-
mittelnden Einheitssprache verstellt hat; das Kap. "Dialekt
und Schule" will versuchen, einen Problemaufriß zu skizzieren, der die gegenwärtige kontroverse Diskussion darüber,
wie der Dialekt in der Schule zu behandeln sei bzw. von welchen Ausgangspunkten der Weg zur Milderung des Problems be-
schritten werden könnte, zum Inhalt hat.

2. Zur Dialektwelle

"Idylle in der Provinz. Es ist Mode geworden, das Leben auf
dem Land als Alternative zur Unwirtlichkeit der Städte aus-
zuprobieren. Provinz ist kein Schimpfwort mehr, bezeichnet
eher Sehnsucht nach einer Umgebung, die überschaubarer ist
als die modernen Städte. Zur Provinz gehört ihre jeweilige

Sprache - der Dialekt. Auch die Mundartliteratur ist Mode
geworden, wie Bauernhäuser oder selbstgebackenes Brot" (TI-
TEL, THESEN, TEMPERAMENTE v. 17.11.1977).
   "Nachricht aus der Provinz: Vor kurzem wurde in Starnberg der Verein 'Mundartfreunde Bayerns' gegründet. Eine
solche Meldung löst fast unvermeidlich bestimmte Assozia-
tionen aus; man denkt an Sonthofen (obwohl das dummerweise,
dialektgeographisch betrachtet, zum weiteren Umkreis des
Alemannischen gehört), und man hat ein lederbehostes, bier-
schwangeres Konzil der Einfalt, hat Gamshüte, rauschende
Vollbärte und verwitterte Gesichter vor Augen" (BAUSINGER
in der ZEIT v. 19.11.1976).
   So oder ähnlich werden seit knapp eineinhalb Jahren Berichte über den gegenwärtigen Mundartboom eingeleitet, eine
Welle, die nicht nur auf traditionell mundartfeste, also von
der zweiten Lautverschiebungsgrenze in Richtung Süden zunehmende Regionen beschränkt ist, sondern vielmehr den ganzen
deutschen Sprachraum umfaßt und darüberhinaus Gebiete mit
sprachpolitischer Brisanz, wie z.B. das Elsaß, wo die Mundart gegen das Französische steht und ihm (sprach-)politi-
schen Widerstand entgegensetzt, wie überhaupt die Tendenz
zunimmt, mit dem Gebrauch jeweiliger Ausprägungen des -
stets als qualitativ minderwertig, als Gossensprache bezeichneten - Patois den rigiden französischen Sprachenzentralismus zu unterlaufen, wie sich etwa auch in Italien Elemente
regionaler Selbstbesinnung aufzeigen lassen und sich diese
beispielsweise in den Friulanischen Gedichten des PIER PAOLO
PASOLINI oder im Alt-Paduanischen des ANTONIO DANIELE mani-
festieren. Europaweit werden Regionalismusdebatten geführt,
der Zivilisationsschock greift um sich, man erkennt die Be-
drohung der Natur und die Verantwortung, die man nächsten
und übernächsten Generationen gegenüber hat: Der "Rohstoff"
Dialekt steht nicht mehr allein der Ausbeutung durch die
dialektologischen Imperialisten offen. Das Thema scheint so
interessant, daß man sich um Institutionalisierung und Vermarktung bemüht, die aber glücklicherweise zuweilen bemer-
kenswerte Qualität besitzt, wie kürzlich am Beispiel der
dreiteiligen "Alpensaga" zu verfolgen: durchaus mit vertrauten Mitteln des Heimatfilms werden soziale Bewegungen
und Deklassierungen in einer Art und Weise transparent gemacht, wie es so mancher sich problemorientiert und gesell-
schaftsbezogen gebende Film kaum zu leisten vermochte. Allerdings werden die sozialen Probleme nicht ursächlich daraus deutlich, daß die Akteure Dialekt verwenden: er ist nur
wichtig im Sinne der Authentizität und der Stimmigkeit des
Dargestellten oder anders gesagt: angesichts von spezifischer Region, Landschaft und Menschen geriete der Gebrauch
der Hochsprache zum Anachronismus.
   Ich werde mich im folgenden weitgehend - nach der Vorstellung eines Institutionalisierungsparadigmas - auf einige Aspekte der Mundartliteratur beziehen, weil sie a) Gegenstand des Sprach-/Deutschunterrichts sein kann und dies bezüglich mancher Autoren (z.B. SPERR, KROETZ) bereits ist
und sich b) KLAUS GLOY im vorliegenden Band mit anderen Be-

reichen dieses Dialektphänomens und dessen Erklärung befaßt.

2.1. Das "Internationale Dialektinstitut" (IDI) - ein Paradigma der institutionalisierten Welle

Neben solchen Einrichtungen, die eng mit der Geschichte der Dialektologie verbunden sind, wie der "Verein für niederdeutsche Sprachforschung", mehrere regionale Kommissionen für Mundartforschung, der "Deutsche Sprachatlas" oder das Institut für niederdeutsche Sprache in Bremen mit den ihnen eigenen Publikationsforen, in denen mehr oder weniger Dialektologen und Linguisten zu Wort kommen und sich in aller Regel auch an ein ebensolches Fachpublikum richten, schritt man in letzter Zeit unter dem Eindruck der positiven Qualität des Dialekts zu zahlreichen regionalen und zum Teil überregionalen Etablierungen von Dialektinstituten, erwähnenswert vor allem das hier paradigmatisch besprochene "Internationale Dialektinstitut" (IDI) in Wien, das - in höchst verdienstvoller Weise, das sei hier ausdrücklich vorangestellt - jährliche internationale Arbeitstage für Mundartliteratur durchführt und den Dialekt als Phänomen in Kunst, Kultur und Gesellschaft betrachtet. Eine eigene Zeitschrift "Dialect" ist geplant (und möglicherweise bei Abfassung dieser Zeilen bereits erschienen) und Resolutionen nach den Tagungen sind regelmäßig zu erwarten. Kontakte bestehen mit vergleichbaren Einrichtungen in Österreich, der Schweiz, der BRD, Frankreich, Italien, Rumänien und den USA. Die Durchführung von thematisch strukturierten regionalen Tagungen ist bemerkenswert rege und verweist auf den Elan der Institutsgründer. Die Etablierung dieses Instituts, das als weltweite Koordinations- und Informationsstelle für aktuelle Fragen der Dialektdichtung und -forschung fungieren soll, wurde von der Presse euphorisch begleitet ("Dialekt nicht minderwertig. Für fundamentale Neubewertung des Dialekts: Neues Institut", "Dialekt im Vormarsch") und das Grundsatzprogramm ist formuliert: "Wer argwöhnt, hier feiere 'Blut-und-Boden-Mentalität' fröhliche Urständ', der irrt. Die Wiederbeschäftigung mit dem Dialekt entspringt anderen Bedürfnissen. Großräumige Verflechtungen, überregionale Nivellierungen in politischen, wirtschaftlichen und kulturellen Bereichen haben regionale Kulturerscheinungen diskriminiert. Die Reaktion dieser Minderheiten bestand unter anderem auch in einer Besinnung auf ihre primäre Äußerungsform, ihre Sprache. Die eigene Sprache wird benutzt, um den Problemen der eigenen Gruppe Ausdruck zu verleihen, etwa der Angst um die Zerstörung regionaler Kultur, dem Kampf gegen einen falschverstandenen, spekulativen Traditionalismus. Es wundert nicht, daß es dieser neuen Dialektbewegung weniger um ein Bild der Mundart als volkstümlicher Idealsprache geht, daß Probleme der 'echten' oder der 'alten' Mundart nicht mehr im Vordergrund stehen. Es geht jetzt um ein lebendiges Ausdrucksmittel, und so wird auch der Begriff Dialekt als Sammelbegriff für Mundart, regional oder sozial

beeinflußte Umgangssprache, Slang, Jargon und weitere Sondersprachen aufgefaßt" (DIE PRESSE. UNABHÄNGIGE ZEITUNG FÜR
ÖSTERREICH v. 12.7.1976). Dies sind durchaus diskutierens-
werte Aussagen, die aber mehr Probleme enthalten, als sie
zu bewältigen vorgeben. Dabei ist das linguistische Problem
der Neudefinition des Dialekts, der nun auch andere regio-
nal-, sozial- und sondersprachliche Äußerungsformen enthalten soll, noch ein geringes. Wenn der Dialekt die eigenen,
im Regionalen befindlichen Probleme zur Sprache bringen,
d.h. versprachlichen soll und im günstigsten Fall ein kol-
lektives regionales Bewußtsein zu entwickeln in der Lage
wäre (, was ich im übrigen bezweifeln würde, denn es sind
immer die Intellektuellen, die da reden, nicht das betrof-
fene Bäuerlein), so versagt der Dialekt spätestens dann,
wenn man die regionalen (Umwelt-)Probleme an die Öffentlichkeit und dort speziell an die verantwortlichen Institutionen, Politiker u. dgl. herantragen will. Dann nämlich
heißt es sich wieder der Einheitssprache zu bedienen.
    Es wirkt geradezu anrührend, welche Leistungen sich einer
der Mitbegründer dieses Instituts, HANS HAID, vom Dialekt
verspricht, wenn er in einem sich von den eigenen Bildern
fortreißenden Rundumblick zu der folgenden Dialektbewertung
gelangt: "der blick im dialekt geht weiter hinaus als wir
noch vor wenigen wochen, monaten ahnen konnten. wir sehen
da plötzlich eine weite offene welt. überall reden sie dialekte, überall suchen sie heimat, suchen sie wirkliche identifikation. (...) die politischen auseinandersetzungen um
den bau des kalorischen kraftwerkes in WYL klingen hier
ebenso an wie die versuche der heilung durch den dialekt
und mit ihm, der heilung an verbrechern, süchtigen, rausch-
giftlern, kriminellen. (...) so etwas hat uns bisher gefehlt. wir haben alle nicht gewußt, was im dialekt alles
drinsteckt. und wir haben nicht in so deutlicher weise wissen können, wie der dialekt a g i e r e n (!, I.R.) kann,
wie er machtinstrument sein kann - auch politischer art"
(DIALEKT IN KUNST KULTUR GESELLSCHAFT 1976, 5,6). Da wäre
es nun, das Allheilmittel. Alle Probleme lösten sich friedlich von selbst, wenn nur die Politiker, Wirtschaftsbosse,
Gewerkschaftsfunktionäre, Kirchenmänner usw. Dialekt sprächen - dialektale Akupunktur. Die Utopie wird konkret, die
Wiederkehr des 'lost paradise' steht unmittelbar bevor.
Hier manifestiert sich ein potenziertes unrealistisches "Zu-
rück-zur-Natur", mit dem man gerade nichts gemein haben
möchte. Bei aller Freude, die jemanden bewegt, wenn er ein
neues Institut gegründet hat: Diese Sätze enthalten eine
gefährliche Mischung aus Naivität, Unreflektiertheit, Rea-
litätsverlust oder zumindest -verdrängung und romantisieren-
der Folklorisierung; sie enthalten - kurzum - falsches Bewußtsein, somit Ideologie und verfehlen ihr Ziel völlig,
nämlich kritisches Bewußtsein zu schaffen und politisch zu
wirken. Sie versuchen dem Dialekt eine Kraft zu verleihen,
die er gesamtgesellschaftlich nicht hat und seinem Wesen
nach auch gar nicht haben kann: eine emanzipative nämlich.
Allenfalls wird hier die "Gartenlaube" ein wenig intellek-

tualisiert: man hält nicht mehr sein Schwätzchen im Habitus
des Schlafrocks und der Pfeife,sondern redet gegenaufkläre-
risch in Lederjacke und mit statusbehafteter Gauloises im
Mundwinkel im Regionalen herum.
Darin besteht das eigentlich Fatale weiter Teile der Dia-
lektdiskussion, die im Kern etwas außerordentlich Positives
hat. Aber es ist nun einmal so, daß uns die geschichtliche
Entwicklung die gesellschaftlich notwendige Einheitssprache
beschert hat und die in der Schule vermittelt werden muß,
und da hat der Dialekt keinen Platz, was nicht heißt, daß
er nicht Gegenstand des Unterrichts sein dürfte, was aber
heißt, daß er kein Lernziel sein kann - darauf komme ich
später kurz zurück.

2.1. Einige Marginalien zur Mundartliteratur

Wenn der ad infinitum zitierte "ältere Sprecher bäuerlicher
Grundschicht" für den Dialektologen stets der wichtigste
Mensch gewesen ist, um aus ihm den "Dialekt" für dessen linguistische Bearbeitung herauszulocken, so dürfte in aller
Regel das, was dann schließlich seinem Munde entfuhr und
am Ort des Linguisten schnurstracks transkribiert wurde
(o.ä.), nun kaum als d e r Dialekt von ... bezeichnet werden können. Allenfalls war die formale Beschreibung eines
dialektalen Rudiments ("dialektales Substrat") möglich. Keinesfalls aber ließ sich aus solchen dialektologischen Befra-
gungen z.B. die subjektive Einschätzung des Dialekts durch
seinen Sprecher ermitteln. Nun könnten aber die Dialektpoe-
ten, die sich des Dialekts also bewußt bedienen und über
ihn zu reflektieren in der Lage sind, im Gegensatz zum o.g.
native speaker als die eigentlichen Berufenen in Sachen Dialekt herangezogen werden und es ist in der Tat höchst interessant, welche Gestaltungsmöglichkeiten im Medium des
Dialekts gesehen werden.
In den Tageszeitungen sind Interviews mit Mundartpoeten
beliebt geworden; die Zeitschrift "Kürbiskern" widmete ein
Heft dem Thema "Heimat und Revolution" (3/75); das Litera-
turmagazin "Akzente" läßt in zwei Heften (2/76, 4/76) Mund-
artlyriker mit ihren Produkten zu Worte kommen bzw. auch
solche Autoren, die nunmehr dazu übergehen, ihrerseits im
Dialekt zu schreiben (z.B. HERBURGER) und die die Begründungen abliefern darüber, warum sie dies tun; das "Magazin
der populären Musik. ROCK SESSION 1/1977" untersucht Bayern-
Rock und elsässische Dialektlieder; BAUR/FLUCK stellten den
gegenwärtig renommiertesten Dialektautoren die Frage "Warum
im Dialekt?" und veröffentlichten die Antworten in einem
Buche gleichen Titels, das insofern besonders wichtig ist,
als man es hier mit einem repräsentativen Überblick zu tun
hat, der darüberhinaus vergleichbare Aussagen ermöglicht,
weil den Interviews in Form einer "conversation dirigée"
standardisierte Fragebögen zugrundelagen; schließlich han-
delte das ZEIT-magazin (Nr. 50/1977, Nr. 51/1977) jüngst
in zwei Folgen den Dialekt als Gegenstand in Wissenschaft

und Literatur ab.

Versucht man, die besondere Funktion des Dialekts gegenüber der Einheitssprache nach den Aussagen der Autoren zu
verdeutlichen, so ist der Standpunkt, daß der Dialekt prinzipiell genauso leistungsstark sei wie die Einheitssprache,
bemerkenswert häufig vertreten (, was man allerdings vorher
schon zu wissen glaubte, denn welcher Mundartautor wird
schon von sich behaupten wollen, er schreibe im Dialekt, weil
er sich nicht ausdrücken könne), allenfalls seien davon die
Bereiche von Wirtschaft, Verwaltung, Politik und Technik
ausgeklammert. SEBASTIAN BLAU hält den Dialekt für die"le-
bendigere, blutvollere Sprache" gegenüber dem papieren gewordenen Hochdeutsch. "Der Dialekt ist prägnanter, in ihm
muß man genau sagen, was man will und was man meint. Da können Sie keinen Schmu machen" (in: BAUR/FLUCK, 29). Dem kor-
respondiert die Aussage von ERNST BURREN: "Sie (die Mundart,
I.R.) hat eine höhere, also bessere Intensität. Und sie ist
direkter vor allem auch. Und wenn ich in Mundart schreibe,
bin ich immer glücklich darüber, daß die Dressur, die ich
im Fach Deutsch erlitten habe von den Lehrern (!, I.R.), da
nicht mitschwingt, was ich eigentlich immer wieder, wenn ich
hochdeutsch schreibe, ab und zu merke" (ibid., 45) und CARL-
LUDWIG REICHERT: "die Mundart ist für mich das direktere Medium, in der Mundart bin ich ehrlicher als in der Hochsprache. Hinter der Hochsprache kann ich mich verstecken, kann
ich verschiedene Positionen einnehmen, spielerische Positionen. In der Hochsprache kann ich listiger sein als in der
Mundart. In der Mundart bin ich meistens sehr direkt und sehr
ehrlich" (ibid., 134). Das sprachliche Stereotyp der Mundartpoeten, man könne im Dialekt nicht lügen, vermittelt zuweilen allerdings den Eindruck der Perpetuierung "der alten
Klischees vom Dialekt als der Sprache ungetrübter Wahrhaf-
tigkeit" (BAUSINGER in der ZEIT, ibid.).

Ohne der Mundartdichtung eine mindere Qualität bescheini-
gen zu wollen (und auch objektiv zu können), ist sie da, wo
sie keinen expliziten politisch-gesellschaftlichen Anspruch
hat (also z.B. Stücke, die nicht von KROETZ oder SPERR sind),
auf den regionalen Gesichtskreis (oder Weltsicht) bezogen:
und dieser hat zu tun mit den Bereichen Liebe, Heirat, Rü-
peleien, urige Besäufnisse, Intrigen konkurrierender Bauern, deftige Seitensprünge u. dgl. und kann dabei das ganze
Repertoire an Schimpfwörtern und was auch immer zur Charakterisierung der genannten Themen im sprachlichen Bereich des
Dialekts vorhanden ist, voll zur Entfaltung bringen. Nebenbei sind dies gerade auch die Themen, die KARL WEINHOLD 1853
den Dialektologen zur Erforschung anempfiehlt: "Was den eingeborenen Wortschatz einer Landschaft betrifft, so werden
folgende Seiten bei der Forschung zu berücksichtigen sein.
Das Leben des Menschen von Wiege biß Grab hat seine mundartlichen Benennungen. Welche Worte gelten für Geburt, für die
Kindheit in ihren Stufen, so wie überhaupt für die verschiedenen Lebensalter? für das Reifen der Geschlechter, für den
Liebesverkehr, für Brautstand, Heirat, Schwangerschaft, für
die mancherlei Lagen und Geschicke der Ehe, für altern und

sterben? Eine Schilderung der Gebräuche, die in den Worten
angedeutet werden, ist nötig, ebenso eine Aufzeichnung der
Lieder und Reime welche daran hangen. Die volksthümlichen
Namen der Krankheiten, der Heilmittel, der Aerzte und klugen
Frauen reihen sich an; die Formeln, durch welche Krankheiten
und Wunden besprochen (gebüßt) werden, sind aufzuzeichnen,
ebenso die abergläubischen Meinungen welche sich an die Vorfälle des leiblichen Lebens knüpfen, und die Reime welche
etwa darüber im Volke leben" (WEINHOLD 1853, 9). So ähnlich
hätte es auch in einer Poetik für das dialektale Gestalten
heißen können.

Zwar sind solche Vorstellungen, im Dialekt könne nur über
komische und heitere Gegenstände geschrieben werden, beim
konsumierenden Publikum noch recht lebendig (- der "Ohnsorg-
Theater-Effekt"-), nicht jedoch bei den meisten Autoren. Sie
ziehen den Erfolg ihrer Produkte im wesentlich aus einem
vielfältigen Verfremdungseffekt: zunächst besteht dieser
darin, daß es überhaupt Dialekt l i t e r a t u r gibt, da
dem Dialekt keine Schrift gemäß ist (vgl. dazu ausführlich
KNOOP 1976), er vielmehr nur artikuliert wird. Dann kommt
hinzu, daß er in einer einheitssprachig organisierten Welt
als ungenutzter "Humus" der Bearbeitung offensteht: "Dialekt
- das war neues, unverbrauchtes Sprachmaterial, war ein Potential für Differenzierung, Überraschung, Verfremdung, die
in den eingefahrenen Geleisen der Hochsprache nicht mehr
leicht zu erzeugen waren" (BAUSINGER, ibid.). Stellt man
folgendem hochdeutschen Translat die nachfolgende Original-
version gegenüber, so wird dies recht augenfällig:

Vorhin habe ich ihm Feuer gegeben   vuähin habbi am faiä gehm
jetzt höre ich die Sirene   edz häiri di sirenä
so schnell kann das gehen   su schnell kanns gäih

(Das Gedicht "Revolution" von FITZGERALD KUSZ in AKZENTE 2/
1976, 144; hochdeutsche Übersetzung von mir, I.R.).

Bei KROETZ vor allem wird - in stilisierter Form - jedoch
deutlich, wie eng der Dialekt mit sprachlicher Armut und
Hilflosigkeit zusammenhängt: Mundart "als die Sprache, die
der Sprachlosigkeit am nächsten steht. (...) seine Personen
demonstrieren, was Linguisten dann auf die Formel brachten:
Dialekt als Sprachbarriere" (BAUSINGER 1976, 364).

Man kann - diese Impressionen abschließend - in der Dialektdichtung als wesentlichem Bestandteil der gegenwärtigen
Mundartwelle sicherlich nicht unattraktive und auch gesellschaftlich signifikante Ergebnisse schriftstellerischen Gestaltens sehen, die sich auch in hohem Maße für den Litera-
turunterricht eignen, doch sollte man sich angesichts der
Tatsache, daß in der Bundesrepublik keine Schweizer Verhältnisse bezüglich des Dialektgebrauchs quer durch alle Gesellschaftsschichten herrschen, davor hüten, dies als Indiz für
eine funktionale Gleichrangigkeit von Dialekt und Einheitssprache zu werten. Im übrigen gibt es auch nicht d i e
Mundartliteratur, sondern nur zahlreiche regionale Literaturen, die a) mit einem Artefakt, der Transkription nämlich
operieren und b) dann in einen anderen Dialekt übersetzt

werden müssen, wenn z.B. ein erfolgreiches Stück in Nürnber-
ger Mundart (etwa gegenwärtig von KUSZ) nun auch den Sachsen
gefallen sollte; und ein solches Unterfangen wird ungleich
schwieriger als beispielsweise eine Übersetzung aus dem Englischen ins Deutsche, weil im Dialekt besondere mimische und
gestische Mittel Bedeutung erlangen (vgl. auch dazu KNOOP,
ibid.).

3. Dialektologie

Die Dialektologie (oder Mundartenforschung oder - unter dem
Eindruck sich abspaltender Einzellinguistiken mit dem Anspruch, eigene Disziplinen mit genuinem theoretischen, methodologischen und terminologischen Inventar zu entwickeln,
wie Sozio-, Psycho- oder Pragmalinguistik, - auch Areallin-
guistik genannt) nimmt die gegenwärtige Diskussion um den
Dialekt abwartend, zuweilen ausgesprochen skeptisch, zumindest - nach meinem Eindruck - keinesfalls freudig oder grundsätzlich zustimmend zur Kenntnis. Neben einem erklärlichen
Skeptizismus in bezug auf alles, was noch Welle oder Mode
ist und Kontinuitäten noch nicht sichtbar werden läßt, kann
man die Gründe für das ambivalente Verhältnis zum Dialekt-
boom zur Zeit nur vermuten. Ein Grund für die Zurückhaltung
liegt sicherlich darin, daß - gemeinhin deutlich - das Interesse am Dialekt (noch) keineswegs mit einem etwa vergleichbaren Interesse an der Dialektologie einhergeht und
sich damit diese Disziplin - sofern es sich um ihre über-
kommene und auch heute durchaus noch betriebene traditionel-
le/strukturelle Ausrichtung handelt - weiterhin in einer Situation befindet, in der sie sich als akademisch vernach-
lässigte, von nur wenigen betriebene und mit vergleichsweise
geringem Prestige ausgestattete Disziplin - großenteils
selbstverschuldet - immer befunden hatte, seitdem die sog.
moderne Linguistik existiert. Daraus folgend wittert man die
Gefahr, noch weiter ins Abseits geraten zu können, wenn über
das genuine Objekt der Dialektologie nun andere reden, zumal
die Soziolinguistik in der Bundesrepublik Deutschland den
Dialekt als Barriere nach dem Abklingen (oder wegen des falschen Ansatzes) schichtenspezifischer Soziolinguistik BERN-
STEIN/OEVERMANNscher Provenienz heute als ihren maßgeblichen
Forschungsgegenstand auffaßt und damit der "alten" Dialektologie bereits ihren Rang weitgehend abgelaufen hat. Dies hätte nicht so kommen müssen, da gerade in der frühen Dialektforschung und speziell in der Dialektologie Ende der fünfzi-
ger/Anfang der sechziger Jahre ganz im Gegensatz zur "übrigen" Linguistik Probleme im Bereich "Dialekt-Sprache-Gesell-
schaft" sehr manifest thematisiert wurden (vgl. etwa die An-
regungen L.E. SCHMITTs im "Sprachatlas")[4].Dann wäre es auch
müßig, nun kunstvolle Kontroversen zwischen Dialektologie
und Soziolinguistik aufzubauen (wie überhaupt die Binde-
strich-Linguistiken einiges Überflüssiges mit sich herum-
schleppen). Kritisiert werden sollen dennoch - und zwar nur
im Hinblick auf das Thema "Dialekt und Schule", weniger dia-

lektologieimmanent - im wesentlichen solche Ausrichtungen
und Methoden der Dialektforschung, die sich zwar verbal nicht
mit früheren, positivistisch orientierten Ansätzen identifizieren, deren Arbeitsweise aber letztlich doch darauf hin-
ausläuft. Dies möchte ich in einem historisierenden Überblick kurz skizzieren. Die kritischen Einwände richten sich
dabei kaum gegen die Frühphase der Grundlegung einer wissenschaftlichen Dialektforschung, sofern diese gegenüber der
Kritik nicht überhaupt immun ist, als vielmehr gegen die
grundsätzliche Ausklammerung wichtiger Kontexte, die gerade
für die vorliegende Problematik von erheblicher Relevanz
sind. Dabei komme ich um Verkürzungen nicht umhin, die sich
m.E. aber letztlich gerade noch vertreten lassen.

3.1. Überblick

Wenn der deutschen Einheitssprache und den in ihr verfaßten
Äußerungen bzw. dem Weg von den Einzeldialekten zu einer gemeinsamen deutschen Nationalsprache mit einer verpflichten-
den Norm das Interesse der Germanistik insgesamt gilt, so
lag das Interesse der Mundartenforschung auf den regionalen
Dialekten, deren Eigenschaft als "Volkssprache" in ähnlicher
Weise genauso wichtig war für die Volkskunde und ihre Vor-
liebe für regionale Besonderungen und untere Gesellschaftsschichten. Dieses Interesse geht zurück auf die Begeisterung der späten Aufklärung für die (Volks-)Sprache der formal wenig gebildeten Bevölkerung der unteren Schichten, deren
positive Bewertung in engem Zusammenhang mit dem Erstarken
des Bürgertums steht. Indem durch die zunehmende ökonomische und politische Bedeutung des Bürgertums auch dessen
Sprache eine erhebliche Aufwertung erfuhr, dieses sich gleichzeitig aber auch gegen die Sprache der höfischen Nobilität
wendet, war die Begeisterung für die Volkssprache ein wichtiger Faktor für die Emanzipation des Bürgertums gegenüber
dem späteren Feudalstaat. In diesem Zusammenhang sind die
Forderungen - etwa von LEIBNIZ, HERDER oder GOETHE - zu sehen, sich mit dieser Sprache zu befassen, ihren Bestand auf-
zunehmen und zu erforschen.
    Auch die Frühphase der Mundartenforschung, die man gemein-
hin mit den Arbeiten JOHANN HEINRICH SCHMELLERs zu den Mundarten Bayerns beginnen läßt, steht durchaus im Kontext nach
vorn gerichteter bürgerlicher Bestrebungen. SCHMELLERs weg-
weisende Vorstellungen zur Erforschung der Mundarten sind fa-
talerweise von der später einsetzenden systematischen Dialektologie und der ihr eigenen dialektgeographischen Methode -
die nicht nur in Deutschland, Frankreich, Italien und der
Schweiz vorherrschend war, sich vielmehr über die ganze
Welt ausbreitete - nicht aufgegriffen worden, sonst wäre es
wohl kaum bei der reinen Bestandsaufnahme dialektaler Laute,
Formen und Lexik geblieben. Für SCHMELLER war die Fixierung
der Dialekte nur ein Moment im Vereinheitlichungsprozeß zur
deutschen Nationalsprache: "daß die Mundart im Sinn der Gesamtsprache, jedoch ohne Gewaltthätigkeit veredelt und dieser immer mehr zugebildet werde" (1886, 72). Dahinter stand

die Vorstellung, daß die regionale Einzelung erst das Gesamt
der deutschen Nation ausmache, daher die regionalen Eigenarten aufgesucht werden müßten. Darin wurde er nachdrücklich
von JACOB GRIMM unterstützt, wenn dieser in seiner Einleitung zur deutschen Grammatik die Forderung nach der Erforschung der deutschen Dialekte erhob und sich dabei auf
SCHMELLER bezog. Freilich stand dahinter ein anderes Ziel,
nämlich die romantisierende Vorstellung vom Vorhandensein
der und der Suche nach den sprachlichen Quellen der Gegenwart, die offensichtlich in den alten Formen der Mundarten
auch nachweisbar sein müßten. Ein weiterer Hintergrund war
für GRIMM, in einer nach rückwärts gerichteten Sicht eine
einstmals vorhandene Einheit der deutschen Nation nachzuweisen, die nun wiederherzustellen sei. Damit ist auch sein
Beitrag prinzipiell den Bestrebungen des Bürgertums nach einer durch Sprache verbundenen und konstituierten Nation zu-
zuordnen. "In der Tat beginnt dieser von Schmeller und Grimm
noch gewahrte größere geschichtlich-gesellschaftliche Zusammenhang der Dialektologie allmählich zu entschwinden, je
mehr sie sich als wissenschaftliche Disziplin verselbständigt.
Ihre Fragestellung reduziert sich zunehmend auf die formale
linguistische Beschaffenheit des Dialekts und die Möglichkeiten seiner genauen geographischen Erhebung und Beschreibung. Die Frage nach dem Sinn, dem Warum und Wozu seiner Erforschung, wird schließlich entweder überhaupt nicht mehr
oder nur noch im Bezug auf wissenschaftsimmanente Fragen gestellt" (AMMON 1974, 82). Dies trifft in der Tendenz zu,
wenngleich freilich die Begrenztheit und Einseitigkeit der
dialektgeographischen Methode früh aufgezeigt worden ist
(z.B. von FERDINAND WREDE) oder kritisch darauf hingewiesen
wurde, bei der Festlegung von Sprach-/Dialektgrenzen und
deren dialektgeographischer Erklärung Vorsicht walten zu
lassen (z.B. ERNST TAPPOLET in einem scharfsinnigen und ein-
fühlsamen Aufsatz von 1905, der als einer der wichtigsten
gelten muß)[5].Doch eines ist überdeutlich: die (sprachsystem-)
linguistisch verengende Sicht sprachlicher Phänomene -, die
im übrigen in der sog. modernen Linguistik noch weitaus
stärker zum Zuge kam, als in vorangegangenen sprachwissen-
schaftlichenEpochen, - hat voll auf die Arbeitsweise der
Dialektologie als einer sprachwissenschaftlichen Disziplin
in enger Verquickung mit den jeweilig vorherrschenden linguistischen Ansätzen zurückgewirkt. Dies soll hier kurz
skizziert werden.
    Für die Geschichte der Sprachwissenschaft der letzten
Jahrzehnte ist charakteristisch, daß Sprache als System oder
Struktur von linguistischem Interesse war, Sprachwissenschaft
damit als Systemlinguistik (weitgehend) betrieben wurde. Man
beruft sich hierbei in der Regel auf SAUSSUREs Konzept der
Langue als das System der Sprache und die durch verschiedene
Schulen ausgebildeten Ansätze zu einer strukturalen Sprachwissenschaft. Gegenüber früheren Stadien - etwa der Zeit der
Junggrammatiker - , deren Analyseobjekte überwiegend sprach-
liche Einzelaspekte gewesen waren, erhob man den Vorwurf des
Atomismus, da hier die Beziehungen zwischen diesen Einzel-

aspekten aus den Augen geraten seien. Daher sollte der Gegenstand der Sprachwissenschaft nunmehr nur das sein, was innerhalb des Systems und in den Beziehungen zwischen dessen Teilen bestand. Das Primat des Systems bzw. der Struktur bei der sprachwissenschaftlichen Analyse allgemeiner Zusammenhänge in der Sprache verhalf aber weniger dazu, allgemeine Gesetzmäßigkeiten in der Sprache aufzuhellen, wenngleich in linguistischen Teilbereichen - z.B. vor allem in der Phonologie - wichtige Einsichten und Fortschritte gelangen, vielmehr erlangte eine derartige Vorgehensweise eine eigene Gesetzmäßigkeit in der Sprachwissenschaft. Im orthodoxen strukturalistischen Ansatz, der für manche seiner Vertreter zum Religionsersatz gerann, wurden die Zusammenhänge der Teile des Systems, der Systemcharakter der Sprache, jedoch verabsolutiert und von anderen Zusammenhängen abgeschnitten. Sprachliche Formen existieren jedoch nicht unabhängig von den Gegenständen der materiellen Welt. Vor allem der gesellschaftliche Charakter der Sprache, das interdependente Verhältnis von Sprache und Gesellschaft, ist im strengen Sinne Gegenstand der Sprachwissenschaft und keinesfalls als "extralingual" aus der Analyse zu verbannen - wie auch andere hinzutretende Faktoren wie physische, psychische, paralinguale (mimische, gestische) u. dgl. Mit der Erhebung der strukturalen Methode zum methodologischen Prinzip rutschte der Strukturalismus in eine bedenkliche Nähe zur Metaphysik ab. Ein weiteres charakteristisches Merkmal stellt das Primat der Synchronie dar, also der synchronen Beschreibung gegenwärtiger oder vergangener Sprachzustände, die im jeweiligen Einzelfall zur exakten Bestimmung eines Sprachzustandes durchaus gerechtfertigt ist, aber dann zur Geschichtsfeindlichkeit wird, wenn man den Synchronismus zum Prinzip erhebt. Dies muß gerade für die Sprache als "energeia" (und nicht nur "ergon", in HUMBOLDTscher Terminologie) fatale Folgen haben, wenn man ihrer Historizität nicht Rechnung trägt. Letztlich - und dies betrifft die Frage des Methodenstreits, nämlich welche der beiden grundsätzlich möglichen Methoden, die deduktive oder die induktive bzw. die Aufeinanderbeziehung beider, vorzuziehen sei - gilt für die systematische/strukturalistische Richtung das Primat der deduktiven Methode, da die induktive als empiristisch, intuitiv oder gar unwissenschaftlich dem Prinzip der Exaktheit, der Beschreibungsökonomie und der hinreichen Deskription des zu beschreibenden Gegenstandes nicht genügen könne. Abstraktionen sind jedoch nur insofern legitim, als sie durch die Praxis überprüfbar sind und Exaktheit ist nur dann sinnvoll, wenn mit ihr die Erkenntnis der objektiven Wirklichkeit verbunden ist, ansonsten genügt Wissenschaft nur sich selbst.

Diese hier nur kursorisch gestreiften Restriktionen treffen auf weite Teile der Dialektologie zu. Entsprechend dem Systemgedanken faßte man die Dialekte als "Subsysteme" des sie überlappenden Gesamtsystems der Einheitssprache auf: durch Kontrast mit standardsprachlichen und z.B. mittelhochdeutschen Vokal- und Konsonantensystemen ermittelte man die dialektale Varianz durch die Herausfilterung des jeweils

spezifischen dialektalen Substrats; sog. Diasysteme wurden
erstellt, Ortsgrammatiken geschrieben und die deutsche Dia-
lektlandschaft durch Bündel von sprachlichen Grenzlinien
(Isoglossen)[6]zerlegt. Dabei bediente man sich in der Regel
nahezu ausschließlich der untersten sprachlichen (linguistischen) Beschreibungsebenen (vor allem Phonologie und Morphologie, allenfalls noch Lexik), was u.a. dadurch begründet
werden konnte, daß sich die dialektale Differenzierung am
auffälligsten in diesen linguistischen Merkmalen zeigt. Die
Bereiche dialektaler Syntax sind traditionsgemäß kaum Gegenstand der Dialektforschung gewesen. Die Leistungen der
Dialektologie sind damit - überspitzt formuliert - nur von
binnenlinguistischem Interesse und ihrer Betätigung ist eigen, daß sie sowohl den Sprecher als auch den Dialekt selbst
restringierte: Der Sprecher (Informant) wurde zum reinen Da-
tenlieferanten, über den man an sein Korpus zu gelangen
trachtete; man ließ ihn hochdeutsch konzipierte Sätze in seinen Dialekt übertragen, den man dann transkribierte, um danach im o.g. Sinne mit diesem Material zu arbeiten. Fälschlicherweise meinte der Dialektologe dann aber, nun nach seiner Befragung den spezifischen Dialekt von ... herausbekom-
men zu haben, der sich dann überdies auf Sprachkarten auch
noch in bestimmten Symbolen "konkretisierte": "Die Bilder-
sprache der zünftigen Dialektgeographen war bereits voll-
kommen fest geworden, und man brauchte sie ohne Entschuldi-
gungen. Ich habe an ihr nie das rechte Gefallen gefunden,
denn man scheint mir da zu vergessen, daß man nicht das Leben, sondern den farbigen Abglanz in Händen hält, wenn man
die Karten interpretiert, daß man sich eines Zeichsymbols
bedient, auf das man nun noch einmal einen Haufen Metaphern
darauf setzt" (GERHARDT 1947, 131/132). Und zum dialektsprechenden Menschen, der den Dialektologen zum Objekt wurde, bemerkt GERHARDT: "Sucht man nun nach der Summe der
sprachlichen Ergebnisse aus all diesen 'Epochen' und Arbeitsweisen der Mundartenforschung, so findet man wenig Greifba-
res, und dieses Wenige ist mit einer Rückwendung vom lebenden Sprecher und seiner Sprache zurück zum Buch erkauft, die
selbst aus der Ohrenwissenschaft der Phonetik wieder eine
Buchwissenschaft gemacht hat, eine reaktionäre Genügsamkeit
mit schriftlichen 'Denkmälern', die selbst die einseitigsten
Vorwürfe andersgearteter wissenschaftlicher Schulen des Aus-
lands noch als gerechtfertigt erscheinen lassen" (ibid.,136).
    Will man GERHARDT als einen "innerbetrieblichen" Kritiker
verstehen, so muß man die Kritik an der Dialektologie wegen
ihrer Nichtbefassung mit schulischen/didaktischen Problemen
in einer Weise ausdehnen, die darin mündet, daß sie als eine
Disziplin mit gesellschaftlicher Verantwortung versagt hat:
"So sind denn auch Äußerungen von Dialektologen, die Nichtbefassung mit dialektorientierten sprachdidaktischen Problemen sei nicht eine Frage des Nicht-Könnens gewesen, sondern
einzig durch das linguistische Erkenntnisinteresse begründet, nicht viel mehr als borniete Schutzbehauptungen. So
verfängt auch nicht der Hinweis darauf, mit welchem Interesse Schulklassen den Sprachkarten begegnen, denn diese haben

für jene lediglich den 'Aha-Effekt', wenn sie auf der Karte
ihren Ort entdeckt haben und feststellen, daß die Karte
'stimmt', weil man in jenem Ort für *Sonnabend* tatsächlich
Somschti sagt, oder es stellt sich der berühmte und von mir
regelmäßig beobachtete Erheiterungseffekt ein, wenn man realisiert, daß die hochdeutsche *Ameise* andernorts *Pißwurm* genannt wird. Es verwundert dann auch nicht weiter, wenn derartige Karten zur Verwendung als Poster reißenden Absatz
finden, jedoch hat solche freudige Anteilnahme nicht das ge-
ringste mit einem sprachdidaktischen Indiz zu tun, wenngleich
mancher Dialektologe dies auch gern so werten würde" (RADTKE
1978).

In den letzten Jahren nun hat sich durch die Soziolinguistik in der Dialektologie einiges verändert: zwar steht weiterhin der Dialektsprecher im Vordergrund des Interesses,
doch nun nicht mehr als reiner Informant, sondern als Han-
delnder in einem sozialen Spannungsfeld oder - weniger abstrakt: als Sprecher eines zwar regional gebundenen Dialekts,
aber auch einer mit wenig Prestige behafteten Sprache, die
für überregionale Kommunikationsbeziehungen nicht taugt -
(was nicht "Schuld" des Dialekts ist, sondern an der "Pflicht"
zum Gebrauch der Einheitssprache liegt) - und als soziale
Kommunikationsform den Charakter eines Soziolekts bekommen
hat, der immer an bestimmte Merkmale der jeweiligen sozialen
Schicht geknüpft ist. Diese Wandlung einer Sprache zum Soziolekt zeigt sich überall dort - z.B. bei ethnischen Gruppen
in einer Gesellschaft - , wo eine differente Sprache mit
bestimmten Werturteilen in der Regel negativer Art belegt
wird, die sich dann auf den Sprecher und seine soziale Gruppe übertragen. Diese Probleme der Ethnographie des Sprechens
sind in der Bundesrepublik bezüglich der Dialekte, aus denen sich historisch die Einheitssprache entwickelt hat, daher
zwischen ihr und den Dialekten eine linguistische Verwandt-
schaft besteht, zwar nicht so gravierend, wie z.B. in den
USA, gewinnen aber bezüglich der Sprache ausländischer Arbeitnehmer in der Bundesrepublik zunehmend an Bedeutung. Neben den Problemen dialektsprechender Kinder im schulischen
Bereich müssen auch in weitaus stärkerem Maße, als dies zur
Zeit der Fall ist, diejenigen der Gastarbeiterkinder mit berücksichtigt werden (die Situation, daß sich ein solches
Kind mit sehr vielen Mühen den Dialekt seines Ortes angeeig-
net hat und nun in der Schule auch noch die Einheitssprache
erlernen muß, ist recht häufig gegeben).

4. Dialekt und Schule

Die deutliche Verlagerung der soziolinguistischen Forschung
weg von der Schichtenspezifik-Soziolinguistik und hin zur
Dialektsoziolinguistik (Sozialdialektologie, kommunikative
Dialektologie - wie man diese benennt, ist unerheblich) be-
gann 1972 und seitdem kann man mit recht von einem neuen Ge-
genstandsbereich der Soziolinguistik sprechen. Die Etappen
auf dem Weg dorthin werden allein durch die Aufzählung ei-

niger Publikationen deutlich:

Die Abhängigkeit des Schulerfolgs vom Einfluß des Dialekts
(HASSELBERG 1972);
*Dialekt als sprachliche Barriere. Eine Pilotstudie über
Schwierigkeiten von Dialektsprechern im Schulaufsatz* (AMMON
1972);
Angewandte Dialektologie im Deutschunterricht (KOSS 1972);
Dialekt, soziale Ungleichheit und Schule (AMMON 1972);
Dialekt als Sprachbarriere? (BAUSINGER, Hg., 1973);
Dialekt als Barriere bei der Erlernung der Standardsprache
(BESCH 1975);
Schlechte Chancen ohne Hochdeutsch (REITMAJER 1975);
Dialekt und Bildungschancen (HASSELBERG 1976).

Diese Liste ließe sich beliebig vermehren. Das Zeichen aller
dieser Arbeiten ist es, daß sie sehr dezidiert von der Schulsituation ausgehen. Auf eine wiederholte Darstellung der dialektbedingten Schulschwierigkeiten kann (und muß) an dieser
Stelle verzichtet werden: Die Probleme sind weitgehend bekannt und es herrscht Konsens darüber, daß dialektsprechende
Kinder so schnell als möglich zur Einheitssprache geführt
werden sollen. Die wesentliche Frage allerdings, auf welchem
Weg und unter welchen Lernzielen dieser Übergang bewerkstel-
ligt werden könnte, bleibt kontrovers. Ebenso ist strittig,
was dabei mit dem Dialekt geschehen soll: Die meisten - dies
erwies das Symposium DIALEKT UND SCHULE in Marburg - plädieren für einen "mittleren Weg", für eine Diglossie bzw. Zweisprachigkeit, die als Lernziel sowohl der Ausgangssprache
des Kindes Rechnung trage, indem der Dialekt als primärer
sprachlicher Sozialisationsfaktor nicht abqualifiziert werde, als auch der notwendigen Vermittlung der Einheitssprache.
In der Minderheit befindet sich die konsequente Position,
die für die Abschaffung des Dialekts eintritt, weil die Einheitssprache in allen Belangen notwendig sei und darüberhinaus alle Funktionen erfüllen kann, die auch der Dialekt erfüllt, letzterer aber nicht annähernd in der Lage ist, mit
der Einheitssprache zu konkurrieren. Beide Dispositionen
können entscheidende Argumente für sich beanspruchen: Das
Verfechten des sog. "mittleren Weges" kann aber den Nachteil
in sich bergen, durch zu starke Kompromißbereitschaft zur
Verwässerung des Problems beizutragen, sich in Alternativ-
vorschlägen totzudiskutieren und damit dem Problem letztlich
entweder gar nicht oder nur ungenügend Herr zu werden; die
konsequente Position erscheint angesichts der relativen Dia-
lektfestigkeit der deutschen Sprachlandschaft auch auf lange
Sicht utopisch und würde überdies sprachpolitische Konsequenzen erfordern, die sich m.E. nicht realisieren lassen. Das
französische Beispiel (Sprachenzentralismus) erweist im übrigen deutlich, daß rigide Einflußnahmen im dialektalen Bereich
eher (und beinahe zwangsläufig) zum Gegenteil führen: zum Erstarken der dialektalen Position. Und damit komme ich zurück
auf die eingangs angesprochene Befürchtung, die gegenwärtige
Mundartwelle könne dazu beitragen, daß sich die Vorgestrigen
wieder melden und unrealistische Konzepte an die Öffentlich-

keit tragen. Abschließend soll daher ein "dritter Weg" angemerkt werden, der "eine Folge der 'kopernikanischen Wende'
in der Neubewertung des Dialekts in Gesellschaft, Bildung
und Literatur" (KREMSER RESOLUTION 1976 der Tagung des Internationalen Dialektinstituts) darstellt und in nachfolgen-
der Forderung gipfelt: "Der muttersprachliche Unterricht
müßte wesentlich dazu beitragen, die personale Identität und
Selbstfindung zu ermöglichen und dadurch die soziale Hand-
lungs- und Sprachfähigkeit entscheidend zu fördern. Dabei
muß unbedingt an die Eigensprache des Lernenden angeknüpft
werden. Das wird zwar zuweilen proklamiert, aber noch viel
zu selten praktiziert, weil der Dialekt offen oder unter-
schwellig für viele mit dem Odium der sprachlichen und sozialen Minderwertigkeit behaftet ist, wodurch die Lernenden
beim Erlernen oder bei der Festigung der Einheitssprache
wegen der Minderung des sprachlichen Selbstbewußtseins stark
beeinträchtigt werden. Die Forderung, dem Dialekt im Bil-
dungsbereich, den ihm zukommenden Rang einzuräumen, richtet
sich somit nicht g e g e n die Einheitssprache, sondern
fördert vielmehr ihre Kenntnis und Verbreitung! In einem demokratischen Staat muß das Ziel der Sprachausbildung darin
bestehen, dem Lernenden im Sinne der Selbst- und Mitbestim-
mung zu einem möglichst breiten Spektrum situationsangemes-
sener Ausdrucksfähigkeit unter Einschluß des umgangssprach-
lichen und dialektalen Registers zu verhelfen. *Diese Forderung setzt voraus, daß Lehrer aller Bildungseinrichtungen
unter Einschluß der Erwachsenenbildung während ihrer Ausbildung mit den Grundzügen der Dialekte ihres Landes und den
damit verbundenen sozialen Problemen vertraut gemacht werden.* Zugleich benötigen wir dringend die Erstellung kontrastiver Grammatiken, in denen die Unterschiede zwischen den
Dialekten und der Einheitssprache systematisch erfaßt werden. Auch bei den Lehrbüchern müssen aus diesen Erkenntnissen die Konsequenzen gezogen werden. (2) Aus der genannten
Forderung ergibt sich, daß Dialektliteratur insbesondere in
ihrer neueren Ausprägung in den Schulen und Bildungseinrichtungen, auch der Erwachsenenbildung, in entsprechendem Ausmaß berücksichtigt werden muß. Angesichts der steigenden internationalen Bedeutung dieser Literaturform - man denke auch
an die politische Aufklärungs- und demokratische Mobilisati-
onsfunktion der Dialektpoesie, der dialektalen Protestsongs
und Hörspiele - im Zusammenhang mit der aus emanzipatorischen
Gründen erfolgenden Aufwertung der Regionalsprachen würde
die Nichtbeachtung dieser Forderung ins provinzielle Abseits
führen" (ibid.). (Hervorhebung durch Kursiv von mir, I.R.).
Sic!

Anmerkungen

1 Neben zahlreichen anderen weist DILLARD nach, daß sich z.
B. die Erforschung des *Black English* auf der Basis eines
sprachgeographischen Ansatzes nicht betreiben läßt, auch
dann nicht, wenn schwarze Exploratoren eingesetzt werden.
Grundsätzlich richtet sich die Kritik aber gegen die a-
priori-Annahmen der sprachgeographischen Methode: "the Atlas predilection for the quaint and the archaic" und die
sog. Homogenitätsannahme, durch die der geographische Raum,
in dem nur alte Menschen archaische Laute von sich geben
und Kinder - sofern vorhanden - offensichtlich versteckt
werden, sobald gewiß ist, daß der Explorator naht, allzu
oft in eine bukolische Landschaft verwandelt wird, in der
es keine sozialen Spannungen, keine Hierarchien, praktisch
überhaupt nichts gibt, was auf Heterogenität schließen lassen könnte: "The trouble is that all other things are probably never equal - not even in some postulated Garden of
Eden, since Adam and Eve may have had sex-role differences and probably neither kept exclusively to one side of
the garden. In bucolically simple rural areas (including,
apparently, *those of Germany, whence we have been expected
to take all our models*), only the cosmopolitans who run
off to urban areas now and then and a few other oddballs
will introduce inconvenient complexity. However, it is
doubtful that any community is so rural as to lack regu-
lar childbirth, so that aged-graded forms - and probably
sex-role differences - complicate even such a picture. If
such uncomplicated speech communities do not exist - and
if one wishes to stick to the isogloss principle - it may
be necessary to invent them. In the United States, such
invention has taken place through giving primary emphasis
to the familiar Class I of the Atlas informants, and through
restricting the questionnaire to vocabulary and phonolo-
gical items (except for a few maximally trivial syntactic
items)" (was genau auch für deutsche Arbeiten zutrifft),
DILLARD 1974, 9. (Hervorhebung durch Kursiv von mir, I.R.)

2 Manche Dinge kann man zwar nicht oft genug wiederholen,
aber auf das folgende, auf das ich verschiedentlich schon
hingewiesen habe, verweise ich nun (hoffentlich) das letzte
Mal: FERDINAND WREDE, der Nachfolger des "Sprachatlas"-Be-
gründers GEORG WENKER, moniert ausdrücklich die "indivi-
duallinguistische Einseitigkeit" in der sprachwissenschaftlichen Forschung (wobei nach heutiger Terminologie
"Individuallinguistik" unbedenklich mit "Systemlinguistik"
übersetzt werden kann) und führt aus: "Die Sprachwissenschaft nennt sich eine *Gesellschaftswissenschaft*, und sie
hat damit recht, wenn sie sich nach Zweck und Wesen ihrer
Materie benennt. In bezug auf ihre *Methode* hingegen ist
die deutsche Sprachwissenschaft des 19. Jahrhunderts gerade im Gegenteil vorwiegend eine Individualwissenschaft
gewesen. Ihr Charakteristikum war die Betrachtung des

Sprechens als phonetischen Phänomens, die lautphysiologi-
sche Betrachtungsweise, die Lautlehre im engeren Sinne.
Diese Art der Spracherklärung aber wird immer eine indivi-
duale sein, sie ist exakt möglich nur am Individuum; und
wenn wir auch noch so sicher uns bewußt bleiben, daß das
oder die Individuen hier eine größere Sprachgemeinschaft
vertreten, tatsächlich führt die Untersuchung, die Feststellung des Tatbestandes uns immer wieder, wie den Ana-
tomen oder Physiologen, auf den Einzelorganismus. Alle
Lautphysiologie ist also, so wenig sie es in der Regel
auch Wort haben will, im Grunde eine Individualwissenschaft. Neben ihr jedoch muß stehen, um keinen Deut min-
der gewichtig, das soziallinguistische Moment, das aber
bisher die Sprachforscher, zumal die Germanisten, zumeist
arg vernachlässigt haben. Es umfaßt alle die sprachlichen
Erscheinungen, bei deren Erklärung das Individuum im Stich
läßt, wo vielmehr das Aufeinanderwirken vieler Individuen
in Betracht kommt, wo mannigfaltige Kultureinflüsse und
alle möglichen Verkehrsakte, wo vor allem Bevölkerungsmi-
schungen zu Grunde liegen. Diese Erkenntnis einer Zweiteilung, die Auffassung einer Sprachwissenschaft teils als
einer Individual-, teils als einer Sozialwissenschaft hat
in der Theorie freilich nie gefehlt, schon seit den Tagen
eines Wilhelm von Humboldt, aber über das Theoretische ist
sie selten hinausgekommen, und fast alle Fortschritte der
Grammatik im 19. Jahrhundert liegen auf jener, nicht auf
dieser Seite" (WREDE 1903, 310/311). Ähnliche Auffassungen von Dialektologen jener und noch früherer Zeit ließen
sich noch vermehren.

3 Da nicht unbedingt vorausgesetzt werden kann, daß die Da-
tenerhebungstechniken in der Dialektologie bekannt sind,
seien die beiden wichtigsten kurz skizziert: bei der *direkten Methode* (heute die allgemein übliche) werden die
Sprachaufnahmen "vor Ort" vom Explorator bzw. einem ganzen Aufnahmeteam vorgenommen und auf Tonträgern aufgezeichnet; bei den "Sprachatlas"-Aufnahmen geschieht das
etwa in der Weise, daß den Dialektsprechern hochdeutsch
konzipierte Sätze vorgegeben werden, die der Informant
in seinen Dialekt "übersetzen" muß. Die direkte Methode
wurde zwar auch schon in der Anfangsphase der Dialektologie verwandt, konnte jedoch nur dann gelingen, wenn ein
ausgezeichneter Transkripteur zur Verfügung stand, wie
im Falle des "Atlas linguistique de la France" von JULES
GILLIERON, der auf seinen mit einem überragenden Gehör
ausgestatteten EDMOND EDMONT zurückgreifen konnte. Ansonsten wurde mangels Tonträger und wegen der geringen Mobilität des Forschers in der Frühphase dialektgeographischer
Forschung die *indirekte Methode* verwandt, d.h. den (beim
"Sprachatlas" in der Regel) Lehrern als dörfliche Autoritäten wurden die Fragebogen zugeschickt mit der Bitte, das
dialektale Äquivalent der vorgegebenen hochdeutschen Sätze
einzutragen. Dieses Verfahren enthält z.T. erhebliche Fehlerquellen, weil nicht jeder Lehrer mit der Gabe eines E.
EDMONT ausgestattet war und mehr schlecht als recht zur

Transkription in der Lage war.

4   Hierbei verweise ich auf die von L.E. SCHMITT angeregten
    sprachsoziologischen Arbeiten, etwa derjenigen von E. HOF-
    MANN (1962): Sprachsoziologische Untersuchungen über den
    Einfluß der Stadtsprache auf mundartsprechende Arbeiter.

5   Vgl. ERNST TAPPOLET (1905, =Antrittsvorlesung 1903, gehal-
    ten in Zürich): Über die Bedeutung der Sprachgeographie
    mit besonderer Berücksichtigung französischer Mundarten.
    Dieser Aufsatz ist (unter Auslassung speziellerer Ausfüh-
    rungen zu französischen Dialekten) verdienstvollerweise
    wiederabgedruckt in: H.H. CHRISTMANN, Hrsg.: Sprachwissen-
    schaft des 19. Jahrhunderts. CHRISTMANN kommentiert im
    Nachtrag: "Unter der reichen Produktion der damaligen Mei-
    ster gibt es aber keine für unsere Zwecke geeignete Schrift,
    die in gedrängter Form die Grundlinien der neuen Disziplin
    (Sprachgeographie, I.R.) darstellte" (312), C. griff daher
    auf die Schrift eines jüngeren und damals noch nicht be-
    kannten Sprachgeographen zurück und verschafft diesem wie-
    der die Aufmerksamkeit, die ihm gebührt.

6   Die artifiziell höchst beeindruckenden, aber oft gleicher-
    maßen verwirrenden Isoglossenbündelungen auf den Sprach-
    karten veranlassen H. BAUSINGER zu der Bemerkung, "es han-
    dele sich bei den auf einzelnen Karten herausgearbeiteten
    Mundarträumen nicht um Dialektlandschaften, sondern um
    "Dialektologenlandschaften" (BAUSINGER, 3. Aufl. 1973, 14).

Reiner Hildebrandt

Die historische Entwicklung von Dialekt und Einheitssprache

Die deutsche Einheitssprache ist das Ergebnis eines lang-
wierigen Entwicklungsprozesses auf dem Hintergrund sich
fortwährend wandelnder gesellschaftlicher Konstellationen[1].
Seit ihrer allmählichen Verfestigung im Zuge der Kommerzia-
lisierung verschriftlichter Sprache durch die Erfindung
des Buchdrucks beginnt im 15. und 16. Jahrhundert eine Abwertung der die gesprochene Sprache dominierenden land-
schaftsgebundenen Dialekte. Sie werden als nicht mehr ver-
schriftlichungswürdige Sprachvarianten unterhalb der durch
die Druckerzeugnisse der Zeit, vor allem der Lutherbibel,
propagierten Norm angesehen. Voraus geht eine Phase, die
nach ganz anderen Maßstäben verfuhr. Da war 'deutsch' in
einem allgemeineren Sinne alles das, was nicht lateinisch
war. Jeder, der etwas schreiben wollte, was nicht im Banne
oder im Umkreis mittelalterlicher Gelehrsamkeit und deshalb lateinisch zu konzipieren war, der mußte sich der Mühe
unterziehen, seine dialektgeprägte Sprache zwar auch schon
nach gewissen vorgeformten Mustern (Graphien), aber in der
Hauptsache doch nach seinem individuellen Sprachvermögen zu
Pergament bzw. zu Papier bringen. Die Impulse, deutsch zu
schreiben, waren vielfacher Art, bemerkenswert ist jedoch,
daß das Missionarische am Anfang, in der Karolingerzeit,
eine Rolle spielte. Im späteren Mittelalter gerät es im
Rahmen einer dogmatisierten Kirche sowohl im Zusammenhang
mit der Mystik, als auch im Zuge der Reformation in den Ge-
ruch der Häresie. Der Ketzer Luther selbst verdankt sein
Weiterleben nach seiner jugendlichen Individualrebellion
nur dem politischen Kräftespiel der deutschen Fürsten. Ihn
deshalb als Fürstenknecht abstempeln zu wollen, wäre vor
dem realpolitischen Hintergrund anachronistisch. Luthers
Sprache in seinen Schriften signalisiert für uns die entscheidende Startphase zur Emanzipation des Deutschen als
Einheitssprache. Man darf nicht verkennen, daß der echte
Durchbruch sich nicht zuletzt dadurch vollzog, daß die
deutsche Sprache durch Luther auch als angemessene Sprache
für das göttliche Wort legitimiert wurde. Das 16. Jahrhundert ist somit Schnitt- und Wendepunkt im Rahmen dieses
Themas. Im folgenden soll versucht werden, das Davor und
das Danach zu strukturieren.

1. Die fränkische Periode

Mit dem Frankenreich unter Karl dem Großen beginnt das
'deutsche Mittelalter' als ein politisches Faktum. Aber dieser Beginn war in vielfacher Hinsicht instabil. Ein deutsches Kaisertum als Erbe und Sachwalter römischer Kultur
und Staatsgewalt war nur deshalb möglich, weil eigene Wurzeln germanischer Kultur und Religion in den Hintergrund
gedrängt wurden zugunsten eines alle Lebensbereiche durch-
dringenden Zwangs zur Nachahmung der antiken Vorbilder.
Die Imitatio war das Zauberwort, das den Anschluß der bar-
barischen Germanen an die große Vergangenheit der römisch-
mittelmeerischen Kultur und Macht ermöglichte. Dabei schal-
tete sich in wachsendem Maße als vermittelnde Instanz das
Christentum in Gestalt des römischen Papsttums ein und ge-
wann durch die Propagierung der Zwei-Gewalten-Lehre nach-
haltigen Einfluß im politischen Kräftespiel. Dies umfaßte
aber zunächst noch nicht zwangsläufig auch eine absolute
Dominanz der lateinischen Sprache. Vielmehr vollzog sich
in der karolingischen Epoche Nachahmung, d. h. Denken und
Handeln nach vorgegebenen Mustern durchaus noch unter bewußter Einbeziehung der eigenen Sprache. Wenn man auch
heute nicht mehr von der karolingischen Hofsprache[2] als
einer ersten Etappe auf dem Weg zur deutschen Einheitssprache sprechen kann, so ist doch eins nach wie vor sicher:
Im 9. Jahrhundert waren die Ansätze und Voraussetzungen zu
einer deutschsprachigen Verschriftlichung und damit Vereinheitlichung bei weitem größer als in den folgenden drei
Jahrhunderten. Als fränkische Sprachperiode war diese Zeit
gekennzeichnet durch eine noch nicht allein von Rom diktierte und klerikalisierte Frömmigkeit, die den Partner direkt
ansprechen will und nicht, wie in den anschließenden Jahrhunderten, den 'Pfaffen' als Vermittlungsinstanz benötigt
und gleichzeitig das Latein zur tabuisierten Sprache der
Kirche erhebt.
   Das 8. und 9. Jahrhundert legte einen viel volksnäheren
Missionseifer an den Tag und versuchte, biblische Geschich-
ten nacherzählend und harmonisierend in einheimischer Sprache zu vermitteln. Undenkbar für spätere Jahrhunderte, daß
man die kanonisierte und in ihrem Wortlaut sakrosankte Bibel
so unbekümmert umarbeiten konnte zugunsten jener aktuali-
sierten und volksnahen Christuserzählungen[3]. Natürlich ist
das Wort 'volksnah' nur mit Vorsicht zu gebrauchen, denn wir
sehen auch hinter jenen Bibelumdichtungen zunächst vor allem
mönchische Frömmigkeit,   a b e r   in deutschsprachigem Ge-
wande. Das gibt es dann erst wieder 700 Jahre später mit
Luther und um den Preis der Konfessionsspaltung.
   Das 9. Jahrhundert als fränkische Sprachepoche zu bezeichnen, besagt, daß wir die nach der abgeschlossenen Völkerwan-
derung jetzt geographisch genauer fixierbaren größeren Stam-
mes- und Sprachverbände unter einer merowingisch-fränkischen
Zentralgewalt sich vereinigen sehen. Damit setzen Bestrebungen ein, das Fränkische über den Charakter einer Regionalsprache hinaus allgemeiner zur Geltung kommen zu lassen.
Otfried von Weißenburg hat die Abfassung seines großen Evan-

gelienbuches bekanntlich so gerechtfertigt, daß es endlich
an der Zeit sei, die großen Taten Gottes nun auch in fränki-
scher Sprache zu verherrlichen[4]. Da bisher als dem göttlichen
Wort angemessene Sprachen nur das Hebräische, Griechische
und Lateinische zu gelten hatten, kann dieser Anspruch Ot-
frieds in seiner Kühnheit gar nicht hoch genug veranschlagt
werden. Der ganze Enthusiasmus der karolingischen Machtentfaltung steht dahinter, gepaart mit dem Interesse, den
Stammesdialekt des Fränkischen als Medium der Verkündigung
zu durchschlagender Geltung zu bringen. Wenn die Tatianüber-
setzung als Gemeinschaftswerk Fuldaer Mönche unter der Leitung des Rhabanus Maurus ein regional anders gefärbtes Fränkisch widerspiegelt, und wenn daneben auch eine eigenständige altsächsische Bibeldichtung mit dem Heliant und der Ge-
nesis entsteht, so ist das alles Zeugnis eines allgemeinen
deutschsprachigen religiös-kulturellen Aufbruchswillens und
mußte im politischen Kräftespiel ins Gewicht fallen. Durch
folgende Umstände scheiterte dieses karolingische Experiment:
Die Reichsteilung unter den Nachfolgern Karls des Großen
führte zur Abtrennung eines Westreiches, in dem die fränkische Sprache der französischen weichen mußte, und zur Ausbildung eines Ostreiches, in dem der fränkische Sprachanteil
nicht mehr dominierte, sondern sich im Gegenteil zwischen
den Dialekten des Südens (alemannisch-bairisch) und des
Nordens (sächsisch) regional besonders stark aufspaltete.
Eine staatspolitisch getragene Missiontätigkeit wird auf
Grund des instabilen Bewußtseins einer Einheit von Staat
und Kirche aufgegeben zugunsten klösterlicher Frömmigkeit
und wissenschaftlicher Exklusivität. Dabei wurde die lateinische Sprache verstärkt zur Fachsprache kultischer Frömmigkeit und traditionsbewußter schulischer Gelehrsamkeit auf
der Basis des antiken Bildungsideals.

2. Die schwäbische Periode

Eine neue Tendenz zur Entwicklung einer Einheitssprache entsteht unter völlig anders gearteten gesellschaftlichen Konstellationen zur Zeit des erstarkenden Kaisertums der Stau-
fer mit dem Höhepunkt um das Jahr 1200. In der Zwischenzeit
hatte sich im Verlauf von 3 - 4 Jahrhunderten im gesamt-
deutschsprachigen Raum in sprachstruktureller Hinsicht eine
äußerst bedeutsame Entwicklung vollzogen, die man abstrakt
als Übergang vom Althochdeutschen zum Mittelhochdeutschen
bzw. vom Altsächsischen zum Mittelniederdeutschen charakterisiert und die man in formaler Hinsicht mit aller Akribie
aufgearbeitet und beschrieben hat. Solche, in gleicher
Richtung verlaufende oder auch im Endergebnis aufeinander
Beziehbare Veränderungen dialektaler Strukturen sind nicht
nur durch jene allzu leicht in der Abstraktion verharrende
Wellentheorie zu begreifen, sondern müssen immer gleichzeitig auch in der Verschiebung und Erweiterung der Funktionalität gesprochener Sprache gesehen werden. Die Wellentheorie
als solche erklärt niemals großräumige Vereinheitlichung,

sondern immer nur räumlich vorangetragene Veränderung. Mittelhochdeutsch als Bezeichnung einer Sprachperiode ist nur akzeptierbar als idealisierender Zusammengriff partiell homogener formaler Spracherscheinungen, die gegenüber den partiell heterogenen Sprachphänomenen als vorrangig angesehen werden und die vor allem unter diachronem Aspekt faßbar und kontrastierbar sind.

Die Tatsache, daß sich um 1200 eine Blütezeit mittelhochdeutscher höfischer Dichtung entfaltet, die als Versdichtung eine äußerst kunstvolle Prosodie entwickelt, hat die Forschung schon frühzeitig fragen lassen, inwieweit sich dahinter auch bereits eine verbindliche oder doch zumindest verbindende Einheitssprache verbirgt. Eine für diese Fragestellung recht verhängnisvolle philologische Maxime hat die Texte dieser Zeit einer speziellen Editionstechnik unterworfen, die eine idealtypische Sprachform anstrebte und damit dem modernen Leser eine mittelhochdeutsche Rittersprache in Reinkultur suggerierte. Die sprachgeographische Grundlage für diese Idealform schien am ehesten zwischen Main und Neckar lokalisiert werden zu können und konnte damit eng an die oberdeutschen Dialekte angeschlossen werden. Das Rheinfränkische geriet gegenüber dem Ostfränkisch-Schwäbisch-Bairischen stärker ins Abseits. Moderne editorische Praxis hat daraus Texte geschaffen, die eine klangvolle pseudomittelhochdeutsche Lesesprache repräsentieren. Wenn jener idealisierten Dichtersprache ein schichtenspezifischer Hang zur Vereinheitlichung zugrunde lag, dann hing das mit dem Prestige des staufischen Imperiums zusammen. 'Schwäbisch' zu sprechen bedeutete dann, sich als Ritter der staufischen Reichsidee unterzuordnen, und die manifestierte sich im mittelalterlichen Sinne wiederum nicht als politische Zentralgewalt, sondern als geistig-religiöse Einigungsgröße, objektiviert an der enthusiastischen Kreuzzugsbewegung. Mittelhochdeutsche Ritterdichtung ist sicherlich nicht so sehr Ausdruck einer Esoterik adeliger Zirkel, sondern poetische Überhöhung einer Verkehrssprache, die sich auf den Heerstraßen nach Palästina entwickelt hatte. Wenn sich die deutschen Fürstenhöfe dem kulturellen Einfluß des Westens: Frankreichs und Flanderns öffneten, dann nicht zuletzt auf dem Umweg über Palästina, auf dem die deutschen Ritter für die feinere Lebensart ihrer 'welschen' Kampfgefährten empfänglich wurden. Denn von den Erzählern und Sängern französischer Zunge hörten sie vom König Artus, der ein ideales Rittertum mit eigener ethischer Gesetzlichkeit verkörperte, und sie lernten eine verfeinerte Liebeslyrik kennen, die auch die zeitweise räumliche Distanz vom Liebespartner sublimierend bewältigte und mit einer eigens entwickelten Symbolsprache in einer generellen Huldigung an die Frau gipfelte. Wenn eine sich herausbildende Standessprache deutscher Zunge dialektale Differenzierung vermied und überwand, dann nur, weil der, der sie im feierlichen Hofzeremoniell gebrauchte oder zuhörend auf sich wirken ließ, das ehrfürchtige Zugeständnis machte, daß dies die Sprache der weltläufigen Ritter war, die das Deutsche in oberdeutsch-schwäbischer Form der französischen Sprache

ebenbürtig gemacht hatten. Der Verfall der Kreuzzugsidee
und ihre merkantile Pervertierung signalisiert im Verein
mit dem Niedergang des staufischen Kaiserhauses auch den
Verfall der Rittersprache als einer exklusiv-poetischen
Einheitssprache.

3. Die Periode der Schriftdialekte

Das ausgehende Mittelalter ist gekennzeichnet durch eine
tiefgreifende Umstrukturierung und generelle Veränderung
des sozialen Gefüges bei gleichzeitigem rapiden Bevölke-
rungszuwachs. Das Erstarken des Bürgertums im Zuge der
Verstädterung und der Ausdifferenzierung der handwerklichen
Arbeitsteilung ergibt, zusammen mit dem Übergang zur Geldwirtschaft, eine viel komplexere Gliederung sozialer Gruppen mit einer nicht restlos ergründbaren Verschränkung
sprachlicher Aktionsradien. Indem der Bauer aufs Land verwiesen wird und der Bürger in die Stadt, entsteht eine
grundsätzliche, bis ins 20. Jahrhundert fortdauernde Diskrepanz in der Funktionalität der Sprache in den beiden Bereichen Stadt und Land. Es ist vielleicht bis zu einem gewissen Grade verhängnisvoll gewesen, daß die Dialektologie
bis in unsere Tage ihren Idealtypus in der sog. bäuerlichen
Grundschicht suchte, nur weil sie dabei relativ sicher sein
konnte, daß die Wohneinheit 'Dorf' zugleich eine Kommunika-
tionseinheit und damit Trägerin einer sprachlichen Konformität mit vorherrschend sprachkonservativem Gepräge war.
Aber: ist das wirklich eine tragfähige Definition von Dialekt, daß sie möglichst immer auf das alte, ja Aussterbende
abhebt? Ich bin geneigt, in neudurchdachter terminologischer
Konsequenz gerade das, was bisher als 'reiner Dialekt' bezeichnet wurde, viel eher als einen Syn-lekt(Syllekt) zu
charakterisieren, indem ich nur ihm eine immanent strukturelle Beschreibbarkeit zugestehe, während das, was eigentlich Dialekt ist, nur kontrastiv beschrieben werden kann.
So ist auch die Einheitssprache, da grammatisch-strukturell
erfaßt und beschreibbar, für mich ein syn-lektales Phänomen,
die Umgangssprache dagegen ein dialektales, weil nur erfaß-
bar durch partielle Kontrastierung. Sprachliche dia-Phäno-
mene sind also für mich alle jene auf Gruppenheterogenität
beruhenden Dimensionen sprachlicher Realisationsmöglichkei-
ten.
     Bei der Betrachtung des ausgehenden Mittelalters bedeutet
dies, daß die vorbereitenden Entwicklungen zur Herausbildung
einer deutschen Einheitssprache sowohl regionale, als auch
gruppenspezifische Komponenten haben. Die strukturellen Ver-
einheitlichungstendenzen im Sinne einer syn-lektalen Entwicklung hat ihre funktionalen Hintergründe in der wachsenden
staatlichen Integration, die sich allerdings für diese Zeit
noch in der Pluralität der territorialen Untereinheiten vollzieht. Nach M. GUCHMANN[5] entspricht der feudalistischen Ge-
sellschaftsstruktur jener Zeit eine sog. Nationalitätssprache, die in ihrer prinzipiellen regionalen Variationsbreite
erst die Vorstufe für die 'Nationalsprache' der Neuzeit sein

konnte. Als vermittelndes Bindeglied sieht M. GUCHMANN jeweils die Literatursprache im weitesten Sinne an, also letztlich jede Art der Verschriftlichung von Sprache. In der Tat ist Einheitssprache nur konstituierbar durch eine Wechselbeziehung zwischen schriftlichem und mündlichem Gebrauch. Für das ganze Mittelalter vor der Erfindung des Buchdrucks gilt, daß jedes einzelne Blatt eines geschriebenen Textes individuelle Züge trägt, denn wer schreibt, reflektiert. Selbst der stupide Kopist, der vorlagengetreue Abschriften zu liefern hat, wird unweigerlich den Text korrumpieren, wenn er ihn nicht mitlesend zu erfassen sucht. Wir erinnern uns an den Hang des mittelalterlichen Menschen zur Imitatio, um zu verstehen, daß die vorlagengetreue Wiedergabe von Schriften großer Autoren die einzige Möglichkeit war, um Bildungstraditionen aufrechtzuerhalten. Bestes Medium dafür war die lateinische Sprache. Bildung erlangte man durch Einübung in die lateinische Sprache und ihren weitgehend nur reproduktiven Gebrauch (nachbeten!). Allerdings war Bildung im Sinne der sieben freien Künste und der Theologie bei der gewandelten Sozialstruktur doch nur noch ein exklusiver Überbau, vertreten durch jene gesamteuropäische Geisteskultur des Humanismus. Darunter formierte sich immer stärker der praxisbezogene Wissensdrang, der kommerzielle Verkehrszwang und der besitzsichernde Rechtsvorgang der ständeorientierten Gesellschaft sowie die auf religiöse Erfahrungswerte gerichtete Laienfrömmigkeit und die Fabulier- und Moralisierfreudigkeit patrizischer Zirkel. Alle diese sich verstärkenden Bedürfnisse verlangten danach, daß lateinisch vorformuliertes Wissen jetzt auch in deutsche Sprache umzusetzen sei. Damit wird die Ebene der Imitatio verlassen zugunsten der Translatio, der Übertragung vom Lateinischen ins Deutsche, die vom Schreiber zweisprachige Kompetenz verlangt. Da es d i e deutsche Sprache aber noch nicht gab, geschweige denn die dazu notwendige einheitliche Orthographie, sehen wir uns im ausgehenden Mittelalter einer ungeheuren Textmasse und Textsortenvielfalt gegenüber, vor der der Linguist bis heute immer noch weitgehend kapitulieren muß. Sachbücher und Naturkunden, Glossarien und Vokabularien bezogen sich auf alle Bereiche der erfahrbaren Welt und des tätigen Menschen. Reale Dinge mußten benannt, ausübbare Tätigkeiten beschrieben werden. Jedes erhaltene deutschsprachige Schriftstück jener Zeit konfrontiert den Linguisten mit einer Graphie, die nicht 'orthos' = richtig im Sinne moderner Orthographie ist, sondern die regionalsprachliche Kompetenz des Schreibers selbst, sofern er Translatio betreibt, oder wiederum irgendeines Vorgängers, sofern er Imitatio ausführt, widerspiegelt. Aber 'orthos' sind sie auch nicht im Sinne phonetischer Exaktheit, weil das Lateinische nicht das gleiche Phoneminventar wie das Deutsche hatte und somit das lateinische Alphabet nicht die entsprechenden Grapheme bereitstellte, um Deutsches analog schriftlich fixieren zu können. Es fehlten die Umlaute, es fehlten bestimmte Diphthonge als lautgerechte Vokalkombinationen, es fehlten die Affrikaten,

es gibt Überschneidungen und Lücken im Konsonantensystem[6],
und es fehlten geregelte Kennzeichnungen von Längen und
Kürzen[7]. Die Konsequenz daraus war eine regellose Vielfalt
bis hin zu der absurden Manie der Konsonantendoppelungen,
besonders beim *f* (*Krafft*). Für uns ergibt das die Schwierigkeit, daß wir vom Geschriebenen nicht unmittelbar auf das
Gesprochene des Mittelalters schließen können, im Gegenteil,
auch unsere heutige Orthographie ist ja noch ein vorbelaste-
tes Erbe aus jener Zeit. Da ist die heute wieder diskutierte Frage von Groß- und Kleinschreibung noch das kleinste
Übel. Viel gravierender sind die Inkonsequenzen beim Deh-
nungszeichen h: warum *Sohn, Rahm* und *Stuhl,* aber *Ton, Scham*
und *Glut*? Warum Konsonantendoppelung in *Kenntnis* und *Hoffnung,* nicht aber in *Gespinst* und *triftig.* Daß wir auf ähnlich obskure Weise auch zu unserem *sch, ch* und *ck, ß* und *w*
gekommen sind, bzw. völlig willkürlich *f* oder *v* verwenden
müssen, gehört zum gleichen Thema. Es gab bestensfalls in
bestimmten regionalen Grenzen gewisse aufeinander abgestimm-
te Schreibgewohnheiten, denen man sich bereits beugt, ohne
daß es vom Gesprochenen her plausibel wäre. So bewirkt die
Verschriftlichung zwangsläufig eine Entfernung vom Gesprochenen, verharrt aber in jener Zeit noch durchaus in regional-
sprachlicher bzw. dialektaler Gebundenheit, so daß ein vielfaches Hin und Her der Translationen bei der gängigen Ge-
brauchsliteratur von der einen Regionalsprache in die andere
festzustellen ist. Nur allmählich setzt sich auch ein Trend
zu überregionalen Ausgleichsformen auf allen Ebenen der aus-
drucksseitigen Sprachstruktur durch. Daß es sehr viel schwieriger ist, auch die inhaltsseitige Herausbildung der deutschen Einheitssprache in jener Zeit in den Griff zu bekommen, liegt auf der Hand. Mir scheint, daß in dieser Hinsicht
die Tragweite des Einflusses der deutschen Mystik noch nicht
gebührend gewürdigt ist. Wenn man bedenkt, daß die großen
Mystiker mit ihren deutschen Predigten nicht nur Massenauf-
läufe verursachten, sondern in ihrer Sprache und in ihren
Schriften Vorbilder für eine erste echte Emanzipation sowohl
vom Latein generell , als auch von den dialektal einschich-
tigen Denotaten zugunsten komplexerer semantischer Spektren
darstellten, so dürften hier, d. h. in diesem neuartigen und
kühnen mündlichen Sprachgebrauch nicht unwesentliche Wurzeln für die Einheitssprache liegen. Der andere wesentliche
Faktor ist aber die Verschriftlichung. Wir stellten fest,
daß Geschriebenes zunächst nur in enger Anlehnung an regional Gesprochenes auftritt. Man hat deshalb für diese Zeit
auch den Terminus 'Schriftdialekt' geprägt, streicht aber
dabei immer zugleich heraus, daß das Medium Schrift von Anfang an vereinheitlichend gewirkt habe, daß also niemals
primäre Dialektmerkmale, etwa im Sinne moderner Mundartliteratur, um ihrer selbst willen aufgezeichnet wurden, sondern, daß dem Schreiben immer die Intention innewohnte,
'gehobene Sprache' zu produzieren. Wenn dann als Pendant zu
dieser gehobenen Sprache eine 'gehobene kulturelle Sphäre'
apostrophiert wird, die eine Kontinuität habe, "die niemals
ernstlich durch Einbrüche aus der nur im mündlichen Verkehr

lebenden sprachlichen Grundschicht erschüttert wurde"[8],
so wird deutlich, daß der Terminus 'Schriftdialekt' doch
eher eine recht typische Verlegenheitsbildung ist. Das Zitat stellt im übrigen heraus, daß mündlicher Verkehr und
Grundschicht als konstitutive Faktoren für Dialekt zu gelten haben, wobei unter 'Grundschicht' auch hier sicherlich
nicht an eine soziale Unterschicht gedacht ist, sondern
sehr viel indifferenter an eine lokal weitgehend homogen
sozialisierte Gruppe. Konkret war das dann allerdings im
Regelfall die 'bäuerliche Grundschicht', auf die man re-
kurrierte. Nun spricht ISING allerdings von der 'sprachlichen Grundschicht', was ich für eine unscharfe Terminologie
halte. Entweder ist gemeint 'Sprache der Grundschicht' oder
'sprachliche Grundkonstellation', was in Wahrheit dann ein
pragmatisches Phänomen signalisiert, nämlich die situations-
unmittelbare oder informelle Sprechhaltung, die die einfachen, primären, vielleicht auch restringierten Strukturie-
rungen der Sprache bevorzugt gegenüber der situationsdistan-
zierten oder formellen Sprechhaltung, in der bewußt und re-
flektierend ('elaboriert') formuliert wird, was dann eben
auch die Voraussetzung für jeden Schreibvorgang ist. Wenn
wir die jetzt behandelte Periode abschließend charakterisieren wollten, so könnten wir sie noch ganz unter dem
Aspekt des Schreibens nach dem Sprechen sehen, während
sich ja dann in der neuzeitlichen Periode immer mehr die
andere Tendenz, die des Sprechens nach dem Geschriebenen
durchsetzt.

4. Die Periode der neuhochdeutschen Einheitssprache

Der Beginn dieser Periode ist entscheidend geprägt durch
den Buchdruck mit seiner revolutionierenden Möglichkeit,
Texte in Massen zu reproduzieren. Damit wurde die individuelle Zuwendung der Schreiber an ihre Texte hinfällig,
stattdessen redigierten nun die Drucker die zu verlegenden
Texte in Richtung auf umgangssprachliche Nivellierung und
sind damit die ersten und einflußreichsten Sprachreiniger
und Sprachpfleger. Im Gefolge der Durchschlagskraft des
Lutherdeutschs entstanden dann die deutschen Grammatiken,
die die "teutsche Hauptsprache" in ihren wesentlichsten
Grundzügen reglementierte und festlegte. Die Grundlage
für Luthers Deutsch, seine eigene Aussage, daß er nach der
sächsischen Kanzlei schreibe, hat die Forschung ganz nach-
haltig beschäftigt. Dabei hat man sich nur sehr mühsam von
der anfänglichen These distanzieren können, die Einheitssprache sei in der kaiserlichen Kanzlei Karls IV in Prag und
allenfalls noch in der wettinischen Kanzlei in Sachsen geprägt worden und die Urkunden seien das Medium für die Verbreitung gewesen[9]. Erst die neuere Dialektgeographie öffnete
den Blick für eine ganz andere Sichtweise, die einen primären kommunikationsaktiven mündlichen Gebrauch in einer
prädestinierten Sprachlandschaft herausstellte. Die FRINGS'-
sche These[10] von dem Schmelztiegel Sachsen als ehemaligem

Kolonialland mit Bevölkerungsteilen aus allen deutschen
Sprachlandschaften, also das ideale Gebiet für sprachlichen
Ausgleich, fand zunächst breite Zustimmung und wurde dann
mit der Kanzleitheorie zu einer Synthese gebracht. Die
Staats- und Stadtkanzleien im breiten Umfeld des Ostmittel-
deutschen wurden in ihrer Filter- und Ausgleichswirkung erkannt, und eine breit angelegte Forschung zeichnete immer
deutlicher das Bild von der allmählichen Herausbildung einer
schreibsprachlichen Norm auf der Grundlage ostmitteldeut-
scher und ostfränkisch-oberdeutscher Verkehrssprachen[11].
Mit der nächsten Frage, ob und inwieweit die gefundenen Merkmale dieser sich langsam konturierenden Einheitssprache
auch ohne das Sprachschaffen Luthers Bestand gehabt hätten,
hat man sich besonders schwer getan. Die konträren Meinungen sind dabei auch durch konfessionelle Position neu mitge-
prägt worden. Neben der Breitenwirkung von Luthers Schriften wurden die Geschäftssprachen der Urkunden weiterhin
ins Feld geführt, und selbstverständlich sollten auch die
poetischen Werke jener Zeit zu ihrem Recht kommen. Durch
G. EIS[12] schließlich wird auch auf die außerordentliche
Bedeutung der gewaltig anschwellenden Fachsprachenliteratur
jener Zeit hingewiesen. Und in der Tat, wenn man Luthers
Wirkung relativieren will, dann kann man das nur von der
Seite der bisher kaum erschlossenen Fach- und Sachliteratur
sowie der religiösen Erbauungsliteratur aus tun. Hier haben
wir die verbreitungsintensiven und durch die sich rasant
vermehrenden Druckerpressen kommerziell einträglichen
Schriftwerke, die dann in einer politisch aufgewühlten Zeit
noch um die Flugschriften vermehrt wurden, die sich nicht
nur in der Polemik des Konfessionsstreites erschöpften,
sondern vor allem auch die politische Agitation forcierten.
Sofern solche Schriften bis ins 17. Jahrhundert hinein untersucht worden sind, läuft das Fazit immer darauf hinaus, daß
die dialektalen Komponenten von Jahrhundert zu Jahrhundert
abnehmen zugunsten der syn-lektalen und daß damit der Fortschritt zur Einheitssprache hin konstatierbar wird. Es gehört aber hier wohl nicht zum Thema, näher nachzuweisen,
aus welchen dialektalen Komponenten sich die Einheitssprache im einzelnen zusammensetzt und wie die Genese in der
zeitlichen Abfolge fixiert werden kann. Das ist das Thema
aller gängigen deutschen Sprachgeschichten, die prinzipiell
so aufgebaut sind, daß die dialektalen Grundlagen nur markiert werden, sofern sie zur Ausbildung der Einheitssprache
beigetragen haben. Wir fragen dagegen, was sich trotz der
Einheitssprache und neben ihr als funktionsfähiger Dialekt
erhalten hat und heute unter soziolinguistischem Aspekt sogar als 'Störfaktor' bezüglich der einheitssprachlichen Kompetenz aufgefaßt werden könnte - ganz zu schweigen von der
Funktionalität der sog. Umgangssprachen oder Halbmundarten.
Die AMMONsche These[13] von der Restringiertheit des Dialekts
war ja wohl nur deshalb so brisant, weil der Begründungs-
zusammenhang der schulischen Wirklichkeit in der Diskussion
oft außer acht gelassen wurde. Aber abgesehen von den Problemen der Spracherziehung ist das Verhältnis von Dialekt

und Einheitssprache heute eindeutig in den Zusammenhang der
potentiellen Zweisprachigkeit zu stellen,und die Wahl zwischen dem einen oder anderen ist vielfach ein pragmatisches
Problem. Der Dialekt hat seine Funktionsbereiche und die
Einheitssprache die ihren. Ersterer wird stärker durch die
informelle Sprechhaltung der alltäglichen vertrauten Umgebung konstituiert,die Einheitssprache dagegen mehr durch
die formelle Sprechhaltung des offiziellen und öffentlich-
keitswirksamen Kommunizierens[14]. Mir scheint durch diese
Kontrastierung auch der AMMONsche Gegensatz im Sprachgebrauch der manuell Tätigen und der nichtmanuell Tätigen
fixierbar zu sein, und das ist mit gradueller Abstufung
sicher in den letzten Jahrhunderten ein gleichbleibendes
Phänomen gewesen. Nichtmanuell tätig sein heißt, zum gehobenen Bürgertum zu gehören und damit aktiver Repräsentant
der Einheitssprache zu sein, also der Sprache, die wir
Schritt für Schritt an Hand der Verschriftlichung verfolgen
können. Für die Dialekte kommt der Linguist indessen nur
auf indirektem Wege zum Ziel, indem er vom heute noch Vorfindlichen auf Vorausliegendes schließt und dazu die Methoden der Dialektgeographie und -lexikographie an der Hand
hat. Die Lexikographie muß insofern noch besonders gewürdigt werden, als sie eine beinahe ununterbrochene Tradition
hat, die den einheitssprachlichen Tendenzen z. T. auch zu-
widerlief. Wortschatz zu sammeln, erwies sich immer wieder
als ein primäres Anliegen des Menschen, und so finden wir
gegenüber den Verfechtern der Einheitssprache vom 17. Jahrhundert an auch die Lokalpatrioten, die, sicherlich aus par-
tikularen, kleinstaatlerischen Interessen auch dialektalen
Wortschatz sammelten. An der Reichhaltigkeit solcher Idiotika
wird deutlich, daß die Dialekte in der Tat unvermindert fort-
lebten und daß man ihnen auch ihren Eigenwert zuerkannte.
Am Anfang des 19. Jahrhunderts kommt es dann sogar zu einer
echten Krise im Selbstverständnis der Gesellschaft durch
die Kontroverse zwischen einheitssprachlichem Purismus und
einem an Sprachvarietäten interessiertem Empirismus. Auf
der einen Seite haben wir ADELUNGs[15] deutsches Wörterbuch
als einheitssprachliches Standardwerk und Richtschnur der
Goethezeit, auf der anderen das in bewußtem Gegensatz zu
ADELUNG konzipierte und deshalb auch gescholtene Wörterbuch
von CAMPE[16], das mit einfachen Indexzeichen versuchte, auch
einen unterhalb der vermeintlichen Norm existierenden Wortschatz einzugliedern. Damit ist der generelle Aufbruch des
19. Jahrhunderts eingeleitet, neben der Einheit auch wieder
die Vielfalt zu berücksichtigen. Das war fortan vor allem
deshalb ein legitimes und zunehmend wissenschaftlich wer-
dendes Unterfangen, weil der beherrschende Stellenwert der
einheitssprache endgültig gesichert schien und die dialektale Vielfalt sich wenigstens teilweise aus dem Baumkreis
des geminderten Sozialprestiges befreien konnte.
    Im Zuge der großen Erfolge der vergleichenden Sprachwis-
senschaft im 19. Jahrhundert, die sich zunächst ausschließlich auf Geschriebenes aus fast 3000 Jahren stützte, setzte
sich langsam die Erkenntnis durch, daß auch Gesprochenes der

Gegenwart zur Erhellung historischer Zusammenhänge beitragen
könnte, und damit bekamen die Dialekte einen ganz neuen
wissenschaftlichen Stellenwert. Jetzt wurde es absolut legitim, dialektalen Wortschatz im Rahmen der einzelnen Stamm-
landschaften zu sammeln und lexikographisch genau so aufzu-
bereiten wie die Wörterbücher der älteren Sprachstufen, also
des Alt- und Mittelhochdeutschen. Mit äußerster Akribie wurden diese Wörterbücher konzipiert und in oft jahrzehntelan-
ger Publikationsfolge herausgegeben. Einige sind heute noch
in Arbeit, einige überhaupt erst in Vorbereitung.

Das große vielbändige Deutsche Wörterbuch[17], von den Brü-
dern Grimm begonnen, brauchte über hundert Jahre bis zur
Fertigstellung und ist in der Konzeption mehrfach entscheidend verändert worden. Da es den gesamten deutschen Wortschatz enthalten sollte, hat man bereits im 19. Jh. begonnen, die bereits vorhandenen Dialektwörterbücher so vollständig wie nur möglich auszuschöpfen. Dadurch geriet die Arbeit
zunehmend ins Uferlose, und es mußte ein Kompromiß gefunden
werden, der den dialektalen Wortschatz wieder stärker aus
diesem Wörterbuch verbannte. Jedoch ist es nie gelungen,
dieses Verfahren von einer eindeutigen Begriffsbestimmung
der Einheitssprache zu objektivieren.

Den größten wissenschaftlichen Gewinn für die Kontrastierung von Einheitssprache und Dialekten hat zweifellos die
Dialektgeographie gebracht. Eine lange Abfolge von Dialekt-
grammatiken[18] hat den Blick für größere und kleinere Dialekt-
räume sowie für die Variationen von Ort zu Ort geöffnet, und
der Deutsche Sprachatlas[19] und der Deutsche Wortatlas[20]
haben die Gesamtüberblicke für den ganzen deutschen Sprachraum ermöglicht. Auf Grund dieser nun bereits 100jährigen
empirisch-wissenschaftlichen Erschließung der geographisch
signifikanten Sprachdifferenzierungen ist das Phänomen 'Dialekt' überhaupt erst in den Griff gekommen. Alle Aussagen
über die historischen Phasen und Entwicklungen der deutschen
Dialekte und vor allem jener der schriftentfremdeten jüngsten Jahrhunderte erhalten ihre tragfähige Gültigkeit erst
durch das Maßnehmen am vorfindlichen Zustand der Gegenwart,
bzw. doch mindestens jenes guten halben Jahrhunderts bis zum
zweiten Weltkrieg, in dem der Objektbereich Dialekt und die
Wissenschaft Dialektologie in idealer Weise aufeinander bezogen waren. Alles, was bis ins 20. Jahrhundert Bestand
hatte, muß auf der Tradition der vorausgehenden Jahrhunderte
beruhen und wird pauschal als Primärsprache der bäuerlichen
Grundschicht apostrophiert. Exakte Aussagen über einen
schichtenspezifisch differenzierten Gebrauch der Dialekte
in den letzten Jahrhunderten sind bislang nicht möglich,
sofern man die poetischen Verwendungsweisen in Lustspiel und
Drama seit dem Barock sowie die Mundartliteratur seit dem
19. Jahrhundert wegen ihres mittelbaren Charakters außer
Betracht zieht. Alle unmittelbaren Zeugnisse und Belege systematisch zu sammeln und auszuwerten, ist ein Postulat für
die Zukunft.

Die deutschen Dialekte der Gegenwart sind zweifellos in
ihrer tradierten Substanz heute mehr denn je gefährdet, da
sie durch die immer größer werdende Mobilität aller Gesell-

schaftsschichten viel von ihrer strukturellen Substanz ein-
büßen. Ob damit aber bereits ein nahtloser Übergang zur Einheitssprache gewährleistet ist, muß bezweifelt werden. Sofern jede moderne Gesellschaft ein kompliziertes Gefüge sozialer Gruppierungen bleiben wird, so sicher wird sie sich
auch je spezifischer Varietäten von Sprache bedienen. Diese
werden immer historische Grundlagen behalten, aber sie werden nicht mehr so sicher geographisch fixierbar sein, wie
das bisher bei den deutschen Dialekten in exzeptioneller
Weise der Fall war. Die Dialektologie der Zukunft muß noch
viel stärker als bisher neben die areallinguistischen
(sprachgeographischen) die soziolinguistischen Forschungs-
strategien setzen.

Anmerkungen

1) Eine umfassende deutsche Sprachgeschichte ist bis heute
nicht geschrieben worden. Dazu bedürfte es einer breit
fundierten Institution mit einer großzügigen Forschungs-
planung und einem Zusammenschluß führender Fachkräfte.
Als besondere individuelle Leistungen seien angeführt:
Otto BEHAGHEL, Geschichte der deutschen Sprache. Berlin
und Leipzig, [5]1928; Adolf BACH, Geschichte der deutschen
Sprache. Heidelberg [9]1970; Hugo MOSER, Deutsche Sprachgeschichte. Tübingen [6]1968; Hans EGGERS, Deutsche Sprachgeschichte I, II, III. Reinbek bei Hamburg 1963-1969
(= Rowohlts deutsche Enzyklopädie 185/186, 191/192, 270);
Fritz TSCHIRCH, Geschichte der deutschen Sprache I, II.
Berlin 1966, 1969 (= Grundlagen der Germanistik 5, 9).

2) K. MÜLLENHOFF in der Einleitung zu K. MÜLLENHOFF und
W. SCHERER, Denkmäler dt. Poesie und Prosa aus dem 8.-
12. Jh. [3]1892.

3) Die fuldaer Übersetzung einer lat. Fassung der Evange-
lienharmonie des häretischen Syrers Tatian, der altsächsische 'Heliant' und Otfrids Evangelienbuch.

4) Liber Evangeliorum primus, Zeile 33/34: Uuanana sculun
Francon einon thaz biuuankon/ in sie in frengisgon beginnen, sie gotes lob singen.

5) Mirra M. GUCHMANN, Der Weg zur deutschen Nationalsprache I, II. Berlin 1964, 19.

6) Diejenigen Schriftzeichen, die im Deutschen über das
lateinische Alphabet hinausgingen, waren während des
ganzen Mittelalters nicht eindeutig festgelegt und wurden in jahrhundertelangem Entwicklungsprozeß widersprüchlich und ambivalent realisiert:
Schon im Mittellateinischen war c ambivalent (tse/tsi/
ka/ko/ku). Im Zuge der 2. Lautverschiebung blieb der
k-Wert nur noch im Anlaut relevant. Das im Lat. unüblich

gewordene alte k-Graphem (Kalendae) wurde im Deutschen
reaktiviert, ohne das c aber ganz verdrängen zu können
(kraft - craft). Da im Oberdeutschen die Tendenz zur
Affrikata auch im Anlaut sehr stark war, sind - vor allem
im Oberdeutschen - die Schreibungen ch- (chraft) sehr
zahlreich, so daß wiederum eine Opposition von ch (/kx-/)
im Anlaut und ch (/-x-/) im Inlaut entsteht, die anfäng-
lich jedoch weitgehend vermieden wird, indem für /-x-/
häufiger h und hh (lahte, lahhen) geschrieben wird. In
dem Maße, wie ch- im Anlaut unüblich wurde, verfestigte
sich die Schreibung ch im Inlaut für die Spiranten
(/-x-/, /-x-/). Die oberdt. Affrikata im Inlaut unterlag ebenfalls einer rückläufigen Tendenz (/-kx-/
/-kk-/) und ergab die Kompromißgraphie ck (wecchen
weccen, wekken   wecken).
Für den Lautwert /tse/, /tsi/ wurde nur vereinzelt lat.c
beibehalten (ciehen), stattdessen aber das aus dem Grie-
chischen bekannte Zeta (z) aktiviert.
Da sowohl /ts/ als auch /s/ Lautverschiebungsprodukte
aus älterem /t/ sind, steht das Graphem z für beide
Lautwerte (sezzen, wazzer), wobei es als stimmlose Spirans in Opposition zur stimmhaften Spirans s steht.
Nachdem ein Teil des ererbten stimmlosen s im Mittelalter stimmhaft wird, gerät die Opposition z : s als stimm-
los : stimmhaft ins Wanken, z verliert seinen Lautwert als
Spirans (daz wazzer   das wasser) und ist schließlich
nur noch Graphem für die Affrikata. Nur im spät entwickelten Graphem ß (sz) ist es als zweites Element noch
ansatzweise vorhanden.

c in Verbindung mit h wird allmählich zum üblichen Graphem für die Lautwerte /x/ und /ç/, wodurch h die Lautwerte /x/ und /ç/ verliert (ih   ich, wahte   wachte)
und nur noch den Wert des Hauchlautes behält.

sch als Graphem ist der umständliche lauthistorische
Kompromiß aus /sk/   /sx/   /sç/   (skoni   schön) einerseits und /s/   /š/ andererseits (slange   Schlange, jedoch bis heute spitz und stein, obwohl /sp-/, /st-/
ebenfalls zu /šp-/, /št-/ geworden ist).

Auf andere widersprüchliche Graphementwicklungen sei nur
kurz hingewiesen: lat. f und v sind bis heute Allographen
des einen Phonems /f/ geblieben. Die heutigen Schreib-
regelungen spiegeln noch immer die mittelalterliche
Willkür wider (Feder, Brief, aber Vater, brav).

w hat sich ganz allmählich durchgesetzt aus uu, uv, vu,
vv. e und ä sind widersprüchlich geregelt, weil das neu-
zeitliche Phoneminventar die Opposition von /e/ und /ę/
oft aufgegeben hat und eine versuchte lauthistorische
Schreibregelung die Gegebenheiten des Primär- und Sekun-
därumlautes neben altem e nicht immer richtig durchschaut
hat (älter: Eltern, Gefährt: fertig sind inkonsequent,
Käfer statt Kefer ist falsch).

7) Länge des a, e und o bleibt z. T. unbezeichnet oder es kommt entweder zur Doppelschreibung aa, ee und oo oder es wird ein h angefügt ah, eh, oh (das Wort Ehe/ehe wird dadurch sogar zweisilbig); Länge des u bleibt unbezeichnet oder wird durch h gekennzeichnet; langes i erscheint immer als ie, das lauthistorisch die Fortsetzung der älteren diphthongischen Aussprache darstellt; im Westmitteldeutschen werden zeitweise e und i auch als Längezeichen verwandt (Kevelaer, Troisdorf, Kues).

8) Gerhard ISING, Zur Wortgeographie spätmittelalterlicher deutscher Schriftdialekte. Berlin 1968, S. 15.

9) Konrad BURDACH, Die Einigung der nhd. Schriftsprache. 1884; Alois BERND, Die Entstehung unserer Schriftsprache. Berlin 1934.

10) Theodor FRINGS, Die Grundlagen des meißnischen Deutsch. Halle 1936; Sprache und Geschichte I - III. Halle 1956.

11) Eine gute Zusammenfassung des jüngsten Standes der Forschung bietet Werner BESCH, Sprachlandschaften und Sprachausgleich im 15. Jahrhundert. München 1967, S. 340-363.

12) Gerhard EIS, Mittelalterliche Fachliteratur. Stuttgart ²1967 (= Sammlung Metzler M 14).

13) Ulrich AMMON, Dialekt, soziale Ungleichheit und Schule. Weinheim ²1973.

14) Vgl. dazu Hans Eggers in Deutsche Sprachgeschichte I (siehe Anm. 1), S. 16: 'Was daher nicht unmittelbar dem niederen Alltag angehört, wird auch sprachlich von der höheren Gemeinschaft geprägt. In diesen größeren und gehobenen Kreisen entscheidet sich die kulturelle Höhe einer Sprache. Ein Abglanz davon mag auch die zugehörigen Mundarten und Untermundarten erreichen; aber die soziologische Zweckbestimmung der Mundarten liegt in der sprachlichen Bewältigung des Alltags ... Die alltägliche Sprache dient dem lebensnahen Heute, die gehobene Sprache der Führungsschicht dagegen dient der Bewahrung von Erkenntnissen der Vergangenheit, der Bewältigung der großen Fragen der Gegenwart und der vorausplanenden Aussicht auf die Zukunft'.

15) J. C. ADELUNG, Grammatisch-kritisches Wörterbuch der Hochdeutschen Mundart, Bd. I - IV, 2.Aufl. Leipzig 1793-1801; revidierte und berichtigte Auflage. Wien 1808.

16) J. H. CAMPE, Wörterbuch der Deutschen Sprache, Bd. I-V. Braunschweig 1807-11.

17) Deutsches Wörterbuch. Von Jacob und Wilhelm GRIMM sowie späteren Bearbeitern, Bd. 1-16. Leipzig 1854-1960.

18) Eine erschöpfende Bibliographie verbietet sich an dieser Stelle. Allein im Rahmen der Marburger Schriftenreihe 'Deutsche Dialektgeographie', Verlag N. G. Elwert, sind seit 1911 mehr als 85 Bände erschienen.

19) Deutscher Sprachatlas, teilweise gedruckt bei N. G.
Elwert, Marburg 1926 ff.; ungedruckt im Forschungsinstitut für deutsche Sprache 'Deutscher Sprachatlas', Universität Marburg.

20) Deutscher Wortatlas, Bd. 1 - 20, Schmitz-Verlag, Gießen,
1951 ff.

Ulrich Ammon

Begriffsbestimmung und soziale Verteilung des Dialekts

1. Begriffsbestimmung des Dialekts

Eine adäquate Begriffsbestimmung kann nicht Ausgangspunkt, sondern nur Resultat einer wissenschaftlichen Untersuchung sein. Ausgangspunkt ist sie allenfalls bei der systematischen Ergebnisdarstellung. Sie sollte alle wesentlichen Merkmale der Begriffe enthalten, und nur diese. Wesentlich sind diejenigen Merkmale, ohne die eine kausale[1] Erklärung des Entstehungs- und Veränderungsprozesses des Gegenstandes ausgeschlossen ist.

Bei unserem Gegenstand handelt es sich nicht um irgendeinen konkreten Dialekt, sondern um den betreffenden Sprachtyp. Vom "Dialekt" im Singular und ohne nähere Bestimmung spreche ich im Hinblick auf diesen allgemeinen Sprachtyp; wenn ich von "Dialekten" im Plural spreche, beziehe ich mich auf konkrete Erscheinungen dieses Typs. Hier sollen diejenigen allgemeinen Merkmale des Sprachtyps Dialekt erfaßt werden, die für die gesellschaftliche Kausalität seines Wandlungsprozesses ausschlaggebend sind. Diese Merkmale müssen Bestandteile einer Realdefinition[2] sein und sind durch Realabstraktion zu gewinnen; sie lassen sich nicht durch irgendwelche Bedeutungsanalysen des Wortes "Dialekt" finden, die nur zu einer Nominaldefinition führen können.

Im Hinblick auf die übergeordnete Fragestellung des vorliegenden Bandes soll der Dialekt unter einem spezifischen Aspekt betrachtet werden, nämlich in seiner Beziehung zu dem Sprachtyp der Einheitssprache. Dieser Aspekt ist nicht willkürlich gewählt, sondern erfaßt eine für den Sprachtyp des Dialekts wesentliche Beziehung. Der Dialekt läßt sich in den für die Fragestellung des vorliegenden Bandes wesentlichen Aspekten ohne diese Beziehung zur Einheitssprache überhaupt nicht begreifen, womit nicht behauptet sein soll, daß er sich in dieser Beziehung vollständig begreifen läßt. Zu berücksichtigen wären zweifellos auch die Beziehungen von Einzeldialekt zu Einzeldialekt, die sowohl einander benachbarte wie ineinander eingelagerte, einander größenmäßig unter- und übergeordnete Dialekte betreffen. Solche Beziehungen sind vor allem bedeutsam, solange noch keine voll entwickelte Einheitssprache besteht. Nach deren Herausbildung wird die Beziehung von Dialekt zu Dialekt jedoch sekundär. Da es hier nur um die Verhältnisse bei einer voll entwickelten Einheitssprache geht, darf ich mich auf die Beziehung zwischen Dialekt und Einheitssprache beschränken. Zugleich scheiden damit bestimmte Dialektbegriffe aus meinen Überlegungen aus, etwa der Bezug auf genetisch verwandte Sprachen ohne synchron gemeinsame Einheitssprache, die in der historisch-vergleichenden Sprachwissenschaft auch als Dialekte bezeichnet werden, z.B. Schwedisch und Deutsch als germanische Dialekte[3].

Eine   a l l g e m e i n e , auf den Sprachtyp bezogene Begriffsbestimmung von Dialekt und Einheitssprache scheint mir allein strukturell linguistisch nicht möglich zu sein. Einen solchen Vorschlag macht beispielsweise Klaus HEGER (HEGER 1969). Er möchte den Dialektbegriff im Rahmen eines hierarchischen strukturellen Diasystems bestimmen, worin der Dialekt einen niedrigeren Rang einnimmt als die Einheitssprache (Hochsprache). Die Unterordnung des Dialekts ergibt sich jedoch nicht durch die linguistische Analyse selber, sondern ist aufgrund anderweitiger Vorkenntnisse vorausgesetzt. Es ist fraglich, ob es überhaupt allgemeine grammatische (phonologische, morphologische, syntaktische) Unterschiede zwischen den Sprachtypen Dialekt und Einheitssprache gibt - daß es grammatische Unterschiede in jedem konkreten Einzelfall gibt, ist freilich tautologisch. Gesichert sind   a l l g e m e i n e   linguistische Unterschiede zwischen Dialekt und Einheitssprache m. E. gegenwärtig nur im Lexikon. Ich möchte allerdings nicht mit diesem Merkmal beginnen, sondern komme darauf später zurück, weil es weniger evident ist als andere Merkmale, die in der strukturalistischen Tradition de SAUSSUREs außerlinguistisch sind, nicht dem "inneren Bezirk der Sprachwissenschaft" (SAUSSURE 1967, 24-27) angehören.

Ein wesentliches und auch ziemlich evidentes Merkmal ist die Größe der regionalen Ausdehnung, des Gebrauchsgebiets, worin die Einheitssprache den Dialekt stets erheblich übertrifft. Dieses Merkmal betrifft die regionale Geltung[4] der beiden Sprachtypen, nicht ihre Struktur, ist also außerlinguistisch. Es erlaubt zugleich im Zweifelsfall die terminologische Präzisierung des Dialekts im hier gemeinten Sinn als "Regionaldialekt". Sozialdialekte mit gleich großer regionaler Ausdehnung wie die Einheitssprache fallen damit aus unseren Überlegungen heraus; sie unterliegen anderen Gesetzmäßigkeiten. Ohne die unterschiedliche Größe des Gebrauchsgebietes läßt sich die Entwicklung der Einheitssprache weder in deutschen noch in anderen Sprachgebieten verstehen. Die Einheitssprachen wurden entwickelt, um die nur kleinräumigen Kommunikationsmöglichkeiten der Dialekte zu erweitern (z.B. GUCHMANN 1969, 185-201; AMMON 1977, 25-29).

Die regionale Beziehung zwischen den beiden Sprachtypen ist dahingehend zu präzisieren, daß alle Dialekte innerhalb des Gebiets ihrer Einheitssprache liegen, unter geographischem Aspekt also stets Teilmengen davon bilden. Damit bleiben die von Heinz KLOSS sogenannten "dachlosen Außenmundarten" (KLOSS 1976, 317), wofür etwa das derzeitige Elsässische ein Beispiel ist, außerhalb unserer Betrachtung;

auch sie unterliegen anderen, speziellen Gesetzmäßigkeiten.
Das letzte Beispiel zeigt, daß die unterschiedliche Ge-
bietsgröße auch zusammen mit der geographischen Teilmengen-
beziehung noch keine zureichende Qualifizierung der Beziehung zwischen Dialekt und Einheitssprache ist; sonst stün-
den das Elsässische und die französische Sprache im Verhältnis von Dialekt zu Einheitssprache. Dasselbe würde etwa für das mittelalterliche Latein gegenüber den damaligen
deutschen Sprachen gelten, da es ebenfalls ein großräu-
migeres Dach über diesen bildete. Im Gegensatz hierzu sind
Dialekt und Einheitssprache linguistisch enger miteinander
verwandt, beziehungsweise - in nicht genealogischer Aus-
drucksweise - stimmen linguistisch in höherem Maße miteinander überein. Dieses innerlinguistische Merkmal läßt sich
auch in ein funktionales übersetzen: Zwischen Dialekt und
Einheitssprache läßt sich zur Not noch kommunizieren, wenngleich mit Schwierigkeit. Andernfalls handelt es sich
nicht um Dialekte, sondern um verschiedene Sprachen, aber-
mals in KLOSS' Terminologie gesprochen: um "Abstandsprachen" (KLOSS 1967 u. 1976), deren Verhältnis sich anders
gestaltet als das zwischen Dialekt und Einheitssprache.
    Begreiflicherweise wurde verschiedentlich gefordert, die
Größe des linguistischen Abstandes oder das Ausmaß der
Kommunikationsmöglichkeiten zwischen Dialekt und Einheitssprache zu präzisieren, z.B. von Einar HAUGEN, der auch
einige Ausführungshinweise dazu liefert (HAUGEN 1966, 926).
Eines der Probleme dabei ist, daß die Kommunikationsmöglichkeiten und -schwierigkeiten sowie die Ansprüche an die
Reibungslosigkeit der Kommunikation gesellschaftlich und
historisch variieren, so daß aufgrund spezifischer Kommuni-
kationsmodi einmal verhältnismäßig große linguistische
Divergenzen noch eine ausreichende Interkommunikation gestatten, ein andermal dagegen kleinere Differenzen schon
nicht mehr. Linguistische Präzisierungen, die natürlich
im Einzelfall prinzipiell möglich sind, bleiben daher stets
historisch-gesellschaftlich relativ. Dies ist der entscheidende Hintergrund der divergenten Präzisierungsversuche des
linguistischen Abstandes, die von KLOSS ausführlicher dargestellt werden (KLOSS 1976, 303-304), wobei er - verständ-
licherweise - ebenfalls eine Festlegung vermeidet. Ich beschränke mich daher auf die allgemeinere Bestimmung, daß der
linguistische Abstand eine Größenordnung haben muß, die gemäß der historisch-gesellschaftlichen Kommunikationsmöglichkeiten und -ansprüche zwar noch eine Interkommunikation ermöglicht, aber nur eine unzureichende, mühevolle. Ist letzteres nicht der Fall, so handelt es sich nach den gegebenen
historisch-gesellschaftlichen Maßstäben um eine einheitliche
Sprache, was eine begrenzte regionale Variation nicht aus-
schließt. Solche regionalen Variationen, die keinerlei Kommunikationsschwierigkeiten verursachen, unterliegen anderen
Gesetzmäßigkeiten als Dialekte.
    Nach den bisherigen Merkmalen könnte es sich bei der Ein-
heitssprache auch um eine Koine, ein Vernacular (STEWART
1962, 18-19) oder eine Umgangssprache[5] handeln. Damit sind

wir von der spezifischen Qualität der Einheitssprache,
wie sie derzeit im deutschen und in anderen Sprachgebieten
besteht, noch weit entfernt. Von einer Koine unterscheidet
sich eine vollentwickelte Einheitssprache durch ihre volle
Standardisierung[6]. Damit ist ihre vollständige,kodifizierte
Normierung gemeint, die zugleich einen weiteren wesentlichen
Unterschied gegenüber dem Dialekt ausmacht. Vollständig ist
diese Normierung, weil sie auf allen grammatischen Ebenen
einschließlich der Lautung und Schreibung (Orthoepie, Orthographie) durchgeführt ist; kodifiziert ist sie, weil sie
schriftlich fixiert und rechtskräftig, also juristisch[7] und
staatlich abgesichert ist. Die Standardisierung setzt die
bewußte Normfindung und -setzung voraus und impliziert eine
höhere Normbewußtheit der Sprachbenutzer hinsichtlich der
Einheitssprache als hinsichtlich des Dialekts. Entgegen
einem verbreiteten Mißverständnis ist auch der Dialekt nicht
ohne Norm, was durch den Tatbestand von Sanktionen im Fall
von Normabweichungen evident wird. Jedoch ist der Dialekt
nicht standardisiert. Es handelt sich also um qualitativ
unterschiedliche Normierungsstufen von Dialekt und Einheitssprache.
   Die Standardisierung der Einheitssprache hängt übrigens
einmal eng zusammen mit ihrer vollen Entwicklung als Schriftsprache im Sinne von Josef VACHEK (VACHEK 1971). Deren
spezifische Qualität, nämlich eines quasi-primären Kom-
munikationsmittels, das die unmittelbare Bedeutungsent-
nahme über den visuellen Kode ermöglicht, wird gerade durch
die Standardisierung erreicht. Zum andern ist mit der Standardisierung in aller Regel auch das maßgebliche Kriterium
für eine "Ausbausprache" im Sinne von KLOSS erfüllt, nämlich
die Verwendung der betreffenden Sprache in der Sachprosa
einschließlich der wissenschaftlichen Prosa als deren
höchster Stufe (KLOSS 1976, 307-308). Beide mit der Standardisierung eng verbundene Merkmale, die voll entwickelte
Schriftsprachlichkeit und die Qualität einer Ausbausprache
fehlen dem Dialekt.
   Als wesentliche Unterscheidungsmerkmale der Einheitssprache vom Dialekt wurden bislang genannt: die regionale
Großräumigkeit und die Standardisierung, die vor allem die
volle Schriftsprachlichkeit einschließt. Mehrfach wurden in
diesem Zusammenhang auch funktionale Unterschiede angedeutet, die es nun näher zu betrachten gilt. In der Tat
hängen mit der Großräumigkeit und der Standardisierung
funktionale Unterschiede eng zusammen. Deren systematische
Analyse erscheint mir als besonders dringendes Desiderat,
da hier noch große Unklarheit zu herrschen scheint. Zur
Präzisierung des Begriffs "Funktion" sei zunächst klarge-
stellt, daß es sich dabei um die kommunikative Funktion handelt, und zwar in dem engen Sinn der Kommunikation denota-
tiver Inhalte, und daß Kommunikation in diesem Sinn Kognition
einschließt, denn kommunikabel ist - außer in pathologischen
Fällen - nur, was gewußt wird. Darüber hinaus ist die Unterscheidung von Funktion und faktischer Verwendung wichtig.
Ein qualitativer Unterschied zwischen Dialekt und Einheits-

sprache läßt sich hinsichtlich der faktischen Verwendung
nicht herausarbeiten, da eine beliebige, auch gänzlich
inadäquate faktische Verwendung des Sprachtyps im Einzelfall nicht auszuschließen ist[8]. Die Funktion ist also ein-
zuengen auf adäquate, erfolgreiche Kommunikation, in der
das Kommunikationsziel erreicht wird, was im Verbum "funktionieren" deutlicher zum Ausdruck kommt. Dies scheint mir
eine notwendige Präzisierung gegenüber der Zuordnung zur
"Verwendungsbereichen" zu sein,die Heinrich LÖFFLER erwägt,
aber auch für fragwürdig hält (LÖFFLER 1974, 5-6). In diesem
Sinne "funktioniert" die Einheitssprache als Kommunikationsmittel in anderen Kommunikationsvorgängen als der Dialekt.
Von einer angemessenen Klassifikation dieser Kommunikationsvorgänge sind wir jedoch noch weit entfernt. Generell funktioniert nach unseren bisherigen Bestimmungen der Dialekt
nicht in solchen Kommunikationsvorgängen, die überregional
sind und einer standardisierten Sprache bedürfen, also in
nationweiten Kommunikationsvorgängen von einem erhöhten
Verbindlichkeitsgrad. Dort funktioniert nur die Einheitssprache. Vielleicht lassen sich die in diesem Sinn spezifisch einheitssprachlichen Funktionen vorläufig am ehesten
bestimmten Institutionen zuordnen. Danach handelt es sich
um amtliche (offizielle) und damit verbindliche Kommunikationsvorgänge in den wichtigsten staatlichen Institutionen wie der Regierung, der Justiz, der Verwaltung und
anderer, der Geschäftsführung und Verwaltung der Industrie
und der Kommunikation durch die Massenmedien, sofern sie
nicht primär unterhaltenden Charakter hat.
   Im Gegensatz dazu ist die Funktion des Dialekts beschränkt auf die übrigen Kommunikationsvorgänge, die allgemein gekennzeichnet sind durch Provinzialität, geringeren
Öffentlichkeitsgrad und geringere Verbindlichkeit. Sie
liegen im Bereich der lokalen Politik, Verwaltung, des Ge-
schäftslebens und der unmittelbaren Produktion sowie der
Reproduktionssphäre, vor allem der Familie. Dabei funktioniert der Dialekt wohl umso eher, je privater und pro-
vinzieller diese Kommunikationsvorgänge sind, also am
besten innerhalb der Familie, sofern die Eheleute beide
aus demselben Dialektgebiet stammen.
   An dieser Stelle ist nun im Hinblick auf spätere Überlegungen der Hinweis außerordentlich wichtig, daß in all
diesen Kommunikationsvorgängen, in denen der Dialekt brauchbar ist und verwendet wird, durchaus auch die Einheitssprache funktioniert. Dies beweist gerade im deutschen
Sprachgebiet schlagend die Tatsache, daß der Dialekt in bestimmten norddeutschen Regionen ganz außer Gebrauch gekommen ist. Daß dort in den genannten Kommunikationsvorgängen
die Einheitssprache auch funktioniert, steht außer Zweifel.
Daraus folgt zwingend, daß es spezifische Funktionen in dem
von uns gemeinten Sinn für den Dialekt gar nicht gibt, oder
- mit historischem Bezug gesprochen - nicht mehr gibt. Prinzipiell könnte folglich hinsichtlich der kommunikativen Funktionen der Dialekt gänzlich durch die Einheitssprache ersetzt
werden.
   Dagegen gibt es durchaus spezifische Funktionen der Ein-

heitssprache, denn in den für sie genannten Kommunikationsvorgängen würde der Dialekt aufgrund seiner Kleinräumigkeit
und fehlenden Standardisierung nicht funktionieren. Er ist
dort aufgrund wesentlicher Eigenschaften prinzipiell unbrauchbar und würde bei seiner Brauchbarmachung für diese
Kommunikationsvorgänge gerade seinen Status als Dialekt
verlieren.

Zusammenfassend läßt sich folglich die kommunikative
Funktion des Dialekts auch als eingeschränkt, die der Einheitssprache dagegen im nationalen Rahmen als uneinge-
schränkt, umfassend kennzeichnen. Allerdings gibt es seit
einiger Zeit selbst im nationalen Rahmen bei den meisten
Einheitssprachen, einschließlich der deutschen, Ansätze
zur Einschränkung ihrer Funktionen von einer übergeordne-
ten Ebene her, und zwar durch internationale Fremdsprachen[9].

Das Merkmal der umfassenden Funktion der Einheitssprache
scheint mir eine wichtige historische Konkretisierung darzustellen. Dadurch unterscheidet sich nämlich die Einheitssprache voll entwickelter bürgerlicher Gesellschaften von
früheren Einheitssprachen, etwa in der antiken Sklaven-
haltergesellschaft oder in Feudalgesellschaften. Dort waren
die Einheitssprachen, die durchaus sowohl überregional als
auch zumindest partiell standardisiert waren, auf bestimmte
Kommunikationsvorgänge beschränkt[10]. Demgegenüber kann man
bei entwickelten bürgerlichen Gesellschaften infolge der
umfassenden kommunikativen Funktion geradezu von einer
Durchdringung der gesamten Gesellschaft durch die Einheitssprache sprechen. In der Tat kann sich kein Mitglied dieser
Gesellschaften der Einheitssprache gänzlich entziehen. Der
vielleicht deutlichste Beleg dafür ist die Institutionalisierung der Einheitssprache als Lernziel der obligatorischen
allgemeinbildenden Schulen. Man könnte auch diesen Sachverhalt als allgemeinen Unterschied der Einheitssprache gegenüber dem Dialekt herausstellen. Zwar wird der Dialekt im
Schulunterricht auch - in der Regel sporadisch - verwendet;
er ist dort aber nur Mittel, nicht didaktisches Ziel, was
die Einheitssprache - zumindest in ihrer schriftlichen
Existenzform - allgemein ist. Mir scheint dieser schulbe-
zogene Unterschied zwischen Dialekt und Einheitssprache
allerdings unter den allgemeineren Unterschied in der kommunikativen Funktion subsumierbar zu sein.

Die unterschiedliche Funktion von Dialekt und Einheitssprache hängt wiederum zusammen mit allgemeinen innersprach-
lichen Merkmalen. Offenkundig sind sie im Lexikon, wo in
der Einheitssprache eine umfangreiche wissenschaftliche,
technische, verwaltungsmäßige und politische Terminologie
und Lexik ausgebildet ist, die im Dialekt keine Entsprechung
hat. Diese Lexik ist historisch infolge der Funktionser-
weiterung der Einheitssprache entstanden; rein logisch ist
sie eine Voraussetzung ihrer umfassenden Funktion. Es läge
nahe, im Hinblick auf diese Lexik den Dialekt als "restringiert" und die Einheitssprache als "elaboriert" zu bezeichnen. Mir erscheint eine solche Kennzeichnung jedoch
sehr problematisch, da diese Termini polysem und über-

wiegend mit anderen Begriffen verbunden sind. Sie werden
vor allem auf implizite beziehungsweise explizite Sprachverwendungsmodi angewandt (BERNSTEIN 1970; NIEPOLD 1970,
12-13), was mit dem hier gemeinten Sachverhalt nichts zu
tun hat.

Angesichts des weit größeren terminologischen Repertoires
der Einheitssprache wird gelegentlich der lexikalische und
idiomatische Reichtum des Dialekts im affektbezogenen und
intimen Wortschatz beschworen (WEISGERBER 1965, 8). Ein be-
achtlicher derartiger lexikalischer Reichtum des Dialekts
steht außer Zweifel; daß die Einheitssprache dort aber lexikalisch ärmer sei, ist bislang nicht erwiesen. Jedenfalls
gibt es keinerlei Beweis für eine Lückenhaftigkeit oder Un-
vollständigkeit der Einheitssprache im affektbezogenen oder
intimen Wortschatz. Ein Indiz dagegen ist auch ihre unein-
geschränkte Verwendbarkeit und Verwendung in allen Genres
der Literatur. Dagegen dürfte der Eindruck des besonders
großen Reichtums des Dialekts bisweilen auf die Zusammenfassung von Heteronymen[11], von regional nebeneinander ge-
bräuchlichen Synonymen, zurückzuführen sein, die in dieser
Frage gerade streng voneinander getrennt werden müssen.

Zur Bezeichnung des genannten allgemeinen Unterschieds
im Umfang der Lexik möchte ich mich vorläufig an Heinz
KLOSS anlehnen (KLOSS 1976). Dabei möchte ich die Lexik der
Einheitssprache als "ausgebaut", diejenige des Dialekts als
"unausgebaut" bezeichnen, wobei ich die Begriffe von KLOSS
in zweifellos fragwürdiger Weise auf die Lexik einenge.
Hinsichtlich des Umfangs der Semantik, der Wortinhalte der
beiden lexikalischen Repertoires ist unter Vernachlässigung
unerheblicher Details eine vollständige Enthaltenseinsbe-
ziehung zwischen Einheitssprache und Dialekt anzunehmen,
d. h. daß sämtliche Bedeutungen der dialektalen Lexik cum
grano salis auch durch die einheitssprachliche Lexik bezeichnet werden, keinesfalls aber umgekehrt. Die vorhandene
dialektale, also regional begrenzte Lexik, enthält für
breite Inhaltsbereiche, insbesondere der Wissenschaft,
Technik, Verwaltung und Politik,keine lexikalischen Ausdrücke.

Hiermit scheinen mir die wesentlichen Unterscheidungsmerkmale von Dialekt und Einheitssprache hinreichend vollständig erfaßt zu sein. Weitere Merkmale, die in anderen
Begriffsbestimmungsversuchen genannt wurden, sind m. E.
entweder ungesichert oder akzidentell oder den genannten
Merkmalen subsumierbar. Für akzidentell halte ich z.B.
die reichere Morphologie (LÖFFLER 1974, 5), die tatsächlich
bei den meisten Einheitssprachen vorzuliegen scheint, wie
ja nach Charles FERGUSON auch bei den High-varieties gegenüber den Low-varieties im Fall von Diglossien (FERGUSON
1959, 333-334). Dasselbe scheint mir letztlich zuzutreffen
auf die sozialschichtenspezifische Verteilung von Dialekt
und Einheitssprache (AMMON 1973 ; b), die nachfolgend behandelt wird. Allerdings ist dies eine schwierige Frage.
Jedoch scheint mir der letztlich akzidentelle Charakter
dieses Merkmals z.B. daraus zu erhellen, daß die Sozial-

schichten verschwinden können, ohne daß Dialekt und Einheitssprache verschwinden müssen. Damit wird auch das oft
genannte höhere Prestige[12] der Einheitssprache akzidentell,
das großenteils verantwortlich sein dürfte für ihre verbreitete Bezeichnung als "Hochsprache". Denn dieses Prestige der Einheitssprache im Gegensatz zum Dialekt hängt
eng mit der schichtenspezifischen Verteilung der beiden
Sprachtypen zusammen. Außer ungesicherten und akzidentellen
Merkmalen bleiben Zwischenstufen zwischen Dialekt und Einheitssprache, z.B. "Ausbaudialekte" (KLOSS 1976, 312-317),
wie sie in der Schweiz vorliegen, oder Umgangssprachen
(RADTKE 1973) hier unberücksichtigt. Auf sie treffen die
zwischen Dialekt und Einheitssprache differenzierenden
Merkmale nur teilweise zu. Mit der schon eingangs aus unserer Betrachtung ausgeschlossenen Beziehung von Dialekt
zu Dialekt bleiben auch Binnendifferenzierungen des Dialekts unberücksichtigt, die gelegentlich, z.B. von August
SCHLEICHER, terminologisch als "Mundarten" vom großräu-
migeren Dialekt abgesetzt wurden (SCHLEICHER 1874, 27;
ähnlich unterscheidet auch J. GRIMM nach LÖFFLER 1974, 3).
Ebenso bleiben der Einheitssprache neben- oder übergeordnete Größen wie Fremdsprachen, internationale oder Welt-
sprachen hier außerhalb unserer Betrachtung. Dasselbe gilt
für nationsspezifische unterschiedliche Varianten einer
Einheitssprache, wie sie vor allem für die englische, aber
auch schon für die deutsche Einheitssprache bestehen, nämlich zwischen der BRD, DDR, Österreich und der deutschsprachigen Schweiz.
    Die gefundenen allgemeinen Merkmale spezifizieren eine
Einheitssprache so weit, daß man in Anlehnung an den Begriff der "Nationalsprache" in der sowjetischen Sprachwissenschaft (GUCHMANN 1961; 1964, 11-26)[13] auch von "natio-
naler Einheitssprache" sprechen kann. Dieser Typ von Einheitssprache ist historisch erst im Zusammenhang mit der
bürgerlichen Nation entstanden[14]. Es handelt sich dabei
also - um zu rekapitulieren - um einen Sprachtyp, der
regional großräumig, standardisiert, hinsichtlich der kommunikativen Funktion umfassend und lexikalisch ausgebaut
ist. Der Dialekt, dessen linguistisches System mit der Einheitssprache partiell übereinstimmt, ist demgegenüber kleinräumig, nicht standardisiert, funktional eingeschränkt und
lexikalisch unausgebaut.

	Dialekt	Einheits-sprache	Logische Beziehung[15] (Extension)
Linguistisches System (infraling.)	partiell kongruent	partiell kongruent	Interferenz
Semantischer Umfang der Lexik (infraling.)	unausgebaut	ausgebaut	Subordination
Regionale Ausdehnung (extraling.)	klein, im Gebiet d. Einheitssprache enth.	groß	Subordination
Normierungsgrad (extraling.)	nicht standardisiert	standardisiert	Subordination
Kommunikative Funktion (extraling.)	eingeschränkt	umfassend	Subordination

Die aufgelisteten Merkmale verdeutlichen, daß es sich beim Dialekt wie auch bei der Einheitssprache nicht um einen strukturellen oder systemlinguistischen Sprachtyp handelt. Vielmehr ist er gegenüber den strukturellen Typologien der Sprachen der Erde, die zwischen isolierenden, agglutinierenden Sprachen usw.[16] unterscheiden, gleichgültig. Man ist geneigt, ihn als funktionalen Sprachtyp[17] zu bezeichnen, jedoch erscheint mir angesichts der Unbestimmtheit des Funktionsbegriffs die Bezeichnung "historisch-gesellschaftlicher Sprachtyp" u. U. zweckmäßiger, weil eindeutiger. Strukturelle Gesichtspunkte spielen bei seiner Bestimmung durchaus auch eine Rolle, aber nur eine begrenzte, relative, nämlich jeweils nur innerhalb des Abstands, der Dialekt und Einheitssprache gleichermaßen von fremden Sprachen unterscheidet.

2. Soziale Verteilung des Dialekts

Aus den eingangs genannten Gründen soll nicht nur der Dialekt, sondern auch die Einheitssprache auf ihre soziale Verteilung hin untersucht werden. Die soziale Verteilung könnte vordergründig selbst als ein wesentliches außerlinguistisches Merkmal der beiden Sprachtypen aufgefaßt werden. Gegenüber den genannten Merkmalen erscheint sie mir jedoch eher akzidentell, da ich eine wesentlich andere Gesellschaftsordnung als alle derzeitigen prinzipiell für

möglich halte, ohne daß Dialekt und Einheitssprache mit den
genannten Merkmalen damit notwendigerweise gänzlich ver-
schwänden. Daher erscheint es mir auch verfehlt, die soziale
Verteilung in die Definition solcher Sprachtypen aufzu-
nehmen, wie dies etwa für die Standardsprache im "Lexikon
der germanistischen Linguistik" (JÄGER 1973) oder im
'Linguistischen Wörterbuch' von Theodor LEWANDOWSKI
(LEWANDOWSKI 1975) geschehen ist.

Ich möchte versuchen, bei der Behandlung der sozialen
Verteilung von Dialekt und Einheitssprache in der Systema-
matik des Ansatzes einen Schritt über den bisherigen For-
schungsstand hinauszugehen; dafür muß ich aus Raummangel
auch einige Differenzierungen im einzelnen verzichten. Außerdem begebe ich mich damit tief in empirisch noch kaum abgesicherte hypothetische Zonen hinein, ohne daß ich immer
wieder im einzelnen darauf hinweise.

Bei soziolinguistischen Analysen sind generell zunächst
zwei Seiten der Gesellschaft auseinanderzuhalten:
1. das politisch-ökonomische System, die Verteilung von
   Herrschaftsgewalt und materiellem Besitz in der Gesellschaft;
2. das soziolinguale System, die Verteilung von Sprachen
   und Sprachverwendungsmodi auf die Gesellschaft.
Außer diesen beiden gibt es weitere Teilsysteme der Gesellschaft, z.B. im kulturellen Bereich, die bei umfassenden
soziolinguistischen Analysen einzubeziehen wären, aber hier
außer Betracht bleiben müssen. Ich beschränke mich bewußt
auf die beiden genannten Teilsysteme der Gesellschaft. Sie
müssen aus methodischen Gründen vorläufig analytisch getrennt, aber bei einer Gesamtbetrachtung notwendig wieder
aufeinander bezogen werden. Ohne politisch-ökonomischen
Bezug bleibt die soziolinguistische Analyse ideologischem
Mißbrauch hilflos ausgeliefert. Ein solcher Mißbrauch nach
Maßgabe von Herrschaftsinteressen läßt sich generell nur
vermeiden, wenn die Herrschaftsseite der Gesellschaft in
der Analyse selber expliziert ist. Dies ist einer der
Gründe, warum die politisch-ökonomische Seite der Gesellschaft nicht ignoriert werden darf; ein anderer besteht
darin, daß das politisch-ökonomische System die gewich-
tigste Determinante, gewissermaßen das Rückgrat der gesamten Gesellschaft darstellt.

Das politisch-ökonomische System ist identisch mit den
jeweiligen Produktionsverhältnissen, im Fall der BRD also
einem bestimmten monopolitischen Stadium des Kapitalismus[18],
das bestimmte soziale Klassen beinhaltet. Im vorliegenden
Fall sind dies zunächst die Hauptklassen - ganz allgemein
gesagt - der Kapitaleigner auf der einen und der Lohnab-
hängigen auf der anderen Seite, die sich durch Besitz bzw.
Nichtbesitz von Produktionsmitteln und entsprechender Ver-
fügungsgewalt unterscheiden und entgegengesetzte Interessen
haben. Die Produktionsmittel haben dabei die Form von Kapital. Für die Zuordnung zu den politisch-ökonomischen Klassen
ist dabei primär die bloße Quantität von Kapital, über die
verfügt wird, entscheidend. Die konkrete Qualität der Produktionsmittel und der mit ihnen ausgeführten Arbeit ist hin-

sichtlich der Klassenzugehörigkeit sekundär. Mit MARX könnte
man auch ganz allgemein sagen, die Klassenzugehörigkeit bestimmt sich im Hinblick auf "abstrakte Arbeit"[19], auf Tausch-
wertquanten, über die verfügt wird.

Ganz anders das soziolinguale System. Für dieses ist
die konkrete Arbeit, die in einer Gesellschaft ausgeführt
wird, konstitutiv. Nach ihr bestimmt sich nämlich maßgeblich der Sprachgebrauch in der Gesellschaft. Dieser ist zu
allererst Sprachgebrauch bei der Arbeit, also ein Bestandteil der konkreten, Gebrauchswert schaffenden Tätigkeit.
Beim Sprachgebrauch in der konkreten Arbeit muß daher jede
umfassende soziolinguistische Theorie ansetzen, wenn sie
die fundamentalen soziolinguistischen Gesetzmäßigkeiten
erfassen will.

Grundlegend sind dabei wiederum die objektiven sprachlichen Anforderungen, die zur Bewerkstelligung der konkreten Arbeit unabdingbar sind; es ist offenkundig, daß
diese objektiven Anforderungen nicht identisch sind mit
den tatsächlichen Äußerungen bei der Arbeit. Diese objektiven sprachlichen Anforderungen bilden das unverzichtbare
Minimum an notwendigen subjektiven Sprachqualifikationen
der Bevölkerung. Ihre Veränderung erzwingt folglich auch
entsprechende Veränderungen dieser subjektiven Sprachqualifikationen, sei es durch soziale Verschiebung der vorhandenen Sprachen oder deren Wandel.

Nebenbei haben wir es hier mit Sachverhalten zu tun, die
mit der im ersten Teil behandelten Funktion von Sprache eng
zusammenhängen, ja nur deren andere Seite darstellen. Die
Funktion einer Sprache ist eine Eigenschaft der Sprache
selber, wenngleich eine extralinguistische, nämlich die
unter den gegebenen Umständen in ihr ruhende Kommunikations-
potenz oder die Gesamtheit der in ihr erfolgreich statt-
findenden Kommunikation. Die objektive Sprachanforderung
ist eine Eigenschaft einer Situation, genauer eines objektiven Prozesses; sie muß erfüllt werden, damit dieser
Prozeß ungestört ablaufen kann. Die Sprachqualifikation
ist eine Eigenschaft eines menschlichen Subjekts, dessen
sprachliche Fähigkeit; sofern dieses Subjekt Teil eines objektiven Prozesses ist, muß seine Sprachqualifikation dessen Sprachanforderung entsprechen, wenn dieser Prozeß auf-
rechterhalten werden soll. Damit werden wichtige Berüh-
rungsflächen erkennbar zwischen bestimmten Merkmalen unserer Sprachtypen einerseits und den Sprachbenutzern sowie
den objektiven Prozessen, in denen diese stehen, andererseits.

Zur systematischen Erfassung dieser Zusammenhänge erscheint mir eine Anlehnung an die Begriffe des Bildungs-
ökonomen Franz JÁNOSSY brauchbar. Dieser unterscheidet
zwischen "Arbeitsplatzstruktur", "Berufsstruktur" und "Beschäftigungsstruktur" (JÁNOSSY 1966, 223-225, 239-244)
einer Gesellschaft. Die Arbeitsstruktur ist die Klassifikation der vorhandenen Arbeitsplätze nach der Art der
Tätigkeiten, die dort aufgrund der vorhandenen Produktionsmittel erforderlich sind. Hierbei handelt es sich also um die objektiven Arbeitsanforderungen. Die Berufsstruk-

tur ist die klassifizierte Gesamtheit der in der Bevölkerung vorhandenen Qualifikationen. Ich ziehe hierfür den Terminus "Qualifikationsstruktur" vor, der weniger mißverständlich ist. Arbeitsplatzstruktur und Qualifikationsstruktur stimmen immer nur annähernd überein. Die reale Verteilung der Qualifikationen auf die Arbeitsplätze ist die "Beschäftigungsstruktur" der Gesellschaft. Bei aller faktischen Diskrepanz aufgrund von unter- und überqualifiziert Beschäftigten hat doch jede Gesellschaft die Tendenz der Anpassung der Qualifikationsstruktur an die Arbeitsplatzstruktur, der subjektiven an die objektive Seite des gesamtgesellschaftlichen Arbeitsprozesses, wobei natürlich andererseits deren Weiterentwicklung nur aufgrund der subjektiven Qualifikationen und Tätigkeiten erfolgt. Das hauptsächliche Vehikel dieser Anpassung ist das Bildungssystem[20].

Arbeitsplatzstruktur, Qualifikationsstruktur und Beschäftigungsstruktur haben jeweils auch einen sprachlichen Bestandteil, nämlich die objektiven sprachlichen Anforderungen bei der Arbeit, die bei der Bevölkerung vorhandenen Sprachkenntnisse und Fähigkeiten und deren reale Verteilung auf die Arbeitsplätze. Diese sprachlichen Anteile könnten bezeichnet werden als "sprachliche Arbeitsplatzstruktur", "sprachliche Qualifikationsstruktur" und "sprachliche Beschäftigungsstruktur". Hierbei handelt es sich um einen vorläufigen terminologischen Vorschlag.

Die Dimension Dialekt - Einheitssprache bildet wiederum einen Ausschnitt aus dieser sprachlichen Arbeitsplatz-, Qualifikations- und Beschäftigungsstruktur. Ich beschränke mich im folgenden weitgehend auf den betreffenden Ausschnitt aus der sprachlichen Arbeitsplatzstruktur, also auf die objektive Seite des gesamtgesellschaftlichen Arbeitsprozesses. Diese Frage nach den objektiven Anforderungen der Verwendung von Dialekt oder Einheitssprache am Arbeitsplatz, nach der dialektal-einheitssprachlichen Arbeitsplatzstruktur also, erscheint mir als adäquater Ansatz einer Theorie der sozialen Verteilung dieser Sprachtypen. Außerdem erscheint mir diese Frage für eine solche Theorie unverzichtbar.

Die objektive Notwendigkeit der Verwendung von Dialekt oder Einheitssprache läßt sich von den wesentlichen Merkmalen dieser Sprachtypen ableiten. Von diesen aus ist zunächst einmal anzunehmen, daß es in der BRD so gut wie keinen Arbeitsplatz mehr gibt, an dem die aktive Verwendung eines Dialekts statt der Einheitssprache erforderlich ist, es sei denn, der Dialekt selber ist Gegenstand der Berufstätigkeit (dialektologischer Feldforscher, Dialektdichter o. ä.). Lediglich passive Kenntnisse des Dialekts sind im Umgang mit ausschließlichen Dialektsprechern unverzichtbar. Aufgrund der Subordinationsbeziehungen in der regionalen Ausdehnung, im Umfang des Lexikons, im Normierungsgrad und in der Funktion ließe sich der Dialekt prinzipiell vollständig durch die Einheitssprache ersetzen. Das interferente linguistische System (ohne Lexik) würde kein Hindernis in der Ersetzung des Dialekts durch die Einheitssprache

darstellen, sofern die Ersetzung allgemein erfolgte. Damit
wären alle dialektbedingten Kommunikationsschwierigkeiten
aufgehoben. Wohlgemerkt läßt sich diese Argumentation umgekehrt nicht auf die Einheitssprache anwenden. Wenn man
entsprechend die Einheitssprache allgemein durch die Dialekte zu ersetzen versuchte, würde die Kommunikation in
vielen Bereichen zusammenbrechen. Die Frage nach der dialektal-einheitssprachlichen Arbeitsplatzstruktur stellt
sich daher vor allem nach einer Seite hin: An welchen
Arbeitsplätzen ist die Einheitssprache erforderlich? bzw.
An welchen Arbeitsplätzen ist sie nicht erforderlich, ist
die Verwendung eines Dialekts möglich? Die Frage ist damit
also im wesentlichen eingeengt auf die einheitssprachliche
Arbeitsplatzstruktur.

Allgemeine Antworten lassen sich zunächst von den wesentlichen Merkmalen der Einheitssprache ableiten. Danach ist
die Einheitssprache an Arbeitsplätzen erforderlich:
- in denen weiträumig, über die Grenzen des jeweiligen Dia-
  lektgebiets hinaus sprachlich kommuniziert wird (Merkmal:
  Großräumigkeit);
- in denen die spezifisch einheitssprachliche Lexik, vor
  allem wissenschaftlich-technische Terminologie, anzuwenden ist (Merkmal: ausgebautes Lexikon). Allerdings könnte
  sich dabei die Verwendung der Einheitssprache prinzipiell
  auf diese Lexik beschränken, da diese im Prinzip auch mit
  der Grammatik eines Dialekts kombinierbar wäre;
- wenn die verwendete Sprache standardisiert sein muß
  (Merkmal: Standardisierung);
- wenn die Kommunikation inhaltlich und hinsichtlich der
  Adressaten sehr vielseitig, umfassend ist (Merkmal: umfassende kommunikative Funktion).
Am zwingendsten ist die Verwendung der Einheitssprache, wenn
sich diese Anforderungen an die sprachliche Kommunikation
miteinander verbinden und wenn sie ständig gegeben sind.
Treten sie nur partiell oder selten auf, so sind von Fall
zu Fall sprachliche Behelfslösungen möglich und kann ansonsten beim Dialekt verblieben werden. Ferner ist zu
differenzieren, ob und in welchem Ausmaß die sprachlichen
Kommunikationsanforderungen passiv oder aktiv, direkt
(face-to-face) oder indirekt, mündlich oder schriftlich
sind und welchen Ausschnitt aus der gesamten Einheitssprache sie jeweils betreffen.

Allgemein scheint es keine Arbeitsplätze in der BRD mehr
zu geben, die nicht zumindest eine rudimentäre passive mündliche und schriftliche Verwendung der Einheitssprache voraussetzen. Darüber kann auch nicht der Einsatz ausländischer
Arbeitskräfte hinwegtäuschen, da diese sprachlich unter-
qualifiziert sind und an kritischen Punkten sprachliche
Hilfestellung benötigen. Auch die wenigstens rudimentäre aktive schriftliche Verwendung der Einheitssprache dürfte
generell erforderlich sein. Vor allem aber gibt es eklatan-
te Divergenzen in den Anforderungen hinsichtlich des Umgangs und der Normgerechtheit der Verwendung der Einheitssprache, und zwar mündlich wie schriftlich. Diese Divergenzen sind vielleicht am ausgeprägtesten hinsichtlich der

aktiven mündlichen Verwendung. Sie erübrigt sich ziemlich gänzlich an manchen derzeitigen Arbeitsplätzen, vor allem in der Landwirtschaft, im Handwerk und in der unmittelbaren industriellen Produktion. Dagegen erfordern die leitenden Funktionen von Industrie, Handel und Banken sowie des Staates zumeist eine sehr umfassende und normgerechte aktive mündliche Verwendung der Einheitssprache. Ein maßgeblicher Grund dafür ist die Berührung dieser Funktionen mit einer größeren Öffentlichkeit.

Hinsichtlich der aktiven schriftlichen Verwendung der Einheitssprache divergieren die Anforderungen zwischen diesen beiden Klassen von Arbeitsplätzen kaum weniger.

Auch hinsichtlich der passiven Verwendung der Einheitssprache gehen die Unterschiede in die gleiche Richtung, sind aber nicht so eklatant. Denn auch in allen landwirtschaftlichen, handwerklichen und unmittelbar produktiven industriellen Berufen ist die gelegentliche passive Verwendung der Einheitssprache durchaus erforderlich, und zwar mündlich wie schriftlich. In den leitenden Funktionen sind diese Anforderungen jedoch weit umfassender. Dies betrifft vor allem den Umfang der Lexik, die Komplexität der Sätze und Texte, die Normgerechtheit und die Schnelligkeit der Handhabung.

Zu einer differenzierten Klassifikation der Arbeitsplätze nach solchen unterschiedlichen einheitssprachlichen Anforderungen fehlt im Moment noch jede empirische Grundlage. Sicher kongruieren die vorhandenen Klassifikationen von Arbeitsplätzen, die nach ganz anderen Gesichtspunkten erfolgten, nicht mit der einheitssprachlichen Arbeitsplatzstruktur. Sofern diesen Klassifikationen überhaupt konkrete Tätigkeitsmerkmale zugrunde liegen, sind sie nicht identisch mit den Sprachanforderungen, und schon gar nicht mit den einheitssprachlichen Anforderungen. Auch Arbeitsplatzqualifikationen nach Maßgabe des allgemeinen Qualifikationsniveaus oder nach Entscheidungsbefugnissen stimmen damit nicht überein, und noch weniger solche nach arbeitsrechtlichen Gesichtspunkten oder nach Maßgabe des Besitzes an Produktionsmitteln.

Aufgrund entweder sehr vager oder aber sehr fragmentarischer Kenntnisse muß ich mich mit einigen Andeutungen begnügen, die sich mit schon vorher Gesagtem berühren. Der Hinweis auf die umfangreicheren einheitssprachlichen Anforderungen in den Leitungsfunktionen legt die Vermutung nahe, daß diese Anforderungen auch positiv korrelieren mit höheren allgemeinen Qualifikationsanforderungen, die sich nach der erforderlichen Ausbildungsdauer bemessen, wenn sie auch keineswegs damit übereinstimmen. Außerdem hängt die einheitssprachliche Arbeitsplatzstruktur grob zusammen mit der Verteilung geistiger und körperlicher Arbeit. Geistige Arbeit, vor allem komplexe geistige Arbeit verbindet sich in der Regel mit gesteigerten einheitssprachlichen Anforderungen. Darüber hinaus sind zumindest die aktiven mündlichen Anforderungen im Durchschnitt umfangreicher, je mehr die Arbeit in Berührung steht mit einer

größeren Öffentlichkeit (Manager gegenüber Laborwissenschaft-
ler), je mehr sie kollektiv statt vereinzelt ist (industrielle gegenüber handwerklicher oder bäuerlicher Arbeit) und
je weniger sie ortsgebunden ist (Fernmontage gegenüber Be-
triebsarbeit). In all diesen Fällen erhöht sich nämlich die
Wahrscheinlichkeit des Kontakts mit Nichtdialektsprechern.

Bei einem unsystematischen Ausschnitt aus den derzeitigen
Arbeitsplätzen ergeben sich daher die folgenden hypothetischen Unterschiede[21]:

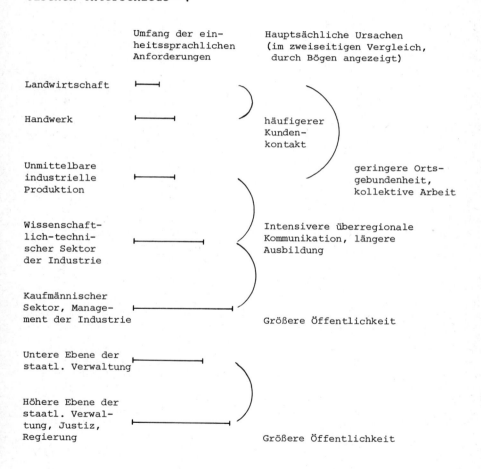

Umfang der ein-
heitssprachlichen
Anforderungen

Hauptsächliche Ursachen
(im zweiseitigen Vergleich,
durch Bögen angezeigt)

Landwirtschaft

Handwerk

häufigerer
Kunden-
kontakt

Unmittelbare
industrielle
Produktion

geringere Orts-
gebundenheit,
kollektive Arbeit

Wissenschaft-
lich-techni-
scher Sektor
der Industrie

Intensivere überregionale
Kommunikation, längere
Ausbildung

Kaufmännischer
Sektor, Manage-
ment der Industrie

Größere Öffentlichkeit

Untere Ebene der
staatl. Verwaltung

Höhere Ebene der
staatl. Verwal-
tung, Justiz,
Regierung

Größere Öffentlichkeit

Differenziertere Hypothesen zur einheitssprachlichen
Arbeitsplatzstruktur erspare ich mir, teils aufgrund von
Platzmangel, teils aufgrund fehlender Anhaltspunkte, fehlender Kenntnisse. Statt dessen möchte ich darauf hinweisen,
daß die angedeutete hypothetische einheitssprachliche
Arbeitsplatzstruktur in den Grundzügen übereinstimmt mit
empirischen Befunden über die reale soziale Verteilung der
Verwendung der Einheitssprache bzw. von Dialekt und Einheitssprache[22]. Wenn auch diese empirischen Befunde alle-
samt methodisch unzureichend sowie entweder sehr ausschnitt-
haft oder sehr undifferenziert sind, so läßt sich aus ihnen
doch extrapolieren, daß tendenziell in eben den Berufsgruppen eher die Einheitssprache gesprochen wird, deren
Arbeitsplatz höhere einheitssprachliche Anforderungen
stellt. Dies ist keineswegs selbstverständlich, sondern
höchst bemerkenswert, weil diese empirischen Untersuchungen
so gut wie nie die Sprachverwendung am Arbeitsplatz, sondern außerhalb der Arbeit erfaßten, in der Sphäre der individuellen Reproduktion. Die grobe Übereinstimmung wird
schon deutlich, wenn ich daran erinnere, daß die Befunde
z.B. beinhalten, daß auf dem Lande, also grob gesprochen in
der Landwirtschaft, besonders ausgeprägter Dialekt gesprochen wird, oder daß die unteren Sozialschichten ausge-
prägteren Dialekt sprechen als die höheren. Die Sozialschichten sind im wesentlichen eine Zusammenfassung von
Berufsgruppen nach Qualifikationsniveau und Einkommen und
von den politisch-ökonomischen Klassen zu unterscheiden[23].

Hier erhebt sich die Frage, wie es zu dieser, wenigstens
bei einer groben Betrachtung weitgehenden Übereinstimmung
zwischen einheitssprachlicher Arbeitsplatzstruktur und Verwendung der Einheitssprache in der Reproduktionssphäre
kommt. Die Antwort ist, daß die Sprachverwendung auch in
der Reproduktionssphäre maßgeblich geprägt wird von den
Sprachanforderungen am Arbeitsplatz, daß eine kausale Erklärung der sozial unterschiedlichen Sprachverwendung in
der Reproduktionssphäre überhaupt nur unter Rückgriff auf
die Sprachanforderungen am Arbeitsplatz möglich ist. Allerdings dürfen die sprachliche Arbeitsplatzstruktur und der
Sprachgebrauch in der Reproduktionssphäre, den die bisherigen empirischen Untersuchungen erfaßten, keinesfalls
gleichgesetzt werden. Ebensowenig läßt sich letzterer von
ersterer direkt ableiten. Vielmehr sind die Beziehungen
zwischen beiden Ebenen ziemlich kompliziert.

Zunächst ist die faktische Verteilung sprachlicher
Qualifikationen auf die Arbeitsplätze, die sprachliche Beschäftigungsstruktur, von den dort gegebenen Anforderungen,
der Arbeitsplatzstruktur, zu unterscheiden. Schon oben
wurde jedoch auf die in jeder Gesellschaft vorhandene
Tendenz hingewiesen, daß sich die Qualifikationsstruktur
der Arbeitsplatzstruktur angleicht.

Noch wichtiger für die faktische Sprachverwendung in
der Reproduktionssphäre ist die Tatsache, daß es dort selber spezifische Sprachanforderungen gibt. Pauschal läßt
sich über sie sagen, daß vor allem die Anforderungen des

aktiven mündlichen Gebrauchs der Einheitssprache in der
Reproduktionssphäre ziemlich allgemein reduziert sind.
Hauptursache dafür ist die größere Privatheit dieser Sphäre. Auf den faktischen mündlichen Sprachgebrauch wirkt
sich dies aus als durchgängige Tendenz zum situativen
Sprachwechsel: In der Reproduktionssphäre wird eher Dialekt gesprochen als am Arbeitsplatz[24].
   Von den Anforderungen her wäre es zumindest in der
Familie, dem privatesten und vielleicht wichtigsten Teil
der Reproduktionssphäre, auch für Inhaber leitender Funktionen weitgehend möglich, ausgeprägten Dialekt zu sprechen. Dies ist in der Regel aber nicht der Fall. Einmal
ist durch das interferente linguistische System von Einheitssprache und Dialekt eine klar getrennte Zweisprachigkeit erschwert. Die Systemüberlappung ermöglicht den schon
von Hermann PAUL beobachteten Gradualismus (PAUL 1970, 411)
zwischen beiden Sprachen, ihre nahezu beliebige Mischung.
Infolgedessen mischen sich bei regelmäßig gefordertem Gebrauch der Einheitssprache am Arbeitsplatz unwillkürlich
auch in die Sprache der Reproduktionssphäre viele einheitssprachlichen Elemente. Dies wäre im Rahmen einer lern-
psychologischen Bilinguismustheorie genauer zu analysieren.
Zum andern haben Dialekt und Einheitssprache infolge ihrer
zunächst am Arbeitsplatz ausgebildeten schichtenspezifischen Verwendung schichtenspezifischen Anzeichencharakter
erhalten, sind schichtenspezifische Sozialsymbole (AMMON
1973a, 37-55) geworden. Zumindest ausgeprägter Dialekt und
normgerechte Einheitssprache vertragen sich daher nicht
mehr ohne weiteres mit der sozialen Selbstzuordnung. Aus
diesem Grund wird ausgeprägter Dialekt in den Familien
höherer Sozialschichten vermieden, was im Rahmen einer
sozialpsychologischen Theorie näher zu analysieren wäre.
Hinzu kommt schließlich, daß in den höheren Schichten eher
bekannt ist, welche Vorteile die Beherrschung der Einheitssprache hat und diese daher bewußt verwendet wird, damit
die Kinder sie erlernen[25]. Trotz der Reduktion der objektiven Anforderungen wird daher auch in der Reproduktionssphäre in den höheren Sozialschichten die Einheitssprache
oder eine Annäherung daran gesprochen.
   Eine weitere wichtige Besonderheit der Reproduktionssphäre betrifft vor allem die unteren Sozialschichten.
Infolge der Massenmedien sind für sie die rezeptiven einheitssprachlichen Anforderungen im Vergleich zur Arbeitswelt erhöht. Diese rezeptiven Anforderungen führen aber
weder zum aktiven Gebrauch der Einheitssprache noch zu
ihrer aktiven Beherrschung. Selbst deren passive Beherrschung erreicht nicht das Niveau der höheren Schichten,
weil die unteren Schichten aufgrund der vorgängig geringer-
en Sprachkenntnisse notgedrungen zu den sprachlich ein-
facheren Medienangeboten greifen.
   Zusammenfassend läßt sich daher im Hinblick auf die
Reproduktionssphäre festhalten: Die für diese Sphäre
spezifischen Sprachanforderungen können die von der sprachlichen Arbeitsplatzstruktur primär geprägten sozialen

Unterschiede in der Beherrschung und im Gebrauch der Einheitssprache nicht aufheben. Diese sozialen Unterschiede
bleiben folglich auch in der Reproduktionssphäre bestehen
und werden dort den Kindern vermittelt, was unter anderem
die in anderen Beiträgen des vorliegenden Bandes zur Sprache
kommenden schuldidaktischen Probleme zur Folge hat.

Abschließend ist dieser skizzenhafte Ausschnitt aus dem
soziolingualen System der BRD - entsprechend der eigenen
einleitenden Forderung - wenigstens ansatzweise auf das
politisch-ökonomische System zurückzubeziehen. Ein Zusammenhang besteht darin, daß dieses politisch-ökonomische
System selbst eine maßgebliche Ursache des soziolingualen
Systems darstellt. Die Einheitssprache selber in ihrer
spezifischen hier behandelten Qualität als nationale Einheitssprache wurde überhaupt erst hervorgebracht infolge
des kapitalistischen politisch-ökonomischen Systems
(SCHIRMUNSKI 1962, 7-24; GUCHMANN 1964, 11-26). Erst infolge seiner Entfaltung entstanden Kommunikationsanforderungen, die das mittelalterliche Latein als überregionale Sprache ausschieden, durch Vernacularsprachen (STEWART
1962, 18-19) ersetzten und diese zur Einheitssprache verein-
heitlichten.

Aber auch die sozial ungleiche Teilhabe an dieser Einheitssprache ist durch das politisch-ökonomische System
verursacht. Die fortdauernde vorindustrielle, individuelle
Produktionsweise der Landwirtschaft, die den fortdauern-
den Dialektgebrauch dort bedingt, ist Ergebnis der un-
gleichmäßigen Entwicklung von Stadt und Land im Kapitalismus. Auch die einseitig ausführende und körperliche Pro-
duktionsarbeit in der Industrie, die kaum einheitssprachliche Anforderungen stellt, ja überhaupt kaum die Möglichkeit zum Sprechen bietet, ist verursacht durch dieses
politisch-ökonomische System. Diesen reduzierten Sprachanforderungen und Möglichkeiten entspricht wiederum genau
ein Schulsystem, das der Masse der Schüler nur äußerst
dürftige einheitssprachliche Fertigkeiten vermittelt[26].
Und vielleicht ist es auch charakteristisch für dieses
politisch-ökonomische System, daß es darin kaum auffällt
und fast niemand beunruhigt, wenn große Teile der Bevölkerung nicht einmal mit den Grundqualifikationen eines
mündigen Staatsbürgers ausgestattet werden. Zu diesen
Grundqualifikationen gehört unter vielem anderen auch die
aktive Beherrschung der Einheitssprache. Ohne sie ist
schon ein öffentliches Auftreten ausgeschlossen, weil nur
sie die allgemeine Verständlichkeit gewährleistet. Dabei
sind ein Dialektakzent oder einzelne Dialektismen offenkundig keine Behinderung, wohl aber so vielfältige Unsicherheiten im Gebrauch der Einheitssprache, wie sie bei
der Masse der Bevölkerung bestehen.

Die Sprachdidaktik hat eine lange Tradition in der
Nachfolge z.B. Rudolf von RAUMERS oder Rudolf HILDEBRANDS[27],
die diesen Zustand für unproblematisch hält. Die Sprachwissenschaft, vor allem die Dialektologie, hat sich überwiegend dialektpflegerisch daran ergötzt. Leider gilt dies

nicht nur für ihre zweite Garnitur, sondern für einen nicht
geringen Teil ihrer illustresten Exponenten, spätestens
seit Jacob GRIMM in kontinuierlicher Reihe bis zu Leo WEIS-
GERBER[28] und auch noch jüngeren Repräsentanten. Diese
Haltung ist nicht zuletzt die Konsequenz der hartnäckigen
Ausklammerung des politisch-ökonomischen Systems aus diesen Wissenschaften. Sie konnten dadurch, weitgehend ohne es
gewahr zu werden, zu dessen treuen Dienerinnen werden.

Anmerkungen

1 Gemeint ist natürlich keine Naturkausalität, sondern die
  Kausalität der gesellschaftlichen Entwicklung, die sich
  unabhängig von und auch gegen die Intentionen der Subjekte durchsetzt. MARX hat in seinen politisch-ökonomischen Analysen immer wieder auf diese Kausalität hingewiesen. Z.B. spricht er von "gesellschaftlichen Antago-
  nismen, welche aus den Naturgesetzen der kapitalistischen Produktion entspringen. Es handelt sich um diese
  Gesetze selbst, um diese mit eherner Notwendigkeit wir-
  kenden und sich durchsetzenden Tendenzen". Vorwort zur
  1. Aufl. des 'Kapitals'. K. MARX, F. ENGELS (1972 urspr.
  1867): Werke, Bd. 23. Berlin/DDR, 12. Die Rede von
  "Naturgesetzen" ist metaphorisch; MARX bezeichnet diese
  Gesetze oft auch als "quasi naturhaft". Eine solche kausale Gesetzmäßigkeit gilt prinzipiell auch für die Entwicklung und Veränderung des soziolingualen Systems
  (vgl. vorliegenden Abschnitt 2).

2 S. zum Begriff der "Real-" und "Nominaldefinition" z.B.
  W. SEGETH (1971):Elementare Logik. Berlin/DDR, 245-251.

3 Nach GRIMM waren es einst nur Dialekte, heute sind es
  verschiedene Sprachen: "wie sämtliche deutschen dialecte
  zu einer gemeinschaftlichen deutschen sprache der vor-
  zeit verhält sich die deutsche gesamtsprache wiederum
  als dialect neben dem litthauischen, slawischen, grie-
  chischen, lateinischen zu einer älteren ursprache".
  J. GRIMM (1868 urspr. 1848): Geschichte der Deutschen
  Sprache. 3. Aufl. Leipzig, 578. S. auch ders. (1819):
  Vorrede zur Deutschen Grammatik, Bd. 1, 5-20, 8. In:
  J. GRIMM: Deutsche Grammatik, Bd. 1. Wiederabdruck der
  Aufl. von 1870. Hildesheim 1967.

4 Der Begriff ist angelehnt an den der "kommunikativen Geltung" einer Sprachform bei ISING 1974, 35.

5 Es handelt sich dabei um einen von vielen Begriffen, die
  mit dem polysemen Terminus "Umgangssprache" verknüpft
  sind. S. dazu RADTKE 1973.

6 "Standardisierung" benutze ich hier synonym mit "Normierung", etwa im Sinne von GUCHMANN, die darin auch einen
  wesentlichen Aspekt der Herausbildung der "Literatursprache" (weitgehend synonym mit "Einheitssprache")
  sieht. GUCHMANN 1969, 201.

7 Untersuchungen zum exakten juristischen Status der kodifizierten Sprachnorm scheinen bislang zu fehlen. Daß die
  Norm juristisch abgesichert ist, steht außer Zweifel.
  Andernfalls wäre z.B. jede sprachliche Fehlermarkierung
  eines Lehrers anfechtbar. Die juristische Absicherung
  der Orthographie ist besonders offenkundig; die erste

vereinheitlichte Fassung in Deutschland trat 1902 durch
Bundesratsbeschluß inkraft. P. GREBE (o. J.): "Nachwort"
zum Faximiledruck von "Regeln für die deutsche Rechtschreibung nebst Wörterverzeichnis" (1902). Berlin 1902.
Abdruck Mannheim, 3-4.

8 Bei der Unterscheidung zwischen "kommunikativer Funktion"
und tatsächlicher "Verwendung" handelt es sich um eine
teilweise Analogie zur Unterscheidung von "Kompetenz"
und "Performanz" im Sinne CHOMSKYs. N. CHOMSKY (1965):
Aspects of the Theory of Syntax. Cambridge, Mass., 3-5.

9 Dies gilt für Teile der Kommunikation in Wissenschaft
und Technologie, in der Diplomatie und im Transportwesen,
v. a. im Flugverkehr, die auch innerhalb des deutschen
Sprachgebiets in einer Fremdsprache, in erster Linie in
englischer Sprache, stattfindet. S. dazu z.B. U. AMMON
(1975): Zur Soziologie der Fremdsprachenkenntnisse - mit
besonderer Berücksichtigung des deutschsprachigen Gebiets. In: U. AMMON, G. SIMON: Neue Aspekte der Soziolinguistik. Weinheim, Basel, 121-155.

10 Vgl. den Sprachtyp des "classical" bei STEWART (1962),
18-19.

11 Zur Begriffsbestimmung s. H. E. WIEGAND (1970): Synchro-
nische Onomasiologie und Semasiologie. In: Germanistische
Linguistik. Jg. 2, H. 3, 243-386, s. 344-347.

12 Die traditionelle Dialektologie sprach auch vom "Mehrwert der Sprachgeltung", allerdings nicht nur in Bezug
auf die Einheitssprache (dort "Hochsprache") sondern
auch auf zumeist großräumigere Dialektformen. A. BACH
(1950): Deutsche Mundartforschung. Heidelberg, 113.

13 Dort ist allerdings nicht der Terminus "Nationalsprache",
sondern "Literatursprache" synonym mit unserem Terminus
"Einheitssprache". Die "Nationalsprache" umfaßt also die
"Literatursprache" und die "Dialekte". In bezug auf die
mündliche Existenzform der Einheitssprache muß damit von
"mündlicher Literatursprache" gesprochen werden, was etwas unglücklich ist, da Literatur in der Regel als
schriftgebunden aufgefaßt wird. S. zur Terminologie z.B.
SCHIRMUNSKI 1962, 23; GUCHMANN 1961.

14 Z.B. GUCHMANN 1961; 1964; 1969.

15 Darstellungsweise und Terminologie sind angelehnt an W.
SEGETH (1971): Elementare Logik. Berlin/DDR, 134-142.

16 F. WENDT (Hg.) (1961): Das Fischerlexikon: Sprachen.
Frankfurt/M., 178-200.

17 So schreibt GUCHMANN in Bezug auf verwandte Begriffe:
"Die Begriffe 'Nationalsprache', 'Nationalitätssprache',
'Literatursprache' drücken nicht irgendwelche Besonder-
heiten der Struktur oder des Systems aus, sondern sie
beziehen sich auf die Funktionsweise der Sprache auf verschiedenen Stufen der gesellschaftlichen Entwicklung."
GUCHMANN 1964, 11.

18 Die nähere Bestimmung ist auch unter historisch-materi-
alistischen Theoretikern umstritten, vor allem der
staatsmonopolitistische Charakter des Systems.

19 K. MARX (1972 urspr. 1867): Das Kapital, Bd. I. In: K.
MARX, F. ENGELS: Werke, Bd. 23. Berlin/DDR, 56-61.

20 Daher die interessierte Rezeption JÁNOSSYs in der Bil-
dungsökonomie, z.B. S. v. FLATOW (1971): Ausbildung der
Arbeitskraft und wirtschaftliches Wachstum (F. JÁNOSSY).
In: E. ALTVATER, F. HUISKEN (Hg.): Materialien zur Politischen Ökonomie des Ausbildungssektors. Erlangen,
167-172.

21 Überlegungen sowie empirische Indizien dazu finden sich
auch in AMMON (1973 a), 22-72, 93-99 und ders. 1977,
32-36.

22 Z.B. AMMON (1973 a), 73-99; HASSELBERG (1976), 33-39.

23 S. etwa W. S. SEMJENOW (1972 urspr. 1969): Kapitalismus
und Klassen. Köln, 39-65.

24 Daher auch die häufige Kennzeichnung des Dialekts (oder
der "Mundart") als "Haussprache", z.B. HILDEBRAND 1908,
68. Der häufigere Gebrauch des Dialekts in der Reproduktionssphäre tritt auch zutage in den Ergebnissen einer
Allensbacher Umfrage zum Dialektgebrauch. Danach sprechen Dialekt (von denjenigen Personen, die den Dialekt
ihrer Wohngegend beherrschen):
in der Familie   67 %
im Freundeskreis   62 %
bei der Arbeit   40 %.
E. NOELLE, E. P. NEUMANN (Hg.) (1967): Jahrbuch der
öffentlichen Meinung 1965-1967. Allensbach, 66.

25 Belegt, allerdings ohne schichtenspezifische Zuordnung
sowie tendenziell negativ bewertet, bei K. J. MATTHEIER
(1973): Die "schlechte" Mundart. In: Rheinisch-Westfä-
lische Zeitschrift für Volkskunde. 20. Jg., H. 1-4,
168-185, s. 180-183. Indizien dafür auch in REIN,
SCHEFFELMANN-MAYER (1975), 274.

26 Es fehlen bislang exakte empirische Untersuchungen, in
welchem Umfang Abgänger von der Hauptschule die Einheitssprache beherrschen. Bei einer Lehrerbefragung im schwä-

bischen Gebiet schätzt 32 % der Befragten, daß nur die
Hälfte oder weniger der Hauptschulabgänger "richtig und
fließend Hochdeutsch sprechen" können. AMMON (1978), Kap.
3.8.3.2.

27 RAUMERS sprachdidaktische Konzeption ist ein Musterbei-
spiel der Legitimierung einer reduzierten Spracherziehung für die Volksschulen. RAUMER (1857), bes. 229-249.
Dort findet sich auch schon der später immer HILDEBRAND
zugeschriebene Gedanke, daß der Sprachunterricht in der
Volksschule (bei RAUMER "Elementarschule") vom Dialekt
auszugehen habe. Ebd., 238. Hier wie bei HILDEBRAND ist
dieser im Prinzip richtige Gedanke gekoppelt mit dem Verzicht auf die konsequente Vermittlung der Einheitssprache
und dient zugleich zur Kaschierung dieses Verzichts.
HILDEBRAND (1908), bes. 66-68.

28 Bei J. GRIMM ist die dialektpflegerische Tendenz noch
weitgehend latent hinter dem wissenschaftlich begründeten Aufruf zur vermehrten Dialektforschung. Z.B. Vorrede
zu J. und W. GRIMM (1854): Deutsches Wörterbuch, Bd. 1,
Leipzig I-XCII, XVII-XVIII. GRIMMs ambivalente Einschätzung des Dialekts wird auch evident, wenn er diesen einerseits als "rohwerdenden Volksdialect" kennzeichnet (ebd.
XVI) oder ihm "bildungswärme" abspricht (J. GRIMM (1819):
Vorrede zur deutschen Grammatik, Bd. I, V-XX, VIII. In:
J. Grimm: Deutsche Grammatik, Bd. I. Wiederabdruck der
Aufl. von 1870. Hildesheim 1967, ihn andererseits aber
folgendermaßen positiv charakterisiert: "Der gemeine
volksdialect steht auf seinem boden sicher und geschlo-
ßen, ist heimisch, zutraulich, stets natürlich, an ein-
zelnem wohllaut und triftigem ausdruck reich" (ebd.).
Bei WEISGERBER (1956) herrschen solche romantisierend
positiven Kennzeichnungen viel stärker vor. Daß er darüber hinaus keinerlei Nachteile für Dialektsprecher
sieht, zeugt von weit mehr Blindheit als bei GRIMM, da
zu GRIMMs Zeit diese Schwierigkeiten, etwa diejenigen in
der Schule, noch gar nicht herangereift waren. S. zur
ausführlicheren Kritik dieser WEISGERBER'schen Schrift
AMMON 1978, Kap. 4.2.

Klaus Gloy

Ökologische Aspekte der Dialekt-Verwendung

Ein Beitrag zur neuen Dialektwelle

1. Überblick über die behandelte Problematik

Dieser Aufsatz enthält mehr Fragen als Antworten. Zum Teil
ist das bedingt durch die Beschäftigung mit einem Phänomen,
welches so jung ist, daß es noch keine klaren Konturen besitzt, zum Teil hängt das von dem Erklärungsversuch ab, den
ich gewählt habe: ich sehe eine wesentliche Ursache der
neuen Dialektwelle im Unbehagen an der heutigen Massenzivilisation verankert. Allerdings setze ich das Phänomen nicht
gleich mit jener irrationalen Nostalgie, die sich in der
Wiederentdeckung von Omas Nippes und Kaktusbänken erschöpft;
vielmehr sehe ich in ihm eine leidenschaftliche Antwort auf
Entfremdungserlebnisse, die der einzelne in ständig wachsen-
der Zahl hat.
    Maßgeblich mitverursacht und verstärkt werden die Ent-
fremdungserlebnisse durch Prozesse, die von der Stadtsoziologie mit "Urbanisierung" etikettiert werden. Ökologische
Faktoren der gebauten Umwelt: Dialekt contra Beton - in
dieser sehr überspitzten Formulierung offenbart sich zugleich ein spezifisches Bedürfnis nach interdisziplinärer
Analyse und die Abenteuerlichkeit bzw. Irrationalität, die
m.E. der neuen Dialektwelle anhaftet. Methodisch wirft das
einige - und für die traditionelle Dialektforschung ungewöhnliche - Probleme auf; als Artikulation "unbehauster"
Menschen ist das Phänomen in gleicher Weise ernst zu nehmen.
    Die Rede von der neuen Dialektwelle setzt eine Zunahme
des Dialektgebrauchs voraus. Diese ist in der Tat beobachtbar. Allerdings ist wegen der Verstreutheit der Beobachtungen und der knappen Geschichte des Prozesses noch nicht
recht auszumachen, ob es sich dabei um mehr als eine Modeerscheinung handelt[1].
    Sollte der Schein nicht trügen, so wäre es in der Tat
ein erstaunliches und nicht vorhergesehenes Phänomen: Die
Geschichte der Dialekte zeigt, daß mit den gesellschaftlichen Bedürfnissen nach überregionalem Verkehr und entsprechenden Verständigungsformen die kleinräumigen, regional begrenzten Sprachformen zugunsten übergreifender
Formen immer mehr zurückgedrängt und schließlich nur noch
den räumlich isolierten bäuerlichen Gruppen belassen wurden. Philipp WEGENER prophezeite Ende des vorigen Jhs.
sogar das Aussterben der Dialekte.

Diese Vermutung hat sich aus verschiedenen Gründen jedoch nicht bestätigt; die Dialekte sind noch da - wenn
auch anscheinend eher zum Nachteil ihrer Sprecher (vgl.
AMMON 1972, 37ff.). Das Fazit entsprechender Untersuchungen läuft schließlich doch auf eine weitere Eingrenzung
dialektalen Redens hinaus: Auf Dialektsprechern lastet ein
prestigebesetzter Anpassungsdruck hin zur Einheitssprache,
der durch Anforderungen des Berufs noch verstärkt wird.
Eine verstärkte Tendenz also zur Einheitssprache hier,
eine angebliche neue Dialektwelle dort - handelt es sich
um widersprechende Beobachtungen oder um gegenläufige Prozesse?

2. Besteht eine Tendenz zur Einheitssprache?

Ich werde zunächst der Behauptung nachgehen, daß eine verstärkte Tendenz zur Einheitssprache besteht. Diese Behauptung wird meist in Form der These aufgestellt, daß die
Technisierung der Arbeitswelt und eine Notwendigkeit, sich
vermehrt zu äußern, das Eintreten in eine offizielle Sprache und damit die Tendenz zur einheitssprachlichen Äußerung
bedingen. Mit dieser These setze ich mich im vorliegenden
Abschnitt auseinander.
Unbezweifelbar erscheint mir die in dieser These enthal-
tene Behauptung, daß Technisierung (neben Handel und Admi-
nistration) einstmals die Verbreitung eines bestimmten Dialekts als Einheitssprache förderte. Insbesondere das Aufkommen der Großbetriebe und die Herausbildung industrieller
Ballungszentren zogen Massenabwanderungen aus anderen Regionen nach sich, die u.a. auch zu sprachlichen Agglomera-
tionsgebieten führten[2]. Die Arbeit im Großbetrieb und die
gemischte Wohnsituation des hergezogenen Industrieproleta-
riats sorgten in diesen Gebieten für eine relativ schnelle
Auflösung der mitgebrachten wie der Orts-Mundarten. Und
wenn auch aus dem Zwang zur Verständigung am Arbeitsplatz
zunächst viele Pidgin-Formen entstanden, so zeichnete sich
auch unter ihnen bald eine Tendenz zur Einheitssprache ab
(GLÜCK 1976, 40f.). Heute kommt die größere kommunikative
Reichweite des Handels hinzu, die auch im fernmündlichen
Verkehr eine Anpassung an eine überregionale Einheitssprache verlangt[3]; ebenso die Anforderungen, denen in Fremden-
verkehrsgebieten die einheimische Bevölkerung gegenüber
ihren Gästen nachkommen muß, vor allem auch der schulische
Anpassungsdruck (AMMON 1972; HASSELBERG 1972; HASSELBERG/
WEGERA 1975) und eine Fülle anderer Erscheinungen.
Gemeinsam ist diesen Erscheinungen: sie verdeutlichen
alle die Notwendigkeit, daß und wie man sich als Mundart-
sprecher mit anderen verständigen muß. In der Regel geschieht dies unter Aufgabe des vertrauten Dialekts und in
Anpassung an eine Sprache der Öffentlichkeit, die überregionale Gültigkeit besitzt. Dies gilt nicht nur für den
sprachproduktiven, sondern (besonders hinsichtlich der Massenmedien) auch für den rezeptiven Verhaltensbereich. Orts-

mobilität (in Form von Montagearbeit, Urlaubsreisen, hei-
ratsbedingtem Umzug usw.) und Vergrößerung oder Ablösung
der Kontaktkreise vor allem durch das Fernsehen verlangen
dem Dialektsprecher Beweglichkeit in der Wahl zwischen verschiedenen Sprachformen ab, fordern von ihm "kommunikative
Mobilität" (BAUSINGER 1972, 36). Oft genug wird aus dem Erfordernis des Mobil-Bleibens jedoch der Zwang, die fremde
Einheitssprache zumindest im Berufsleben voll zu übernehmen, da nur sie die für die Berufsausübung erforderliche
Allgemeinheit und darüber hinaus das erstrebte Sozialprestige besitzt. Die Lage des Dialektsprechers ist soweit zu
recht mit der von Emigranten verglichen worden (HÜNERT-
HOFMANN 1968, 7)[4].
   In der genannten These, die die allgemeine Tendenz zur
einheitssprachlichen Kommunikation konstatiert, steckte
eine zweite Behauptung, deren Berechtigung ebenfalls diskutiert werden muß: die Notwendigkeit, sich heutzutage vermehrt zu äußern[5].
   Mir erscheint diese Behauptung zweifelhaft. Ich sehe
ganz im Gegenteil die Gefahr, daß der einzelne sowohl im
Produktions- als auch im Reproduktionsbereich immer stärker
in eine rezeptive oder sogar kommunikationslose Position
gedrängt wird.
   Im Produktionsbereich ist durch zunehmende Spezialisie-
rung und Automation der Spielraum für Gespräche am Arbeitsplatz zunehmend eingeengt. Selbst dort, wo im Team gearbei-
tet wird, bestimmen oftmals der Zeittakt bzw. Akkord und
entsprechende Sicherheitsvorschriften die Verkehrsformen.
Und das heißt: Verdrängung zumindest des zum Privatbereich
zählenden Gesprächs und Beschränkung auf ein Minimum an
aufgabenbezogener Kommunikation.
   Die vermehrte Interaktion zwischen Bürokratie und Bür-
gern ist nur dem Schein nach eine Intensivierung der Kommunikation. Oftmals ist die Bürokratie nur reiner Ausdruck
ihres Zwecks, eine funktionelle Rationalisierung des politischen, sozialen und kultuellen Lebens zu sein. Das bedingt sowohl eine einseitige Beeinflussung und oftmals Be-
vormundung der Bürger als auch eine Verlagerung des Verkehrs in die schriftsprachliche Form der Formulare. Durch
beides wird aber eine Kommunikation des Bürgers mit den
für ihn zuständigen Verwaltungsinstanzen entscheidend be-
hindert; ein etwa bestehendes Angebot der Bürokratie zu
persönlicher Beratung wird meistens nur von der - ohnehin
schon informierten - Mittelschicht wahrgenommen (vgl.
S. & W. NEUMANN 1976, 350).
   Im Reproduktionsbereich dominiert das kommunikationslose Bastelhobby[6] oder das Fernsehen - einflußreiche Mittel, konsumierend zu bleiben. Medienanalysen des Fern-
sehens (cf. BOGART 1972, 231ff.) haben ergeben, daß nach
einer Phase der technischen Innovation das Fernsehen zum
Mittel des bloßen Zeitvertreibs absinkt und dabei Freizei-
ten absorbiert, die ehedem mit Geselligkeiten ausgefüllt
waren. Diese Verlagerung wirkt sich auf die Interaktion
mit Verwandten und Bekannten um so nachhaltiger aus, als

das Fernsehen mittlerweile die Hauptfreizeitbeschäftigung
darstellt. Meine kürzliche Beobachtung, daß sich auf einem
Polterabend ein Großteil der Gäste alsbald zum Krimi zu-
rückzieht, ist als solche zwar impressionistisch, steht
aber im Einklang mit entsprechenden Untersuchungen aus dem
Reproduktionsbereich (HANHART 1972, 230ff.). "Unsere tägliche Redeleistung: 30.000 Wörter"[7] droht bei solchem isolierenden Sozialverhalten schnell zu einer Übertreibung zu
werden. Angesichts der Tatsache, daß sich das Freizeitverhalten zunehmend gesprächsvermeidend und nur noch konsumierend entwickelt, wird man in dem damit angezeigten Rückgang der mündlichen Kommunikation mehr als eine undifferen-
zierte Kulturkritik sehen müssen.

Die oben behauptete Notwendigkeit sich vermehrt in mündlicher Kommunikation zu äußern, hat in dieser Allgemeinheit
folglich wenig Plausibilität. Sie könnte allenfalls auf
spezifische Tätigkeitsfelder zutreffen, was indessen nur
empirisch und das heißt: außerhalb dieser Arbeit beantwort-
bar ist. Trotz dieser Einschränkung behält die These von
der Tendenz zur Einheitssprache ihre Gültigkeit; die zuvor angegebenen Gründe sind m.E. stark genug.

3. Die Erscheinungsform der neuen Dialektwelle

Die zuweilen totgesagten, nach allgemeiner Auffassung jedenfalls im Rückgang begriffenen Dialekte erfahren nun seit
kurzer Zeit trotzdem eine eigenartige Wiederbelebung. Es
handelt sich dabei zunächst um eine Reihe verstreuter Phänomene, die dem einzelnen Sprachteilnehmer allenfalls in
der einen oder anderen Ausprägung begegnet sind, kaum aber
den Eindruck einer geschlossenen Bewegung vermittelten. Zu
dieser Einschätzung konnte man erst kommen, nachdem einzelne Massenmedien eine Synopse versuchten und dabei allerlei
Verstreutes zusammentrugen. Der Tenor ihrer Berichte lau-
tete: Mundart ist "in" (DIE ZEIT Nr. 48/1976), es gibt eine
"Dialekt-Renaissance in Deutschland" (DER SPIEGEL Nr. 17/
1976).

Und diese Wiederkehr der Dialekte beschränkt sich nicht
auf Heimattümelei und wiedererwachten Traditionalismus:
Das gibt es zwar auch, aber nicht ausschließlich. Selbst
im Bereich der Mundartdichtung - so BAUSINGER in der ZEIT -
ist der Zusammenhang zwischen Dialektgebrauch und politischer Aufklärung den Autoren/Sprechern bewußt und beabsichtigt. Viele sagen ausdrücklich, sie schreiben "seit
der Studentenbewegung". Und der SPIEGEL zitiert den Volks-
kundler SCHWEDT: "Heute sprechen die linksten Studenten
die breiteste Mundart." (17/1976, 52)[8].

Neben der oft politisch-progressiven und zeitkritischen
Lyrik ist der Dialekt vor allem über KROETZ, DEICHSEL und
SPERR auch ins Drama gelangt. Darüber hinaus weiß der SPIE-
GEL eine Unzahl weiterer Bereiche zu nennen, in denen Dia-
lekte neuerdings Fuß fassen. So wurde nicht nur das Neue

Testament ins Niederdeutsche übersetzt, auch die Rundfunk-
anstalten NDR und WDR senden wöchentlich Hörspiele in einer
Mundart - mit doppelt so hoher Einschaltquote wie bei einem
hochdeutschen Stück. Schauspielschulen haben sich bereits
auf Dialekt-Unterricht eingestellt, und im Schlagergeschäft
singen etwa neben den Liedermachern Hannes Wader, Arik
Brauer und André Heller auch Folkjazz-Interpreten wie der
Norddeutsche Knut Kiesewetter und die Mannheimerin Joy
Fleming Texte mit zumindest stark dialektalem Einschlag[9].
    Bezogen auf ein alltagssprachliches Reden im Dialekt
sind dies jedoch nur Vorformen, die allenfalls eine ermu-
tigende oder stabilisierende Funktion übernehmen können.
Interessanter ist jedoch, daß auch die mündliche Kommunikation im Dialekt selbst intensiviert zu werden scheint. Ältere Untersuchungen berichten zwar von überraschend hohen
Verbreitungsquoten des Plattdeutschen[10]; sie geben für
Hamburg an, daß 51% der Bevölkerung plattdeutsch sprechen
können (HEINSOHN 1963, 23f.), für Schleswig-Holstein sogar
65% der Frauen und 70% der Männer (KAMP/LINDOW 1967)[11].
Neu aber ist, daß man als Dialektsprecher Farbe bekennt und
- z.B. in Form eines Autoaufklebers - selbstbewußt und ani-
mierend verkündet "Ick snack Platt - Du ok?". Oder daß Hei-
rats-, Geburts- und Jubiläums-Anzeigen auch in der hochdeutschen Tagespresse mundartlich verfaßt werden. Was hier
noch als bloße Absichtserklärung, man wolle wieder vermehrt Dialekt sprechen, aufgefaßt werden kann, ist in bestimmten Kneipen schon längst realisiert: am Tresen darf
bei Androhung von Bußgeldern nur der einheimische Dialekt
gesprochen werden.
    Vor diesem deutlichen Trend zur Wiederaufnahme und Auf-
wertung des Dialekts im Alltagsleben machen auch die Behörden nicht halt: Ganz im Sinne der Konzeption einer bür-
gernahen Verwaltung steht am Vorzimmer des Regierungsprä-
sidenten von Südbaden: "Do kannsch au alemannisch schwätze",
oder ersucht der Bremer Senat die Bürger um Verständnis für
leidige Baustellen in der Innenstadt: "Dat duert nich lang,
wie makt dat ok för ju, un wenn ji nix to doon hebbt, denn
kiek man een beten to." In Norddeutschland gibt es als Beispiele der Institutionalisierung des Dialekts ferner den
Plattdeutschen Sonntag, der in Hunderten von Kirchen gehalten wird; und schließlich ziehen auch die Volkshochschulen mit Kursen in Niederdeutsch mit.
    Der hiermit skizzierte Durchdringungsprozeß von Ein-
heitssprache und Dialekt müßte längerfristig als bisher
möglich beobachtet werden, um aussagen zu können, daß sich
derzeit eine grundsätzliche Änderung der Anwendungsbereiche
von Dialekten anbahnt. Vorerst bleiben die genannten Fälle
Einzelbeispiele. Wenn ich dennoch von einer Dialektwelle
spreche, dann ist das insofern begründet, als die Einzel-
fälle systematisch in dieselbe Richtung verweisen.
    Dennoch ist es nach den Normen eines quantitativ-empi-
rischen Wissenschaftsverständnisses fast schon unseriös,
anekdotische Vorfälle argumentativ gegen statistische Untersuchungsergebnisse zu setzen. Und diese Untersuchungen

besagen bislang, daß z.B. das Plattdeutsche häufig am Arbeitsplatz gesprochen werde (HEINSOHN 1963, 24), bzw. daß
es keine Amtssprache sei, sondern weitverbreitet "im Gespräch mit Verwandten und Bekannten, am Arbeitsplatz und
in der Familie, unabhängig vom sozialen Stand und vom Einkommen, auch weitgehend unabhängig von der Umwelt der meisten befragten Personen" (KAMP/LINDOW 1967, 81). Aus Bayern
berichten REIN/SCHEFFELMANN-MAYER (1975) ähnliches: Dialekt
wird in der Familie, in nicht-öffentlichen Kleingruppen (z.
B. Vereinszusammenkünften) und in der informellen Großgrup-
pe der Dorfgemeinschaft gesprochen, Einheitssprache hingegen in formalen Situationen und in öffentlichen Kleingruppen (z.B. im Gemeinderat).

Die von den Massenmedien berichteten Einzelbefunde deuten nun teilweise an, daß sich dialektale Kommunikation in
anderen Gesprächssituationen und Anwendungsbereichen er-
eignet. Darin ist jedoch kein unlösbarer Widerspruch zu den
genannten Untersuchungsergebnissen zu sehen, sondern ein
Anzeichen dafür, daß sich die Anwendungsbereiche des Dialekts zu verschieben beginnen, sich womöglich ausdehnen.

4. Die neue Dialektwelle als Erscheinung der Massenzivilisation

Die These, die ich in diesem Aufsatz vertrete, knüpft an
das zuletzt Gesagte an: Ich sehe in dem beobachtbar ver-
stärkten Gebrauch des Dialekts nur vordergründig den Versuch, die bisherige Trennung der Geltungsbereiche zwischen
Einheitssprache und Mundart aufzuheben. Dahinter steht m.
E. der ganz und gar unlinguistische Sachverhalt eines Un-
behagens an Auswirkungen heutiger Zivilisationszustände;
Zustände, die sicherlich nicht von der Einheitssprache
oder irgendeiner anderen Sprache bewirkt worden sind, die
aber ihren sinnlichen Ausdruck u.a. im Gebrauch eben dieser Einheitssprache finden.

Der Mundartdichter Ludwig SOUMAGNE umschreibt lt. SPIE-
GEL (17/1976, 60) die Motivation für die Rückkehr zum Dialekt folgendermaßen: "Beim Emporkommen haben die Leute den
Dialekt in die Ecke gedrängt und verteufelt, und wenn sie
dann oben sind, dann glauben sie, nun könnten sie es sich
wieder erlauben."

Die mit diesen Worten zum Ausdruck gebrachte Entwirk-
lichung des Aufsteigers, der Verlust oder die opportunisti-
sche Selbstaufgabe seiner früheren sozialen Identität (zu
der er spät - und mit welchen Deformationen? - zurückkehrt)
lassen etwas von dem erahnen, was in der heutigen Gesell-
schaftskritik als Entfremdung begriffen wird. Damit mache
ich an dieser Stelle nicht die ökonomische Entfremdung zum
Gegenstand meiner Ausführungen, die als Ursache aller anderen Erscheinungsformen der Entfremdung gelten kann. Vielmehr thematisiere ich 'Entfremdung' allgemeiner als "gesellschaftliches Verhältnis, historisch-gesellschaftliche
Gesamtsituation, in der die Beziehungen zwischen Menschen

als Verhältnisse zwischen Sachen, Dingen erscheinen und
in der die durch die materielle und geistige Tätigkeit
der Menschen hervorgebrachten Produkte, gesellschaftlichen
Verhältnisse, Institutionen und Ideologien den Menschen
als fremde, sie beherrschende Mächte gegenübertreten."
(KLAUS/BUHR [11]1975, 324)[12].

Die seit zwei Jahren sich immer deutlicher abzeichnen-
de Dialekt-Renaissance trägt einige Zeichen einer Auf-
lehnung gegen solche entfremdeten Zustände; BAUSINGER
(1976) vermutet dementsprechend die Einsicht in die "Be-
drohung einer monströsen Technologie" als die Ursache,
die vor allem politisch engagierte junge Leute zur Dialektdichtung zieht.

In noch ungeklärtem Verhältnis dazu stehen die Versuche des SPIEGEL (17/1976, 57), die Dialekt-Renaissance
als Ausdruck einer Angst in der Gegenwart, eines Sehnens
nach Vergangenem zu begreifen. Der zusätzliche Hinweis auf
die allgemeine Nostalgiewelle bleibt als Erklärungsansatz
zu undifferenziert - zumindest solange, wie die Ursachen
der Nostalgie selbst wiederum unerkannt bleiben. Und gerade diesen Klärungsversuch unterläßt der SPIEGEL. Er be-
gnügt sich damit, zur derzeitigen Nostalgie die Stadt-
flucht der Hippies und Bürger als Ausdruck einer Gegen-
wartsflucht zu assoziieren[13] und streift erst die tiefer-
sitzenden Ursachen heutiger Kommunikations- und Beziehungs-
krisen dabei nur mit einem Stichwort: die Städtezerstö-
rung.

Die damit angesprochenen fehlgeschlagenen oder ausge-
bliebenen Stadtplanungen wie auch die Verstädterung ländlicher Gemeinden sind ein in der Stadt- und Gemeindeso-
ziologie seit längerem bekanntes Phänomen, das in kriti-
scher Distanz mit dem Begriff der "Urbanisierung" gekennzeichnet wird. Eine Diskussion dieses Problembereichs
soll veranschaulichen, von welch fundamentaler Bedeutung
die Einbeziehung von Gegebenheiten der gebauten Sachum-
welt für die Analyse und Erklärung gestörter Kommunikationsbeziehungen sein kann; und wie im besonderen der
verstärkte Dialektgebrauch ein Mittel unter anderen abgeben könnte, das Bedürfnis nach Überwindung der auch
architektonisch bedingten Entfremdung auszudrücken und
zuweilen sogar auszuleben.

Es wird deshalb (Punkt 4.1) zunächst darzustellen sein,
inwieweit Urbanisierung die Entfremdung fördert bzw. in
welcher Hinsicht man von einer auch architektonisch bedingten Entfremdung sprechen muß. Sodann ist (Punkt 4.2)
plausibel zu machen, daß die Zunahme mündlicher dialektaler Kommunikation zu jenen Antworten auf Urbanisierung
und Massenzivilisation gehört, die Kultur- und Gemeinde-
soziologie seit längerem beobachten[14].

4.1 Urbanisierung: architektonisch bedingte Entfremdung

Ein Bericht über das umstrittene Schicksal alter Arbeiter-
siedlungen im Ruhrgebiet trägt den Titel: "Heimat oder
Hochhaus?" (ZEIT-Magazin 23/1973, 2-8). In diesem Artikel
wiederholt sich - farbiger als in stadt- und kommunikations-
soziologischen Abhandlungen - das, was in zahlreichen Untersuchungen bereits festgestellt wurde: städtische Sied-
lungsformen (wie vor allem die hochgeschossigen Mehrspänner
und Zeilen der Trabantenstädte und Stadtrandsiedlungen)
sind unattraktiv, frustrations- und angstbesetzt; sie sind
Ghettos, Ergebnis einer "Sozialmontage" und einer "funktionell entmischten Stadt" (MITSCHERLICH 1965, 101). Aufgrund der Ballung bieten sie ihren Bewohnern zwar viele
Kontaktmöglichkeiten, die jedoch vorwiegend als Zwangskontakte erlebt werden und auf die die Bewohner mit Ab-
kapselung reagieren. So kommt es zu dem Paradox, daß räumliche Nähe in verstärktem Maße soziale Distanz schafft[15] -
zumindest aber nicht selbstverständlich als Bedingung in-
tensivierter Interaktionen gelten kann. Die Kommunikations-
prozesse von Großstädtern sind dementsprechend eher flüch-
tig, anonym und von neutralisierter Beziehungsqualität[16].
Das gilt jedenfalls für den Bereich außerhalb der Familie
und der Freunde, den man als "Öffentlichkeit" einer sonst
gelebten "Privatheit" gegenüberstellen muß. Und genau mit
dieser Zweiteilung ist ein wesentliches Kennzeichen der
Urbanisierung erfaßt: städtisches Leben zeigt die Tendenz,
"sich zu polarisieren, d.h. entweder im sozialen Aggregats-
zustand der Öffentlichkeit oder in dem der Privatheit statt-
zufinden" (BAHRDT 1969, 60).
     Das wird nun durch die Bauformen ganz entscheidend un-
terstützt (vgl. RUDOLPH 1969, 89f.), bis hin zu so bedeutsamen Kleinstrukturen des Nahbereichs wie die abschließ-
bare Wohnungstür mit Guckloch: "Die Wohnung ist die pri-
vilegierte Nah-Umwelt der sich privatisierende Kleingrup-
pe ... Die schroffe Abgrenzung und Abschirmung nach außen,
die z.B. die Wohnweise auf einem Bauernhof nicht zeigt,
gibt an sich die Chance, die ... 'vollständige' Vertrautheit der Nahumwelt zu erreichen. Der Preis, der hierfür
bezahlt wird, ist die Tatsache, daß jenseits der Wohnungstür, bzw. des Gartentores eine andere Welt beginnt. Hier
herrschen andere Regeln, die durch andere Symbole bezeichnet werden. Die Erwachsenen, die diese Außenwelt betreten,
müssen binnen weniger Sekunden auf ein anderes Rollenverhalten umschalten" (BAHRDT 1974, 27).
     Die Attribute dieses Rollenhandelns sind nun oft aber
gerade geprägt von jener Anonymität und sozialen Distanz,
die der einzelne als Antwort auf die Zwangskontakte städ-
tischer Bauformen entwickelt und zur Verhaltensnorm internalisiert hat. Die Kommunikation "kollabiert" (SÜLZER
1973, 603): "Je mehr direkte Nachbarn im Haus man hat
(hochgeschossige Mehrspänner), um so weniger wahrscheinlich ist es, daß die Nachbarn sich kennen." (RUDOLPH 1969,
90). E. PFEIL (1963) geht in ihrer Kritik an der Nachbar-

schaftsidee noch davon aus, daß städtisches Leben nicht
nachbarschaftszentriert, sondern familienzentriert ist:
"Man darf also den Menschen mit der Aufforderung entgegen-
treten, sich nachbarlich zu verhalten" (53). Die geringen
Nachbarschaftskontakte werden zum Bedürfnis deklariert:
"Nur wo man auf den Nachbar angewiesen ist, macht man von
ihm als Nachbarn Gebrauch" (49).
   Es ist indessen zu bezweifeln, daß diese Situation als
emotional befriedigend erlebt wird, selbst dann nicht,
wenn der einzelne die entsprechenden Verhaltensnormen bereits aufgebaut resp. übernommen hat: RUDOLPHs Erhebungs-
daten, denen zufolge insbesondere die Bewohner von Tra-
bantenstädten und Standrandsiedlungen über mangelnde Kontakte klagen und die soziale Distanz am stärksten unter Bewohnern von Einfamilienhäusern abgebaut war[17], deuten darauf
hin, daß sowohl ein gegenüber der Praxis vermehrtes Kontakt-
bedürfnis vorhanden ist, als auch, daß dieses Kontaktbe-
dürfnis nur in Abhängigkeit von der Siedlungsform ausge-
lebt werden kann. Dabei erweist sich die Großstadt als öko-
logischer Bedeutungsrahmen von in erster Linie anonymisier-
ten Kommunikationsbeziehungen (PFEIL 1969, 193f.), während
z.B. von der Ruhrarbeitersiedlung Eisenheim behauptet wird,
sie sei "eine Idylle im Kohlenpott, ein anachronistisch in-
takter Bezirk mit jenen vielbeschworenen Lebens- und Wohn-
qualitäten, die man in Neubausiedlungen und Stadtrand-Hoch-
häusern vergeblich sucht" (ZEIT-Magazin 23/1973, 6)[18].
   Außerhalb seiner Privatsphäre droht dem urbanisierten
Bürger die Entfremdung von seinen Mitmenschen. Gegen diese
Entfremdung wehrt sich sowohl die Stadtsoziologie als auch
der von Entfremdung bedrohte Bürger selbst. Wo Siedlungs-
und Bauformen dem einzelnen den Überblick über seinen Le-
bensraum nehmen, entsteht das Bedürfnis nach Überschaubarkeit[19]. Überschaubar sind jedoch nicht die zur Großräumigkeit tendierenden Ergebnisse der Urbanisierung, sondern
Marktplatz und multifunktionale Fußgängerregionen. Hier
und im "Tante-Emma-Laden" werden die Bedürfnisse nach di-
rektem Gespräch und Dabeisein befriedigt, während Selbst-
bedienungsladen, massenmediale Fernversorgung mit Information und in gewissem Umfang auch das Telefon[20] ein Ab-
sterben direkter Kommunikation bewirken.
   Die Tendenz zur Großräumigkeit beschränkt sich nun
keineswegs auf Ereignisse innerhalb von Städten und ver-
städternden Dörfern. Der allgemeinen Entwicklung zur Großräumigkeit, zur Internationalität (wie z.B. EWG und KSZE)
und Kosmopolitik (Weltwirtschaftskonferenz, Konferenz des
intern. Seerechts u. dgl.) wird - wie der von BAUSINGER
(1976) zitierte DAHRENDORF erkennt - ein weltweiter Regio-
nalismus entgegengesetzt[21].
   Hier wie im Alltagshandeln des einzelnen dürfte sich
ein Interesse am Überschaubarmachen, am kognitiven und han-
delnd Sich-Verfügbar-Machen artikulieren. Und gegenüber
der Kälte, die die nackte Funktionalität der "Mietskasernen
für alle" ausstrahlt, gegenüber der Anonymität der Sozialbeziehungen in Wohn-Ballungsräumen und gegenüber der Unan-

schaulichkeit von Makroprozessen, womöglich auf interna-
tionaler Ebene, gewinnen so verfemte emotionale Bedürfnisse wie die nach "Heimat" und "Geborgenheit"[22] wieder
ihre Legitimation. Die Wiederbelebung der Nachbarschafts-
Idee in ihren vielfältigen Erscheinungsformen und die
mannigfaltigen direkten Bürgerpartizipationen an (büro-
kratischen) Entscheidungsprozessen[23] sehe ich als weitere
Reaktionen auf die entfremdende Wirkung der Massenzivilisation an.

4.2 Reden im Dialekt - eine rührende Antwort

Mit den soeben genannten Reaktionen wird eine Zwischen-
welt zwischen Privatheit und Öffentlichkeit geschaffen,
in der Überschaubarkeit gewährleistet ist, in der die am
anderen orientierte Kommunikation (wieder-)entdeckt wird
und vielfach auch neue, genossenschaftlich-solidarische
Sozialordnungen ausprobiert werden. Diese Phänomene könnten der "soziale Kitt" (BAHRDT 1969, 60) zwischen den Po-
len 'Öffentlichkeit' und 'Privatheit' sein; ob man sich
darunter allerdings mit MERVELDT (1971, 29) Einrichtungen
wie "Schützenvereine, Kirchenchöre, Stammtischrunden, Ver-
schönerungsvereine oder freiwillige Feuerwehren" vorzu-
stellen hat, erscheint mir zwar nicht von der Hand zu weisen, aber dennoch nicht erstrebenswert zu sein. Ich denke
jedenfalls in erster Linie an Wohngemeinschaften, spezielle Kneipenkulturen und andere Experimente neuer Verkehrsformen[24], an Bürgerinitiativen gegen inhumane Stadtplanungen wie gegen Umweltzerstörung und an traditionelle wie
neu ersonnene Formen des "Straßenlebens", in denen anhand
direkter Kontakte verschiedenster Art die stadtplanerisch
vorgegebene Trennung des Arbeitsbereichs vom Wohnviertel
und die damit beschleunigte Segregation der Familien zwar
nicht aufgehoben, aber in ihren negativen Auswirkungen auf-
gefangen werden kann.
   Gemeinsam ist diesen Versuchen der (teilweise) Abbau
anonymer Öffentlichkeit, die Entwicklung eines positiven
Wir-Gefühls, die Herausbildung einer Gruppenidentität, in
der "die Einstellung sozialen Handelns ... auf subjektiv
gefühlter (...) Zusammengehörigkeit der Beteiligten beruht"[25]. Solche gemeinsame Willensbekundung und in Aktionen bewährte Solidarität verlangen erfahrungsgemäß
sehr bald Etiketten der Gruppenidentität. Und diese Etiketten sind häufig sprachlicher Natur. Das erklärt nicht
nur die Herausbildung und die Pertinenz verschiedener Jar-
gons und Sondersprachen, sondern auch eine Dialekt-Renaissance bzw. - falls man die genannten Erscheinungen neuartiger
Dialektverwendung nicht gerade eine Renaissance nennen mag -
die Überlebenschancen der Dialekte. In den Beispielen ihrer
neuartigen Verwendung artikulierte sich jedenfalls auch ein
neues Selbstbewußtsein der Dialektsprecher. Und dieses
Selbstbewußtsein ist keine Defensive mehr gegen eine sich
ständig weiter ausdehnende Einheitssprache, es ist vielmehr

demonstrativ gegen die sonst übliche Geltung der Einheitssprache gerichtet. Die Sprachverwendung wird damit zum
"Demonstrationsdialekt" (BAUSINGER 1972, 31).

Dialektgebrauch als Protestmittel und Verteidigungsform
gegen anonymisierte Sozialbeziehungen - diese Funktion wird
um so wahrscheinlicher, als der Dialektgebrauch auch als
Mittel fungiert, die andernorts vermißte "Wärme" wieder zu
erlangen. Denn das kann der Dialekt leisten - zumindest
nach Meinung seiner Sprecher -: er ist gefühlvoll, expres-
siv und gibt, als Gruppenmerkmal, zugleich ein Stück Geborgenheit.

Freilich: Ob es sich dabei um Provinzialismus oder um
einen legitimierbaren Rückzug in die überschaubare Gruppe
handelt (um einen Prozeß der kulturellen Regionalisierung[26]
also), ob um Traditionalismus oder um die einsetzende Ent-
krampfung gegenüber einem Sprachphänomen handelt, das durch
den Chauvinismus des Nationalsozialismus in besonderen Miß-
kredit geriet: auf diese Fragen gibt es nur eine Antwort im
einzelnen Fall. Und diese Antwort hängt nicht von der Tatsache des Dialektsprechens, sondern von den vermittelten
Inhalten ab[27]. Daß mit dialektaler Rede häufig "Wärme",
"Aufrichtigkeit"[28] und "Geborgenheit" assoziiert wird, ist
von der Linguistik oft verspottet oder nicht zur Kenntnis
genommen worden. Wenn jedoch mein Versuch, die Ursachen
des dialektalen Redens in der Ökologie heutiger Massenzivilisation zu suchen, nicht falsch ist, sollte das in
den Begriffen "Wärme" und "Geborgenheit" sich artikulie-
rende Bedürfnis ernster genommen werden als bisher. Nach
meiner Einschätzung steckt sogar in BENSEs Unterscheidung
von analoger und digitaler Sprache und seiner Überzeugung,
"daß mit zunehmender Zivilisation die Digitalität der
Sprache anwächst" (1969, 96) bei aller Fragwürdigkeit dieser Dichotomie eine im Kern richtige Erkenntnis: es ist
die "Sprache der vollendeten Sachlichkeit" (LITT [6]1959,
150), die sich als Folge fortschreitender Technisierung
einstellt. Doch daß diese Erkenntnis richtig ist, macht
das Erkannte nicht akzeptabler: das Tilgen aller "menschlichen Motive" (LITT, a.a.O.), das Zurückhalten der eigenen Person unterbindet ein positives Wir-Gefühl und unterstützt die genannten Tendenzen der sozialen Distanz-
nahme.

5. Gewinnt der Dialekt ein neues Prestige?

Es gehört wohl zum festen Wissensbestand heutiger Linguistik und Sprachdidaktik, daß Dialektsprecher vor besonderen Problemen stehen. Wenn auch die Ansichten darüber
kontrovers sind, ob die Einheitssprache für den Dialektsprecher eine erste Fremdsprache oder nur eine abgewandel-
te Form des von ihm beherrschten Dialekts darstellt, so
gilt doch ungeachtet dieser Meinungsverschiedenheit, daß
der Dialektsprecher in der Schule Schwierigkeiten hat.

Diese Schwierigkeiten bestehen sowohl im Leistungsbereich, in Form mundartbedingter Normverstöße gegen die Einheitssprache und übersetzungsbedingter Informationsverluste beim Verstehen, als auch im sozialpsychologischen Bereich, in Form von negativen oder ins Lächerliche herabsetzenden Einschätzungen durch die anderen. Der Hinweis, daß es sich bei letzterem um Vorurteile handelt, deren Zustandekommen oft aus der gemeinsamen Sozialgeschichte verschiedener Bevölkerungsgruppen erklärt werden kann (SCHMID 1973, 124ff.), dürfte den Dialektsprechern kaum über ihre diesbezüglichen Probleme hinweghelfen.

Im Gegenteil: Dialektsprecher wissen meist um das geringere Sozialprestige, das ihr Dialekt gegenüber der Einheitssprache besitzt; sie übernehmen diese Fremdeinschätzung sogar, wie sich aus den Ergebnissen SCHMIDs (1973, 130) ablesen läßt. Selbst in durchweg ländlichen Gemeinden mit sehr hohen Anteilen an Dialektsprechern setzt sich - wie wir gesehen haben - in formalen Situationen nicht nur die Hochsprache gegenüber dem Dialekt durch: auf die Frage, ob Dialektgebrauch für das eigene berufliche Fortkommen günstig sei oder nicht, schätzte in derselben Untersuchung (REIN/SCHEFFELMANN-MAYER 1975, 277) kein Dialektsprecher den Dialektgebrauch als günstig ein, wohl aber 35% als ungünstig und 65% als bedeutungslos. Eine Zusatzfrage entlarvte, wie stark prestigehaltig selbst in der letzten Gruppe der Dialektgebrauch erlebt wird: "Obwohl 65% meinten, ihr Dialekt hätte auf ihr berufliches Fortkommen keinen Einfluß, glauben nur 14% (...), man könne beim Bewerbungsgespräch den Dialekt verwenden" (dies., a.a.O.).

Das im übrigen Gemeinschaftsleben wirksame hohe Prestige des Dialekts und dessen allgemeine Billigung rühren - nach der Vermutung REINs/SCHEFFELMANN-MAYERs (1975, 267 und 279) - wesentlich daher, daß der Dialekt nicht auf die unteren Sozialschichten beschränkt ist.

Wo letzteres nicht gegeben ist, wo also der Dialekt eine lokale Varietät ist, die zugleich auf eine bestimmte Sozialschicht beschränkt bleibt (also Dialekt und Soziolekt ist), besteht demgegenüber die hohe Wahrscheinlichkeit, daß das Prestige des Dialekts gemäß dem Prestige dieser Sozialschicht eingestuft wird. Das kann einerseits zu dem "Honoratiorenschwäbisch" der Gebildeten Württembergs führen, andererseits zu dem als "Industriejargon" abgewerteten sächsischen bzw. Ruhrgebiets-Dialekt (cf. BAUSINGER 1972, 22; GLÜCK 1976, 43). So bekannt diese Phänomene auch sein mögen, in dieser Zusammenstellung wird eines deutlich: Aussagen über das Prestige eines Dialekts müssen zumindest zwischen einer Einschätzung durch Außenstehende und einer Einschätzung seitens der Sprecher dieses Dialekts unterscheiden. Und wenn im Verlaufe dieser Arbeit von einem gewandelten Selbstbewußtsein der Dialektsprecher berichtet wurde, dann ist damit gerade dieser letztere auffälligere Aspekt angesprochen worden, demzufolge Dialektsprecher sich selbst (wieder) positiv einschätzen lernen.

Ob es sich bei dem solcherart motivierten Dialektgebrauch um eine Art "Kontrasprache" (BAUSINGER 1972, 124)
mit der Abzeichenfunktion des Aufbegehrens gegen die Ent-
fremdungseffekte der Massenzivilisation handelt oder um
das Herausschlüpfen aus der Anpassungsmaske des Parvenü
nach erfolgreichem sozialen Aufstieg (DER SPIEGEL 17/1976,
60) oder aber schließlich um die ideologische Verkleiste-
rung von auch sprachlich fixierten Klassengegensätzen
(GLÜCK 1976, 59ff.)[29], kann solange nicht entschieden werden, wie Daten darüber fehlen, <u>wer</u> heute in welchen Situationen vermehrt und selbstbewuß<u>ter</u> Dialekt spricht[30]. Das
sozialpolitische Problem ist also erst benannt, die (soziolinguistische) Thematik in ihrer interdisziplinären
Verflechtung erst angerissen - die Antwort aber, ihrem
Wesen nach empirisch, kann nur aus der Analyse dessen gegeben werden, was als zukünftige Praxis dialektaler Kommunikation noch folgenden wird.

Anmerkungen

1 Die recht intensive Vermarktung der Dialektwelle in Form von Meinungsknöpfen und Autoaufklebern läßt den Gedanken an eine Modeerscheinung nicht abwegig sein. Darüber hinaus wird man beobachten müssen, ob es sich bei den erkannten Fällen neuer Dialektverwendung um Innovationsprozesse handelt, die tatsächlich aufgegriffen und dadurch konventionalisiert werden (vgl. zu den grundsätzlichen Aspekten solcher Konventionalisierungen GLOY 1977, 118ff.).

2 Eine womöglich gleichintensive Phase der Dialektverwendung setzte mit der Flüchtlingsbewegung des Zweiten Weltkrieges ein. Anders als bei der Herausbildung industrieller Ballungszentren erfolgte die Zuwanderung in bestimmte Arbeitsbereiche jedoch nicht so gezielt, so daß der Zwang zur Aufgabe des eigenen Dialekts in der neuen Umgebung wahrscheinlich noch größer war.

3 Wo dies nicht gelingt, müssen z.T. sehr aufwendige Ersatzlösungen gesucht werden. Nach einer Meldung des SPIEGELs mußte die Bundesbahn, "als sie unlängst achtzig bayrische Spezialisten zum Streckenbau in Ostfriesland einsetzte, eigens einen Übersetzer bestellen" (DER SPIEGEL 17/1976, 49).

4 Das Problem, ob das Nebeneinander von Mundart und Einheitssprache als Diglossie oder als das Verfügen über zwei Sprachvarianten angesehen werden muß, ist kontrovers und spielt nur indirekt in die Fragestellungen dieser Arbeit hinein.

5 Die Formulierung von der "Notwendigkeit, sich vermehrt zu äußern" ist doppelsinnig: zum einen kann sie zum Ausdruck bringen, daß angesichts der beobachtbaren kommunikativen Praxis eine Notwendigkeit besteht, den eigenen Anteil an der sprachlichen Kommunikation zu intensivieren; zum anderen kann damit ausgedrückt worden sein, daß der einzelne aufgrund veränderter Umweltbedingungen bereits praktisch gezwungen ist, sich vermehrt mündlich zu äußern. Die letztere Behauptung ist hier gemeint.

6 Vgl. R. SÜLZER (1973, 625): "... das individualisierende 'Hobby' [wird] zum Ersatz für politische Aktivität oder einfach auch für gesellschaftlichen (geselligen) Kontakt".

7 So lautet die Überschrift einer Sprachglosse aus dem 'Südkurier' vom 27.2.1969.

8   Diese, manchen Leser gewiß überraschende Behauptung
    ist wohl in einem übertragenen Sinne, wo auf die Ver-
    bindung zwischen politischem Protest und Dialekt an-
    gespielt wird, eher einleuchtend. Einer breiteren
    Öffentlichkeit präsentierte sich z.B. alemannische
    Entschlossenheit und holsteinischer Trutz anläßlich
    der Kernkraftwerk-Proteste auch in der Landes-Mundart.

9   So heißt es in Flemings "Neckarbrücken-Blues" (lt.
    SPIEGEL Nr. 17/1976, 54) u.a.: "Ich weeß, der kummt
    aach wieder z'rick, der kuammt scho wieder, wann er
    Hunger hat. Yeah".

10 Man sollte sich allerdings bewußt halten, daß aufgrund
    der in den Untersuchungen verwendeten Fragen oft nur
    auf die Fähigkeit, den betreffenden Dialekt zu spre-
    chen, geschlossen werden kann, nicht auf den tatsäch-
    lichen Gebrauch dieses Dialekts.

11 Eine im Jahrbuch der öffentlichen Meinung 1966/67 an-
    gegebene Umfrage des demoskopischen Instituts in Allens-
    bach nennt für den angesprochenen Zeitraum als Bundes-
    durchschnitt: 57% der Bevölkerung beherrschen einen
    Dialekt; davon sprechen wiederum 57% den Dialekt in
    der Familie, 40% am Arbeitsplatz und 62% mit Freunden.

12 Zum Teil wird dies in Punkt 4.1 für den Bereich der ge-
    bauten Umwelt daran verdeutlicht, daß deren Beschaffen-
    heit von nachhaltigem Einfluß auf das kommunikative
    Verhalten der Bewohner ist. Zum Begriff der Entfrem-
    dung selbst: Heinrich POPITZ ([2]1968).

13 DER SPIEGEL 17/1976, 57. Diese Charakterisierung der
    Hippie-Bewegung ist eine m.E. unzulässige Reduktion
    und trägt lediglich zur Festschreibung eines Stereo-
    typs der Flower-Power bei. Der seit 1968 zunehmend in
    Erscheinung tretende Typ des politischen Hippie ist
    jedenfalls aktiver und wendet sich gegen die einge-
    schränkte Rationalität des bloßen Zweckdenkens heuti-
    ger Industriestaaten, gegen Leistungsdenken um den
    Kaufpreis psychischer Verarmung. Hippietum in dieser
    Version ist "gelebte Kulturkritik und der Versuch, die
    Humanität als Utopie unmittelbar und ohne Umschweife
    zu verwirklichen" (LENZ 1968, 33). Es ist als solche
    eine von vielen Bemühungen, die in den Massenzivili-
    sationen verlorengegangene soziale Nähe wiederzuerlan-
    gen. Eine gemeinsame Ursache für die Hippie-Bewegung
    und für andere Formen der Kulturkritik wird damit
    wahrscheinlich.

14 Vgl. etwa M. STEIN (1960, 44), der bezüglich amerika-
    nischer Großstädte zu der einstigen Bewegung von Über-
    Integration zu Über-Individualisierung heute eine Ge-
    genbewegung von der Über-Individualisierung zur Re-
    Integration konstatiert.

15 Vgl. etwa die Untersuchungsergebnisse von RUDOLPH
   (1969, 89f.).

16 Natürlich müssen solche Aussagen differenziert werden;
   das ist hier aus räumlichen Gründen jedoch nicht möglich und im Zusammenhang unseres Themas auch nicht unbedingt nötig. Es soll aber zumindest auf die Studie
   von GREER (1956, 23) verwiesen werden, die verschiedenen Graden der Verstädterung unterschiedliche, relativ stabile Muster informeller Kommunikation zuordnen konnte.

17 Sicherlich wird man die Siedlungsform und den Bautyp
   allein nicht verantwortlich machen können für die Art
   der Interaktionen zwischen den Bewohnern und für die
   sich darin manifestierende soziale Nähe und Distanz.
   Ganz maßgeblich sind daran gruppen- und schichtspezi-
   fische Normen der nachbarschaftlichen Kontaktnahme
   mitbeteiligt, wie kürzlich z.B. eine Fernsehstudie
   an der alten Gartenstadt der Bergarbeiter und der
   neuen Gartenstadt der Oberschicht in Dortmunds Süden
   demonstrierte (WDR III, 17. Juni 1977, "Schauplatz:
   Vororte der Armen - Vororte der Reichen"). Aber alle
   bisherigen stadtsoziologischen Untersuchungsergebnisse weisen darauf hin, daß architektonische Gegebenheiten an den Verkehrsformen der Bewohner fördernd
   oder hemmend mitbeteiligt sind.

18 Zur Vervollständigung muß aber auch erwähnt werden,
   daß solche Idyllen ihre Kehrseite haben; Kehrseiten,
   die oft erst dann erfahren werden, wenn man nicht
   anlaysierender Dritter, sondern selbst Bewohner ist.
   Zu der Kehrseite Eisenheims zählt, daß die Häuser weder Toiletten haben, noch an die Kanalisation angeschlossen sind; zu der Kehrseite des nicht-urbanen Lebens allgemein zählt, daß die hohe Anzahl informeller
   Kontakt- und Integrationsmöglichkeiten zugleich eine
   - oft genug realisierte - Möglichkeit der starken sozialen Kontrolle und der Sanktionierung nicht-konfor-
   men Verhaltens darstellt. Die Wiederaufnahme der Nachbarschaftsidee sollte aus dieser Erkenntnis Konsequenzen ziehen - was in der Praxis offenbar auch geschieht.
   Vgl. dazu als Beispiel für eine Reihe von neuentwickel-
   ten Verkehrsformen: LAERMANN (1974).

19 Städteplanerische Ansätze, die solchem Bedürfnis Rechnung tragen, sind in jenen Aktivitäten erkennbar, die
   die funktionell entmischte Stadt wieder vermischen
   - sei es durch Schaffung von Nebenzentren, durch Auf-
   lockerung reiner Wohnstraßen oder durch Anreicherung
   der oftmals verödeten Cities mit mehrfunktionalen Be-
   zirken. Ziel solcher Bemühungen ist "das Rendezvous
   der Gesellschaft mit sich selbst" (BAHRDT 1974, 35).

20 SCHMIDT (1976) berichtet über den sogenannten "Schwei-
    geanruf", den vor allem in der Großstadt vereinsamte
    Bürger tätigen: "Mit angstklopfendem Herzen wählen sie
    die Nummer eines Bekannten oder auch eines Unbekannten.
    Doch wenn sich der Teilnehmer meldet, bleibt ihnen das
    Wort im Halse stecken." Dieses Ausmaß an Kontaktge-
    störtheit ist m.E. nur der extreme Pol dessen, was
    ein Kennzeichen etwa der Telefonseelsorge ist und was
    sich in viele Sozialbeziehungen eingeschlichen hat, die
    maßgeblich über das Telefon aufrechterhalten werden:
    das Bedürfnis nach aktueller Distanz und potentieller
    Distanzierungsmöglichkeit bei gleichzeitigem Kontakt-
    bedürfnis. Ich bezweifle, daß in solcher Widersprüch-
    lichkeit Gespräche stattfinden können.

21 Hierunter fällt sicherlich auch die Tatsache, daß die
    Europäische Gemeinschaft auf dem Gebiet der Sprachpla-
    nung keine wesentlichen Erfolge in Richtung Sprachver-
    einheitlichung aufzeigen kann. Sie ist nach wie vor
    polyglott und besteht aus neun Staaten mit sieben of-
    fiziellen Sprachen, in denen jedes Dokument veröffent-
    licht werden muß. Die prozentuale Verteilung dieser
    sieben offiziellen Sprachen sieht wie folgt aus:
    Deutsch (24,8%), Englisch (24,4%), Italienisch (21,2%),
    Französisch (20,5%), Niederländisch (6,4%), Dänisch
    (2,0%), Irisch (0,2%). Diese Angaben entstammen dem
    Artikel von Rainer KUHLEN (1977).

22 Dies sind Begriffe und artikulierte Bedürfnisse der
    Betroffenen selbst. Sie stellen die inhaltliche Alter-
    native zur Kontaktverödung und Anonymität in den Hoch-
    häusern dar. Der Gegensatz heißt oft Spielwiesen vs.
    Parkplätze, Garten am Haus vs. Mietskaserne; vor allem
    aber: gewachsene Ökologien vs. "Sozialmontage" (vgl.
    S. 80): Stadtsanierungen sanieren nur die Bauunter-
    nehmen, ansonsten zerreißen sie althergebrachte und
    funktionierende Verkehrsbeziehungen und verstreuen
    die Bewohner nach Maßgabe vorhandener Wohnungen. Statt
    der Selbstverständlichkeit und Verläßlichkeit des ver-
    trauten Wohnkreises beherrscht das Gefühl der Ent-
    wurzelung die Gemüter.

23 Die sich hier anschließenden Überlegungen zu einer
    basisnahen Demokratie und Selbstverwaltung wären eine
    eigene Abhandlung wert. Stadt-Soziologen beklagen z.B.
    mangelndes Interesse an kommunalpolitischen Ereignis-
    sen (MÜLLER-IBOLD 1962), ihren Beitrag zu einer Ände-
    rung dieser Situation sehen sie in der Einrichtung
    multifunktionaler öffentlicher Bezirke, die sich als
    Übergangszonen zur Öffentlichkeit der häuslichen
    Privatsphäre anschließen (BAHRDT 1974, 35). Die damit
    erhoffte Belebung öffentlicher Kommunikation ("Ver-
    sammlungen sind Demonstrationen, die in Gruppendiskus-
    sionen übergehen", BAHRDT a.a.O.) soll den 'social

breakdown' der Großstädte überwinden, der eine nur
formale Demokratie adäquat ausdrückt (SÜLZER 1973,
611). Und während der Dialekt teils als Barriere bewertet wird, die sich einer Beteiligung an demokratischen Basisprozessen entgegenstellt (REIN/SCHEFFEL-
MANN-MAYER 1975, 278), urteilt BAUSINGER (SPIEGEL 17/
1976, 60): "Das neue Dialektbewußtsein hingegen steht
in Beziehung zu den Prinzipien der Partizipation, zum
Bedürfnis nach direkter Demokratie". Auf dieses neue
Dialektbewußtsein trifft damit anscheinend das zu,
was E. PFEIL ein gutes Jahrzehnt zuvor vom Begriff der
Nachbarschaft sagte: "Er knüpft an bei dem, was es
'in der Großstadt nicht mehr gibt' und was mit dem
Akzent des verlorenen Paradieses gesehen wird: Nach-
barlichkeit, Bürgersinn, Familienzusammenhang, Aufbau
der Demokratie von unter her". (PFEIL 1963, 42). Ist
dieses neue Dialektbewußtsein also nur restaurativ?

24 Vgl. dazu die Kursbücher Nr. 35 und 37 (1974) mit dem
Thema 'Verkehrsformen'.

25 Das ist Max WEBERs Kennzeichnung der Vergemeinschaftung,
die ich hiermit auf lokale Nachbarschaftsgruppen und
Bürgerinitiativen übertrage (cf. WEBER 1956, 29).

26 Auf einer Tagung von Dialektdichtern in der Berliner
Akdemie der Künste (Juni 1977) wurde die Provinz aus
der Geringschätzung der Großstädter herauszuholen versucht und als "Schutzzone eines ungebrochenen gemeinschaftlichen Zusammenlebens" (Barbara FRISCHMUTH) charakterisiert oder als "Refugium eines autonomen Selbstbewußtseins" (Uwe JOHNSON) bzw. als "gleichgestimmter
Globalbereich" (Günter GRASS) (vgl. FAZ Nr. 135,
14.6.1977, S. 19). Es bleibt mir allerdings fraglich,
ob damit ein verlorenes Paradies wiedergefunden worden
ist.

27 Vgl. BAUSINGER (1972, 33f.): Neben Situation und Rolle
prägt der Gegenstand der Rede das jeweilige sprachliche
Niveau. Diese Gegenstände sind - zumindest bei den
jüngeren Dichtern und Dramaturgen - häufig zeitkri-
tisch.

28 Während "Wärme" und "Geborgenheit" emotionale Prädikate des Dialekts sind und mir trotz ihrer begriff-
lichen Vagheit vermittelbar erscheinen, handelt es
sich bei dem Prädikat der "Aufrichtigkeit" um ein Urteil, das kognitiv am Inhalt der betreffenden Äußerung überprüft werden kann. Daß man im Dialekt nicht
lügen könne, bewerte ich mit BAUSINGER (1976) schlicht
als Glaubensbekenntnis.

29 GLÜCK berücksichtigt in seiner Besprechung des Ruhr-
    gebietsdialekts auch die in den 50er Jahren ideolo-
    gisch propagierte Klassenauflösung. Ein Faktor in die-
    ser Verschleierung von Gegensätzen ist ihm zufolge die
    Rücknahme der abwertenden bürgerlichen Urteile über
    die Gewohnheiten der Arbeiter. Für den Bereich der
    Arbeitersprache heißt das: statt der Aggressivität,
    die dem Ruhrgebietsdialekt im Faschismus widerfuhr,
    schmunzelt die bürgerliche Öffentlichkeit heute über
    das nette Idiom des Sozialpartners. Aber die Begeiste-
    rung für den Dialekt aus dem Kohlenpott muß mißtrauisch
    stimmen, wenn man sich andererseits die sprachkompen-
    satorischen Bemühungen eben dieser Mittelschicht be-
    wußt hält und wenn man in der Analyse des von-Manger-
    Kabaretts erkennen muß, daß der Arbeiter als kultur-
    loser Gelsenkirchener Prolet einem selbstgefällig
    lachenden Publikum vorgeführt wird.

30 Das, was bei der Thematisierung der neuen Dialektwelle
    zum Vorschein kommt, ist vielschichtig und erschwert
    Prognosen über Richtung und Art einer etwaigen Dialekt-
    Ausbreitung: Die Schickeria okkupiert den Dialekt und
    scheint seine ungestrafte Benutzung als Zeichen dafür
    zu genießen, daß die harten und opportunistischen Jah-
    re des Kampfes um den sozialen Aufstieg erfolgreich
    durchstanden sind, die Traditionalisten klammern sich
    angesichts einer vermeintlichen Unterstützung von
    außen womöglich fester an ihn, die Literaten entdecken
    ihn (wieder), und seine Vermarktung hat bereits be-
    gonnen.

Roland Ris

Sozialpsychologie der Dialekte und ihrer Sprecher

It is a mistake of the
greatest magnitude to act
as though man were one thing
and his house or his cities,
his technology or his lan-
guage were something else.
(E. T. HALL 1969, 188)

1. Was wir von der Dialektologie über den Dialekt lernen können

1.1. N. DITTMAR meint in seiner mit dem Anspruch der kritischen Exemplarität auftretenden Darstellung der Soziolinguistik, daß die Dialektologie zwar "eine große Menge wertvol-
len Sprachmaterials" gesammelt habe, daß sie jedoch Schwä-
chen aufweise, "die das allgemeine linguistische Interesse
an ihr reduzierten" (DITTMAR 1973, 146). Vorgeworfen wird
ihr insbesondere, daß sie sich auf "Phonologie und Grammatik" beschränkte, daß sie sprachliche Variation nur auf
geographische Parameter bezog und daß sie keine Theorie zu
entwickeln vermocht hätte, mittels derer Sprachvariation
hinreichend erklärt werden könnte.
　Seit DITTMARs "aus bildungspolitischen Gründen" (ib. X)
geschriebener Synthese sind nun einige Jahre verstrichen,
in denen Zweifel an der Soziolinguistik als "einer starken
Kraft emanzipatorischer Hoffnung" (ib. IX) laut geworden
sind, in denen sich aber die Dialektologie auch bemüht hat,
das von DITTMAR geäußerte Verdikt über ihre Disziplin zu
korrigieren: Von je her waren es in erster Linie Dialektologen, die nach den Zusammenhängen zwischen sprachlichen und
gesellschaftlichen Phänomenen fragten und die der monokau-
sal (d. h. fast ausschließlich innerlinguistisch) argumen-
tierenden historischen Sprachwissenschaft junggrammatischer
Ausprägung ebenso entgegentraten wie der mit SAUSSURE und
definitiv an die wissenschaftliche Oberfläche drängenden
synchronen "Systemlinguistik". Es genügt, an die Namen von
Georg WENKER und Ferdinand WREDE, die beiden ersten Direk-

toren des "Deutschen Sprachatlasses", einerseits und an die
mit den Namen von Karl JABERG, Jakob JUD und Walter von
WARTBURG verknüpfte romanistische Mundartforschung andererseits zu erinnern. Leicht wäre es, DITTMAR vorzuhalten, was
alles an früheren soziolinguistischen Arbeiten besonders im
Rahmen der deutschen Dialektologie ihm entgangen ist: Hat
nicht der dritte Direktor des "Deutschen Sprachatlasses",
Walther MITZKA, schon 1928 (MITZKA 1968, 245-305) über den
Sprachausgleich geschrieben, dieser sei "im letzten Grunde
nicht als Auswirkung des Verkehrs verständlich" (ib. 293),
zu ihm dränge vielmehr das "Gefühl vom Mehrwert der Sprachgeltung" (ib.), und nicht die Verkehrsgemeinschaft, sondern
das "Zusammengehörigkeitsgefühl einer Siedlungsgemeinschaft"
sei für die Bildung von Sprachlandschaften entscheidend
(ib. 295). Tönt die Argumentation bei MITZKA noch etwas
sprachbiologistisch ("Macht- oder Überlegenheitsgefühl" ib.),
so gibt es doch daneben Arbeiten in großer Zahl, die mit
durchaus modernen Methoden die sprachlichen Unterschiede
zwischen den sozialen Schichten innerhalb einer Region oder
einer Stadt beschreiben. Ich will nur eine einzige heraus-
greifen - aus einem Gebiet, das uns im folgenden noch mehr
zum Beispiel(und nicht etwa zum Vorbild) dienen soll, aus
der deutschsprachigen Schweiz: BAUMGARTNER hat 1940 nicht
nur gezeigt, daß es auch in rein mundartlichen Gegenden,
in den schweizerischen Städten Biel und Bern, ausgeprägte
und für das ganze soziale Verhalten höchst relevante Unterschiede zwischen den Sprachausprägungen verschiedener sozialer Schichten gibt, er hat auch erklärt, wie sich eine hori-
zontale Verteilung (zwischen Stadt und Land) in eine vertikale (zwischen den verschiedenen Schichten innerhalb einer
Stadt) umlagert und wie der Prozeß des Sprachausgleichs, der
in unserer Zeit zu einem Vordringen der ländlichen und der
Schriftsprache ferneren Formen geführt hat, vor sich ging.
   Die Dialektologie könnte also in einer langen Rechtferti-
gungsschrift aufführen, wie sehr ihr die angeblich von Ame-
rikanern und Engländern erstmals gesehenen Probleme schon
bewußt waren, auch wenn sie sie nicht mit der methodischen
Exaktheit und mit den bildungspolitischen Hintergründen beschrieben hat, wie das nun in der neueren "Sozialdialektologie" üblich geworden ist. Nicht um diese historische Wie-
dergutmachung geht es ihr aber heute, sondern darum zu beweisen, daß sie ein linguistisches Instrumentarium - begonnen mit der Dialektdefinition (vgl. dazu GÖSCHEL et al.
1976, LÖFFLER 1974, 1-10) - entwickelt hat, das es erlaubt,
für alle Sprachausprägungen je für Phonologie, Morphologie
und Lexikon verschiedene "Dialektkoeffizienten" zu bestimmen (AMMON 1973), so daß nun quantifizierende Zuordnungen
von Sprachformen und sozialen Merkmalen (ganz anders als
in der intuitiven Code-Theorie BERNSTEINs) möglich geworden sind.

1.2. Die sozialpolitischen Hintergründe des Dialektproblems
sind allgemein bekannt: Nach einer Allensbacher Befragung
von 1966 gaben nur noch 57 % der Befragten aus der gesamten
Bundesrepublik an, Dialekt zu sprechen, 12 % antworteten mit
"ein wenig", 31 % schließlich mit "nein". Bei allen regionalen Unterschieden (der Anteil der Ja-Antworten erreicht
in Bayern 71 %) ergibt sich doch überall dieselbe soziale
Verteilung: daß nämlich um so mehr Dialekt gesprochen wird,
je geringer das Einkommen und je kürzer die schulische Ausbildung war (AMMON 1972, 101 ff.). Neuere Untersuchungen bestätigen das Bild (z. B. HASSELBERG 1976 a) und weisen empirisch nach, daß Dialektsprecher in der Schule und damit auch
in ihrer späteren beruflichen und sozialen Entwicklung benachteiligt sind. Der Dialekt wird folglich als Haupthinder-
nis gesellschaftlicher Emanzipation betrachtet und sollte
daher - so meinen die meisten Pädagogen - so schnell wie
möglich ausgerottet werden.

So leicht geht das nun freilich nicht. Auf den mit der
"kompensatorischen Spracherziehung" angerichteten "Unfug"
braucht nur noch zitatweise angespielt zu werden. Zu den
tragenden Säulen der gegenwärtigen Sprachdidaktik gehört
immer noch der Glaube, es sollte möglich sein, dem betroffenen Kind die "gesellschaftlichen Bedingungen" seiner psychischen Schwierigkeiten explizit darzulegen und ihm damit
zu ermöglichen, diese rational zu verarbeiten (AMMON 1972,
143). Obschon zugegeben wird, daß Dialektsprecher "emotionale Bindungen" an ihre "Muttersprache" haben, daß diese ihnen
als Mittel zur Herstellung sozialer Identität dient und daß
der Einbruch der Einheitssprache zu einer Ich-Entfremdung
und Labilität führen könnte (die Kinder werden beispielsweise von ihrer Familie abgelehnt, wenn sie zu Hause Einheitssprache sprechen), - all diesen Einwänden zum Trotz
glaubt man unbedingt, den Dialektsprechern im Interesse ihrer sozioökonomischen Emanzipation das Opfer einer "psychischen Umstrukturierung" zumuten zu *müssen* (AMMON 1972, 142).
Die Dialektologie hat sich in den Dienst dieses Unternehmens
zu stellen, auch wenn ihr vorläufig die eher bescheidene
Aufgabe übertragen wird, durch kontrastive Sprachhefte
(HASSELBERG 1976 b, AMMON 1977, BESCH 1977, ZEHETNER 1977)
die Lehrer über die speziellen Unterschiede zwischen Mundart und Einheitssprache in ihrem jeweiligen Gebiet aufzu-
klären. Der Ansatzpunkt dieser didaktisch hervorragend ge-
stalteten Hefte ist damit aber ganz verschieden von demjenigen R. HILDEBRANDs, der 1867 gefordert hat, das Hochdeutsche
solle im *Anschluß* an die Volks- oder Haussprache gelehrt
werden. (Diese Forderung ist von Otto von GREYERZ in seiner
vorbildlichen Deutschen Sprachschule für Berner (1900 u.ö.)
vollumfänglich erfüllt worden.)

Wie kann nun die Wirksamkeit eines von so hervorragenden
Dialektologen betreuten Unternehmens überhaupt etwas bezweifelt werden, wo es doch ganz offensichtlich ist, daß
sich nun die Lehrer vermehrt für den Dialekt interessieren
und wohl auch eher bereit sind, ihren Sprachunterricht im
Hinblick auf die je besondere dialektale Situation aufzu-

bauen? Wenn es um sprachliche Probleme geht, dann sind doch
die Linguisten - und soweit jene dialektbedingt sind - die
Dialektologen zuständig? Ich meine, sie sind es nur zum Teil,
ohne den Teil, in dem sie es sind, abwerten zu wollen.

2. Was uns die Dialektologie nicht lehrt

2.1. Die heutige Dialektologie geht davon aus, daß sich aus
dem Neben- (oder besser: Unter-)einander von Dialekt und Einheitssprache rein auf Grund von deren verschiedener linguistischer Struktur Probleme ergeben *müssen*, und sie ist bereit, den jeweils konkurrierenden Sprachformen je bestimmte
Merkmale zuzuschreiben. So wird etwa der Dialekt von deutschen Dialektologen gemeinhin etwa mit den folgenden Merkmalen behaftet: *örtlich gebunden, auf mündliche Realisierung
bedacht, die natürlichen alltäglichen Lebensbereiche einbe-
ziehend, von einem heimatgebundenen Personenkreis in bestimmten Sprechsituationen gesprochen* (SOWINSKI 1970, 180 f.).
Diese Aussagen über die Funktion des Dialekts haben die
Form von Urteilen, aber sie sind eigentlich Wertungen, die
die Funktion von *sprachlichen Verhaltensnormen* bekommen:
Statt aber zu sagen, die Mundart *darf* nicht zur öffentlichen
Diskussion eines abstrakten Sachverhaltes gebraucht werden,
heißt es nun: die Mundart *ist* dazu auf Grund ihrer linguistischen Merkmale nicht geeignet. Gerade die moderne Soziolinguistik neigt dazu, ihre Gegenstände zu ontologisieren, um
so die einzelnen gefestigten Einheiten miteinander in Beziehung zu bringen. Statt dessen hätte sie zu fragen, wie
solche Zuordnungen historisch zustande gekommen sind, wie
sich die damit verbundenen Wertungen auf das Verhalten der
Sprecher in der Kommunikation auswirken und wie sie deren
sprachliche Selbsteinschätzung bestimmen. Eine solche Fragestellung zerschlägt zunächst einmal die üblichen Attribu-
rungen an die jeweils vorhandenen Sprachausprägungen, sie
unterbindet aber auch die in der klassifikatorischen Soziolinguistik (oder linguistischen Variablenforschung) übliche
Verbindung von linguistischen mit isolierten sozialen Para-
metern (z. B. Schichten, Altersgruppen, Beruf, Einkommen,
Geschlecht u. ä.). Die *Ausgangshypothese* ist dabei die,
daß das Nebeneinander von zwei Sprachformen und die damit
verbundene *linguistische Spannung* nicht genügen, um ein
schulisches und gesellschaftliches Problem zu schaffen, daß
vielmehr *gesellschaftliche Spannungen* auf das gegebene
sprachliche Spektrum projiziert werden, was sekundär dazu
führt, daß Attribute der am Konflikt beteiligten Parteien
je auf deren Sprache übertragen werden, so daß die jeweilige Sprache selbst bei den beteiligten Kommunikationspartnern Verhaltensdispositionen im kognitiven und emotionellen
Bereich auslöst.
  Das Problem Dialekt/Einheitssprache ist daher von dieser
Sicht aus in erster Linie ein sozialpsychologisches, und
daher ist die zur Behebung seiner gesellschaftlichen, besonders schulischen Auswirkungen eingesetzte Linguistik
eine relativ stumpfe Waffe, weil sie nicht oder viel zuwenig

fragt nach den umfassenderen Lebenszusammenhängen, in denen
die verschiedenen Sprachformen gebraucht werden und nach
den ihnen von den Angehörigen einer Sprachgemeinschaft ent-
gegengebrachten Einstellungen.

2.2. Die traditionelle Dialektologie gibt zu diesen Problemen fast nichts her (anders als zu den im engeren Sinne
soziolinguistischen Fragestellungen). Wenn wir einige Auskunft wünschen, müssen wir sie in der von der Wissenschaft
verachteten Populärliteratur holen. (Dieses antizipiert
häufig Entwicklungen auf der Ebene der "hohen" Wissenschaft.)
Eine Taschenbuchserie (mit zum Teil Bestsellerauflagen)
über die deutschen Stämme gibt uns über mehrere Gebiete
recht genaue und offensichtlich auf die Zustimmung der Beteiligten stoßende Angaben:
Das *Schwäbische* ist gleich zweimal charakterisiert worden:
1967 galt es noch als "gemütlich", "ulkig", "maulfaul",
"lustig", "derb", "komisch" und "langsam",dazu je nach Situation als "grob" oder "zart" (TROLL 1977, 6). Der Schwabe
wurde auf Grund einiger dieser Eigenschaften zum deutschen
Dorftrottel (7), empfand aber andererseits einen ganz betonten Sprachstolz. Für ihn ist seine Sprache ein "feineres
Instrument" als Hochdeutsch (8) mit einer "eigenen Grammatik" und mit eigenen Wortschöpfungen, wogegen er Sächsisch
als "heruntergekommenes und verschlamptes Hochdeutsch" betrachtet (7). Trotzdem empfindet sich der gebildete Schwabe
als sprachlich traumatisiert und tendiere daher zur Zweisprachigkeit (10). 1972 wird das Schwäbische durch denselben
Autor viel höher eingestuft: Es unterscheide sich auch in
den Gefühlsinhalten völlig von der Hochsprache und sei differenzierter, oft präziser, bildhafter und klarer als das
sogenannte Schriftdeutsch (TROLL 1975, 14). Schwäbisch sei
sogar folgerichtiger als dieses und eigne sich daher gut
zum Philosophieren, wie HEGEL beweise (73), und werde auch
in Norddeutschland gerne gehört (ib.). Der Einfluß der neuen
Renaissance des Dialekts - Martin WALSERs "Heimatkunde" wird
erwähnt - ist überaus deutlich: Das Nebeneinander verschiedener Sprachformen wird nun als "positive Spannung", "stän-
diges Trainingsangebot" zum "ständigen Sprachvergleich" bestimmt (77). WALSERs Formulierungen schlagen durch, von einer *Traumatisierung* durch die spezielle Sprachsituation ist
nicht mehr die Rede: "Der größte Schatz, den der Schwabe
besitzt, ist seine Sprache." (72) Man könnte meinen, man
vernehme einen Apologeten der schweizerdeutschen Mundart.
    Ein ähnlich positives Bild wird vom *Bayrischen* gezeichnet:
Altbayrisch würde sogar in der Schweiz verstanden (MÖSSLANG,
62), es sei der Dialekt, über den mehr geschrieben worden
sei als über alle andern deutschen Dialekte zusammen (64),
es würde von Altbayern nur "in alleräußerster Notlage" zugunsten des Hochdeutschen aufgegeben (45), zeichne sich
durch "schöpferische Kraft" aus (65), dürfe aber niemals
von Nicht-Bayern gesprochen werden (151) - das wäre sowieso
hoffungslos (61).

Der Verfasser des Bandes über die *Franken* mißt seinen eigenen Dialekt am Bayrischen. Dieses in seiner Geschlossen-
heit der "pfiffigen Mundartvielfalt" Frankens um vieles
voraus (SKASA-WEISS,103) sei "hartleibig" und "urig blühend",
wogegen das Fränkische "kommuner", "kommunaler" und "maul-
faulflinker" sei (103 f.). Aber:"Untereinander finden sich
die fränkischen Dialekte nicht gerade schön" (102). Die
Pfälzer Mundart tritt ebenfalls mit geringeren Ansprüchen
auf: Für die Pfälzer ist sie die Quelle ihres Mutterwitzes
(JOHANN,129),und sie attribuieren ihr und damit auch sich
selbst die folgenden drei Eigenschaften: "ungestüm", "Denken in Gegensätzen", "derb" (136 ff.).
  Unter diesen hier als Beispiele genommenen mittleren
Mundarten steht das *Sächsische,* das für die übrigen Deutschen als die "schlimmste" aller deutschen Mundarten gilt
(WILDT 19). "Wer mit ihr geschlagen ist, kann für einen
Nichtsachsen kein ernstes Wort sagen" (ib.). Seit der politischen Teilung Deutschlands schließlich empfindet man das
Sächsische weithin als "Jargon des Teufels" (8) und ver-
dächtigt einen jeden nur leicht Sächselnden gleich kommuni-
stischer Gesinnung (8).

2.3. Der Überblick über die Einschätzung der verschiedenen
deutschen Mundarten durch Einheimische und Außenstehende
könnte auf Grund der populären Literatur (etwa der MERIAN-
Hefte) beliebig erweitert werden. Für unsere Zwecke genügt
es festzuhalten, daß Dialektformen von Angehörigen einer
Sprachgemeinschaft *bewertet* werden, in dem Sinne, daß sich
mit ihnen ganz bestimmte Vorstellungen verbinden. Wer von
seinem Dialekt als von einer selbständigen "Sprache" spricht
- wie die Schwaben und mit mehr linguistischem Recht die
Niederdeutschen (von SALOMON,150) -, der ist wohl weniger
schnell bereit,diesen abzulegen, als wer sich wie die Sachsen auf Grund seines Dialekts als negativ gekennzeichnet
und damit sozial stigmatisiert vorkommt.
  Jedem Angehörigen der deutschen Sprachgemeinschaft sind
Urteile über die einzelnen Dialekte wie die hier vorgetragenen bekannt, und jeder läßt sich in seinem Verhalten Dialektsprechern gegenüber von den dem jeweiligen Dialekt üblicherweise zugeordneten Eigenschaften in hohem Maße bestimmen. Nur die Dialektologie hat sich - auch in ihrer
soziolinguistischen Ausprägung - bis jetzt kaum mit diesen
für das gesamte soziale Leben so relevanten Einschätzungen
verschiedener Sprachformen beschäftigt. Drum müssen wir uns
nun einstweilen von ihr lösen und uns der Wissenschaft zu-
wenden, von der wir uns zunächst am meisten für die Lösung
des sogenannten Dialektproblems erhoffen.

3. Der Beitrag der empirischen Sozialpsychologie

3.1. Unser bisheriges rein impressionistisches und auf beliebigen Alltagserfahrungen aufbauendes Verfahren könnte
dadurch verwissenschaftlicht werden, daß versucht würde,
eine möglichst große Zahl von Äußerungen zu sammeln und

diese anschließend zu quantifizieren. So hat etwa Ina-Maria
GREVERUS die in allen deutschen Heimathymnen vorkommenden
Eigenschaften zusammengestellt. Dabei zeigt sich, daß sich
der "Tugendpreis" vorwiegend auf Merkmale wie *ehrenhaft,
arbeitsam, fleißig, treu, wacker* und *freiheitsliebend*
bezieht (GREVERUS 1972, 314 f.). Nun ist damit natürlich
nicht gesagt, daß sich die Mehrzahl der Angehörigen eines
deutschen Stammes, einer regionalen "Heimat" mit den Eigenschaften identifizieren würde, die ihnen in den Heimathymnen
zugeschrieben werden, und noch weniger, daß sie sich auch
wirklich gemäß diesen postulierten "Tugenden" verhalten.

Gegenüber diesen in den gängigen volkskundlichen Darstel-
lungen üblichen "Wesensbestimmungen" einzelner Stammes-
und Nationalcharaktere sind nun die in der modernen empirischen Sozialpsychologie erarbeiteten "Profile" einzelner
ethnischer Gruppen wesentlich aussagekräftiger (vgl. dazu
ROBINSON 1972, 98 ff., 105). Schon 1933/1935 legten D. KATZ
und K. W. BRALY 100 College-Studenten eine Liste von 84 Eigenschaften vor, auf denen diese diejenigen anzukreuzen
hatten, die ihrer Meinung nach für die Angehörigen von
zehn ethnischen Gruppen charakteristisch sind. Die *Germans*
wurden von 78 % als *scientifically-minded,* von 65 % als
industrious usw. eingeschätzt (QUASTHOFF 1973, 30 f., und
HOFSTÄTTER 1973, 95). In einer Untersuchung von K. S. SODHI
und R. BERGIUS von 1953 dominierten in einer Befragung von
881 Versuchspersonen als typisch deutsche Eigenschaften
pflichtbewußt 85,8 %, *heimatliebend* 82,3 %   *intelligent*
81,9 %, und immerhin noch 77,9 % meinten, daß die Deutschen
(wie die Juden) *Wissenschaftler* seien (ib. 37)[1].

Ausgehend von solchen Untersuchungen ist nun eine Theorie
des *Stereotyps* entwickelt worden, das man am besten mit Uta
QUASTHOFF (28) folgendermaßen definiert: "Ein Stereotyp ist
der verbale Ausdruck einer auf soziale Gruppen oder einzelne
Personen als deren Mitglieder gerichteten Überzeugung. Es
hat die logische Form eines Urteils, das in ungerechtfertigt vereinfachender und generalisierender Weise, mit emo-
tional-wertender Tendenz, einer Klasse von Personen bestimmte Eigenschaften oder Verhaltensweisen zu- oder abspricht..." Sie bilden eine spezielle Untergruppe unter den
Attitüden, die man definieren kann als "Verhaltensdispositionen, die zu bestimmten Orientierungen der Person gegenüber Sachverhalten (Objekten und Vorgängen...) in ihrer
sozialen Umwelt beitragen (IRLE et al. 1973, 190; vgl. auch
allg. THOMAS 1971 und SCHLIEBEN-LANGE 1973, 93 f.).
Stereotype weisen nun das besondere Merkmal auf, daß sie
"eine sehr geringe Streuung über größere soziale Gruppen
hinweg zeigen" (IRLE et al. ib.). Sie prägen damit die
"normative Erwartungshaltung" (QUASTHOFF 45) des einzelnen
in ganz entscheidendem Maße, indem dieser die in seiner sozialen Umwelt vorgefundenen Attitüden sich zu eigen macht
(ANGER 1970) und auf Grund dieser übernommenen Einstellungen
(*sets*) die in seiner sozialen Umwelt auftretenden Sachverhalte nur noch selektiv wahrnimmt und damit auf Grund einer
fehlerhaften, aber von seiner sozialen Bezugsgruppe weit-

gehend geteilten Hypothese dekodiert (IRLE et al. 189, HEER 1973, 42 f.).
Viele neuere Arbeiten zur *interpersonalen Wahrnehmung* haben gezeigt, daß die von den Versuchspersonen geäußerten Urteile im schlimmsten Fall mit der objektiven Wirklichkeit nichts Wesentliches gemeinsam haben und daß oft die Attribuierung eines sogenannten *Schlüssel-Items* die eines ganzen *clusters* (Komplexes) von anderen Eigenschaften nach sich zieht (sog. *Halo-Effekt*). So scheint offensichtlich das Kriterium der *Sympathie* (resp. Antipathie) dominierend zu sein: Wer als sympathisch gilt, dem wird auch eher Intelligenz zugeschrieben (vgl. dazu z. B. HEER 1973, 172 ff.).

3.2. Ausgehend von diesen hier nur ganz grob skizzierten Grunderkenntnissen der empirischen Sozialpsychologie ist nun mit Fug anzunehmen, daß auf einzelne ethnische Gruppen (z. B. auf die deutschen "Stämme") bezogene Stereotypen auch das sprachliche Verhalten zwischen diesen in hohem Maße mitbestimmen. Leider verfügen wir meines Wissens noch über keine genaueren wissenschaftlichen Untersuchungen über die von den einzelnen "Stammes-"(und damit auch Sprachgemeinschaften) sich selbst zugeschriebenen Eigenschaften (Autostereotyp) und über die ihnen von Außenstehenden zugeschriebenen (Heterostereotyp). Hingegen kann uns eine von der Linguistik noch kaum diskutierte Untersuchung von P. R. HOFSTÄTTER von 1960 (vgl. QUASTHOFF 49) wesentlich weiterhelfen, in der nicht nur die Auto- und Heterostereotype der *Deutschen* und der *Schweizer* miteinander verglichen werden, sondern die uns auch Auskunft gibt über das jeweils von der einen Gruppe bei der anderen *vermutete* Heterostereotyp. Wir greifen aus der von HOFSTÄTTER aufgestellten Tabelle der Polaritätsprofile der nationalen Stereotypen nur einige wenige besonders abweichende *Eigenschaftspolaritäten* heraus. (Die Versuchspersonen mußten jeweils angeben, welche der beiden entgegengesetzten Eigenschaften sie der jeweiligen Nationalität eher zuordnen würden, und sie hatten die Möglichkeit, ihre Entscheidung mit Hilfe einer sogenannten Thurstone-Skale zu werten: Der Wert 1 bedeutet höchste Präferenz für die links angegebene Eigenschaft, Wert 7 für die auf der rechten Seite angegebene. Dabei bezeichnen DD = Autostereotyp der Deutschen, DS = Schweizerbild der Deutschen, DsD = vermutetes Heterostereotyp der Schweizer über die Deutschen, SS = Autostereotyp der Schweizer, SD = Heterostereotyp der Schweizer über die Deutschen, SdS = von den Schweizern vermutetes Schweizerbild der Deutschen.)

Polarität	DD	DS	DsD	SS	SD	SdS	Polarität
Rauh	3,4	3,4	3,6	2,0	3,6	1,8	Glatt
Aktiv	2,0	3,7	2,5	2,4	1,8	3,3	Passiv
Kalt	5,2	5,4	4,0	4,2	2,7	3,5	Warm
Krank	5,4	6,5	4,8	5,2	4,1	4,9	Gesund
Eckig	3,8	4,0	3,7	2,0	2,4	2,0	Rund
Gespannt	3,1	5,2	3,5	2,0	2,2	2,5	Gelöst
Traurig	4,3	5,7	3,9	3,3	3,5	2,9	Froh
Gut	2,6	2,3	3,1	2,8	4,0	3,5	Schlecht

Nach HOFSTÄTTER (1966, 446 ff.) sind für das "gute Einverständnis" und damit für die Verständigung unter den Mitgliedern zwischen verschiedenen Gruppen die folgenden Kriterien maßgebend:

1. *Ähnlichkeit der Selbstbilder*

2. *Nähe des Fremdbildes* (geringe Abweichung zwischen den Heterostereotypen der Partner und deren Selbstbildern)

3. *Richtigkeit des Fremdbildes* (geringe Abweichung des Bildes, das man sich vom Partner macht, von dessen Selbstbild)

4. *Vertrauen auf das Urteil des Partners* (geringe Abweichung zwischen dem vermuteten Fremdbild und dem eigenen Selbstbild)

5. *Versetzung in die Sicht des Partners* (geringe Abweichung zwischen dem vermuteten Fremdbild und dem tatsächlichen Fremdbild)

Über die Gewichtung der einzelnen Kriterien ist man sich noch nicht im klaren. Bei rein arithmetischer Mitteilung müßte man auf der Grundlage anderer Untersuchungen beispielsweise schließen, daß sich die Deutschschweizer besser mit den Deutschen "verstehen" als mit den französischsprachigen Westschweizern (TRIER und FISCHER 1962, HOFSTÄTTER 1966, 447), was wohl in der Praxis nicht so allgemein gilt.

Auch wenn man nun auf Grund der vollständigen Polaritätsprofile (mit 24 Oppositionspaaren) in der Untersuchung HOFSTÄTTERs anzunehmen ist, daß sich Deutsche und Schweizer insgesamt sehr gut verstehen müßten, so zeigt uns doch eine Detailanalyse der von uns ausgewählten acht Merkmalspaare, daß einige größere Abweichungen vorliegen, die geeignet sind, *Kommunikationskonflikte* zu evozieren: Die Schweizer halten sich selbst für *rauher* als die Deutschen und glauben auch, von diesen so eingeschätzt zu werden. Die Deutschen hingegen halten sie in der Beziehung für ihresgleichen und können sich im übrigen darauf verlassen, von den Schweizern

richtig eingeschätzt zu werden. Die Merkmalpaare *kalt-warm,
krank-gesund, eckig-rund, gespannt-gelöst, traurig-froh*
zeigen insgesamt ein sehr ähnliches Bild: Der Deutsche ist
anscheinend bereit, dem Schweizer "positivere" Eigenschaften
zuzuschreiben als sich selbst, währenddem sich der Schweizer
von sich selbst ein noch viel negativeres Bild macht als
der Deutsche von sich selbst. Was aber vielleicht noch
"schlimmer" ist: Der Schweizer erwartet gar nicht, vom Deutschen so positiv eingeschätzt zu werden. Andererseits hält
er sich selbst noch für *aktiver* als der Deutsche, ist sich
auch bewußt, daß dieser ihn als weniger aktiv als sich selbst
einschätzt, würde aber doch etwas staunen, daß diese seine
Erwartung noch hinter dem effektiven Schweizerbild der Deutschen zurückbleibt. Das letzte Merkmalspaar, das als eigentliches Sympathiekriterium gelten könnte, zeigt, daß bei aller
wechselseitig empfundenen Ähnlichkeit doch emotionelle Barrieren, und zwar von seiten der Schweizer her, mitspielen
können: Diese betrachten sich als *besser* als die Deutschen,
und sie glauben auch nicht, von diesen als besonders gut eingeschätzt zu werden. Die Sympathie, die ihnen von Deutschen
entgegengebracht wird, betrachten sie offensichtlich mit Miß-
trauen, was diese wiederum verunsichern muß, nachdem sie annehmen, von den Schweizern nur wenig schlechter beurteilt
zu werden, als sie sich selbst beurteilen.
Unsere nur sehr grob skizzierten Diskrepanzen zwischen
Auto-, Hetero- und "Erwartungs"stereotypen können sich nun
in der zwischenmenschlichen Kommunikation so auswirken, daß
es offensichtlich der Schweizer nicht gerne hat, von seinem
deutschen Kommunikationspartner als "gesunder und fröhlicher,
aber nicht besonders aktiver Naturbursche" betrachtet zu
werden. Auf die so gut gemeinte Sympathie reagiert er mit
Empfindlichkeit und Verschlossenheit. Der Deutsche erscheint
ihm als zu *aktiv*, als *laut* und *kalt*, und diese vermeintlichen Eigenschaften schließen sich alsbald zum Cluster *arro-
gant* zusammen, was nichts anderes als die in den Partner
projizierte eigene Aggressivität symbolisiert. Es ist klar,
daß sich solche auf Grund von einmaliger Reduktion von Stereotypen gewonnene *momentane Einstellungen* auf die Fortsetzung einer Kommunikationssequenz höchst negativ auswirken
können, z. B. in wissenschaftlichen Diskussionen, wo der
Schweizer sehr leicht den Eindruck bekommt, der Deutsche
sei ihm nicht nur verbal überlegen, sondern er nütze diese
Überlegenheit stets auch für persönliche Zwecke aus, wogegen
der Schweizer sein auf Empfindlichkeit zurückzuführendes
Unterlegenheitsgefühl (im Sinne einer Verminderung der *kognitiven Dissonanz*) so umdeutet, daß er stets zur Sache rede
und sich jeden Satz vorher genau überlege (und folglich gar
nie dazu komme, ein Votum abgeben zu können).
Das Bild ist absichtlich etwas überzeichnet, um zu verdeutlichen, wie sich auf Grund von Einstellungsdispositio-
nen Kommunikationshinderungen ergeben können, die man rein
äußerlich zunächst einmal als Normenkonflikte zu betrachten
bereit wäre: daß der Deutsche nämlich eher zu verbalen In-
terventionen bereit ist und es mit KLEISTs "allmählicher
Verfertigung der Gedanken beim Reden" hält, wogegen der

Schweizer zuerst bedächtig überlegt und dann erst sich zum
Wort meldet, auch seine Gesprächspartner aus "Höflichkeit"
kaum unterbricht (vgl. dazu RIS 1977a, 12 ff.).

3.3. Was hier exemplarisch für das Verhältnis zwischen Deutschen und Schweizern kurz dargestellt worden ist, gilt nun
grundsätzlich für das Verhalten zwischen einzelnen Gruppen
(oder einzelnen Mitgliedern von Gruppen),deren verschiedene
Arten von Stereotypen in ähnlicher Art abweichen, also nicht
nur für Bürger verschiedener Nationen oder Angehörige von
verschiedenen ethnischen Gruppen, sondern für Mitglieder
einer jeden Ausprägung von Vergesellschaftung, die sich
durch ein für Außenstehende wahrnehmbares Merkmal auszeichnet. Darunter fallen nun auch sprachliche, dialektale wie
soziolektale Merkmale, die stets stereotyp, d. h. für alle
Gruppenmitglieder relativ verbindlich, gewertet werden. Unsere Beispiele von Auto- und Heterostereotypen einzelner
deutscher Dialekte (wie weit sie richtig sind, müßte empirisch nachgeprüft werden) bezogen sich ja stets nicht einfach auf die jeweiligen sprachlichen Merkmale, sondern auf
den sogenannten Volks-, respektive Stammescharakter. Daß
sich daraus unmittelbare Schwierigkeiten für die Alltagskommunikation ergeben, ist von unseren Autoren im einzelnen
beschrieben worden und gehört zum Alltagswissen eines jeden
Deutschen. Das sprachliche Merkmal des Sächselns löst den
Heterostereotyp des Sachsen aus und damit - kaum mehr kon-
form mit der "stammesmäßigen" Realität im geteilten Deutschland - den der DDR.
    Die gesprochene Sprache ist daher - neben bestimmten Merk-
malen der äußeren physischen Erscheinung, der Kleidung, der
Gestik und der Mimik - ein ganz wesentlicher Faktor in der
Auslösung von stereotypen Interferenzprozessen, indem sprachliche Merkmale nicht nur als Indizien für eine bestimmte
Persönlichkeitsstruktur (ROBINSON 1972, 100 ff., TRENSCHEL
1977 über Nasalität, ARGYLE/KENDON 1972, 52 und GOEPPERT/
GOEPPERT 1973, 153 ff. über Redefehler bei Psychopathien),
sondern stets auch für eine bestimmte Gruppenzugehörigkeit
genommen werden (GUMPERZ 1975, 99 ff.).
    Die vor allem mit dem Mittel der standardisierten Befra-
gung arbeitende moderne empirische Sozialforschung kann uns
zwar aufzeigen, mit welchen *kognitiven* wie *emotionellen*
Verhaltensdispositionen in der Interaktion zwischen Angehörigen verschiedener Gruppen zu rechnen ist, sie bleibt uns
aber die Antwort auf die Frage schuldig, wie sich diese nun
konkret auswirken, beziehungsweise wie deren Einfluß im Verlauf einer *Interaktionssequenz* abgebaut werden kann; das von
ihr gezeichnete Bild ist ein rein *statisches,* und entsprechend wird von ihr gerade auf die Merkmale kein Gewicht gelegt, die in der Interaktion zwischen Kommunikationspartnern
eine eigentliche Signalfunktion ausüben, auf die rein sprachlichen. So wurde etwa in der an sich ganz ausgezeichneten
Untersuchung über die Integration der Fremdarbeiter in der
Schweiz von H.-J. HOFFMANN-NOWOTNY (1973) nur nach "Deutsch-
kenntnissen" gefragt, obschon in den üblichen Vorschriften

für die Einbürgerung eines Ausländers gefordert wird, daß
dieser "sich in der Sprache seines Wohnortes ausdrücken kann,
auch wenn diese mit dem Akzent seiner früheren Muttersprache
gefärbt ist" (HOFFMANN-NOWOTNY 1973, 175), was konkret bedeutet, daß er an vielen Orten der deutschen Schweiz (z. B.
in der Stadt Zürich) einen eigentlichen Mundart-Test bestehen muß. "Deutschkenntnisse" an sich sind nun sicher ein
determinierender Faktor für berufliche Stellung und damit
auch für das Einkommen (ib. 188), sie sagen aber nichts aus
über die soziale Integration in einer sich im Alltag und
am Arbeitsplatz ausschließlich der Mundart bedienenden Gesellschaft. Eine von H.-J. HOFFMANN-NOWOTNY angeregte neuere
Untersuchung (LEY und AGUSTONI 1977) zeigte dann auch, daß
die Sprachform eine ganz entscheidende Rolle spielt: Bei
einer Befragung von italienischen Gastarbeitern, die alle
seit mindestens fünf Jahren in der Schweiz und zum Zeitpunkt
der Untersuchung in der Stadt Zürich wohnhaft gewesen sein
mußten, ergab sich, daß 2/3 über gute bis mäßige Dialekt-
kenntnisse verfügten, daß aber auch 2/3 schlechte bis keine
Kenntnisse der deutschen Hochsprache aufwiesen. Daraus kann
man nicht nur mit den Autoren schließen (LEY und AGUSTONI
1977, 9 f.), daß sich diese Situation ungünstig im Hinblick
auf die Partizipation an deutschsprachigen Massenmedien
auswirkt, sondern auch, daß die aktive Kenntnis des Dialekts
für die soziale Integration wohl einen unvergleichlich ge-
wichtigeren Faktor darstellt als die der deutschen Einheitssprache, daß deren in Kursen mühsam erworbene Kenntnis viel
weniger nützlich ist als die durch private Kontakte (HOFF-
MANN-NOWOTNY 1973, 275) erworbene Dialektkompetenz.

4. Interaktionistische Kommunikationstheorie und Ethnographie des Sprechens

4.1. Die rein deskriptive empirische Sozialpsychologie hat
uns zwar verstehen lernen, daß Stereotypen gegenüber einzelnen Gruppen oder deren spezifischen Sprachausprägungen die
Kommunikation mit Mitgliedern dieser Gruppen entscheidend
vorprägen können, sie hat aber nicht erklären können, welche
konkreten Auswirkungen Stereotypien in der einzelnen Dialog-
situation haben und warum sich gerade sprachliche Merkmale
als so besonders wirksam erweisen (ARGYLE/KENDON 1972).
Z. T. aufbauend auf der *phänomenologischen Soziologie*
Alfred SCHÜTZ' (SCHÜTZ 1934, dt. 1968) und zum Teil auf die
amerikanische Tradition des *Pragmatismus* (PIERCE dt. 1967.
1970) zurückgreifend, entwickelten amerikanische Forscher
die im wesentlichen von Herbert G. MEAD in den dreißiger
Jahren begründete Theorie des *symbolischen Interaktionismus*
weiter, daß mit ihr nun ein Instrument zur Verfügung steht,
mit dem sich auch schwierige sprachliche Kommunikationspro-
zesse besser verstehen lassen. Ihre Ansätze sind nun - z.T.
verbunden mit der Hermeneutik J. HABERMAS' (HABERMAS 1971)
und K. O. APELS (1973) - auch in die deutsche Soziologie
übernommen und dort weiterentwickelt worden. Wir müssen
uns an die Aspekte halten, die für die sprachliche Kommu-

nikation besonders wesentlich sind, und stützen uns dabei
vor allem auf die ausgezeichnete Darstellung durch eine Arbeitsgruppe von Bielefelder Soziologen (ABS 1973) und auf
die neueste Kritik der verschiedenen Theorien sozialer Systeme durch G. SINGER (SINGER 1976). Übereinstimmend mit den
oben referierten Ansätzen der empirischen Sozialpsychologie
geht die Theorie des symbolischen Interaktionismus davon
aus, daß alle Angehörigen einer Gesellschaft deren faktischen Zustand nur verzerrt wahrnehmen, sich zum Behufe der
unmittelbaren Lebensbewältigung aber an ein Alltagswissen
halten als der "notwendigen Orientierungs- und Interpreta-
tionsgrundlage für gesellschaftliches Handeln" (MATTHES/
SCHÜTZE, ABS I 49. 11.44). Auf der Grundlage einer solchen
durch das Alltagswissen gewährleisteten "Stabilisierung"
der sozialen Einheiten vollzieht sich nun die soziale Interaktion als *interpretativer Prozeß* (ABS 71 f.), in dem jeder
der beteiligten Interaktionspartner versucht, die Handlungen des oder der anderen so zu interpretieren, daß er deren
jeweilige Erwartungen vorwegnimmt, indem er gleichsam sich
in deren Rolle zu begeben trachtet (*role-taking*). Andererseits muß ein jeder Interaktionspartner sich selbst darstellen (*role-making*), um dem anderen anzuzeigen, welche
Handlungslinien und Interpretationsmuster er selbst befolgt
(BLUMER, ABS 1973, 87 ff.). Nur in diesem Kontext der Interaktion, der die Anerkennung durch den anderen immer wieder
postuliert, ist die Ausbildung einer *Identität* möglich. Diese ist andererseits die Bedingung der Möglichkeit aller Kommunikation, doch darf sie nicht zu starr sein. Vielmehr ist
eine auf kommunikative Koordination tendierende Interkation
darauf angewiesen, daß jeder der Interaktionspartner seine
Identität balancieren kann, dadurch daß er imstande ist, seiner eigenen Rolle gegenüber eine distanzierte Haltung einzu-
nehmen. Dies ist nur möglich, wenn die eigene Rolle nicht
zu rigide internalisiert und nicht zu überlastet ist (was
besonders bei Jugendlichen, aber auch bei sozialen Randgrup-
pen vorkommen kann) und wenn ferner ein jeder Partner in der
Lage ist, *Ambivalenzen* im Verhalten des anderen aufarbeiten,
beziehungsweise ertragen zu können (SINGER 1976, 130 ff.).
Von diesen allgemeinen Annahmen aus kann die Theorie erweitert werden in Richtung der systemtheoretischen Teildis-
ziplin der *Anpassungsmuster* (SINGER 1976, 184): *Indifferenz,*
wenn das System grundsätzlich dissonant erscheint, *Ambigui-
tät,* wenn einem zwanghaften Verlangen nach Rang eine grundsätzliche Ablehnung des Autoritätsprinzips entgegensteht,
Kongruenz bei den Aufsteigern, für die ihre eigenen Normen
auch in dem sie umgebenden System zu gelten scheinen oder
in Richtung der sprachlichen *Sozialisationstheorie:* Die
Sprache ist "das Ergebnis einer komplexen historischen Abfolge von sedimentierten sozialen Interaktionen"(LUCKMANN
1972, 237), die individualgeschichtliche Ausformung der
symbolischen Interaktionsformen (also der sprachlichen)
erfolgt auf einer Stufe, auf der die szenische Einheit der
Interaktionsform (etwa in der Mutter-Kind-Dyade) noch durchaus gewahrt ist (LORENZER 1977, 45 ff. - zur Kritik an seinem materialistischen Ansatz vgl. GOEPPERT und GOEPPERT
1975, 106-116).

4.2. Die Theorie des symbolischen Interaktionismus ist zu
generell, um als Erklärungsmittel für das Funktionieren der
language in use gebraucht werden zu können. Ihr Grundgedanke
hingegen, daß sich Interaktion nur als *Interpretationspro-
zeß* zwischen je sich ihrer eigenen *Identität* bewußten Partnern (als Angehörigen von sozialen Gruppen) vollziehen kann,
ist so erklärungsmächtig, daß man in ihm mit Fug eine der
wichtigsten Wurzeln der mit Dell H. HYMES und John J.
GUMPERZ vor rund zwanzig Jahren begründeten neuen Richtung,
der der *Ethnographie des Sprechens*, sehen darf.
    Der Ausgangspunkt ist eine scheinbar rein taxonomische
Aufzählung verschiedener *Funktionstypen* des Sprechens
(HYMES 1972, 307): 1. *expressive* (emotive), 2. *direktive*
(Willens-, pragmatische, rhetorische, Überredungs-), 3.
3. *poetische*, 4. *Kontakt-*, 5. *metalinguistische, referentielle, kontextuelle* (situationale) Funktion. Entscheidend
ist nun aber, daß diese Funktionen innerhalb einer Kultur
verschieden verteilt sein können und daß sich *Konflikte*
zwischen den verschiedenen Funktionen ergeben können.
HYMES spricht später von "unterschiedlichen Einstellungen
gegenüber dem Sprechvorgang und gegenüber außersprachlichen
Kommunikationsmöglichkeiten" (HYMES, ABS II 406). Eine *Orts-
gesellschaft* (community) teilt die Regeln für den Vollzug
und die Interpretation des Sprechens sowie die Regeln für
die Interpretation zumindest einer linguistischen Variante
(ib. 408, LABOV 1972, 186 ff.). Innerhalb der Ortsgesell-
schaft gibt es wieder das *local team*, das sich mit ihr
identifiziert (den Ortsdialekt spricht, seine Weltansicht
in "innen" und "außen" dichotomisiert) und über intime
Kenntnis örtlicher Schauplätze und ortsspezifischer Interaktionsformen verfügt" (ib. 415).
    Damit ist nun ein Rahmen gegeben, innerhalb dessen sich
sprachliche Unterschiede ("Dialekte") mit gesellschaftlichen
in direkte Verbindung (und nicht nur in Korrelation wie in
der üblichen Soziolinguistik) bringen lassen. Vor allem
John J. GUMPERZ hat in einer Reihe von Fallstudien gezeigt,
wie sich Sprachform und soziale Identität wechselseitig
bedingen. So sind die Sprachunterschiede zwischen Berührbaren und Unberührbaren in Nordindien größer als die zwischen Hindus und Moslems (GUMPERZ 1971, 15). Entscheidend
für das Ausmaß der linguistischen Differenzierung sind
nicht die *work contacts*, sondern die *informal friendship
contacts* (genau dasselbe gilt für die italienischen Gast-
arbeiter in der Schweiz!), wie sie sich etwa in den *play
groups* der Kinder ergeben (ib. 42 ff.). Auf Grund der durch
die rituellen Reinheitsgebote bedingten Einschränkungen der
informalen Kontakte ergeben sich sprachliche Differenzierungen nicht nur zwischen berührbaren und unberührbaren
Kasten, sondern auch innerhalb der letzteren. (Ähnliche
Kontakthindernisse lassen sich in der Schweiz - trotz
sprachlich möglicher *Semikommunikation* - zwischen italienischen und spanischen Gastarbeitern beobachten.) Besonders
aufschlußreich für unsere Ausgangsfragestellung sind nun
GUMPERZ' Bemerkungen über die *Zwei- und Mehrsprachigkeit,*

die an sich eher die Norm als die Ausnahme darstellt und
die erst Anlaß zu Auseinandersetzungen gibt, wenn eine Na-
tionalitätengruppe oder eine soziale Bewegung der von ihr
gebrauchten Sprachform eine besondere *Sprachloyalität* (language loyalty 123 f.) entgegenbringt. Dann ist eher aufgrund von sozialen Attitüden und nicht so sehr aufgrund der
linguistischen Unterschiede eine wechselseitige Verständigung nicht mehr möglich. (So behaupten etwa sehr viele in
der deutschen Schweiz lebende und über gute Kenntnisse der
deutschen Einheitssprache verfügende Romands auch nach Jahren, es sei völlig unmöglich, den schweizerdeutschen Dialekt
zu verstehen, was offensichtlich Angehörigen von Sprachgemeinschaften, die auf Sprachloyalität nicht so großen Wert
legen, ohne weiteres gelingt, beispielsweise den Rätoroma-
nen, für die das Schweizerdeutsche als eine markierte *Standardform* gilt.)
  Offensichtlich ist also unter besonderen kulturellen Bedingungen die soziale Bedeutung einer sprachlichen Äußerung
wichtiger als die referentielle (220). *Soziale Identität*
bedingt die Herstellung von *sprachlicher Identität*, mit der
Folge, daß jede Gruppe dafür sorgt, daß ihr eigener Sprach-
und Lebensstil authentisch und für Außenstehende nicht re-
produzierbar bleibt (132ff.). Daraus folgt nun weiter, daß
auch die sozialen Restriktionen in der Wahl verschiedener
Sprachformen selbst Teil der *sozialen Struktur* sind (173),
die nicht nur Abweichungen gegen unten mit Sanktionen be-
droht, sondern auch solche gegen oben: So kann der Gebrauch
der Standardform in Situationen, die normalerweise dem Dialekt vorbehalten sind, zum Abbruch des Gespräches durch den
Kommunikationspartner führen (294). Einer noch stärkeren äußeren Determinierung unterliegen rituelle Sprechhandlungen
(294). Von hier aus erklären sich die Widerstände gegen die
Verwendung des Dialekts in der Predigt, weil dieser - wenn
er nicht durch besondere Merkmale ritualisiert wird - als
zu umgangssprachlich-vulgär empfunden wird. GUMPERZ' Ausführungen lassen nun den Schluß zu, daß auch das Nebeneinander von Dialekt und Einheitssprache nicht an sich ein Problem darstellt, sondern erst zum Problem wird, wenn die
Sprachunterschiede "zum Symbol für die besonderen Bedingungen des sozialen Wandels und der Mobilisierung von Minori-
tätengruppen werden" (GUMPERZ 1975, 83), wenn sie also *unterschiedliche soziale Wertsysteme* und damit unterschiedliche, auf verschiedenen Interessen beruhende *Interpretati-
onsstrategien* (ib. 83,99) symbolisieren. Die Schule ist der
eigentliche Konfliktraum für Gruppeninteressen. Statt diese
aber zu thematisieren, beschränkt sie sich auf eine Aufdek-
kung der sich aufgrund der verschiedenen *settings* (Lebens-
hintergründe) ergebenden sprachlichen Unterschiede (88).
4.3. In der Tat kann man nicht genug davor warnen, aus der
Tatsache, daß Dialektsprecher schlechtere Schulleistungen
aufweisen, den Schluß zu ziehen, der Dialekt, genauer die
von ihm her bewirkten linguistischen Interferenzprozesse,
seien an diesem Ungenügen schuld und man könnte daher die
Bildungschancen der sozialen Gruppen, die heute noch Dialekt

sprechen, vergrößern, wenn man ihnen den Dialekt möglichst
bald abgewöhnt, beziehungsweise ihn als eigentlichen *Störfaktor* durch Aufzeigen der linguistischen Unterschiede erst
so recht bewußt macht.

Die Spannung zwischen Dialekt und Einheitssprache wird
erst dann als unlösbar empfunden, wenn offensichtlich die
sozialen Spannungen, die durch die sprachliche Differenzierung symbolisiert werden, sich als unlösbar erweisen. So
begegnen die ersten Klagen über negative Auswirkungen des
Nebeneinanders von Dialekt und Einheitssprache in der
Schweiz erst in den dreißiger Jahren, als sich in der
Schweiz unter dem Einfluß der politischen Entwicklung in
Deutschland ein eigentlicher Umbruch des Wertsystems ereig-
nete: Die Mundart wurde ein wichtiges Element in der Abwehr-
Ideologie der geistigen Landesverteidigung, und entsprechend wurde die Einheitssprache *negativ* besetzt, was sich
ganz besonders in der Schule auswirken mußte, wo sie ja weiterhin Unterrichtssprache war (RIS 1973, 1978a, 1979). Die
kritiklose Übertragung der BERNSTEINschen Klassensoziolin-
guistik auf die ebenso stark von regionalen wie von sozialen Differenzen bestimmte deutsche Sprachsituation Ende der
sechziger Jahre ist nur ein Symptom für die zu dieser
Zeit in den Vordergrund der Aufmerksamkeit getretenen sozialen Spannungen. Damit wurde der Dialekt gerade durch die
Leute erst eigentlich stigmatisiert, die sich zum Anwalt
der mit ihm scheinbar geschlagenen machen wollten. Die den
Lehrern nun allenthalben anerzogene Hellhörigkeit für Dia-
lektfragen könnte sich als kontraproduktiv und gegenauf-
klärerisch erweisen, weil ja in den allermeisten Fällen die
Lehrer den Dialekt ihres Schulortes nicht aktiv sprechen
(BERNSTEIN 1974, 290) und daher von der nun besser "verstandenen" sprachlichen Andersartigkeit auch auf eine für
sie ebensowenig nachvollziehbare soziale Andersartigkeit
schließen.

Der Dialekt ist im Verlaufe der historischen Entwicklung
zum Problem gemacht worden und er wird in der individuellen
Entwicklung genau dann zum Problem, wenn die in der familiä-
ren Sozialisation erworbenen sprachlichen Strategien und die
Regeln für ihre situationsadäquate Anwendung nicht mit den
in einer andern, statusmäßig höher bewerteten sozialen Wirklichkeit vorgefundenen übereinstimmen, so besonders in der
Schule. In diesem Zusammenhang ist nochmals zu bedenken, daß
auch die Unkenntnis des Dialekts mindestens so schwerwie-
gende Folgen haben kann. In der Schweiz lebende Deutsche
können es sich nur bei sehr hohem Status leisten, den Dialekt nicht zu verstehen (bzw. verstehen zu wollen), andernfalls sind sie von einer Reihe von alltäglichen Aktivitäten
doch etwas ausgeschlossen oder fühlen sich gehemmt durch
die ihnen gezwungenermaßen entgegengebrachte sprachliche
Rücksichtnahme.

5. Aufgaben einer sozialpsychologisch orientierten Dialektologie

5.1. Vom Hintergrund der hier nur gerade umrissenen Ethnographie des Sprechens aus ist es nicht mehr möglich, zu einer nur sprachliche mit sozialen Daten korrelierenden Soziolinguistik zurückzukehren. Das so gewonnene Zustandsbild
sagt nichts aus über die Gründe, die zu einer bestimmten
Verteilung geführt haben und wirkt so - und zwar immer auf
Kosten der Dialektsprecher - affirmativ, indem es die Überlegenheit der Einheitssprache notwendigerweise bestätigt.
Entsprechend ist es auch mit den Mitteln der strukturellen
oder einer wie auch immer gearteten Sozio- oder Pragmalinguistik nicht möglich, den Dialekt zu definieren. Alle ihm
üblicherweise zugeschriebenen Attribute erweisen sich als
akzidentell. Die bei SOWINSKI (1970, 180f.) angeführten
Merkmale sagen höchstens etwas aus über die momentane *Geltung* des Dialekts in einer bestimmten Sprachgemeinschaft,
nicht über rein sprachliche Eigenschaften, aufgrund derer
eine Verwendung in anderen pragmatisch-situativen Zusammenhängen ausgeschlossen wäre. Nicht weil der Dialekt an sich
"konkret" und "bildhaft" ist, eignet er sich nicht zur Darstellung abstrakter Sachverhalte. Vielmehr ist davon auszugehen, daß im Laufe der historischen Entwicklung für diese
Funktion zwingend die Einheitssprache vorgeschrieben worden
ist - in der Schule, in der Wissenschaft wie in der Politik - und daß sich gleichzeitig eine Sprachnorm herausgebildet hat, gemäß der Bildhaftigkeit in der abstrakt-wis-
senschaftlichen Redeweise verpönt ist. (Daß diese Norm typisch deutsch ist, zeigt ein Blick auf die angelsächsische
Philosophie.)
     So gibt es in der deutschen *Schweiz* nicht nur keine so-
ziale Einschränkung des Dialektgebrauchs - alle Deutschschweizer sprechen aktiv Dialekt -, sondern auch keine in-
haltlich-pragmatischen. In allen informellen Situationen
muß Dialekt gesprochen werden, unabhängig vom Gesprächsge-
genstand. So sprechen Schweizer Germanisten unter sich tatsächlich über HÖLDERLIN oder HEIDEGGER immer in Mundart.
Die Wahl des Hochdeutschen ist nur in einer *formellen* Situation, z.B. in einem Seminar, möglich. Die *situative Komponente* ist also für die Wahl zwischen den beiden Sprachformen
allein entscheidend, wogegen in den übrigen deutschsprachigen Ländern *soziale* wie *inhaltlich-pragmatische* Faktoren do-
minieren. Situative Faktoren spielen eine sekundäre Rolle:
Die Sprachform, die während eines Seminars gebraucht wird,
unterscheidet sich nicht wesentlich von derjenigen, in der
nachher - in der informellen Situation - über den Seminar-
gegenstand weiterdiskutiert wird.
     BERNSTEIN ist damit voll zuzustimmen, wenn er meint: "Im
Dialekt selbst gibt es nichts, was ein Kind daran hindern
könnte, universale Bedeutungen zu internalisieren und zu gebrauchen" (BERNSTEIN 1974, 290). Auch wenn nun in den west-

lichen Industriegesellschaften der Dialektgebrauch weitgehend durch soziale Faktoren bedingt ist, so zeigt doch das
Beispiel der deutschen Schweiz, daß das nicht unbedingt so
sein muß. AMMONs Feststellung, "daß durch die *Klassenlage*
bedingte unzureichende sprachliche Fertigkeiten durchaus
ein hemmendes Moment in der Emanzipation einer zur Herrschaft drängenden Klasse darstellen können" (AMMON 1973,
246), legt zuviel Gewicht auf den Dialekt als eines der in
der Bundesrepublik in der Tat zum *Stigma* gewordenen äußeren
Merkmale unterer Sozialschichten und verdeckt damit gerade
die äußeren wie die inneren Bedingungen, die sich der "Emanzipation" der unteren Schichten hemmend entgegenstellen,
zugunsten einer materialistischen Umdeutung der alten SAPIR-
WHORFschen These. Daß der Dialekt *an sich* ein nebensächli-
cher Faktor ist, zeigt sich beispielsweise bei den vielen
in der Bundesrepublik lebenden Schweizern, denen der Dialekt
(dem sie im häuslichen Leben treu bleiben) weder die Verwendung der hochdeutschen Einheitssprache wesentlich erschwert, noch den sozialen Aufstieg in irgendeiner Weise
gefährdet. Entscheidend ist hier das *sprachliche Selbstbewußtsein*: Der Schweizer ist stolz auf seinen Dialekt und
versucht im allgemeinen auch gar nicht, diesen zu verdecken;
der Deutsche hingegen schämt sich seiner und befürchtet
ständig, bei einer inkorrekten, mundartlichen Form ertappt
zu werden.
5.2. Es wäre nun müßig, zu propagieren, die Deutschen sollten sich den "Schweizer Standpunkt" zu eigen machen und den
Dialekt nicht nur nicht diskriminieren, sondern ihn sogar
im alltäglichen Umgang bewußt "pflegen". Eine solche Um-
kehr ist weder möglich noch wünschenswert: Der Zwang zur
dialektalen Assimilation wäre unter sozialpolitischen Gesichtspunkten nicht weniger bedenklich, als der heute aus-
geübte zur Unterdrückung des Dialekts. Hingegen könnte der
Blick auf die schweizerische Nachbarschaft lehren, daß es
nicht angeht, die Spannung zwischen Dialekt und Einheitssprache gleichsam zu ontologisieren (indem man in ihr eine der Bedingungen für das Weiterbestehen einer "Klassenge-
sellschaft" sieht) und aus ihrem Vorhandensein zu schließen,
daß sich in der Schulsituation bei den mit dem Dialekt "geschlagenen" Schülern unbedingt kognitive und emotionale
Schwierigkeiten ergeben müssen. Schweizer Schüler sind, obschon ausnahmslos Dialektsprecher, auch in den sprachlichen
Fächern nicht schlechter als ihre deutschen Kameraden, und
es ist sicher nicht dem Bedürfnis nach Dissonanzverminderung
zuzuschreiben, wenn so viele schweizerische Schriftsteller
immer wieder betonen, wie positiv sie das Nebeneinander der
beiden Sprachformen betrachten, weil es ihnen stets wieder
erlaubt, das in einer Sprachform Gesagte mittels der anderen
zu relativieren.
    Die nun auch in der Bundesrepublik langsam aufkommende
Dialektwelle könnte vielleicht dazu führen, daß mit dem Interesse für die Dialekte auch deren soziale Diskriminierung
etwas gemildert wird, und sei es auch nur dadurch, daß In-
tellektuelle nun alternative Lebens- und damit auch Sprach-

formen vermehrt gelten lassen wollen. Mundartbewegungen
wurden stets von Intellektuellen getragen (in der Schweiz
wie etwa in der sog. Plattdeutschbewegung im Norden Deutschlands) und richteten sich stets auch gegen zentralistische
politische wie ökonomische Strukturen. Der Trend zur Regionalisierung insgesamt durchkreuzt in jedem Fall die als
primär gesetzten "Klasseninteressen" und führt damit in der
Sicht der einen zur Überwindung, in der Sicht der andern
zur Verschleierung von Schichten- oder Klassengegensätzen.
5.3. Das bedeutet aber für die dialektologisch orientierte
Soziolinguistik, daß sie sich grundsätzlich vom BERNSTEIN-
schen binären Schichtenmodell lösen muß und vielmehr zu
fragen hat, wie sich die verschiedensten sozialen Gruppen
zu den von ihnen gebrauchten Sprachformen verhalten und wie
sie die von andern gebrauchten einschätzen. Schon die Untersuchungen LABOVs haben ergeben, daß es nicht angeht, eine bestimmte soziolinguistische *Variante* immer nur als *soziales* Signal zu identifizieren (LABOV 1972, 178), daß vielmehr jede kulturelle Schicht über ein spezifisches Repertoire von *funktionalen Spielarten* verfügt (ib.). Die höchste und die niedrigste Statusgruppe zeigen den geringsten
Stilwechsel, wogegen die zweithöchste Statusgruppe extreme
Stilunterschiede aufweist und in der formellen Situation
sich sprachlich sogar noch über die höchste Statusgruppe
emporhebt (ib., 182f.). Ein solches Verhalten ist nun typisch für *soziale Aufsteiger*, die sich einerseits gern gegen unten, mit der Schicht, aus der sie herkommen, anbie-
dern, sich andererseits aber in formellen Situationen unbedingt als Angehörige der Oberschicht markieren wollen -
durch *Statusmerkmale*, zu denen neben Kleidung, Automobil-
und Zigarettenmarke auch Gesten und eben die Sprache gehören.
   Nachdem sich Industriegesellschaften wie die der Bundesrepublik während der Hochkonjunktur an typischen Aufsteiger-
normen orientierten, ist es verständlich, daß die Normen,
die horizontal wie vertikal (sozial) weniger mobilen Gesellschaften, respektive Gesellschaftsschichten inhärieren,
gleichsam verdeckt wurden. Dazu gehören nun auch die Normen,
die mit dem Regionaldialekt positive Werte verbinden (LABOV
1972, 189). In der heutigen Zeit, wo im Gefolge der Rezes-
sion die vertikale Mobilität eingeschränkt wird, treten
Statusbarrieren wieder deutlicher hervor. Damit ist auch anzunehmen, daß sprachliche Varianten wieder vermehrt zur
Selbst- und *Fremdidentifizierung* von Gruppen herangezogen
werden. Es scheint gar nicht ausgeschlossen, daß weitere
Kreise in der deutlichen regionalen Markierung ihrer Sprech-
weise zugleich eine soziale - und zwar eine mit hohem Status - sehen wollen. (Die eigentliche Oberschicht in Basel,
Bern und Zürich spricht die konservativste Mundart, und in
Süddeutschland gilt deutliche regionalsprachliche Markierung immer noch als Zeichen nicht nur des Eingesessenen,
sondern auch desjenigen, der es zu etwas gebracht hat und
der es sich leisten kann, gegen die Anpassungsnormen der
etwas weniger Erfolgreichen zu verstoßen).

Antisprachen (STEGER 1964,136) gibt es nicht nur in den gemeinhin mit dem Namen *Subkultur* belegten sozialen Randgrup-
pen der untersten Schichten (BAUSINGER 1971), sondern auch
oben, bei denjenigen, die nicht *members* in den primären
Gruppen besonders der Jugendlichen sind, sondern *lames*, *mar-
ginal men*, die sich gerade durch ihre Sprache von den *members* abheben, beziehungsweise wegen ihrer Sprache von den
members nicht akzeptiert werden. (Auch Linguisten sind
lames, meint mit Recht LABOV, dem wir hier folgen: LABOV
1973).

Abgrenzung durch *divergente* sprachliche Merkmale ist damit eine ebenso ernstzunehmende Triebkraft im Sprachleben
wie Anpassung durch Konvergenz. So zeigt ein Übersichtsarti-
kel von GILES, TAYLOR und BOURHIS (GILES et al. 1973), daß
Sprecher sich an die Sprache ihrer Gesprächspartner anzupassen versuchen (*response matching*), wenn sich soziale Normen
nicht als direkt wirksam erweisen. Bei *ablehnender Haltung*
des Gesprächspartners zeigen sich aber *Divergenzphänomene*
in dem Sinne, daß der eine Partner bewußt einen Akzent wählt,
der dem des andern entgegengesetzt ist.

Der Zwang nach Anpassung an den jeweiligen Partner kann
in Konflikt kommen mit dem Zwang zur *sprachlichen Repräsentation* der eigenen Bezugsgruppe: So sprechen viele bilingua-
len Schweizer mit reinen Deutschschweizern nicht deren Muttersprache, den Dialekt, sondern die von ihnen bevorzugte
Sprache, Französisch, und nehmen es lieber in Kauf, daß das
Gespräch stockt, statt auf die Darstellung der eigenen
sprachlichen Überlegenheit zu verzichten.

Ein von uns in Bern durchgeführter Test bestätigte unsere
Vermutung, daß die Darstellung sprachlicher Identität mehr
gilt, als die erfolgreiche Verständigung mit einem nicht der
eigenen Bezugsgruppe angehörenden Gesprächspartner: Ein korrekte deutsche Einheitssprache sprechender deutscher Student
befragte Fachschüler und Gymnasiasten nach dem Weg zum Bahnhof. Von den Fachschülern antworteten rund die Hälfte in
Mundart, von den Gymnasiasten ein Drittel. Deutlich zeigte
sich bei den Gewerbeschülern die Tendenz zur Antwort in
Mundart (in dem für Deutsche normalerweise nicht verständli-
chen Berndeutsch), sobald sie sich beim Angesprochenwerden
in einer Gruppe von Kameraden befanden: Vor diesen hochdeutsch zu sprechen, erwies sich als schwierig, so daß eher
in Kauf genommen wurde, dem fragenden Deutschen eine für ihn
nur halb- oder ganz unverständliche Antwort zu geben, als die
eigene *sprachliche Gruppensolidarität* zu verletzen.

Ebenso riskiert es der Berner bis heute bewußt, in der
übrigen Deutschschweiz wegen der von ihm allein gebrauchten
Ihr-Anrede als unhöflich, bäurisch und grob zu gelten, und
er will allenfalls lieber gesellschaftliche Sanktionen ertragen, als auf dieses wichtigste pragmatische Merkmal seiner Mundart im Gespräch mit Andersdialektalen zu verzichten
(RIS 1977). Festhalten an einem bestimmten Dialekt oder Soziolekt bedeutet demnach nicht unbedingt, daß man - aus rein
linguistischen Gründen - nicht anders könnte, sondern daß
man nicht darauf verzichten will, in der Kommunikation mit

Gesprächspartnern die gemeinsamen Merkmale zu betonen, respektive sich bewußt von denen der andern abheben will. (Was nicht sagen will, daß man diese insgesamt ablehnt).
5.4. Wir kommen - nach langen Umwegen - wieder zurück zu W. MITZKAs Idee, daß jeder Sprachwandel letzten Endes "gruppenpsychologisch" bedingt ist (MITZKA 1946, 31ff.). Das gilt gleichermaßen für den Übergang zur Einheitssprache, wie für das bewußte Festhalten an der Mundart bei einheitssprachiger Nachbarschaft. Wie H. ROSENKRANZ in einer überaus wichtigen, aber von der heutigen "Sozialdialektologie" übergangenen Arbeit gezeigt hat, sind "Dauer und Lautstärke der 'Beschallung' mit fremdem Sprachgut ohne Einfluß auf dessen Übernahme, solange eine Sprachgemeinschaft sich solchen Einflüssen widersetzt" (ROSENKRANZ 1963, 8). "Geschlossene und selbstbewußte mundartliche Sprachgemeinschaften" sind in der Tat gegen die direkten Einflüsse der Schriftsprache immun (ib., 9). In der deutschen Schweiz hat sich die Mundart trotz der ungleich intensiveren "Beschallung" durch Sprecher der deutschen Einheitssprache (besonders in den gern gesehenen deutschen Fernsehprogrammen) in den letzten Jahrzehnten als linguistisches System von demjenigen der deutschen Einheitssprache stärker *dissoziiert*: Entweder spricht man Mundart oder (nur noch in wenigen Situationen) die schweizerische Norm der deutschen Einheitssprache. Zwischenstufen sind im Gegensatz zu allen anderen deutschsprachigen Ländern nicht möglich, ebensowenig ein freier Wechsel zwischen den beiden Sprachformen (*pragmatisches Diskontinuum*). Das grammatische System der einzelnen Mundarten erweist sich gegenüber dem der Einheitssprache als relativ autonom: Einbrüche sind nur im Bereich von Lexikon, Phraseologie und - schon weniger ausgeprägt - im Bereich der Syntax möglich, nicht jedoch in den "tieferen" Bereichen der Phonologie und der Morphologie. Einfache Präteritalformen, sogar das in der süddeutschen Nachbarschaft übliche *war*, sind nun im Gegensatz zur Zeit nach der Jahrhundertwende völlig ausgeschlossen (*grammatisches Diskontinuum*). (Vgl. dazu RIS 1977b, 1978, 1979).

6. Schluß

Für den (deutschsprachigen) Außenstehenden zeigt sich das in der Bundesrepublik, in der DDR wie in Österreich politisch höchst brisante Dialektproblem in einem etwas anderen Licht als für die direkt Betroffenen. Seine Einengung auf die ausschließlich schichten- oder (nach heutiger Redeweise) klassenspezifische Betrachtungsweise ist meines Erachtens ein Symptom für die die gegenwärtigen gesellschaftlichen Auseinandersetzungen besonders in der BRD prägenden Interessen. Ohne deren Wirksamkeit grundsätzlich bezweifeln zu wollen, meine ich doch, daß auch andere Faktoren mit eine Rolle spielen, und ich wage - mit aller Vorsicht - die Prognose, daß sie inskünftig sich als noch stärker wirksam erweisen könnten. Dies bedeutet auch, daß schulpolitische Entscheidungen nicht aufgrund der Ergebnisse der gegenwärtig dominierenden und die allgemein herrschenden bildungspolitischen Tendenzen

affirmativ untermauernden Soziolinguistik getroffen werden
dürfen. Die Triebkräfte der sich nun allenthalben in Europa
und nun auch in der BRD anbahnenden Tendenz zur *Regionalisierung* entspringen nicht mehr derselben Wurzel wie die bil-
dungspolitische Forderung nach absoluter "Chancengleichheit"
und nach Ausebnung der regionalen Unterschiede. Die damit
parallel laufende Wiederaufwertung der regionalen Sprachformen[3] kann daher mit dem Instrument einer bildungspolitisch
fixierten Soziolinguistik nicht adäquat erfaßt werden. Vom
Gesichtspunkt einer umfassenden "Ethnographie des Sprechens"
aus wäre genauer zu fragen nach den Gründen für das Auftreten von sprachlichen Spannungen. Die Antwort könnte möglicherweise die sein, daß die Ende der sechziger Jahre vehe-
ment einsetzende Diskussion über die angeblich mit naturge-
setzlicher Notwendigkeit auftretenden negativen Auswirkungen
des Dialekts vielleicht eher eine generelle soziale Desorien-
tierung widerspiegelt, als die immer noch ganz unbekannte
und höchstens ungläubiges Kopfschütteln hervorrufende Mund-
artbewegung in der deutschen Schweiz.

Anmerkungen

1) Eben sind im SPIEGEL (Jg. 31, Nr. 48 vom 21.11.1977, 143-
154) die Ergebnisse einer Umfrage in Frankreich über
Deutschland und die Deutschen veröffentlicht worden. Danach gelten die Deutschen in den Augen der Franzosen als
fleißiger, tapferer/mutiger, aber auch als schwerfälli-
ger, intoleranter, humorloser und kälter als sie selbst.
Wenigstens die Einschätzung als relativ schwerfällig und
humorlos wird von den Deutschen in ihrem Autostereotyp
nicht geteilt (146).

2) BAUSINGER 1973, 59 Anm., wendet sich gegen die Überbe-
wertung der Mundart als "Naturform" und sieht in ihr eine
"Restriktionsstufe, von der möglicherweise der Absprung
leichter fällt als von der künstlichen Reduktionsstufe
des 'Fibelkodes'".

3) Ein gewisses Maß an positiver Einschätzung der eigenen
regionalen oder ethnischen Gruppe ist möglicherweise eine
Vorbedingung für die Toleranz anderen gegenüber. So sind
in der Schweiz regionale Identifikationsmuster bis heute
äußerst wirksam (vgl. dazu RIS 1978).

Susanne Mumm

Das Problem des Selbstverständnisses beim Übergang vom Dialekt zur Hochsprache

1. Das Problem

Dialekte währen, "solange das ihnen inwohnende Leben währt, und sie über diesen Punkt hinaus erhalten zu wollen, wäre thöricht und unmöglich zugleich." (HUMBOLDT 1829, VI 233)[1]
Es geht nicht um Dialektpflege - in dem im Thema angekündigten Zusammenhang schon gar nicht. Es geht aber um die Pflege der im Dialekt aufgewachsenen Kinder bzw. Schüler: die Pflege ihres Sprachvermögens und ihres Selbstverständnisses. Was das miteinander zu tun hat, läßt sich zunächst sehr einfach sagen: ihr Weltverständnis reicht so weit wie ihr Vermögen, das, worum es ihnen jeweils geht, im günstigen Augenblick treffend anzusprechen und in diesem Weltverständnis - nicht im Wissensschatz oder Informationsspeicher - verstehen sie sich selbst immer unausdrücklich mit. In ihrem Weltverständnis ist ihr Sprachvermögen und ihr Selbstverständnis angelegt. Es gibt Kinder, denen fehlt das alles - autistische Kinder - und es gibt viele, die nur Spuren davon haben.
Die Welt des Dialekts ist - gerade und nur wenn er noch 'inwohnendes Leben' hat - eine andere als die Welt der Einheitssprache, und der Übergang in diese neue Welt betrifft - wenn das eben Gesagte gilt - das Selbstverständnis des Schülers mit. Ob dieses dadurch aufgelockert und erweitert oder zunächst vor allem verstört wird, das ist überhaupt nicht allgemein zu entscheiden. Es kann hier nicht um die Konstruktion eines regelhaften kausalen Zusammenhanges gehen, sondern nur um Hinweise auf Schlüsselphänomene der Sprachpädagogik, die sich der empiristischen Beweisbarkeit entziehen, weil sie nicht von Versuchspersonen abfragbar sind. (Vgl. hier Kap. 5.2.)
Das Problem des Selbstverständnisses ist kein linguistisches Problem, wohl aber ein sprachliches. Ein sprachliches ist es insofern, als alle problematischen Umweltzumutungen und Erfahrungen auch sprachliche Probleme sind (nicht: beinhalten!). Denn nichts von dem, was uns etwas angeht, ist

außerhalb unserer Sprache. Die sogenannte 'außersprachliche Realität' gibt es nur gegenüber von Konstruktsprachen und für Linguisten. - Die umfassendere Frage wäre also die von H. RUMPF: "Was widerfährt dem Ich beim Schullernen?" (1976, 19).

Zu dieser Frage gehört für den, der den dialektsprechenden Kindern die Hochsprache beibringen will, die isoliertere Frage: "Was widerfährt dem Selbstverständnis beim Umlernen der Sprache?" Das Ich und das Selbstverständnis sind nicht dasselbe. Aber gerade wenn es um die Sprache geht, ist, so meine ich jetzt, der letztere Ausdruck der angemessenere. Zuerst sollte der Aufsatz Ich-Stärke oder Ich-Identität und Dialekt heißen. Die Problematik des Ich-Begriffs kann ich aber hier nicht diskutieren[2]. In der Auseinandersetzung mit dem soziologischen Begriff der Identität bin ich auf einem aktuellen Weg zu dem des Selbstverständnisses gekommen. Diesen Weg will ich darzustellen versuchen, wodurch ich indirekt einen Beitrag zur Reflexion soziolinguistischer Grundbegriffe wie Code, Rolle und direkt zu dem der 'sprachlichen Identität' zu leisten hoffe[3].

Wer es mit der Sprache der Schüler zu tun hat, hat in besonderer Weise mit diesen selbst zu tun. Das ist mit dem Thema gemeint. (Dem guten, linguistisch nicht allzu vorbelasteten Lehrer ist das etwas Selbstverständliches,und er braucht keine wissenschaftliche Abhandlung darüber zu lesen.) Andererseits: ist das Selbst - das werdende Selbst - des Schülers nicht bei Wohnungswechsel, beim Lernen der Verkehrsregeln, vor dem Fernseher, beim Übergang vom Roller zum Fahrrad, vom Ballern zum Mannschaftsspiel mit seinen komplizierten Spielregeln, bei der durch Tests geregelten Einstufung ins Kurssystem mindestens ebenso betroffen, herausgefordert oder der 'Entfremdung' ausgesetzt wie beim Übergang vom Dialekt zur Hochsprache? Ist das Sprache-Lernen ein ganz besonderes Lernen? Wodurch ist es ausgezeichnet? Eine schwere Frage, die hier nicht zu Ende gedacht werden kann[4]. Vielleicht liegt das Problem darin, daß ja eigentlich die 'neue' Sprache mit dem Kennen- und Bewältigen-Lernen der 'neuen' Welt in unmittelbarem Zusammenhang gelernt werden sollte. Nun ist es aber in der Sprache zugleich angelegt, daß ich sie auch im Klassenzimmer lernen kann, abstrahiert von der Grundlage ihres Lernens. An Beispielsätzen, Wortreihen. Und doch - und das ist das Gefährliche daran - hat es der Lehrer dabei noch immer mit Erfahrungen und Erfahrungsmöglichkeiten des Schülers zu tun und nicht mit etwas, was auf diese nur sekundär - später, draußen - wieder "angewendet" werden könnte. Eben weil und solange auch im Klassenzimmer Sprache als Sprache und nicht als Code gelernt wird[5].

In der neueren Diskussion, die sich um das Schlagwort "Sprachbarrieren" rankt, sind Probleme, die das hier behandelte Thema streifen, mehrfach angerissen worden.

RIEDEL hat es "in der Sprache der Informationstheorie" versucht und dabei von den "Mengen von Signalen" gesprochen, mit denen man sich 'identifiziere', weshalb die "Ar-

beit an und mit der Sprache (...) Umgang mit menschlicher
Seele" sei (1974, 3), was ich für schlechthin unverstehbar
halte, denn was hat "die Seele" mit einer "Menge von Signalen" zu tun, und wie soll ich mich (ohne Seele?) mit einer
solchen "Menge" "identifizieren"? AMMON hat angemerkt, daß
bei entsprechenden Mißerfolgen Dialekt-Schüler

> "(...) gestört werden in der Entwicklung eines positi-
> ven Selbstbildes und der Entfaltung einer für die Ver-
> tretung ihrer Interessen nötigen Ich-stärke" (AMMON
> 1972, 86).

Die Veränderung der Sprache könne eine Selbstentfremdung bewirken, weil die Sprache in einem "selbstverständlicheren
Verhältnis zum Individuum" stehe als "andere technische Fertigkeiten" und sich daher nicht wie diese "einfach rational
umlernen" lasse (1972, 19). Kriegt das "Individuum" eine
neue Sprachhaut oder nur ein neues Allzweckwerkzeug?
  Was soll dieses Selbst sein, von dem man sich entfremden
und zu dem man also auch wieder hinfinden kann? Wie soll
das sich-Identifizieren mit einem andern oder gar mit dem
"generalized other" (MEAD 1934/75,196 f.),das ja irgendein
Selbstsein schon voraussetzt, andererseits dazu führen, daß
ich zu mir selbst finde? Unter "Selbstentfremdung" versteht
AMMON, wie sich an anderer Stelle zeigt, Entfremdung von
der "sozialen Identität":

> "Die mit dem Erlernen der Einheitssprache verbundene
> Entfremdung der Dialektsprecher von ihrer eigenen so-
> zialen Identität läßt sich bislang nur schwer abschät-
> zen. Die Annahme einer schmerzhaften Entfremdung grün-
> det hauptsächlich auf der sozialpsychologischen Theo-
> rie von George H. Mead. Danach ist die Sozialisation
> und die Herstellung sozialer Identität das Resultat der
> Internalisierung des 'generalized other'. Damit ist
> das gesamte Normensystem der umgebenden Gruppe ge-
> meint, das in den Sprachinhalten aufbewahrt ist. Vor
> allem der Erwerb anderer Sprachinhalte führt demnach
> zu schweren Störungen der sozialen Identität"
> (1972, 89)[6].

Das ist eine einseitige Widergabe des MEADschen Ansatzes:
selbst bei MEAD bedeutet die Rolle des "generalized other"
(die er "me" nennt) eine zwar für den Sozialisationsprozeß
notwendige kontrollierende Instanz, die aber nicht isoliert
und absolut gedacht werden kann[7], sondern die nur Sinn hat,
als dem Ich (englisch "I") gegenübertretende distanzieren-
de Instanz. Ich trete mir selbst in der Rolle des "generalized other" gegenüber, um mich im Sinne von dessen Normen zu steuern[8]. Das Selbst konstituiert sich nach MEAD in
in dieser Spannung von "I" und "me"[9].
  Ersteres kann nicht sprachlos gedacht werden. Vielmehr
gerade darin, daß ich mich selbst artikulieren kann, liegt
ein für den soziologischen Blick erstaunlicher Sachverhalt[10].
Stark vereinfacht gesagt: nicht nur der "generalized other"

hat seine Sprache, auch das "I" kann zur Sprache kommen.
Sprache kann also auch in diesem soziologischen Modell
nicht nur als konventionalisiertes vorgegebenes gruppenspe-
zifisches Instrumentarium gefaßt werden, da sonst das
Sprachvermögen ("kommunikative Kompetenz") nur ein Anpas-
sungsvermögen wäre. Mit dieser Bemerkung, die nur um der
Zurückweisung von simplifizierenden Übernahmen soziologischer Modelle in linguistische Untersuchungen willen angeführt wurde, ist zugleich die Begrenztheit des Begriffs der
"sprachlichen Identität" angesprochen, wie ihn Brigitte
SCHLIEBEN-LANGE als wichtiges Element heutiger Sprachtheorie
versteht: "sprachliche Identität" "(...) ist die Identifikation mit anderen, die die gleiche Sprache sprechen"
(1975, 199) und das Bewußtsein davon "(...) manifestiert
sich vor allem im Bewußtsein nicht so zu sprechen, wie die
anderen" - also nicht so wie die nicht der "Sprechergruppe"
Zugehörigen (ebd.). Man kennt das, wie gerade im dialektalen Bereich eine Dorfgemeinschaft sich gegen die andere
durch übertriebene Nachäffung der angrenzenden Dorfmundart
abgrenzt. Dies gehört zum gruppenstabilisierenden Verhalten[11], das besonders in ausstoßenden Sanktionen faßbar wird
und in Bubenkämpfen Ventile findet. (Mein Bruder mußte einst
für den Kampf der Auerbacher gegen die "Bensemer-Gille-
Galle" (?) im Leiterwagen Wurfsteine beikarren.) Das im
Thema angesprochene Problem kann aber nicht nur aus dieser
Vereinseitigung her entwickelt werden. Dem Konzept der
"sprachlichen Identität" muß eine Möglichkeit der An-eig-
nung von Sprache zur Seite gestellt werden, das die Artikulation des Ich-Selbst (das garnichts Unsoziales sein kann)
und nicht nur die Reproduktion des Man-Selbst (das immer
nur etwas Vergesellschaftetes ist) ermöglicht. Die Erklärung des Sprache-Habens als einer instrumentalistischen
Ausrüstung, deren Besonderheit ("selbstverständlicheres
Verhältnis") gegenüber anderen Ausrüstungen sozialpsycholo-
gisch begründet wird (aus der Gruppenzugehörigkeit), verstellt - so scheint es mir - zunächst doch den Blick auf
etwas, was man womöglich nur an Beispielen verdeutlichen
kann[12]: Was bedeutet es, daß für mich   G u m m e r
bisher   G u m m e r   ist und nun "Gurke" werden soll?
Wie kann meine reiche, plastische, sinnliche   L a t -
w e r j e - Erfahrung - der ganze Garten ist darin, Wasch-
küche und Küche, das ganze Nachbarschaftsfest des   L a t -
w e r j e - Kochens - in "Pflaumenmus" aufgehoben werden?
Das ist kein primär sozialpsychologisches Problem, sondern
ein Problem eines Verstehens, in dem ich mich selbst mit
meinen Erfahrungen einfinden kann. Es geht freilich nicht
um einzelne Lautungen bei dem Übergang vom Dialekt zur
Hochsprache, sondern um einen ganzen Sprachorganismus[13].
Es geht im günstigen Fall um die Entschränkung einer gebundenen Welt in eine offene, 'universale', nicht überschaubare, aber zu erobernde Welt, wenn die "Einheitssprache"
n i c h t   als Gruppensprache, nicht als konventionalisiertes Normensystem vermittelt wird, sondern als Sprache
im Sinne von HUMBOLDTs energeia[14].

Das Lernen der Hochsprache kann dann ein freudiges entdek-
kendes Lernen sein, weil sie neue Deutungsmöglichkeiten anbietet, wenn 'sie nicht wie eine Menge von Verkehrsregeln
vermittelt wird. *d i e   B a c h* bleibt dann weiterhin der vertraute Bach, der hinten am Garten entlangfließt.
Aber: "der Bach - die Bäche", das sind noch unbekannte,
gleichwohl verstehbare unendliche Möglichkeiten von Bächen[15].
Gerade in ·der notwendigen Aufmerksamkeit beim Artikulieren
und Wortesuchen liegt für den Dialekt-Schüler die Chance
einer Überstufung des bisherigen Sprachbewußtseins, "eine
geistig-sprachliche Chance" (LÖFFLER 1972, 38). Allerdings
nur bei pflegerischer Sprachdidaktik könnte so das Selbstverständnis, ohne daß es ausdrücklich angesprochen werden
sollte, zu einer antizipativen Anspannung herausgefordert
werden, etwa beim Finden von Beispielsätzen, bei denen man
sich etwas denken kann. Warum können Wortschatzübungen Spaß
machen? Weil jedes Wort etwas bedeutet - für das Kind jedenfalls, solange die Umwelt und der Deutschunterricht den
"Sprachsinn"[16] noch nicht abgetötet hat. Zunächst versucht
sich das Kind einzubringen in die Sätze und Wörter, weil
es sie zu verstehen, d. h. zu erfüllen, anzueignen sucht.
Davon sollte jedenfalls der Lehrer so lange wie möglich ausgehen. Die Lehre von der Sprache als Code verstellt diese
ohnehin unscheinbaren "Bedürfnisse" der Kinder für den Lehrer leicht.
    Mag sich das (nie unsprachliche oder außersprachliche)
Selbstverständnis des "Dialektsprechers" im Dialekt, vor
allem aus der Identifikation mit dem "generalized" Auerbacher oder Mühlviertler oder Glottertaler konstituiert haben.
Solange das dem Dialekt "inwohnende Leben" noch währt, ist
diese Identifikation ja in funktionalen Lebensvorgängen,
Arbeitsweisen, gekonnten Griffen, Sachbindungen aufgehoben.
Im Übergang zur Hochsprache muß es in der Entschränkung zu
sich selbst finden, will es sich nicht einfach in einem
nicht mehr verstehbaren "generalized other" verlieren. Solche Rutschpartien in den Ungrund des Selbstverlusts beginnen an jedem Schultag neu bzw. setzen sich darin fort. Das
liegt nun nicht am Unterschied von Dialekt und Hochsprache,
sondern an der Unverstehbarkeit des zu Lernenden. Der Lehrer
sollte aber wissen, was er tut, sollte sensibilisiert werden für die Frage, ob er etwa die Sprache des Verstehens
durch eine Sprache des Unverstandenen zu ersetzen verlangt,
bzw. wann er nur immer die "Einheitssprache" als Sprache
des Verstehens anbieten kann. Die Fragen nach dem Zusammenhang von Selbstverständnis und Sprache seiner Schüler könnten ihn zur Bemühung um das 'Verstehen-Lehren' (WAGENSCHEIN
1975a) auffordern. Das Thema ist nicht dazu angetan, unmittelbar zu unterrichtstechnischen Hilfsmitteln zu führen,
wohl aber dazu, eine sprachfördernde Unterrichtshaltung zu
begründen. (Vgl. dazu hier Kap. 5.2.)
    Im folgenden gehe ich zunächst auf eine neuere Version
des soziologischen Begriffs 'Identität' ein, wodurch das
Problem, den im Thema angesprochenen Zusammenhang beim gegenwärtigen Diskussionsstand zu behandeln, deutlicher werden soll.

Danach bietet sich dann (Kap. 3) ein einfacher Weg zum Thema zurück an.

2. „Balancierende Identität"

2.1. Der soziologische Begriff Identität

Der Begriff Identität erhielt in der Kritik an Rollentheorien im letzten Jahrzehnt auch in Deutschland aktuelle Bedeutung, in der Kritik daran, daß man "Sozialisation" nur
als "Rollenlernen" als Übernahme sozial vorgefertigter Ver-
haltensmodelle, als Anpassung an Erwartungen und daß man
deren Ergebnis, als Konglomerat verschiedenster Rollenüber-
nahmen erklärte. Das Rollenmodell der Sozialisation ist im
Zusammenhang der Sprachbarrieren-Diskussion in soziolinguistischer Forschung bekannt. Im Sinne DAHRENDORFs wird formuliert: Als Rolle gilt "ein Bündel von Verhaltenserwartungen, das von einer (sozialen - S.M.) Position mobilisiert
wird". (DITTMAR 1971, 100, vgl. AMMON 1975, 47). In kriti-
scher Sicht zeigt sich, daß diese Modelle eine Form der
"Interaktion"[17] behaupten, die im Grunde nur "unter den
Bedingungen höchster Repression" funktionieren kann, d.h.daß
sie einen "sozialpathologischen Zustand" hypostasieren
(vgl. KRAPPMANN 1975, 119)[18]. Die Forderung nach 'Rollen-
distanz', die das Objekt der Sozialisationsprozesse (der
Schüler z. B.) einnehmen können müsse, um Rollen kritisch
prüfen, auswählen, kombinieren, abweisen zu können, führt
notwendig auf die Frage nach dem Ort, dem Rückzugsgebiet,
von dem aus diese distanzierte Sichtung möglich sein soll.
Es gibt also, so die Konsequenz solcher Überlegungen,
eine Instanz, die den Rollen äußerlich sein kann, die sich
nicht nur aus Anpassungs- und Identifizierungsprozessen
konstituiert, ein Pol, der diesen gegenüberstehen kann.
Die Instanz, die den Rollen gegenüber eine kritische Distanz ermöglicht, nennt man Ich[19] und das Ziel oder Ergebnis seiner Bemühungen: Identität[20]. Das Phänomen, das mit
Identität bezeichnet wird, hat verschiedene Aspekte. Einmal erscheint Identität als "ein bewußtes Gefühl der individuellen Identität, ein andermal als das unbewußte Streben
nach einer Kontinuität des persönlichen Charakters ...
einmal wird die Identität als ein Kriterium der stillschwei-
genden Akte der Ich-Synthese, dann wieder als das Festhalten einer inneren Solidarität mit den Idealen (...) einer
Gruppe" faßbar (ERIKSON 1975, 125). Diese verschiedenen
Aspekte sind natürlich schon Interpretation, die die Unfaß-
barkeit des Erfragten verdeutlichen. Man ist sich auch keineswegs einig über die Seinsweise und Herkunft dieser Instanz.

> "Die einen sehen die Suche nach der Identität als sub-
> jektives, im Belieben des Individuums stehendes Be-
> streben, sich als einmalig festzuhalten, andere Auto-
> ren betonen gerade, daß die Bedingungen der Möglich-
> keit der Gewinnung von Ich-Identität auf der Ebene
> sozialstruktureller Faktoren zu suchen sind. Manche

Identitätsvorstellungen stimmen darin überein, daß
Identität dem Individuum einen festen, inhaltlich definierten Platz in einem Sozialsystem zuweist, betonen
also die Stabilität einmal, wenn auch nach krisenhaf-
ter Entwicklung, erlangter Ich-Identität; andere betrachten Identität als Leistung, die die Person immer
wieder neu zu erbringen hat." (päd. extra Lexikon
1975 s. v.).

Wir werden im folgenden vor allem die letztere dieser Alternativen: daß die Person immer wieder neu die "Leistung Identität" zu erbringen hat, verfolgen, weil diese soziologische
Position die Frage nach "Identität" und Sprache stellt.
Die sozio-logische Notwendigkeit, so etwas wie Rollendi-
stanz zu erklären, führt zu der verzweifelten Anstrengung,
dem Postulat zu gehorchen, diese Instanz selbst könne ja
nirgends anders her als aus den historisch-gesellschaftlichen Bedingungen abgeleitet werden - woher sonst? Etwa aus
den körperlichen Bedingungen - das wäre ja biologistische
Ontologie (vgl. KRAPPMANN 1975, 20/21). Oder gar aus Seele,
Geist, Gemüt? - Das sind ja Ideologeme, die keine wissenschaftliche Nachprüfbarkeit zulassen, also werden sie für
nicht existent angesehen[21]: umgangssprachliche Fehlinterpre-
tationsmuster für sozio-psychologische Funktionen!
    Aber die Ausrüstung, die dem möglichen Widerstand zu-
grunde liegenden Kräfte selbst, die eine kritische Distanz
zur Rolle ermöglichen sollen, sind andererseits doch eigentlich nichts von den Umständen, Verhältnissen Ableitbares,
sondern gerade etwas ihnen Entgegenwirkendes. Beim Weiter-
fragen sieht man sich gezwungen, ein gattungsmäßig veran-
kertes Kampf-ums-Dasein-Prinzip, das immer und in jedem
funktioniert anzusetzen als minimales Zugeständnis an eine
Instanz außerhalb des Gesellschaftlichen. Aber das Zugeständnis taucht nur sehr sporadisch auf[22].
    Diese Behauptungen und die Hintergründe bzw. Schwierig-
keiten soziologischer Bemühungen um einen Identitätsbegriff
sollen im folgenden an Hand einiger Hinweise auf die Fachliteratur erhärtet werden. Im Hintergrund soll immer die
Frage nach dem Zusammenhang von Sprache und Identitätsfin-
dung leitend bleiben, wenn sie auch erst in Kap. 3 wieder
ausdrücklich aufgegriffen wird.

2.2. Der interaktionistische Identitätsbegriff

Das Rollenkonzept wird besonders in einer zuerst amerikanischen ethnographischen Forschungsrichtung als unrealistisch
kritisiert, die sich recht unglücklich[23] symbolischer Interaktionismus nennt[24]. Die Möglichkeit dieser Kritik[25]
liegt u. a. in dem methodischen Ansatz. Die Vertreter versuchen, die Wirklichkeit der miteinander-Umgehenden phäno-
graphisch[26], für "Entdeckungen" offen, teilnehmend-inter-
pretierend zu beschreiben (vgl. BLUMER 1973, 136 f., 140,
145). Die soziale Wirklichkeit erscheint ihnen in ihrer
ganzen Unüberschaubarkeit, Verworrenheit, Vielfalt und die

menschlichen Handlungen in ihrer wechselseitigen Abhängigkeit, Verzahnung, Improvisiertheit[27]. Interaktion ist ein
"mühevolles Unterfangen" des "tagträumenden Lebewesens"
Mensch (McCALL/SIMMONS 1974, 32/33). Die Vertreter dieser
Richtung arbeiten vor allem den interpretatorisch-dynami-
schen Grundzug des Umgangs der Menschen miteinander und mit
der gegenständlichen Umgebung heraus[28]. Interaktion impliziert die Berücksichtigungen des "gegenseitigen Aufeinander-
abstimmens der Handlungslinien" und die wechselseitige hypothetische Interpretation dieser Entwürfe (vgl. BLUMER
1973, 132). Daher erscheint hier "Sozialisation" nicht als
Anpassung an Gegebenheiten, Verhalten nicht als regelgesteu-
erte bloße Durchführung institutionalisierter Strategien.
Trotz der Betonung der Mühsal, die die "Interaktion" für
jeden einzelnen bedeutet, hat diese Forschungsrichtung im
Unterschied zu den Rollenkonzepten einen optimistischen
Blick auf die durch den Charakter der "Interaktionen" er-
zwungene Mobilität der "Interagierenden".
    L. KRAPPMANN (1975) hat die interaktionistische Kritik
am Rollenbegriff und die Bemühung um den Gegenbegriff Identität aufgenommen und ausgearbeitet. Was in Rollentheorien
als Störfaktor erscheint - erwünscht oder unerwünscht -,
weil es Rollenkonflikte heraufbeschwört, gilt im konsequen-
ten interaktionistischen Ansatz als Bedingung 'erfolgreichen
Handelns' (ebd. 131). Denn im menschlichen Zusammenleben
"(...) entstehen ständig neue Situationen, die problematisch sind und für die bestehende Regeln sich als unzureichend erweisen" (BLUMER 1973, 98). Auch HABERMAS hat auf
die entsprechenden Forschungen hingewiesen und herausgestellt, daß es in der "Interaktion" auf die Aufrechterhal-
tung der Balance zwischen sozialen und persönlichen Anforderungen in Belastungssituationen ankomme (HABERMAS 1968).
Das Bemühen KRAPPMANNs bei der Explikation seines Identi-
tätsbegriffs geht vor allem dahin, ein Konzept der 'balancierenden Identität' gegen andere einer 'stabilen Identität'[29] abzugrenzen. Es geht darum, daß dem Interagierenden
"Spielraum und Distanz und damit ein Potential verfügbar
wird, Konflikte aufzuarbeiten oder sich mit ihnen zu arran-
gieren" (KRAPPMANN 1975, 92)[30]. Identität sei "je neu zu
entwerfen" (!), betont er, und immer wieder neu zu interpretieren, weil jede "scheinbar entlastende Festlegung
auf Rollen oder Identifikationen" die nötige Balancefähig-
keit einschränke.
    Kriterium der Interaktion ist also "Offenheit" (vgl.
KRAPPMANN 1975, 43). Der "offene, versuchsweise, explorato-
rische, hypothetische, problematische, gewundene, veränder-
liche (...) Charakter menschlicher Handlungsabläufe" wird
betont (STRAUSS 1959 zit. bei KRAPPMANN ebd. 44)[31].
    Gerade die interaktionistische Charakterisierung des
menschlichen Lebens scheint nun allerdings einem Konzept
der Identität der "Interagierenden" eher hinderlich als
förderlich zu sein. Aber das scheint nur auf den ersten
Blick so. Der Grundbegriff dieser Theorie ist eigentlich
nicht "Identität",sondern "Balance". Letzterer setzt als
Grundbefindlichkeit der Interagierenden das labile Gleich-

gewicht voraus. (Es hat ja keinen Sinn,von Balance zu sprechen, wenn jemand fest auf seinen zwei Beinen steht.)
Identität dürfe, auch wenn dieser Begriff weiterhin verwendet wird, auf keinen Fall "als eine statische, von aktuellen
Sozialbeziehungen unabhängige Struktur mißverstanden werden"
(ebd., 69). Das Ich soll als "Bestandteil (!) der sozialen
Verhältnisse" und "in seiner Leistung f ü r den Interaktionsprozeß beschrieben (...)" werden, denn dieser Prozeß
ist das, worauf es ankommt: vorwärts, ganz gleich wohin!
Ein Ziel wird nicht angesprochen. Das Individuum hat auch
gar keine Wahl. Es "(...) ist gezwungen, sich in dieser
Weise zu verhalten, um sich überhaupt die Beteiligung an
Interaktionsprozessen und über sie die Teilhabe an Gütern
und Werten seiner sozialen Umwelt zu sichern (...)"[32].
Ein Individuum, das seine eigene Perspektive nicht in Interaktionen einbringen kann und sich nur an den Erwartungen
der anderen orientiert, fällt als Partner für seine Gegenüber aus, weil es ihnen keinen neuen Blick auf ein Problem,
keine Lösung für einen Konflikt, keine Bestätigung ihrer eigenen Identität, auf die sie angewiesen sind, zu bieten
hat." (ebd., 57). "Das Individuum ist in Gefahr, den Anschluß
an die sich fortentwickelnde Interaktion (...) überhaupt zu
verlieren (...)" (ebd.). Hiermit haben wir die Hauptbegrün-
dungen, die dieser Verfasser für die Notwendigkeit von Identität vorzutragen hat, referiert[33].

Jedes soziologische Identitätskonzept sieht sich heutzutage von vornherein dem Verdacht ausgesetzt, "(...) es han-
dele sich um eine spekulative Anthropologie, der es um das
Individuum gehe" (Wörterbuch Kritische Erziehung 1972,
255)[34]. Und es gibt offenbar diesen Vorwurf nur
e i n e n soziologisch anerkannten Abwehrmechanismus,
den denn auch KRAPPMANN im Anschluß an HABERMAS in Anspruch
nimmt: "Durch den Rückgriff auf die interaktionistische
Analyse" zeigt man an, "daß die Behauptung einer Ich-Identität ein strukturelles Erfordernis des Interaktionsprozesses
selbst ist" (ebd.). Die Leitfrage für die "Interagierenden"
soll sein: was nützt "dem Fortgang der Interaktion"?
(KRAPPMANN 1975, 49) Denn der "Interaktion" wird im Unterschied zum bloß "instrumentalen Handeln" von vornherein
ein emanzipatives Moment zugesprochen[35]. Die Frage nach der
Herkunft, der Quelle der "interpretatorischen Kraft", die
für diese Balance notwendig ist, drängt sich dem Leser ständig auf (KRAPPMANN 1975, 51). Diese Fähigkeit stammt nicht
"aus biologischen Anlagen" (ebd., 58), ist "nicht angeboren,
sondern Produkt eines Sozialisationsprozesses, der schon
das Kind mit Erwartungsdiskrepanzen konfrontierte (...)"
(1975, 68) und "muß" aus frühkindlichen Erfahrungen der
"Nichtübereinstimmung von Erwartungen" der 'Bezugspersonen'
(Eltern z. B.) erklärt werden (ebd. vgl. auch ebd., 42).
Auf diese 'Herausforderungen' durch die Umwelt (ebd.,
115) antwortet aber doch offenbar etwas, das ihnen gewach-
sen ist. Dieses etwas, diese Widerstandskraft muß vorgegeben sein. Die Frage bleibt offen bzw. wird gar nicht gestellt. KRAPPMANN verweist aber nebenbei auf WHITE, dessen

Ansatz "im Rahmen einer allgemeinen Theorie des Selbster-
haltungsstrebens von Lebewesen" stehe (KRAPPMANN ebd., 69,
Anm. 13) und den er "verbessern" will. Nach dem soeben Referierten leuchtet dieser Anschluß sehr ein! Auch SCHALLER,
von derselben Rationalitätseuphorie getragen, führt den
Selbsterhaltungstrieb als das Prinzip an, das ermöglicht,
daß 'das Ich zustande kommt'!(SCHÄFER/SCHALLER 1973, 121 f.)
Der MEADsche Ansatz, der ein stabileres Konzept des Begriffs Ich (I) anbietet, wird von KRAPPMANN zurückgewiesen
(vgl. 1975, 21/22). Denn MEAD versucht,das Ich "als den In-
begriff der aus dem Organismus aufsteigenden Impulse, die
infolgedessen nur dem Individuum zugehörig seien" zu fassen
(so Mollenhauer 1972, 104). ERIKSON spricht im Sinne seiner
Orientierung an tiefenpsychologischen Erklärungen "von etwas
im Kern des Individuums Angelegtem" (1959/1967, 124)[36]. Da
diese Frage also wieder auf die Unverwechselbarkeit und
körperliche Identität zurückführt und außerdem deutlich
Ratlosigkeit weckt[37], bleibt sie bei KRAPPMANN unerörtert.

2.3. Balancierende Identität und Sprache

Welche Rolle die Sprache für das Konzept der balancierenden
Identität spielt, hat KRAPPMANN selbst ausgeführt: Die ba-
lancierende Identität sei zwar "in besonderer Weise auf
sprachliche Darstellung angewiesen", da die "Diskussion der
Situationsinterpretation und die Auseinandersetzung über
gegenseitige Erwartungen zwischen Interaktionspartnern"
"vor allem im Medium verbaler Kommunikation" stattfinde
(KRAPPMANN ebd., 13). Die Umgangssprache entspreche den Er-
fordernissen "situativer Selbstrepräsentation" (ebd., 19),
biete "Spielraum für die Interpretation" (ebd., 45). Trotz
dieser 'Verbalisierungsnotwendigkeiten' ist Sprache aber der
"Identitätsbalance" äußerlich,und das Identitätsproblem
braucht daher nicht von der Analyse sprachlicher Kommunikation her entwickelt zu werden (vgl. KRAPPMANN ebd., 15)[38].
Auch in einer neuen Sprache sind zwar neue "verschlüsselte"
Verhaltenserwartungen und "soziale Interpretationsmuster"
angeboten, aber hier wie dort besteht die Auflage und Möglichkeit, die eigene "subjektive Interpretation" der Sprach-
symbole in die Interaktion einzubringen.
    Dem Prinzip der erzwungenen Offenheit der Interaktions-
strategien entsprechend wird zwar Sprache nicht nur als
"Normensystem", "das in den Sprachinhalten aufbewahrt ist",
aufgefaßt, sondern als flexibles Deutungsmedium, das individuell für die Balance eingesetzt werden kann. Aber gerade
in dieser instrumentalistischen Äußerlichkeit des Sprache-
Habens wird die Problemlosigkeit des Codewechsels postuliert[39]. Und damit erweist sich die Frage nach dem Problem
des Selbstverständnisses im Übergang vom Dialekt zur Einheitssprache gerade von diesem fortschrittlichen Konzept
der Identität her als Scheinproblem. - Prüfen wir aber dieses Konzept im folgenden auf seine pädagogische Bedeutung
hin, so zeigt sich in seiner Unzulänglichkeit gerade wieder
der von mir zum Thema erhobene Zusammenhang. Und zwar zeigt

er sich von dieser Sozialisationstheorie her als fehlender Untergrund. Die instrumentalistische Sprachauffassung ist nur ein - wenn auch symptomatisches - Zeichen für diese Bodenlosigkeit.

2.4. Die Weltlosigkeit des Balancekonzepts

Das interaktionistische und auf HABERMAS gestützte Konzept der 'wünschenswerten' Balance im sozialen Handeln, wie ich es exemplarisch an KRAPPMANNs Untersuchungen dargestellt habe, gibt uns keine Antwort auf die Frage nach dem Selbstverständnis, weil dieses Konzept die Möglichkeit des Selbstverständnisses ignoriert. Habe ich ein irrelevantes Thema formuliert? Was ist das Selbstverständnis im Unterschied zur Identität? Wozu braucht man Selbstverständnis? Kann man nicht, wie KRAPPMANN, darauf verzichten, indem man die kommunikationsoffene ausdrückliche Selbstinterpretation zum Thema erhebt?

Diese Fragen im Hintergrund haben schon das vorangehende Referat geprägt. Sie haben die Fragwürdigkeit des Balancekonzepts ins Licht rücken helfen: Es ist ein Konzept, das die auf Selbsterhaltung erpichten "Interaktionspartner" auf gegenseitige Kalkulierbarkeit stellt und zugleich zu einer unaufhörlichen 'Fortentwicklung' der Arrangements und zu ständig neuen Rollenkonflikten heraustreibt.

Natürlich - hiermit hat KRAPPMANN zweifellos Recht - können wir einander nicht berechnen und verkalkulieren uns dabei ständig. Das mag das Akzeptable an dieser Theorie sein, daß sie das ständige Mißlingen der Berechnungen und das Irrationale der Aktionen beschreibt. Allein die Begründung und der Antrieb zur "Offenheit" widersprechen der Offenheit so grundsätzlich - wer berechnend ist, kann gemeinhin nicht als offen begegnen - daß dieses "Individuum folglich" unablässig "in einem Dilemma" stecken muß, wie der Einbandtext versichert. Aber der Interaktionsprozeß geht weiter. Das ist die Hauptsache[40].

Es gibt in dem Interaktionsbetrieb keinen Verlaß, keine Verbindlichkeit, keine Gewißheit, die unausdrücklich trägt, sondern nur einen unaufhörlichen Disput über die gegenseitigen Erwartungen und deren Veränderung, unendliche Diskussion über Situationsinterpretationen. Etwas anderes scheinen diese Menschen nicht zu tun zu haben, als über einander zu reden, sie haben sich auch nichts mitzuteilen, als wie sie sich selbst interpretieren, wie sie sich vordem darstellten und welchen Handlungsspielraum sie künftig beanspruchen zu können meinen etc. etc. Man kennt das aus mißglückten Schulstunden, AG-Sitzungen, schlechten Ehen und emanzipierten Familien zur Genüge. Auch dieses Konzept hat seine 'Realistik'[41]. 'Interagierende' scheinen nichts zu tun zu haben[42]. Das ist der Haupteinwand gegen eine Interaktionstheorie, die im Anschluß an HABERMAS das "instrumentale Handeln" als von vornherein beschränkendes, entfremdetes Tun vom "kommunikativen" Handeln abgetrennt und so die ohnehin gefährdete Einheit des Menschen von vorn-

herein in einer unmenschlichen Spaltung fixiert[43]. GLASER
(1972) hat die HABERMASsche Hypostasierung der 'Überlegenheit' des Bereichs der Interaktion über den der Arbeit kritisiert. Es ist bedenklich, daß allgemein davon ausgegangen
wird, dem Bereich der Arbeit sei jegliche Sinnhaftigkeit
abzusprechen[44]. Wo die Trennung von Interaktion und Arbeit
- bei KRAPPMANN nicht ausdrücklich vorgenommen - möglich
ist, sind allerdings beide Bereiche eigentlich sinnlos.
Aber sicherlich ist es gar nicht so gemeint: Interaktion
soll gewiß alles menschliche Tun umfassen. Was dabei behandelt, geklärt, problematisiert wird, das führt jedoch für
den Phantasiebegabten in eine weltlose leere Sphäre, in der
sich Phantome von zufällig menschlicher Gestalt (die sie
aber nicht ernst nehmen oder wahrnehmen können) gegenseitig
zu berechnen versuchen, ohne mit der Rechnung jemals zu
Rande zu kommen.

Interaktion ist ein Terminus, der uns davon absehen lehren will, daß wir immer schon in einer Welt und von einer
sinnlich wahrnehmbaren Umgebung in Anspruch genommen sind.
Der Leerraum, in dem sich so etwas wie "Interaktion"
weitgehend abzuspielen scheint[45], durch viel Beton, Asphalt
und distanzierten Maschinenlärm abgeblockt gegen alles
handgreiflich zu Bewältigende, kann sicherlich mit der "Distanz zum Material" und zum Handwerkszeug in Verbindung gebracht werden, die mit der Entwicklung der Produktivkräfte
ständig wächst (vgl. WILLMS 1971, 63). Und mancher Lehrer
sieht gerade darin einen Vorteil der Dialektsprecher gegenüber den voll urbanisierten Kindern, daß sie Sacherfahrun-
gen haben. Im Bereich des 'ausgeprägtesten Dialekts' "(...)
der Landwirtschaft und dem häuslichen Handwerk (sind)
Kopf- und Handarbeit noch vereint". Die "einzelbetriebliche
Struktur" des Arbeitsplatzes zeigt das geringe Ausmaß der
Vergesellschaftung ihrer Arbeit" an (AMMON 1975, 84). Das
sich-Absprechen in der Arbeitsplanung, Beratungen, lokal-
politische Dispute haben in solchen Bereichen einen viel
sachbezogeneres Gefüge, weil es um ganz anderes geht, als
darum, die Interaktion, in der es um die Interaktion geht,
aufrechtzuerhalten. Die uns heutigen noch hier und da mögliche Sachbindung ist nichts, was hier in eine ethische Beurteilung gerückt werden könnte. Aber die Frage danach, worin der einzelne als Verläßlicher, als einer, den man beim
Wort nehmen kann, als Verantwortlicher selbst Halt gewinnen
kann, findet eine überzeugendere Erörterung, wenn man nicht
den Bereich der "Handarbeit", den Bereich der bedingten
Erfahrung ausspart[46], wodurch das notwendige Miteinander
der Handelnden in eine geschwätzige Bodenlosigkeit gerät,
die ohnehin allenthalben die Alltäglichkeit verödet.

2.5. Das pädagogische Problem des Identitätsverlusts

H. RUMPF (1976),angeregt von der Identitätsproblematik des
symbolischen Interaktionismus, hat dessen Beschränktheit
in seiner Bemühung um "Perspektiven für ein humanes Lernen"
in der Schule ohne lange Diskussion einfach aufgehoben. Ihm

als Pädagogen muß es um etwas anderes gehen: Trotz des in-
stitutionalisierten Zwangs zum Konformismus und der Unver-
einbarkeit der verschiedensten Zwänge dieser Art, die aber
alle in einem Zug zusammenwirken, nämlich die Manipulierbarkeit des einzelnen als Diskontinuität seiner Erfahrungen
zu fördern, geht es ihm darum, dem Schüler die mühevolle
Arbeit an der Kontinuität seiner Erfahrungen dennoch zu ermöglichen (RUMPF 1976, 10, 27 u.ö.). Damit steht er in der
Tradition der Pädagogik WAGENSCHEINs,der nicht zufällig das
Thema "Naturwissenschaftliche Bildung und Sprachverlust"
(1972) behandelt hat. Denn wo die Kontinuität der Erfahrungen und das Verstehen, in dem ich mich selbst unausdrücklich
mit erschließe, aufhören, da hört auch die Sprache auf, die
meine Sprache ist, sofern ich mich in meinen Erfahrungen
und Möglichkeiten darin artikulieren kann: Wo die Ich-Identität in der Kontinuität der Erfahrung gefährdet ist, ist
auch die Sprache in Gefahr,durch einen bloßen Code abgelöst
zu werden (vgl. KURZ 1976), den man möglicherweise neben
anderen Codes nur   b e n u t z t .   Diese Bemerkungen,
die uns wieder zum Thema zurückführen, sollen im folgenden
ausgeführt werden.

KRAPPMANN erledigt in der Konsequenz seines Ansatzes,
demgemäß Identität gerade ein Produkt von Diskrepanzen im
Interaktionsprozeß ist, das Problem der Persönlichkeitsspal-
tung, des Identitätsverlusts mit dem Hinweis, "daß weder
Persönlichkeitsspaltung noch Unterdrückung vergangener
Selbstinterpretation dem Fortgang von Interaktion nützt"
(KRAPPMANN 1976, 49/50). Für die Analyse des Interaktions-
prozesses ist dieses Phänomen daher randständig.

Dem Pädagogen ist es hingegen ernst mit dieser ständigen
Gefährdung der Identität. Er muß es dauernd, ob bewußt oder
nicht, mit ihr aufnehmen. Es versteht sich von selbst, daß
er sich daher nicht mit der Erledigung der Frage, wo denn
diese Identitätsbemühungen, die er stützen will, begründet
sind, wo ihre mögliche Quelle liegt, zufrieden geben kann,
die wir bei KRAPPMANN aufwiesen[47].

Die institutionalisierte soziale Streßsituation,der das
Rollenmodell gerade seine "Realistik" verdankt hat[48], weshalb es sich als sehr brauchbar erweist, legt ständig den
entlastenden Verzicht auf Ich-Identität nahe, vermittelt
Strategien der Überanpassung der "Flucht in negative Iden-
titäten" des unerschütterten "Durchkommens" (ebd., 89),und
'das persönliche Ich dankt mühelos vor dem sozialen Ich
ab' (RUMPF 1976, 182/183)[49].

RUMPF findet einen Rückhalt für die Arbeit an der eigenen Identität in den "mitgebrachten Erfahrungen" aus den
"Lebenshintergründen" der Schüler, außerschulische "Naher-
fahrungen" (RUMPF 1976, 12/13 u. 23), mit denen nicht nur
interaktive, sondern vermittelt mit diesen vor allem sogenannte "instrumentale", handgreifliche Dingerfahrungen gemeint sind. Das geht sowohl aus seinen Beispielen als auch
aus seiner Orientierung an der WAGENSCHEINschen Lehre vom
"Verstehen-Lehren" (1975 a) hervor. (Vgl. Kap. 5.2.)

Von hier aus bestätigt sich unerwartet:

> Ob "die Feststellung mächtiger Sozialisationsmechanis-
> men, die über die Köpfe der Pädagogen hinweg sich durch-
> setzen, emanzipatorische Erziehungsvorhaben lahmlegen
> und abstrakte Gesetzmäßigkeiten der gesamtgesell-
> schaftlichen Entwicklung signalisieren (...)", "vom
> Omnipotenzwahn der (? - S.M.) Erzieher zwangsläufig
> zu einer pädagogischen Resignation führen muß, hängt
> weitgehend von ihrer theoretischen Durchdringung
> ab." (KAMPER 1974, 29 und 22).

Zu dieser gehört aber die Besinnung auf die durch soziali-
sationstheoretische Brillen zum Verschwinden gebrachten Phänomene und die Anerkennung ihrer nicht kalkulierbaren Wirklichkeit.

Im folgenden soll eine Thematisierung des Selbst referiert werden, die, da sie die Weltlichkeit des menschlichen
Daseins nicht überspringt, auch seine Sprachlichkeit nicht
erst im Nachhinein, sondern unmittelbar im Blick hat.

3. „Unausdrückliches Selbstverständnis"

3.1. LIPPS' Begriff der Konzeptionen

Im Vorangehenden wurden Fragwürdigkeiten der bisherigen soziologischen und soziolinguistischen Forschung exemplarisch
an KRAPPMANNs Identitätskonzept herausgestellt[50], die den
beiden Begriffen anhaften, deren Zusammenhang im Thema angesprochen wurde: einerseits der Sprache und andererseits
der Identität. Und gerade dieser Zusammenhang wird durch
die erwähnten Mängel verstellt.

Hans LIPPS' hermeneutische Untersuchungen gelten zugleich
der Frage nach dem Menschen[51] und der nach der Sprache[52].
Er hat sowohl "Identität und Selbstsein" (LIPPS 1938/1976,
§ 11), als auch das Problem des Unterschieds von Sprache
und Dialekt behandelt (vgl. LIPPS 1945, 80 ff.). Da nun solche Themen bei diesem sehr originellen Denker aus   e i n e r
gemeinsamen thematischen Mitte angegangen werden, liegt es
nahe, trotz der Unverständlichkeit, die seine Sprache und
sein Denken für den Unvorbereiteten hat, seinen Beitrag hier
zur Kenntnis zu bringen. Sein Angang erlaubt es, die heraus-
gestellten Mängel des Begriffs einer sog. sprachlichen Identität in einem Durchgang aufzuheben, bzw. diese Aufhebung
vorzubereiten. Dadurch kommt zugleich der innere Zusammenhang der Mängel der beiden Begriffe (Code und Identität)
zutage, was aber hier nicht expliziert werden soll (vgl.
oben S. 14).

Vor allem ist es LIPPS' Konzept der Konzeptionen, das
zur Einführung in die hermeneutische Erörterung meines
Themas geeignet ist.

K o n z e p t i o n e n   sind Begriffe, in denen ich
zunächst und ursprünglich ganz handgreiflich die Wirklichkeit meiner dinglichen Umgebung zu greifen bekomme.

"Es sind keine Idealitäten, über die man wie über
einen Besitz verfügt. Man verbindet sich ihnen, sofern man als in gekonnten Griffen sich selbst darin
vollzieht." (LIPPS 1938/76, 68)

Ich begreife den Hammer, wenn ich damit umgehen kann, wenn
i c h   m i c h   auf das Hämmern   v e r s t e h e :
unsere Alltagssprache wird in dieser Wendung dem fast ver-
gessenen Zusammenhang gerecht, dem, daß:

"(...) die Dinge zu fassen bekommen heißt: selbst Halt
und Boden gewinnen" (LIPPS 1938/76, 69),

im Sinn der 'Einwurzelung' von der der Pädagoge WAGENSCHEIN
immer wieder spricht (vgl. WAGENSCHEIN 1975 a, 45). Das
handgreifliche, ganz unmilitante kindliche Erobern der Welt
ist zugleich immer ein Erobern der eigenen Möglichkeiten,
und dabei wird gerade ein verläßlicher Grund für das Selbstverständnis gelegt. Ein Verständnis, das als virtuelle Bewegung (dem sog. Bewegungsentwurf) jedem gelungenen Griff oder
Schritt diesen führend und artikulierend vorausgeht[53]. Ein
Verständnis der eigenen Möglichkeiten also, das aus dem vi-
talen Grund und der sog. Bewegungs-Vorstellung aufsteigt
und zur Sprache kommt, ein Verständnis, das weit über die
jeweilig folgende Verwirklichung überschießen kann und anti-
zipatorischen und das heißt im hermeneutischen Sinne sprachlichen Charakter hat (vgl. hier Anm. 58).
   Zu seinem Begriff der Konzeptionen ist LIPPS durch seine
Frage nach der ursprünglichen Möglichkeit des Begreifens
gekommen.

"Begreifen ist - allgemein - ein Sich-verstehen-auf,
ein Können-mit. So begreift man die Leiter darin,
daß man sie richtig hinaufsteigt (...). Im richtigen
Umgriff versteht man sich auf die Zange" (LIPPS 1941,
60).

Diese praktischen Konzeptionen sind nicht beliebig oder
willkürlich. Sie haben ihre Verbindlichkeit auf der einen
Seite aus der Widerständigkeit und Vorgeprägtheit der Gegenstände des alltäglichen Umgangs. Auf der anderen Seite
wäre es ganz unhermeneutisch gedacht, wenn die LIPPSschen
Konzeptionen als sprachlose oder vorsprachliche 'Erfahrung'
verstanden würden, "die mit dem Wort nur eben verbunden
sind" (BUCK 1959, 129).
   Vielmehr: "gekonnt sind diese Griffe, sofern darin die
Potenz der Sprache zum Vorschein kommt" (LIPPS 1938/76,
93)[54]. Das heißt wiederum nicht, daß ich mich beim Hämmern
etc. ständig äußern müßte, auch im schweigenden Umgang ist
Sprache gegenwärtig, solange dieser Umgang einem Sinnzusammenhang zugehört.
   Begriffen sind die Begriffe Leiter, Hammer etc. also jeweils im Vollzug ihrer "Gegenstandsbedeutung"[55], d. h. ihres
Eingefügtseins in die funktionalen Sinnzusammenhänge des

alltäglichen Umgangs. Und dies ist daher auch die Bedeutung dieser Begriffe, dieser Wörter. In einem bestimmten, sehr deutlich abgegrenzten Bereich der Sprache ist der Zusammenhang von Wortbedeutung, Sinn und Vollzug im Handeln leicht aufzufinden[56].

Denn Hammer, Zange, Eimer, Leiter, Mauer, Treppe, Tür, Schuh etc. entstammen nicht nur einzeln einer ausdrücklichen zweckgebundenen Herstellung, haben ihre "Gegenstandsbedeutung", auch der Zusammenhang ist vorverstanden. Diese Sinnzusammenhänge sind in der Sprache artikuliert[57]. Konzeptionen sind die Ausrichtung meiner Möglichkeiten auf diese kulturellen Vorgaben. Aber dabei richte ich mich aus, ohne mich noch zu spezialisieren. Meine Griffe müssen "modulationsfähig" sein: den verschiedenen Anwendungen sich fügen können (i. U. zum Handgriff am Fließband oder dem Ein- und Ausschalten eines Automaten).

Mit dem Begriff Konzeptionen ist also eine dem einzelnen angelastete Anfänglichkeit des Begreifen-Könnens angesprochen, die sich jedoch in jedem Augenblick im Übergang zur Verallgemeinerung und in der lebensnotwendigen Automatisierung der Griffe und Bewegungen verlieren kann. Allerdings muß die automatisierte Bewegung, der geläufige Begriff, jederzeit wieder in den ausdrücklichen Vollzug, in ein auf die Probe zu stellendes Können herausgerufen werden können. Diese Abrufbereitschaft scheint nur in einer automatisierten und von unvorhersehbaren Hindernissen gereinigten Umwelt überflüssig zu sein. Beispiele für eine solche berechenbare, "Randbedingungen" ausschaltende und Konzeptionen verstümmelnde Konstruktion von Umwelt ist das Fließband so gut wie die Tartanbahn, eine hermetische Terminologie so gut wie das Labor und jeder Versuch einer "absoluten Institution".

Also gerade die Möglichkeit, Konzeptionen im LIPPSschen Sinne zu vollziehen, ist nur in denjenigen Lebensbereichen gegeben, in denen die 'Antizipationen der Einstellung'[58] ihren Spielraum noch nicht eingebüßt haben, dieser nicht durch normalisierte, verallgemeinerte Spezialisierungen völlig verstellt ist. Lebensbereiche, in denen ich mir selbst noch voraus sein kann und insofern immer "schon da" sein kann und nicht nur als manipulierbarer Bestandteil des Menschenmaterials nur noch als Vorhandenes verplant bin.

LIPPS kennt neben den vorwiegend "praktischen" auch die mehr "sichtenden" Konzeptionen, die er unter dem Thema "Wortbedeutung und Begriff" wiederum grundsätzlich von den Begriffen, die ich nachträglich 'mit einem Wort verbinde' (1945, 36), unterscheidet. Denn die sichtenden Konzeptionen sind sprachlich im Sinne einer Sicht, in der ich mir in meiner Sprache selbst immer schon voraus bin, wenn ich sie vollziehe, wenn ich z. B. das treffende Wort für einen Eindruck finde[59].

LIPPS Rede von den Konzeptionen ist damit befremdlich weit entfernt und deutlich unterschieden vom gängigen Begriff des Begriffs, der immer, wenn auch noch so vage und verzerrt, von der idealistischen Erkenntnistheorie her bestimmt ist, mit der sich LIPPS kritisch auseinandergesetzt hat. In den Begriffen, unter die subsumiert wird und die

nur ein sekundäres, instrumentalistisches Verhältnis zu dem
Wort haben, mit dem ich sie "dem Sprachgebrauch folgend"
verbinde (vgl. LIPPS 1945, 36), "(...) ist die unmittelbare
Situationsbezüglichkeit des alltäglichen sich Verhaltens zu
den Dingen ausgeschaltet" (BUCK 1959, 126).
    Aber auch solche 'abschließend befindenden Begriffe' wie
Hammer, Tisch etc. werden verstanden, d. h. "in einen bestimmten Horizont des Sinnes eingegliedert, unter dem man
sich selbst mit vorversteht" (LIPPS 1945, 29).

3.2. Selbstverständnis aus dem Umgang mit den Dingen

In solchen Wendungen zeigt sich, daß das Konzept der Konzeptionen als eine Ausfaltung bestimmter Gedanken der Ontologie HEIDEGGERs verstanden werden muß (vgl. LIPPS 1928, 1).
Diese zeichnet sich gerade dadurch aus, daß sie die Seinsweise der menschlichen Existenz als von allem anderen Seien-
den unterschiedene erfragt. Diesem Denken wird dadurch die
'Verdinglichung' oder besser 'Vergegenständlichung' der über-
lieferten Subjektbegriffe fragwürdig. "Aber was ist denn
mit diesem Ich? Ist es ein Punkt oder ein Zentrum oder, wie
man in der Phänomenologie auch sagt, ein Pol, der Ichakte
ausstrahlt. Die entscheidende Frage erhebt sich (...):
Welche Seinsart hat dieser Ich-Pol?" (1927, 225)[60]. Im Unterschied zu Dingen und anderen Lebewesen muß der Mensch,
wie LIPPS immer wieder betont, "aufkommen für sich selbst"
(1938/76, 68 f.). Seine Identität, die "Selbigkeit mit sich
selbst" (HEIDEGGER 1927, 242) hat einen anderen Grund und
Sinn als die Identität der Dinge.
    Ein signifikantes Phänomen für die 'Selbstheit' ist, daß
sich der Mensch auch verlieren kann (vgl. ebd.). Daher ist
die Frage nach der Seinsart des menschlichen Daseins sinnvoll zu ergänzen durch die weiterführende: "In welcher Weise dem Dasein selbst sein Ich, sein Selbst gegeben ist"
(ebd. S. 225). Denn nur was ihm selbst irgendwie gegeben
ist, kann der Mensch selbst verlieren. Die Eigentümlichkeit
der menschlichen "Identität" liegt darin, daß ich mir selbst
immer - außer im Traum - irgendwie da bin. Aber eben nicht
im Sinne eines gegenständlichen Besitzes, sondern 'zunächst
und zumeist' in einem unausdrücklichen Vorverständnis[61].
Darum ist der Begriff Selbstverständnis angemessener als der
der Identität für unser Thema. HEIDEGGERs Frage wäre also
jetzt so zu fassen: Wie erschließt sich dem Menschen das
Verständnis seiner selbst? Wobei findet er sich selbst zuerst vor? Dabei bedeutet das Erschließen wiederum keine ausdrückliche Reflexion: sondern ein unter-der-Hand-Mitver-
stehen, wer ich bin, indem meine 'Intentionen', meine Umsicht und meine Pläne je meiner Umgebung gehören.
    Zunächst wächst dem Menschen aus seinem zu-tun-Haben mit
den Dingen, seiner 'Umsicht', ein Selbstverständnis zu,
das jedem Versuch der Thematisierung des Selbst voraus ist.
Und "nirgends anders als in den Dingen selbst, und zwar in
denen, die das Dasein alltäglich umstehen, findet es sich

selbst (...). Jeder ist das, was er betreibt und besorgt"
(HEIDEGGER 1927, 227). Der Philosoph nennt dies selbst einen 'merkwürdigen Tatbestand' (ebd.). Er führt die Gegenargumente des 'gemeinen Verstandes' an: "Nehmen wir ein ganz
ungekünsteltes Beispiel: der Handwerker in seiner Werkstatt,
ausgegeben an Werkzeug, Material, an herzustellende Werke,
kurz an das, was er besorgt. Hier ist doch offensichtlich,
daß der Schuster nicht der Schuh ist, nicht der Hammer,
nicht das Leder und nicht der Zwirn, nicht die Ahle und
nicht der Nagel (...). Wie soll er sich aus ihnen her verstehen?" (1927, 227). Das Verstehen ist eben etwas anderes
als eine so unterstellte vereinzelnde Spiegelung. In dem
Sinnzusammenhang, in dem ein Schuh als Schuh verstanden
wird, ist das Selbst immer schon irgendwie mitverstanden.
Das ganze Problem erscheint nur deshalb kompliziert, weil
es zwar leicht zu verstehen, aber schwer auf den Begriff
zu bringen ist[62]. Weil wir alles Seiende, das wir auf den
Begriff zu bringen versuchen, wie etwas Hergestelltes, Ge-
genständliches anpacken, was aber gerade gegenüber dem Sein
des Menschen fehlgeht.

3.3. Das Selbstverständnis und das Miteinander

Die bisherige Erörterung hat etwas übersprungen, das gleichwohl gerade in hermeneutischer Sicht ausdrücklich zum eigentlichen Fundament des menschlichen Daseins gehört: das
Miteinander. Der Mensch kommt nur zu einem Selbstverständnis,"(...) sofern er sich gleich ursprünglich in seinem
Sein bei der Welt und im Mitsein mit anderen als der konstitutiven Momente seiner Existenz durchsichtig geworden ist"
(HEIDEGGER 1927/76, 146). LIPPS faßt auch diesen hermeneutischen Sachverhalt von dem ihn faszinierenden Phänomen des
Redestehens aus: "der eine braucht den anderen, um sich in
seinem λόγον διδόναι richtig stellen zu lassen" (GEISSNER
1955, 31). Und GEISSNER führt im Sinne des Autors aus: "Das
Mit-anderen-dasein gehört also zu den Voraussetzungen meines Bei-mir-seins". Und jede Konzeption "ist an das Mitein-
andersein gebunden. Nur aus der Gemeinschaft wird nämlich
eine Sache ins   F r e i e   entbunden (...). Jeder bezeugt
dem anderen die Welt in ihrer Wirklichkeit" (GEISSNER 1955,
31). Bei HUMBOLDT lautet der Gedanke so: Das Wort "(...)
muß Wesenheit (...) im Hörenden und Erwiedernden gewinnen"
(1827, VI 27), denn "der Mensch versteht sich selbst nur,
indem er die Verstehbarkeit seiner Worte an Andren versu-
chend geprüft hat" (1835, VII 56). Dies ist keine Schwäche
des einzelnen, sondern Zeichen der notwendigen Verbindlichkeit seines Daseins, für das er selbst einzustehen hat. Daß
sich das Selbstverständnis im Miteinander konstituiert -
individuelle Sacherfahrung ist auch immer im Miteinander
verankert - gilt sicher in besonderem Maße für Kinder. Sie
verstehen sich selbst so, wie sie genommen werden. Aber solange es ein verstehendes Miteinander ist, bringt auch in
einer Grundschulklasse von Anfang an jeder seine Eigenart
ins Spiel und wird darin im günstigen Falle freudig wahrge-

genommen. Da in soziologischen Fragestellungen das Miteinander auf Sozialstrukturen hin analysiert und das andere Konstituens des Selbstverständnisses, die Dingerfahrung übersehen wird, muß hier gerade dieses Moment seinerseits in ungemäßer Weise hervorgehoben werden.

3.4. Identität und Selbstverständnis

Hans LIPPS hat "Identität und Selbstsein" (1976, § 11) einander gegenübergestellt. Er folgt mit diesem Thema einer Frage, von der GEISSNER (1955, 10) sagt, daß sie eine Grundfrage seiner philosophischen Psychologie sei: "Aber wer ist man eigentlich, bzw. wann bin ich eigentlich ich selbst?" (LIPPS 1941, 109). Das Selbstverständnis ist kein Ergebnis einer auf mich zurückgewendeten Vertiefung in mich selbst, kein Reflexionsverhalten, sondern es "geschieht im Vollzug seiner selbst", im Umgang mit anderem und anderen zunächst unausdrücklich und nach vorn gewendet (LIPPS 1941, 57). Es ist nicht als Bestand zu sichern und zu beschreiben oder als Rolle typisierbar. Es zeigt sich in dem, was unser Mögen an einem Menschen entdeckt. Es zeigt sich darin, wie einer zupackt und Situationen angeht, wobei er verlegen wird, in seinem Sprachstil, darin, wie er sich in einem Affekt wieder in den Griff bekommt, in Blicken, in denen er angetroffen wird, in seiner Stimme. Wozu aber etwas in Ansatz bringen, was i. U. zur soziologisch relevanten, kalkulierenden Identitätsbalance offenbar nicht empirisch verifizierbar ist? In seinem Selbstverständnis kann der Mensch n i e   z u m   O b j e k t werden. Dennoch gibt es dieses Selbstverständnis. Der in seinem Selbstverständnis noch unzerstörte Mensch beansprucht nicht aus Geltungsbedürfnis, sondern aus dem unabdingbaren existenziellen Anspruch heraus, den man wohl mit dem Begriff Menschenwürde zu fassen versucht hat, die Achtung der Mitmenschen: d. h. daß sie ihn nicht als ein Was, wie ein Ding, sondern als ein Wer verstehen, ihn selbst. Werde ich zum Objekt, so wächst Verlegenheit in mir. Warum? fragt LIPPS. Es widerspricht der Basis des Selbstverständnisses, daß einer zum Objekt wird, und sein Selbst wird gerade in der Verlegenheit sichtbar (die von Furcht, Mutlosigkeit, Apathie etc. deutlich unterschieden ist). Denn: "man scheut es, in seinem Selbst übersehen zu werden" (LIPPS 1941, 11).

Greifbar wird das Selbst also vor allem in den Haltungen, in denen es betroffen ist durch Negation und Ignoranz. Wo diese Schutzhaltungen nicht mehr vorfindlich sind, ist der "Ich-Kern" zerstört. Andererseits entzieht sich jemand in der Zugänglichkeit seiner selbst, wenn man nur noch, wie mit einem Faktor mit ihm rechnen kann, wenn er einen aber sonst nichts mehr angeht (vgl. ebd., 27). Insofern sich das soziologische Modell der Identitätsbalance gerade auf das miteinander-rechnen-Können bezieht, hat es daher von vornherein den selbstentfremdeten Menschen im Blick.

Diese Andeutungen müssen genügen, um auf die Mühe der Entgegenständlichung des Begriffs, den wir vom Selbst haben,
hinzuweisen. LIPPS hat in immer neuen Anläufen versucht,
die völlig befremdliche und doch Schritt für Schritt ein-
leuchtendere Blickweise zu verdeutlichen, die mit der Offenheit der menschlichen Existenz nicht als ethischer Forderung, auch nicht als Konsequenz eines Interaktionsprozesses,
der sich in einem weltlosen Raum selbst perpetuiert, sondern als wirklicher Möglichkeit ernst macht[63].

3.5. Die innere Problematik des Identitätsbegriffs

Der Begriff der Identität ist ungeeignet dafür, diesen hermeneutischen Bemühungen zu entsprechen. LIPPS hat daher
"Identität und Selbstsein" gegeneinander abgegrenzt. Was
der Begriff Identität von sich aus besagt, lenkt die Frage
nach der "Identität" des Menschen von vornherein in eine
falsche Richtung. Denn dieser Begriff beschwört und be-
stärkt eine Vergegenständlichung unseres Selbstverständnisses, die nicht nur in der Tendenz zur Manipulation und zum
sich-manipulieren-Lassen, sondern auch in Jahrhunderte lan-
ger metaphysischer Tradition wirksam ist[64]. Denn Identität
ist ursprünglich eine Eigenschaft von Materie, von Körpern
im Sinne der Physik, die bei Ortsveränderung als dieselben
wiedererkannt bzw. garantiert sind[65]. Der Weg zwischen Geburt und Tod ist aber so grundverschieden von der mechani-
stischen Bewegung, der der Begriff der Identität entstammt,
daß sich keine Gemeinsamkeit finden läßt, wenn man das eigene Denken "(...) nicht mit vorgefaßtem Ich und Subjekt-
begriffen der Erkenntnistheorie vergewaltigen" will
(HEIDEGGER 1927, 225). Der Identitätsbegriff muß also verlassen werden, und an seine Stelle wurde der sinnvollere
Begriff des Selbstverständnisses eingeführt[66].
  Man kann die Problematik dieses Begriffs auch so zeigen,
wie dies zu Anfang des Aufsatzes in einer Frage geschehen
ist: wenn Identität als Produkt einer Identifizierung verstanden wird, bleibt immer ungelöst: was ist das Selbst,
das sich da identifiziert, bzw. wieso kommt es zu sich, indem es sich dem anderen angleicht?
  Auch das Balancekonzept - und das ist wahrscheinlich
auch wissenschaftsgeschichtlich bedingt[67] - bemüht sich
ausdrücklich um eine Entgegenständlichung der Identität.
Aber nur scheinbar trifft meine Kritik am Identitätsbegriff
dieses Konzept nicht (vgl. oben S. 11). Denn er wird ja
ausdrücklich von den Vertretern auch des neuen Interaktionismus in Anspruch genommen und steht mit Recht für die an
die Stelle des Selbstverständnisses tretende Bemühung um
Kalkulierbarkeit, die einem Selbsterhaltungstrieb entstammt[68].
  Hieraus habe ich oben wiederum abgeleitet, daß die Theorie der Identitätsbalance den selbstentfremdeten Menschen
zum Modellobjekt genommen habe. Auch das ist wissenschaftsgeschichtlich durchaus wahrscheinlich, da der Identitätsbegriff aus der Schizophrenieforschung stammt. Aber auch die

Analyse des Begriffes selbst führt einen zu dieser Vermutung: Als Begriff für die Kalkulierbarkeit des Menschen ist
"Identität" ein Begriff, hinter dem als Hauptmotiv im Grunde der Zweifel an der Selbigkeit des einzelnen steht: Nur
wenn ich zunächst   n i c h t   sicher bin, ob jemand, von
dem man etwas behauptet, oder wie jemand, der eine Tat be-
gangen hat, nur dann hat es Sinn, nach der Überprüfung dieses bezweifelten Tatbestandes abschließend festzustellen:
doch es handelt sich um denselben[69]. In der alltäglichen
Erfahrung begnüge ich mich damit, mich der Selbigkeit der
Gesichtszüge, der Stimme, der Gestalt und kriminalistisch
letztlich der Fingerabdrücke zu versichern. Körperliche Gegebenheiten also stehen fraglich für Identität ein. Nicht
so für den Soziologen und Psychologen. Der soziologische
Identitätsbegriff - aus der Schizophrenieforschung hervor-
gegangen - beruht auf dem grundsätzlichen Zweifel an der
Selbigkeit des Menschen.
    Diese gilt auch in hermeneutischen Ansätzen nicht als
etwas Garantiertes und Verfügbares. Vielmehr wird ihre Bedingung erfragt. Und als die Grundbedingung gilt das Verstehen und die Verstehbarkeit des Innerweltlichen, wozu
ursprünglich die anderen gehören.

4. LIPPS' hermeneutische Kritik des Dialekts

4.1. Sprache und Erfahrung

LIPPS' Gedanke, daß man in seinen Konzeptionen zu sich
selbst findet, öffnet einen Blick auf die Möglichkeit der Aneignung von Sprache und zugleich auf die Möglichkeit ihres
Verlusts[70]. Konzeptionen, der verstehende Umgang mit den
Dingen, in dem sich der Mensch selbst miterschließt in seinen Möglichkeiten, stehen unter den Vorentscheidungen der
Sprache, in der man aufwächst[71]. Die Erfahrung, die in der
Ausgesprochenheit der Sprache vorgegeben ist, ist leitend
für das Verstehen (vgl. LIPPS 1928, 14). Diese vorgegebene
Erfahrung, die man in Anspruch nehmen kann, ist "nicht meine oder sonst eines Erfahrung, sondern die, die 'man' gemacht hat. Hier liegen aber auch Verfallsmöglichkeiten.
Sofern nämlich Existenz sich in ein versiertes Durchkommen
abdrängen läßt, ohne eigentlich Fuß zu fassen und in wirklicher Auseinandersetzung ein ursprüngliches Verhältnis zu
den Dingen zu gewinnen. (...) Die Bekanntheit der Dinge
bleibt zumeist in die Gewähr der anderen gestellt. Unver-
sehens werden durchschnittliche Auffassungen mitgemacht.
Das ist (...) die realste Alltäglichkeit" (LIPPS 1938/76,
70). Die Konventionalität der Sprache, die Tatsache, daß
sich ihre Konzeptionen allenthalben lexikalisch verfestigten[72],
wird hier als die alltägliche Einschränkung des Selbstverständnisses erkannt.
    Die Rückhaltlosigkeit des Meinens, die in der alltägli-
chen Einheitssprache durch ritualisierte Phrasenhaftig-
keit[73] übertüncht wird und die gerade in 'elaborierten
Codes', in denen alles immer schon bis ins letzte beredet

ist und nur wiederholt zu werden braucht[74], besonders ent-
lastend funktioniert, fordert den "Springmechanismus", durch
den 'Identitätskrisen' jeweils zugunsten der vorgefertigten
Ausweichstrategien erledigt werden[75], geradezu heraus, verstellt eher die eigene Auseinandersetzung mit dem, wovon
zu reden Sinn hat, als sie zu ermöglichen. Die Lehre von der
"Sprachverführung des Denkens"[76] geht leider an der Gefahr
des Selbst- und Sprachverlusts vorbei, weil diese Lehre als
Richtschnur nicht die hier allein gefragte Sprache des Verstehens, sondern lediglich die Sprache empiristischer Veri-
fizierbarkeit anerkennt. Das angesprochene Problem der Konventionalität der Sprache beschreibt HERDER in der ihm eigenen Naivität so:

> "Es hat sich also in Unterricht und Sprache eine große
> Niederlage von Gedanken gesammelt (...) die andere
> vor uns erfanden (...) die wir mit tausendfach weni-
> ger Mühe lernen (...) nun fängt sich bei dieser so
> schätzbaren Erleichterung des Mittels zur Wissenschaft
> auch unmittelbar ein Schade, e i n   V e r f a l l
> an. Nun lernen wir also vermittels der Worte Begriffe,
> die wir nicht suchen durften (...). Und wie erniedrigt
> sich hiemit die menschliche Seele! Mit jedem Worte,
> was sie lernt, erschwert sie sich gleichsam das Ver-
> ständniß der Sache, die es bedeutet; mit jedem Begriff
> den sie von Andern empfängt, tötet sie sich eine Nerve,
> diesen Begriff selbst zu erfinden, eine Kraft, ihn
> innig zu verstehen (...)
>
> Bei allen sinnlichen Dingen haben wir Augen und Werk-
> zeuge, die diese Abstumpfung der Seele noch verhindern;
> wir haben Gelegenheit, die Sache selbst und den Namen
> zugleich kennen zu lernen und also nicht (...) die
> Schale ohne Kern zu fassen. Aber bei abstracten Ideen?
> bei Allem, was eigentliche Erfindung heißt? Um so viel
> mehr. Wie leicht nehmen wir da das Product einer lan-
> gen Operation des menschlichen Geistes an, ohne selbst
> die Operation durchzulaufen, die das Product ursprüng-
> lich hervorgebracht hat, (...) wir wissen Wörter und
> glauben Sachen zu wissen, die sie bedeuten (...)"
> (1768/69, 435).

Die zum Einheitsjargon werdende Hochsprache zwingt heutzutage noch dringlicher zur ausdrücklichen Auseinandersetzung mit ihrer fixierten Vorgegebenheiten und zur Aneignung ihrer offenen Möglichkeiten, wenn wir sie jeweils neu
zu unserer Sprache bilden wollen, damit wir einander Rede
stehen können[77], d. h. sichtbar werden darin, wie wir uns
artikulieren[78]. Es ist eine harte, ausgesprochen hochsprachliche Auflage, für die "Verbindlichkeit der Sprache"[79] ständig selbst aufkommen zu müssen, sich im verant-
worteten Weltverständnis ständig mitartikulieren zu müssen.
(Dabei wäre allerdings gerade das Reden 'über Gott und die
Welt', die Flucht auf eine Meta-Ebene hinauf, der Verbindlichkeit im Alltag eher hinderlich als förderlich.) Im

Dialekt ist diese Auflage nicht so da. In ihm liegt ein jederzeit anspielbares Vorverständnis fragloser, unmittelbarer
sozusagen schon im Ton[80]. Während die "realste Alltäglichkeit" (LIPPS 1938/76, 70) die Einheitssprache als Sprache
einschränkt oder gar zum Code verkommen läßt, "lebt" der
Dialekt als bloße Mundart gerade im Alltäglichen.

4.2. Die begründete Konventionalität des Dialekts

Als "überkommenem Gehäuse einer Lebensgemeinschaft" (LIPPS
1945, 82) ist dem Dialekt Konventionalität in besonderer
Weise eigen[81]. Müßte daher den Dialekt nicht eine noch
schärfere Kritik treffen als die, die LIPPS an der Konventionalität der Sprache (um der Möglichkeit der Konzeptionen
willen) übt? LIPPS' Kritik am Dialekt (vgl. hier Kap. 4.5.)
ist sehr ausgewogen und bedarf hier einer Vorbereitung. Er
hat seine Kritik der Hochsprache nicht einfach auf den Dialekt ausgeweitet. Denn er bedenkt ihre Unterschiede: Das
Vorverständnis im Dialekt ist - 'solange das ihm inwohnende
Leben währt' - begründet und gebunden. Es beruht nicht auf
der Erfahrung, die irgendein "Man" gemacht hat und die daher immer schon in die Unverbindlichkeit der herrschenden
Meinungen entglitten ist, sondern eben auf die einer Lebensgemeinschaft, der man insofern zugehört, als man den sie
konstituierenden Arbeitsstil teilt[82]. (Arbeit ist hier auch
das Miteinander, das den Rhythmus der Tage bewirkt, das in
den Festen lebt, Sitte und Brauch bestimmt.)
   Wie kürzlich KNOOP (1976 und im vorliegenden Band) wieder hervorgehoben hat, ist das entscheidende Charakteristikum des Dialekts nicht seine regionale Begrenztheit - diese
ist nur die äußere Kennzeichnung desselben Phänomens - sondern die landschaftliche Gebundenheit; mit LIPPS gesagt,
daß man den Dialekt "mit Anderen gemein hat, in eins mit
der Gegend (...) aus der man ist" (1945, 91), macht sein
Wesen aus. Das gegenseitige Verständnis ist darin "(...) an
die Umstände gebunden, in denen man heimisch ist" (ebd. 93).
Das zeigt sich daran, daß zur Erläuterung der Bedeutung von
Dialektausdrücken diese Umstände sehr konkret angeführt
werden, wie z. B. dann, wenn man 'Latweje' oder
'Finsteri' erläutern will[83]. Hiermit ist weniger die
Situationsabhängigkeit der Wortbedeutung (die man ja ver-
allgemeinert auch für alle einheitssprachlichen Ausdrücke
in Anspruch nimmt) als vielmehr eine in die 'Einheit eines
begrenzten Lebenszusammenhanges' (ebd. 88) eingebundene Unmittelbarkeit gemeint, die in der Ferne - beim Erzählen:
wie man bei uns zu Hause sagt - kaum wiedergegeben werden
kann. Denn zur Erhellung dessen, was in solchen Ausdrücken
und Wendungen mitklingt, mitgesagt ist, genügt es nicht,
Sachen zu nennen. Dialektausdrücke verdeutlichen sich erst
in der "bezeichnenden Haltung" (1941, 19), dem Lebensstil,
wie er in Witzen, in geläufigen Wendungen eines Dialekts
sichtbar werden kann. Diese Haltung "(...) gilt es zu finden, wenn man einen Dialekt kopieren, wenn man die Wendung,
die die Wörter hierin erfahren, erfühlen will" (ebd.).

Nach außen hin ist es vor allem der Tonfall[84], denn in ihm
drückt sich die besondere Art der Unmittelbarkeit aus, das
'unmittelbar Eindruckhafte' (ebd. 88), das den Dialekt in
seiner Mündlichkeit kennzeichnet[85]. Dialekt ist also nicht
in dem Sinne "Sprache des Verstandenen" - im Unterschied
zur "Sprache des Verstehens" (WAGENSCHEIN 1972, 84) - wie
es eine formalisierte, ergebnishafte Wissenschaftssprache
sein sollte, auch nicht in dem Sinne, wie es ein Jargon zu
sein scheint (vgl. hier Kap. 4.3.). Das Verstehen ist aber
im Dialekt an die landschaftlich bestimmten Lebensumstände
gebunden und ist ein fragloses mit- und nachvollziehendes,
beruhigtes Verstehen[86], von vornherein auf einen bewährten
Horizont bezogen, dessen Mitte nicht verlassen, sondern immer wieder bewohnt wird: das Heimatdorf, unsere Gegend, bei
uns daheim. Darin liegt ja auch die Lebensbedingung des Dialekts: er lebt,solange die landschaftlich gebundene Lebens-
weise in entscheidenden Grundzügen noch wirklich ist. Er
kann nicht, wie die Hochsprache, aus der Potentialität leben[87]. Wie lange sich allerdings in seiner Artikulierung
und seinem Ton die mögliche Gebundenheit noch ausspricht -
in einem Nachleben, das gegenüber der modernen Einheitssprache sinnvoll sein kann, weil es eine Erinnerung an Ver-
stehensmöglichkeiten bedeutet - muß hier offen bleiben.
    Die Abgestorbenheit des Dialekts würde AMMONs Betrach-
tungsweise rechtfertigen: Er wäre dann von einem Soziolekt
nicht mehr wesentlich zu unterscheiden[88]. Erst dann hat es
einen gewissen Sinn, ihn nur unter den Gesichtspunkten des
Kommunikationsradius, des sozialen Prestiges, der Gruppen-
stabilisierung zu betrachten. Diese Aspekte sind zwar sozial
relevant und daher auch empirisch nachweisbar, aber ihre
Isolierbarkeit bedeutet immer, daß die Sprache als Code genommen und für austauschbar gehalten wird. Toter Dialekt
wäre auch nur schwer vom Jargon zu unterscheiden. Damit die
mögliche Sinnhaftigkeit der Gebundenheit des Dialekts - solange 'das ihm inwohnende Leben noch währt' - deutlicher
wird, hat LIPPS ihn aber gerade gegen den Jargon abgegrenzt[89].

4.3. Dialekt und Jargon

Der Jargon beruht geradezu auf dem Abbau der Potentialität
der Hochsprache, ist aus ihr um des 'versierten Durchkommens' willen abgeleitet, während der Dialekt der Hochsprache ja auch historisch vorausliegt bzw. hinter ihr zurück
bleibt. "(...) im Jargon (werden) die Dinge in die Ebene
einer durchschnittlichen Auffassung und Bewertung gezogen",
während im Dialekt das Mitgeteiltsein der Welt mit Meines-
gleichen liegt (vgl. LIPPS 1945, 92). Der Vorzug der Mundart kann "das Unvermittelte ihres Verständnisses (...) sein",
das im Jargon nur scheinhaft vorliegt und in der gegenseitigen Bestätigung einer durchschnittlichen Erledigungs-
haltung ununterbrochen hergestellt werden muß, weil es nur
im Kommunikationsgeräusch Bestand hat. Der Jargon ist die
Sprachform der Ideologien. Es fehlt ihm die Gebundenheit
und Verbindlichkeit des Dialekts, der "Ausdruck einer ur-

sprünglichen" - nämlich an lebensfunktionale dingliche Gegebenheiten und Arbeitsgänge und einen darin gründenden Lebensstil gebunden - "Gemeinschaft" (LIPPS 1945, 94). Das
ist von LIPPS im Gegensatz zum Jargon gesagt: dieser ist sekundär, hebt sich in einer zur Mode entschärften Scheinkri-
tik ab gegen das Überkommen. Man ist "in" darin - aber im
Sinne einer Solidaritätsillusion, die keinen Belastungen
standhält. Man hat darin nichts zu verantworten, weil man
lediglich mitredet. Man erweist sich im Mitmachen des allgemeinen Tones als nicht über die Grenzen dieser Stilisierung
hinaus befragbar. Dialekt kann aber als Dialekt "die Kraft
eigenen Bestandes haben" (ebd., 82), ihm kann "die Ursprüng-
lichkeit des echten Dialektes" und damit "die Potenz"[90],
die "zum Wesen der Sprache gehört, zugesprochen werden
(ebd.).

4.4. Das Begründungsverhältnis von Mundart und Hochsprache

An dieser Stelle ist nun aber etwas hervorzuheben, was alle
dialektpflegerische Sentimentalität sehr einfach erledigt:
immer wenn die Potentialität des Dialekts eigens ergriffen
wird, werden die Grenzen des Dialekts verlassen, wird der
Übergang zur Hochsprache vollzogen. Das zeigt nicht nur die
Sprachgeschichte, das zeigen auch viele Lebensgeschichten
bedeutender "Sprecher" sogar noch in unserer Zeit[91]. Dieser
Gedanke wirft ein neues Licht auf WEISGERBERs Bemerkung:
"Mundart weist zunächst immer über sich selbst hinaus auf
ein größeres Ganzes" (1976, 91). Das tut sie also nicht nur
für den sprachwissenschaftlichen Betrachter, sondern für
den, der sich die Mundart nicht nur aneignet, sondern in
ihrer Potentialität erschließt. In dieser Möglichkeit ist
ein für das Sprachvermögen optimales Verhältnis von Dialekt
und Einheitssprache angelegt: Die Bindung in einen Dialekt,
in dem darin gelebten, gearbeiteten, gefeierten - d. h. aus-
getragenen und zugleich unausdrücklichen - Weltverständnis
kann (oder konnte?) der für jedes Sprachvermögen notwendigen
Grund für den Überstieg zur Öffnung des Sprachorizonts sein,
den die Hochsprache ermöglicht.
      Bei gebührender Berücksichtigung der Begrenztheit des
Dialekts im nächsten Abschnitt können wir für dieses Begrün-
dungsverhältnis von Mundart und Hochsprache Johann Peter
HEBELs Bild in Anspruch nehmen:
"Wir sind Pflanzen, die - wir mögens uns gerne gestehen
oder nicht - mit den Wurzeln aus der Erde steigen müssen,
um im Äther blühen und Früchte tragen zu können."[92] Das
Bild ist unzeitgemäß. Es deutet aber auf eine wirkliche
Möglichkeit. Der mühsame Weg zu dieser Möglichkeit zeigt
sich auch in den notwendigen, scheinbar sinnlosen Umwegen,
die dem Leser in diesem Aufsatz zugemutet werden mußten.
Wer sich diese Umwege zu sparen können glaubt, unterschätzt
die Realistik verfremdender soziolinguistischer Modelle.
Wenn aber schon nur das Denken dieser Sprachmöglichkeit so
mühsam ist, wie mühsam muß da ihre Verwirklichung 'im Leben'
sein?

4.5. Kritik des Dialekts

Die Sinnhaftigkeit des Dialekts hat sich gerade in der Möglichkeit seiner Übersteigung gezeigt. Sofern der Weg zur
Hochsprache versperrt ist, erscheint die Beschränktheit des
Dialekts[93]. Während der D i a l e k t von LIPPS in seiner bindenden W i r k l i c h k e i t herausgestellt
wird, liegt die Potenz der Sprache gerade darin, daß sie
freie M ö g l i c h k e i t sein kann, die gerade nur,
sofern sie Möglichkeit bleibt, weiterlebt. Das ist das Grund-
thema von HUMBOLDTs energetischer Sprachbetrachtung, an die
LIPPS mit dem Gedanken der 'erschließenden Potenz' der
Sprache anknüpft[94].
    "Das ins Ohr Fallende der Mundart, das Unvermittelte ih-
res Verständnisses verbindet sich mit einer eigentümlichen
Blindheit: Dialektausdrücken fehlt die Prägnanz des Wortes
(...)" (1945, 93). Was damit gemeint sein kann, wird in
der Bemerkung deutlich - bei LIPPS ist man oft auf hingewor-
fene Bemerkungen angewiesen -: "Dem Dialekt fehlt das immer
erneut Vorstoßende im wagenden Einsatz und Griff einer auf-
sichzukommenden Auslegung" (1945, 94).
    Diese ausdrückliche Aneignung der Sprache im erschließen-
den "Redestehen" ist nur durch die Potenz der Hochsprache
ermöglicht. Als Sprache muß ich sie je neu zu meiner Sprache machen, während man den Dialekt teilt mit seinesgleichen.
"Gerade im persönlichen Stil zeigt sich gesteigert die
Potenz einer Sprache" (ebd., 92). Mit Prägnanz des Wortes,
die dem Dialekt fehlt, ist also nicht nur die phonetische
Artikulation gemeint, sondern die Bestimmtheit, von der
HUMBOLDT sagt: Die Sprache "erhält ihre letzte Bestimmtheit" in der jeweiligen Rede. Diese hat etwas über den Ausdruck und seinen Wortgehalt "Überschießendes", das zugleich
das "Allerbestimmteste" ist, weil der Redende darin für den
anderen in seinem Verstehen durchsichtig wird[95]. Dazu, daß
sich diese Verdeutlichung des Redenden vollzieht, ist es
notwendig, daß die Allgemeinheit der Wortbedeutung in den
jeweiligen Artikulationen zurückgelassen, überstiegen
wird[96]. Im Dialekt aber erübrigt sich dieser Übersteig durch
die Unmittelbarkeit und Selbstverständlichkeit, die ihn auszeichnet. "Nur gezwungen läßt sich darin anderes sagen, als
das, was darin zu unmittelbarem Ausdruck kommt" (LIPPS
1945, 82).
    Dem Dialekt fehlt damit auch "(...) die Absicht auf Uni-
versalität, die die Sprache als (e i n e - S. M.)
'Sprache' hat" (LIPPS 1958, 94). Das bezieht sich nicht auf
den größeren geographischen Geltungsraum der Einheitssprache, sondern auf ihre kulturelle Überlegenheit, die sie als
Hochsprache durch ihre Geschichte hat: sie ist die Sprache
derer, die Anteil haben an den Themen, die weltgeschichtlich
bedeutsam sind. Die Welt des Dialekts ist eben heute eine
der Tendenz nach ungeschichtliche Umwelt. Wo er noch gesprochen wird, bieten sich möglicherweise Lebensmöglichkeiten
am Rande der Geschichte, die ihren eigenen relativen Sinn
haben können. Das nutzt die Erholungsindustrie vielfach

aus ('Ferien auf dem Bauernhof'). Vielfach werden sie auch
touristisch vermarktet, folklorisiert[97].

5. Sprachpädagogische Hinweise

5.1. Zur sprachpädagogischen Bedeutung des LIPPSschen Ansatzes

Die vorgetragene anthropologische[98] Einschätzung des Dialekts befremdet vielleicht, weil sie in keine der bereitste-
henden Schubladen paßt. Sie ist weder auf Ignoranz mittel-
ständischen Konkurrenzdenkens, noch auf das Postulieren ir-
gendwelcher 'objektiver' Interessen der 'Unterprivilegierten' zurückzuführen. Die Kritik des Dialekts geht auch nicht
von einer Forderung nach einer Abstraktionsfähigkeit aus,
die der modernen isolierten Intelligenz und Mobilität entspricht, in der vor allem von allem Virtuellen als Nicht-
Kalkulierbarem abstrahiert wird. (Diese technologische Intelligenz wird weitgehend in der Schule gefordert.) LIPPS'
Kritik geht aus von dem Grundgedanken der "Verbindlichkeit
der Sprache", die immer eigens ergriffene Sprache, also
Sprache im jeweiligen Vollzug ist. Der Rückhalt dieser Kritik ist der Gedanke des Redestehens - sich selbst und anderen.
Der scheinbare Individualismus erweist sich als Notwendigkeit des verantwortungsvollen Miteinanders. Diese Notwendigkeit ist abgeleitet aus der Kritik des "versierten Durchkommens", das noch niemals irgendwo in der Welt Fuß gefaßt
hat und deshalb auch gerade in kollektiver "Rationalität"
den Menschen der Beliebigkeit der Manipulation ausliefert.
Die Kritik der Konventionalität der Sprache einerseits und
des Dialekts andererseits ignoriert keineswegs die Wirklichkeit der "realsten Alltäglichkeit", und stellt ihrer Vergesellschaftung auch keine Natürlichkeit des Menschen entgegen. In der "Wirklichkeit des Menschen" (1954) und der
"menschlichen Natur" (1941) findet LIPPS die jede anthropologische Fixierung unterlaufende Potentialität auf, die von
allen Sozialisationstheorien übersehen wird. Denn jede mo-
dellierende Sozialisationstheorie hat im Vorhinein schon
dem "versierten Durchkommen", der Durchschnittlichkeit der
Lebensbewältigung zugestimmt. Sie systematisiert deren Strategien - daher die Theorie der typisierten Situationen.

LIPPS' Konzept der Konzeptionen als der Möglichkeiten des
Redestehens kann solange nicht als utopisch abgetan werden,
als kein realistischeres Konzept vorgelegt wird, in dem
nicht nur die plane Realität der Sprach-Benutzung und der
Sozialisation idealisiert wird, so daß die dahinter verbor-
genen Abgründe einerseits und Möglichkeiten andererseits
verdeckt werden. Der Gedanke der "erschließenden Potenz
der Sprache", der insbesondere die Hochsprache auszeichnenden
Potentialität ist von weitreichender pädagogischer - nicht
nur sprachpädagogischer - Bedeutung. Zum einen, weil durch
diesen Gedanken die linguistische Hypostasierung konventio-
nalisierter Potenzlosigkeit und beliebiger Verfügbarkeit

von Sprache in Frage gestellt werden kann: beides stimmt
nicht mit der Sprachwirklichkeit der Schüler überein. Zum
andern weil dieser Gedanke eine Antizipation von Möglichkeiten erlaubt, ohne die die pädagogische Praxis noch nie aus-
gekommen ist. Er erweist sich als unverzichtbar, vor allem
in der Aufdeckung und Abwehr der unauffälligen Manipuliert-
heit von "Sozialisierten".

5.2. Versuch einiger sprachpädagogischer Folgerungen

Was der erfahrene Lehrer aus dem Ausgeführten entnehmen
kann, ist die Bestätigung einiger pädagogischer Binsenweis-
heiten, die aber in der soziolinguistischen Didaktik, soweit
sie sich auf eine Codetheorie stützt[99], unberücksichtigt
bleiben:
1. "Der Boden auf dem man Fuß faßt" ist unter anderem "die
Sicherheit im Umgang mit den Dingen" (LIPPS 1941, 66), wobei diese Sicherheit keine technische Absicherung meint,
sondern das Vermögen der 'Konzeptionen', in denen ich mich
artikulieren kann. Daher sollte nicht nur in der Wiedergut-
machungspädagogik[100], sondern von Anfang an und so lange wie
möglich die Sprache an diesen Umgang angebunden werden. Das
muß nicht nur der Umgang mit handgreiflichen Dingen sein,
es kann sogar Umgang mit Sprach-Dingen sein. (Voraussetzung
wäre ihre Verstehbarkeit, was mit ihrer Konsumierbarkeit
nicht zu verwechseln ist.) Der Dialekt muß - solange er
noch lebt - als Möglichkeit solchen kindlichen Fußfassens
akzeptiert werden (vgl. unter 3.).
2. Das Selbstverständnis des Schülers, um das es dem Pädagogen gehen müßte, ist als solches weitgehend unausdrücklich, vorbewußt und unreflektiert. Es darf nicht mit der
erlernten, leichter verbalisierbaren balancierenden Selbstdarstellung verwechselt werden, wenn diese auch oft nicht
in einem Selbstverständnis gründet und daher an deren Stelle
zu treten scheint[101]. - Pädagogische Förderung des Selbstverständnisses ist aber niemals unmittelbar möglich, sondern
nur auf dem Weg des Verstehen-Lehrens. Man darf das Selbstverständnis nicht abfragen wollen, und es kann nur da ausdrücklich werden, wo es im Anderen, im Lehrer von einem Mögen antizipiert wird. Selbstverständnis kann aber auch dann
nicht vergegenständlicht, durchaus aber verstanden werden.
Im aktuellen Verstehungsvorgang wird es im Blick, in der
Mimik und Gestik und in der Sprache des Schülers am deutlichsten sichtbar, wenn dieser ganz bei der Sache ist.
    Das Selbstverständnis, das soll hier nur kurz angedeutet
werden, ist nach LIPPS nur die Vorbedingung dessen, daß jemand 'im Begriff seiner selbst steht' (1941, 66 ff.). Irgendwann muß es zu einer Ausdrücklichkeit eines Sinnentwurfs
erschlossen werden, in der die bewußte Selbstreflexion ihren Ort hat[102]. Solche Schritte auf sich selbst zu bereiten
sich schon früh in auftauchenden und wieder untergehenden
Fragen vor, aber sie sind wohl in unseren Tagen kaum Ange-
legenheiten der Schule selbst. Wenn es doch hier und da ge-

lingt, sie zu wecken, so nur im Gegenzug zur verwalteten
Schulrealität. Die Schule muß sich aber um die Basis solcher Schritte - um das Selbstverständnis - bemühen.

3. Für das als Orientierungslinie vorgezeichnete Begründungs-
verhältnis von Dialekt und Hochsprache kann der Lehrer nur
wenig tun, wenn der Dialekt selbst gar nicht mehr lebt,
wenn die Schüler mit seinem Reichtum wirklich 'nichts mehr
anfangen können', wie LÖFFLER (1972, 32) das angesichts des
Reichtums des Dialekts an Namen für Werkzeuge vermutet, auf
deren Handhabung sie sich nicht mehr verstehen.

Aber gerade auch LÖFFLER geht davon aus, daß der Dialekt
auch heute noch als "Grundsprache" ernstgenommen werden
muß (ebd. 36 u. ö.). Nicht als kausale Ursache für Sprach-
begabung, aber als Möglichkeit eines Grundfassens in der
Sprache der 'Umgangserfahrung' (THIEL 1973) kann gerade der
Dialekt dem Kind den ihm angemessenen Beginn des Weges zu
einem verbindlichen Selbstverständnis bedeuten. Das Kind
findet sich zunächst vor in der mundartlichen Artikulation
seiner alltäglichen Begriffsmöglichkeiten (die keineswegs
nur die gegenständliche Alltäglichkeit erfassen). Denn zunächst und auch zumeist versteht sich der Mensch in der
Sprache, die ihm die Welt im nicht theoretisierten, aber
umsichtigen Umgang[103] erschlossen hat. In ihr ist er vor
allem von der Angemessenheit der Wortlautungen überzeugt[104].
Nicht erst andere 'Inhaltsnetze',schon andere Lautungen bedeuten daher eine andere, oft zuerst befremdende Welt, und
eine Entschränkung und Fragwürdigkeit der eigenen Erfahrungen. Der Übergang muß, damit die Ansätze zu einem Selbst-
und Weltverständnis nicht erst ganz verloren gehen, eine
Fußwanderung und darf keine Flugreise sein: es geht nicht
um den   E r s a t z   eines Verstehenshorizonts durch den
anderen, sondern um eine Verwandlung des einen Horizonts
in der Kontinuität des Erfahrungsweges. Nur wenn das Kind
mit dem, was es als "Lebensmitgift" mitbringt (RUMPF 1976,
23), in der "Lerngruppe" und vom Lehrer verstanden wird
und so dieses Miteinander in seinen Horizont einbeschlie-
ßen kann, ist die Voraussetzung allen Lernens erfüllt:
das Selbst- und Weltvertrauen. (Dieses fehlt im Hospitalis-
mus heimgeschädigter Kinder, die daher alle Lernschritte
verweigern.) Lernen ist "die Erfahrung der Nichtigkeit von
(einzelnen - S. M.) Antizipationen". Es "bedarf selbst eines Vertrautheithorizonts, der von der Negativität nicht
berührt wird, ihr gegenüber wahrhaft a priori ist. Sie hätte sonst nicht den positiven Sinn, Ent-Täuschung, d. h. ein
Moment zu sein, das uns im Gang der Erfahrung (...) weiter-
bringt" (BUCK 1969, 68). Gilt dies schon für alles gegenständliche Lernen, wieviel Behutsamkeit und was für eine breite
Vertrautheitsbasis ist dann nötig, wenn nicht je einzelne
Antizipationen, sondern sozusagen der ganze   M o d u s
d e s   A n t i z i p i e r e n s   umgelernt werden soll,
ohne daß unaufhebbare Einbrüche entstehen. Gerade für Dialektschüler muß sich der Lehrer um eine Geborgenheit bemühen[105], aus der heraus die Schritte des Umlernens der Sprache als Erfahrungen möglich werden, die alles andere Lernen
begründen können.

Wenn daher in der Schule neben der notwendigen Einübung der
Hochsprache[106] auch dialektale Wendungen zur Näherung der
Sache und zur Verbindlichkeit des Unterrichtsgesprächs[107]
beitragen, sollten sie als Brückenträger für den Übergang
zur "Sprache des Verstandenen" auch im wissenschaftspropä-
deutischen Unterricht eingebaut werden. Im Sinne einer
Brücke, über die auch immer wieder der notwendige Rückweg
in den Bereich des Vorverstehens und des noch unreflektierten Selbstverständnisses führen kann[108]. Denn dieser Bereich
bleibt das Fundament auch des rationalen Diskurses. Für den
Übergang, von welcher Grundsprache auch immer zur Hochsprache, kann ich nur fordern, daß die erstere nicht ausgetrie-
ben, sondern überstiegen, die letztere nicht eingeredet,
sondern erobert werden sollte, wie Neuland. Es gibt für
diesen Weg, der immer zugleich ein Weg zur "Wissenschafts-
Verständigkeit" (WAGENSCHEIN 1975) ist, der aber in der
Schule oft durch die Verführung zur Wissenschaftsgläubigkeit
verdeckt wird, keine bessere Didaktik, als die des geneti-
schen Verstehen-Lehrens von M. WAGENSCHEIN. Da sie schon
ausgearbeitet und allen interessierten Lehrern zugänglich
ist, bin ich hier von weiteren praktischen Vorschlägen vorläufig entlastet[109].

Anmerkungen

1) Zitierweise für HUMBOLDT: Vollendungsjahr der Schrift, Band und Seite der Akademie-Ausgabe von A. LEITZMANN (1903-1936), Schreibweise nach der Ausgabe von FLITNER/ GIEL: W. v. HUMBOLDT. Werke Bd. III. Darmstadt 1963.

2) Zum Ich-Begriff vgl. S.122 und Anm. 19. Er wird in sprach- theoretischen Grundlagendiskussionen meist einfach an- gesetzt. Vgl. GAUGER (1976) und HÖRMANN (1976) Kap. XIII.

3) Die Problematik dieser Untersuchung liegt in ihrer In- terdisziplinarität. Darüber hinaus sucht sie auch noch nach einem verhältnismäßig unerforschten Zusammenhang. Dies macht sie vor allen betroffenen Einzelwissenschaf- ten (Linguistik, Soziologie, Pädagogik, Psychologie) und der zu Rate gezogenen Philosophie her angreifbar, d. h. sie müßte eigentlich eine breitere Basis für ihre Hauptthesen aufbauen. Ich bin mir verschiedener Lücken - vor allem in dem Bezug auf soziologische, psycholo- gische (Arbeitspsychologie) und pädagogische Diskussion voll bewußt, stehe aber als Hessendozent unter Veröffent- lichungszwang. Außerdem zeigt die soziolinguistische Forschungslage und nicht zuletzt das Symposium 'Dialekt und Schule', Marburg, Juni 1977, daß solche riskanten Erkundungen wie die vorliegende zum jetzigen Zeitpunkt unverzichtbar sind. Nicht gerade erleichtert wird das Unternehmen dadurch, daß der vergessene (vermutlich aber häufig gefledderte) Beitrag von Hans LIPPS (1889-1941) zur sprachtheoretischen Grundlagendiskussion interpre- tierend aufgegriffen werden soll, bevor die kritische Auseinandersetzung mit diesem sehr eigenständigen Autor öffentlich in Gang, geschweige denn zum Abschluß gekom- men ist. (Vgl. hier Anm. 99). Es gehört aber zur Frei- heitspflicht der Wissenschaft, daß sie mit ihrer Ver- gangenheit lebt. (Zu LIPPS vgl. v. BUSSE (1954 u. 1942), BOLLNOW (1964) und BUCK (1969, Kap. II.) Vgl. hier Anm. 31.).

4) Sie kann nicht von einer instrumentalistischen - d. h. informationstheoretisch und neopositivistisch orientier- ten Sprachtheorie beantwortet werden. Vgl. GADAMER (1975, 409 ff.), SIMON (1971), KNOOP (1974) u. KURZ (1976).

5) Vgl. RUMPF (1963).

6) Vgl. HABERMAS (1967, 291).

7) RUMPF (1976) unterscheidet deshalb soziale Identität und Ich-Identität bzw. persönliche Identität (ebd. 26, 144). Vgl. MOLLENHAUER (1972, 100 ff.), KRAPPMANN (1975, 168 ff.), McCALL/SIMMONS (1974, 86 ff.).

8) Vgl. BLUMER (1973, 92 f.).

9) Vgl. KRAPPMANN (1975, 48). Das Selbst gilt dem symbolischen Interaktionismus (= S.I.) nicht "als eine abhängige
sondern (...) eine sehr wichtige intervenierende Variable." (McCALL/SIMMONS 1974, 38).

10) Vgl. MOLLENHAUER (1972, 104).

11) Vgl. GUMPERZ (1975), AMMON (1975, 46). W. v. HUMBOLDT
betont, Sprache teile die Menschheit immer in zwei Klassen: Einheimische und Fremde! (1827, VI 26).

12) "Beispiele sind nicht nur ein bequemes, sondern das
einzige Mittel, um jemandem etwas deutlich zu machen,
was zunächst nicht im Bereich seiner ursprünglichen
Umsicht liegt." (LIPPS 1954, 24).

13) Das macht LÖFFLER (1972) deutlich. Lautliche lexikalische, syntaktische und stilistische Eigenarten der Dialekte müssen als Einheit gesehen werden.

14) Vgl. WEISGERBER (1954) und MUMM (1977).

15) "Die Bedeutung als solche betrifft (...) die Erfahrung
als ihre eigene unendliche Möglichkeit. Das Wort 'Baum'
z. B. bedeutet das Baum-Sein, also die unendliche Möglichkeit der Baum-Seienden." (COSERIU 1971, 136; vgl.
hier Anm. 95).

16) Begriff von HUMBOLDT (vgl. etwa 1827, VI 11, 22/23, 23,
27, 28 etc.).

17) = "kommunikatives Handeln zwischen Partnern" (KRAPPMANN
1975, 37). (Übrigens eine tautologische Definition;
'Handeln' - ist das nicht immer 'kommunikativ' und erübrigt sich dann nicht erst recht der Zusatz: 'zwischen
Partnern'? - Wie weit ist es mit unserer Begrifflichkeit
gekommen!) Vgl. HABERMAS (1967a); zur Dingerfahrung vgl.
Anm. 101.

18) Zur Kritik der Rollentheorie vgl. HABERMAS (1968);
CLAESSES (1968); WILLMS (1971) betont ihre Realistik;
ähnlich im Wörterbuch (1972, 253); vgl. auch STEINIG
1976, 152 u. ö. (der den S. I. mitkritisiert) und
SCHULZ 1973, 199 (vgl. Anm. 29).

19) RUMPF (1976) spricht von einer 'synthetisierenden Instanz' (unter Hinweis auf NUNBERG, ERIKSON, HORN),
"(...) in der das biographisch Unverwechselbare einer
Lebensgeschichte durchschlägt" (ebd. 145 vgl. auch 163).

20) Identität als Ich-Leistung (KRAPPMANN 1975, 24), "(...)
antizipierte Erwartungen der anderen und eigene Antwort
des Individuums" (ebd. 39). Ihre Grundfunktion: die
"Konfliktbewältigung" (ebd. 113).

21) Vgl. KAINZ (1972, 219) mit: LIPPS (1941, 132 A. 1)!

22) Vgl. hier S. 125 ff.

23) BLUMER (1973, 144: "barbarische Wortschöpfung"!).

24) Vgl. Arbeitsgruppe Bielefeld (1973), BRUMLIK (1973),
KRAPPMANN (1974).

25) Vgl. McCALL/SIMMONS (1974), KRAPPMANN (1975, 114 ff.),
BRUMLIK (1973).

26) Vgl. BLUMER (1973), KRAPPMANN (1975, 26). Über die Rezeption und Pragmatisierung der HUSSERLschen Phänomenologie im S. I. (durch SCHÜTZ und KAUFMANN) vgl. Arbeitsgruppe Bielefeld (1973, 214 ff.).

27) Vgl. McCALL/SIMMONS (1974, 37, 89); KRAPPMANN (1975,
97).

28) Die Gegenständlichkeit wird in einer "Hermeneutik der
Gelegenheiten" (BRUMLIK 1976, 125) aufgelöst, bietet
von sich her keine Orientierung: das Objekt hat seine
(relative) Widerständigkeit aufgegeben (BLUMER 1973,
90 ff., vgl. hier Anm. 46), das Subjekt ist aufgespreizt
in einen 'Inter'-bereich. Ein fragwürdiger Versuch, die
sog. Subjekt-Objekt-Spaltung zu überwinden. - Das ist
im Anschluß an HEIDEGGERs Anthropologiekritik angemerkt,
die doch sehr "gewalttätig" (KAMPER 1973, 149) von
KAMPER mit der der kritischen Theorie verglichen wird
(vgl. ebd. Kap. 3.1.2.).

29) KRAPPMANN 1975, Kap. 2.3.; Wörterbuch Kritische Erziehung (= Wörterbuch 1972) 1972, 139 ff.

30) Hier schließt die Konfliktdidaktik an: MOLLENHAUER
(1973, bes. 70 ff.),SCHÄFER/SCHALLER (1973); Hess.
RRL Deutsch S.I. (vgl. auch: Kommission zur Reform der
Hess. Bildungspläne,Projekt 5: Sprache und Konflikt.
Projektgruppe Darmstadt-Marburg: Hektograph. Manuskript
(o.J.) Marburg.

31) Die Nähe zur hermeneutischen Daseinsanalyse, die die
existenziale "Vorstruktur des Verstehens" mit ihrem
"Entwurfcharakter" aufgedeckt hat (HEIDEGGER 1927 und
1975, vgl. GADAMER 1975, 250 ff.), ist unverkennbar,
wenn auch hier (wie so oft im Gefolge HABERMAS') weder
ausdrücklich Bezug auf "Sein und Zeit" genommen noch
eine Auseinandersetzung mit diesem bahnbrechenden Beginn
des hermeneutischen Denkens und seiner Kritik der
Anthropologie versucht wird. Das Problem ist, daß der
'Entwurfcharakter des Verstehens' im hermeneutischen
Sinne nichts mit Planung und Kalkulation, sei sie auch
noch so unentlarvt wie ein "Erkenntnisinteresse", zu
tun hat. (Vgl. HEIDEGGER 1927/1976, § 31, bes. 145).
Der angedeutete Bezug und Unterschied müßte zur trag-
fähigen Fundierung der hier angebahnten Auseinandersetzung ausgearbeitet werden. In diesem Rahmen könnte dann
auch LIPPS' (vgl. hier Kap. 3 ff.) geistesgeschichtliche
Naivität als Zeugnis einer "Bewegung" verstanden werden, die von der Historie (vor allem vom Zweiten Weltkrieg und der zunehmenden Technisierung) überholt,
sprachphilosophisch aber noch nicht eingeholt worden
ist (vgl. BOLLNOW 1964).

32) Daß hier der Kampf um Aufstiegsschancen beschrieben
wird, hat STEINIG (1976, bes. 152 und 257) und von den

historischen Entstehungsbedingungen dieser Sozialisationstheorie her BRUMLIK (1973) überzeugend herausgestellt.

33) Ähnliche Motive bieten McCALL/SIMMONS an (1974, 93).
Vgl. hier Anm. 68.

34) Schreckgespenst ist eine Ich-Instanz als "metaphysische
Entität" (KRAPPMANN 1974, 23). Vgl. WÜNSCHE 1974, 50.

35) Vgl. HABERMAS (1967a) und GLASER (1972).

36) KRAPPMANNs Auseinandersetzung mit ERIKSON: 1975, 89 ff.
ERIKSON zielt auf eine "endgültige Identität" (1976,
139).

37) Vgl. MOLLENHAUER (1972, 103).

38) Auch in dem Vorwort zu McCALL/SIMMONS (1974 - erschienen in der Reihe: Sprache und Lernen) - betont K. zwar
die Rolle des S. I. für die "Lernforschung", nur bei-
läufig ist aber von der Bedeutung für die Sprachforschung die Rede.

39) Nicht so z. B. bei STRAUSS (1968), wo das Problem aber
als Routinegefährdung interpretiert wird. (Vgl. auch
RITTNER in: KAMPER (1974), 105 und hier Kap. 2.5.)
Vgl. auch KNOOPs Kritik an der Sprachauffassung der
Rahmenrichtlinien, die ja ebenfalls interaktionistisch
orientiert sind (KNOOP 1974) und auch KURZ (1976).

40) KRAPPMANN (1975, bes. 116/117), BRUMLIK (1973, 123):
"Technologie der Mobilität".

41) Diese betonen in ihrer Kritik HAUG (1972), STEINIG
(1976) und vor allem sehr ausgewogen BRUMLIK (1973). -
Man kann die "(...) distanzierte, selbstdarstellende
Redeweise, besonders in sozialen Schichten, die nicht
manuell tätig sind", antreffen (STEINIG ebd. 149, vgl.
153).

42) ... als "in den jeweils erheischten Gebrauchswert zu
schlüpfen" (BRUMLIK 1973, 127).

43) Davon kann auch BRUMLIK (1973) nicht abrücken.

44) Vgl. BRUMLIK (1973, 126 f.) i. U. zu GLASER (1972).

45) "Es gibt Menschen ohne Horizont. Bei denen alles iso-
liert gegeneinander bleibt. Die unfrei wirken. Die ohne
Welt sind, stur verfangen im Verfolgen von Zielen"
(LIPPS 1954, 70).

46) Sachen, Gegenstände bleiben im S. I. keineswegs uner-
wähnt. Sie gelten als situationsabhängige Interaktions-
produkte. So kann 'instrumentales' als Sonderfall von
'kommunikativem Handeln' gefaßt werden (KRAPPMANN 1975,
14, 16 u. ö.). McCALL/SIMMONS 1974, 83; BLUMER (1973,
bes. Abschnitt 3). Man vgl. damit LIPPS (1938/76, 58
und 1928, 23): die "standhaltende Wirklichkeit" wird
in der "Verhältnismäßigkeit" der Auslegung nicht aufgelöst (LIPPS 1941, 69/70. Vgl. hier S.131 ff.und Anm. 28
und 101).

47) RUMPF kritisiert: "Grundlagentheoretiker" "(...) bleiben merkwürdig formal und blaß",wenn es um dieses Problem geht (1976, 165). Begriffe wie Identitätsbalance
könnten so zu Formeln werden, die "die lebensgeschicht-
liche Mitgift (...) zu beliebig handhabbarem Material
zu entqualifizieren drohen", (ebd. 164. Die notwendige
andere Orientierung des Pädagogen: ebd. 192).

48) "Unsere gesellschaftliche Situation ist - soziologischen
Untersuchungen folgend - vor allem durch Entfremdung,
Verdinglichung und Manipulation gekennzeichnet. Alle
drei Momente haben eine Entpersönlichkeit des Ich zur
Folge. Damit wächst die Bürokratie nicht nur quantita-
tiv, es wächst auch die Möglichkeit ihrer wirksamen
Machtentfaltung. Die Verantwortlichkeit des Einzelnen
verfällt, die Herrschaft der Apparate tritt an deren
Stelle." (GEISSLER, R., Literaturdidaktische Problem-
stellungen. In: BAUMGÄRTNER/DAHRENDORF (Hgg.), Wozu Li-
teratur in der Schule? Braunschweig 1970, 61 ff. (hier
S. 65)). Zum Zusammenhang von Identitätsverlust und
Manipulierbarkeit vgl. auch RUMPF (1976, 12 f.).

49) LIPPS beschreibt dasselbe unter dem Begriff des 'Bürgers' (vgl. GEISSNER 1955, 57 f.), dieser Begriff bedeutet aber nur einen relativen Gegenpol zum 'Selbstsein'. (ebd. 58).

50) Als Nicht-Soziologe bin ich auf exemplarische Auseinandersetzung angewiesen. KRAPPMANNs Konzept stimmt zudem
mit einem breiten Konsens überein und mit der rationa-
listisch-konfliktoffenen Mobilitätsforderung moderner
Kommunikations-Didaktik (z. B. Hess. RRL Deutsch S.I.).

51) LIPPS (1941 u. 1954).

52) LIPPS (1927, 1928, 1938/1976 und 1945).

53) Der Begriff der "virtuellen Bewegung" ist in der Theo-
rie der Phantasie von M. PALAGYI entwickelt (ders.,
Naturphilosophische Vorlesungen. Leipzig, 2. Aufl. 1924).
Vgl. MUMM (1977).

54) Vgl. MUMM (1977) und hier Anm. 95.

55) Dieser Begriff stammt von HOLZKAMP, meint dort aber das
Ergebnis einer rationalen Zwecksetzung und vereinzelt
den Gegenstand (ders. 1973, bes. Kap. 5.1.).

56) Vgl. Manuskript MUMM zu einem Seminar 'Wortbedeutung
und Begriff', WS 1975/76.

57) Vgl. HEIDEGGER (1927/76, bes. § 32/34).

58) "Das Apriorische liegt an anderer Stelle als im Bewußtsein. Es ist greifbar in den Antizipationen der Einstellung. Kurz formuliert nämlich darin, daß man
s c h o n   d a   i s t , wenn man sucht, fragt,
beobachtet, die Sinne etwas tun läßt" (LIPPS 1927,19).
J. KÖNIG (1929, 894 f.) hat herausgestellt, daß das
Konzeptionsproblem von LIPPS in der Auseinandersetzung

mit dem tranzendentalen Idealismus (KANT und HERBART)
und diesen interpretierend hermeneutisch-anthropolo-
gisch umgewendet wird (vgl. auch BOLLNOW 1964, 30 f.).

59) LIPPS 1938/1976, § 17.

60) Der Titel von § 15: "Das Mitenthülltsein des Selbst (...)
Der Widerschein aus den besorgten Dingen als faktisch-
alltägliches Selbstverständnis".

61) "Die Reflexion im Sinne der Rückwendung ist nur ein
Modus der Selbst e r f a s s u n g , aber nicht die
Weise der primären Selbst-Erschließung". (HEIDEGGER
1927, 226). Darum hat der hermeneutische Begriff
'Selbst' nichts mit dem von MEAD zu tun (vgl. MOLLEN-
HAUER 1972, 103 f.).

62) Nur von einem sehr engen Begriff der Vernunft aus erscheint solches Verstehen, das nicht auf den Begriff
zu bringen ist, irrational. (Übrigens sind die Erörte-
rungen des Selbst in der zitierten Vorlesung an dieser
Stelle keineswegs am Ende. Ich muß mich hier aber auf
Hinweise beschränken.).

63) Nicht im Sinne von KAMPERs "Ideologische(r) Realität".
Denn bei LIPPS läßt sich kein "unausgetragener Anta-
gonismus" zwischen "Naturwesen" und "Gesellschaftswe-
sen" aufdecken (KAMPER 1974, 17; vgl. hier Anm. 99).

64) Vgl. HEIDEGGER 1927/76.

65) Identität bezeichnet eine "stationäre notgedrungen reflexive Beziehung, (...) wie man sie bei Dingen vorfindet." (LIPPS 1938/76, 69).

66) Sinn-voller im wörtlichen Sinne! Das Verstehen von Sinn
konstituiert Selbstverständnis und umgekehrt.

67) Vgl. oben Anm. 31 und Anm. 32.

68) KRAPPMANN setzt sich zwar gegen das Berechnungsprinzip
ab, das LEVITAs Theorie der Sozialisation zugrunde liege
und dort zur 'Reifikation' der Individuen führe, -
aber er ergänzt es nur durch die ausgleichende Balance
(1976, 94).

69) Vgl. die entsprechende Analyse bei LIPPS (1938/76,
66 f.).

70) Wie menschliche Existenz von LIPPS in der Spannung von
Selbstsein und -verlust gesehen wird (vgl. hier Anm.
49), so auch die Sprache in der zwischen 'Potenz' und
'Entlastung'. Vgl. HUMBOLDT (1835, VII 46) und MUMM
(1977).

71) HEIDEGGER (1927/76, § 34, bes. 167) und hier Anm. 79
und 94.

72) LIPPS (1928, 19).

73) Diese ist Gegenstand der "Alltagswissensforschung",
als die sich der Symbolische Interaktionismus weithin
versteht. Vgl. Arbeitsgruppe Bielefeld 1973; vgl. V.
RITTNER in KAMPER (1974, 105).

74) Vgl. OEVERMANN/KRAPPMANN/KREPPNER (1973, 63: "überflüs-
    siges Geschwätz").

75) Vgl. RUMPF (1976, 22).

76) Titel von KAINZ (1972).

77) Bei LIPPS ein zentraler Ausdruck - angeschlossen an den
    griechischen Ausdruck λόγον διδόναι . Vgl. (1941, 16,
    59, 72/73, 140 f.; 1938/1976, 10 ff.), und "Verantwor-
    tung, Zurechnung, Strafe." In: ders. 1954, 72 ff.

78) Vgl. MUMM (1977).

79) Damit ist nicht eine Allgemeingültigkeit und spezifische
    Unverbindlichkeit gemeint, wie sie z. B. von Wissen-
    schaftssprache und -verfahren erwartet wird, sondern
    dieser Begriff bezieht sich "(...) auf die Auseinander-
    setzung, die ein Gedanke dadurch erfährt, daß seine
    Artikulation unter die Vorentscheidung einer bestimmten
    Sprache tritt", die aber nicht im Sinne von Verordnun-
    gen, sondern als Ermöglichung wirken (LIPPS 1945, 114).
    Vgl. aber Anm. 94 u. 70.

80) Das Mitschwingen im Vorverständigtsein ist konstitutiv
    für ein stimmungshaftes Verstehen (vgl. LIPPS 1945,
    87/88; KNOOP 1976). Vgl. hier Anm. 84.

81) Das hat WEISGERBER sehr treffend dargestellt (1976,
    97/99). Vgl. auch STORZ (1956), KNOOP (1976).

82) Während im Dialekt das auf "gemeinsamer Erfahrungsgrund-
    lage" (AMMON 1975, 41) beruhende "Einverständnis ange-
    spielt" wird (LIPPS 1945, 85), wird in einer bloßen
    "Verkehrssprache", zu der die Umgangssprache immer wer-
    den will, eine "durchschnittliche Verständlichkeit"
    in Anspruch genommen, in der alles einzeln gegeneinan-
    der bleibt (ebd. 84 und 89 f.). Vgl. hier Anm. 70 u. 45.

83) Zu f i n s t e r i vgl. HENZEN 1954, 33/34. Von hier aus
    wäre die Frage nach der Abstraktheit von Dialektausdrük-
    ken zu klären.

84) Der Tonfall spielt vermutlich beim Übergang vom Dialekt
    zur Einheitssprache eine bedeutende, zunächst verfrem-
    dende Rolle. - Schon STENZEL (1923/1965, 43) hat über die
    "auslösende Wirkung" der "Sprachmelodie" bei Aphatikern
    berichtet und dies einleuchtend begründet. - Dieser
    Aspekt gehört zur Thematisierung der Mündlichkeit des
    Dialekts (vgl. KNOOP 1976 und im vorliegenden Band und
    - im Anschluß an LIPPS: BOLLNOW (1969), 75 ff.

85) KNOOP ebd.; vgl. BAUSINGER 1973, 20, WEISGERBER 1976,
    97, STORZ 1956, 84 (STORZ' Aufsatz "Über Schriftsprache,
    Mundart, Jargon" stimmt nicht nur im Titel weitgehend
    mit LIPPS' Charakterisierung überein, wenn auch der
    philosophische Hintergrund nicht angesprochen wird).

86) Das stets zu einer entlastenden Verhärtung geraten kann,
    die sich dann auch im Gruppenverhalten ausdrückt. Vgl.
    den schwäbischen Witz: "Heult mr bei euch scho em Trau-
    erhaus oder erst auf em Friedhof?" bzw. "mir heulet
    erst bei der Leich!" (SCHRAMM 1971, 91). Das liegt im

Dialekt an der "unproblematischen Identität von Le-
benswelt und Sprachwelt"! (WEISGERBER 1976, 96, vgl.
Anm. 94).

87) Vgl. zu "Potenz der Sprache" hier Anm. 95.

88) Für die Unterscheidung spricht z. B. LÖFFLER (1972, 25).

89) So auch STORZ (1956, bes. 82).

90) Vgl.Anm. 94.

91) Vgl. KNOOP 1976, 38-39.

92) Zit. nach HEIDEGGER (1959, 28).

93) Vgl. oben Anm. 87. Daher ist es sicher eine zutreffende
Beobachtung, daß Ritualisierungen der Kommunikation
"im ländlichen Bereich" deutlich auszumachen sind; nur
ergeben neuere Forschungen - vgl. NEGT (1971), GOFFMAN
(1959) und Arbeitsgruppe Bielefeld(1973) -, daß sie dort
nicht "am deutlichsten" sind, wie es STORZ (1975, 50)
vermutet. Ihre Inhaltsentleerung hat STORZ klar beschrieben. Die Beschränktheit des Dialekts spricht STORZ mit
der Bemerkung an: "Die Mundart hat kein Sprachgefühl"
(ders. 1956, 83 vgl. mit LIPPS 1945, 91).

94) Was mit der "erschließenden Potenz der Sprache" gemeint
ist, kann hier nur angedeutet werden (vgl. aber MUMM
1977). Die universale Beweglichkeit des Horizonts der
Hochsprache - in ihrer Geschichte immer wieder von
Sprachbegabungen in Anspruch genommen - "(...) entbin-
det Kräfte im Schöpferisch-Nachzeugenden ihrer Konzeptionen, in der Auszeugung der darin angelegten Möglichkeiten" (LIPPS 1945, 92) - immer aber nur im Gegenzug
zu ihrer Tendenz zur verallgemeinerten Durchschnittlichkeit (vgl. oben Kap. 4.1. und Anm. 83). Sie steht also
nicht einfach zur Verfügung. (LIPPS bezieht sich auf
HUMBOLDTs energeia-Begriff.).

95) HUMBOLDT (1835, VII, 180 f.).

96) Vgl. MUMM (1977). - Der häufige Hinweis auf diesen Aufsatz ist notwendig, weil die Überlegungen zum Dialekt
daran anschließen und die dort erarbeiteten Grundlagen
nicht als bekannt und akzeptiert vorausgesetzt werden
können.

97) BROWELEIT hat in seinem Vortrag auf dem Symposium 'Dialekt und Schule' (Marburg 1977) darauf verwiesen, daß
die Didaktik der Primärsprache in Gefahr sei, diese
Vermarktung mitzumachen. - In dem touristischen Aspekt
zeigt sich, daß Tourismus als Flucht vor der Geschichte
zu deuten ist.

98) Die Stellung von LIPPS' "Anthropologie" in der heutigen
Anthropologiediskussion (vgl. KAMPER 1973 und 1974 und
SCHULZ 1974, Teil III) ist noch nicht auszumachen. Wie
wir sahen (vgl. hier unter 3.4.), bemüht er sich um
Entgegenständlichung. LIPPS' Anthropologie sei kein
System von Aussagen, kein lehrhaftes Gebäude, und ziele

nicht auf eine "feste Idee vom Menschen, an dem die Menschen nachher gemessen werden können" (GEISSNER 1955, 8). Aufschlußreich ist hierfür die Einleitung zu LIPPS (1941) und v. BUSSE (1942).

99) Vgl. KURZ (1976) - sehr wichtig für Deutschlehrer!

100) Identitätsverlust zeigt sich unter "pathographischem Ansatz" bei ERIKSON (1976, 153) auch als"Diffusion des Werksinnes", und die gemeinsame Arbeit mit Erwachsenen in Werkstätten etc. wird als wesentlicher Therapiebestandteil erkannt (vgl. ebd., 162). - Entsprechende psychotherapeutische Vorschläge müßte die Kommunikationsdidaktik unbedingt zur Kenntnis nehmen (vgl. hier Kap. 2.5.). MOLLENHAUER (1972) hat das alles miterledigt: Sachkunde erzieht zu "Ohnmacht und Resignation vor dem Realen" (ebd., 215), Heimatkunde zu Ichschwäche (ebd., 212). Solche Abwertungen mögen einmal eine argumentative Funktion gehabt haben. Als wissenschaftliche Aussagen würden sie eine erschreckende Borniertheit anzeigen und nichts weiter.

101) Die Vermittlung zwischen Selbstverständnis und sozialer Rolle wird in unserer entfremdeten Welt kaum je gelingen. Wem es auf psychische Ökonomie und Entlastung ankommt, wird auf die Bemühung um Selbstverständnis verzichten müssen, was man ja tagtäglich im Vorgang des "Erwachsenwerdens" beobachten kann. Wer aber um die Scheinentlastung der Entwurzelung weiß, wird diesem Verzicht entgegenarbeiten, weil er zur Manipulierbarkeit führt (vgl. Anm. 48).

102) Vgl. zu diesem Schritt (bezogen auch auf das "zu-tun-Haben-mit-den-Dingen"): LIPPS (1941, 66-68) und hier Anm. 61.

103) Zu dem Unterschied von 'Umsicht' und Theorie vgl. HEIDEGGER (1927/76, 69 und ebd. § 69 b, bes. 356 ff.).

104) Zur Nicht-Arbitrarität der Lautungen vgl. MUMM (1977). HUMBOLDT sagt, in den Lautungen sei "der heimischste Teil unseres Selbst" vernehmbar (1935, VII 60). Die "Sprechunlust", von der LÖFFLER (1972, 28) berichtet, die sich auch verdünnend auf die Semantik auswirke (ebd.), hängt hiermit zusammen und resultiert aus der der spontanen Rede nicht förderlichen Selbstbeobachtung beim Artikulieren in der Hochsprache, bei der der Dialektschüler in Verlegenheit gerät, sich 'komisch vorkommt'. (Vgl. oben S. 135

105) Solche Bemühungen werden von AMMON als "sorgfältig kalkulierte methodische Tricks" abgewertet, denn "Heimatbindung" ist ideologieverdächtig und kann als "nicht gelöste Mutterbindung" entlarvt werden (1972, 142,143).

106) Deren Möglichkeiten darzustellen war hier nicht meine Aufgabe. Hier scheint mir das Programm "Hochsprache/ Mundart-kontrastiv" sehr hilfreich.

107) RAMGE versuchte in seinem Vortrag beim "Symposium Dialekt und Schule" (Marburg 1977), die 'kommunikativen Funktionen' des Mundartgebrauchs von seiten des Lehrers in diesem Sinne zu deuten.

108) Vgl. Einleitung zu MUMM (1977).

109) Da "die Sprache des Verstehens" im Zentrum von WAGEN-SCHEINs jahrzehntelangem Bemühen steht, hat es keinen Sinn, einzelne Aufsätze von ihm zu nennen. Zur Orientierung vgl. Heft 6 des 16. Jahrgangs (Dez. 1976) der Zeitschrift 'Neue Sammlung', in der auch das "Gespräch mit Martin Wagenschein" von RUMPF abgedruckt ist, und WAGENSCHEIN (1972). Vgl. außerdem LOSER (1968).

Ulrich Knoop

Dialekt und schriftsprachliches Gestalten*

Nachdem Marshall MacLuhan vor elf Jahren das elektronische
Zeitalter beginnen ließ und damit die Überflüssigkeit von
Schreiben und Lesen festgestellt haben wollte, ist die Beschäftigung mit den Schwierigkeiten des Verfassens schriftlicher Texte eigentlich etwas altmodisch geworden, angesichts der nunmehr ganz anders gearteten Verhältnisse
sprachlicher Verständigung. Man sieht hierin eine Wieder-
herstellung der mündlichen Verständigung, die ohnehin immer
einen grösseren Anteil beim Verständigen gehabt habe und
hält die Schrift für überholt durch Rundfunk, Fernsehen,
Film und Telefon. Diese Ansicht wurde von gewissen Rich-
tungen der Sprachdidaktik aufgegriffen und eine Reduktion
des schriftsprachlichen Gestaltens gefordert - des Aufsatz-
unterrichts also[1]. Eine besondere Ironie will es, daß solche Prophezeiungen und Forderungen in eben der Schriftsprache vorgetragen und in Büchern verbreitet werden - vergleichbar etwa mit dem Versuch, die Vorzüge flugtechnischen
Fortschritts mit einem VW-Käfer zu demonstrieren. Ernsthaf-
ter argumentiert: wir stehen sicherlich vor oder inmitten
einer Veränderung unserer (sprachlichen) Verständigungsver-
hältnisse. Aber es wäre kurzsichtig, aufgrund einer recht
oberflächlichen Analyse technischer Möglichkeiten auf eine
Zunahme der mündlichen bzw. einen Rückgang der schriftlichen
Verständigung zu schließen. Betrachtet man nämlich Rundfunk und Fernsehen näher, dann stellt sich heraus, daß
kaum eine Sendung ohne intensive Vorbereitung ausgestrahlt
werden kann und daß Medienleute vor nichts so sehr Angst
haben als vor sog. spontanen Sendungen, insbesondere mit
medien-unerfahrenen Leuten, die meistens unbeholfen anzu-
hören oder anzusehen sind und so gerade nicht Charakteri-
stika der gesprochenen Sprache verwirklichen können (Spon-
taneität, Unbefangenheit)[2]. Zur Vorbereitung der Sendung
gehört in den meisten Fällen eine schriftsprachlich nieder-
gelegte Konzeption, die nun durch das Regie-Handwerk "in
Szene gesetzt" wird. Das 'Lautliche' dieser Medien ist also nicht der gesprochenen Sprache gleichzusetzen, wir haben
es hier eher mit einem V e r l a u t b a r e n zu tun,
das einer schriftsprachlichen Konzeption zur Darstellung
verhilft[3]. Diesen Medien fehlt aber noch ein weiteres ent-
scheidendes Charakteristikum der gesprochenen Sprache:
der Angesprochene hat keine Möglichkeit, unmittelbar zu antworten. Die verzögerte Antwort erfordert andere, zusätzliche

sprachliche Gestaltung, vor allem eine Technik der Wiederaufnahme, des Anknüpfens, damit der Zusammenhang mit dem
Bezugstext erkennbar bleibt. Rundfunk und Fernsehen weisen
also die gleiche monologische Abgeschlossenheit auf wie
die Medien der Schriftsprache (Buch, Zeitung, Plakat etc.).
Das dialogische Moment - entscheidend für die mündliche Verständigung - ist in Rundfunk und Fernsehen durch die Prä-
fabrikation, die Festlegung von Inhalt und Meinung, der Notwendigkeit des Zurschaustellens und "Sendung abfahrens", des
"Programms" (in seiner ungehemmten Ausstrahlung), nicht nur
technisch - daß sich also dort nicht jeder Zuhörer/Zuschau-
er zu Wort melden kann - sondern auch prinzipiell ausgeschlossen[4]. - Neben den Medien gibt es freilich noch das
Telefon, das als elektronischer Förderer mündlicher Verständigung gelten könnte. Es kann hier nicht ausführlich
die Einschränkung und damit die Veränderung bzw. unterschiedliche Ausgangsbedingung von Telefonieren dargestellt
werden, angefangen beim ordinären Geklingel, das den Zwang
ausübt, nun doch den Hörer abzuheben, bis zur Schwierigkeit, diese recht abstrakte Situation zu bewältigen. Abstrakt deshalb, weil der Mensch ja nicht nur durch den Laut
spricht, sondern mit Gesten, Mimik und musischen Mitteln,
aus dem situativen Zusammenhang heraus. Das Telefonieren
reduziert die dialogische Verständigung auf das rein Lautliche und diese Reduktion muß erst einmal ausgeglichen
werden können[5]. Aus der folgenden Erläuterung zur Schriftlichkeit wird vielleicht deutlich, daß der Umgang mit dem
Telefon einige der Fähigkeiten erfordert, die auch Voraussetzung eines erfolgreichen Gestaltens der Schriftsprache
sind. Es soll hier nicht die Möglichkeit geleugnet werden,
daß Telefonieren auch ein recht unkomplizierter Vorgang sein
kann, nämlich dann, wenn der Gesprächspartner vertraut ist,
doch wäre das Wissen um die Prinzipien des Telefonierens
unvollständig, wenn gerade die Möglichkeit auch mit einem
Unbekannten über eine Distanz - dies nicht nur räumlich
gemeint - hinweg zu sprechen, nicht beachtet würden. Hier
stellt sich dann alsbald heraus, daß der Ungeübte Schwierigkeiten hat, mit der Abstraktheit der Situation fertig zu
werden und nun verständlich zu formulieren[6]. Es kommt ja
nicht von ungefähr, daß der Anteil der Telefone in mittel-
ständischen Haushalten - hier ganz grob gleichgesetzt mit
besseren schriftsprachlichen Fähigkeiten - ungleich höher
ist als der in Arbeiterhaushalten. Warum das so ist, könnte
fast besser als alle wissenschaftliche Darlegung die Karl
Valentin-Szene vom Buchbinder Wanninger erhellen.
Da die elektronischen Medien also nicht das unterstellte
einfache Verhältnis zur mündlichen Verständigung haben, sie
vielmehr den Zuhörer und Zuschauer fast zum Schweigen bringen und damit mündliche Verständigung nachweislich verhindern, ist es natürlich kurzsichtig, eine Z u n a h m e
mündlicher Verständigung ins didaktische Kalkül zu nehmen.
Es ist auch für jeden von uns leicht, sich vom Gegenteil,
nämlich einer ständig wachsenden Schriftflut, zu überzeugen.
Die möglicherweise richtige Feststellung, daß weniger Ro-

mane gelesen werden, darf nicht verdecken, daß wir im Zeitalter der elektronischen Medien tagtäglich mit einer ganz
erheblichen Menge an Schrittexten konfrontiert werden, deren schriftsprachlicher Charakter selbst dann nicht verloren geht, wenn sie irgendwann einmal auf Datensichtge-
räten uns ins Haus flimmern. Denn in unserer informierten
Gesellschaft müssen pausenlos Nachrichten verteilt werden,
in denen Sachverhalte dargestellt werden, die jeden Einzelnen betreffen (können)[7]. Solche Nachrichten-Texte sind zwar
häufig Reklame, Politikerreden und -programme, aber ebenso
häufig Gesetzestexte (z.B. Verkehrsrecht), das "Kleinge-
druckte" in Verträgen, komplizierte Anweisungen in Renten-
oder Steuerverordnungen - u.v.m. Alles Sachverhalte, die
für jeden Staatsbürger so häufig von Belang sein können,
daß er die Fähigkeit haben muß, sich aktiv damit auseinander-
zusetzen . Und das heißt: jeder muß mit den Bedingungen
schriftsprachlicher G e s t a l t u n g vertraut sein.
Denn die passiven Fähigkeiten (also Lesenkönnen), die eine
gewisse Didaktik für ausreichend hält, sollte ganz wörtlich
genommen werden: ein solchermaßen ausgebildeter Schüler
hat nicht gelernt, selbständig die in den Texten erläuter-
ten Sachverhalte zu bewältigen. Im übrigen ist eine
"passive Beherrschung" natürlich ein wissenschaftlicher
Trugschluß: Verstehen ist immer ein - wenn man so will -
aktiver Vorgang[8], der also die Fähigkeit zur schriftsprachlichen Gestaltung voraussetzt bzw. mit ihr einhergeht.
Welche Folgen Nichtverstehen haben kann, mag ein Zitat eines
(Zivil-)Richters illustrieren: "Wer nicht Bescheid weiß,
wer die Sprache nicht versteht, wer die Fristen und Formeln
nicht kennt, der hat keine Chance" (DIE ZEIT, 10.6.77,
Momos).

1. Einige Prinzipien der Schriftlichkeit

Was also ist das Besondere an der Schriftsprache? Wir haben
uns so sehr an sie gewöhnt, daß es schwer fällt, ihre Cha-
rakteristika zu erläutern, in denen sie sich von der gesprochenen Sprache unterscheidet. Von der modernen Linguistik können wir leider keine Aufklärung erwarten, da
diese die Schriftsprache aus Prinzip als ungenaue Wiedergabe der Lautsprache ansieht und damit den graphischen
Schriftausdruck als sekundär[9]. Diese theoretischen Positionen mit ihren idealisierenden Vorstellungen von Sprache
als "langue" oder "compentence" machen den Umstand zur
Nebensache, daß die Sprache seit der intensiven Verbreitung der Schrift anderen Gesetzmäßigkeiten unterworfen
ist[10], mit denen wir uns nun befassen wollen.
Aufgrund des Lautes bzw. des Schriftbildes werden geschriebene und gesprochene Sprache gerne nach den Sinnen unterschieden, die für sie zuständig sein sollen - die gesprochene Sprache wird dabei dem Gehörssinn, die geschriebene dem
Gesichtssinn zugeteilt. Das erste ist falsch, das zweite

nur bedingt richtig. Zwar hören wir die gesprochene Sprache
mit den Ohren, aber als Zuhörer sehen wir den Sprechenden,
seine Gestik und Mimik, die Umgebung und Situation, riechen
diese, können diese ertasten oder fühlen, so daß eigentlich
beim Zuhören alle Sinne beteiligt sind. Es ist einfach so,
daß beim Dialog der ganze Mensch[11] dabei ist, und nicht ein
Wesen, das Hörer heißt und das uns die Kommunikations-
modelle beschert haben.
Bedingt richtig ist es, daß Lesen und Schreiben mit dem
Sehen - dem Gesichtssinn also - verbunden ist. In Wahrheit
ist es ein sehr eingeschränkter, sagen wir: konzentrierter
Gesichtssinn, denn das Sehen dient nur dazu, Druckerschwärze
auf weißem Papier richtig einzuordnen bzw. beim Schreiben
die Schreibspur korrigierend zu beobachten. Schriftsprachliches Gestalten und Verstehen erfordert die volle Sammlung des Menschen auf den entstehenden oder vorliegenden
Text, so daß sämtliche anderen sinnlichen Wahrnehmungen
stark e i n g e s c h r ä n k t werden müssen. Diese
Sammlung ist auch deshalb vonnöten, weil der Schreiber einen Text verfasst, der erst zu einem späteren Zeitpunkt
verstanden werden soll, also nicht unmittelbar mitgeteilt
wird. Er muß sich darauf k o n z e n t r i e r e n, das,
was er mitteilen will, so zu formulieren, daß das Verstehen
auch nach längerer Zeit noch gelingt. Die Lage, in der er
sich befindet, seine Gefühle, also alles das, was seine Unmittelbarkeit auszeichnet (und im Gespräch auch mitgeteilt
wird), kann nur mittelbar in den Text Eingang finden,
wenn die Verständlichkeit nicht gefährdet werden soll. Zur
Konzentration auf den Text kommt also die weitgehende
A b s t r a k t i o n d e r S i t u a t i o n hinzu.
Da Schrifttexte zu einem späteren Zeitpunkt lesbar sind
und meist auch sein sollen, sind sie fast zwangsläufig so
konzipiert, daß sie auch bei einem unbekannten Leser Verständnis finden können - dies trifft sogar für Texte eindeutig persönlicher Prägung zu, nämlich Briefe oder gar
Schulaufsätze, die zu einem späteren Zeitpunkt veröffentlicht werden[12].
Damit sind persönliche Anspielungen, Bezugnahmen zu nur dem
Schreiber bekannten Ereignissen weitgehend ausgeschlossen.
Die Verständlichkeit eines Schrifttextes erfordert also
eine A l l g e m e i n h e i t d e r A u s s a g e .
Andererseits muß sich der Schreiber vorstellen können, wie
die unbekannten Leser zum Verständnis zu gewinnen sind; er
muß an ein allgemeines Wissen anknüpfen können und gleichzeitig das, was er sagen will, an die allgemeine Aussage
heranführen, er muß also Übergänge schaffen können. Um
diese Verbindlichkeit zwischen Schreiber und Leser - dies
sei hier I m a g i n a t i o n s k r a f t genannt - erreichen zu können, wurden verschiedene Formen der Textgestaltung herausgebildet. Hiermit sind sowohl die Textarten
als auch deren Tektonik gemeint. Wesentlich ist bei dieser
Analyse der schriftlichen Textgestaltung nicht so sehr das
Überprüfen der schulmäßig ausgeführten Gliederung und ihrer
Spielarten - das kann Hilfestellung geben bei Gestaltungs-

schwierigkeiten - als vielmehr der mehr psychologische Umstand, daß die schriftliche Aussage in ihrem Aufbau über
eine längere Zeit durchgehalten, daß die Aussage mit Beweisen, Beispielen, Einleitung, Schlußakkord als Argumen-
tations- oder Darstellungskette aufgebaut werden muß. Anders
als in Unterhaltungen, in denen ja auch Ziele verfolgt werden können, gibt es keine Möglichkeit, Strategien zu ändern
bzw. einer veränderten Verständnislage anzupassen.
Dies kennzeichnet ein weiteres Charakteristikum des schriftsprachlichen Gestaltens: die Geistesarbeit der Planung und
auch deren Ausführung, also das Verfassen der Aussage muß
vom Schreiber a l l e i n e erbracht werden.
In einer Art Zwiesprache mit sich selbst müssen die Argumente und Teile der Darstellung daraufhin abgewogen werden,
ob sie verständlich sind, ob sie in den Aufbau passen u.
dgl.m. - dies sei die m o n o l o g i s c h e A n l a g e d e r
S c h r i f t s p r a c h e genannt. Ohne Zweifel stellt
dies einen Modus der Selbstreflexion dar, wird doch das
latente Wissen versuchsweise objektiviert. Es ist dies allerdings kein selbstverständlicher Vorgang, sondern birgt weit-
reichende psychische Risiken.
    Das Problem des ersten Satzes oder Wortes, das Problem
des Anfangs also, weist deutlich daraufhin, daß Schreiben
kein bloßes Handwerk in richtiger Anwendung der Schreibwerk-
zeuge ist. Wird das Wissen in höherem Masse sich selbst bewußt, wächst natürlich auch die Sorge, mit dem Schrifttext,
der ja beliebig oft gelesen werden kann und damit jeglicher
Kritik offensteht, auch ein Stück von sich selbst wegzugeben.
Mit H. STEGER nennen wir das Selbstrepräsentation[13]. Diese
Befürchtung mag Ursache dafür sein, angesichts des leeren
Blattes Papier die Konzentrationsfähigkeit zu verlieren,
den Gedankengang zu vergessen und dann nichts zu Stande zu
bringen. Daß der Schrift (anders als dem Ton) und der Schriftsprache etwas Fremdes und Unpersönliches anhaften, kann auch
daraus deutlich werden, daß es erst einer hohen Kunst bedarf, um in der Schriftsprache zu einem persönlichen Stil
zu kommen, während eigentlich jeder Sprecher aufgrund von
Laut, Gestik, Mimik einen solchen erkennbar aufweist.
Diese Fremdheit der Schriftsprache hängt natürlich eng mit
ihren übrigen Eigenschaften zusammen: die Notwendigkeit zur
allgemeinen Aussage, Hinwendung an einen unbekannten Leser,
das Schreiben für das Verstehen/Lesen in der Zukunft und der
daraus resultierende Dokumentarcharakter, die räumliche Verfügbarkeit der Texte. Sie zusammen bilden den kulturell-
anthropologischen Hindergrund - möglicherweise sogar die Ursache - für die Phänomene, die die Sprachwissenschaft dann
an der Schriftsprache beobachtet. Historisch gesehen drängt
jede einmal verschriftete Sprache zum Ausgleich regionaler
Eientümlichkeiten und wird Grundlage einer Gemeinsprache
(Koiné), da sie ja nicht nur auf die konstitutiven Möglichkeiten der dialogischen Sprache verzichten muß, bzw. diese
in etwa ausgleicht, sondern auch die allgemeine Verständlichkeit in Raum und Zeit erreichen muß und will - dies betrifft zunächst den lautlichen und lexikalischen Teil. Dar-

überhinaus führt die Notwendigkeit zu nuancierter und differenzierter Darstellung in der Schriftsprache - sie muß ja in ihrer Aussage auf Gestik, Mimik etc. verzichten - zu einem erheblichen Ausbau syntaktischer Möglichkeiten.

Die hier einzeln besprochenen Eigenschaften der Schriftsprache bzw. die notwendigen Voraussetzungen zu ihrer Gestaltung seien noch mal aufgezählt: Konzentration, Abstraktion, Imaginationskraft, Allgemeinheit der Aussage, monologische Anlage, Erhellung des Selbstbewußtseins, Dokumentarcharakter, Tektonik und Gliederung des Textes, Tendenz zur Vereinheitlichung in Laut und Wortschatz, Ausbau und Bereicherung der Syntax und des Wortschatzes durch aktive Wortbildungsmöglichkeiten. Dies fasse ich unter dem Begriff 'Schriftlichkeit' zusammen und versuche damit die Grundlagen und die weitreichenden Folgen der Kulturtechnik 'Schrift' zu benennen.

Diese Schriftlichkeit hat natürlich Auswirkungen, die ich hier nur in Umrissen[14] anführen kann (die Spanne umfaßt etwa die Veränderung des Rechtsgeschäfts vom mündlichen zum schriftlichen Festhalten - Schwarz auf Weiß - bis zur Veränderung in der Darstellung philosophischer Probleme vom Dialog zur Abhandlung). Wichtig wäre es, wenn in der Debatte über geschriebene und gesprochene Sprache die Möglichkeit der Rück- oder Einwirkung der Schriftsprache auf die gesprochene Sprache berücksichtigt würde. Letztere nähert sich ja der Schriftsprache in vielfältiger Weise an, etwa in der sprechsprachlichen Diskussion, der Parlamentsdebatte, bzw. der Rede oder dem Vortrag, wo das unmittelbar Dialogische der gesprochenen Sprache einer Vorformulierung gewichen ist. Hier liegen deutliche Anzeichen dafür vor, daß sich die Schriftsprache nicht auf ihr Medium 'Schrift' beschränkt, sondern auch verlautbart werden kann, dabei aber die grundlegenden Prinzipien der Schriftlichkeit beibehält, so daß hier von einer "mündlichen Schriftlichkeit" gesprochen werden kann. Eine Reduzierung schriftsprachlicher Ausbildung würde also nur einem oberflächlichen Eindruck Rechnung tragen und dann zu einer Reduzierung der kognitiven Leistungen beitragen, die durch Prinzipien der Schriftlichkeit heutzutage lebensnotwendig für jeden einzelnen sind.

Nun erschweren die eingangs genannten elektronischen Medien die Einsicht, daß die Vertrautheit mit der Schriftlichkeit, insbesondere mit der Schriftsprache dringender denn je erforderlich ist. Erstens ist die Herstellung des "Fernsehtextes" so kompliziert und auch technisch intensiv, daß sie von einem Einzelnen - also vergleichbar dem Verfassen eines Schrifttextes - nicht zu leisten ist. Andererseits ist das Lesen dieses 'Textes' wiederum so einfach, weil zum ohnehin gesprochenen Text die Bilder kommen, daß die für das Lesen erforderliche Imaginationskraft, aber auch -freiheit als entbehrlich entfallen kann. Die Kluft zwischen denen, die 'Texte' verfassen und denen, die sie nun nicht mehr lesen sondern k o n s u m i e r e n , ist im Bereich von Fernsehen, Film und Rundfunk unüberbrückbar. Die Medien haben von der gesprochenen Sprache das Prinzip des unmittelbaren Ver-

gehens von Bild und Ton; da aber alle anderen Prinzipien
der gesprochenen Sprache zugunsten der Schriftlichkeits-
prinzipien gewichen sind, erschwert dies auch das Durchschauen. Die Sendungen sind auf Konsum hin produziert, weil
ja der Produzent vom einmaligen Anschauen/Anhören ausgehen
muß, und haben daher die große Möglichkeit des Dokumenta-
rischen der Schrift eingebüßt. Keiner arbeitet eine Medien-
sendung nach oder auf, wie dies bei einem Buch der Fall ist.
So entsteht der Anschein, alles verstanden zu haben, ohne
daß ein aktives Teilnehmen im Sinne des Lesens und seiner
Imaginationskraft möglich wäre. Es kommt nicht von ungefähr,
daß die Verteilung der Fernsehgeräte bei allen Schichten
nahezu gleich ist. Die Versuche, den problemlosen Konsum
mit Informationen über Herstellungsmodalitäten bis zum
Drehen eines eigenen Tonfilms etwas reflektierter zu gestalten, sind ähnlich kurzatmig wie diejenigen, die Problematik der Schriftlichkeit - insbesondere ihre psychische[15] - mit Schreiben- und Lesenlernen aufzuheben. Die
Schule steht heute vor einer ähnlichen Herausforderung wie
zu Beginn des industriellen Zeitalters, kaum daß sie ihren
100-jährigen Auftrag, durch die Vermittlung von Schreiben,
Lesen und Rechnen mehr beizubringen als Buchstabieren und
das Kleine Einmaleins, erfüllt hat. Die vermehrte und
wiederum komplizierter gewordene Arbeitsteilung und ökonomische Verflechtung machen es erforderlich, daß die Schüler mit den Hintergründen der Schriftsprache in Druckerschwärze oder medialer Verbreitung vertraut gemacht werden
und sie lernen, verstehend aber auch gestaltend mit ihr umzugehen.

2. Dialekt und schriftsprachliche Gestaltung

Ohne Zweifel werden alle Kinder mit der Erlernung der
Schriftsprache und ihren, der gesprochenen Sprache wieder-
streitenden Prinzipien Schwierigkeiten haben, doch sind die
der dialektsprechenden Kinder hierbei um einiges vermehrt.
Diese müssen nämlich zusammen mit den technischen und kognitiven Voraussetzungen eine z.T. recht fremde Sprache, die
Einheitssprache nämlich, erlernen. Die Einheitssprache hat
nicht nur einen anderen Klang, Wortschatz und Satzbau, sie
reicht auch in Dimensionen, die dem dialektsprechenden Kind
fremd sind - dies ist das Anfangsproblem des Sprachunterrichts in der Primarstufe -, aber auch fremd bleiben, weil
ja die dialektale Umgebung weiterhin vorhanden ist - das
ist für den weiteren Schulunterricht wichtig.
    Der Dialekt weist Prinzipien auf, die denen der Schrift-
sprache entgegenstehen. Wenn diese auch nicht mehr so dra-
stisch sichtbar werden - die "mündliche Schriftlichkeit"
ist hier schon weit vorgedrungen - so müssen wir uns doch
über diese Klarheit verschaffen, wenn den latenten Schulschwierigkeiten der dialektsprechenden Kinder abgeholfen
werden soll. Diese wachsen in einer rein dialogisch organi-

sierten Sprache auf; die Einheitssprache - auch die gesprochene - führt alle Anlagen und Übergangsmöglichkeiten
zur Schriftlichkeit mit sich bzw. hält sie leichter zugänglich; das reicht von der ungefähren Wiedergabe ihres
Klangs in der Schrift bis zum nahtlosen Übergang zu dem
konstitutionell erforderlichen Wort- und Syntagmenschatz
der Schriftsprache. Genau dies fehlt dem Dialekt, der ja
nur dann gebraucht werden kann, wenn eine echt dialogische
Situation in seiner gewohnten Umgebung besteht. Diese erfordert die Anwesenheit von mindestens zwei Menschen, die[16]
von der Notwendigkeit zur Konstitution von Verständigung
weitgehend entbunden sind (Selbstverständlichkeit der
Situation, möglicherweise persönliche Bekanntheit), die also nicht die Konzentration, Abstraktion oder Imagination
eines unbekannten Angesprochenen konstituieren müssen[17].
Der Sprachgebrauch selbst ist in Gestik und Mimik eingebunden, und zwar sowohl beim Sprechenden als auch beim jeweils Zuhörenden. Letzteres ist für diese dialogisch
organisierte Sprache besonders wichtig, weil der Angesprochene jeweils 'mitspricht' - etwa mit seiner 'sprechenden' Miene. Es bedeutet für einen solchermaßen sprachlich
aufwachsenen Menschen eine große Umstellung, wenn er nun
Möglichkeiten der Verständigung anwenden soll, die in seinem Dialekt gar nicht so angelegt sind[18].
     Sicherlich tritt mit der Erlernung der Schriftsprache
auch für das einheitssprachliche Kind eine gravierende Veränderung seines sprachlichen Gestaltens ein, doch würde es
die Ursachen schulischen Scheiterns dialektsprechender Kinder verschleiern, wollte man deren Schwierigkeiten lediglich als zusätzliche ansehen. So suggerieren Hinweise darauf, daß das einheitssprachliche Kind ja "auch" mit einer
dialogisch orientierten Sprechsprache in die Schule käme,
zwar eine Gleichheit in der Ausgangslage, doch wird hierbei nicht bedacht, daß Wörter oder Texte der Einheitssprache, die für das dialektsprechende Kind nicht nur
anders klingen, sondern auch anders gebaut sind und Unbekanntes bzw. Ungewohntes sagen, Hemmungen in der Schreib-
bewegung auslösen werden[19]. Unterschiede werden also schon
in diesem sog. mechanischen Bereich wirksam, von dem man
annehmen könnte, er sei für alle Kinder mit den gleichen
Schwierigkeiten behaftet. Es ist auch so, daß das dialektsprachige Kind in ganz anderem Maße seiner gewohnten Umgebung beraubt ist und sich auf die sprachliche Entäußerung
konzentrieren muß, die ihm nun nicht nur erstmals als solche bewußt werden kann - und dann zu entsprechenden Hemmungen führt -, die vielmehr auch in einer bislang nie erfahrenen Isolierung von anderem und anderen vollzogen werden soll. Während im Dialog "ein Wort das andere gibt", so
daß der Aufbau eines gesprochenen Textes vom Gesprächspartner mitgestaltet bzw. mitverursacht wird, muß alles
das, was gesagt werden soll, in einem Zuge, ohne Unter-
brechung, ohne Rückversicherung niedergeschrieben werden.
Sicherlich werden auch Dialoge geplant und jedes Sprechen
enthält solche Planungen, doch wird hier der Unterschied
zwischen Einheitssprache und Dialekt insofern deutlich, als

dem Dialekt die Grenzen regionaler Beschränktheit gesetzt
sind. Damit ist nicht die gängige These aufgegriffen, daß
im Dialekt nicht "abstrakt" gedacht werden könnte; ich
halte diese These für instrumentalistisch und damit der
Sprache, die der Dialekt ist, unangemessen[20]. Denn der Dialekt ist ja keine hermetische Sprache, vielmehr beweisen
die unzähligen Versuche, den offenen Bereich zwischen Dialekt und Einheitssprache einigermaßen zu bestimmen, nur,
wie vielfältig die Übergangsmöglichkeiten vom Dialekt zur
Einheitssprache sind, welche Möglichkeiten bestehen, die
dialektale Begrenztheit zu verlassen[21]. Diese schlägt sich
also m.E. nicht so sehr in einer Begrenzung der Denkmög-
lichkeiten - was immer das auch sei - nieder als vielmehr
in dem B e w u ß t s e i n , eine Sprache zu sprechen, die
nur im engeren Umkreis g i l t und in weiterer Entfernung
bzw. von Menschen aus anderen Gegenden nicht mehr verstanden wird. Diese Erfahrung muß das dialektsprechende Kind
(im Gegensatz zum einheitssprachlichen Kind) allerdings
jeweils erst machen. Das Ortsgebundene des Dialekts bringt
es mit sich, daß die Kategorie des Fremden eine andere
Qualität hat als für Einheitssprachesprecher und die Ubi-
quität der Einheitssprache zunächst gar nicht erstrebenswert erscheint, weil sie befremdlich ist und das Gewohnte
zu zerstören droht. Aber nicht nur die Raumkategorie erfährt im Dialekt eine Einschränkung bzw. Entlastung, auch
die Zeitkategorie braucht im Dialekt nicht in der schriftsprachlichen Differenziertheit ausgeführt werden. Das Dialogische stellt den jeweiligen gegenwärtigen Zeitpunkt in
den Mittelpunkt und läßt den Ausdruck von Vergangenheit
und Zukunft fast funktionslos werden. Daß Vergangenes und
Zukünftiges sprachlich differenziert werden kann, muß also
erst erfahren und dann sprachlich fassbar gemacht werden.
Damit ist nicht gemeint, daß der Dialektsprecher keine
Unterscheidung in den Zeitkategorien treffen könnte, wohl
aber daß das Selbstverständliche im Dialog bzw. der Situation vom A u s d r u c k solcher Differenzierung ent-
bindet.
Diese Entlastung vom Ausdruck der Zeit- und Raumkategorien,
vor allem aber die Flüchtigkeit des Lautes, dem der Dialekt unterworfen ist, erschweren das Verständnis für den
Dokumentarcharakter der Schriftsprache. Dieser stellt eine
neue Erfahrung dar und muß erst gelernt werden. Das Neue
daran ist die Möglichkeit, etwas vor dem Vergessen aufzu-
bewahren, Zurückliegendes genauer zu erfahren bzw. zu analysieren (in der lesenden Interpretation eines Berichts
etwa), oder die Planung von Zukünftigem festhalten zu können
und anderen zugänglich zu halten.
Damit ist nicht gemeint, daß Dialektsprecher vergeßlich
sind oder nicht planen könnten. Sie stehen vielmehr nicht
vor der Notwendigkeit, ihre Absichten in linearer Abfolge
ausführlich darlegen zu müssen (Schrifttext). Denn die
leibhaftige Anwesenheit des Angesprochenen erfordert nicht
nur Redekünste, die wesentlich persönlicher zugeschnitten
sind, sondern kann auch im Lakonismus eines "Ja" oder "Nein"

alles weitere Argumentieren überflüssig machen. An der
Möglichkeit zu "Ja" und "Nein" wird die Selbstverständlichkeit des Dialogischen ganz deutlich, die in der Schriftlichkeit erst mühsam aufgebaut werden muß. Dies wird auch eines
der größten Hindernisse bei ihrer Erlernung darstellen.
Denn wieso soll etwas, das ohnehin schon bekannt ist - und
das erst recht in der Schule den anderen Schülern und dem
Lehrer bekannt ist - nun in aller Breite berichtet werden?
Einem dialogisch orientierten Menschen wird das Motiv, daß
sich der Schrifttext an einen Unbekannten richtet und dieser mit dem hier Selbstverständlichen erst vertraut gemacht werden soll, niemals unmittelbar einleuchten. Ja
noch mehr: dieses Selbstverständliche darzustellen ist gar
nicht so einfach, weil es ein Nachdenken gerade über das
erfordert, was man fast ohne Nachdenken durchführen kann.
Der Kampf der Schule um den ganzen Satz als Antwort, anstelle von "Ja" oder "Nein", ist so unbegründet nicht,
wenn auch etwas krampfig. (Beispiel: "Was hast Du zu Weih-
nachten bekommen?" "Nischt!" "Sag das bitte im ganzen Satz".
- das ist taktlos!)[22].
Dem Dialektsprecher, eingebunden in seinen Heimatort bzw.
Heimatregion, vertraut mit allen Bedingungen dieser Gegend
- und zwar vom Klima bis zur Arbeitsmöglichkeit, vom Berg
oder Fluß bis zum Christenglauben - ist diese Welt selbstverständlich und gibt wenig unmittelbaren Anlaß, über diese
Bedingungen zu räsonieren bzw. sie zu erklären[23]. Aus diesem
Umstand zieht die Wissenschaft - Dialektologie oder Psychologie - den m.E. falschen Schluß, dem Dialekt fehle die
Möglichkeit, abstrakte Sachverhalte darzustellen; ja man
ging sogar so weit, dem Dialektsprecher die Fähigkeit abzusprechen, abstrakt denken zu können (was immer das auch sei).
Ich habe den leisen Verdacht, daß diese These durch das
Datengewinnungsverfahren der Dialektologen zustande gekommen ist. Diese bitten die Dialektsprecher deshalb über
etwas Häusliches (Kuchenbacken, Einmachen etc.) oder etwas
Landwirtschaftliches (Heumachen, Schweineschlachten) zu berichten, damit ein möglichst unbefangenes und langes Gespräch zustande kommt, das dann eine möglichst umfangreiche Materialgrundlage abgibt. Hat man hieraus etwa auf
die dialektspezifischen Gesprächsthemen geschlossen? Was
Dialektsprecher denken können, ist also immer noch ein Ge-
heimnis - und es wäre gut, wenn es dabei bliebe!
    Aufgrund der Tatsache aber, daß der Dialektsprecher weit-
gehend der Forderung enthoben ist, über sein Verständnis
der Welt zu sprechen, weil er darüber schon mit den Menschen seiner Sprachgemeinschaft verständigt ist, wird es
der Forschung ohnehin schwer fallen, hier eine Äußerung
fassen zu können. Andererseits ergibt das aber auch die
Schwierigkeit für den Dialektsprecher, dem begegnen zu
können, was von seinem Verständnis abweicht. Und dieses
Unbekannte, Ungewohnte oder Fremde steht ihm heute infolge
der industriellen Veränderung tagtäglich ins Haus. Denn es
ist nichts mehr unveränderbar, was ihm als sicher und be-
währt gilt. Der Berg, an dem sein Ort liegt, kann einem

Autobahnbau weichen oder wird von einem Schotterwerk abge-
tragen, sein Acker kann in wenigen Jahren ein künstlicher
See sein, nachdem der darunterliegende Kies ausgebeutet
wurde, die gewohnte Dorfstraße wird zur genormten Durch-
gangsstraße und sieht dann genauso aus wie in Menzen-
schwand, Reit im Winkel, Bösgesäß oder Heiligenhafen - nämlich mit dem SB-Großraumladen, den Resten der abgebrochenen
bzw. der Sterilität der restaurierten (Fachwerk-)Häuser;
insbesondere aber im dialektorientierten Beruf der Hand-
werke   oder der Landwirtschaft arbeitet er nicht mehr mit
Zugtieren, Sense und Dreschflegel sondern mit Traktor und
Mähdrescher - inclusive schriftsprachlicher Bedienungsan-
leitung und jahrweise neuen Modellen. Kein Zweifel, dem
Dialekt ist buchstäblich der Boden entzogen. Dennoch wird
er noch gesprochen, weshalb versucht werden muß, die Möglichkeiten und Bedingungen zu nennen, wie dialektsprechende
Kinder von ihrer dialog-orientierten, regionalgebundenen
Sprache ohne Gefährdung ihres Selbstverständnisses[24] mit den
notwendigen Bedingungen der heute dominierenden Schriftlichkeit vertraut gemacht werden können. Dieser Versuch muß
vorläufig bleiben, weil die Forschung sich nie sehr intensiv um die H i n t e r g r ü n d e der Schriftsprache
und ihre Erlernung gekümmert hat und von daher auch wenig
Lehrbares vorliegt. Der Versuch ist aber auch von daher
nötig, daß mit der hohen Mobilität der Lehrer ein kaum zu
überschätzender Vorteil früherer Dorfschulen verloren geht,
die Vertrautheit des Lehrers mit den Problemen des Dialekts
am Ort und seine intuitiv meist richtigen Maßnahmen, die
Einheitssprache im Zusammenhang mit der Ausgangssprache zu
vermitteln - eine Forderung, die schon im letzten Jahrhundert
erhoben wurde (Rudolf HILDEBRANDT). Mit den *Sprachheften*
zu den verschiedenen Dialekten ist schon erfreulich viel
getan worden. Unsere Analyse über die Differenz von
Dialekt und Schriftlichkeit sollte zeigen, daß noch weitere,
möglicherweise tieferliegende Hindernisse auf dem Weg zur
Einheitssprache und ihrer Schriftlichkeit bestehen. Über
Schreiben- und Buchstabieren-können hinaus ist mit Konzentration und Abstraktion etwas zu lernen, das für einen
dialog-orientierten Menschen auf längere Zeit ungewohnt
bleiben wird. Er muß nämlich lernen, daß Gestik und Mimik
nichts mehr zu sagen haben, daß er das, was er zu sagen hat,
in einer fast erzwungenen Ruhestellung, in einer bestimmten
Haltung, ohne weitere Bewegung mit einem Schreibwerkzeug in
ein eingrenztes Rechteck bringen muß. Hier werden viele
Zwischenstufen, aber auch Auflockerungen nötig sein, um
diese Konzentrations- und Abstraktionsfähigkeit herauszu-
bilden.
Weitaus schwieriger wird es sein, das Alleinsein in der
Schriftlichkeit aufzufangen. Denn das Bewußtsein, daß die
Aussage irgendwann einmal von jemand gelesen wird, erfordert eine hohe Abstraktion und das muß langsam aufgebaut
werden. Ein Motiv, das wohl ehestens einleuchten könnte, be-
stünde in dem Dokumentcharakter der Schriftsprache. Daß
Berichte, Schilderungen und Planungen nach einer gewissen
Zeit gelesen und geprüft werden können, wird sicherlich ein

Meilenstein in der Erfahrung der Schriftlichkeit darstellen.
Das Alleinsein wird natürlich durch die gemeinschaftliche
Arbeit an Texten gemildert; das leider etwas verpönte Aus-
wendiglernen bzw. Sprechen im Chor kann hierbei unschätz-
bare Dienste leisten, weil der einzelne einmal eine Vorlage hat, die er nicht selbst gestalten muß,und zweitens
selbst nicht so hervortreten muß. Außerdem ist hier Klang
und Schrift in einer bewährten Textgrundlage verbunden.
Diese Verbindung sollte auch beim Schreiben und Lesen
möglichst lange beibehalten werden, zumindest aber so lange
als vom Schüler freiwillig praktiziert. Sowjetrussische
Untersuchungen haben nämlich ergeben, daß schriftliche
Leistungen absanken, wenn das Mitsprechen nicht gestattet
wurde.
Das bisher Gesagte kreist freilich mehr um das Wie der
Schriftlichkeit, während das Was noch offen ist. Dies ist
denn auch das schwierigste, gleichwohl wichtigste Problem.
Der Dialektsprecher wächst in einer Welt auf, die ihm
selbst genug, gar nicht nach außen mitgeteilt werden will.
Gelingt es hier nicht, einen Weg behutsam nach außen zu
bahnen, so geht der ganze Unterricht in leider so oft zu
beobachtender Manier am dialektsprechenden Schüler vorbei.
Denn alle allgemeinen Themenstellungen, insbesondere aber
die urbanen Fragestellungen (z.B. Kinderspielplatz u.ä.)
der Sprachbücher können keine Resonanz finden, weil sie
nicht in die Welt der dialektsprechenden Kinder zielen.
Dies zeigt auch die Grenzen der Sprachübungen, denn wenn
eine Sprache gebraucht werden soll, muß man auch etwas zu
sagen haben. Das ist schon recht lange bekannt; so sagt
HEGEL in einer der Gymnasialreden (1809/1949, 12 f.): "man
kann eine Sprache ganz regelrecht innehaben; wenn man aber
die Bildung nicht hat, so ist nicht gut sprechen".
Der Lehrer muß also das Selbstverständliche, die Probleme
der Region oder Ortschaft kennen, um an die Bildung der
Kinder anknüpfen zu können, um zu Unterrichtsgespräch und
Aufsatz anregen zu können. Das zielt in Richtung auf einen
sachbezogenen Unterricht, der durchaus in veränderter
Form das wieder aufgreifen soll, was früher einmal mit
Heimatkunde bezeichnet wurde. Denn wenn Kinder Welt erfahren und besprechen sollen, dann erst mal die, die sie
auch begreifen können.

Anmerkungen

+ Dieser Beitrag ist die leicht veränderte Fassung eines Vortrags, der am 29. Juni 1977 beim Marburger Symposium "Dialekt und Schule" gehalten wurde. Vgl. zum selben Thema meinen Aufsatz in der Zeitschrift "Germanistische Linguistik" (= KNOOP, 1976).

1 Vgl. z.B. K. D. BÜNTING/D. C. KOCHAN (1973, 183): Die schriftliche Kommunikation "sollte aber künftig im Deutschunterricht nicht mehr die führende Rolle spielen, die ihr bisher immer zuerkannt worden ist"; oder W. SCHLOTTHAUS (1971, S. 18): "Demgegenüber verlieren tradierte Gegenstandsbereiche wie Rechtschreibung und schriftsprachliches Gestalten an Gewicht". Zur etwas eigenartigen Verknüpfung von Rechtschreibung und Gestalten vgl. U. KNOOP (1974, S. 68).

2 Das Bewußtsein, in den Medien gleichsam in das Leere zu sprechen, weil der eigentliche Gesprächspartner fehlt oder weil unbekannte Zuschauer oder Zuhörer die Sendung verfolgen, wird jeden Unerfahrenen zunächst einmal hemmen oder verlegen machen. Von einer Rückgewinnung der unbefangenen mündlichen Sprache mit Hilfe der Medien kann also nicht die Rede sein.

3 Vgl. H. STEGER (1972, 206): "Freilich: Die Fernseh- und Rundfunknachrichten, die Dramen, Tragödien und Komödien auf der Bühne und im Film werden auch gesprochen. Sie sind aber vorher schriftlich aufgezeichnet und werden aus dem Gedächtnis vorgetragen. Und mancher Redner trägt das vor, was er gedanklich konzipiert und auswendig gelernt hat".

4 In den Redaktionen der Fernsehanstalten sind diese Umstände sehr wohl bekannt. So will z.B. der Leiter der Redaktion einer "betrifft: Fernsehen"-Serie, H. GREULICH (ZDF), in dieser Serie dem Zuschauer erläutern, "daß er (der Zuschauer) bei Spielformen häufig den Eindruck hat, da könne man seiner Phantasie freien Lauf lassen, daß er da in Wirklichkeit aber auch in ein Korsett gezwängt wird, das die Macher bestimmen" (nach: SÜDDEUTSCHE ZEITUNG, Nr. 262, v. 14.11.1977, S. 13).

5 Die Richtigkeit der Beobachtung, daß Kinder sogar gerne mit dem Telefon umgehen, wird nicht bezweifelt. Es sei aber zu bedenken gegeben, daß diese Beobachtungen fast ausschließlich in Intellektuellen-Familien gemacht werden und daß es bei der Benutzung des Telefons gerade darauf ankommt, mit Unbekannten sich zu verständigen; ganz zu schweigen davon, daß dialektsprechende Kinder in den meisten Fällen in ihrer Kindheit den Umgang mit dem Telefon nicht lernen und dann eben immer wieder zu beobachten ist, daß Dialektsprecher andere für sich telefonieren lassen!

6 Es ist erstaunlich, daß die 'Wirklichkeit' des Telefonierens, seine besonderen, von der üblichen Unter-
haltung a b w e i c h e n d e n Bedingungen gleich
bei seiner Erfindung bekannt waren, von 'kommunikationstheoretischen' Linguisten aber mit Hartnäckigkeit
ignoriert werden. Hermann WUNDERLICH (1894) erläutert
die Problematik knapp und erhellend mit einer zeitge-
nössischen Karikatur der "Fliegenden Blätter": "Man
kann nicht hineinsprechen, weil man die Hände dabei
nicht frei hat" (S. 8). Vgl. auch H.-G. GADAMER (1972,
178): "Was am Telefon fast gar nicht möglich ist, ist
jenes Hinhorchen auf die offene Bereitschaft des anderen,
sich auf ein Gespräch einzulassen, und was einem am
Telefon nie zuteil wird, ist jene Erfahrung durch die
Menschen einander nahezukommen pflegen, daß man Schritt
für Schritt tiefer in ein Gespräch gerät und am Ende so
in dasselbe verwickelt ist, daß eine erste nicht wieder
abreißende Gemeinsamkeit zwischen den Partnern des Gesprächs entstanden ist".

7 Vgl. A. GEHLEN (1975, 12/13): "Andererseits ist es unmöglich, sie (die Informationen) zu ignorieren, denn
wir haben erlebt, wie sich hinter dem, was sich so
stündlich an Nachrichten absetzt, bedrohliche Groß-
wetterlagen zusammenziehen können, die sich bis in unser
Haus hinein entladen könnten".

8 Vgl. KNOOP (1975b, 174): "Da die Abgrenzung der Individualität durch diese Forderung zwar gemildert, aber
nicht aufgehoben wird, besteht der Vorgang des Verstehens nicht in der Reproduktion (Dekodierung) der
Äußerung des Sprechenden - denn: 'Die gemeinsame Rede
ist nie mit dem Übergeben eines Stoffes vergleichbar'
(HUMBOLDT 1836, 430) -, sondern in einer gleichfalls
individuellen Tätigkeit des Verstehenden, weil die Aussage des Sprechenden im Hörenden nicht gleiches, wohl
aber ähnliches ansprechen kann".

9 Vgl. B. SOWINSKI (1974, 56): "Sprache realisiert sich
zunächst im Sprechen, der graphische Sprachausdruck
(Schrifttext) ist sekundär. Alle Fixierungen von Sprache
müssen daher auf der mündlichen Sprachrealisierung aufbauen. Graphische Zeichen (Buchstaben, Silben- u. Wort-
zeichen) sind nur ein behelfsmäßiger Ausdruck für die
physikalisch meß- und fixierbaren Lautungen, die durch
unsere Sprechorgane hervorgebracht (vgl. § 53) und von
der Phonetik (vgl. § 37) erforscht werden".

10 Vgl. W. BESCH (1967, 17): "Mit der Schrift beginnt eine
eigene Gesetzlichkeit".

11 Wir wundern uns darüber, daß Kinder im Unterricht ver-
stummen, draußen aber sehr gesprächig sein können. Es
gibt hierfür viele wissenschaftliche Erklärungen - derzeit spricht man von mangelnder Motivation in der Schule. Aber ist es nicht so, daß "Draußen" eben alles
stimmen kann, während der Unterricht immer in Gefahr
ist, künstlich zu sein, und es viel Mühe kostet, ihn entspannt und gemütlich zu machen, so daß dann alles stimmt?

12 Vgl. H. RUPP (1965, 23): "Das spontane Gespräch ist
weitgehend für den unverständlich, der es nachher zu
hören bekommt. Es ist so unverständlich, daß selbst
Tonbandaufnahmen von solchen Gesprächen sinnlos werden,
weil nur der, der am Gespräch beteiligt war, mit diesen
Aufnahmen etwas anfangen kann. Für jeden anderen sind
sie unbrauchbar. Und selbst der Aufnehmende wird mit
vielen Aufnahmen später nichts mehr anfangen können,
weil ihm die damalige Gesprächssituation nicht sehr
gegenwärtig ist, es sei denn, er habe sofort nach der
Aufnahme diese mit einem genauen Kommentar versehen".

13 Vgl. zum Begriff der 'Repräsentation' H. STEGER (1972,
207): "Offenbar streben die meisten Menschen beim Schreiben nach Repräsentation, d.h. nach Selbstdarstellung im
Rahmen von sozialen Normen, besonders wenn wir dabei
auf halböffentliche und öffentliche Texte blicken. Das
Bewußtsein, Sprache zu fixieren, so daß sie jederzeit,
vielleicht auch von völlig Fremden, jedenfalls aber
ohne persönliche Anwesenheit des Schreibers gelesen
werden kann, läßt geschriebene Sprache gleichsam zum
Stellvertreter der Person des Sprechers werden".

14 Ausführlicher erläutert bei KNOOP (1976, 26ff.).

15 Vgl. WYGOTSKI (1964, 203f.): "Dies allein verändert
jene psychologischen Bedingungen, die sich bei der
mündlichen Sprache herausgebildet haben. Das Kind hat
in diesem Alter mit Hilfe der Lautsprache bereits eine
ziemlich hohe Stufe der Abstraktion hinsichtlich der
gegenständlichen Welt erreicht. Jetzt steht es vor einer
neuen Aufgabe: Es soll von der sinnlichen Seite der
Sprache abstrahieren und zu einer abstrakten Sprache
übergehen, die nicht Wörter, sondern die Vorstellungen
von Wörter benutzt. In dieser Hinsicht unterscheidet
sich die schriftliche Sprache von der mündlichen ebenso
wie das abstrakte Denken vom anschaulichen. Es ist natürlich, daß bereits allein deshalb die schriftliche Sprache
nicht die Entwicklungsetappen der mündlichen wiederholen kann. Wie die Untersuchungen zeigen, bildet gerade die Abstraktheit der schriftlichen Sprache, daß
diese Sprache nur gedacht aber nicht ausgesprochen wird,
eine der größten Schwierigkeiten beim Erlernen der
schriftlichen Sprache".

16 An anderer Stelle (KNOOP 1976, 35ff.) habe ich erläutert, daß der dialektsprechende Mensch auf ein schon
   eingespieltes V o r - verständnis über die Welt vertrauen kann und daß dies auch seine Dialoge und seine
   Dialogfähigkeit bestimmt. Es herrscht ein sicheres
   Wissen über die Welt vor, das nicht jedesmal hinter-
   fragt, angezweifelt oder jeweils neu begründet werden
   müßte. Vgl. nun auch S. MUMM (1977, Kap. 1).

17 Vgl. WYGOTSKI (1964, 204f.): "Daß die Motivierung der
   Tätigkeit vorausgeht, gilt nicht nur für die Ontogenese,
   sondern auch für jedes Gespräch, für jeden Satz. Die
   Situation der mündlichen Sprache schafft jeden Augenblick der Motivierung jeder neuen Wendung der Rede, des
   Gesprächs, des Dialogs. Ein Bedürfnis nach etwas und
   eine Bitte, Frage und Antwort, Äußerung und Einwand,
   mangelndes Verstehen und Erklärung und eine Fülle ähnlicher Beziehungen zwischen dem Motiv und der Sprache
   bestimmen völlig die reale Sprechsituation".

18 Dialog ist hier nicht abstrakt zu nehmen, um dann zu
   einer Gleichheit gesprochener, dialogisch ausgerichte-
   ter Dialekt = Sprechfähigkeit - und damit auch Sprechfähigkeit in der Einheitssprache - überhaupt zu kommen.
   Da Dialekt sich ja auch daraus bestimmt, daß er innerhalb einer Einheitssprache nur von Menschen aus einem
   bestimmten Gebiet gesprochen und verstanden werden
   kann, ist das Dialogische - etwa aufgrund des besonderen
   Vorverständnisses - von anderer Qualität als das des
   einheitssprachlichen Dialogs. Es nützt also wenig, wenn
   die Didaktiker auf dem Gemeinplatz stehen bleiben, daß
   alle Kinder einer behutsamen Heranführung an die schriftliche Einheitssprache bedürfen (so z.B. H. ZABEL, 1977,
   34), weil die Schriftlichkeit für alle Kinder etwas
   Neues ist. Es ist ein großer Unterschied, ob die Neu-
   heit sich auf Motorik u.ä. beschränkt und die Wörter,
   Laute und Sytagmen zumindest vertraut sind (einheitssprachliche Kinder), oder ob die bisher gesprochene
   Sprache mit der nun zu schreibenden fast nichts zu tun
   hat (dialektsprachige Kinder)! Im übrigen wird in der
   heutigen Linguistik - trotz oder gerade wegen der Einbeziehung der Phonetik - die Besonderheit des Lautlichen
   kaum bedacht. S. MUMM (1977) arbeitet in ihrer Humboldt-
   Interpretation den engen Zusammenhang von Laut und Bedeutung des Wortes heraus und kann damit dem immer schon
   vorhandenen Mißvergnügen an der "Arbitrarität des
   Zeichen" eine Präzisierung geben. Es ist von daher gesehen eben nicht gleichgültig, in welcher Lautlichkeit
   der Mensch Dialoge zu führen gelernt hat, auch wenn
   eine angebliche 'Übersetzbarkeit' dies nahelegen will.

19 Es ist eingewendet worden, daß die Benachteiligungen
dialektsprechender Kinder für eine weitaus größere Zahl
von Schülern gelten würden (ZABEL, 1977, 35) und mit
den organischen, psychischen oder sozialen Beeinträchtigungen zusammenfielen. Die Aufhebung beispielsweise der sozialen Beeinträchtigung in Gesamtschulen
bringt dem dialektsprechenden Kind überhaupt keine Verbesserung, wie dies J. HASSELBERG in einer empirischen
Untersuchung nachgewiesen hat (HASSELBERG 1976 und hier
in diesem Band).

20 Vgl. zum Begriff des Instrumentalismus KNOOP (1974).

21 R. RIS kann in seiner Untersuchung der schweizerdeutschen Verhältnisse (1973) zeigen, daß hier dem Dialekt
Bereiche offen sind, die in Deutschland fast ausschließlich der "gesprochenen Schriftsprache" zugehören - das
geht bis zum schweizerdeutsch geführten wissenschaftlichen Gespräch. Mit RIS muß jedoch bezweifelt werden,
ob dies überhaupt noch 'reine und unverfälschte' Mundart ist. Denn: "die heutige Forderung nach 'noch mehr
Mundart' (vor allem in den Massenmedien) beschleunigt
aber deren Verarmung ..." (S. 61). Die Zerstörung der
landschaftlichen Bindung führt also geradewegs zur Auflösung der Mundart, so daß auch die Schweizer Variante
der Mundartausweitung dem Dialektsprecher keine Aufhebung seiner Schwierigkeiten mit einer überregionalen
Sprache (in diesem Fall: ausgebauter Dialekt) erbringt.

22 Vgl. hierzu KNOOP (1975a, 242).

23 Vgl. WEISGERBER (1956/1967) und KNOOP (1976).

24 Vgl. den Beitrag von S. MUMM in diesem Band.

Volker Broweleit

Dialektologie und Sprachdidaktik

1. Rahmenbedingungen der Sprachdidaktik unter Berücksichtigung der Dialektproblematik

Dialektologie als wissenschaftliche Disziplin hieß lange
Zeit hindurch "Mundartforschung". Dieser Begriff wird (nicht
nur von Laien) mit einer Vorstellung von Abseitigkeit und
Eigenbrötelei verbunden. Die inhaltlichen Veränderungen in
der Sprachwissenschaft, insbesondere die zunehmende Konzen-
trierung auf die gesellschaftliche Problematik der Sprache,
des Sprachgebrauchs und der Spracherlernung, haben augenscheinlich auch eine Veränderung der Bezeichnungen erforderlich gemacht. In diesem Zusammenhang ist die neuerliche Bevorzugung des Begriffes "Dialektologie" gegenüber dem Begriff
"Mundartforschung" zu sehen.

Den Dialektologen ist es jedoch offensichtlich bisher
noch nicht gelungen, ihren Gegenstand Dialekt zureichend zu
definieren (vgl. LÖFFLER 1974, 1 ff.). Andererseits besteht
freilich auch bei den Definitionen anderer Sprachphänomene
(z. B. des Satzes) bisher keineswegs Einhelligkeit. Unter
philologischem Interesse mögen unterschiedliche Fassungen
der Kategorien "Einheitssprache" und "Dialekt" als System
und Subsystem unter Berücksichtigung verschiedener oder gleicher Tiefen- und Oberflächenstrukturen von Nutzen sein: unter
sprachdidaktischem Aspekt lenkt die abstrakte Begriffsdiskus-
sion vom Grundproblem der gegenwärtig immer noch vorherrschenden Benachteiligung Unterprivilegierter bei der Erlernung
der Grundsprache (Einheitssprache) ab[1]. Für diesen Zweck ist
eine Minimaldefinition, die den Dialekt als eine kleinräumige,
also regional begrenzte Sprachform versteht, zureichend.
Großräumige Sprachformen, wie z. B. die Einheitssprache mit
ausgeprägten dialektalen Intonationskennzeichen, gehören demnach nicht in die Gruppe der Dialekte, da sie die regionale
Reichweite der Verständigung nicht wesentlich einschränken.
Dialekt wird also nicht aus sich heraus erklärt, sondern aus
der Position innerhalb des Kontinuums von Idiolekt und Einheitssprache. Auch bei diesem Verfahren bleibt die Schwierigkeit der zweifelsfreien Unterscheidung, die in der Regel je-

doch für sprachdidaktische Zwecke durch genauere Analyse
der jeweiligen örtlichen Verhältnisse - insbesondere auch
der auffälligen Fehl- und Schwachformen im mündlichen und
schriftlichen Sprachgebrauch - geleistet werden kann. Weniger das Erkennen dialektaler Sprechgewohnheiten, die zu Er-
schwernissen bei der Erlernung der Einheitssprache führen,
ist die Hauptschwierigkeit der Deutschlehrer in den Schulen, als das Problem der zu treffenden Maßnahmen, die zur
Beseitigung dieser Erschwernisse führen könnten. Aussagen
über die vorzufindende reine Ausprägung des jeweiligen Dialekts treten dabei in den Hintergrund, da insbesondere seit
1945 viele Varietäten im Kontakt ihre Kennzeichen vermengt
haben, was die Situation der Schüler jedoch keineswegs erleichtert hat.

Die Beziehung zwischen Dialekt und Einheitssprache war
schon seit jeher Gegenstand der Aufmerksamkeit von Dialektologen. Im Rahmen der Sprachbarrieren-Diskussion hat sich
diese Fragestellung unter verstärkter Einbeziehung der Betroffenen auch in anderen wissenschaftlichen Disziplinen
konkretisiert (vgl. AMMON 1973). Gesellschaftliche Strukturen stehen im Gegensatz zu den von nahezu allen Gruppen
propagierten Forderungen nach "Chancengleichheit". Während
bis zum 15./16. Jahrhundert einzelne Dialekte (z. B. Niederdeutsch als Schriftsprache der Hanse) für viele alltägliche
Bereiche taugliche Sprachvarietäten waren, hat sich durch
die Veränderung und Ausweitung von Wissenschaft und Technik, und damit der Arbeits- und Produktionsverhältnisse,
eine verhängnisvolle Kopplung von Dialektsprachigkeit und
Unterprivilegierung herausgebildet[2]. Parallel zu den Dialekten war über Jahrhunderte als internationales und inter-
dialektales Verständigungsmittel und als Amtssprache das
Lateinische im Gebrauch. Es war notwendiges Kommunikationsmittel für den sich entwickelnden Fernhandel, für die Waren-
produktion und die Geldwirtschaft. Die Vermittlung dieser
Einheitssprache stand unter dem Bildungsmonopol kirchlich-
feudaler Kräfte. Sie hielten die breiten Schichten der Bevölkerung von der Aneignung wissenschaftlicher Kenntnisse fern.
Der Kampf des Zunfthandwerks im 15./16. Jahrhundert für
"deutsche" Lese- und Schreibschulen schränkte die Privilegien der kirchlich-feudalen Kreise und des Patriziats nur
allmählich ein. Die jeweils herrschende Klasse hat es also
verstanden, die Ausbildung in der Einheitssprache, die eine
weiträumige Kommunikation und Kenntnis bzw. Erkenntnis im
dialektalen Bereich nicht bekannter wissenschaftlicher und
technischer Ergebnisse ermöglichte, auf das für die Erledigung untergeordneter Arbeiten notwendige Ausmaß zu ratio-
nieren. Nicht alle sprachen so unverblümt wie Friedrich II.:
"Für die jungen Leute", so schrieb er 1779 an den Minister
von Zedlitz, "ist es auf dem platten Lande genug, wenn sie
ein bißchen Lesen und Schreiben lernen, wissen sie aber zu
viel, so laufen sie in die Städte und wollen Secretairs
und sowas werden; deshalb muß man auf'n platten Lande den
Unterricht der jungen Leute so einrichten, daß sie das Notwendige, was zu Ihrem Wissen nötig ist, lernen, aber auch in

der Art, daß die Leute nicht aus den Dörfern weglaufen, sondern hübsch dableiben" (BECK 1974, 15).

Mit solchen oder ähnlichen Intentionen wird großen Teilen der Bevölkerung eine differenziertere Ausbildung vorenthalten. "Ungebildete" lassen sich leichter unterdrücken und disziplinieren; besonders wenn sie nur über eine kleinräumig verständliche Sprache verfügen, die überregionale Solidarisierungen erschwert. In der Gegenwart erreichen wesentlich mehr Schüler eine angeblich ausreichende Beherrschung der Einheitssprache. Trotzdem hat sich der Zustand der Benachteiligung Unterprivilegierter nicht prinzipiell verändert. Die Schule wendet nämlich neben rein "zweckrationalen" weiterhin in erheblichem Umfang "traditionale" Auslesemechanismen bei der Zuweisung von Sozialchancen an (AMMON 1973b, 42). Dialektbedingte Abweichungen im schriftlichen und mündlichen Sprachgebrauch werden selbst dann zu unüberwindlichen Hindernissen des sozialen Aufstiegs, wenn sie kaum zu Beeinträchtigungen der Verständigung und des Denkens führen. Die Dialektologie könnte mit ihren vorhandenen und noch zu schaffenden Ergebnissen eine Hilfestellung geben, einen effizienten Lehrplan zur umfassenden Erlernung der Einheitssprache (Hochsprache) zu schaffen, wobei es notwendig wäre, in interdisziplinärer Zusammenarbeit zwischen den auf Dialektologie spezialisierten Linguisten und den Sprachdidaktikern mit entsprechenden Dialektkenntnissen sowohl kontrastiv die strukturellen Unterschiede als auch entsprechende Übungsformen zu erarbeiten. Als positiver Ansatz können die angekündigten Sprachhefte "Hochsprache/Mundart - kontrastiv" (BESCH/LÖFFLER 1973, 89 ff.) angesehen werden.

Bei dem Bemühen, Dialektsprechern die Erlernung einer vollausgebauten Einheitssprache (Hochsprache) zu ermöglichen, müssen folgende Grundprinzipien der Sprachdidaktik berücksichtigt werden:

Sprachdidaktik als Theorie sprachlicher Lernprozesse enthält (ebenso wie die Literaturdidaktik) zwei Aspekte:

a) Sprachdidaktik im engeren Sinne = Theorie der Lerninhalte,

b) Methodik des Sprachunterrichts = Theorie der Unterrichtsstrategien.

Beide Bereiche stehen im Zusammenhang der Dialektik von Inhalt und Form (erstes Prinzip). Dies bedeutet jedoch nicht, daß die Theorie der Lerninhalte (Sprachdidaktik i. e. S.) die Inhaltsseite und Theorie der Unterrichtsstrategien (Methodik) die Formseite des Sprachunterrichts repräsentiert. Vielmehr haben sowohl die sprachlichen Lernziele als auch die Strategien zur Erreichung dieser Ziele jeweils einen Inhalts- und einen Formaspekt, der in der Gesamtplanung des Sprachunterrichts zu berücksichtigen ist. Die verschiedenen Aspekte erfahren allerdings eine Über- bzw. Unterordnung, die von der Setzung der Lernziele abhängig ist.

Dazu ein Beispiel: Ausgehend von dem Faktum, daß Dialektsprecher Schwierigkeiten mit der Fallsetzung nach bestimmten Präpositionen haben, müßte man eine Lernsituation organisieren, die dieses Problem übt. Dabei sind sowohl Subjekti-

vismus als auch Formalismus zu vermeiden. Zur skizzenhaften
Verdeutlichung dieses Verfahrens möge folgendes Schema dienen:
L e r n z i e l :   Fallsetzung nach Präpositionen (F o r m).
M a t e r i a l :   Berichte und Leserbriefe über Initiativen
zur Errichtung eines Abenteuerspielplatzes aus der Zeitung
(I n h a l t).
L e r n s c h r i t t e :   1. Klassenarbeit: aktuelle Fehlformen aus mündlichen und schriftlichen Äußerungen.
2. Klassenarbeit: Klärung des Begriffs   P r ä p o s i t i -
o n ,   Sammlung von Präpositionen an der Wandtafel.
3. Arbeitsteilige Gruppenarbeit: gemeinsame Sammlung von
Sätzen aus vorhandenem Material mit der genannten Schwierigkeit durch Vorlesen, Diskutieren und Unterstreichen.
4. Unterrichtsgespräch:
- Vorlesen der Beispiele
- mündliche Veränderung der Sätze im Rahmen logischer und
  grammatischer Akzeptabilität und Analyse der Funktion
  (z. B. bei Veränderung der Zeiten, Reihenfolge von Satz-
  teilen usw.)
- mündliche Veränderung der Sätze ohne Einhaltung der Logik
  und Analyse der Funktion ("Spiel mit Sprache")
- Diskussion über Lösungsstrategien zur Realisierung dieses
  Spielplatzes unter Einbeziehung möglicher Gegenargumente.
5. Schriftliche Arbeit: Leserbrief oder Bericht zur Problematik Abenteuerspielplatz unter Verwendung einiger Präpositionen.
    Für die Erarbeitung einer Unterrichtseinheit sind dane-
ben eine Reihe weiterer Aspekte zu berücksichtigen. Zur Verdeutlichung der Intention mag aber die Skizze ausreichen:
formale Lernziele (z. B. Fallsetzung) und Unterrichtsmetho-
den (z. B. arbeitsteilige Gruppenarbeit) werden konkretisiert
im Rahmen bestimmter Inhalte, die für die Schüler der betreffenden Altersstufe "relevant" sind, mithin Erziehungswert
besitzen.
    Die Alternative eines auf der Dialektik Inhalt/Form be-
ruhenden Unterrichts ist Subjektivismus. Dabei zu hoffen,
daß per Gelegenheit ein sprachlicher Fortschritt abfällt
("incidentelles" Lernen - DER NIEDERSÄCHSISCHE KULTUSMINI-
STER 1974, 42), wirkt undemokratisch. Denn es ist einfach
illusorisch, die bei den einzelnen Schülern familiär unterschiedlich ausgebaute Fähigkeit in der Beherrschung der Einheitssprache durch impliziten Gelegenheitsunterricht zu
einer allseitigen sprachlichen (und literarischen) Bildung
für   a l l e   Schüler aufzubauen.
    Deshalb ist neben der Dialektik von Inhalt und Form ein
zweites Prinzip zu beachten: die sachbezogene und didaktisch
präzisierte Systematik des Lehrplans. Um sprachlich Benach-
teiligte (z. B. Dialektsprecher) in unserem Bildungssystem
nicht für ihr ganzes zukünftiges berufliches und privates
Leben weiterhin zu benachteiligen, ist für den Sprachunterricht ein Lehrplan nötig, der im Sprachtraining von im aktuellen Sprachgebrauch beobachteten relevanten Abweichungen
ausgeht, daraus Lernziele ableitet und systematisch umfassend Lehrplanbausteine zusammenstellt. Dieses Verfahren kann

natürlich nicht völlig dem einzelnen Lehrer zugemutet werden, sondern sollte Aufgabe von Richtlinienkommissionen sein,
die allerdings auf konkrete Ergebnisse der Dialektologie zurückgreifen können müßten. Allerdings besteht die Möglichkeit dazu nur für einzelne kleinräumige Gebiete. Dazu kommt,
daß eine Reihe immerhin diskussionswürdiger Ansätze aus den
ersten Nachkriegsjahren, in denen es für fast alle Dialektgebiete spezielle Sprachbücher gab, heute offensichtlich ver-
schüttet sind. Diese Sprachbücher gingen von beobachteten
Schwierigkeiten aus[3].

Daß diese Ansätze nicht weiterentwickelt und aktualisiert
wurden, hat mehrere Ursachen. Zwei davon sind folgende:

a) Angesichts des damals (nach 1945) beobachteten rapiden
   Rückgangs der Dialekte und der zunehmenden massenmedialen
   einheitssprachlichen Beeinflussung glaubten Bildungspolitiker und Didaktiker, das Problem der unterschiedlichen Sprachlernvoraussetzungen würde sich von selbst er-
   ledigen.
b) Die zunehmende Konzentration im Schulbuchverlagswesen
   und kalkulatorische Gründe legten es nahe, weniger verschiedene Versionen eines Lehrbuchkonzepts zu produzieren, um durch höhere Auflagen Kosten zu drücken und Ge-
   winne zu optimieren.

Diese beiden Komplexe trafen sich in der praktischen Tendenz, die durch dialektale Sozialisation benachteiligten
Schüler immer weniger zu berücksichtigen. Dazu kam, daß
mindestens seit 1950 die Anzahl der Arbeitslosen - mit kurzen
Unterbrechungen - bis auf einen Minimalwert von 149.000 (1970) sank,
während die Anzahl der offenen Stellen - mit kurzen Unterbrechungen -
bis auf einen Maximalwert von 795.000 (1970) stieg. Hierbei entfielen
mithin auf jeden Arbeitslosen mehr als fünf offene Stellen, obgleich damals
bereits nahezu zwei Millionen ausländische Arbeitnehmer in
der Bundesrepublik beschäftigt waren. Vor diesem Hintergrund
wurden Bemühungen zur Verminderung der "Chancenungleichheit"
stark relativiert. Nur-dialektal sozialisierte Schüler, die
mehrheitlich der Unterschicht entstammen, erfuhren das Risi-
ko, wegen schlechter Leistungen im Unterricht "durchzufal-
len" (vgl. REITMAJER 1976, 97 ff.). Da ihnen eine vollaus-
gebaute Einheitssprache vorenthalten wird, die die Grundlage überregionaler Wissensübertragung i n a l l e n
D i s z i p l i n e n ist, erlangen sie auch in anderen
Bereichen nicht den Standard, der ihnen möglich wäre. Dieser
Zustand ist historisch überkommen und wird bis in unsere
Zeit mit wechselnden Mitteln zäh verteidigt. Vorhandene
Privilegien sollen offenbar nicht angetastet werden.

2. Historische Parallelen zu gegenwärtigen Tendenzen des Sprachunterrichts

Der zwar gut gemeinte Ansatz zum gesellschaftlichen Abbau
der Stigmatisierung dialektalen Sprechens in den Hessischen Rahmenrichtlinien von 1972 hat faktisch negative
Konsequenzen mit sich gebracht.

In den Richtlinien heißt es: "Folglich kann die Aufgabe der
Schule, die sprachliche Kommunikationsfähigkeit der Schüler
zu differenzieren und sie zum 'richtigen' Sprachverhalten
anzuleiten, nicht als Einübung in die 'Hochsprache' verstanden werden. ..., - daß mit der unreflektierten Einübung in
die Normen der 'Hochsprache' die meisten Schüler von ihren
Herkunftsgruppen entfremdet werden; ..." (DER HESSISCHE
KULTUSMINISTER 1972, 7 f.) Dieser Ansatz, der von allen Be-
fürwortern der Differenz-Hypothese (vgl. DITTMAR 1973,
128 ff.) vertreten wird, ist inzwischen auch in andere Richtlinien (vgl. DER NIEDERSÄCHSISCHE KULTUSMINISTER 1975,
Deutsch 3 ff.) und Entwürfe eingedrungen. Z. B.: "Die Fähigkeit des Schülers, sich in 'seiner' Sprache situations- und
partnergemäß auszudrücken, ist auf dieser Stufe ebenso hoch
zu bewerten wie syntaktisch und artikulatorisch richtiges
Sprechen im Sinne der 'Hochsprache'" (RICHTLINIENKOMMISSION
DEUTSCH 1975, 4).
Vor dem Hintergrund der neuerlichen Aufwertung der Dialekte ("Folklorisierung"), der Betonung eines Eigenwerts
der Mundart macht in der gegenwärtig zu beobachtenden Phase
bildungs- und allgemeinpolitischer Restauration wieder das
Wort vom "Eigengeist der Volksschule" (vgl. SPRANGER 1955)
die Runde. Bildungspolitiker verschiedener Bundesländer warnen vor zu viel "Wissenschaftsgläubigkeit" und versuchen,
den Begriff der "praktischen Vernunft" mit einem der praktischen Begabung und der praktischen Bildung in der Hauptschule in Beziehung zu setzen. Die Forderung, sich auf die
"praktische Vernunft" zu besinnen, erinnert nicht nur an
längst überwunden geglaubte Begabungstheorien aus der Kai-
serzeit[4], sondern auch an daraus im Nationalsozialismus abgeleitete unterschiedliche Lern- und Bildungszielkomplexe
für den Deutschunterricht in verschiedenen Schularten: "Wir
haben das Ziel des deutschen Sprachunterrichts in der Volksschule zu weit gesteckt, wenn wir die Gebildetensprache,
die Hoch- oder Schriftsprache schlechthin dazu erwählen"
(HOTES 1936/37, 782). "Die Zahl der sogenannten Gebildeten
ist gegenüber unserem gesamten Volke so gering, daß die
stark begriffliche Gebildetensprache nicht d i e Sprache
unseres Volkes sein und also auch nicht als sprachliches
Bildungsziel für die Volksschule aufgestellt werden kann.
Durch die Volksschule gehen die künftigen Männer und Frauen
des Großteils unseres Volkes, dem die Sprache der Wissenschaft und der hohen Dichtung so wenig wie die des amtlichen
oder geschäftlichen Schriftsatzes und der Zeitung jemals
s e i n e   Sprache werden kann." (HOTES 1936/37, 781).
Der Grundgedanke dieser heute wieder aufkommenden Bestrebungen liegt wie in den vergangenen Jahrhunderten darin, daß
es für gesellschaftspolitisch gefährlich gehalten wird, die
"Masse des Volkes" einheitssprachlich (hochsprachlich) aus-
zubilden (vgl. HELMERS 1975, 64). Um diese Tendenz zu verschleiern, wird seit jeher das durch mangelnde Bildung er-
zwungene Defizit an Beherrschung der Einheitssprache (Hochsprache) als besonderer Vorzug "verkauft". Der "gemeine
Mann", der "schlichte deutsche Mensch"[5] soll nicht von der
"Intellektuellensprache" angekränkelt werden, während die

Propagandisten dieser "volkstümlichen Bildung" (vgl. FREU-
DENTHAL 1957, 104 ff.) für sich selbst eine umfassende
sprachliche Ausbildung in Anspruch genommen haben.

Bei der Beschreibung des Ziels sprachlicher Bildung warnen die Vertreter der "volkstümlichen Bildung" (hier:
FREUDENTHAL) davor, "daß im sprachlichen Leben des Volkes
natürliche Grenzen überschritten werden und Fehlformen Platz
greifen", wenn jemand sprachlich aus der Sphäre "seines
Standes" heraustritt, "ohne daß sie dem Denken angemessen
ist": "Dabei werden die Wurzeln, aus denen die Sprache
wächst, durchschnitten, weil sich der Sprecher von seinem
Wesen trennt" (FREUDENTHAL 1957, 104 f.). FREUDENTHAL baut
hier quasi eine Theorie vom 'sprachlichen Krüppel' auf. Er
fordert praktisch dazu auf, in Vorhandenem stehen zu bleiben. Einheitssprache (Hochsprache) in größerer Verbreitung
leitet sich demnach nicht von Gedanken und Vorstellungen
ab, sondern ist aufgepappt, unnatürlich. Organisch ist die
Verbindung zwischen Denken und hochsprachlichem Sprechen
lediglich in den "gebildeten und feinen Ständen" verbreitet.
Die Interdependenz von Denken und Sprechen zu berücksichtigen und für eine verbreitete und gründliche einheitssprachliche Bildung und Ausbildung zu plädieren, kommt FREUDEN-
THAL nicht in den Sinn. Als Mittel der überregionalen Kommunikation empfiehlt er noch 1957 im Rückgang auf FERCHLAND
(1935) eine sogenannte "volkstümliche Hochsprache". Ihre
Strukturen und Merkmale können eindeutig nur Teilbereiche
der sprachlichen Möglichkeiten aktualisieren, d. h. sie
schränkt faktisch nicht nur die Performanz, sondern auch
die Kompetenz ihrer Sprecher ein:

- Konkreta sind vorherrschend.
- Abstrakta sind selten und werden meist bildhaft umschrie-
  ben.
- Aussagesätze treten zurück hinter Fragen und Antworten,
  Ausrufen und Anweisungen, Beifalls- und Mißfallenskundge-
  bungen.
- Modale Abwandlungen des Verbs haben Vorrang vor temporalen.
- Parataktische Satzkonstruktionen überwiegen bei weitem
  die hypotaktischen.
- Der Gebrauch des Indikativs überwiegt gegenüber dem Kon-
  junktiv in indirekter Rede. (Vgl. FREUDENTHAL 1957, 106)

Diese Kennzeichen gehen zurück auf FERCHLAND, die ebenfalls
eindeutig einen eingeschränkten Bildungsauftrag der Volksschule zum "schlichten Menschen" betont (FERCHLAND 1935, 11).
Dieser darf lediglich über eine Sprache verfügen, die ihn
von wissenschaftlichen Kenntnissen weitgehend abschneidet:
"Die volkstümliche Hochsprache u n t e r s c h e i d e t
sich material und formal von der Hochsprache der Intellektuellen. Sie ist nicht etwa nur eine Vorstufe dazu, sondern
sie steht neben ihr ... Sie muß aufgesucht und gefunden werden eben in jener Sprache, die sich dort immer reiner darstellt, wo die Welt in der Weise erfaßt wird, die der wissenschaftlichen Erfassung entgegengesetzt ist" (FERCHLAND
1935, 18 f.).

Die gegenwärtig geforderte Rückbesinnung auf die sogenannte
"praktische Vernunft", d. h. die weitere Einschränkung einer
bisher noch nicht erreichten differenzierten und umfassenden
einheitssprachlichen Ausbildung Unterprivilegierter, hat
also vielfache historische Vorläufer. Besonders FERCHLANDs
Behauptung von den beiden in sich abgeschlossenen und voneinander unabhängigen Sprachen (Hochsprache - "volkstümliche
Hochsprache") leitet nahtlos zu der Differenz-Hypothese der
Gegenwart über. Die Hauptaussage der Vertreter dieser Hypothese lautet: "Sprachliche Varietäten sind in bezug auf Aus-
drucksmöglichkeiten und logische Analysekapazität einander
funktional äquivalent" (DITTMAR 1973, 129). Diese aus den
Forschungen zum Nonstandard-Negerenglisch (NNE) entwickelte
Hypothese ist im Zusammenhang mit den verzweifelten Anstren-
gungen zur langfristigen Befriedung amerikanischer Ghettos
zu sehen. Die amerikanischen Sprachverhältnisse (Bilinguis-
mus der ethnischen Gruppen) sind prinzipiell nicht auf unsere
Fragestellung übertragbar. Es ist jedoch auffällig, daß von
möglichen Alternativen zum Abbau der "Chancenungleichheit"
ausgerechnet diejenige von der "herrschenden Meinung" in der
Bundesrepublik propagiert wird, die am wenigsten erfolgver-
sprechend ist: "Der dritte Ansatz will das Sprachverhalten
von NNE-Sprechern nicht ändern, sondern vielmehr die Vorurteile der SE-Sprecher gegenüber dem NNE abbauen" (DITTMAR
1973, 302). Bei einer weitgehenden Beschränkung auf diese
Alternative handelt es sich faktisch um eine Stabilisierung
vorhandener gesellschaftlicher Verhältnisse: bestehende Privilegien werden für sakrosankt erklärt.
   Die Art der Begründungen für rationierte Sprachausbildung
aus der Zeit des Nationalsozialismus wird verbal heute zu
Recht weitgehend abgelehnt. Jedoch hat sich die Lage der
Dialektsprecher im Sprachunterricht effektiv verbessert?
Die Antwort kann nur eine Situationsanalyse des heutigen
Deutschunterrichts liefern, denn heute wird in der Regel
verdeckt argumentiert.

3. Situation des Deutschunterrichts im Hinblick auf Dialektsprecher

Zur Praxisanalyse des Deutschunterrichts im Hinblick auf
die Dialektproblematik sind insbesondere zwei Bereiche von
Belang: die amtlichen Lehrpläne und die Lehrbücher (insbesondere Sprachbücher), die im Rahmen dieser Richtlinien
(Lehrpläne) konzipiert und eingesetzt werden.
   Eine umfassende Praxisanalyse für alle dialektalen Bereiche würde den Rahmen dieser Darstellung sprengen. Als Beispiel sollte jedoch eine Region ausgewählt werden, in der das
Dialektproblem besonders auffällig ist. Dies ist im Regierungsbezirk Aurich der Fall, wo wir im Rahmen der projekt-
orientierten einphasigen Lehrerausbildung (Universität Oldenburg) während der letzten Jahre mehrere Erkundungen und
Unterrichtsvorhaben betreut haben. Deshalb bietet sich diese
Region als Beispiel an.

In diesem Bezirk haben noch heute verschiedene Variationen
des Nordniedersächsischen eine weite Verbreitung in allen
Generationen. Es muß zunächst berücksichtigt werden, daß
generell die niederdeutsche Sprache sich in Phonetik, Morphologie, Lexik und Syntax wesentlich stärker von der Einheitssprache (Hochsprache) unterscheidet als verschiedene
oberdeutsche Mundarten. Heute kommen die Schulanfänger des
genannten Regierungsbezirks z. T. mit einer eingeschränkten
aktiven und passiven Beherrschung der Einheitssprache (Hochsprache) in die Schule. So gaben im Jahre 1973 bei einer
Untersuchung in Walle (Regierungsbezirk Aurich) über 85 %
der befragten Eltern an, untereinander und mit ihren Kindern plattdeutsch zu sprechen (vgl. DECKER/DEGELMANN 1974,
111 f.). Entsprechendes Sprechverhalten war auch bei den
Schulanfängern im Kontakt mit Spielkameraden und Geschwi-
stern festzustellen, in dem der überwiegende oder ausschließ-
liche Gebrauch des Niederdeutschen bei 80 - 86 % der untersuchten Schulanfänger zu beobachten war. Die Behauptung des
rapiden Mundartrückgangs ist zumindest für einige Orte Nie-
dersachsens widerlegt. Die passive Beherrschung der Einheitssprache (Hochsprache) ist ohne Zweifel in den letzten Jahren
durch die Massenmedien (insbesondere das Fernsehen) merk-
lich gesteigert worden, wie es die partiellen Beobachtungen
von Lehrern bestätigen. Jedoch sollte man daraus für die
aktive Sprachverwendung in der Einheitssprache (Hochsprache)
keine voreiligen Schlüsse ziehen, da Fernsehprogramme nicht
mit systematischen Sprachkursen identisch sind und nachweislich auch deren Wirkung haben. Dies läßt sich durch
Beobachtungen an verschiedenen Schulen im Rheiderland (Regierungsbezirk Aurich) nachweisen, wo Schüler selbst des
5. und 6. Schuljahres in der Schule bei ungezwungener Gruppenarbeit sofort in die gewohnte Haussprache (die ostfrie-
sische Variation des Nordniedersächsischen) "switchen".
Die gleiche Gewohnheit ist auch bei Gesprächen über Fern-
sehsendungen selbstverständlich. Wer hier nur gruppensozio-
logische bzw. -psychologische Gründe vermutet (vgl. BAUSIN-
GER 1973, 11 f.), wird durch Äußerungen von Grundschülern in
regionalspezifischer Altersmundart widerlegt. Dabei treten
Interferenzen zwischen Dialekt und Einheitssprache auf,
die zu einem "Missingsch" beitragen, dem man die Mühen des
Produzenten anmerken kann. Diese Art eines "Pidgin-Deutsch"
ist den Kindern z. T. von Eltern und Verwandten - im ver-
geblichen Bemühen hochdeutsch zu sprechen - "ansozialisiert"
worden, z. T. hat sie sich bei den Kindern in der Auseinandersetzung mit der Einheitssprache selbständig herausgebildet. Dazu ein Beispiel:
"Du, Frau Janischeck! Du, Frau Janischeck? - Ich hab mein
Bleifeder zu Such. Du, ich hab mein Bleifeder zu Such.
Man ich muß ihm doch haben. Gestern hat ich ihm noch. -
Oh, Mann, Frau Janischeck, ich glaub bald, ich hab ihm ver-
kleet mank mein Oma ihre Mappheften"[6] (ANDRAE 1976, 120).
Diese Sprachvariation ist von regional eingeübten Hörern
durchaus zu verstehen. Dennoch bleibt jemand, der auf dieser
Stufe verbleibt, in seinen beruflichen und privaten Möglich-

keiten stark eingeschränkt, da Vorurteile, private und amtliche Selektionsmechanismen usw. ihn diskriminieren und
ausschließen (vgl. BROWELEIT/ECKHARDT/HELMERS/MEYER 1975,
49 f.). Vorurteile sollten abgebaut, ungerechte und dysfunktionale Selektionsmechanismen sollten beseitigt werden.
Jedoch sind diejenigen, die diese Machtmittel aufbauen
und anwenden, kaum institutionell erreichbar. Schüler dagegen befinden sich in einem planbaren Lehr- und Lernprozeß.
Durch diesen sollte a l l e n Schülern Gelegenheit gegeben werden, die Sprache der überregionalen Öffentlichkeit,
der Wissenschaft, der Medien, des überregionalen Alltagsver-
kehrs und der ästhetischen Literatur aktiv und passiv in
voll ausgebauter Weise als ständig verfügbares Alternativ-
angebot zu erlernen[7].
Welche Hinweise für den Deutschunterricht mit Dialektsprechern geben nun die amtlichen Lehrpläne? Da wir als
Beispiel den Regierungsbezirk Aurich gewählt haben, ziehen
wir hier exemplarisch die kürzlich erschienenen "Rahmenrichtlinien für die Grundschule" heran (DER NIEDERSÄCHSI-
SCHE KULTUSMINISTER 1975, D 1 - 27). Die in diesen Richtlinien durchgeführte Differenzierung des Deutschunterrichts
in acht Lernfelder erscheint im Ansatz positiv:

1. mündliche Kommunikation
2. mündliches Sprachtraining
3. Lesenlernen
4. Schreibenlernen
5. Umgang mit Texten
6. schriftlicher Sprachgebrauch
7. Sprachbetrachtung
8. Rechtschreiben

Verhängnisvoll ist jedoch die Trennung des Bereiches "mündliche Kommunikation" vom Bereich "mündliches Sprachtraining".
Dabei wird die Dialektik von Inhalt und Form nicht beachtet.
Die Folgen zeigen sich bereits bei den angegebenen Lernzielen:
a) "mündliche Kommunikation": "..., höfliche Formen zu gebrauchen, um etwas zu bitten und für etwas zu danken, jemanden einzuladen, sich sachlich zu beschweren, sich sachlich zu verteidigen, sich zu entschuldigen, ..." (DER NIEDER-
SÄCHSISCHE KULTUSMINISTER 1975, D 5)
b) "mündliches Sprachtraining": "..., Wortreihen zu bilden,
Wortfelder erschließen, ..., die richtigen Fälle nach Präpositionen zu gebrauchen, Satzreihen zu bilden, ..., Sätze
und Wörter in ihrer differenzierten Klanggestalt aufzuneh-
men und wiederzugeben, ..." (DER NIEDERSÄCHSISCHE KULTUS-
MINISTER 1975, D 8)
Trotz des Hinweises, daß im unterrichtlichen Vollzug natürlich die verschiedenen Lernfelder ineinandergreifen, besteht eine (häufig beobachtete) Gefahr: Inhaltlich hervor-
springende Lernziele (z. B. "sich sachlich zu verteidigen")
werden gegenüber sprachlichen Lernzielen unangemessen bevorzugt, diese fungieren nur noch als sporadische Anhängsel.
Der gleiche Vorgang zeigt sich an der vorgeschlagenen An-
bindung von sprachlichen Übungen an die "Sprachbetrachtung"
(Grammatikunterricht). Es zeigt sich außerdem, daß hier der

alte Irrtum wieder durchschlägt, man könne (in der Grundschule!) Sprachkompetenz durch Grammatikunterricht erwerben. Nach Art dieses Lehrplans kann kein wirksamer Sprachunterricht für Dialektsprecher verwirklicht werden. Die
Probleme der Dialektsprecher werden zwar an verschiedenen
Stellen kurz angesprochen, jedoch bleiben die Hinweise so
vage, daß sie Lehrern und Schülern keinerlei Hilfen bieten:
"Sie müssen ermutigt werden, sich in ihrer Sprachebene zu
äußern. ... Jede Abwertung der Mundart ist dabei zu vermeiden" (DER NIEDERSÄCHSISCHE KULTUSMINISTER 1975, D 6 f.).
Es sollen also vorhandene Vorurteile gegenüber dem Dialekt abgebaut werden. Dem ist zuzustimmen, jedoch reichen
diese wenigen Hinweise zur Berücksichtigung der Dialekt-
problematik nicht aus. In den Richtlinien werden also die
Schwierigkeiten verkannt, denen Dialektsprecher beim Durchlaufen eines einheitssprachlich (hochsprachlich) geprägten
Schulsystems ausgesetzt sind, wenn keine Vorkehrungen zur
Erlernung dieses Sprachsystems getroffen werden.
Bereits die immensen Schwierigkeiten beim Lesenlernen
benachteiligen diese Schüler besonders dann, wenn in der
Klasse ein Kern von Einheitssprachesprechern (in der Regel
Mittelschichtkinder) vorhanden ist: "Die Dialektsprecher
begegnen dabei nicht nur dem neuen System der Graphemik,
sondern zugleich in den einheitssprachlichen Texten Neuig-
keiten des Kodes. Bei Sprechern der Einheitssprache werden
beim Lesen nur bereits eingeschliffene sprachliche Schemata
abgerufen; Text und eingeübter Kode decken sich; unsicher
degraphierte Passagen lassen sich vom bekannten Kode her
erraten. Dialektsprecher müssen dagegen beim Lesen weit
mehr Daten verarbeiten. Der Kode des Textes und ihre gewohnte Sprache differieren auf allen grammatischen Ebenen.
Versuchen sie Textstellen zu erraten, so unterlaufen ihnen
unweigerlich Fehler. Im Grunde müssen sie die Einheitssprache mit dem Lesen zugleich erlernen" (AMMON 1973b,144 f.).
Die mehr oder weniger große Anzahl von Schülern, die
durch günstige Vor- und Umweltbedingungen den Leselehrgang
und weitere sprachliche Übungen "mit Erfolg" durchlaufen,
"suggerieren" den Deutschlehrern (die häufig in Grund- und
Hauptschulen keine Fachlehrer sind, daß es sich bei den
Mißerfolgsschülern um "Dumme" handelt. So werden bereits zu
Beginn der Schulzeit Legastheniker "gezüchtet", von denen
nur vereinzelte (in der Regel Mittelschichtkinder) mit Hilfe
von psychologischen Gutachten (zu Preisen bis zu 400 DM) auf
der Grundlage ministerieller Erlasse[9] zu "Diplom-Legasthe-
nikern" befördert werden. Ihre Lese- und Rechtschreibleistungen werden nicht mehr zensiert, und sie werden in besonderen Fördergruppen zusammengefaßt. Die soziale Ungerechtig-
keit wird dadurch vergrößert, daß die Vorbedingung der Zu-
erkennung dieses "Persilscheins" auf einem obskuren Normal-
Intelligenz-Begriff beruht. Dialektsprachigkeit ist jedoch
häufig mit der Zugehörigkeit zur sozialen Unterschicht gekoppelt, d. h. daß allgemeine weniger lernbegünstigende
Faktoren die sprachbedingten Schwierigkeiten ergänzen.

Die Deutschlehrer müßten auf einen präzisierten Lehrplan
zur organisierten Aneignung der Einheitssprache (als partielle Fremdsprache) zurückgreifen können. Ein solcher Lehrplan kann natürlich nicht einheitlich für alle Dialektgebiete sein, da in den verschiedenen Regionen unterschiedliche
Schwierigkeiten auftauchen. In Norddeutschland ist z. B.
die Unterscheidung von stimmhaften und stimmlosen bilabialen Verschlußlauten (b - p) kaum ein Problem, im Gegensatz
etwa zu manchen fränkischen Regionen. Solche Schwierigkeiten sind keineswegs eine reine Frage der Artikulation,
sondern haben ihre Auswirkungen in allen Bereichen des
Sprachgebrauchs. Wegen der Kleinräumigkeit der Dialekte
müßten viele spezielle Lehrpläne erstellt werden, die in
Einzelfällen sogar nur örtliche Gültigkeit haben können.
Die amtlichen Lehrpläne müßten jedoch als Grundlage gewisse
überörtlich gültige Vorgaben liefern, die örtlich in interdisziplinärer Zusammenarbeit zu spezifizieren wären. Nur
so besteht eine Aussicht, daß sich systematische Schwierigkeiten und damit soziale Benachteiligungen der Dialektsprecher systematisch aufheben lassen. Bisher ist diese Frage
noch individuell von den einzelnen Lehrern abhängig. Welche
Situation besteht nun in diesem Zusammenhang bei den Lehrern?

Erste Möglichkeit: Der Lehrer (Typ A) kennt die Einheitssprache und den in seinem Einsatzort vorherrschenden Dialekt. Er kennt die Hauptschwierigkeiten beim Erwerb der
Einheitssprache aus eigener Erfahrung, besitzt eine gute
linguistische und sprachdidaktische, praxisbezogene Ausbildung, orientiert seine Bemühungen an den sprachlichen Voraussetzungen seiner Schüler und versucht, auf dem vorhandenen Bestand einen differenziertenSprachgebrauch für alle
Schüler aufzubauen. Dabei berücksichtigt er unterschiedliche mündliche und schriftliche Sprachverwendungsvariationen
in Produktion und Rezeption.

Zweite Möglichkeit: Der Lehrer (Typ B) kennt nur die
Einheitssprache (Hochsprache), ist für das Fach Deutsch
nicht ausgebildet, orientiert seine Bemühungen auch für
den mündlichen Sprachgebrauch an den Normen der Schriftsprache und wertet demnach bewußt oder unbewußt andere Varietäten ab.

Der außen einer linearen Skala links außen einzutragende
Extremtyp A ist leider nur selten anzutreffen, dafür trifft
man den rechts außen einzutragenden Extremtyp B mit seinen
Kolleginnen und Kollegen bis zur rechten Mitte umso häufiger in den Schulen an. Welche Hilfe bietet diesen Normal-
lehrern nun ein Sprachbuch?

Da wir als Beispiel bisher den Regierungsbezirk Aurich
herangezogen haben, liegt es nahe, es auch bei der Frage
des Sprachbuches zu tun. Es ist festzustellen, daß in diesem Bezirk in Grundschulen und Orientierungsstufen das
Sprachbuch SPRACHE UND SPRECHEN (Hannover 1971 ff.) häufiger als jedes andere Sprachbuch benutzt wird. Am Beispiel
des Bandes 2 (Grundschule, 2. Schj.) dieses Sprachbuchs
soll seine Verwendbarkeit unter dem Aspekt der Dialektsprecher untersucht werden. Diese Dialektsprecher werden

nach dem elementaren Schreib-Lese-Lehrgang im 1. Schuljahr damit erstmalig mit einem Instrument zum Ausbau ihrer aktiven und passiven Sprachkompetenz konfrontiert.

Die sprachliche Situation der Schüler bezüglich der Einheitssprache (Hochsprache) in den ersten beiden Schuljahren ist generell folgendermaßen gekennzeichnet:

a) Es bestehen s o z i a l e Unterschiede im Sprachvermögen, die von Sprech- und Erziehungspraktiken im Elternhaus und in sonstiger sozialer Umwelt abhängig sind.
b) Es bestehen r e g i o n a l e Unterschiede im Sprachvermögen, die von den Sprechgewohnheiten des Einzugsgebiets und des Elternhauses abhängig sind (z. B. Dialekt).
c) Es bestehen i n d i v i d u e l l e Unterschiede im Sprachvermögen, die vom Stand der geistigen Entwicklung abhängig sind.

Die drei Bereiche sind in Konkreto integriert. Ein Schüler, der ungünstige Voraussetzungen für die Erlernung der Einheitssprache mitbringt, ist auf besonders gezielte Formen des Sprachtrainings angewiesen, oder er ist "arm dran". Ein Lehrsystem, das den Untertitel "Arbeitsmittel zur Sprachförderung in der Primarstufe" (SPRACHE UND SPRECHEN 1971 ff.) trägt, muß daraufhin nun befragt werden, inwieweit es auf solche unterschiedlichen Voraussetzungen eingeht, um möglichst a l l e Schüler zu einem umfassenden und differenzierten Gebrauch der Einheitssprache zu befähigen. Diese Frage ist legitim unter dem Aspekt der Verminderung der "Chancenungleichheit". Das ist offenbar auch der Aspekt e i n e r der Herausgeber dieses Sprachbuches: "Es gibt bestimmte Bereiche des Sprachlichen, die immer wieder genannt werden, in denen erst Übungen eine aktive, dauernde Verwendung garantieren: z. B. die Sicherheit im Kasusgebrauch, die größere Beweglichkeit in der Verwendung von syntaktischen und semantischen Mustern als stilistischen Variationen. ... Die Frage nach und die Beschreibung von Regeln des Sprachverhaltens ist nur ein Aspekt, ein anderer ist die Frage nach den Verhaltenserwartungen, den Verhaltensforderungen von Kommunikationspartnern und den Konsequenzen, die abweichendes Verhalten des Sprechers beim Hörer, beim Adressaten auslösen" (ADER 1976, 16 f.).

Die Grobgliederung dieses Sprachbuches läßt zunächst den Eindruck aufkommen, daß hier tatsächlich ein Konzept zum umfassenden Aufbau reproduktiven, produktiven und reflektorischen Sprachgebrauchs vorgelegt wird. Es gibt folgende Lernbereiche in diesem Sprachbuch:

1. Mündlicher Sprachgebrauch
2. Schriftlicher Sprachgebrauch
3. Grammatik
4. Textanalyse
5. Rechtschreibung

Bei näherer Betrachtung fällt jedoch auf, daß die Lernziele der kompensatorischen Sprachbildung kaum oder überhaupt nicht berücksichtigt sind: Erlernung des grammatisch rich-

tigen Sprechens, Erlernung der Artikulation und Erlernung
der Lesetechnik fehlen weitgehend. Diese Bereiche hätten in
diesem Sprachbuch ihren originären Ort im Bereich "mündlicher Sprachgebrauch", da es hier bei den Schülern wegen der
strukturellen Unterschiede zwischen Dialekt und Einheitssprache leicht zu Fehl- und Schwachformen im lexikalischen,
morphemischen, phonemischen und syntaktischen Inventar z.B.
durch Interferenzen kommt. Sind die Lernziele einer kompensatorischen Sprachbildung vielleicht immanent vorhanden?
Bei der Analyse der Unterrichtseinheiten und des Lehrerhand-
buches stellt man fest, daß dies nicht der Fall ist. Sprachliche Übungen zum richtigen Sprechen erfolgen lediglich per
Gelegenheit ("incidentell"). Dies geschieht allerdings in
jedem anderen Unterricht ebenfalls. Offensichtlich ist das
auch die Absicht der Herausgeber: "Sprachverhalten wird dabei in ausgewählten 'Mustern' sozialer Interaktion und unter
jeweils vorgegebenen Situationen mit bestimmten Absichten
verbunden" (SPRACHE UND SPRECHEN 1971b, 32). Das Planungs-
prinzip dieses Sprachbuches ("mündlicher Sprachgebrauch")
leitet sich also von Situationen ab. Damit steht es in diesem Punkt in der Tradition der Bewegung "Sprachbuch als
Sachbuch", in der seit der Jahrhundertwende in der bürgerlichen Reformpädagogik der Sprachunterricht als "Gelegenheitsunterricht" postuliert wurde (LINKE 1913, 15). Wenn
auch Lehrer und Schüler sich nicht dem "Diktat" eines Lehr-
buches unterwerfen sollten, sieht die unterrichtliche Wirklichkeit doch so aus: Was im Sprachbuch nicht vorgesehen ist,
wird in der Regel in der Schule nicht gelehrt, sondern implizit oder explizit abgeprüft. Dabei werden dialektsprechende
Unterschichtkinder besonders benachteiligt.
    Wenn man die Lehrplangestaltung in diesem Sprachbuch im
Hinblick auf die Dialektik von Inhalt und Form untersucht,
sind scheinbar beide Bereiche berücksichtigt. Leider sind
diese beiden Erscheinungsweisen des Sprachgebrauchs nur addi-
tiv, nicht aber dialektisch integriert. Es zeigen sich also
zwei Einseitigkeiten: a) inhaltlicher Subjektivismus,
b) Formalismus.

    Zu a: In dieser Konzeption werden für den "mündlichen und
schriftlichen Sprachgebrauch" die Normen der Einheitssprache
in ihrer unterschiedlichen schriftlichen und mündlichen
Rigidität vorausgesetzt und überwiegend nur noch sozialkundliche Lernziele mit Hilfe des Rollenspiels angestrebt.
Diese Inhalte als solche sind durchaus wichtig, aber sie
sind unter Berücksichtigung der Dialektproblematik als einseitig zu bezeichnen.
Die Tendenz, sozialkundliche Lernziele einseitig zur
Grundlage der Planung zu machen, kann man auch an den Unter-
gliederungen des Teils A ("mündlicher Sprachgebrauch") erkennen: "1. Wir äußern Wünsche. 2. Wir lernen andere Kinder
kennen. 3. Wir bitten um eine Auskunft - wir können eine
Auskunft geben. 4. Wir erklären jemandem etwas. 5. Wir verteidigen uns. 6. Wir entschuldigen uns. 7. Wir telefonieren"
(SPRACHE UND SPRECHEN 1971a, 89).

Hier sollen exemplarisch soziale Situationen und mögliche
Konflikte bewältigt werden. Dagegen ist grundsätzlich nichts
einzuwenden. Historisch gesehen handelt es sich hier um
aktualisierte Prinzipien älterer Sprachbücher, in denen
sprachliche Lernziele hinter der einseitigen Planung nach
Inhalten zurücktraten. So taucht etwa in einem Sprachbuch
der bürgerlichen Reformpädagogik unter der Rubrik "Kind und
Schule" eine Übung "Weshalb versäumen die Kinder den Unterricht?" auf, aus deren Material u. a. ein Entschuldigungs-
brief geschrieben werden soll: "Die Kinder versäumen den
Unterricht (sind dem Unterricht ferngeblieben, mußten zu
Hause bleiben, ...) w e g e n (infolge) ihrer Erkran-
kung, des Jubiläums der Eltern, ..." (ALSCHNER 1951, 68).
Dieses Sprachbuch ist nach Situationen des täglichen Lebens
organisiert. Es ist in der ersten Auflage - ungefähr gleich-
lautend - 1918 erschienen: Also hat sich seit über 50 Jahren
prinzipiell nichts geändert, lediglich inhaltliche Nuancen
sind zu beobachten.

Welche Wirkung hat solcher Pseudosprachunterricht bei
Dialektsprechern? Da keine systematische Sprachbildung
stattfindet, wird auf ihre besonderen Probleme nicht ein-
gegangen. In der außerschulischen Umwelt kann ebenfalls kein
Aufbau einer einheitssprachlichen Kompetenz erfolgen, da
jene dialektal geprägt ist. Es entsteht ein Vorgang, der
als "kumulatives Defizit" bezeichnet werden muß, da die
Einheitssprachesprecher sich zumindest in ihrer einheitssprachlichen Umwelt sprachlich weiterqualifizieren.

Zu b: Die einseitige Bevorzugung der Form als Planungsgrundlage läßt sich neben dem Bereich "Rechtschreibung" besonders im Abschnitt "Grammatik" feststellen. In kaum veränderter Übernahme eines formalistischen Grammatikunter-
richts aus der elitären Sprachbildung des Gymnasiums werden
hier mit beliebigen Inhalten grammatische Strukturen angeboten: "Das Tuwort (Verb) *kennen* kommt mit einem Mitspieler
nicht aus. Es braucht zwei, damit ein sinnvoller Satz entsteht. ... Der Angler kennt den Tankwart" (SPRACHE UND
SPRECHEN 1971a, 64 f.). Weitere intendierte Sätze sollen
aus Bildtafeln erschlossen werden: Der Autoschlosser kennt
den Taxifahrer, der Postbote kennt die Zeitungsfrau, usw.
Besonders wenn man berücksichtigt, daß diese formalistischen
Übungen in den weiteren Bänden des Sprachbuches auf die
"Bäumchen" mit Nominal- und Verbalphrasen als Basisglieder
hinauslaufen, wird es deutlich, daß durch solchen Formalismus im Sprachunterricht besonders Dialektsprecher von wirksamer Sprachbildung abgeschnitten werden.

Dieses Sprachbuch fällt also in formalistische und subjektivistische Teile auseinander. Als Beispiel einer nähe-
ren Betrachtung wollen wir die Einheit *"wir verteidigen uns"*
("mündlicher Sprachgebrauch") heranziehen, um den vorliegenden Schwerpunkt "Einübung in soziale Verhaltensweisen" zu
verdeutlichen. Als übergreifende Absicht wird genannt: "eine
ungerechte Beschuldigung zurückweisen bzw. sich gegen eine
ungerechte Behandlung wehren". Dazu als Lernziel: "Der Schüler lernt, sprachliche Muster zur Verteidigung gegen ungerecht-
fertigte Beschuldigung bzw. Behandlung situationsge-

recht und partnergemäß anzuwenden" (SPRACHE UND SPRECHEN
1971b, 56). Dieses Ziel soll im Rahmen von drei Bildergeschichten konkretisiert werden, die ungerechte Beschuldi-
gungen und Behandlungen thematisieren. Sicher haben diese
Bilder einen Aufforderungscharakter und werden eine lebhaf-
te Beteiligung bei den vorgeschlagenen Rollenspielen mit
sich bringen, weil hier eine einseitige Verschiebung der
Dialektik von Inhalt und Form in Richtung einer attrakti-
ven Inhaltsseite vorgenommen wurde. Grundschüler sind für
Spiele ja leicht zu gewinnen. Nur ist nicht erkennbar, wie
hier "sprachliche Muster" systematisch aufgebaut und internalisiert werden sollen. Selbst wenn es im Rahmen dieser
Einheit tatsächlich gelingen sollte, "soziale Muster" z. B.
für die Situation "Vordrängeln von Erwachsenen gegenüber
Kindern beim Kaufmann" zu vermitteln, dann ist das eben
nur eine Situation unter unzähligen anderen; wenn überhaupt
Unrecht verbal geändert werden kann. Der Versuch, die Kommunikationsfähigkeit der Schüler zu verbessern, indem ihnen
soziale Erfahrungsfelder zum Gegenstand der Reflexion gemacht werden, ist ohne Grundlegung systematischer sprachlicher Übungen zum Scheitern verurteilt. Dieser Versuch ist
ja in der Vergangenheit bereits mehrfach unternommen worden,
u. a. in der bürgerlichen Reformpädagogik (vgl. ALSCHNER
1951). Diese Bestrebungen hatten durchaus einen gewissen
"Erfolg", nämlich durch die Bearbeitung von z. T. über 250
schablonenhaften Situationen aus dem sogenannten Alltagsleben im Deutschunterricht stellte sich eine mangelnde Sprachbildung und eine inhaltliche Verdummung ein. In unserer
hochgradig arbeitsteiligen Gesellschaft ergeben sich nämlich zu viele soziale Erfahrungsfelder mit einer nahezu un-
endlichen Anzahl von Differenzierungen. So erscheint es
schon von der zur Verfügung stehenden Stundenzahl in der
Schule (ca. 108 - 144 Unterrichtsstunden pro Jahr für den
gesamten Deutschunterricht) aussichtslos, die Schüler auf
diesem informellen und sprachlich unsystematischen Weg re-
sistent gegen Manipulation durch Sprache zu machen. Sprachliche Förderung erfolgt dabei höchstens implizit ("incidentell"), wenn es nicht sogar häufig so ist, daß sich überwiegend die Schüler in den Rollenspielen betätigen, die die
Situation zumindest sprachlich schon beherrschen. Dialektsprecher der Unterschicht - durch viele negative Erfahrungen verunsichert - ziehen sich zurück und profitieren
durch Zuhören kaum. Mittelschichtkinder dagegen leben auch
außerhalb der Schule in einer sprachlich anregenderen einheitssprachlichen Umwelt und qualifizieren sich sprachlich
in der Auseinandersetzung mit realen Erfahrungsfeldern weiter (zur Not durch Nachhilfeunterricht). Unterschichtkinder
in Dialektgebieten sind jedoch darauf angewiesen, daß die
notwendigen und wesentlichen sprachlichen Lernprozesse
systematisch in der Schule realisiert werden. Als Fazit muß
man feststellen: Dieses Sprachbuch ist für Dialektsprecher
ungeeignet, da es so angelegt ist, daß eine wirksame
Sprachbildung von Schülern mit ungünstigen Sprachlernvoraussetzungen nicht stattfindet.

In einem tauglichen Sprachbuch (als sprachlichem Arbeitsbuch) sollten systematisch Sprachlernziele als Planungsgrundlage dienen, die in geschlossenen Sprechsituationen realisiert werden, in denen diese Ziele funktional sind. Weitere Forderungen an ein Sprachbuch für Dialektsprecher sind:

(1) Alle Lernbereiche des Sprachunterrichts müssen etwa gleichgewichtig vertreten sein.
(2) Als linguistische Grundlegung soll ein anerkanntes internationales grammatisches System benutzt werden.
(3) Die Aufgabenstellungen müssen so präzise sein, daß die Schüler mit einem Minimum an Lehrerhilfe und ohne Elternhilfe auskommen.
(4) Die Inhalte sollen demokratisch und fortschrittlich sein.
(5) Es müssen Aufgaben der kompensatorischen Sprachbildung vorhanden sein, die eine innere Differenzierung erlauben.
(6) Regionalspezifische Schwierigkeiten des Sprachgebrauchs müssen durch entsprechende Regionalausgaben berücksichtigt werden.

Zu vermeiden sind demnach als didaktische Zielsetzungen: a) elitäre Sprachbildung (z. B. formalistischer Grammatikunterricht), b) "volkstümliche Bildung" (z. B. isolierte subjektivistische Einübung in bestimmte Sozialrollen).

4. Dialekt, kompensatorischer und/oder emanzipatorischer Sprachunterricht

Hinsichtlich der linguistischen Beurteilung von Dialekt und Einheitssprache wird häufig die Ansicht vertreten, daß Dialekte als Forschungsfeld (gesprochener Sprachen) als "g l e i c h w e r t i g   f u n k t i o n i e r e n d e   S p r a c h s y s t e m e"   (HASSELBERG 1976, 138) anzusehen sind. Vom didaktischen Standpunkt aus müssen jedoch entscheidende Abstriche gemacht werden: Dialekte sind "S p r a c h s y s t e m e ,   d i e   s i c h   a l l e r - d i n g s   h i n s i c h t l i c h   d e r   ü b e r r e - g i o n a l e n   K o m m u n i k a t i o n s a n s p r ü - c h e   f ü r   d e n   b e t r o f f e n e n   S p r e - c h e r   a l s   e i n   n u r   s e h r   b e g r e n z t   b r a u c h b a r e r   S p r a c h b e s i t z   e r w e i - s e n ;   und das allein ist bei der Einschätzung der Benachteiligungen der Dialektsprecher zunächst entscheidend" (HASSELBERG 1976, 138). Die Anteile der stark betroffenen Schüler schwanken regional sehr stark, jedoch ist aus verschiedenen Untersuchungen festzustellen, daß relativ weiträumige Dialektgebiete in der Bundesrepublik vorhanden sind, in denen mindestens ein Viertel aller Schüler zu einer Gruppe gehört, für die die Einheitssprache nicht Primärsprache ist: "F ü r   e i n e n   g r o ß e n   T e i l   d e r   S c h ü - l e r   g i l t ,   d a ß   d i e   H o c h s p r a c h e   n i c h t   n u r   a u s g e b a u t ,   s o n d e r n   ü b e r h a u p t   e r s t   e i n m a l   e r w o r b e n   w e r d e n   m u ß"   (HASSELBERG 1976, 141). Wenn auch

die Gleichung 'Dialekt = Unterschichtsprache' in dieser
Ausschließlichkeit nicht für alle Gebiete bestätigt werden
kann, so ist doch offensichtlich, daß mehr oder weniger
lernbegünstigende Umweltbedingungen den Einheitsspracher-
werb fördern oder hemmen. Sowohl vor dem Schuleintritt als
auch parallel zur schulischen Sozialisation ist der sprachliche Umgang der Eltern mit ihren Kindern u. a. geprägt
durch die Art der beruflichen Tätigkeit: "Hierbei ist zu
berücksichtigen, ob sie ihre Tätigkeiten in hohem Maße oder
nur wenig selbst bestimmen können" (BROWELEIT/ECKHARDT/
HELMERS/MEYER 1975, 65). Diese äußeren Umstände manifestie-
ren sich sprachlich durch einen mehr oder weniger differenzierten Sprachgebrauch.

Wo die beiden Variablen 'Unterschicht' und 'Dialektsprecher' zusammentreffen, sind die Kinder in besonderem Ausmaß benachteiligt. Jeder, der auch nur in Ansätzen für
größere soziale Gerechtigkeit eintritt, wird dafür sein,
daß dieser Mangel kompensiert wird. Nun hat es - insbesondere in der Nachfolge der Sprachbarrierendiskussion - eine
Reihe von Ansätzen zum kompensatorischen Sprachunterricht
gegeben. In der Mehrzahl der Fälle sind diese Versuche angeblich weitgehend gescheitert: "Die Erkenntnis läßt sich
nicht länger abweisen, daß die Programme bis auf sehr wenige
Ausnahmen kurzfristige 'crash programs' sind" (BOIS-REYMOND
1971, 139). In der Phase der Resignation zeigten sich insbesondere zwei angebliche Alternativen:

a) Ablehnung eines Sprachunterrichts mit dem Lernziel
   'Einheitssprache',
b) Einführung eines emanzipatorischen Sprachunterrichts
   zur psychisch-sozialen Stärkung von Non-Standard-Spre-
   chern durch Rollenspiel und Projektunterricht.

Diese beiden Konzeptionen sind nur Schein-Alternativen, da
sie einander durchdringen und gegenseitig unterstützen. Re-
staurative Kräfte treten außerdem offen und versteckt weiterhin für eine Elitenbildung ein. Dabei soll höhere einheitssprachliche Bildung rationiert zugeteilt werden, nie-
dere Sprachbildung im Sinne einer "volkstümlichen Hochsprache" soll soweit allen zugänglich sein, wie es für einfache Produktionsprozesse und Dienstleistungen notwendig
ist. Diese vom Verwertbarkeitsinteresse diktierte Haltung
wird ergänzt durch Bemühungen angeblich fortschrittlicher
Kräfte, die durch eine einheitssprachliche Bildung eine Entfremdung von den Herkunftsgruppen befürchten und deshalb
Dialekte und andere Varietäten als besondere Werte ("Folklorisierung") anpreisen. Diese unterschiedlichen Aspekte
lassen sich zu folgendem zynischen Fazit zusammenfassen:
Schüler, die nicht per Gelegenheit die Einheitssprache "von
selbst" lernen, brauchen eine differenzierte Sprache auch
nicht. Für diese Schüler sind andere Dinge als richtiges
Sprechen und Schreiben wichtig (z. B. Anpassung an Rollen).
Die Deutschlehrer ergreifen - in der Hauptschule vor dem
Hintergrund ihres als wenig effektiv erfahrenen Unterrichts
- bereitwillig diese Möglichkeit und tragen damit implizit
zur Stabilisierung der Verhältnisse bei. Die Hauptziele

verschiedener Ansätze so verstandenen "emanzipatorischen"
Unterrichts (Befreiung von allen Normen und Zwängen und damit psychisch-soziale Stärkung des Selbstbewußtseins und
Selbstwertgefühls) wirken in ihren gesellschaftlichen Auswirkungen wie ein Tiger, der zu einem Riesensatz ansetzt
und als Bettvorleger landet: "Die Schwärmer übersehen, daß
der Mensch ein gesellschaftliches Wesen ist und mit einer
individualistischen Grundhaltung die Grundlagen jeder Gesellschaft zerstören würde. Statt dessen ist bei allen bestehenden Zwängen und Normen zu prüfen, ob sie gesellschaftlich relevant und demokratisch sind. Undemokratische und
dysfunktionale tradierte Normen sollten sehr wohl abgelehnt
und abgeschafft werden. Aus diesem Blickwinkel ist Emanzipation zu definieren als freie Selbstbestimmung des mündigen Menschen im Rahmen der historisch-gesellschaftlichen
Notwendigkeiten" (BROWELEIT/ECKHARDT/HELMERS/MEYER 1975,
67).

Dazu kommt, daß unser Schulwesen nach sozialen Schichten
gegliedert ist und damit institutionalisierte soziale Selektionsmechanismen unterstützt. Diese Dreigliederung wirkt
über die Orientierungsstufe in die Grundschule hinein. Abgesehen von verschiedenen Lernbereichskonstruktionen des
Deutschunterrichts ist festzustellen, daß Sprach- und Lite-
raturunterricht reproduktive, produktive und reflektorische
Ausprägungen ermöglichen sollte! (vgl. BROWELEIT/ECKHARDT/
HELMERS/MEYER 1975, 68 ff.). Bisher wird in der Hauptschule
überwiegend der reproduktive, weniger der produktive und
kaum der reflektorische Sprachgebrauch trainiert. Im Gymnasium gilt eine komplementäre Verteilung. Bestehende Chan-
cenungleichheiten der Dialektsprecher lassen sich nur durch
einen einheitlichen präzisierten Lehrplan, der keinen Lern-
bereich und keine Qualitätsstufe ausläßt, vermindern. Dieser wäre am ehesten in einer integrierten Gesamtschule zu
verwirklichen. Aber auch im herkömmlichen Schulsystem - als
Übergang - könnte man mit diesem Ansatz Ungerechtigkeiten
vermindern.

Die didaktischen Konsequenzen aus diesen Überlegungen
sind folgende:

1. Die jeweilige Herkunftssprache (z. B. Dialekt) wird in
   ihrer spezifischen Ausprägung erkannt, damit Vorurteile
   und Diskriminierungen abzubauen sind.
2. Auf diesen unterschiedlichen Grundbestand wird die Einheitssprache in ihren schriftlichen und mündlichen Formen sukzessive aufgebaut.
3. Schwachstellen und Defizite in der Geläufigkeit des
   Sprachgebrauchs müssen kontinuierlich - vom ersten Schultag bis zum letzten - diagnostiziert und therapiert
   (kompensiert) werden, wobei eine rigide Benotung eher
   hinderlich wirkt.
4. Differenzierter Deutschunterricht ist in der Regel als
   innere Differenzierung zu planen; besonders auffällige
   Defizite erfordern zusätzliche Stützkurse.

Nur durch einen einheitlichen, präzisierten und systematischen Deutschunterricht wird der wissenschaftlich ausgebildete Fachlehrer für Deutsch bewirken können, daß die
schichtenspezifische und regionale Ungleichverteilung der
Einheitssprache fortschreitend kompensiert wird. Damit wird
den Schülern die Möglichkeit gegeben, sich vom undemokrati-
schen, dysfunktionalen und manipulierenden Gebrauch der
Sprache im positiven Sinne zu emanzipieren.

Anmerkungen

1) Was nützt es z. B. einem Schüler aus Scharrel im Sater-
land (hier sind noch Reste des altfriesischen Saterlän-
dischen zu beobachten), der in seiner dialektalen Primär-
sozialisation *drüpm* gelernt hat, wenn ein Dialektologe
ihm sagt, daß es sich hierbei um eine durch das Niederdeutsche verderbte Form handelt, die in dem reinen sater-
ländischen Dialekt (z. B. in Ramsloh, zwei Kilometer
weiter) noch *drupe* heißt. Vielmehr muß er lernen, das
einheitssprachliche *Tropfen* zu sprechen und zu schreiben,
wobei z. B. die Konsonantenverschiebungen d-t und p-pf
eine Rolle spielen und Interferenzformen wie *Troppen,*
Dropfen u. ä. auszuschließen.

2) Vgl. u. a. die Untersuchung in Wasserburg/Bayern
(REITMAJER 1976, 97 ff.), wonach von allen Unterschicht-
schülern 85 % Nur-Dialektsprecher und lediglich 15 %
Einheitssprachesprecher bzw. Bilinguale waren. Bei den
Mittelschichtschülern fand sich ein komplementäres Verhältnis: 15 % Nur-Dialektsprecher, 85 % Einheitssprachesprecher bzw. Bilinguale.

3) Als ein Beispiel mit Berücksichtigung besonderer Schwie-
rigkeiten niederdeutsch sprechender Schüler sei HORN-
BÜSSEL/ROSE/STUKENBERG 1948 ff. genannt. Z. B.: "Fehler
in der Mehrzahlbildung. Im Plattdeutschen erhalten viele
Hauptwörter, besonders auf -el, -er, -en in der Mehrzahl
ein s. 34. Bilde hochdeutsch Einzahl und Mehrzahl!
Setze die Geschlechtswörter: Leepel, Appel, Kassen, La-
den, Nagel, Pahl, Rad, Scheper, Tun, Wagen, Arm, Balken,
Buddel, Deern, ... Wende in Sätzen an!" (HORNBÜSSEL/
ROSE/STUKENBERG 1952, 14).

4) "Ihre Vorzüge (der Standesschule, d. Verf.) liegen in
der leichten Anpassung an die Begabung der Schüler und
an die Bildungsbedürfnisse der einzelnen gesellschaftlichen Schichten. Der Fortschritt der Zivilisation drängt
zur Arbeitsteilung und damit zur sozialen Schichtung.
Da nun für einen erheblichen Teil der Arbeit eine geringere Bildung ausreicht, wäre es nationale Kraftverschwen-
dung, wenn man die Bildung über das Maß der Bedürfnisse
hinaus steigerte, und die Forderung gleicher Bildung für
alle wäre geradezu Unnatur, denn die Begabung der Menschen ist verschieden, deshalb können sie nicht gleichen
Bildungszielen entgegengeführt werden" (WEGENER 1915, 11).

5) Vgl. Aussagen über den "gemeinen Mann" und den "schlichten deutschen Menschen" aus unserer unseligen Vergangenheit: "... das folgende Bild des volkstümlichen deutschen
Menschen von heute ergeben würde: Die Ausdrucksformen
seiner rassischen Anlage werden bestimmt durch die Vor-
herrschaft des Gefühls, das auf ein einfaches Entschei-
dungsdenken und entsprechende klare Kraftäußerungen

drängt. Die gefühlsmäßige Einstellung bedingt seine Stabilität und bildet die Grundlage für seine Führergläubig-
keit, die dann am größten ist, wenn er seinen nationalen
Selbsterhaltungstrieb betätigen und zugleich ein Bekennt-
nis zur heldischen Überlieferung ablegen kann. Der Drang
zum Gemeinschaftsbeweis in der Massendemonstration kennzeichnet sein Handeln wie die Rede sein sprachliches Leben, und sein bildhaft-gegenständliches Denken sucht
sich in einem sinnbildlichen Denken zu verklären"
(FREUDENTHAL 1936/37, 219).

6) An einer rekonstruierten Plattdeutsch-Originalversion
kann man die Ursachen der auffälligen Abweichungen erkennen: "*Du, Fro Janischeck! Du, Fro Janischeck? -
Ik hebb mien Bleepenn to Söök. Man ik moot em (hüm)
doch hebben. Güstern harr ik em (hüm) noch. Oh, Mann,
Fro Janischeck, ik glööv bold, ik hebb em (hüm) verkleit
mank mien Oma är (hör) Mappheften.*" (ANDRAE 1976, 121).

7) Vgl. SCHULENBERG 1970, 398 f.: "Die Beherrschung einer
standardisierten Sprache in einem hohen Grade formaler
Korrektheit auch in ihren schriftlichen Formen wird (...)
zu einem der schärfsten Unterscheidungsmerkmale in der
gesellschaftlichen Einschätzung. ... Es gibt noch heute
in unserer Gesellschaft kaum ein Gebiet, auf dem Lei-
stungsschwächen derart schwere soziale Folgen nach sich
ziehen, wie auf dem Gebiet der Sprache. Unsicherheiten
oder Fehler in der korrekten Sprache oder Schriftform
können einen Menschen sozial deklassieren." - Unsicherheiten in anderen Bereichen (z. B. Mathematik oder Natur-
wissenschaften) werden dagegen besonders in bestimmten
Kreisen des Bildungsbürgertums nicht nur augurenhaft
belächelt, sondern auch kokett zur Schau getragen: Wer
kann denn im Zeitalter des Taschenrechners unter 50 DM
noch zwischen den Logarithmen der trigonometrischen
Funktionen interpolieren?

8) Etwa 80 % der Deutschunterricht erteilenden Lehrkräfte
in Grund- und Hauptschulen sind für dieses Fach nicht
oder unzureichend ausgebildet. Vgl. auch BROWELEIT/
ECKHARDT/HELMERS/MEYER 1975, 50 f., 114 ff.

9) Vgl. z. B. den Erlaß des Niedersächsischen Kultusmini-
steriums vom 24. 8. 1972. In: NIEDERSÄCHSISCHES SCHUL-
VERWALTUNGSBLATT 1972, 228.

Hans Ramge

Kommunikative Funktionen des Dialekts im Sprachgebrauch von Lehrern während des Unterrichts

0. Fragestellung

Das Thema 'Dialekt und Schule' wurde bislang in der sprachwissenschaftlichen und sprachdidaktischen Forschung unter
dem Gesichtspunkt des Dialektgebrauchs von Schülern untersucht. Spätestens seit den Arbeiten von Ulrich AMMON (1972,
1973)[1], Heinrich LÖFFLER (1972)[2] und Joachim HASSELBERG
(1976)[3] ist klar, daß Schüler, die von Hause aus Dialekt
sprechen, in der Verwirklichung ihrer Bildungschancen erheblich benachteiligt sind.
   Wenn und solange die 'Förderung der sprachlichen Kommunikationsfähigkeit' als oberstes Lernziel des Deutschunterrichts unbestritten gilt, bleibt verfehlt
   - sowohl eine rigide Einübung in die deutsche Standard-,
Einheits- oder Hochsprache[4] als Unterrichtsziel, weil sie
die Unterschiede der Bildungschancen verschärft und - im
Falle des Gelingens - dialektsprechende Kinder ihrem sozialen Milieu entfremdet,
   - als auch ein rigider 'dialektorientierter Unterricht',
weil das Nichtbeherrschen der Standardsprache den Zugang
und die Teilhabe an sozial höher bewerteten Positionen und
an der öffentlichen Diskussion hemmt oder gar verhindert.
   Die skizzierte Schwierigkeit mindert sich, wenn man die
Förderung der sprachlichen Kommunikationsfähigkeit als
'Förderung und Erweiterung der sprachlichen Variationsfähigkeit (oder: -kompetenz)' begreift. Das heißt: Wenn
vermittelt wird, wie mithilfe konventioneller Varianten
unserer Sprache (hier die Variation Standardsprache/Dia-
lekt) situationsangemessen und situationsdefinierend
sprachlich gehandelt wird. Jeder Sprecher verfügt über
eine solche Sprachvariationsfähigkeit; ihre Anfänge lassen
sich bis ins dritte Lebensjahr von Kindern zurückverfol-
gen[5]. Von daher bestimmt sich der Stellenwert dieser Untersuchung:
   - 'Lernen' vollzieht sich in konkreten Interaktionssi-
tuationen. "Unterricht" stellt eine solche, durch die Bedingungen der Institution Schule geprägte Situation dar.
Auch die Art der Sprechtätigkeiten und Interaktionsformen
beeinflußt die zu entwickelnden Kommunikationsfähigkeiten
der Kinder. Die Schüler erfahren in konkreter Interaktion, wie
durch die Sprechtätigkeiten des Lehrers gegenwärtige Situationen des Unterrichtsprozesses definiert und verändert

werden. Sie erweitern dadurch ihre Fähigkeit, sich an und
in Handlungen zu orientieren und erweitern damit poten-
tiell ihre eigenen Kommunikationsfähigkeiten.
- Wenn sich zeigen läßt, wie und mit welchen kommunikativen Funktionen Lehrer während des Unterrichts sprachlich
variieren, ergibt sich daraus die Möglichkeit einzuschätzen,
welche Bedeutung dialektgerichteter Sprachgebrauch von
Lehrern für gelingende Kommunikation im Unterricht und
für die Erweiterung sprachlicher Variationsfähigkeiten
von Schülern hat.

1. Standardsprache und Dialekt im Unterricht

1.1. Einstellungen zum Dialektgebrauch von Lehrern
     während des Unterrichts

Es gehört zu den konventionellen, allgemein akzeptierten
Erwartungen in unserer Gesellschaft, daß der Lehrer, und
insbesondere der Deutschlehrer, im Unterricht Standardsprache spricht; denn wie anders sonst sollte er seine
ihm institutionell zugewiesene Aufgabe erfüllen, die Schüler zur Beherrschung und zum Gebrauch der Standardsprache
zu erziehen? Dieses Bildungsziel ist kaum umstritten: Es
erscheint in allen Bildungs- und Lehrplänen für das Fach
Deutsch, häufig allerdings mit dem Hinweis, daß namentlich in den ersten Schuljahren nicht die Sprechfreudig-
keit der Kinder durch Tabuisierung des Dialektgebrauchs
abgewürgt werden solle. Das hat Konsequenzen für das
aus didaktisch-methodischen Gründen erwartete Sprechen
des Lehrers im Unterricht:

> "Natürliches Sprech-Vorbild einer Grundschulklasse ist
> die Sprechweise des Lehrers. Die Eigenart des Grund-
> schulunterrichts gibt dem Lehrer und damit seiner Spra-
> che eine zentrale Funktion. Deren Ignorierung durch
> den Lehrenden kann verhängnisvolle Folgen haben. Die
> Stärke der Nachahmung beruht auf einer gerade im Grund-
> schulalter sehr intensiven sprachlichen Nachahmungs-
> fähigkeit des Kindes. Dialektfehler des Lehrers oder
> auch dessen Sprechstörungen (z.B. Lispeln) werden er-
> fahrungsgemäß leicht von einer ganzen Klasse über-
> nommen."[6]

Diesem durch die berufliche Sozialisation vermittelten Wissen des Lehrers, daß von ihm der Gebrauch der Standardsprache im Unterricht erwartet wird, entspricht seine
Erwartung, daß auch seine Schüler von ihm den Gebrauch
der Standardsprache erwarten. So sagt einer der Lehrer,
der eine der Unterrichtsstunden des Untersuchungskorpus[7]
gehalten hat, im zusätzlichen Interview: (L < C >)

*ich weiß, daß meine kinder meistens nur mit einem wort
antworten. daß sie nicht mehrere sätze hintereinander
sprechen./ und 'eh' daß sie immer schwierichkeiten haben, das, was sie ' in ' eh' der umgangssprache denken,
das umzusetzen, in hochdeutsch, und 'äh' selbst wenn
ich manchmal mich der umgangssprache bediene oder Saar-
brücker plätt spreche / dann wehren sich die kinder
dagegen, das gehört nicht zum lehrer. sie wollen es
nicht hören. und ihre kollegen, wenn die in plätt eine
antwort geben, lacht die ganze klasse. sie sprechen
untereinander nur und ausschließlich platt. aber wenn
schule ist '' ist das kriterium, hier wird hochdeutsch
gesprochen, und wenn einer platt spricht wird er also,
quasi ausgelacht, er traut es nicht, er wägt es nicht.*

Von dieser generellen Erwartung her müßte jede Abweichung
von der Standardsprache im Unterricht als V e r l e t -
z u n g einer Konvention, einer erwarteten Norm, verstanden werden, die negativ sanktioniert ist.
 Andererseits besteht ein in der Lebenspraxis der Lehrer
wurzelndes Wissen, daß dialektaler Sprachgebrauch zumindest mitunter auch durchaus angebracht sein kann. Sehr
plastisch drückt das die Lehrerin < M > in ihrem Interview
aus:

*mir is also in meiner zweiten prüfung selbst gesagt
worden ' vom personalrat ' der vertreter is in ' nach
der pause gekommen un hat gesagt "passen-Se um gottes-
wille uff was-Se ' schwätze-Se kä: dialekt me:!" (L)
das war, glaub ich, ein satz. einer hat ' einer hat angefangen zu heulen , un das in der zweiten prüfung.
jetzt ' ich han-a gesagt, wenn ich jetzt mit dem hochdeutsch rede, sag "hör bitte auf zu weinen!" (L) ' haw-
ich gesagt "kumm, jetz rech dich mol net uff!" sofort
notiert, ne?! geht nicht.
 un-das gibt dann gleich minuspunkte?
ach, net unbedingt. ich mein, bei mir hat-s nichts ausgemacht (A ff). awer wie gesagt'- die dame is gekommen,
hat gesagt "passen-Se uff, machen-Se das nimmer!" wird
nicht gern gesehn. / ah, ich mein ' man kommt in der
umgangssprache doch etwas näher mit den kindern in kontakt ' als wie in -*

Daß man im Dialekt Kinder besser trösten kann, daß man besser mit ihnen in Kontakt kommt, das deutet bereits darauf
hin, daß dem Dialekt besondere Qualitäten auf der Ebene
der zwischenmenschlichen Beziehungen zukommen. Es verlohnt,
in diesem Zusammenhang das Ergebnis einer Befragung von
Lehrern über den Dialektgebrauch in den Niederlanden an-
zuführen. Den Aussagen der Lehrer folgend,

"hat es für den Unterricht Vor- und Nachteile, wenn
der Lehrer von Hause aus Dialekt spricht:
Vorteile:
- Es ist förderlich für den Kontakt mit den Eltern und
  den Kindern.
- Es ist bequem beim Vermitteln neuer Wörter und beim
  Verdeutlichen von Textstellen, die nicht begriffen
  werden.
Nachteile:
- Die Lehrer machen selbst Fehler in bezug auf das
  Standard-Niederländische.
- Man merkt bestimmte Fehler der Kinder nicht.
- Man kann selbst die Aussprache der Kinder nicht ver-
  bessern."[8]

Die Einschätzung macht deutlich: Die Vorteile betreffen
die Ebene des kommunikativen Kontakts und der Verständigung; die Nachteile betreffen die von den Lehrern frag-
los akzeptierten Werte der Standardsprache und ihre Vermittlung als Erziehungsziel.

Zwar wird man die Befunde aus einer speziellen niederländischen Sprachsituation nicht ohne weiteres auf deutsche Verhältnisse übertragen können, doch bestätigen sie
ohne Zweifel die bisherigen Überlegungen.

Wenn man einen vorsichtigen Schluß daraus ziehen will,
so kann man zusammenfassend sagen:

Es besteht eine Antinomie zwischen der gesellschaft-
lich-institutionell erwarteten und von den Lehrern
grundsätzlich akzeptierten Verpflichtung zur Verwendung der Standardsprache im Unterricht einerseits und
dem in der Lebenspraxis der Lehrer verankerten Wissen
um positive kommunikative Funktionen beim Gebrauch von
dialektgerichteten Sprachvariationen andererseits.

Woher rührt nun diese positive Einschätzung des Dialektgebrauchs, und welche Folgen ergeben sich daraus für die im
Unterricht ablaufenden Interaktionsprozesse?

1.2. Dialekt als Sozialsymbol

So schwierig eine zureichende Begriffsbestimmung von 'Dialekt' ist, so gehört sicher das Kriterium der Verwendungsbereiche zu den Kriterien, durch die sich Dialekt und Standardsprache voneinander unterscheiden. Es betreffen danach[9]:

```
"Dialekt                          Hochsprache
Familiär-intimen Bereich,         Öffentlichen Bereich,
örtlichen Bereich und             überörtlichen Bereich,
Arbeitsplatz, münd-               mündliche und schrift-
liches Sprechen.                  liche Rede, Literatur,
                                  Kunst, Wissenschaft,
                                  öffentliche Rede, feier-
                                  liche Anlässe, Gottes-
                                  dienst, Schule."
```

Auch wenn Heinrich LÖFFLER mit Recht einwendet, daß dies
nicht für alle Gegenden gilt, so kann man doch sagen, daß
diese Charakterisierung für den Sprachraum, aus dem das
Untersuchungskorpus stammt, dem Saarland, ganz zutreffend
ist.

Gerade die Merkmale der Intimität, der Familiarität
und Regionalität binden in den Dialekt die p o s i t i v e n
W e r t e   d e r   s o z i a l e n   u n d   l o k a l e n   Z u s a m -
m e n g e h ö r i g k e i t   u n d   I d e n t i t ä t ein, wie
John GUMPERZ in einer Untersuchung in Norwegen sehr überzeugend nachgewiesen hat:

"Diese soziale Signifikanz des Dialekts kann nur im
Gegensatz zu den Bedeutungen verstanden werden, die
Einheimische dem Standard, der Sprache nicht-lokaler
Aktivitäten,zuordnen. Die Standardsprache wird assoziiert mit Bildung und Einfluß im nationalen Bereich
und konnotiert außerdem Rangunterschiede, die im Bereich
der informellen lokalen Beziehungen nicht akzeptiert
werden können. Wenn Einwohner von Hemnesbergert sie
in der alltäglichen Rede gebrauchen, bedeutet das somit, daß sie sich vom 'einheimischen Team' distanzieren"[10].

Kurz: Der Gebrauch des Dialekts zeigt an, daß man die so-
zial-lokale Identität des anderen akzeptiert und daß man
sich als Angehöriger der gleichen lokalen Kultur damit
solidarisiert. Daraus folgt, daß zumindest eine Grundfunktion dialektgerichteten Sprechens in der Lehrersprache die
der   S o l i d a r i s i e r u n g   i m   s p r a c h l i c h e n
S y m b o l ist. Aus dem Merkmal der Familiarität des Dialekts leitet sich aber weiterhin ab, daß in den sprachlichen Symbolen der dialektalen Sprachformen auch Affek-
te und Emotionen gebunden sind, wie sie für familiale Kommunikation konstitutiv sind. Daraus folgt, daß als zweite
Grundfunktion dialektgerichteten Sprechens in der Lehrersprache die der   E m o t i o n a l i s i e r u n g   i m   s p r a c h -
l i c h e n   S y m b o l anzusehen ist.

Dieses Ergebnis des hier sehr verkürzt vorgetragenen
Problemzusammenhangs ist nun in bezug zur Unterrichtssituation zu setzen und auf seine Konsequenzen für sprachliche Interaktion im Unterricht zu befragen. Ausgehend
von der wesentlichen, wenn auch trivialen Feststellung,
daß Unterricht aufgrund seiner institutionellen Bedingungen

eine asymmetrische Kommunikationssituation darstellt, ist
für unsere Fragestellung nur von Bedeutung, welche Funktion dabei dem Sprachgebrauch im Unterricht zukommt. Dies
besonders dann, wenn - wie im Untersuchungsgebiet - die
Lehrer im Unterricht durchweg Standardsprache sprechen
und die Schüler normalerweise Dialekt verwenden. Denn
gleichgültig, ob die Schüler im Unterricht Dialekt sprechen 'dürfen' oder Standardsprache sprechen 'sollen': An
die Standardsprache sind höhere soziale Prestigewerte gebunden, und deshalb gilt das Sprechen der Standardsprache
in jedem Fall als das 'bessere' Deutsch, über das der
Lehrer verfügt und die meisten Schüler nicht oder nur eingeschränkt. In diesem Gefälle reproduziert sich der institutionell abgesicherte und legitimierte Überlegenheitsanspruch des Lehrers im divergierenden Sprachgebrauch.

Verzichtet der Lehrer für den Augenblick auf den Gebrauch der Standardsprache zugunsten dialektgerichteter
Äußerungen, macht er mithilfe seiner Sprachvariationskom-
petenz von zwei Wissensbeständen produktiv Gebrauch:
- von dem Wissen, daß die Sprechsituation von den Sprachvariationen auf der Skala Standardsprache/Dialekt mitdefiniert wird;
- von dem Wissen, daß die Annäherung an den üblichen
Sprachgebrauch der Schüler als der Versuch einer Symmetrisierung der Interaktionsbeziehung beabsichtigt
ist und so verstanden werden kann[11]. Praktisch heißt
das, daß durch den Nicht-Gebrauch der Standardsprache
e i n e   a l s   n i c h t - i n s t i t u t i o n e l l   d e -
f i n i e r t e   S p r e c h s i t u a t i o n   hergestellt
werden soll. Sie wird als eine durch die Merkmale fa-
miliär-alltäglicher Kommunikation gekennzeichnete definiert.
Wenn dies richtig ist, sind allerdings zwei Einschränkungen
notwendig:
- Die Einschätzung einer Lehreräußerung als 'dialektgerichtet' hängt von seinem üblichen Sprachgebrauch
auf der Skala Standardsprache/Dialekt im Unterricht ab.
- Die Verwendung dialektgerichteter Äußerungen hebt
die Geltung der erwarteten standardsprachlichen Norm
nicht auf; vielmehr schlägt sich diese auch in dialektgerichteten Äußerungen nieder, so daß eine Mischsprache
entsteht.
Als Ergebnis der allgemeinen kommunikationstheoretischen
Überlegungen läßt sich also die B a s i s a n n a h m e formulieren:

Die bestehende Antinomie zwischen der erwarteten Verwendung der Standardsprache einerseits und dem Wissen
um die solidarisierend-emotionalisierenden Qualitäten
des Dialekts andererseits führt in der Unterrichtssprache der Lehrer zu gelegentlichen dialektgerichteten
Sprachvariationen mit dem Ziel, symmetrisierend eine
familiär-alltägliche Sprechsituation herzustellen.

Bevor diese Basisannahme in Form von überprüfbaren Hypothesen spezifiziert wird, soll der folgende Exkurs zwei
Aspekte der Basisannahme verdeutlichen und plausibel machen.

1.3. Exkurs: Indikatoren für die Richtigkeit der Basisannahme

(1) Interferenzen von standardsprachlichen und dialektalen
Formen in Äußerungen.
    Die Erwartung der Verwendung der Standardsprache im Un-
terricht schlägt sich sehr oft auch dann in den Äußerungen
des Lehrers nieder, wenn er von den sozialen Werten des
Dialekts Gebrauch machen will. Umgekehrt kann man auch sagen: 'Reiner' Dialekt tritt in den Lehreräußerungen fast
nie auf, weil die von ihm akzeptierte generelle Erwartung
dies verhindert. Dazu einige Beispiele, in denen jeweils
die charakteristischen Dialekt- und Standard-Formen[12] unter-
strichen sind:
    <F>: *Uschi, nit reinmische, schön den finger strecken!*
         (T)
    <H>: *Peter, du überlegscht überhaupt nicht, du spielscht*
         nur! (TÄ)
    <L>: *noch-n halbe satz an das anhänge, was die Gabi*
         sagte! (E)
    <P>: *was kannste jetzt aus dem sätzje entnehmen?*
    <R>: *hm, sonscht hätt der fuchs jo nix sehn können.* (V)
Es ist vermutlich kein Zufall, daß in den meisten Fällen
wie in den Beispielen hier die standardsprachliche Form
am Ende der Äußerung erscheint. Das läßt sich von der Basisannahme her dahingehend erklären, daß die Zwänge und Erwartungen der Unterrichtssituation nach momentanem Heraus-
treten im dialektsprachlichen Symbol wieder wirken, wenn
die Äußerung am Ende wieder als Teil einer Unterrichtsse-
quenz verstanden wird. Ich spreche deshalb bewußt stets
von 'dialektgerichteten Äußerungen' und nicht von 'dialektalen', um deutlich zu machen, daß es sich bei den zu
analysierenden Äußerungen um sprachlich gemischte auf der
Skala Standardsprache/Dialekt handelt.

(2) Dialektgerichtete Äußerungen und kommunikative Partikel.
    Von den sprachlichen Partikeln /ne?!/, /nich(t), nit,
net?!/, /ja?!/, /gell?!/ u.ä., die häufiger am Ende einer
Äußerung auftreten, kann man m.E. mit Sicherheit behaupten,
daß ihre hauptsächliche kommunikative Funktion in aller
Regel darin besteht, erwartetes Einverständnis, unterstellte Solidarität mit dem anderen zu signalisieren. Diese 'kommunikativen Partikel' haben also eine ähnliche Funktion, wie sie dem Dialekt als Sozialsymbol in der Basisannahme unterstellt wurden. Als Indikator für die Richtigkeit der Basisannahme kann deshalb gewertet werden, wenn
ein relativ hoher Anteil von kommunikativen Partikeln sich
in dialektgerichteten Äußerungen nachweisen läßt. Dabei

ist allerdings zu berücksichtigen, daß der Gebrauch kommunikativer Partikel bei einzelnen Sprechern auch reine Sprechgewohnheit, Routine sein kann.

Im Vorgriff auf die noch näher zu beschreibenden Untersuchungsverfahren, die auf das Korpus angewendet wurden (s. 2.), erbrachte die statistische Auswertung dazu ein klares Ergebnis. Wenn man davon ausgeht, daß nach überschlägiger Berechnung[13] der Anteil dialektgerichteter Äußerungen mit feststellbarer kommunikativer Funktion im Durchschnitt etwa 3-5% aller Äußerungen ausmacht und sich theoretisch die kommunikativen Partikel gleichmäßig auf alle Äußerungen verteilen würden, dürften auch nur 3-5% aller kommunikativen Partikel sich in dialektgerichteten Äußerungen finden. Als nicht-zufällig darf man es deshalb bezeichnen, wenn sich ein Mehrfaches an kommunikativen Partikeln (= KP) darin findet.

In den 20 Unterrichtsstunden werden 274 mal kommunikative Partikel von den Lehrern verwendet. Davon entfallen allerdings 133 (= 48,5%) allein auf vier Sprecher, den einzigen, bei denen mehr als 20 kommunikative Partikel in den Unterrichtsstunden auftraten und bei denen daher der Faktor der routinemäßigen Verwendung nicht auszuschließen ist.

Berechnet wurde einmal der Anteil der kommunikativen Partikel in dialektgerichteten Äußerungen (= KP_{dia}) bezogen auf alle auftretenden KP, zum anderen die Auftretenshäufigkeit von KP_{dia} in dialektgerichteten Äußerungen (DIA). Dabei ergaben sich folgende Werte, wobei einmal mit dem Gesamtkorpus, einmal unter Ausschluß der vier Sprecher gerechnet wurde:

Tabelle 1: Verteilung kommunikativer Partikel in dialektgerichteten Äußerungen

Zahl der Stunden n=	Zahl der KP n=	KP_{dia} / KP	KP_{dia} / DIA
20	274	0,20	0,26
16	133	0,28	0,22

Die Tabelle besagt, daß sich 20 (bzw. 28) % aller kommunikativen Partikel in dialektgerichteten Äußerungen finden und daß 26 (bzw. 22) % aller dialektgerichteten Äußerungen einen kommunikativen Partikel enthalten. Das liegt weit über der durchschnittlichen Auftretenswahrscheinlichkeit von 3-5% und bestätigt damit als Indikator die Richtigkeit der Basisannahme.

1.4. Hypothesen der Untersuchung

Aus der Basisannahme leiten sich die folgenden Hypothesen
ab, die empirisch anhand des Untersuchungskorpus überprüfbar sind und die deshalb zu einer Spezifizierung der Basisannahme beitragen können:

(H 1) Alle Lehrer variieren während des Unterrichts dialektgerichtet, wenn auch in unterschiedlichem Grad der
Abstufung auf der Skala Standardsprache/Dialekt und
mit unterschiedlicher Häufigkeit. (Die Überprüfung
der Hypothese setzt ein Meßverfahren zur Bestimmung
des durchschnittlichen Sprachniveaus voraus und soll
zu Gruppen mit spezifischer Variationstätigkeit
führen s. 2.)

(H 2) Jeder dialektgerichteten Äußerung läßt sich eine be-
stimmbare kommunikative Funktion zuordnen, die aus
den Grundfunktionen des Sozialsymbols Dialekt einerseits und den spezifischen Bedingungen der sprachlichen Handlung andererseits abzuleiten ist. (Die
Überprüfung der Hypothese setzt eine Begriffsbestimmung dessen voraus, was unter 'kommunikativer
Funktion dialektgerichteten Sprechens' zu verstehen
ist. Daraus werden sieben kommunikative Funktionen
abgeleitet und beschrieben; s. 3.)

(H 3) Standardsprachlich orientierte Lehrer machen didaktisch bewußter von den kommunikativen Funktionen des
Dialekts Gebrauch als stärker dialektorientierte
Lehrer. (Die Überprüfung der Hypothese ist durch
statistische Auswertung möglich, wenn die bestimmten kommunikativen Funktionen dialektgerichteten
Sprechens mit Strukturelementen des Unterrichtsprozesses in Verbindung gebracht werden können; s. 4.)

1.5. Untersuchungskorpus

Die Untersuchung beruht auf dem Material von 20 Unterrichtsstunden: 20 saarländische Lehrer haben jeweils in einer
5. Klasse der Hauptschule im Fach Deutsch eine Unterrichts-
stunde über ein vorgegebenes Thema gehalten, die stilistisch
überarbeitete Fassung der Äsop'schen Fabel "Der Fuchs und
der Holzhacker"[14]. Die Bandaufnahmen erfolgten Anfang 1976
und wurden von einer studentischen Arbeitsgruppe aufgenommen
und nach einem eigens entwickelten Transkriptionsverfahren
verschriftet[15]. Die teilnehmenden Schulen verteilen sich
gleichermaßen auf Stadt- und Landschulen. Alle Lehrer verwenden, soweit überhaupt, Dialektformen des Rheinfränkischen.
    Obwohl durch verschiedene Maßnahmen der Verzerrungseffekt
durch die Aufnahmesituation gemildert wurde, ist entsprechend der in der Basisannahme genannten Antinomie zu erwarten, daß die Lehrer in der Aufnahmestunde stärker standardsprachlich sich äußerten als im normalen Unterricht.

Allerdings zeigten informelle Beobachtungen und die Einbeziehung der sehr zwanglos geführten Interviews, daß die
Abweichung nicht erheblich gewesen sein kann. Im übrigen
hat das für die Untersuchung keine allzu großen Konsequenzen, denn die Variation auf der Skala Standardsprache/Dia-
lekt blieb ersichtlich erhalten; sie kann durch die Aufnahmesituation höchstens nur systematisch gleichmäßig in
Richtung Standardsprache verschoben worden sein.

2. Das mittlere Sprachvariations-Niveau und die dialektgerichteten Äußerungen

2.1. Sprachliche Merkmale zur Bestimmung des mittleren
     Sprachvariations-Niveaus

Unter dem mittleren Sprachvariations-Niveau (MSVN) verstehe
ich den Punkt auf der Skala Standardsprache/Dialekt, der
sich aus der gewichteten Auszählung relevanter sprachlicher
Merkmale des Sprechers als Durchschnitt ergibt. Ziel der
Bestimmung des MSVN ist es, von vagen und subjektiven Einschätzungen des Sprachgebrauchs von Sprechern als (z.B.)
"starker Dialektsprecher", "geringfügig Umgangssprache
Sprechender" usw. zu einer objektiveren Festlegung des
Sprachstandards einer begrenzten Redemenge zu gelangen.
Das MSVN muß bestimmt werden, weil nur so einzelne Lehreräußerungen als "dialektgerichtet" kategorisiert werden
können und damit auf ihre kommunikative Funktion hin un-
tersuchbar werden. Denn jeder Lehrer spricht natürlich
im Durchschnitt etwas anders auf der Variationsskale Stan-
dardsprache/Dialekt.
    Verfahrensmäßig bin ich in Anlehnung an Ulrich AMMONs
"dialektale Stufenleitern"[16] induktiv vorgegangen, indem
ich aufgrund einer kursorischen Durchsicht der Unterrichtsstunden eine vorläufige Liste von 26 gelegentlich oder
öfter vorkommenden Sprachvariationen aufgestellt habe.
Von diesen erwiesen sich bei näherer Prüfung anhand des
Korpus schließlich 12 Merkmale als relevant, weil sie folgende notwendige Kriterien erfüllten:
    - Die variierenden sprachlichen Merkmale mußten mit
    einiger Häufigkeit in allen Unterrichtsstunden vorkommen.
    - Sie sollten zu einer Differenzierung des MSVN der
    Stunden untereinander führen und nicht zu einer Nivel-
    lierung.
    - Sie mußten die gesamte Bandbreite möglicher Varia-
    tionen umfassen, nicht nur die ausgesprochen dialek-
    talen.
Daraus ergaben sich drei Gruppen, auf die sich die Merkmale
verteilen:
(1) Abweichungen von der standardsprachlichen Norm, die konventionell akzeptiert sind und deshalb kaum noch als 'Abweichungen' angesehen werden, nämlich

/einmal/ vs. /mal/, /etwas/ vs. /was/, /-es/ vs. /-s/
(= 3. Pers.Pron.neutr. im Nebenton).

Die Aufnahme dieser Variationen erwies sich deshalb als
sinnvoll, weil viele Lehrer in den Phasen ausgeprägt d i -
d a k t i s c h e n S p r e c h e n s die normativen standardsprachlichen Formen verwenden (und damit übrigens die These von der akzeptierten Verbindlichkeit der Standardsprache
im Unterricht wiederum bestätigen).

(2) Abweichungen von der standardsprachlichen Norm, die unter Performanzeinfluß überregional weit verbreitet sind,
aber konventionell deutlich als Abweichungen gelten, nämlich

/ein, eine/ vs. $\left\{\begin{matrix}\text{/n, ne/}\\ \text{/e/}\end{matrix}\right\}$, /ist/ vs. /is/, /sind/ vs.

/sin/, /haben/ vs. /ham/, /-wir/ vs. $\left\{\begin{matrix}\text{/wer, wa/}\\ \text{/mer, ma/}\end{matrix}\right\}$ (im

Nebenton), sonstige Pronomen im Nebenton
(/-sie/ vs. /-se/, /-ihr/ vs. /-er/, /-ihn/ vs. /-n/,
/-du/ vs. /-de/).

(3) Abweichungen von der standardsprachlichen Norm, die
deutlich dialektal bedingt sind, nämlich

/-e/   vs.   /-ø/
/-en/ vs. $\left\{\begin{matrix}\text{/-e/}\\ \text{/-ø/}\end{matrix}\right\}$, /nicht/ vs. /net, nit/, /-st/ vs.
/-scht/.

Viele weitere Dialektformen kommen zwar in den Stunden vor,
sie sind aber nicht signifikant häufig, um als differenzierende Merkmale berücksichtigt werden zu können (vgl.
3.2.). Nach dem für den Sprecher charakteristischen Gebrauch der Formen wurde nun nach folgendem Schema gepunktet:

	ausschließlich fast ausschließlich	überwiegend starke Tendenz zu
Variation 1 (z.B. /einmal/)	1	2
Variation 2 (z.B. /mal/)	4	3

Das heißt: Ein Lehrer, der ausschließlich oder fast ausschließlich (d.h. mit 2, 3 Ausnahmen) /einmal/ verwendete,
erhielt für dieses Merkmal den Punktwert 1; einer, der
überwiegend /einmal/ verwendete, den Punktwert 2; einer,
der überwiegend /mal/ gebrauchte, den Punktwert 3 usw.
So wurde für alle 12 Merkmale verfahren.

Nun ist die Verwendung von /mal/ für die Bestimmung des
MSVN auf der Skala Standardsprache/Dialekt zweifellos erheblich weniger charakteristisch als z.B. die Verwendung
von /-scht/ (z.B. /haschte/, /bischte/, /kannschde/). Daraus
ergab sich die Notwendigkeit einer sinnvollen W i c h -
t u n g. Ich bin so vorgegangen, daß ich die festgestellten

Punktwerte zunächst für die einzelnen Abweichungs-Gruppen
addiert habe. Dieser Punktwert wurde multipliziert, und
zwar in der Abweichungs-Gruppe (1) mit 1, in der Abweichungs-Gruppe (2) mit 2 und in der Abweichungs-Gruppe (3)
mit 3. Diese multiplizierten Punktwerte wurden addiert und
ergeben eine 'M i t t l e r e S p r a c h v a r i a t i o n s -
Z a h l' (= MSVZ), die als abstrakter Wert für das MSVN
gilt.
    Bei den beiden Merkmalen, die Varianten zulassen (/ein,
eine/ vs. /e/ und /ein, eine/ vs. /n, ne/, bzw. /-wir/ vs.
/-wer, -wa/ und /-wir/ vs. /-mer, -ma/) wurde so verfahren,
daß /-e/ und /-mer, -ma/ als stärker dialektbezogen gewertet
wurden. Zum festgestellten Punktwert wurde deshalb ein Punkt
hinzugegeben, wenn eine starke Tendenz zu diesen Formen
festzustellen war.
    Nach diesem Verfahren ergaben sich für die einzelnen
Lehrer die Werte, die in Tabelle 2 in der Spalte "MSVZ"
eingetragen sind.

2.2. Bestimmung 'dialektgerichteter Äußerungen'

Nachdem das MSVN für jeden Sprecher bestimmt war, war es
verhältnismäßig einfach, einzelne Äußerungen oder Äußerungs-
sequenzen als "dialektgerichtet" zu bestimmen. Mindestens
eines der beiden folgenden Kriterien mußte erfüllt sein:
    - Es mußte eine Häufung von sprachlichen Merkmalen in
Äußerung vorliegen, die für das betreffende MSVN charakteristisch sind.
    - Die Äußerung mußte mindestens ein sprachliches Merk-
mal enthalten, das einer höheren Abweichungsgruppe zugeordnet war oder das als ausgesprochene Dialektform zu werten war.
    Es ist einzuräumen, daß es auch bei dieser relativ for-
malen Bestimmung nicht immer ohne subjektive Entscheidungen
ging. Dabei entschied das erkenntnisleitende Interesse
der Untersuchung der kommunikativen Funktionen dialektgerichteten Sprechens.
    Bei der Auszählung wurden auch dialektgerichtete Äuße-
rungssequenzen als eine Einheit gezählt, weil sie entsprechend der Basisannahme einheitlich eine Definition der
Sprechsituation darstellen. Die Zahl der dialektgerichteten
Äußerungen gilt als Zahl der 'dialektgerichteten Variationshäufigkeit'. Die Werte für die einzelnen Lehrer sind in
Tabelle 2 wiedergegeben.

2.3. Ergebnisse und Interpretation in bezug auf Hypothese 1

Tabelle 2 enthält neben der MSVZ deren Eingruppierung (I-IV)
und neben der Zahl dialektgerichteter Variationshäufigkeit
deren Eingruppierung (a-d).

Tabelle 2: Mittleres Sprachvariationsniveau und dialektgerichtete Variationshäufigkeit im Untersuchungskorpus

Lehrer(in) Kode-Buch-stabe	MSVZ	MSVN (Gruppe)	Zahl der dia-lektgerichte-ten Äußerungen	dialektgerichte-te Variations-häufigkeit (Gruppe)
A	31	I	3	a
B	40	I	8	b
C	42	II	13	c
D	40	I	3	a
E	38	I	2	a
F	45	II	11	c
G	43	II	5	a
H	49	III	15	c
I	44	II	9	b
K	50	III	21	d
L	59	IV	12	c
M	50	III	7	b
N	66	IV	21	d
O	41	I	9	b
P	50	III	6	b
Q	62	IV	8	b
R	54	III	13	c
S	43	II	5	a
T	74	IV	38	d
U	45	II	3	a
A-U ∅	48,3		10,6 n=212	

(1) Das Ergebnis bestätigt zunächst die Hypothese 1 voll
und ganz:
  - Keiner der beteiligten Lehrer sprach reine Standard-
    sprache oder nur Dialekt.
  - Alle Lehrer verwendeten, wenn auch in sehr unterschied-
    licher Häufigkeit, dialektgerichtete Äußerungen, die
    von ihrem mittleren Sprachvariationsniveau abwichen.
Es ist anzumerken, daß diese Feststellungen richtig sind,
obwohl die MSVZ nach dem Over-all-System berechnet wurde,
d.h. auch die dialektgerichteten Äußerungen einbezog. Denn
andererseits erfolgte in den Phasen 'didaktischen Sprechens'
eine systematische Verzerrung in Richtung standardsprachlicher Normen.
(2) Es ist bemerkenswert, wie stark insgesamt die Verpflichtung zur Verwendung der Standardsprache im Unterricht erfüllt wird; denn auch die in der Abweichungsgruppe (3) genannten dialektalen Merkmale, die als einzige
häufiger verwendet werden, sind - bezogen auf ausgeprägte Dialekte des saarländischen Sprachraums - nicht besonders auffällig. Dennoch kann man sagen, daß sich von den
Zahlenwerten her vier Sprechergruppen herausschälen:

- 5 Lehrer mit einer MSVZ von 31-41 Punkten sind in ihrer Unterrichtssprache a u s g e p r ä g t s t a n d a r d - s p r a c h l i c h o r i e n t i e r t (Gruppe I).
- 6 Lehrer mit einer MSVZ von 42-45 Punkten kann man als g e m ä ß i g t s t a n d a r d s p r a c h l i c h o r i e n - t i e r t bezeichnen (Gruppe II).
- Die 5 Lehrer mit einer MSVZ von 49-54 Punkten weisen eine s c h w a c h d i a l e k t o r i e n t i e r t e Unterrichtssprache auf (Gruppe III).
- 4 Lehrer mit einer MSVZ von 59-74 Punkten sprechen s t ä r k e r d i a l e k t o r i e n t i e r t (Gruppe IV).

Da die Grenze zwischen Gruppe I und II fließend und hier einigermaßen willkürlich festgelegt ist, scheint es sinnvoll, zwei Sprecherhauptgruppen zu unterscheiden:
- eine, die mehr standardsprachlich orientiert ist (n= 11);
- eine, die mehr dialektorientiert ist (n= 9).

Diese Unterscheidung ist namentlich im Hinblick auf die Untersuchung der Hypothese 3 notwendig.

(3) Auch bei der Häufigkeit der dialektgerichteten Äußerungen lassen sich, vom Durchschnittswert ausgehend, vier Gruppen bilden:
- 6 Lehrer verwenden 2-5 Einheiten (Gruppe a).
- 6 Lehrer verwenden 6-10 Einheiten (Gruppe b).
- 5 Lehrer verwenden 11-15 Einheiten (Gruppe c).
- 3 Lehrer verwenden 16 oder mehr Einheiten (Gruppe d).

Wieder ist die Abgrenzung zwischen den Gruppen a und b am undeutlichsten, so daß man vielleicht besser von zwei Hauptgruppen sprechen sollte: solche, die seltener, und solche, die häufiger dialektgerichtete Äußerungen verwenden.

(4) Es besteht eine sehr deutliche Korrelation zwischen dem Grad der Sprachorientierung und der Häufigkeit, davon auch kommunikativ funktional in dialektgerichteten Äußerungen Gebrauch zu machen. Bezogen auf die Gruppierung nach dem MSVN ergeben sich folgende Durchschnittswerte:

I = 5,5   II = 7,67   III = 12,4   IV = 19,75 Einheiten.

Es gibt jedoch keineswegs eine Identität. Vor allem die Sprecher der Gruppe II streuen in der Häufigkeit dialektgerichteter Äußerungen außerordentlich stark.

3. Sieben kommunikative Funktionen dialektgerichteten Sprechens in der Lehrersprache

3.1. Begriffsbestimmung 'kommunikative Funktion dialektgerichteten Sprechens'

In 1.2. wurden dem Dialekt als Sozialsymbol die Basisfunktionen der Solidarisierung und Emotionalisierung zugeordnet. Darin kann sich aber nicht die 'kommunikative Funktion' einer dialektgerichteten Äußerung erschöpfen, denn diese ist zunächst und primär als sprachliche Handlung zu begreifen. Als Sprechhandlung verfügt sie über eine Intentionalität, d.h. über einen sich durch erwartbare konventionelle wechselseitige Verstehensprozesse herstellenden Sinn. Er ist zunächst an die Sprechhandlung als solche gebunden, wird im konkreten Interaktionsprozeß aber durch weitere Faktoren mitkonstituiert.

Unter 'kommunikativer Funktion' verstehe ich hier den auf Verlauf und Konstituierung eines Interaktionsprozesses bezogenen Sinn einer Äußerung.

Damit wird deutlich, daß nicht allein der Typ einer sprachlichen Handlung (z.B. fragen, auffordern, raten, drohen) die kommunikative Funktion einer sprachlichen Äußerung bestimmt, sondern zumindest noch deren Position im Interaktionsprozeß und die Art und Weise, in der die Äußerung sprecherisch realisiert wird.

So ist z.B. eine Lehreräußerung wie /jetzt paßt mal auf!/ als Sprechhandlungstyp eine Aufforderungshandlung. Wie sie aber konkret zu verstehen und wie sie gemeint ist, ergibt sich aus ihrer Stellung im Unterrichtsverlauf. Unterscheidet man mit N. FLANDERS[17] initiierende und reagierende Spielzüge und mit A. BELLACK u.a.[18] die einleitenden Spielzüge des Strukturierens und Aufforderns sowie die bezugnehmenden Spielzüge des Reagierens und des Fortführens, so wird klar, daß in einem reagierenden Spielzug die Beispieläußerung in aller Regel als 'Tadel' gilt, während sie in initiierender Position tatsächlich als Aufforderung zum Aufpassen gilt, d.h. eine Aktivierung der Schüleraufmerksamkeit beabsichtigt.

Unabhängig von der Position der Äußerung im Unterrichtsprozeß wird ihre kommunikative Funktion mitbedingt durch die Art, wie sie mit parasprachlichen Merkmalen verbunden ist, d.h. ob sie z.B. 'freundlich', 'energisch', 'sachlich', 'ärgerlich' usw. ausgesprochen wird. Dies sind keine absoluten Kategorien, denn wie eine Äußerung auf dieser Ebene eingeschätzt wird, hängt mit von individuellen Sprechergewohnheiten und von der gemeinsamen Kommunikationsgeschichte der Interagierenden (hier also der Schüler und des Lehrers) ab. Aber es ist klar, daß ein 'freundlich' ausgesprochener Tadel weniger rigide und diskriminierend wirkt als ein 'energischer' oder 'ärgerlicher'.

Ein Sprechhandlungstyp kann meist in sehr verschiedenartigen grammatischen Strukturen und Formen auftreten. Allein die gewählte grammatische Struktur trägt kategorial zur kommunikativen Funktion der Äußerung bei. So macht es - unabhängig von Position und sprecherischer Realisierung - einen Unterschied, ob der Lehrer im Beispielfall sagt /jetzt paßt mal auf!/ oder /jetzt paßt doch endlich mal auf!/ oder /aufpassen!/ oder /wollt ihr nicht endlich mal aufpassen?/.

Die drei Konstituenten der kommunikativen Funktion von Äußerungen sind zunächst unabhängig von den Sprachformen auf der Skala Standardsprache/Dialekt. Es ist jedoch evident, daß es einen Unterschied ausmacht, ob der Lehrer sagt: /jetzt paßt mal auf!/ oder /jetz paßt mol uff!/, den sonst üblichen Gebrauch der Standardsprache vorausgesetzt. Ist eine Äußerung dialektgerichtet, ergibt sich ihre kommunikative Funktion als dialektgerichtete aus den Basisfunktionen des Sozialsymbols Dialekt einerseits, andererseits ist das Auftreten der dialektalen Sprachform funktional mitbedingt durch die drei anderen Konstituenten.

Der Zusammenhang soll im folgenden Quadrupel abstrahiert repräsentiert sein und als Begriffsbestimmung von 'kommunikativer Funktion dialektgerichteten Sprechens' gelten:

$$KF_{dia} = \left\{ a, b, c, \left\{ d, f(a, b, c) \right\} \right\}$$

wobei

a = strukturelle Position in der Interaktion (bzw. im Text)
b = sprecherischer Realisierungstyp
c = grammatische Form
d = sprachliche Variationsform auf der Skala Standardsprache/Dialekt.

Die Definition hebt für die speziellen Untersuchungszwecke auf die Integration der kategorialen Basisfunktionen und der aus den anderen Konstituenten stammenden Funktionalität als gemeinsamer Konstituente für dialektgerichtetes Sprechen im Unterricht ab.

3.2. Beschreibung der kommunikativen Funktionen

Die folgende Beschreibung der sieben kommunikativen Funktionen dialektgerichteten Sprechens in der Lehrersprache hat sich heuristisch aus der Untersuchung der Unterrichtsstunden des Korpus ergeben. Es ist deshalb möglich, wenn m.E. auch wenig wahrscheinlich, daß es weitere kommunikative Funktionen gibt[19]. Für die Bezeichnung der Funktionen werden weitgehend alltagssprachliche Ausdrücke verwendet, um eine bessere Nachvollziehbarkeit zu gewährleisten.

Da detaillierte Einzelanalysen in bezug auf den Unterrichtsprozeß aus Raumgründen nicht möglich sind, soll wenigstens die Position der Funktionen im Unterricht mit umrissen werden. Dabei beschränke ich mich auf drei wesentliche strukturelle Merkmale:

- ob die Funktion eher mit initiierenden oder mit reagierenden Spielzügen verbunden ist,
- ob sie eher auf Einzelschüler oder auf die ganze Klasse bezogen ist,
- ob sie vorwiegend an Äußerungen innerhalb oder außerhalb von 'Unterrichtsplänen' gebunden ist. Dabei werden unter 'Unterrichtsplänen' diejenigen strukturierten Handlungen verstanden, die zum Erreichen eines
(als gemeinsam zu erarbeiten unterstellten) Unterrichts-
ziels im wechselseitigen Verständigungsprozeß beitragen. Außerhalb von Unterrichtsplänen stehen z.B. Er-
mahnungen und unterrichtsorganisatorische Äußerungen[20].

3.2.1. Veranschaulichungsfunktion

Wenn z.B. die Lehrerin < H > sagt:
(1) < H > (IIIc)
... *und der eine hat zum andern gesagt < du bischt*
ein falscher hund! > (N)
dann zitiert sie (angeblich) die Rede eines anderen. Die
Dialektform soll signalisieren, daß es sich um 'natürliche',
alltägliche Rede handelt, wie sie Lehrer und Schüler in alltäglicher Kommunikation erfahren. Eine Einstellung wird den
Schülern verdeutlicht, indem sie in einer dialektgerichteten Äußerung veranschaulicht wird. Von daher wirkt der
Rückgriff auf den gemeinsamen sprachlichen Erfahrungshin-
tergrund solidarisierend. Diese Lehrereinstellung könnte
man etwa so paraphrasieren: 'Ich rede mit den Schülern so,
wie man redet, wenn man etwas "wirklich" sagt'. Da der
Lehrer mit der dialektgerichteten Äußerung etwas sinnfäl-
lig veranschaulichen möchte, findet sie sich immer in initiierenden, plangebundenen Zügen und ist meist an die ganze
Klasse gerichtet, außer bei Rollenspielen, wo der Lehrer
versucht, Kinder zu 'natürlichem', d.h. alltäglichem
Sprachhandeln zu veranlassen:
(2) < K > (IIId)   S (= Schüler)
(flüstert vor:) < *der Markus, was soll-n ich mit dem*
sei eisebahn. > (S).
                        jo. der –
(leise) < *un zu dem hat-er gesá:t: du wärsch e faulen-*
zer, hätt-er zum Peter gesa:t. de Peter tät nix schäf-
fe un so. > (S)
Hier wird in einer skurrilen Mischung zwischen direkter und
indirekter Rede versucht, dem Schüler auch sprachlich-an-
schaulich zu vermitteln, wie er seine sprachlichen Handlungen im Rollenspiel organisieren soll. Die indirekte Form
der Veranschaulichung durch den Gebrauch dialektaler Symbole spiegelt sich auch in den selteneren Fällen, in denen
der Dialektgebrauch während der laufenden Rolle des Lehrers
auf den gemeinsamen Erfahrungshorizont veranschaulichend
zurückgreift:
(3) < S > (IIa)
gleich am anfang? geht er aus der hütte raus? er muß
doch schließlich erst-ma do hinkommen! 'ne! (S) immer

schön in der reihenfolge. wenn-de morgens aufstehst,
dann 'äh' gehs-de dich auch erst mal wäschen und
änziehn ' und ' essen, und machst das net ' úmge-
kehrt, ne?! (S)

Zu beachten ist, daß < S > ein mehr standardsprachlich orien-
tiertes MSVN hat als die Lehrer in den Beispielen (1) und
(2). Deshalb machen Formen wie /do/, /-de/ und /net/ die
Äußerung zu einer dialektgerichteten. Die Absicht, dem
Schüler etwas mittels der Proposition zu veranschaulichen,
spiegelt sich auch in diesen sprachlichen Formen als symbolischen Formen der lokalkulturellen Solidarität.

3.2.2. Aktivierungsfunktion

Dialektgerichtete Äußerungen dienen oft dazu, die Klasse
oder einzelne Schüler zur Mitarbeit zu aktivieren. Sie
finden sich deshalb immer in unterrichtsplanbezogenen
Äußerungen, entweder in strukturierenden oder in fort-
führenden Zügen (im Sinne A. BELLACKs u.a.):
(1) < G > (IIa)
    heut '' erzähl ich euch eine ändere geschicht. (S)
(2) < O > (Ib)
    jä, sa-mer-s nöch stärker?! (B, F)
(3) < S > (IIa)
    guckt im text! (E) der hölzhacker, der spricht ja net,
    sondern ér-

Die aktivierenden Sprechhandlungen des Lehrers erhalten
durch die dialektalen Sprachformen eine zusätzliche Qualität, etwa zu paraphrasieren als: 'Wir sitzen alle in einem
Boot. Jetzt macht mal voran, damit w i r weiterkommen!'
Das heißt: An die solidarisierende Funktion des Dialektgebrauchs ist der Appell zu gemeinschaftlich-partnerschaft-
lichem Handeln gebunden. Die Aktivierung wird (scheinbar)
nicht aus dem Überlegenheitsanspruch des Lehrers abgeleitet, sondern aus dem als gemeinsam unterstellten Alltagswissen, notwendige Tätigkeiten gemeinsam anpacken zu müssen.
    Die Grenzen zur Veranschaulichungsfunktion dialektge-
richteter Äußerungen sind mitunter fließend, wie das folgende Beispiel zeigt:
(4) < C > (IIc)
    ... das war dem füchschen bestimmt nit furchtbar
    recht. (leise): das hat er sich abringe müssen. auf
    welche weise hat er ihn denn gebéten? (S)

Im dialektalen Symbol versucht der Lehrer, die Situation
des Fuchses zu veranschaulichen und mittels dieser Veranschaulichung die Schüler zugleich zur Problemlösung zu
aktivieren.

3.2.3. Bagatellisierungsfunktion

Die Bagatellisierungsfunktion ist in den meisten Fällen an
sprachliche Handlungen des Lehrers gebunden, in denen
innerhalb oder außerhalb des Unterrichtsplans verlaufs-
technische Angelegenheit des Unterrichts organisiert werden. Ihr Kennzeichen ist, daß der Vollzug der proponierten
Handlung zwar für das Gelingen des Unterrichts wichtig ist,
vom Unterrichtsplan her aber belanglos, soweit es dessen
eigene Abarbeitung betrifft:
(1) < T > (ÍVd)   S
   stop mal, stop mal! wer hat jetz noch kénns? ((=Blatt))
   gib das mo do ríbba!

                        bitte, bitte == (S reden mit-
                                      einander)

   Helmut, hascht dú eins?
Durch die dialektgerichtete Äußerungsform wird genau der
'Bagatellcharakter' der Handlung für den Unterrichtsverlauf symbolisch gebunden; der Sprecher signalisiert damit
implizit: 'Ich weiß genau so gut wie ihr, daß das nicht
so wichtig ist, was ich von euch will; aber es muß gemacht
werden. Da kann ich mich doch auf euch verlassen!?' Derartige Äußerungen richten sich mit solidarisierender Funktion sowohl an die Klasse als auch an einzelne Schüler:
(2) < F > (IIc)   S
   bítte faltet das unten nícht auf, erst dann, wenn
   ich-s sage, né?! (S)   (Lachen)
   vórher auffalten s-unfair, gilt nit! (F, S)
(3) < C > (IIc)   S
   ja, sag-s doch bitte mal [*ganz láut*] *und jetzt drehscht-*
                              [*gute tat*]
   de disch mal rùm! < das ist eine > –
                        das ist eine gùte tát.
In der Bagatellisierungsfunktion wird vielleicht am deutlichsten, wie durch die Dialektformen die Sprechsituation
plötzlich für den Augenblick als nicht-institutionell definiert wird, wie etwa Beispiel (3) zeigt.

3.2.4. Abschwächungsfunktion

Die Abschwächungsfunktion dialektgerichteter Äußerungen
ist darauf gerichtet, daß der Lehrer Schülerhandlungen
sprachlicher oder nicht-sprachlicher Art, die er meist
aus unterrichtsplanbezogenen Gründen nicht akzeptieren
kann, so zurückweist, daß dadurch das Image des einzelnen
Schülers möglichst wenig verletzt wird. Sie findet sich
deshalb ausschließlich in reagierenden Zügen, an einzelne
Schüler gerichtet:
(1) <R> (IIIc)
   Ráiner, ich glaub, du hascht jetzt net gehört, was
   der Christof gesagt hat! (T)

Diese Äußerung ist von ihrer Position im Unterrichtsverlauf und auch von den parasprachlichen Merkmalen her eindeutig als "Tadel" zu qualifizieren. Sie ist damit im Prinzip geeignet, den Schüler zu diskriminieren, sein Image zu
verletzen (s.o. 3.1.). Durch den Gebrauch dialektaler Formen (und hier übrigens auch durch die syntaktische Form)
signalisiert der Lehrer: 'Ich kann zwar deine Handlung
nicht akzeptieren, aber du weißt, daß das nicht böse gemeint ist; in unseren Beziehungen soll weiter alles in
Ordnung sein!'. Auch hier wird also von der solidarisie-
renden Funktion des Dialekts Gebrauch gemacht, indem sie
in eine kommunikative Funktion transformiert wird.

   Die dialektale Äußerungsform erlaubt deshalb Zurück-
weisungen, die in alltäglich-dialektaler Kommunikation
gang und gäbe sind, in standardsprachlicher Form aber
leicht als Diskriminierung verstanden werden könnten:
(2) < L> (IVc)
      du bisch jo gar net drån!
(3) <H> (IIIc)   S
                                      streit
   sicher han sie strėit gehabt. dås is klar. (S)
In der Regel weisen dialektgerichtete Äußerungen mit Abschwächungsfunktion auch entsprechende sprecherische Rea-
lisationsformen auf ('freundlich' oder 'sachlich'). Nur
vom Gesamtkontext der Äußerung ist oft zu entscheiden, ob
die Dialektformen abschwächend-solidarisierende oder dis-
kriminierend-emotionalisierende Funktion haben (s. 3.2.6.).

3.2.5. Einverständnis- und Zuwendungsfunktion

Bei dieser Funktion spiegelt sich in den dialektalen Formen des Sprechers das solidarische Einverständnis mit
dem Angesprochenen über etwas Drittes (eine Einstellung,
einen Referenten) oder über eine Handlung des angesprochenen Schülers. Als kommunikative Funktion ist sie am
ambivalentesten von den sieben und findet sich sowohl in
initiierender wie (öfter) reagierenden Zügen, innerhalb
und außerhalb von Unterrichtsplänen, meist jedoch an einzelne Schüler gerichtet.

   Die Grenze zur Abschwächungsfunktion ist fließend, wie
folgendes Beispiel zeigt:
(1) <I> (IIb)   S
                          ich wollt was anneres sagen.
                                             (S)
      spar-s dir auf, kommsch gleich. (S)
Lehrer <I> vertröstet den Schüler auf einen späteren Zeitpunkt, versichert ihn jedoch zugleich durch die Dialektform seines personalen Einverständnisses: 'Ich zeige dir
damit an, wie wenig die augenblickliche Diskrepanz auf der
Handlungsebene unsere persönlichen Beziehungen stören kann.
Hier haßt du weiter mein Einverständnis und meine Zuwendung.'

Oft wirkt die sich in Dialektformen spiegelnde Übereinstimmung als Lob:
(2) < F> (IIc)
   ah, du greifscht jetz schon vôr, ne? (freudig)
(3) <R> (IIIc)   S
                    sonst hätte er ja nicht ge-
                    séhn, wie der eh' holzhacker
                    mit der hand ' auf den ôrt
                    gezèigt hat.
   hm, sonscht hätt der fuchs jo nix séhn können. (V)
Bemerkenswert an Beispiel (3) ist, daß der Lehrer die standardsprachliche Äußerung des Schülers fast wörtlich wiederholt. Durch die Umsetzung in den Dialekt deutet er aber an,
daß er nicht nur inhaltlich, sondern auch von der persönlichen Beziehung her mit dem Schüler übereinstimmt.

   Das folgende Beispiel zeigt, wie aufgrund der gemeinsamen Kommunikationsgeschichte entstandene Unterrichts-
normen mithilfe dialektgerichteter Äußerungen vorübergehend
suspendiert werden können:
(4) <H> (IIIc)   S
                    das was er mit der hând -
   <tut>. du kannschd ruhich <tút> sagen! (... kurz darauf:)
                    du sollst mit deinen ge-
                    dânken und deinen réden
                    und mit deinem -
   mit deinem tún hasche gesa:t, ne!
                    jo, mit deinem tún über-
                    einstimmen. (S)
Die Dialektformen der Lehrerin deuten an, daß sie um die
Norm, das Verb /tun/ im Unterricht zu vermeiden, weiß und
daß sie deshalb des Schülers Zögern versteht und mit ihm
im Prinzip übereinstimmt.

3.2.6. Diskrimierungsfunktion

Wenn die emotionalisierende Basisfunktion des Sozialsymbols Dialekt im Vordergrund steht, kann sein Gebrauch im
Unterricht zusätzlich diskriminierend wirken, namentlich sofern die Äußerung sprecherisch 'ärgerlich', 'wütend' oder
'unwillig' realisiert wird. In den untersuchten Unterrichtsstunden ist diese Funktion stets an die Handlungs-
form des Tadels gebunden, so daß der Dialektgebrauch hier
als Verstärkung der potentiellen Diskriminierung durch die
Sprechhandlung zu verstehen ist. Als krassestes Beispiel:
   <M> (IIIb)   S
   Thomas, hab ich dich eigentlich schonmal ins klassen-
   buch eingetragen? (T)
                    zweimal
   dann folgt gleich das drittemal, du kannscht gleich
   deine sachen packen un-nachhaus gehn! (ÄU) (lauter:)
   wenn du das so witzisch und únintressant findest,
   dann solltest du zumindest nischt noch die anderen
   stören! jetz untersteh disch und sag was druff. halt

den mund un guck uff dei blatt! du hascht heut mol
widder dei durchenanneri-tour, gell! (WU)(drohende
Gesten zu dem Schüler)
Es ist ganz deutlich, wie die Lehrerin zusehends außer Kontrolle gerät, wie ihr Tadel in eine Beschimpfung übergeht
und wie dabei kontinuierlich die anfangs gebrauchte Standardsprache immer stärker durch ausgeprägte Dialektformen
abgelöst wird.

3.2.7. Verständnissicherungsfunktion

Die Verständnissicherungsfunktion dialektgerichteter
Äußerungen kann als Spezialfall der Einverständnis- und
Zuwendungsfunktion betrachtet werden. Sie ist an Unter-
brechungspläne im Unterrichtsprozeß gebunden, bei denen
es darum geht, die wechselseitige Verständigung zwischen
Lehrer und Schüler (wieder-)herzustellen und zu kontrollieren:

<N> (IVd)   S
                                    der vernischded do was.

  (leise:) *was meinsch-de?*

                                  ahja, der holzhacker ver-
                                  nischded ja was, die natúr!
                                  ((andere S:)) *nä: (a)*
  (leise) *das musch-mer näher* *erläutern! das verstéh ich*
nit so ganz was du sagschd. (andere S melden sich)
                                  aja, mein só- der fuchs,
                                  der lebt von ' vom wald un
                                  so, un jetzt kommt der holz-
                                  hacker, un 'eh' der macht
                                  den ' den ganzen wald ka-
                                  pútt!
  só ' meinschd-du das! (Ü)
                                  die natúr
du meinschd, der nimmt dem fuchs sein zuhàuse. (Q)
                                  aja, so.
  weil er den wàld wegmacht.
Die Äußerung des Schülers entspricht nicht der vom Lehrer
erwarteten Antwort. Da sie aber nicht 'sinnlos' zu sein
scheint, muß geklärt werden, was der Schüler meint. Dieser Klärungsprozeß, der der Herstellung wechselseitigen
Verständnisses dient, wird vom Lehrer in alltäglich-dia-
lektalen Sprachformen geführt, die damit anzeigen, daß die
Klärung sich gewissermaßen außerhalb des 'eigentlichen' Un-
terrichtsverlaufs vollzieht und zugleich nach Einverständnis herstellenden Prinzipien familialer Kommunikation.

3.3. Ergebnisse und Interpretation in bezug auf Hypothese 2

Mengenmäßig verteilen sich die festgestellten kommunikativen Funktionen wie folgt:

Tabelle 3: Quantitative Verteilung der kommunikativen
Funktionen dialektgerichteter Äußerungen
im Untersuchungskorpus

Funktion	n =	%
Veranschaulichungsfunktion	26	12,3
Aktivierungsfunktion	35	16,5
Bagatellisierungsfunktion	19	9,0
Abschwächungsfunktion	39	18,4
Einverständnis-/Zuwendungsfunktion	54	25,5
Diskriminierungsfunktion	17	8,0
Verständnissicherungsfunktion	22	10,3
	212	100,0

(1) Die Tabelle zeigt, daß die kommunikativen Funktionen
dialektgerichteten Sprechens, in denen die solidarisierende Basisfunktion des Dialekts im Vordergrund
steht, in ihrer Auftretenshäufigkeit weit überwiegen.
Negativ emotionalisierend wirkt nur die Diskriminie-
rungsfunktion, die prozentual den geringsten Anteil
unter allen Funktionen hat und wo sich im übrigen die
Fälle auf wenige Lehrer verteilen. Mit der Solidari-
sierungsfunktion verbundene positive emotionalisierende 'Untertöne' liegen der Abschwächungsfunktion und der
Einverständnis- und Zuwendungsfunktion zugrunde, vielleicht auch der Verständnissicherungsfunktion.
(2) Die Hypothese kann nicht als im strengen Sinne veri-
fiziert betrachtet werden: Sie kann durch die Beschreibung der beobachteten kommunikativen Funktionen
nur als evident richtig erscheinen. Als evident erscheint mir, daß man durch die integrierte Analyse
der Konstituenten sprachlicher Handlungen d i s t i n k -
t e kommunikative Funktionen dialektgerichteten
Sprechens ableiten kann. Es ist m.E. deutlich geworden, daß dialektale Äußerungen in ihrer Funktion sowohl durch den Handlungstyp im Interaktionsprozeß bestimmt sind als auch durch Eigenwerte des Sozialsymbols Dialekt. Der Gebrauch des Dialekts bedingt dabei
aufgrund seiner Basisfunktionen eine V e r s t ä r -
k u n g oder A b s c h w ä c h u n g des in den
Handlungsformen gebundenen kommunikativen Potentials.
Dadurch erhalten dialektgerichtete Äußerungen ihre
s p e z i f i s c h e kommunikative Funktion.
(3) Es scheint durch die Beschreibungen und die Beispiel-
betrachtungen evident, daß die Basisannahme bestätigt
wurde, wenn auch in zu modifizierender Form: Zwar
tendieren die beobachteten kommunikativen Funktionen
dialektgerichteter Äußerungen zur Symmetrisierung der
Interaktionsbeziehung in Richtung familial-alltäg-
licher Kommunikation, aber durch die Gebundenheit

des dialektgerichteten Sprechens an die anderen Konstituenten kann das nur T e n d e n z sein; die
institutionell bedingten unterrichtlichen Handlungsformen gehen mit in die kommunikative Funktion dialektgerichteten Sprechens ein.

4. Der Einfluß standardsprachlicher und dialektaler Orientierung der Lehrersprache auf die Verwendung dialektgerichteter Äußerungen

4.1. Mittleres Sprachvariationsniveau und Häufigkeit
     dialektgerichteter Äußerungen als Variablen

Im Schlußabschnitt soll Hypothese 3 (s. 1.4.) untersucht
werden, in der behauptet wurde, daß sich standardsprachlich orientierte und dialektal orientierte Lehrer im Verwenden dialektgerichteter Äußerungen mit kommunikativer
Funktion voneinander unterscheiden. Zugrunde gelegt wird
jeweils die in 2. begründete Gruppierung in je vier Gruppen bzw. deren Zusammenfassung in zwei Hauptgruppen:
- standardsprachliche und dialektale Orientierung
- geringe und höhere Variationshäufigkeit.
Da eine Korrelation zwischen MSVN und Häufigkeit dialektgerichteter Äußerungen besteht, ist vorderhand nicht ausgemacht, welcher dieser Faktoren als Variable verantwortlich zu machen ist, wenn sich tatsächlich Unterschiede in
der Verwendung dialektgerichteter Äußerungen zeigen sollten. Es wurde deshalb jeweils nach den Variablen gerechnet. Untersucht werden
- das Verhältnis von dialektgerichteten Äußerungen in
  initiierender und reagierender Position zueinander,
- die Verteilung in bezug auf die kommunikativen Funktionen,
- die Verteilung in bezug auf Unterrichtspläne,
- die Verteilung in bezug auf die Adressaten der Äußerung
  (Klasse oder einzelne Schüler).

4.2. Verteilung dialektgerichteter Äußerungen in bezug
     auf initiierende und reagierende Position

Errechnet man den Quotienten des Verhältnisses von dialektgerichteten Äußerungen in initiierender und reagierender
Position, so ergeben sich für die Gruppen folgende Werte:

Tabelle 4: Verteilung in bezug auf initiierende und
reagierende Position (I:R)

	I+II	III+IV	a+b	c+c
n=	34:37	47:94	27:41	54:90
I:R	0,92	0,50	0,66	0,60

Dieses Ergebnis ist einigermaßen überraschend: Relativ verwenden standardsprachlich orientierte Lehrer dialektbezogene Äußerungen fast doppelt so häufig in iniitierender Position wie dialektorientierte Lehrer. Umgekehrt: Dialektorientierte Lehrer reagieren auch relativ sehr viel häufiger auf
Schülerhandlungen mit dialektgerichteten Äußerungen als
standardsprachlich orientierte.
     Der Vergleich mit den Werten für die Häufigkeit dialekt-
gerichteter Äußerungen zeigt, daß diese Variable nicht die
Ursache der Differenz sein kann, denn hier liegen die Werte
etwa gleich hoch. Daraus ergibt sich, daß die Differenz
bedingt sein muß durch die Art der Sprachorientierung der
Sprecher. Indem sie relativ häufiger in initiierenden Akten dialektgerichtete Äußerungen vollziehen, zeigen standardsprachlich orientierte Lehrer, daß sie eher Sprach-
stand und Sprechgewohnheiten ihrer Schüler antizipieren,
aber eben nur relativ, weil sie seltener dialektgerichtet
reagieren. Das heißt: Sie setzen dialektgerichtete Äußerungen in relativ stärkerem Maß als Unterrichtsmittel ein,
während dialektorientierte Lehrer durch alltägliche Interaktionsformen bedingt auch relativ häufiger dialektal reagieren auf Schülerhandlungen.
     Es ist zu prüfen, inwieweit diese Vermutung durch die
gruppenspezifische Verteilung der kommunikativen Funktionen
dialektgerichteten Sprechens erhärtet werden kann.

4.2.2. Verteilung in bezug auf die kommunikativen
        Funktionen

Dabei bin ich so vorgegangen, daß ich zunächst die durchschnittliche Auftretenshäufigkeit jeder Funktion pro Un-
terrichtsstunde für jede Hauptgruppe ermittelt habe. Der
Quotient der Werte, mit 100 multipliziert, gibt den Pro-
zentsatz des Auftretens bei standardsprachlich orientierten Lehrern bezogen auf dialektbezogene (= 100%) an, bzw.
bei selten dialektgerichteten Variierenden bezogen auf
häufiger dialektgerichtet Variierende (= 100%).

Tabelle 5: Durchschnittliches Auftreten pro Unterrichts-
stunde und Verteilung in bezug auf die kommunikativen Funktionen

Funktion	I+II	III+IV	$\frac{\text{I+II}}{\text{III+IV}} \cdot 100$	a+b	c+d	$\frac{\text{a+b}}{\text{c+d}} \cdot 100$
Veranschaulichung	1,18	1,45	82%	0,5	2,5	20%
Aktivierung	1,36	2,22	62%	1,5	2,12	72%
Bagatellisierung	0,64	1,33	52%	0,42	1,75	24%
Abschwächung	1,00	2,55	39%	0,83	3,62	23%
Einverständnis/Zuw.	1,45	4,25	34%	1,17	5,00	23%
Diskriminierung	0,45	1,33	34%	0,75	1,00	75%
Verständnissich.	0,36	2,00	18%	0,50	2,00	25%
	6,44	15,13	42,5%	5,67	17,99	31,5%

Soweit die Untersuchungsgruppe als repräsentativ zu betrachten ist, ließe sich also vorhersagen, daß dann, wenn dialektorientierte Lehrer 100 dialektgerichtete Äußerungen mit kommunikativer Funktion vollziehen, standardsprachlich orientierte Lehrer im Schnitt 42,5 dialektgerichtete Äußerungen
verwenden. Da die anderen Daten entsprechend zu interpretieren sind, läßt sich als Ergebnis der Tabelle festhalten:
(1) Ein bemerkenswert hoher Anteil entfällt bei den Spre-
    chern der Standardsprache auf Veranschaulichungs- und
    Aktivierungsfunktion: Bezogen auf alle kommunikativen
    Funktionen sind es 39,5%, im Gegensatz zu nur 24,2% bei
    den dialektorientierten Sprechern. Damit wird zunächst
    das Ergebnis von 4.2.1. bestätigt, denn Veranschau-
    lichungs- und Aktivierungsfunktion haben immer initi-
    ierende Position.
(2) Auch hier besteht keine strenge Korrelation zwischen
    Sprachorientierung und Variationshäufigkeit: Wenn ein
    standardsprachlich orientierter Lehrer dialektgerichtet
    variiert, dann hauptsächlich, um seinen Schülern etwas
    zu veranschaulichen, sie zu aktivieren oder etwas zu
    bagatellisieren; denn nur hier erreicht er vergleich-
    bare Werte mit dem dialektorientierten Lehrer. Wenn
    aber ein wenig variierender Lehrer variiert, dann
    hauptsächlich, um zu aktivieren oder um zu diskrimi-
    nieren; denn nur hier erreicht er vergleichbar hohe
    Werte im Verhältnis zum häufiger variierenden Lehrer.
(3) Aus der Perspektive des dialektorientierten Lehrers
    kann man feststellen: Im Vergleich zum standardsprach-
    lich orientierten schwächt er (auch relativ) sehr viel
    häufiger ab, zeigt in höherem Maße Einverständnis und
    Zuwendung, auch auf der Ebene der Verständigungsproze-
    duren, diskriminiert allerdings auch relativ häufig.
    Der dialektorientierte Sprecher definiert damit die
    Sprechsituation insgesamt sehr viel stärker als nicht-
    institutionell, als alltäglich-familiär. Demgegenüber
    macht der standardsprachlich orientierte Lehrer zwar
    auch von der solidarisierenden Basisfunktion des Dia-

lekts Gebrauch, aber eben sehr viel stärker in die
lehrerbedingte Unterrichtsstrukturierung (in initiierenden Akten) eingebunden.

4.2.3. Verteilung in bezug auf die Unterrichtspläne

Prozentual entfallen auf die einzelnen Hauptgruppen in bezug darauf, ob sich die dialektgerichtete Äußerung im Zusammenhang mit einem Unterrichtsplan oder außerhalb eines
Unterrichtsplans findet, folgende Werte:

Tabelle 6: Verteilung in bezug auf Unterrichtspläne
(n=212)

	I+II	III+IV	a+b	c+d
innerhalb eines U-Plans	26,9%	57,1%	23,1%	60,8%
außerhalb eines U-Plans	6,6%	9,4%	6,1%	9,9%
Quotient	4,07	6,08	3,79	6,14

Die Tatsache, daß dialektorientierte Lehrer mit ihren dialektgerichteten Äußerungen stärker auf alltäglich-infor-
melle Interaktionsformen rekurrieren als standardsprachlich orientierte, hängt nach dem Ergebnis der Tabelle 6
offensichtlich nicht damit zusammen, daß sie etwa häufiger außerhalb von plangesteuerten Unterrichtshandlungen
mit den Schülern Kontakt aufnähmen und deshalb Dialekt
verwendeten. Das Gegenteil ist der Fall: Abgesehen davon, daß dialektgerichtete Äußerungen außerhalb von Unterrichtsplänen verhältnismäßig selten vorkommen (mit
insgesamt 16%), ist ihr relativer Anteil bei dialektorientierten Lehrern deutlich niedriger als bei den anderen, wenn man die Quotienten vergleicht.

4.2.4. Verteilung in bezug auf die Adressaten

Die prozentuale Berechnung entsprechend 4.2.3. führt bei
der Verteilung in bezug darauf, ob die Klasse (oder eine
größere Gruppe) oder Einzelschüler dialektgerichtet angesprochen werden, zu folgenden Werten:

Tabelle 7: Verteilung in bezug auf die Adressaten (n=212)

	I+II	III+IV	a+b	c+d
Klasse (Gruppe)	17,9%	17,5%	17,9%	22,2%
Einzelschüler	15,6%	49,1%	16,0%	48,6%
Quotient	1,15	0,36	1,12	0,46

Tabelle 7 zeigt, daß dialektorientierte Lehrer relativ und
absolut sich sehr viel häufiger an Einzelschüler mit dialektgerichteten Äußerungen wenden als standardsprachlich
orientierte. Auch von hier aus wird die Hypothese erhärtet,
daß es dem dialektorientierten viel mehr auf die ent-in-
stitutionalisierende Wirkung des Dialektgebrauchs, seine
Familiarität, ankommt als dem standardsprachlich orientierten, bei dem auch die dialektgerichteten Äußerungen Bestandteil seiner Unterrichtsorganisation sind.

4.3. Ergebnisse und Interpretation in bezug auf Hypothese 3

Die statistische Auswertung hat m.E. Hypothese 3 sehr deutlich bestätigt. Ohne die Ergebnisse von 4.2. im einzelnen
wiederholen zu wollen, kann man doch zusammenfassend feststellen, daß die Art der generellen sprachlichen Orientierung des Lehrers im Unterricht von erheblichem Einfluß darauf ist, wann, wie und mit welchen kommunikativen Funktionen verbunden er dialektgerichtete Äußerungen im Unterricht
verwendet. Für standardsprachlich orientierte Lehrer sind
sie eher didaktisch-methodischer Bestandteil in der Organi-
sation von Unterrichtsprozessen. Die solidarisierend-emotionalisierenden Funktionen des Sozialsymbols Dialekt werden tendenziell neutralisiert durch diese Tatsache zum methodischen Einsatz dialektgerichteter Äußerungen als Unterrichtsmittel. Bei dialektorientierten Sprechern kommen
dagegen die beiden Basisfunktionen deutlicher zum Ausdruck:
Hier hat Dialekt anscheinend in der Tat eine Art Entlastungs-
funktion gegenüber den institutionellen Zwängen der Unterrichtssituation.
    Die vier in diesem Zusammenhang aufgestellten Einzelsta-
tistiken belegen diese Tendenzen klar. Dabei ist natürlich
zu berücksichtigen, daß sie vom Datenmaterial her z.T. in-
terdependent sind: Wenn Veranschaulichungs- und Aktivie-
rungsfunktion immer in initiierender Position, immer innerhalb von Unterrichtsplänen und meist an die ganze Klasse
gerichtet sind, ist klar, daß die Tabellen im Prinzip immer wieder das gleiche Ergebnis reproduzieren. Sie sind
aber m.E. dadurch gerechtfertigt, daß sie die verschiedenen
Aspekte des Sachverhalts verdeutlichen und dabei auch aufweisen, daß nicht ein Aspekt allein zur Differenzierung
des Einsatzes von dialektorientierten Äußerungen führt.

5. Konsequenzen

(1) Unter sprachwissenschaftlichem Gesichtspunkt hat sich
    m.E. das vorgeschlagene und erprobte Verfahren zur Be-
    stimmung kommunikativer Funktionen dialektgerichteten
    Sprechens als grundsätzlich tauglich erwiesen. Indem
    ein 'mittleres Sprachvariationsniveau' ermittelt wird,
    lassen sich die Variationsweisen verschiedener Sprecher

intersubjektiv nachprüfbar vergleichen. Indem 'kommunikative Funktionen' aus einem Quadrupel verschiedener
Kategorien ermittelt werden, können sie in einem kon-
sistenten interaktionstheoretischen Rahmen analysiert
werden. Dies konnte hier nur ansatzweise geschehen und
müßte in anderen Untersuchungen weiter entwickelt werden.

(2) Die aus allgemeinen Überlegungen abgeleitete Basisannahme über die Funktion von Dialekt in konventionell
standardsprachlichen Sprechsituationen konnte im wesentlichen empirisch bestätigt und durch die empirischen Beobachtungen differenziert werden.

(3) Es konnte gezeigt werden, wie durch den Gebrauch dialektgerichteter Äußerungen kommunikative Situationen
als Sprechsituationen mitdefiniert werden. Wenn gegen
das Lernziel der puristischen Vermittlung der Standardsprache das der Förderung der sprachlichen Variationsfähigkeit zu setzen ist, so kommt dem Lehrer die gerade
in den ersten Schuljahren wichtige Aufgabe zu, diese
Variationsfähigkeit auch im Unterricht, in der Sprech-
praxis, den Schülern erfahrbar zu machen. Die Ergebnisse der Untersuchung haben also auch die sprachdidaktische Konsequenz, daß einer weiteren Tabuisierung
des Dialektgebrauchs im Unterricht entgegenzuwirken
ist.

(4) Dies vor allem deshalb, weil sich in der Untersuchung
gezeigt hat, daß dem Dialektgebrauch in den meisten
Fällen kommunikative Funktionen zukommen, die unter
dem Gesichtspunkt eines entkrampften, möglichst wenig
asymmetrischen Unterrichts als positiv zu bezeichnen
sind; die zur Verbesserung des Kontakts und der Beziehungen zwischen Lehrern und Schülern im sprachlichen Symbol beitragen.

Anmerkungen

1 U. AMMON (1972) und (1973).

2 H. LÖFFLER (1972).

3 J. HASSELBERG (1976).

4 In dieser Untersuchung wird der Ausdruck 'Standardsprache' verwendet, weil er m.E. am wenigsten mit theoretischen Implikationen behaftet ist und im übrigen dem internationalen Sprachgebrauch entspricht.

5 H. RAMGE (1976).

6 H. HELMERS ([6]1971), 126. Stuttgart.

7 Beschreibung des Korpus s. 1.5.

8 P. J. STIJNEN (1975), übs. H.R.

9 H. LÖFFLER (1974), 6.

10 J. GUMPERZ (1975), 62.

11 Mit 'Wissen' sind hier implizite, aus kommunikativen Erfahrungen gewonnene Wissensbestände im Sinne der Ethno-
methodologie gemeint. Mit der Formulierung wird auch
nicht behauptet, daß die Interaktionsbeziehung dadurch
tatsächlich symmetrisch würde, sondern nur, daß das
sprachliche Symbol ein Potential zur Herstellung von
Symmetrie enthält.

12 Zur Charakterisierung des Gesamteindrucks einer Äußerung werden folgende Abkürzungen verwendet:

Ä	= ärgerlich	I	=	ironisch
Aff	= affirmierend	L	=	lachend
B	= bittend	N	=	nachahmend
D	= desinteressiert	S	=	sachlich-neutral
E	= energisch, befehlend	T	=	tadelnd
F	= freundlich	Ü	=	überrascht
G	= begütigend	W	=	wütend

Zur Begründung dieser Charakterisierungen vgl. H. RAMGE
(1977): Zur sprachwissenschaftlichen Analyse von Alltagsgesprächen. In: Diskussion Deutsch 36, 391-406.

13 Die genaue Anzahl der Lehreräußerungen wurde aus Zeit-
gründen nicht ermittelt.

14 Abgedruckt in: W. RICHTER (Hrsg.) (1960): Schöne Fabeln
für jung und alt. Berlin 18f. Die Fabel war allen
Lehrern und Schülern unbekannt.

15 S.o. Anm. 12. Ich möchte auch an dieser Stelle den beteiligten Lehrern und den studentischen Mitarbeitern
   noch einmal sehr für ihre Bereitschaft zur Mitarbeit
   danken.

16 U. AMMON (1973), 84.

17 N. FLANDERS (1970).

18 A. BELLACK u.a. (1974). Diese Grobklassifizierung reicht
   für die Zwecke der Untersuchung aus; für eine detaillier-
   tere linguistische Analyse wäre heranzuziehen: J. SINC-
   LAIR/R.M. COULTHARD (1975). Vgl. für einen kritischen
   Überblick: K. EHLICH/J. REHBEIN (1976).

19 Im Untersuchungsmaterial fanden sich drei Äußerungen,
   die sich nicht einer der sieben kommunikativen Funktionen zuordnen ließen; darunter war eine, in der der
   Lehrer einen Schüler dialektgerichtet 'uzte'. Die drei
   Fälle werden in der Untersuchung und in der statistischen Auswertung außer Betracht gelassen.

20 Das hier nur umrissene Konzept von 'Unterrichtsplänen'
   als speziellen Formen von Handlungsplänen werde ich in
   einer künftigen Untersuchung genauer zu entwickeln versuchen.

Fritz Vahle

Semantisch-pragmatische Varianz
– Hessisch (unter besonderer Berücksichtigung des
Dialektes von Salzböden) – Einheitsdeutsch

1. Zur Problematik semantisch-pragmatischer Dialektanalyse

Dialekt läßt sich über die in diesem Band durchgängige Kennzeichnung als kleinräumige, regional begrenzte Sprachform
hinaus als eine Existenzform von Sprache verstehen, die
sich in ihren einzelnen sprachlichen Dimensionen in unterschiedlicher Art und Weise von der Einheitssprache unterscheidet: D. h. also im phonetischen, morphologischen, syntaktischen, lexisch-semantischen und pragmatischen Bereich.
Die traditionelle Dialektologie hat diese Bereiche gemäß
ihren spezifischen Untersuchungsinteressen zum Teil ausführlich, zum Teil oberflächlich, zum Teil gar nicht erforscht.
Die in erster Annäherung auffälligsten Merkmale des Dialekts
(also phonetische, morphologische und zum Teil lexische)
wurden auf breiter Basis erforscht, während Analysen im se-
mantisch-pragmatischen Bereich weitgehend vernachlässigt
wurden. Das heißt nicht, daß semantisch-pragmatische Merkmale des Dialekts überhaupt nicht ins Blickfeld gerieten,
vielmehr wurden sie häufig da angeführt, wo es um das 'Wesen'
des Dialekts bzw. um seine Bedeutung für die kulturell-
soziale Identität des Menschen, seine Verteidigung und
Pflege gegenüber der sich weiter ausbreitenden Einheitssprache ging. Die Benennung solcher Merkmale blieb jedoch
auf einer pauschalen, umschreibend metaphorischen Ebene
stehen. Man kennzeichnete sie durch Begriffe wie 'Realitäts-
bezogenheit', 'Konkretismus', 'Ausdruckskraft', 'Bildhaftigkeit', 'lexischen Reichtum', 'Aktivitätsbezogenheit', 'Ver-
bundenheit mit ländlicher Lebenspraxis' (Arbeitsformen,
Sitte und Brauch), 'Emotionalität' usw. - Dialektologische
Untersuchungen - wie sie bisher durchgeführt wurden, versuchten jedoch gerade nicht, diese allgemeinen Umschreibungen auf genauere begriffliche Ebenen zu überführen. Was am
Dialekt am meisten gelobt wurde, wurde am wenigsten untersucht. (Demgegenüber könnte z. B. unter Verwendung semantisch-
semiotischer Kategorien untersucht werden, wie sich 'Konkre-

tismus' dialektaler Sprechtätigkeit im Unterschied zu anderen Formen des Sprachgebrauchs genauer festmachen läßt). Sprachdidaktische Konzeptionen, die im Sinne einer kulturell und sozial sensiblen Behandlung des Dialekts in der Schule zum einen über eine lediglich sprachpflegerische bzw. sprachästhetische, zum anderen über eine grammatisch-formale Haltung zum Dialekt hinauskommen wollen, müssen deshalb m. E. mehr als in der Vergangenheit semantisch-pragmatische Probleme des dialektalen Sprachgebrauchs behandeln. - Dies läßt sich nur partiell durch den Hinweis auf relativ umfangreiche lexikologische Forschungen im Bereich der traditionellen Dialektologie einschränken. Hier wurde nämlich z. B. untersucht, mit welchen Worten (als lautlichen Repräsentanzen) welche 'Dinge' im Dialekt innerhalb welcher regionaler Ausbreitung bezeichnet werden. Im Mittelpunkt stand die Relation zwischen der Lautgestalt eines Wortes und dem bezeichneten Gegenstand. Demgegenüber wurde die Untersuchung des spezifischen Charakters der Bedeutungs- oder Begriffsbildung im Dialekt gegenüber der der Einheitssprache vernachlässigt. Im Oberhessischen ist eben das Wort *Morgelwer* anstelle von einheitsdeutsch *Eichelhäher* (bzw. in der wissenschaftlichen Terminologie 'Garrulus glandarius'), *Summerhans'che* anstelle von Marienkäfer und *Debbeschtisser* für *Sperber* (bzw. 'Accipiter nisus') nicht einfach eine lautlich variante Bezeichnung für denselben Gegenstand, sondern jeweils Resultat einer spezifischen Art der Begriffsbildung, die wiederum auf die begreifende Wahrnehmung dieser Lebewesen (der Erkenntnis ihrer Bedeutung für den Menschen bzw. ihrer Einordnung in die Vielfalt tierischer Lebensweisen im Prozeß der sinnlichen Wahrnehmung) einwirkt. Dies gilt sowohl für die begrifflich gesteuerte Wahrnehmung von Naturgegenständen und menschlichen Produkten als auch für die begrifflich gesteuerte interpersonelle Wahrnehmung. D. h., daß das Problem der Wortbedeutung (die verschiedenen Stadien, ihre Entwicklung und ihre verschiedenartige Ausprägung im dialektalen Sprachgebrauch) differenzierter angegangen werden muß, als dies in der traditionellen Dialektologie der Fall war. Die pragmatische Dimension im dialektalen Sprachgebrauch ist ebenfalls - sieht man von allgemeinsten Formulierungen ab - weitgehend unerforscht. Hier könnten u. a. folgende Fragen behandelt werden: Welche Funktionen erfüllt der Dialekt in den verschiedenen Bereichen menschlicher Tätigkeit (landwirtschaftliche und kleinhandwerkliche Tätigkeit, Erziehung, Sitte, Brauchtum bzw. sich verändernde und neue Formen des sozialen Verkehrs)? Welche Tätigkeiten (gegenständlich-praktischer-geistiger und kommunikativer Art) lassen sich im Dialekt bewältigen, für welche ist er hinderlich? Welche Typen von Kommunikationsereignissen finden sich in dialektalen bzw. einheitssprachlichen Kommunikationsgemeinschaften? Welche illokutionäre Varianz gibt es im Dialekt bzw. in der Einheitssprache? Wodurch unterscheiden sich die illokutionären Indikatoren im Dialekt und in der Einheitssprache? usw.

Diese Hinweise sind in erster Linie allgemein programmatisch.
Sie können im Kontext dieses Beitrags nicht explizit behan-
delt werden, womit allerdings die Durchführung von konkreten
Einzelanalysen nicht zur Seite gedrängt werden soll.

Bei dem Versuch, die allgemeinen progammatischen Hinweise in Einzelanalysen zu überführen, ergeben sich jedoch Probleme. Phonetisch, zum Teil auch lexisch, lassen sich einzelne Dialektgebiete (bzw. Verkehrsräume) einigermaßen deutlich
voneinander trennen. Dies bereitet auf semantisch-pragmati-
schem Gebiet große Schwierigkeiten, so daß die Einzelanalyse
z. B. im Bereich einer Ortsmundart eben kaum regional-spezi-
fische Ergebnisse erbringen kann, vielmehr an konkretem,
exemplarischem Beobachtungsmaterial anknüpft, jedoch semantisch-pragmatische Ergebnisse liefert, die in der Mehrzahl
über das konkrete Dialektgebiet hinausreichen, somit also
nicht s p e z i f i s c h   hessisch, fränkisch usw. sein kön-
nen.Aber auch diese Aussagen müßten durch genauere Untersuchungen fundiert werden.

2. Zur Situation des Dialekts in einer oberhessischen ländlichen Industriegemeinde

Die Gemeinde Salzböden, in der ich meine Untersuchungen durch-
führte, kann als repräsentativ für eine Reihe anderer mittel-
hessischer Gemeinden angesehen werden. Sie hat sich in den
letzten 30 Jahren von einer kleinbäuerlich-handwerklichen
zu einer ländlichen Arbeiterwohngemeinde entwickelt. Sie
liegt nicht direkt in einer städtischen Randzone, konnte
ihren ländlichen Charakter noch weitgehend erhalten, obwohl
die hauptberufliche landwirtschaftliche Tätigkeit bis auf
einige Ausnahmen verschwunden ist. Der Hauptteil der Berufs-
tätigen pendelt heute nach Gießen und arbeitet in der Industrie bzw. im Dienstleistungsgewerbe. Landwirtschaftliche
Arbeiten werden noch nach Arbeitsschluß ausgeführt. Dörfliche Gesellgkeitsformen (Kontakt- und Tratschgespräche auf
der Straße, in Gastwirtschaften, Vereinstätigkeiten und Fei-
ern, Familienfeiern, Kirmes usw.) haben sich in traditio-
neller Form erhalten, werden jedoch durch neue Gesellig-
keitsformen abgelöst und ergänzt (z. B. Wahlveranstaltungen,
öffentliche Sitzungen des Ortsbeirats, Flohmarkt, Jugend-
zentren, Kinderfeste).

Insgesamt haben sich die Tätigkeiten der Dorfbewohner in
den verschiedenen Tätigkeitsbereichen Arbeit, Familie, Freizeit verändert - jedoch in unterschiedlicher Intensität:
Verschiedene Dorfbewohner arbeiten zum Teil an modernsten
Produktionsanlagen und in entsprechend organisierten Arbeits-
gruppen, halten jedoch zu gleicher Zeit z. B. an bestimmten
traditionell-autoritären Erziehungsstilen, an starren Rol-
lenverhältnissen in der Familie sowie an überkommenen Sitten und Gebräuchen und ihren ideologischen Stabilisatoren,
konservativen, moralisch-religiösen bzw. politisch-sozialen
Wertsystemen fest. Diese Ungleichzeitigkeit verschiedener
Tätigkeits- und Bewußtseinsformen prägt die Kommunikations-
verhältnisse in der Gemeinde und damit auch die Situation

des Dialekts. Der relativ stabile Zustand von Ungleichzeitigkeit zwischen konservativen und vorwärtsdrängenden Tätig-
keits- und Bewußtseinsformen hat auch bis heute die verwun-
derliche Kontinuität dialektalen Sprachgebrauchs in der Gemeinde ausgemacht. Und dies, obwohl das 'oberhessische
Platt' nur über ein relativ geringes Dialektprestige verfügt:

a) Es wird in erster Linie auf dem Land gesprochen, zum
Teil von ärmlicher, kleinbäuerlicher Bevölkerung.
Großstädte, in denen wenigstens ein Teil der Bevölkerung diesen Dialekt spricht, gibt es nicht. In Mittel-
städten wie Marburg, Gießen, Wetzlar usw. sprechen lediglich die unteren Schichten eine diesem Dialekt ähnliche regionale Umgangssprache.
b) Gemäß der sozialen Einschätzung der Dialektsprecher gilt
der Dialekt als unbeholfen, derb und keinesfalls wohl-
klingend. (Hierfür mag auch die lautästhetische Bewertung des Zungenspitzen-'r' sowie verschiedene Erscheinungen des oberhessischen Vokalismus von Bedeutung sein.)
c) Der oberhessische Dialekt ist nur in geringerem Maße
kulturelles bzw. literarisches Medium. Kein Vertreter
der meist nur örtlich bekannten oberhessischen Dialektdichtung wurde auch überregional bekannt. Lieder im oberhessischen Dialekt werden von den Gesangsvereinen nur
in Ausnahmefällen gesungen. Im Vergleich zu Bayern und
Schwaben gibt es hier auch eine viel schwächere Tradition
des gesungenen Dialekts.
d) Auch im dörflichen Sprechverkehr gilt der Dialekt als
ungeeignet für offizielle Situationen.

In einer Umfrage habe ich versucht, etwas über die Einstellung der eingeborenen Ortsbevölkerung zum Dialekt zu erfahren. Die 74 Informanten setzten sich aus verschiedenen Teilen der Ortsbevölkerung zusammen. Vorher hatte ich versucht,
erste Einstellungen zur Mundart durch teilnehmende Beobachtung in Erfahrung zu bringen. Die Auswertung ergab folgendes:
Im Sprechverkehr der ortsansässigen Salzbödener untereinander wurde jeweils der Begriff 'das Platt' (für die traditionelle einheimische Mundart) verwendet und diesem 'das
Hochdeutsche' (als Bezeichnung für die in der Schule, den
Ämtern, den Massenmedien gesprochene Sprache) gegenübergestellt. Es wurden hauptsächlich diese zwei Begriffe gebraucht. Begriffliche Bezeichnungen für andere Existenzfor-
men der Sprache wie 'Umgangssprache', 'Alltagssprache', 'Ar-
beitersprache', 'Bauernsprache' und ähnliches wurden nicht
verwendet. Allerdings wurden die Begriffe je nach Gesprächs-
kontext durch verschiedene Attribute näher gekennzeichnet:

```
Salzbödener  ⎫
reines      ⎪
oberhessisch-⎪
echtes      ⎬   Platt
altes       ⎪
überkommenes⎪
ursprüngliches⎪
richtiges   ⎭


reines      ⎫
offizielles ⎪
normales    ⎬   Hochdeutsch
richtiges   ⎭
```

Vereinzelt wurden auch die Begriffe 'Amtsdeutsch', 'Schriftdeutsch', 'Schuldeutsch' verwendet. Der Begriff 'Hochdeutsch' wurde häufig umschrieben bzw. es wurden lediglich
Abweichungen vom 'Platt' gekennzeichnet (z. B. *die redet
so, wie sie's auswärts gelernt hat*"), verschiedentlich auch
mit impliziten Hinweisen auf den Sprachgebrauch höherer
sozialer Schichten ("*Die redet vornehm*", "*die redet wie die
vornehmen Leute*", "*die redet, als wär' sie was besseres*").
    Der Begriff 'Platt' wird von den Ortsansässigen insbeson-
dere in Gesprächen untereinander bzw. mit sozial Gleichge-
stellten aus umliegenden Dörfern verwendet. Dagegen werden
im Gespräch mit Fremden aus der Stadt bzw. mit sozial Höher-
gestellten, die nicht dem eigenen Bekanntenkreis angehören,
eher die Begriffe 'Mundart' bzw. 'Dialekt' gebraucht. Mit
den Begriffen 'Platt' bzw. 'Mundart' schienen dabei jeweils
relativ feste Vorstellungen verbunden zu sein, so daß es
möglich war, die Einstellung der Ortsbewohner zu dieser
Existenzform der Sprache zu überprüfen.
    Den Informanten wurden Kärtchen mit verschiedenen Mei-
nungen über die Mundart vorgelegt. Diese Meinungen enthiel-
ten zum einen ethnozentrisch-konservative Aussagen, zum anderen aber auch solche, die Einverständnis mit dem Verschwinden der Mundart ausdrücken:

"Wer auf seine Mundart stolz ist, sollte sie auch auswärts
gebrauchen und an seiner angestammten Mundart festhalten,
wenn er mit Leuten von auswärts spricht." (D)

"Auf seine angestammte Mundart sollte man stolz sein. Wer
seine Mundart ablegt, verliert auch die Bindungen an seine
Heimat." (F)

"Im Ort sollte man untereinander Mundart sprechen. Aber da,
wo man mit anderen Menschen zu tun hat, ist sie nur hinderlich - besonders im Berufsleben und für die Kinder in der
Schule." (N)

"Die Mundart gehört der Vergangenheit an. Früher hatte sie
noch eine Funktion, aber in unsere heutige Zeit paßt sie
nicht mehr." (H)

Die Stellungnahmen zu diesen Meinungen fielen in der gesamten Informantengruppe folgendermaßen aus:

Die überwiegende Mehrheit der Informanten (68 von 74, 91,9 %) entschied sich für die Meinung N. - Darin kommt m.E. eine realistische Einschätzung der Mundartsituation durch die ortsansässigen Informanten zum Ausdruck, die allerdings von ambivalentem Charakter ist: Zum einen wird die Mundart[1] auch heute noch als eine im dörflichen Sprechverkehr v e r b i n d l i c h e   Sprachform anerkannt. D. h., daß die Mundart hier noch in einer Vielzahl von Situationen zentrale Kommunikationsform ist und sein soll. Es wird also noch nicht die Tatsache berücksichtigt, daß sich auch   i m   Dorf der Anteil jener Kommunikationssituationen, in denen hochdeutsch bzw. schriftsprachlich kommuniziert wird, ständig vergrößert. Vielmehr scheinen die Informanten immer noch einen gewissen Grad mundartlicher Konformität im örtlichen Sprechverkehr anzuerkennen.

Zum anderen wird jedoch mit dieser Meinung auf die Nachteile der Mundart - ihre regionale und situationsspezifische Gebundenheit (in Schule und Betrieb ist sie ein Hindernis) - hingewiesen. Diese Nachteile werden von den Informanten anscheinend gesehen und anerkannt.

Damit ergibt sich jedoch ein labiler Zustand für den Gebrauch der Mundart in der Untersuchungsgemeinde: Jemand, der in der Schule und im Betrieb fähig sein soll, sich hochdeutsch bzw. standardsprachlich zu verständigen, muß auch außerhalb von Schule und Betrieb die Möglichkeit haben, sich diese Fähigkeit anzueignen. Hört aber z. B. ein Kind die Eltern ständig die traditionelle Mundart sprechen und kommt es mit Spielkameraden zusammen, die dies ebenfalls tun, dann wird wahrscheinlich eher die Mundart als die Standardsprache zu seiner Hauptkommunikationsform werden; und zwar selbst dann, wenn die Eltern häufig den Versuch machen, in der Standardsprache mit dem Kind zu sprechen, unter sich aber weiter die Mundart als die ortsübliche Sprache gebrauchen. Während die Zustimmung zum Meinungskärtchen N in der Gesamtgruppe, jedoch auch in den Untergruppen einen sehr hohen Anteil an der Gesamtmeinung erreichte (91,9 %), ergab sich in bezug auf die übrigen Meinungskärtchen ein weniger deutliches Bild:

Ungefähr die Hälfte der Befragten äußerte Zustimmung zum Meinungskärtchen F (34 Pers., 45,9 %). ("Auf seine angestammte Mundart sollte man stolz sein. Wer seine Mundart ablegt, verliert auch die Bindungen an seine Heimat."), 15 (20,3 %) äußerten sich mit "teils, teils" und nur 6 (8,1 %) reagierten mit Ablehnung. Dies zeigt m. E., daß doch noch eine relativ starke Bindung der Informantengruppe (als Teil der ortsansässigen Bevölkerung) an die traditionelle Mundart vorhanden zu sein scheint. Die Aussage im ersten Teil von Meinungskärtchen N wird damit ebenfalls bestätigt. Der Zusammenhang von mundartlichem Sprachgebrauch und dörflich-heimatlichen Lebenskreis wird von einem relevanten Teil der Informanten anerkannt (34) und nur von 6 Personen abgelehnt. In der Frauengruppe ergab sich in bezug auf Kärtchen F ein sehr heterogenes Meinungsbild: 'teils-

teils'-Antworten fanden sich in dieser Gruppe nicht,
7 Frauen (41,2 %) stimmten zu, 6 (35,3 %) lehnten ab,
4 (23,5 %) gaben keine Äußerung zu diesem Meinungskärtchen
ab. (Untergruppe Frauen: 17 Personen; bei den Männern
(57 Personen) reagierten 30 (52,6 %) mit Zustimmung, 15
(26,3 %) mit 'teils teils'). Bei mehreren Frauen, die F
ablehnten, schien sich diese Ablehnung insbesondere auf das
Wort 'stolz' zu beziehen. Es wurde geäußert, daß man zwar
ein enges Verhältnis zur Mundart habe, jedoch könne von
'Stolz' auf die Mundart keine Rede sein.
   Die im Vergleich zu den übrigen Meinungskärtchen stärk-
ste Ablehnung wurde gegenüber D ("Wer auf seine Mundart
stolz ist, sollte sie auch auswärts gebrauchen und an seiner angestammten Mundart festhalten, wenn er mit Leuten
von auswärts spricht") vorgebracht. 37 (von 74, 50 %) lehnten ab; 25 (33,8 %) äußerten sich mit 'teils teils'. Damit
wird wiederum die schon in der Zustimmung zu N zum Ausdruck
kommende Einsicht in die Begrenztheit der örtlichen Mundart
bestätigt. Mit der Ablehnung von D lehnten es die Sprecher
auch ab, die Mundart als eine expansive Sprachform zu gebrauchen, d. h., diese auch in außerdörfliche Kommunikationssituationen einzutragen. Allerdings wird die Mundart
trotzdem von der Informantengruppe als auch heute noch le-
bendige und bis zu einem gewissen Grade für den dörflichen
Sprechverkehr verbindliche Existenzform der Sprache anerkannt. Dies äußert sich in der ebenfalls relativ hohen Ablehnung von H ("Die Mundart gehört der Vergangenheit an.
Früher hatte sie noch eine Funktion, aber in unsere heutige
Zeit paßt sie nicht mehr"). 30 von 74 (40,5 %) lehnten diese Meinung ab; 7 von 74 (9,5 %) stimmten mit 'teils teils';
der Rest äußerte sich hierzu nicht. Hier fällt auf, daß
sich die Hälfte der Informanten nicht zu dieser Meinung
äußerten. Dies liegt wahrscheinlich daran, daß eine eindeutige und klare Stellungnahme zu einer negativen Meinung über
die Mundart verlangt wurde. Einem Großteil der Informanten
schien die relativ ambivalente Meinung auf Kärtchen N bzw.
die positive Einschätzung der Mundart in F eher entgegen-
zukommen. Damit zeigte sich, daß innerhalb der Informantengruppe insgesamt ein ambivalentes bis positives Verhältnis
zum mundartlichen Sprachgebrauch vorherrscht, das jedoch in
keiner Weise den expansiven Gebrauch der Mundart mit einschließt.

3. Kontrastive Analyse von Äußerungen in einer gestellten Alltagssituation

Durch teilnehmende Beobachtung versuchte ich zu ermitteln,
welche Formen sprachlicher Kommunikation die Dorfbewohner
in alltäglichen Situationen anwenden bzw. auf Grund welcher
Faktoren der mehr dialektale bzw. mehr einheitssprachliche
Kommunikationsverlauf zustande kommt. Bekanntlich versuchen
Dialektsprecher, meist in die Einheitssprache überzuwechseln,
wenn sie statt eines Einheimischen einen Ortsfremden anreden
- und zwar unabhängig vom Thema, vom Alter, Geschlechtszuge-

hörigkeit usw. Diese Beobachtungen konnte ich auch in Salzböden machen, jedoch fehlte mir dazu noch konkreteres Analy-
sematerial. Weiterhin hatte ich beobachtet, daß emotionale
Erregungszustände (z. B. Ärger, Wut) sich stark auf das Dia-
lektniveau in einem Kommunikationsereignis auswirken. Auf
Grund solcher, u. a. in teilnehmender Beobachtung ermittel-
ter Merkmale von dörflicher Alltagskommunikation versuchte
ich, im Rahmen eines Interviews 15 Informanten (alle Dialektsprecher, in Salzböden aufgewachsen, jedoch von verschiedener Schichten-, Geschlechts- und Alterszugehörigkeit) mit
einer Situation zu konfrontieren, in der mit hoher Wahrscheinlichkeit ein Kodewechsel stattfinden würde. Bei den
Informanten handelt es sich um eine qualitative Auswahl,
denn ich wollte lediglich solche Informanten überprüfen,
deren alltäglicher Sprachgebrauch mir auch in einem größeren Zeitraum in teilnehmender Beobachtung zugänglich war.
Die Informanten wurden in die Situation jeweils so eingeführt:

> "Stellen Sie sich mal vor, jemand hat sein Auto
> vor Ihre Ausfahrt gestellt. Der sitzt jetzt z. B.
> in der Wirtschaft und Sie wollen ihm sagen, daß
> er sein Auto wegfahren soll. -
> Was würden Sie sagen?"

> Zunächst bei einem Einheimischen! (Situation A)
> Jetzt bei einem Fremden! (Situation B)

> Jetzt hat aber derjenige schon siebenmal sein
> Auto vor Ihre Ausfahrt gestellt. Was würden Sie
> jetzt sagen?
> Zunächst wieder bei einem Einheimischen! (Situa-
> tion C)
> Und bei einem Fremden! (Situation D)

Dabei sollte u. a. überprüft werden:
Inwieweit entwickeln die Informanten in den einzelnen Teilsituationen (Äußerungen an den Einheimischen, an den Fremden bzw. nach Wiederholung des Konfliktfalls) auf semantisch-
lexischer und pragmatischer Ebene selbständige dialektale
bzw. einheitssprachliche Strategien oder reagieren die Informanten jeweils mit unmittelbaren 'Übersetzungen' aus dem
Dialekt in die Einheitssprache?
(Z. B. *Foar emo:l dei Audo fott!* = *Fahr einmal dein
Auto fort!*)
  Dazu sollen zunächst einzelne nach inhaltlich-funktiona-
len Aspekten geordnete Äußerungen aus den Teilsituationen
miteinander verglichen werden, um darauf aufbauend eine
Charakteristik der Gesamtstrategie des Informanten in Hinsicht auf die jeweiligen Adressaten zu geben. Die Äußerungen in der Anrede des Einheimischen (A) und Fremden (B) in
der ersten Situation wurden dabei in folgender Hinsicht geordnet:

1. Überleitung in die gestellte Situation.
2. Erste Kontaktaufnahme mit dem Adressaten.
3. Ermittlung des Autobesitzers.

4. Feststellung der Handlung des Adressaten.
5. Hinweis auf die eigene Handlungsabsicht.
6. Aufforderung (das Auto wegzufahren).

Für die Analyse der Äußerungskomplexe verwendete ich eine
relativ ausführliche Analysemethode, in der versucht wird,
semantische sowie pragma- und soziolinguistische Kategorien miteinander zu verbinden. Aus Platzgründen kann die
Analyse hier nicht vorgeführt werden. Zur Information möchte ich die einzelnen Analysephasen jedoch angeben:

I. Vorläufige Bestimmung der makropragmatischen Dimension des Kommunikationsereignisses, d. h. als Moment
in der Gesamtpraxis 'sozialer Subjekte' (Nationen,
Klassen, Schichten, Institutionen, Körperschaften,
formelle und informelle Gruppen)

II. Funktional-inhaltliche Dimension des gesamten Kommunikationsereignisses

1. Vorläufige Bestimmung der a) Aktionalsituation
b) Sozialsituation
c) Umgebungssituation
d) Medialsituation

2. Inhaltliche Gliederung
3. Äußerliche Erscheinung (Intonation, Tonstärke,
Modulation)

III. Bestimmung der mikropragmatischen Dimension und der
semantisch-funktionalen Komponenten einzelner Wort-
bedeutungen

1.a) propositionale Dimension
b) illokutionäre Dimension
c) perlokutionäre Dimension

2.a) begrifflich-designative Komponente
b) wertend-appraisive Komponente
c) volitional-präskriptive Komponente
d) emotional-expressive Komponente
e) kontaktive Komponente
f) kommentive Komponente

IV. Zusammenfassende Darstellung der Ergebnisse

Rückbeziehung der mikropragmatischen Analyseergeb-
nisse auf die hypothetischen makropragmatischen Bestimmungen. Ermittlung solcher Einzelmerkmale, die
auf die Praxis 'sozialer Subjekte' bezogen werden
können[2].

Äußerungen zur Überleitung in die gestellte Situation werden jeweils von 4 (von 15) Sprechern gemacht. Bei A (Anrede
des Einheimischen) finden sich eine einheitssprachliche
und drei mundartliche Überleitungen, wobei die dialektalen
bzw. die einheitssprachlichen Überleitungen nicht einfache
Übersetzungen von einer Sprachform in die andere sind:

Der Dialekt bildet den entsprechenden Konjunktiv mit einem
anderen Hilfsverb als die Einheitssprache:

(Ech tät'em sa:re - ich würde ihm sagen)
Dann tät ich erschtemo:l sa:re - dann täte ich erst einmal
sagen (klingt 'gespreizt'), eher: *dann würde ich zunächst*
sagen)

>   *('Also ich komm' in die Wirtschaft und sage dem*
>   *folgendes:*
>   *'Na, da tät ich erschtemo: sa:re'*
>   *'Hm, da tät ich sa:re'* usw.)

Bei D ist es umgekehrt: Drei einheitssprachliche (bzw. umgangssprachliche) und eine dialektale Überleitung. Die jeweiligen Verba dicendi in den dialektalen Überleitungen
entsprechen in Stamm und Ableitung jeweils denen der einheitssprachlichen Überleitungen (*sa:re* - sagen), kennzeichnen nachfolgende Sprechhandlungen jedoch nur als lokutionäre
Akte. Dagegen wird in der Überleitung zur Anrede des Fremden
(C) in drei Fällen die illokutionäre Dimension der nachfolgenden Sprechakte näher gekennzeichnet (einmal als 'fragen',
zweimal als 'bitten'). Die Illokution wird hier jedoch all-
tagssprachlich vage bestimmt, weil sie eng mit der Gesamtin-
tention des Sprechers verbunden ist. - So kann eine auf
Grund der Intention als energische Aufforderung kenntliche
Äußerung vom Sprecher durchaus als 'Bitte' gekennzeichnet
sein. Dieser Sachverhalt zeigt sich besonders deutlich in
der Anrede des Fremden nach Wiederholung des Konfliktfalles:
Im Gegensatz zur dialektalen Anrede des Einheimischen versuchen die meisten Informanten bei der Anrede des Fremden
einen gewissen Grad an Höflichkeit und Freundlichkeit zu
wahren (die lokutionären Akte werden als 'Bitte' gekennzeichnet), obwohl die inhaltlichen Aussagen erwartungsge-
mäß zum großen Teil Ausdruck von Unwillen und Ärger sind[3].
  Mit dem Einheimischen (A) bzw. mit dem Fremden wird der
erste Kontakt auf deutlich voneinander unterschiedene Weise
aufgenommen. In beiden Fällen ist jedoch die Varianz verschiedener Anredeformen relativ groß:

A	B
Also läber Mann	*Also mein Herr*
Hier	*Entschuldigen Sie*
Hej	*Ja mein Herr*
Karl (2 x)	*Hier*
Guten Tag, Reinhold	*Herr Schmidt*
Hej, Willem	*Bitte*
Ach, Ludwig	

Eine Tendenz zu einer einheitlichen Anrede zeichnet sich im
Untersuchungsmaterial (noch ?) nicht ab. Lediglich bei der
Anrede des Einheimischen erfolgt die erste Kontaktaufnahme
relativ häufig durch Nennung des Vornamens in Verbindung
mit einer Aufmerksamkeit bewirkenden Interjektion. Die Varia-

tion in A und B hängt wahrscheinlich auch davon ab, welche individuelle, über die genannten Situationsbedingungen hinausgehende Vorstellung der Informant von der Situation hat. (Er hat es eilig. Er kennt die Einheimischen persönlich. Der Adressat hat ihm bereits seine Aufmerksamkeit zugewandt, so daß ein einfaches Kontaktsignal genügt. U. a. -).

Ähnliches gilt für die Varianz in der Anrede des Fremden. Auch hier ist die Anrede u. a. von der vorsprachlichen Wahrnehmung der Ansprechbarkeit des Adressaten abhängig.

Die Wahl bzw. die Varianz solcher ersten Kontaktmittel ist jedoch auch von dem emotionalen Zustand abhängig, den der Informant in dieser Situation für sich annimmt und den er dann in Auswahl und Gestaltung der einzelnen Kontaktformel ausdrückt.

	also lieber Mann
emotional-kontaktive Varianz	*ach Willem*
	hej Willem

(Vollständig wird diese Aussage jedoch erst durch die akustische Wahrnehmung der Äußerungen.)

In der einheitssprachlichen Anrede scheint die emotional-kontaktive Varianz geringer zu sein (*Also mein Herr - Entschuldigen Sie - Ja mein Herr*). - Es scheint, als ob die Distanz zu den fremden Adressaten eine größere Konformität der emotionalen Komponente in der ersten Kontaktaufnahme bewirken würde. Diese Annahme wird in den Situationen C und D (also nach Wiederholung des Konfliktfalls) weiter bestätigt. Allerdings fällt bei der verärgerten Anrede des Einheimischen auf, daß ein auf Grund der Situation relativ gleichartiges Gefühl (Ärger) in sehr verschiedenen Kontaktformen zum Ausdruck kommt. Es scheint, daß in der dialektalen Kommunikation bzw. innerhalb jener engen Sozialbeziehungen, wie sie in der betreffenden dörflichen Kommunikationsgemeinschaft vorherrschend sind, eine relativ breite Varianz emotional-expressiver Kontaktformeln möglich ist.

	Na Mensch, ...
	Mein lieber, ...
Verärgerung auf Grund wiederholter Behinderung	*Kind....*
	Hör ma Freund
	Also wäßte
	Nun, mein lieber,
	junger Herr sowieso

Andere im Dorf beobachtete Ausdrücke in ähnlichen Situationen: ... *Gewirrer...., verdammt nochemo:l...., Du Orwel.... Mißgeburt, das de bist...., zum Donnerwetter nochemo:l ....*

Flüche und entsprechende Schimpfworte werden von den Informanten in der g e s t e l l t e n Alltagssituation
wahrscheinlich eher gemieden. Es findet also auch hier eine
bestimmte Kontrolle emotionaler Entladung statt, die sich
in der Wahl der verbalen Mittel niederschlägt. Dies wird
besonders in der Anrede des Fremden (nach mehrfacher Behinderung) deutlich, wobei hier im Vergleich zur Anrede des
Einheimischen eine eingeschränkte Varianz von Kontaktformen
realisiert wird.

Verärgerung auf Grund
wiederholter Behinde-
rung

Also mein Herr
Hörnse mal, mein Herr
Mein Herr
Hier
Junger Mann

Die Anrede 'mein Herr' fand sich besonders häufig in der
Gruppe der älteren Informanten und wurde hier weitgehend
im Sinne einer Devotionalformel gebraucht. D. h. auch, daß
die Aggressivität, wie sie in der Anrede des Einheimischen
(in C) zum Ausdruck kommt, bei der Anrede des Fremden zu-
rückgenommen wird. Hier finden sich eher Anredeformen,
die weniger emotional aufgeladen sind, wie die in C. Eine
gewisse Ausnahme bildet die Anrede: *Hörense mal, mein Herr.*
Zur Illustration zwei vollständige Äußerungsfolgen desselben Sprechers in C und D:

C: *Ech sa: dirsch jetz des letzte Mo:, stitt das*
   Audo noch einmo:l do: un versperrt uns die In-
   foart... Wann des nochemo:l mechst, dann kannste
   was erläbe. Dann schla:n ech die Scheibe ian,
   häng mer de Schlepper devür un foarn dirsch do:
   über in das Wasser, ja.

D: *Mein Herr, das is jetzt das siebente Mal, daß*
   Sie Ihren Wagen dort stehen haben. Wenn das
   nocheinmal vorkommt, dann werden Se was er-
   leben.

(Die Äußerungsketten sind auch in der Intonation sehr
deutlich voneinander unterschieden.)
   Ähnliche Aussagen über die emotional-expressive Varianz
zwischen dialektaler und einheitssprachlicher Redestrate-
gie lassen sich auch da machen, wo die Informanten nach er-
folgter Kontaktaufnahme, Ermittlung des Adressaten und Hinweis auf die eigene Handlungsabsicht auf den psychischen
Zustand hinweisen, den die Handlungen des Adressaten bei
ihnen bewirkt haben.

C (- in der Äußerungskette an den Einheimischen)

   'S kimmt mer awer ba:l ze dumm vür
   jetz schickt mersch ba:l
   Also wäßte, langsam stinkt mersch
   Zum Donnerwetter nochemo:l

D (- in der Äußerungskette an den Fremden)

Das wird mir langsam zu bunt
Wissense, das wird mir langsam e bißche zuviel

In den Äußerungen an den Einheimischen finden sich auch
hier mehr Hinweise auf den psychischen Zustand des Informanten, die jedoch weniger Varianz aufweisen als die Formen der ersten Kontaktaufnahme. Entsprechend nimmt in D sowohl die Varianz, als auch die Zahl der Hinweise auf den
psychischen Zustand des jeweiligen Informanten ab. Diese
Aussagen bestätigen sich auch in der teilnehmenden Beobachtung. Im dialektalen Sprachgebrauch fanden sich eine große
Zahl zum Teil formelhafter Äußerungen, durch die die Sprecher jeweils gleichartige Gefühlszustände ausdrückten. Ein
Teil dieser Ausdrücke (z. B. *'jetz schickt mersch ba:l'*;
'eweil hu: ech en brast' u. a.) waren dialektspezifisch,
können nicht unmittelbar ins Einheitsdeutsch übertragen
werden. Andere haben lediglich ihre Entsprechung in der
'niederen' Umgangssprache, während in der Einheitssprache
nur wenige Möglichkeiten vorhanden sind bzw. die entsprechenden Emotionen vermittelteren und indirekteren Ausdruck
in der Sprache finden. D. h. jedoch nicht, daß beim Dialektsprecher die spezifischen Formen emotionaler Widerspiegelun-
gen differenzierter und spezifizierter sind als in der einheitssprachlichen Kommunikation. Vielmehr scheint es so,
daß beim Dialektsprecher solche emotionalen Zustände eher
diffus und unstrukturiert sind und sich mit der Realisierung entsprechender Formeln bzw. variabler Äußerungen unmittelbar affektiv entladen, während Sprecher in der Einheitssprache eher dazu neigen, solche Gefühle zu verdrängen,
zu sublimieren bzw. Distanz zu ihnen zeigen oder sie mittelbar, in indirekten Sprechakten auszudrücken, was sich dann
wahrscheinlich auch wieder auf die Entwicklung und Prägung
solcher Gefühle in einheitssprachlicher Kommunikation auswirkt.
   Bei der Analyse der Äußerungstypen, 'Feststellung der
Handlung des Adressaten' sowie 'Hinweis auf die eigene Handlungsabsicht' möchte ich aus Gründen der Übersichtlichkeit
lediglich auf bestimmte lexisch-semantische Varianzen eingehen, während die eigentlichen Aufforderungshandlungen am
Schluß dann auch wieder unter pragmatischen Gesichtspunkten
analysiert werden sollen. Dabei soll untersucht werden,
mit welchen Begriffen die Informanten gemäß den dialektalen
bzw. einheitssprachlichen Strategien, die sie (in der gestellten Situation) realisieren, jeweils den Konfliktgegenstand (das falsch parkende Auto) bzw. den Konfliktort (die
Umgebungssituation des Konfliktgegenstandes) erfassen.
   Dabei ergibt sich in der Äußerungsgruppe 'Feststellung
der Handlung des Adressaten' folgendes Bild:
   Der Konfliktgegenstand und der Konfliktort werden in
der betreffenden Äußerung an den Einheimischen häufiger
substantivisch erfaßt, als in der an den Fremden. Eine Ausnahme ergab sich lediglich bei D.

Konfliktgegenstand

an den Einheimischen

A = *'Auto'* 4 x

C = *'Auto'* 7 x
'a:lt Rappelkist' 1 x
'Kärrn' 1 x

an den Fremden

B = *'Wagen'* 2 x
'Auto' 1 x

D = *'Wagen'* 3 x
'Fahrzeug' 2 x
'Auto' 3 x

Konfliktort

an den Einheimischen

A
Infoart : 1 x
Gara:sch: 1 x
Ho:p : 3 x
Ho:ptor : 3 x
Einfahrt: 1 x
Ausgang : 1 x
Haus : 1 x

C
Infoart: 3 x
Ho:ptor: 2 x
Tür : 1 x

an den Fremden

B
Ausfahrt : 1 x
Einfahrt : 1 x
Grundstück: 1 x
Hoftor : 1 x

D
Einfahrt : 3 x
Grundstück: 1 x

Es zeigt sich, daß sowohl die Anzahl als auch die lexisch-semantische Varianz der entsprechenden Begriffe in den Äußerungen an den Einheimischen größer sind als an den Fremden. Weiterhin zeigt sich, daß in den betreffenden Äußerungen an den Einheimischen eine deutliche Tendenz zum Gebrauch des Begriffes 'Auto' besteht, die erwartungs-gemäß in C durch emotional-expressive, dialektale Bezeich-nungen (*'a:lt Rappelkist'*, *'Kärrn'*) differenziert wird. Demgegenüber tauchen in den Äußerungen an den Fremden ne-ben dem Begriff 'Auto' (3mal) die einheits- bzw. standard-sprachlichen Begriffe 'Wagen' (5mal) sowie 'Fahrzeug' (2mal) auf.

In den Äußerungen an den Einheimischen zeigt sich ein deutliches Übergewicht substantivischer Verbalisierung in bezug auf den Konfliktort. Dies äußert sich besonders stark in den ersten Äußerungen an den Einheimischen (A). Dabei werden nicht nur dialektale Begriffe (*Ho:p*, *Ho:ptor*, *Infoart*) gebraucht, sondern auch einheitssprachliche (*Einfahrt*, *Ausgang*, *Tür*; Verhältnis 8:3).

In C nimmt der Anteil einheitssprachlicher Begriffe wieder
ab. In der Anrede des Fremden werden nur einheitssprachliche Begriffe gebraucht, der in A und B nicht gebrauchte
Begriff 'Grundstück' kommt hinzu.

Diese Ergebnisse werden in ihrer Quantität teilweise
durch die entsprechende Analyse der Äußerungsgruppe 'Hinweise auf die eigene Handlungsabsicht' relativiert.

Konfliktgegenstand 'Auto'

an den Einheimischen		an den Fremden	
A	C	B	D
'Auto' u.a.: 0x	0x	*Wagen* : 3x *Schlepper*: 1x *Auto* : 1x	0x

Konfliktort

A	C	B	D
0x	0x	*Hof*: 2x	0x

D. h., daß in dieser nachfolgenden Äußerungsgruppe Konfliktgegenstand und -ort in der Mehrzahl der Fälle durch Pronomen bzw. Adverb erfaßt werden, weil sie bereits vorher als
substantivische Begriffe eingeführt wurden.

In dieser Äußerungsgruppe ergaben sich lexisch-semantische Varianzen, insbesondere bei der Verbalisierung der betreffenden Handlungsabsicht durch den Informanten. Jedoch
konnten hier zwischen den einzelnen Äußerungen keine
lexisch-semantischen bzw. pragmatischen, sondern lediglich phonetische und syntaktische Differenzen ausgemacht
werden
('... *rin muß foarn'* - '...*rein fahren muß'*).

Mit der Analyse der Äußerungsgruppe 'Aufforderung' sollten folgende Hypothesen überprüft werden:

a) Konfliktgegenstand und Konfliktort werden in den Aufforderungen an den Einheimischen eher als bekannt
vorausgesetzt und deshalb weniger oft substantivisch
verbalisiert. Lediglich nach Wiederholung des Konfliktfalls nimmt die Zahl emotional-expressiver, substantivischer Bezeichnung in den Aufforderungen an
den Einheimischen zu.
b) In den Äußerungen an den Einheimischen ist die Zahl
kurzer direkter Aufforderungen relativ hoch. Die Aufforderung wird also nicht höflich als Bitte ver-
kleidet, durch Höflichkeitsformeln entlastet bzw.
indirekt ausgedrückt. In den Aufforderungen an den
Fremden finden sich diese Erscheinungen häufiger.

Konfliktgegenstand 'Auto'

Aufforderung an den Einheimischen

A

Auto : 7x
Autoche: 1x
Ding : 1x
Scheese: 1x
Kist : 1x

C

Auto : 2x
Karre: 1x

Aufforderung an den Fremden

B

Auto : 5x
Wagen : 3x
Fahrzeug: 1x

D

Wagen : 2x
Fahrzeug: 2x
Auto : 2x

Danach nimmt die Anzahl emotional-expressiver Bezeichnungen nach Wiederholung des Konfliktfalls eher ab als zu (4:1), wogegen die Anzahl in der ersten Aufforderung relativ groß ist. Dies hängt wahrscheinlich damit zusammen, daß nach Wiederholungen des Konfliktfalls nicht mehr so häufig aufgefordert wird, vielmehr auf die Feststellung des Tatbestandes sogleich die Ankündigung einer Sanktionshandlung folgt. Weiterhin wird der Konfliktgegenstand entgegen der Hypothese häufiger in der Aufforderung an den Einheimischen substantivisch verbalisiert. Es scheint so zu sein, daß die besondere Art der Zuwendung, wie sie in den Aufforderungen an den Einheimischen zum Ausdruck kommt, in diesem Fall eher explizite Verbalisierung ermöglicht.

Weiterhin fällt auf, daß emotional-expressive Bezeichnungen für den Konfliktgegenstand in der Anrede des Fremden überhaupt nicht vorkommen, vielmehr besondere Bezeichnungen (Fahrzeug, Auto) aus der 'gehobenen' Umgangssprache eingeführt werden.

Konfliktort

Aufforderung an den Einheimischen

A

Tor : 1x
Hoptor: 1x

C

0x

Aufforderung an den Fremden

B

Garage : 1x
Ausfahrt: 1x
Einfahrt: 1x

D

Hoftor

In Hinsicht auf den Konfliktort wird die Hypothese zum Teil bestätigt. In den Aufforderungen an den Fremden wird

der Konfliktort eher substantivisch bezeichnet als in denen
an den Einheimischen. Daß nach der Wiederholung des Konfliktfalles sowohl bei der Aufforderung des Einheimischen als
auch des Fremden substantivische Bezeichnungen des Konflikt-
ortes fehlen bzw. abnehmen, ist aus der vorausgesetzten Si-
tuationskenntnis von Sprecher und Adressat verständlich.
Zudem nimmt die Anzahl der Aufforderungen in C und D deutlich ab.

Die erste Aussage der Hypothese b) (Kürze und Direktheit)
wird durch die Analyse bestätigt, jedoch nicht in erwarteter
Deutlichkeit. In A finden sich 4 direkte Aufforderungen
(*Hier, fahr emal das Auto weg!*).

Die Aufforderungen in A sind insgesamt kürzer, jedoch
finden sich auch in B entsprechend kurze Aufforderungen.
Gemessen an der Gesamtzahl der Aufforderungen in A und D
sind die direkten Aufforderungen in beiden Äußerungsgruppen
relativ gering (13:4; 14:2). D. h., daß auch die Mehrzahl
der Aufforderungen an den Einheimischen durch bestimmte Zu-
sätze (Höflichkeitsformeln, illokutionäre Indikatoren usw.)
gekennzeichnet sind. Ein deutlicher Unterschied zwischen A
und D ergibt sich allerdings im Gebrauch des Konjunktivs.
Konjunktivformen werden in der Anrede des Fremden deutlich
häufiger gebraucht. In den Aufforderungen an den Einheimischen findet sich kein Konjunktiv. Es fällt auf, daß hier
jedoch eine Reihe von Aufforderungen durch eine Äußerungs-
phase eingeleitet wird, die als Ausdruck höflich-freundlicher
Zuwendung interpretiert werden kann. Mit dieser Phase freund-
licher Zuwendung wird die in dieser Situation eigentlich
selbstverständliche Handlung in den Status eines freiwilli-
gen Entgegenkommens bzw. einer Gefälligkeit erhoben, wodurch
die an sich spannungsreiche Situation entspannt wird und dem
Adressaten die Ausführung der geforderten Handlung leichter
fällt. Eine solche Einleitung der Aufforderung ist sowohl
bei der Anrede des Einheimischen als auch der des Femden
zu finden. Jedoch ist diese Einleitungsphase in A einheit-
licher als in B.

A
Sei doch so gout: 6mal; *daneben: 'tätst mir'n grüße
Gefann', 'mo:chst doch bitte so freundlich sein'.*

B
*Würden Sie vielleicht so freundlich sein;
Ich würde Ihnen sehr dankbar sein;
Sind se doch so freundlich;
Würden Sie bitte;
Ich würde Sie höflichst mal bitten;
usw.*

Es fällt auf, daß sich hier keine Tendenz zum Gebrauch einer
einheitlichen Einleitung der Aufforderung zeigt. (Lediglich
'Sind se doch so freundlich' wird 2mal gebraucht.) Die
größere Varianz höflicher Zuwendung in der Einheitssprache
läßt sich m. E. damit erklären, daß das Repertoire sprachlicher Formen von höflicher Zuwendung in der Einheitssprache

größer und variationsreicher ist als im Dialekt, daß im
Dialekt vielmehr nur eine begrenzte Anzahl verbaler Möglichkeiten für diese Intention zur Verfügung steht. (Es ist möglich, daß in dialektaler Kommunikation paralinguistische
Mittel Gestik, Mimik, Intonation eine größere Bedeutung
für die betreffende Variation von Aufforderungshandlungen
haben. Das müßte jedoch noch überprüft werden.)

Sowohl in den Aufforderungen an den Einheimischen als
auch an den Fremden werden jedoch weitere Mittel verwandt,
die den Charakter der geforderten Handlung im obigen Sinne
prägen. - Durch die Art der sprachlichen Darstellung soll
eine positive Einstellung des Adressaten zur Ausführung
der Handlung bewirkt werden.

Dies geschieht zum einen durch Hinweis auf die Einmalig-
keit der Handlung (*Fahr doch   m a l   dein Auto weg!;*
'Fahr dein Auto weg' wäre eine entsprechend energischere
Aufforderung). Zum anderen durch die Aussprache eines
'Könnens' an Stelle eines 'Müssens'. Weiterhin werden gemäß dieser Intention bestimmte Diminuitivformen, z. B. für
den Konfliktgegenstand (*'Auto'che'*) sowie für die Entfernung, die das Auto weitergefahren werden soll (*'e biß'che'*,
'e Stückel'che') verwendet.

Der illokutionäre Charakter der Aufforderungen wird von
den Informanten gemäß ihrer Handlungsintention auf verschiedene Weise gekennzeichnet: Zum einen kann die freundliche,
verbale Zuwendung vor der eigentlichen Aufforderung als
Indikator für den Sprechakt 'Bitte' angesehen werden, zum
anderen wird die Aufforderung auch direkt als 'Bitte' gekennzeichnet, - allerdings auf verschiedene Weise:
Darf ich Sie bitten? Ich würde Sie mal höflichst bitten!
Solche direkten Kennzeichnungen als 'Bitte' finden sich
jedoch in den Aufforderungen an den Einheimischen nur einmal. Dies gilt auch für die Aufforderungen nach Wiederholung
des Konfliktfalls (C), während bei der Anrede des Fremden
auch hier ein Teil der Aufforderungen als Bitte gekennzeichnet ist. Insgesamt nimmt nach der Wiederholung des Konfliktfalls die Zahl der Aufforderungen ab, insbesondere die von
C. Wahrscheinlich wird vom Einheimischen erwartet, daß man
ihn auf Grund der Hinweise auf die Situation nicht extra
auffordern muß, während die gewünschte Handlung beim Fremden durch eine größere Anzahl von Informationen bzw. der
entsprechenden Aufforderung vorbereitet wird.

In der Aufforderung des Einheimischen (C) findet sich wieder
eine Tendenz zu einheitlichem Wortgebrauch (allerdings
schwächer als in A): *Jetzt mach, daß de raus kimmst; jetzt*
mach, daß de weg kimmst.

In der Anrede des Fremden ist die Variation der Aufforderungen größer: (*Ich möchte Sie zum letzten Mal bitten;*
fahren Sie bitte usw.). Anders als in den Ergebnissen bei
A und B wird die Hypothese b) in C und D deutlich bestätigt
(direkte, kurze Aufforderungen in 4 von 5 Fällen, ausführlich umschriebene Aufforderungen in 5 von 7 Fällen).

Zum Schluß soll noch kurz auf eine Äußerungsgruppe einge-
gangen werden, die sich in den Äußerungen der Informanten
lediglich nach der Wiederholung des Konfliktfalles findet
(bei C und D), nämlich die Ankündigung von Sanktionshandlungen. Die Hypothese für diese Äußerungsgruppe war folgende:
Dem Einheimischen werden in durchweg dialektaler Sprachform
direkte Sanktionshandlungen angedroht (z. B. Schläge bzw.
Wegziehen mit dem Schlepper u.a.). Dem Fremden werden in
einer hier stärker dialektal gefärbten Einheitssprache zum
Teil ähnlich direkte Sanktionshandlungen (weniger starken
Ausmaßes) angedroht, zum Teil wird eine über eine Behörde
vermittelte Sanktionshandlung angekündigt.
      Diese Hypothese wurde nur teilweise bestätigt. Zunächst
lassen sich in C (Anrede des Einheimischen) eine Reihe von
Äußerungen im Sinne der Hypothese finden:

> *Dann nimm ech dir de Kärrn un schla: dirn halbwegs*
> *kaputt!*
> *Dann muß ich dir'n mal plattsteache!*
> *Wann de eweil dei Saukist net ba:l vorm Ho:p*
> *wegfierscht, dann passiert was annerst;*
> *usw.*

Neben solchen direkten aggressiven Sanktionshandlungen
werden jedoch institutionell vermittelte Sanktionshandlungen angedroht, und zwar nur einmal in dialektaler Form
(*Dann zäj ech dich o:*). Ansonsten zeigt sich in diesen Ankündigungen ein starker Einfluß der Einheitssprache (*zur
Anzeige bringen, Anzeige erstatten* usw.). Das Verhältnis
zwischen Ankündigungen von direkter und institutionell vermittelten Sanktionshandlungen ist 6 : 4.
      Bei der Ankündigung von Sanktionshandlungen in D (Anrede
des Fremden) fällt auf, daß zwar keine dialektalen Versatz-
stücke bzw. Gesamtäußerungen produziert werden, daß jedoch
eine deutliche Tendenz zu einer Umgangssprache mit großräu-
migen Dialektmerkmalen besteht (z. B. *Sonst müßt mer sich
ebbe mal mit de Polizei in Verbindung setze, daß er net
dauernd die Einfahrt versperrn würd*).
      Weiterhin ist hier die inhaltliche Variation schwächer
als in C. In 8 von 10 Äußerungen wird eine institutionell
vermittelte Sanktionshandlung angedroht. In den zwei anderen
Fällen wird die Handlung nicht näher benannt. Durch diese
inhaltliche Konformität ergibt sich hier zum erstenmal in
den Äußerungen an den Fremden eine verbale Konformität, die
jedoch schwächer ausgebildet ist als die, die in den anderen
Äußerungsgruppen in der Anrede des Einheimischen zum Ausdruck
kommt. Die Hypothese muß also auch hier differenziert werden.
      Als Ergebnis der Gesamtanalyse zeigte sich, daß die Infor-
manten jeweils spezifische dialektale bzw. einheitssprachliche Redestrategien entwickelten, die deutlich sowohl in
lexisch-semantischer als auch pragmatischer Hinsicht voneinander abweichen. Es wurde also nicht aus dem Dialekt in die
Einheitssprache (bzw. umgekehrt) übersetzt. Weiterhin zeigte
sich, daß dialektaler Sprachgebrauch zur Bewältigung d i e -

s e r Situation durchaus über eigenständige Sprechhand-
lungsformen und Begriffe verfügt, die nicht von vornherein
als defizitär bezeichnet werden können. Weiterhin zeigte
sich, daß die Informanten fähig waren, entsprechende einheitssprachliche Kommunikationsstrategien zu entwickeln.
Zwischen den jeweiligen dialektalen und einheitssprachlichen Strategien zeigten sich jedoch auch Differenzen, die
mit Vorsicht als schichtenspezifisch interpretiert werden
könnten.(Die genauen Untersuchungen zu diesen Ergebnissen
konnten aus Platzgründen hier nicht vorgelegt werden.)
   In der Informantengruppe waren 7 Arbeiter und 4 Beamte,
2 Landwirte und 2 Hausfrauen. Die interviewten Arbeiter
stellten häufiger Vergewisserungsfragen zur gestellten
Situation und verbalisierten häufiger Überleitungen aus der
Interviewsituation in die gestellte Situation. Bei den Arbeitern war insgesamt die semantisch-pragmatische Variation
in den Äußerungen geringer als bei den Beamten. Allerdings
muß hier noch differenziert werden zwischen den Äußerungen
an den Einheimischen bzw. an den Fremden. In den Äußerungen
an den Fremden zeigte sich bei den Arbeitern weniger semantisch-pragmatische Variation als in der Anrede an den Einheimischen. Diese Differenz ist jedoch nicht sehr deutlich,
und zwar aus folgendem Grund: In der Anrede des Einheimischen
formulierten die Arbeiter entspannter und flüssiger, so daß
diese Äußerungen in Anbetracht der Ortskenntnisse des Informanten zum Teil überinformativ waren. Zum anderen ergab
sich die Notwendigkeit, dem Fremden mehr Informationen zu
geben. Dabei konnte man jedoch beobachten, daß die Arbeiter
in der Anrede des Fremden eher Formulierungsschwierigkeiten
hatten und deshalb teilweise zu einer kurzen und schnellen
sprachlichen Bewältigung der Situation neigten.
   Insgesamt waren bei den Arbeitern die Kommunikationsstrategien in der Anrede an den Einheimischen bzw. an den
Fremden mehr aneinander angenähert (Tendenz zu einer dialektal gefärbten Umgangssprache). Bei den Beamten wird der
Dialekt bewußter eingesetzt und deutlicher von der Einheitssprache abgehoben. Die semantisch-pragmatische Vielfalt der
Äußerungen der Beamten ermöglichen eine bessere Bestimmung
der emotional-expressiven Komponente. Diese Unterschiede
sind jedoch nicht durchgängig. Zum Teil tendieren Arbeiter
und Beamte aber auch zu ähnlichen Kommunikationsstrategien,
es zeigen sich deutliche Übereinstimmungen in der verbalen
Bewältigung der Situation[4].

4. Zur sprachdidaktischen Verarbeitung

Für die sprachdidaktische Verarbeitung der vorgelegten
bzw. ähnlicher Analysebeispiele müssen m. E. folgende Punkte berücksichtigt werden:

(1) Das Problem Dialekt und Schule stellt sich für die
    einzelnen Schulstufen (Primarstufe, Förderstufe usw.)
    jeweils neu und muß auch entsprechend spezifisch be-
    handelt werden. Das vorliegende Beispiel soll deshalb

in Hinsicht auf seine Relevanz für den Deutschunterricht
in der Förderstufe (bzw. da, wo erste Versuche gemacht
werden, Reflexion über Sprache zu fördern) untersucht
werden.
(2) Es wird m. E. nicht möglich sein, in der Schule den
Dialekt und damit auch das dem dialektalen Sprachgebrauch zugrundeliegende soziale Rollenverhalten sowie
die vom dialektalen Sprachgebrauch geprägten Wahrneh-
mungs- und Denkformen pauschal auf- oder abzuwerten bzw.
den Dialekt einfach als eine differente, aber gleich-
wertige Sprachform gegenüber der Einheitssprache zu behandeln. (Deshalb muß in besonderer Weise an die Erfahrungen der Schüler angeknüpft werden, die ja Dialekt
und Einheitssprache in realen Situationen nicht als
friedlich koexistierende, sondern in ihrer Bindung an
soziale Rollen, an Denk- und Wahrnehmungsweisen als
miteinander konkurrierende Sprachformen erfahren.)
(3) Es kommt m. E. zunächst darauf an, die verschiedenen
kommunikativen und kognitiven Funktionen des dialektalen
Sprachgebrauchs zu ermitteln und ihre Relevanz für die
Gestaltung der sozialen Beziehungen zwischen den Menschen und der geistigen Aneignung der gesellschaftlichen
und natürlichen Umwelt zu erklären und zu werten.
(4) Konkrete Untersuchungen zum Dialektgebrauch, Analyse
von Eigenschaften und Eigenarten des Dialekts in den
verschiedenen sprachwissenschaftlichen Untersuchungs-
bereichen könnten dann auf dieser Grundlage durchgeführt werden, wobei damit noch nichts über die konkrete
Unterrichtsgestaltung ausgesagt ist.

Im vorliegenden Fall wären m. E. folgende Umsetzungsmöglich-
keiten denkbar:
Die Klasse inszeniert auf Grund der ersten Anleitungen
des Lehrers das Analysebeispiel als Rollenspiel, an dem sowohl Schüler teilnehmen können, die Dialekt und Einheitssprache sprechen, als auch solche, die nur die Einheitssprache sprechen. Schüler, die nur die Einheitssprache sprechen,
könnten dabei zum einen in der Rolle des Fremden agieren
sowie gegebenenfalls bei der Anrede des Fremden den dialektsprechenden Schüler abwechseln. Demgegenüber könnten die
zweisprachigen Schüler in allen Rollen agieren.
Die Situation sollte zunächst offen gelassen werden,
d. h. der Lehrer sollte es den Schülern freistellen, wie
sie diesen Konflikt ausspielen bzw. lösen. Die Szenen sollten jeweils von verschiedenen Schülergruppen gespielt und
auf Tonband aufgenommen werden. Dabei sollten sich die
Schüler nicht streng an die Vorlage halten, sondern die
Szenen nach Möglichkeit erweitern. (Klärungsgespräche mit
Nachbarn, Kontaktgespräche auf der Dorfstraße usw.)
Nachdem die einzelnen Schülergruppen die Szenen vorgespielt haben, werden der gesamten Klasse die Tonbandaufnahmen vorgespielt. Nach diesem ersten Anhören nennt der
Lehrer den Schülern verschiedene Punkte, auf die sie beim
zweiten Anhören achten sollen, z. B. folgende:

(1) Welche Dinge sind den Schülern an den dialektalen bzw.
     einheitssprachlichen Szenen spontan aufgefallen? An
     welchen Stellen haben sie warum gelacht? Welche Phasen
     der Szenen kamen ihnen komisch bzw. unnatürlich vor?
(2) Inwieweit trug die dialektale bzw. einheitssprachliche
     Redeweise dazu bei, daß sich die Sprecher
     a) über die Umstände der Situation verständigen bzw.
        nur schwer verständigen konnten,
     b) auf Grund der Situation sowie der in ihr auftreten-
        den Kommunikationsschwierigkeiten in Streit gerie-
        ten bzw.
     c) zu verschiedenen Formen der Konfliktlösung gelang-
        ten?
(3) Welche lexisch-semantischen und pragmatischen Variations-
     möglichkeiten ergeben sich in Hinsicht auf die einzel-
     nen Teile der Äußerungsketten?
        (Gruß und Anrede des Adressaten; Feststellung der
        Handlung des Adressaten und Benennung der Umgebungs-
        situation; verbaler Ausdruck eines psychischen Zu-
        standes; Aufforderung des Adressaten; Ankündigung
        einer Sanktionshandlung u.a.)

     Wo ergeben sich im Dialekt bzw. in der Einheitssprache
     größere Variationsmöglichkeiten für den jeweiligen Ab-
     lauf der Szene?
(4) Wo verbalisieren die Sprecher ihre Wahrnehmungen, Ge-
     fühle, Vorstellungen und Handlungsabsichten direkt und
     wo durch indirekte Äußerungen?
     Wo werden Wahrnehmungen verkürzt bzw. gar nicht darge-
     stellt? Inwieweit sind Dialekt und Einheitssprache von
     diesen beiden Fragen in unterschiedlicher Weise betrof-
     fen?
        (Einzelne Untersuchungen zur lexischen Varianz, zu
        spezifischen illokutionären Indikatoren u.a. im Dia-
        lekt und in der Einheitssprache könnten sich hier
        anschließen.)

Insgesamt könnten dabei folgende Unterrichtsziele verfolgt
werden:
(1) Dialektsprechende Schüler sollen ermutigt werden, ihre
    kommunikativen Fähigkeiten in den Unterricht einzubrin-
    gen.
(2) Schüler, die nur die Einheitssprache sprechen, sollen
    über Eigenarten und Möglichkeiten dialektalen Sprachge-
    brauchs aufgeklärt werden - umgekehrt gilt dasselbe
    auch für Dialektsprecher.
(3) Die Schüler sollen lernen, die einzelnen kommunikativen
    und kognitiven Funktionen von Dialekt und Einheitsspra-
    che zu differenzieren.
(4) Die Schüler sollen erkennen, in welchen Funktionen Dia-
    lekt und Einheitssprache gleichwertig sind und wo sie
    nicht in gleicher Weise zur Lösung bestimmter Aufgaben
    herangezogen werden können.

In diesem Kontext sollen sie längerfristig lernen, ihre eigene Sprechtätigkeit und die der Personen ihrer Umwelt zu

beobachten und die sozial/regional bedingten Erscheinungsformen von Kommunikationsschwierigkeiten und -möglichkeiten
zu erkennen und Interesse für die individuelle und gesellschaftliche Überwindung der Kommunikationsschwierigkeiten
und Entwicklung der Kommunikationsmöglichkeiten gewinnen.

Anmerkungen

1) Auf den Meinungskärtchen wurde an Stelle von 'Dialekt'
   der Begriff 'Mundart' gebraucht. Deshalb wurde auch
   bei der Auswertung der Begriff 'Mundart' beibehalten.
   Er unterscheidet sich jedoch nicht vom vorher und nachher
   gebrauchten Begriff 'Dialekt'.

2) Eine ausführliche Erläuterung der einzelnen Analysephasen und ihre Anwendung auf Textbeispiele wird im Frühjahr 1978 im Niemeyer-Verlag als Teil einer größeren
   Arbeit erscheinen. Im Rahmen des vorliegenden Aufsatzes
   kann es nur darum gehen, einzelne Ergebnisse und Teile
   dessen, worauf sie sich beziehen, verständlich wiederzugeben.

3) Im Kontext der vorliegenden Analyse werden jeweils die
   Unterschiede zwischen den Äußerungen der g e s a m -
   t e n   Informantengruppe in den Teilsituationen fest-
   gehalten.

4) Feindselige Gefühle werden in ähnlicher sprachlicher
   Form eher in der Rede an den Einheimischen als an den
   Fremden ausgedrückt. Der Einheimische wird durchweg mit
   D u   angeredet, der Fremde mit   S i e ,   jedoch in
   2 Fällen (von Arbeitern) auch mit   D u . (Das hängt
   wahrscheinlich mit der jeweiligen Vorstellung zusammen,
   die sich der Sprecher vom Adressaten macht, bzw. von
   seinem individuellen Gebrauch der Anrede 'Du') Auf weitere Gemeinsamkeiten kann aus Platzgründen nicht einge-
   gangen werden.

Joachim Hasselberg

Gemessene dialektbedingte Schulschwierigkeiten am Beispiel des Hessischen[1]

0. Einleitung

Das in der Linguistik wiedererwachte Interesse am Dialekt,
von dem die traditionelle Mundartforschung selbst ganz
offensichtlich überrascht worden ist, geht unmittelbar zurück auf das besondere Interesse am D i a l e k t -
s p r e c h e r in der Schule. Es ist verständlich, daß
gelegentlich angesichts der zutage getretenen Versäumnisse
auch darauf hingewiesen wird, daß das Thema "Dialekt und
Schule" eine lange Tradition hat, und wir können feststellen, daß sie in der didaktisch-methodischen Literatur heute
noch dort weiterlebt, wo vom Dialekt als von einem "sprachlichen Heimatboden" und von einem "besonderen Besitz" die
Rede ist (ESSEN 1968, 39). A. BACH hat das seinerzeit
(1931, 278) so formuliert: "Wir preisen die Schüler glücklich, die an der Hand eines sachkundigen Lehrers hinge-
führt werden zum rechten Verständnis und zur rechten Freude an der angestammten Mundart ihrer Heimat und damit eines
bedeutsamen Teiles ihres Volkstums. Sie werden ein Leben
lang davon zehren können". Es muß dazu gesagt werden, daß
dieser u.U. lehrreiche und erbauliche Umgang mit der Mundart den "reiferen Schülern" der Oberklassen vorbehalten war
und daß "die der Volksschulen ... hier nicht in Frage"
kamen (BACH 1931, 279).
Die Möglichkeit, in einer angemessenen Unterrichtsreihe die
Mundart sogar mit der hier zitierten Zielvorstellung zu behandeln, muß gar nicht grundsätzlich ausgeschlossen werden;
gleichwohl ist zu befürchten, daß nach einer vergleichsweise langen Phase, in der sich die Mundart in der Schule
immer wieder als Hindernis bemerkbar gemacht hat, bei den
in die Oberklassen vorstoßenden Dialektsprechern schwerlich
noch Besitzerstolz geweckt werden kann.
Aber diese Frage soll hier nicht weiter verfolgt und schon
gar nicht entschieden werden. Wesentlich ist dagegen die
Feststellung, daß das Thema "Die Mundart im Unterricht" tatsächlich eine lange Tradition hat, daß aber angesichts der
Bemühungen um eine Herstellung von Chancengleichheit auch
für Dialektsprecher eben diese Tradition zum Ärgernis werden kann.
Die sog. 'Sprachbarrierendiskussion' der sechziger Jahre
war zunächst nur bestimmt von dem Aspekt schichtenspezifischen Sprachverhaltens. Daß in dem BERNSTEIN'schen Kode-

Modell -zumindest nach der überstürzten Übertragung auf
deutschsprachige Verhältnisse- eine Herausforderung enthalten war, beweist der Umstand, daß an verschiedenen Orten
der BRD -gleichzeitig an Universitäten und Schulen- unabhängig voneinander die Diskussion um den Aspekt des dialektalen Sprachverhaltens und seiner Konsequenzen im schulischen Bildungsprozeß erweitert wurde.
Es hat also des Anstoßes durch die Soziolinguistik bedurft,
daß mit der Untersuchung der Schulschwierigkeiten der Dialektsprecher begonnen wurde, ungeachtet der häufig zitierten
unsinnigen Prognose, daß "das völlige Verschwinden der Dialekte nur noch eine Frage der Zeit" sei (HELMERS 1970,
285)[2].
Nach den ersten Pilotstudien, die Auswirkungen des Dialektgebrauchs auf die Schulleistungen untersucht haben, ist man
schon bald dazu übergegangen, sich verstärkt um die
U r s a c h e n von Schulschwierigkeiten zu kümmern, deren
tatsächliches Ausmaß und deren Schwerpunkte m.E. bisher
noch nicht ausreichend erforscht sind. Mit dieser Hinwendung zu den linguistischen Ursachen der Probleme einer bestimmten Schülergruppe hat gleichzeitig auch eine Interes-
senverschiebung stattgefunden, die zu Lasten der Dialektsprecher gehen könnte. Die Analyse der Mundarten im Kontrast zur Hochspache beispielsweise darf sich nicht selbständig machen, andernfalls ist sie als Beitrag zur empirischen Dialektforschung zu bewerten und nicht mehr als
Beitrag zur Verbesserung der Bildungschancen Dialekt sprechender Schüler.
Wenn in der folgenden Darstellung von d i a l e k t b e -
d i n g t e n Schulschwierigkeiten die Rede ist, dann
heißt das vorweg nicht, daß schulische Probleme der Dialektsprecher nicht auch gleichzeitig noch von anderen Faktoren verursacht werden.

1. Fragestellungen

Im Rahmen der Kritik an der Kode-Theorie ist wieder ins Bewußtsein gebracht worden, daß die Primärsprache zahlreicher Schüler bei uns nicht ein relativ höher bzw. ein
relativ niedriger zu bewertender Kode ein und desselben
sprachlichen Regelsystems ist, sondern eine sich insgesamt
systemhaft von der Hochsprache unterscheidende Mundart.
Seitdem ist im Hinblick auf die Beurteilung des Sprachverhaltens der Dialektsprecher in der Schule von neuen Voraussetzungen auszugehen:
-   Die Dialektsprecher verfügen über eine Ausgangssprache,
    von der sie in der Schule keinen Gebrauch machen und
    auch weitgehend keinen Gebrauch machen sollen.
-   Im Umgang mit der ihnen nur unzureichend vertrauten
    Hochsprache erreichen sie einen Grad von 'Restringiert-
    heit', der sie einem nicht entsprechend ausgebildeten,
    in einer Mundart nicht kompetenten Lehrer als sprach-
    lich arg retardiert erscheinen läßt.

- Ohne Berücksichtigung ihrer Primärsprache im Hinblick auf bestehende Differenzen und Interferenzen ist kein vernünftiges Urteil über die tatsächlichen sprachlichen Fähigkeiten der Dialektsprecher möglich, und auftretende Behinderungen und Normverletzungen während des Prozesses des Erwerbs der Hochsprache können bei der Unterrichtsplanung vorweg nicht kalkuliert oder anschließend nicht angemessen bewertet werden.
- Von den bislang für allein entscheidend angesehenen sozialintegrierenden Förderungsmaßnahmen können die Dialekt sprechenden Schüler nur dort profitieren, wo ihre Lernschwierigkeiten ausschließlich auf die soziale Komponente eines Problemzusammenhangs zurückgehen.
- Auch eine solche Art von Sprachförderung wird die Dialektsprecher nicht erreichen, die erst dort ansetzt -legt man zur Veranschaulichung einmal das Schema vom sprachlichen Kontinuum zugrunde- wo ein Sprecher anzusiedeln wäre, dessen Sprachbesitz wenigstens so stark vom hochsprachlichen Regelsystem geprägt ist, daß er -nach der alten Vorstellung vereinfacht ausgedrückt- wenigstens 'restringiert' Hochsprache spricht.

Wenn die Ausgangssituation in der dargestellten Weise zutreffend beurteilt wird, dann ergeben sich zum Zwecke einer Diagnose dialektbedingter Schulschwierigkeiten in Relation zu sozial bedingten folgende Fragestellungen:
- Welche Häufigkeitsverhältnisse zeigen sich bei der Zuordnung Dialekt sprechender Schüler zu den unterschiedlichen sozialen Schichten?
- Welche vermutlich schichtenspezifisch und welche vermutlich nicht schichtenspezifisch bedingten Einflüsse auf den Schulerfolg der Dialektsprecher können festgestellt werden? Ohne gleichzeitig darüber zu befinden, ob die soziale Komponente von der Soziolinguistik bisher nicht vielleicht überbetont, die systemlinguistische Komponente dagegen unterbewertet wurde, ist für den Schulpraktiker zuerst diese Entflechtung wesentlich im Hinblick auf eine zuverlässige Diagnose und des daraus zu entwickelnden Therapieplanes.

Zur Klärung dieser und anderer, hier nicht mehr im einzelnen aufgeführter Fragen sind folgende Hypothesen überprüft worden:
- Viele Dialektsprecher haben aufgrund dialektaler Kommunikationsbehinderungen einen geringeren Schulerfolg als viele Sprecher der Hochsprache.

Unter Berücksichtigung der angestrebten o.g. Entflechtung zweier wesentlicher Einflußfaktoren ist eine weiterreichende Differenzierung erforderlich:
- Dialektsprecher jeder beliebigen sozialen Schicht unterscheiden sich hinsichtlich ihres Schulerfolgs von den Sprechern der Hochsprache jeder beliebigen sozialen Schicht, wenn die mittleren Leistungen von Gruppen die Vergleichsgrundlage bilden.

2. Grundlagen der empirischen Untersuchung

2.1. Population der Untersuchung

Die empirische Untersuchung, auf die sich die anschließend
darzustellenden Ergebnisse beziehen, beschränkt sich auf
die Förderstufe von insgesamt 26 hessischen Gesamtschulen.
In dieser zwischen der Grundstufe und der Sekundarstufe I
gelegenen Förderstufe, die ausdrücklich als "Schritt auf
dem Weg zur Bildungsgerechtigkeit" verstanden wird (DER
HESSISCHE KULTUSMINISTER 1969), fallen in bezug auf den
Bildungsweg aller Schüler wesentliche Vorentscheidungen.
Zu keinem anderen Zeitpunkt sind die Bildungschancen von
Schülern angesichts der Auslese in Form von Einstufungen in
die verschiedenen Leistungskurse zuverlässiger zu überprü-
fen. Erfahrungsgemäß sind mit dem Übergang zur 7. Klasse
die Weichen in der schulformbezogenen Gesamtschule gestellt,
und Aufstufungen bilden immer noch die Ausnahme.
Die Ausgangspopulation der Untersuchung bilden 7004 Förder-
stufenschüler; mit Hilfe einer Sprachskala[3] hat sich folgende Verteilung auf Sprechergruppen ergeben:
Dialekt   N = 1652   (23,6%)
Hochsprache   N = 1374   (19,6%)
Übergangsgruppe N = 3978   (56,8%)

2.2. Subjektive Schätzung und objektivierte Messung von
Schülerleistungen

Zur Untersuchung von Erfolgen und Mißerfolgen zweier Sprechergruppen werden einmal in Form sog. 'Erfolgsprognosen'
abgegebene Lehrerurteile und zum anderen die Ergebnisse von
Testserien herangezogen, die im Auftrag des Hessischen
Kultusministers von der Projektgruppe "Leistungsmessung in
Gesamtschulen" (vgl. STARK 1973) durchgeführt werden.
Erfolgsprognosen sind hier als Vorhersagen für den voraus-
sichtlichen Schulerfolg in bezug auf den Schulabschluß insgesamt und noch einmal unterteilt nach den Fächern Englisch
und Mathematik auf der Grundlage von Schulnoten von Klassen-
bzw. Fachlehrern abgegeben worden. Sie beziehen sich auf
die Abschlußstufe I (Abitur), II (Realschulabschluß/mittle-
re Reife) und III (Hauptschulabschluß). Da Schulnoten als
subjektive Schätzwerte zu beurteilen sind, ist der Vergleich mit einer offiziellen Leistungsmessung aufschlußreich, die objektiviert sein soll. Dabei wird versucht,
allgemeine, spezielle und sozioökonomisch/soziokulturelle
Determinanten der 'Leistung' zu kontrollieren. Unter allgemeinen Variablen, die Erfolg oder Scheitern in der Schule
mitbestimmen, werden u.a. "Frustrationstoleranz", "Ange-
paßtheit an Forderungen der Lehrer und der Schule" und die
"Kommunikationsfähigkeit in der Gruppe" verstanden. Die
speziellen Variablen leiten sich her aus den Forderungen
der einzelnen Unterrichtsfächer ; sozioökonomisch und sozio-

kulturell bedeutsame Variablen, die den Lernerfolg beein-
trächtigen können, sind z.B. die "Hemmung vor formal-lo-
gischem Denken und Sprechen" bei Schülern aus der sozialen
Unterschicht und die "nicht mögliche Bestätigung des Lern-
verhaltens" durch die Eltern, vor allem bei der Erlernung
einer Fremdsprache (vgl. STARK 1973, 10).
Angesichts der erklärten Berücksichtigung solcher Variablen
bei der Entwicklung geeigneter Meßinstrumente ist zu erwarten, daß Schülerleistungen objektiver gemessen werden,
und zwar umso zuverlässiger (Aspekt der Reliabilität) und
gültiger (Aspekt der Validität), je vollständiger das "Bündel" der zu kontrollierenden Variablen ist, die 'Leistung'
bestimmen. Der Grad der Objektivität von Leistungsmessung
ist abhängig von der Verlässlichkeit von Diagnosen der mul-
tikausalen Lernvoraussetzungen.

3. Ergebnisse der empirischen Untersuchung

3.1. Verbreitung von Mundart und Hochsprache bei Schülern der Förderstufe

Nach der o.g. Verteilung aller Probanden auf Sprechergruppen zeigt sich, daß Klassen- bzw. Deutschlehrer für nur
3026 von 7004 Probanden (= 43,2%) ein ihrer Meinung nach
sicheres Urteil über deren Ausgangssprache abgeben können.
In vorliegenden empirischen Untersuchungen (JÄGER 1971,
178; REITMAJER 1976, 96; HASSELBERG 1976, 31) bewegen sich
die Anteile der Sprecher der Hochsprache der jeweiligen
Untersuchungspopulationen zwischen rund 10 und rund 25%,
die Anteile der Dialektsprecher werden dagegen schwankend
mit rund 25 bis 65% angegeben. Hinsichtlich regional unterschiedlicher Voraussetzungen (Nord-Süd-Gefälle, Industriege-
biete, landwirtschaftlich strukturierte Gebiete) sind
Schwankungen zu erwarten, allerdings spielen wohl auch
unterschiedliche Bewertungen bilingual geprägter Sprecher
eine Rolle.
Wesentlich ist zunächst, daß der Anteil der Sprecher der
Hochsprache in keinem Fall 25% überschreitet; d.h. daß nach
bisher vorliegenden Ergebnissen der Schulerfolg nur höchstens jedes 4. Schülers nicht von Dialekteinflüssen berührt
werden kann. Demgegenüber ist der Sprachgebrauch von rund
75% der Schüler in unterschiedlich starkem Maße von zwei
Regelsystemen (Mundart und Hochsprache) bestimmt. Angesichts
der Sprachsituation in der BRD, die durch eine besondere
Form der Zweisprachigkeit, der Diglossie, gekennzeichnet ist,
indem mit der Hochsprache einerseits und den Mundarten
andererseits verschiedene Sprachsysteme miteinander konkurrieren, kann die Ermittlung einer Übergangsgruppe von be-
trächtlichem Umfang nicht überraschen. Dementsprechend ist
aber auch ein Anteil von rund 24% Dialektsprechern als
Mindestangabe zu werten.

3.2. Zur Schichtzuordnung von Dialektsprechern und Sprechern
     der Hochsprache

In die Indexberechnung des "für das Bildungsverhalten relevanten sozialen Status" (BAUER 1972) gehen Schulbildung
von Vater und Mutter und der Beruf des Vaters als gleich-
wertige Variablen mit ein. Es werden danach 6 verschiedene
soziale Statusgruppen unterschieden, die bezeichnet werden
als 'Oberschicht', 'Obere, Mittlere und Untere Mittelschicht'
und als 'Obere und Untere Unterschicht'.
Auf drei soziale Schichten bezogen, ergibt sich folgende
Verteilung:

Soziale Schicht	Dialekt	Hochsprache
Oberschicht	0,6	10,6
Mittelschicht	25,3	48,7
Unterschicht	71,0	36,5
(ohne Angabe)	3,1	4,2)

(Angaben in %)

Ein bedeutsamer Zusammenhang zwischen Sprachgebrauch und
Schichtenzugehörigkeit wird erneut bestätigt: Über 70% der
Dialektsprecher gehören der Unterschicht an, rund 60% der
Sprecher der Hochsprache gehören der Ober- bzw. der Mittelschicht an. Wesentlich ist jedoch auch, daß von den Dialektsprechern rund 26% nicht aus der Unterschicht kommen, im
Gegensatz zu 36,5% Sprechern der Hochsprache.
Die Bildungschancen jedes vierten Dialektsprechers der
Population, auf die sich diese Zahlen beziehen, sollten demnach nicht nachteilig von sozialen Faktoren beeinflußt werden. Umgekehrt müßte etwa jeder dritte Sprecher der Hochsprache aufgrund seiner Statuszugehörigkeit mit schichtenspezifischen Schulschwierigkeiten zu rechnen haben.

3.3. Erfolgsaussichten zweier Sprechergruppen aufgrund sub-
     jektiver Leistungsschätzung

Für die Erfolgsprognosen bilden Schulnoten eine wesentliche
Beurteilungsgrundlage, wobei natürlich zusätzlich der Ge-
samteindruck des einzelnen Probanden hinsichtlich seiner
vorbehaltlich abzuschätzenden Entwicklungsfähigkeit in der
Schule die Prognose beeinflußt.
In Mathematik und in Englisch werden jeweils 25% aller Probanden aufgrund der bislang gezeigten Leistungen für be-
fähigt gehalten, bei etwa gleichbleibender Entwicklung die
Sekundarstufe II jeweils in diesen beiden Fächern erfolgreich abschließen zu können. Demgegenüber sollten rund
40% in Mathematik und rund 30% in Englisch nicht über den
Hauptschulabschluß hinauskommen.
In bezug auf den Schulabschluß überhaupt sollten aufgrund
des gesamten Leistungsprofils rund 29% einmal das Abitur
und 34% den Hauptschulabschluß erreichen.
Bei einer Aufteilung dieser Erfolgsprognosen nach Sprecher-

gruppen (Dialekt und Hochsprache) tritt ein krasses Miß-
verhältnis zutage: Während den Sprechern der Hochsprache
zu 40 bis 50% der bestmögliche Schulabschluß prognostiziert
wird, liegt der Anteil der Dialektsprecher sowohl in Mathematik als auch in Englisch und im Schulabschluß insgesamt
bei gleichbleibend nur rund 12%. Die Häufigkeitsverteilung
in bezug auf den Hauptschulabschluß kehrt sich im wesentlichen um.
Es erscheint zu einfach, solche eklatanten Unterschiede
überwiegend nur mit soziokulturellen/sozioökonomischen
Differenzen zwischen zwei Sprechergruppen erklären zu wollen. Bei statusinternem Vergleich, d.h. bei gleichzeitiger
Kontrolle der Variablen 'Sprachgebrauch' und 'Sozialstatus', ergeben sich folgende Verhältnisse in bezug auf
den Schulabschluß insgesamt, die sich von den Verhältnissen
in Englisch und Mathematik nicht wesentlich unterscheiden:
-   Jeweils bei beiden Sprechergruppen macht sich der Sta-
    tuseinfluß in der Weise bemerkbar, daß den Angehörigen
    der Mittelschicht der bestmögliche Schulabschluß zu
    einem höherem Prozentsatz vorhergesagt wird als den An-
    gehörigen der Unterschicht. Auf die von vornherein sehr
    hoch veranschlagten Erfolgsaussichten der Sprecher der
    Hochsprache wirkt sich dieser Einfluß deutlicher aus
    als auf die von vornherein sehr niedrig veranschlagten
    Erfolgsaussichten der Dialektsprecher.
-   Bei einem Vergleich innerhalb ein und derselben Sozial-
    schicht werden die Bildungschancen der Dialektsprecher
    nach dem Urteil der Lehrer auffallend geringer einge-
    schätzt als die Bildungschancen der Sprecher der Hoch-
    sprache. In der 'Unteren Unterschicht' wird nur jedem
    15. Dialektsprecher (6,6%) gegenüber jedem 3. Sprecher
    der Hochsprache (34,04%) der höchste Schulabschluß vor-
    hergesagt. Es handelt sich hier wohlgemerkt um zwei Ver-
    gleichsgruppen aus demselben sozialen Milieu.
-   Selbst die Dialektsprecher aus der Mittelschicht haben
    nicht annähernd mit demselben Schulerfolg zu rechnen
    wie die Sprecher der Hochsprache aus der Unterschicht.
Es sieht ganz so aus, daß die sozialen Faktoren bei der
Gruppe der Dialektsprecher den linguistischen Einflußfaktoren untergeordnet sind; denn die Chancen der Sprecher der
Hochsprache werden durch ihren Sprachgebrauch offensichtlich
im selben Maße günstig beeinflußt wie die der Dialektsprecher durch den Einfluß der Primärsprache auf ein Minimum absinken.
Es ist unverantwortlich, daß in den hessischen Rahmenrichtlinien für Deutsch die "Regionalsprachen ... und andere Formen negativ eingeschätzter Sprachen" wohl nur der Vollständigkeit halber nebenher erwähnt, aus Unkenntnis dialektaler Regelsysteme als Randerscheinungen sozialer Sprachvarianten angesehen und nicht gesondert beachtet werden.
Der Umstand, daß die Dialektsprecher überwiegend -aber, wie
wir sehen, doch nicht ausschließlich- der sozialen Unterschicht angehören, blockt anscheinend jede weitere Über-
legung ab[4]. Das vorliegende Ergebnis, demzufolge die Dia-

lektsprecher jeder beliebigen hier kontrollierten sozialen
Schicht zu einem Zeitpunkt, da die Weichen für die weitere
SChullaufbahn gestellt werden, weit geringere Erfolgsaussichten haben als die Sprecher der Hochsprache wiederum jeder beliebigen sozialen Schicht, müßte doch die hessische
Verwaltungspraxis wachrütteln; denn sie ist verantwortlich
für die Weiterentwicklung beispielsweise auch der Rahmenrichtlinien für Deutsch, deren Autoren sich m. W. weiterhin mit der Klärung von Lernvoraussetzungen beschäftigen,
vor allem auch mit der Frage, "wie Schule auf unterschiedlichen Sprachgebrauch eingeht" (DER HESSISCHE KULTUSMINI-
STER 1972, 11).

3.4. Bildungschancen zweier Sprechergruppen aufgrund ob-
jektivierter Leistungsmessung

Zusätzlich zu den tradierten Beurteilungspraktiken werden
in Hessen seit Jahren als Begleitversuche zur Entwicklung
der Gesamtschulen neue Instrumente bereitgestellt, die dem
hohen Anspruch genügen sollen, 'Leistung' in der Schule objektiver zu messen. Wir wissen, daß das zu erreichende Maß
an Objektivität abhängig ist von einer größtmöglichen Vollständigkeit der zu kontrollierenden Variablen, die 'Leistung' determinieren.
Die von der Projektgruppe "Leistungsmessung in Gesamtschulen" im Deutschen Institut für Internationale Pädagogische Forschung (DIPF) in Frankfurt entwickelten und an
Gesamtschulen eingesetzten Leistungstests unterscheiden sich
in bezug auf Art und Funktion als sog. 'Einstufungstests'
und sog. 'Erfolgstests'.
'Einstufungstests' werden auch fachübergreifend und "weitgehend unabhängig von verwendetem Lehrbuch oder Methode"
eingesetzt und sollen "allgemeine Fähigkeiten, Ausprägungs-
grade in bestimmten Aspekten der Begabung" erfassen, wozu
u.a. ausdrücklich "Logisches Denkvermögen" oder "Wortschatz"
gerechnet werden (STARK 1973, 14/15).
'Erfolgstests' werden zur Erstellung einer "Diagnose zum
individuellen Stand des Lernprozesses" und gleichzeitig
auch zur Erstellung einer "Diagnose des Entwicklungsstandes von Gruppen" herangezogen (STARK 1973, 15). Die einzelnen Tests haben unterschiedliche Schwierigkeitsgrade,
je nach dem, ob eine größere Differenzierung unter den
leistungsstärkeren oder aber leistungsschwächeren Schüler
beabsichtigt wird. Nach der Testdurchführung erhält jede
Testperson einen R o h w e r t, dessen Größe identisch ist
mit der Anzahl der jeweils richtig gelösten Items (Aufgaben).
Der Testerfolg der beiden Sprechergruppen wird mit Hilfe
des M e d i a n s (Md) dargestellt, der sich dadurch vom
arithmetischen Mittel (X) unterscheidet, daß er keine
algebraische Funktion ist und die extremen Meßwerte seine
Lage nicht beeinflussen. Der Median zeigt die Mitte einer
nach ihrer Größe geordneten Reihe von Maßzahlen an und
stellt somit genau den Wert dar, unter dem und über dem je-

weils 50% einer Häufigkeitsverteilung liegen[5].
Damit nicht der Eindruck entsteht, es gebe keine Überlap-
pungsbereiche, ist immer zu beachten, daß hier die mittleren Testleistungen in Form des Medians bzw. auch die Testleistungen der mittleren 50% von Sprecher g r u p p e n
verglichen werden.
Der 'Englisch Einstufungstest' (LiG-Test-Nr. 622), den wir
zur Veranschaulichung der Situation im Fach Englisch heraus-
greifen, "dient zur Überprüfung des Entwicklungsstandes von
Fähigkeiten und Fertigkeiten nach zwei Jahren Englisch-
Unterricht". Er besteht aus 40 Items.
In bezug auf die im Durchschnitt ($\overline{X}$) jeweils richtig gelösten Items beträgt der Leistungsunterschied zwischen den
Dialektsprechern und den Sprechern der Hochsprache bei statusinternem Vergleich rund 4 bis 6,5 Rohwertpunkte, hinsichtlich des Medians (Md) schwankt die Differenz zwischen
rund 4 bis 8,5 Punkte zugunsten der Gruppe der Sprecher der
Hochsprache. Der Erfolgsunterschied wird noch deutlicher,
wenn man die Werte der einzelnen Quartile vergleicht: Demnach haben 75% der Hochsprache sprechenden Probanden mindestens so viele Items richtig gelöst wie nur 50% der Dialektsprecher.
Wichtig ist ferner, daß von den Dialektsprechern in allen
kontrollierten Schichten nahezu dieselbe, vergleichsweise
geringe Testleistung erbracht worden ist. Selbst die Dialektsprecher der Mittelschicht haben nicht annähernd den
mittleren Rohwert der Sprecher der Hochsprache aus der
Unterschicht erreicht. Während die Testleistung der Dialektsprecher nicht abhängig ist von ihrer Zugehörigkeit zu einer
sozialen Schicht, haben die Sprecher der Hochsprache aus
der Mittelschicht einen deutlich besseren Testerfolg als
jene aus der Unterschicht.
Unter Berücksichtigung auch anderer, hier nicht näher dar-
gestellter Testergebnisse in Englisch, ist hervorzuheben,
daß sich die insgesamt geringen Erfolgsaussichten der Dialektsprecher schon nach wenigen Wochen Englisch-Unterricht
abzeichnen.
    Bei den Aufgaben zur Mengenverteilung in dem Mathematik-
Test 'Mathematische Denkaufgaben' (LiG-Test-Nr. 615) sollen
die Testpersonen "die logische Struktur des in der Aufgabe
v e r b a l (Hervorhebung von mir-J.H.) gegebenen Sachverhalts
erfassen". Quasi als Ergänzung zu einem anderen, auf rein
numerischem Material basierenden Test('Zahlenfolgen' - 613)
soll dieser Test helfen, "die Schüler zu ermitteln, die
trotz schlechter numerischer Rechenleistung gute mathematische Fähigkeiten besitzen".
Es kann gleich vorausgeschickt werden, daß die Dialektsprecher diese zweite Chance der Bewährung nicht nutzen
können, obwohl die 25 Items nach den vier Grundrechenarten
relativ leicht zu bewältigen sind. Die Schwierigkeiten für
die Gruppe der Dialektsprecher liegt offensichtlich darin,
den verbal gegebenen Sachverhalt zu durchschauen. Das gelingt den Sprechern der Hochsprache besser, und zwar jenen
aus der Unterschicht genauso gut wie jenen aus der Mittel-

schicht: es ist kein Erfolgsunterschied zwischen den kontrollierten Statusgruppen festzustellen. Strenggenommen muß
die Validität (Gültigkeit) dieses Tests angezweifelt werden,
denn er mißt nicht bei allen Schülern das, was er zu messen
vorgibt. Wenn in Mathematik-Tests ein wesentlicher Teil der
Aufgabe darin besteht, einen hochsprachlich-verbal gegebenen Sachverhalt zu erfassen, dann werden für Dialektsprecher zusätzliche Leistungen verlangt, die mit mathema-
tischen Fähigkeiten nichts zu tun haben.
In dem schon erwähnten völlig sprachfreien Test 'Zahlenfolgen' haben die Dialektsprecher ein vergleichsweise merk-
lich besseres Ergebnis erzielt und zumindest in einer Statusgruppe nicht schlechter abgeschnitten als die Sprecher
der Hochsprache. Da dies der einzige sprachlich neutrale
Test ist, bleibt dieser relativ gute Erfolg auch die Ausnahme. Interessant ist, daß der Mathematik-Test 'Zahlenfolgen' auch allgemeine "logische Denkfähigkeit" überprüft,
womit ein ähnliches Ziel verfolgt wird wie in dem Deutsch-
Test 'Sprachliche Analogien' (LiG-Test-Nr. 508/60'), mit
dessen Hilfe "eine gewisse Art von Kombinationsfähigkeit"
getestet werden soll.
   In diesem 43 Items umfassenden Test haben die Dialektsprecher im Hinblick auf $\bar{X}$ und den Median zwischen rund
6 und rund 9 Items weniger richtig gelöst; mit anderen
Worten: 50% der Dialektsprecher haben nicht einmal den Rohwert erreicht, den 75% der Sprecher der Hochsprache über-
troffen haben. Daran ändert sich auch nichts, wenn man
die Leistung der Sprecher der Hochsprache aus der Unterschicht mit der Leistung der Dialektsprecher aus der Mittelschicht vergleicht. Für den in allen Statusgruppen unterschiedlichen Testerfolg ist nicht die Zugehörigkeit zu
einer sozialen Schicht, sondern die Zugehörigkeit zu einer
der beiden Sprechergruppen allein ausschlaggebend.
Dieselbe Schlußfolgerung läßt das Ergebnis in dem 40 Items
umfassenden schwierigen 'Wortschatz'-Test zu: Bei einem
Leistungsunterschied von 5 - 6 Rohwertpunkten haben die Dialektsprecher in allen kontrollierten Statusgruppen einen
gleichbleibend geringen Erfolg erzielt; auch der Testerfolg der Sprecher der Hochsprache ist in allen Statusgruppen konstant.
Die nachfolgende Tabelle (siehe nächste Seite) veranschaulicht dies, wenn vor allem die Mittel- und Zentralwerte
($\bar{X}$ bzw. Md) verglichen werden, die nach Status- und Sprechergruppen (I = Dialekt, II = Hochsprache) aufgeteilt sind.
(Zur Erläuterung vgl. Anm. 5).

Wortschatztest (40 Items) - die statistischen Kennwerte:

	Status 3		Status 4		Status 5		Status 6	
	I	II	I	II	I	II	I	II
$\overline{X}$	14,38	20,06	15,04	19,51	15,13	18,27	13,88	19,31
Q1	10,20	14,58	10,06	13,30	9,23	12,50	9,75	13,50
Md	13,10	18,66	12,62	19,50	13,18	17,70	12,75	17,50
Q3	18,83	26,37	18,25	24,83	19,06	24,00	18,00	23,50

Also wird auch im 'Wortschatz'-Test die Leistung der Vergleichsgruppen nicht erkennbar von der jeweiligen Schichtzuge-
hörigkeit beeinflußt, wohl aber treten dann sehr deutliche
Unterschiede auf, wenn sich die Vergleichsgruppen hinsichtlich ihrer Ausgangssprache unterscheiden.
Im Hinblick auch auf die Validität dieses Tests müssen Zweifel angemeldet werden, und zwar umso nachhaltiger, da es
sich um einen 'Einstufungstest' handelt, der also nicht im
weitesten Sinne eine Lernzielkontrolle darstellt, sondern
eine "Ausgangslage" erfassen will, "auf der gezielter
Unterricht aufbaut" (STARK 1973, 15). Wodurch die hier zutage tretende sehr unterschiedliche "Ausgangslage" zweier
Sprechergruppen bestimmt ist, bedarf keiner weiteren Erläuterung. Angesichts der Zielsetzung, nämlich den semantischen Aspekt der Sprachfähigkeit zu untersuchen, wird der
'Wortschatz'-Test nicht bei allen Schülern das messen, was
er zu messen vorgibt. Die Testautoren haben bei der Konstruktion der 40 Items, nach deren Lösung man "einen Hinweis
auf den Umfang des semantischen Repertoires des Schülers
zu erhalten" hofft, nicht in Rechnung gestellt, daß gerade
das 'semantische Repertoire' bei hessischen Schülern sehr
unterschiedlich beschaffen sein kann, abhängig davon, welches
Regelsystem - das hochsprachliche oder das dialektale - den
Sprachgebrauch entscheidend bestimmt. Die Darstellung semantischer Interferenzen wird wohl in den zu erwartenden zahlreichen Kontrastgrammatiken einen breiten Raum einnehmen.
Die Defekte des 'Wortschatz'-Test soll hier ein Item veranschaulichen. Die Schüler sollen aus vier Auswahlantworten
das passende Synonym zu einem Hauptbegriff finden:

> *simulieren*
> A. vorführen
> B. vortäuschen
> C. betrügen
> D. verdoppeln

Welche Rückschlüsse auf die Sprachfähigkeit der Dialektsprecher im Vergleich zu den Sprechern der Hochsprache sind
möglich, wenn von ihnen nicht die Auswahlantwort B. ange-
kreuzt wird? Das Wort *simulieren* ist in den hessischen Mundarten weit verbreitet und geläufig, nur hat es nicht die hochsprachliche Bedeutung 'vortäuschen', sondern es bedeutet im
Dialekt 'nachdenken'. Der Dialektsprecher steht hier vor
dem Problem, für einen ihm sehr geläufigen Begriff ('simulieren') nicht das seines Erachtens einzig passende Synonym
unter den Auswahlantworten zu finden. Hier kann ihm entweder

nur der Zufall helfen, oder aber hat er sein sprachliches
Register schon derart erweitert und bereichert, daß er zwei
von ihrer Bedeutung her völlig verschiedene Synonyme parat
hat, ein hochsprachliches ('vortäuschen') und ein dialektales ('nachdenken'). Im Gegensatz zum Sprecher der Hochsprache muß der Dialektsprecher über eine größere Varianz-
breite verfügen. Zur Lösung verschiedener Items reichen
die Kenntnisse nur in seiner Ausgangssprache nicht aus.
Steht noch das mundartlich korrekte Synonym unter den Dis-
traktoren (Falschantworten), werden Interferenzfehler
provoziert. Die Zahl der für den Dialektsprecher sehr
problematischen Items reicht aus, um - allerdings nur
t h e o r e t i s c h - den zwischen den Dialektsprechern
aller hier kontrollierten Statusgruppen und den Sprechern
der Hochsprache aufgedeckten Erfolgsunterschied zu erklären. Nimmt man bei der Beurteilung dieses an hessischen
Gesamtschulen als Meßinstrument eingesetzten 'Wortschatz'-
Tests noch die gutgemeinte, aber problematische Absicht
der Testautoren hinzu, "Wörter darzubieten, die möglichst
repräsentativ für den Wortschatz der Umgangssprache" sein
sollen, muß die dringende Empfehlung ausgesprochen werden,
"Ausgangslagen" oder "Begabungsprofile" nicht länger mit
einem solchen Instrument zu ermitteln.

4. Zusammenfassung und Schlußfolgerungen

In bezug auf jene hessischen Förderstufenschüler, von deren
Erfolgsaussichten in der Schule hier die Rede ist, sind
folgende Ergebnisse von Bedeutung:
-   Aufgrund der Lehrerurteile kann nur von rund 20% aller
    Probanden mit einiger Sicherheit gesagt werden, daß sie
    keine Mundart sprechen; demgegenüber ist von rund 24%
    anzunehmen, daß eine hessische Mundart ihre Primär-
    sprache ist; bei rund 56% der Schüler können die be-
    fragten Lehrer sich nicht entscheiden, sie dieser oder
    jener Sprechergruppe zuzuordnen.
-   Bei der Beurteilung der Zusammenhänge von hochsprach-
    lichem und dialektalem Sprachgebrauch und der Zugehörig-
    keit zu verschiedenen sozialen Schichten ist zu beachten,
    daß 26% der Gruppe der Dialektsprecher nicht der sozi-
    alen Unterschicht angehören, daß demgegenüber aber
    36,5% der Gruppe der Sprecher der Hochsprache aus der
    sozialen Unterschicht kommen.
-   Am Ende der Grundschule bzw. im Verlauf der Förderstufe
    werden den Dialektsprechern aufgrund der bis dahin ge-
    zeigten Schulleistungen auffallend geringere Erfolgs-
    chancen vorhergesagt als den Sprechern der Hochsprache.
-   Ein schichtenspezifischer Einfluß auf die Erfolgsprog-
    nosen zeigt sich nur bei der Gruppe der Sprecher der
    Hochsprache. Die Bildungschancen der Dialektsprecher
    scheint der Sprachgebrauch vorweg derart negativ zu
    beeinflussen, daß nicht mehr zu erkennen ist, daß die
    soziale Herkunft ins Gewicht fällt. Die Tatsache, daß

den aus der Mittelschicht stammenden 26% der Dialektsprecher nicht annähernd so günstige Prognosen gestellt
werden wie 36,5% der aus der Unterschicht stammenden
Sprechern der Hochsprache sollte dies belegen.
- Nach den Ergebnissen einer Testserie, die offiziell
an hessischen Gesamtschulen durchgeführt wird, um
Schülerleistungen objektiver zu messen, haben die Dialektsprecher -besonders deutlich in allen sprachlich
relevanten Tests- geringere Erfolge erzielt als die
Sprecher der Hochsprache. Auch hier bestätigt sich der
Satz, daß die Gruppe der Sprecher der Hochsprache jeder
beliebigen sozialen Schicht größere Erfolge zu erzielen
vermag als die Gruppe der Dialektsprecher, nun ebenfalls unabhängig davon, welcher sozialen Schicht sie
ihrerseits angehört.
Um hier nicht ungerechtfertigt und voreilig eine Projektgruppe zu verteufeln, muß zugute gehalten werden, daß vielen Schülern sozial schwächerer Schichten aufgrund objek-
tivierter Leistungsmessung etwas günstigere Zeugnisse aus-
gestellt werden, als das bisher häufig der Fall war. Es
muß aber auch einschränkend gesagt werden, daß von der
neuen Leistungsmessung offensichtlich nur solche Schüler
profitieren können, die nicht mit einer Mundart als Ausgangssprache belastet sind. Die vergleichsweise geringen
Chancen selbst der Dialektsprecher aus der Mittelschicht
-und hier können wir uns auf 430 von 1652 Probanden bezie-
hen- scheinen in einem solch starken Maße von sprachlichen
Einflußfaktoren abhängig zu sein, daß vorerst noch gar
nicht mit sozialen Einflußfaktoren argumentiert werden
kann, wie etwa mit der fehlenden Bestätigung des Lernver-
haltens durch die Eltern, dem fehlenden Arbeitszimmer, den
fehlenden Mitteln für Nachhilfestunden, einer geringeren
Leistungsmotivation in der Schule oder dem Wunsch, schnell
Geld zu verdienen u.ä. Wie gesagt, das scheint nach den
Ergebnissen der bisher vorliegenden empirischen Untersuchung so zu sein.
Es wären weitere empirische Überprüfungen nötig, um die
hier zu Diskussion stehenden Problemzusammenhänge gründ-
licher zu durchleuchten. Hinsichtlich der Abgabe von Prognosen wären wir damit auch zunehmend mehr der Mühe enthoben, uns dem zweifelhaften Ritual von Signifikanzbe-
rechnungen unterwerfen zu müssen. Nur einmal empirisch ermittelte Ergebnisse werden dadurch nicht bedeutsamer, daß
etwa nach dem x^2-Test bei kleinstem Irrtumsrisiko hoch-
gradige Signifikanzen errechnet werden (vgl. MORRISON/
HENKEL 1970). Es ist zu beachten, daß gerade in der empirischen Sozialwissenschaft "keine statistische Methode
die Wiederholung der experimentellen Überprüfung ersetzen
kann" (ECKEL 1975, 15).

Anmerkungen

1 Der vorliegende Beitrag war Grundlage eines Vortrags, den ich während des Symposiums 'Dialekt und Schule' aus Anlaß des 100jährigen Bestehend des 'Deutschen Sprachatlas' am 30. Juni 1977 in Marburg gehalten habe. Zu den hier mitgeteilten Ergebnissen einer empirischen Untersuchung vgl. im einzelnen J. HASSELBERG (1976).

2 Inzwischen hat die Tendenzwende dazu geführt, daß in der neuesten Auflage der hier zitierten Didaktik hinsichtlich der Frage nach dem Fortbestand der Mundarten entsprechend umdisponiert wurde.

3 Zum Erhebungsmodus vgl. J. HASSELBERG (1976 , 29/31). Zur möglichen Kritik am Verfahren hinsichtlich der Bedeutung von bestehenden Vorurteilen, die das Lehrerurteil beeinflußt haben könnten, vgl. J. HASSELBERG (1976a, 179 Anm. 16).

4 Es besteht Hoffnung, daß sich weiterführende Überlegungen einstellen werden, denn in einem Schreiben vom 29.11.1976 teilt Dr. Vera RÜDIGER, Staatssekretärin im Hessischen Kultusministerium, dem Verfasser mit, Fragestellungen und Antworten der Untersuchung dialektbedingter Schulschwierigkeiten würden "wichtige Hinweise für die weitere Arbeit am Konzept der hessischen Rahmenrichtlinien für den Deutschunterricht geben".

5 Die folgende Skizze soll die Lage des Medians veranschaulichen. Q1 und Q3 liefern den Wert am Ende des 1. Quartils bzw. den Wert am Ende des 3. Quartils. Q1 und Q3 grenzen folglich die mittleren 50% einer Häufigkeitsverteilung ab:

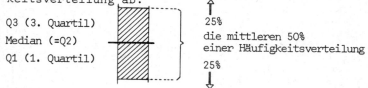

Q3 (3. Quartil) 25%

Median (=Q2) die mittleren 50% einer Häufigkeitsverteilung

Q1 (1. Quartil) 25%

Heinrich Löffler

Orthographieprobleme der Dialektsprecher am Beispiel des Alemannischen

0. Einleitung: Ziel und Aufgabe. Material-Grundlage

Dieser Beitrag hat sich zur Aufgabe gestellt zu zeigen, wie innerhalb der Orthographie, die für alle Schüler als Verschriftung von Lauten gleichermaßen große Schwierigkeiten bietet, der Dialektsprecher sich vor besondere Aufgaben gestellt sieht, für deren Lösung er nicht wie der einheitssprachliche Sprecher Hilfestellungen und Regeln vorfindet, die besonders dem schwächeren Schüler eine große Zahl zweifelhafter Schreib-fälle lösen helfen. Beim schwächeren Dialektsprecher wirkt der Dialekt als additive Fehlerquelle aus Gründen, die sich aus der Systematik der graphematischen Situation Dialekt/Einheitssprache ergeben und zusammen mit anderen negativen Faktoren wie geringe Intelligenz, Lese-Rechtschreibschwäche, geringe Schulmotivation durch ein bildungs-distanziertes Elternhaus zu katastrophalen Ergebnissen führen, die im Extremfall kaum Hilfsschulniveau erreichen, wohingegen gleichbegabte Nicht-Dialektsprecher noch im mittleren Bereich der Schulleistung liegen.

Grundlagen für diese Ausführungen sind die Materialien und Ergebnisse des kontrastiven Heftes: Alemannisch/Hochsprache[1], welches auf Grund einer umfassenden kontrastiven Analyse die besonderen Probleme des Dialektsprechers darstellt, die aus dem Zusammentreffen zweier verschiedener Sprachsysteme in der Person desselben Schülers resultieren. Sie werden als Interferenzen bezeichnet, die für jeden Regionaldialekt jeweils ganz typische Fehlerbilder ergeben, deren dialektbedingter Status nicht für jeden leicht erkennbar ist und die sehr oft mit Flüchtigkeits- oder Leichtsinnsfehlern verwechselt werden können[2].

Basis der Kontrastierung waren 2700 Arbeiten von 260 Schülern verschiedener Schularten und Klassen (3. - 9. Schuljahr) aus dem alemannisch-baden-württembergischen Raum zwischen Oberrhein, Schwarzwald und Bodensee.

1. Sonderstatus der Orthographie in der Schule[3]

Die Rechtschreibung nimmt in mehrfacher Weise im schulischen
Bildungswesen eine Sonderstellung ein:

(1) Schreiben und Lesen stehen als elementarste Kulturtech-
niken ganz am Anfang des schulischen Lernens überhaupt.

(2) Durch Schreiben und Lesen wird der kommunikative Radius
des einzelnen personal und thematisch um ein Vielfaches
erweitert, eine ungleich bedeutendere Folge der Schulbildung als etwa der bloße Wissenszuwachs, vergleichbar
mit der nochmaligen Erweiterung durch eine oder mehrere
Fremdsprachen.

(3) Eine Sonderstellung nimmt das Schreibenkönnen weiterhin
ein dadurch, daß es durch die Orthographie-Norm den am
strengsten reglementierten Bereich der Sprache darstellt.

(4) Verstöße gegen diese Norm gehören zu den am schärfsten
sanktionierten mit weittragenden Folgen für das gesamte
Leistungsniveau, nicht nur im Fach Sprache, sondern in
allen anderen Fächern, deren Leistungsmessung über
schriftliche Äußerung erfolgt.

(5) Umgekehrt gilt jedoch fehlerfreies Beherrschen der Orthographie nicht als Zeichen besonderer Bildung oder einer
überdurchschnittlichen Begabung, sondern wird eher als
eine Selbstverständlichkeit angesehen, deren mangelnde
Beherrschung Indikator ist für unterdurchschnittliche
Leistungen im sprachlichen Bereich und für mäßiges Können auch auf anderen Gebieten überhaupt.

(6) In der schulischen Notengebung nimmt die Orthographie
eine Sonderstellung ein, da in kaum einem anderen Bereich sich Verstöße derart genau beobachten, kennzeichnen und zählen lassen. Es kann so der Eindruck entstehen,
daß hier die objektivste Leistungsmessung möglich sei,
die frei von subjektiven Einflüssen und sachfremden Kriterien allein durch die Art und Zahl der Fehler ein tatsächliches Leistungsniveau widerspiegle, das Grundlage
sein könne für eine Gesamtbeurteilung.

(7) Die Orthographie ist ferner bei der Aufdeckung bildungs-
hemmender Faktoren in Verdacht geraten, nicht nur als
Indikator und Symptom für eine schulische Grundbegabung
zu gelten, sondern als Grund und Bedingung für gute, insbesondere aber für mangelhafte Schulleistung. Die Orthographie mit ihren inkonsequenten Regeln gilt in vieler
Augen als Grund für die Benachteiligung, insbesondere
der sozial bereits unterprivilegierten und dazu noch weniger intelligenten Schüler[4].

Lediglich für eine bestimmte Gruppe von Schülern, bei
der annehmbare Intelligenzwerte mit hoher Fehlerzahl in der
Rechtschreibung zusammenfallen, hat man mit der Diagnose
"Legasthenie" eine Art Rechtfertigung gefunden, mit der die

Kausalkette: Rechtschreibung - Deutschnote - Durchschnitt-
note - schulischer Mißerfolg durchbrochen ist[5]. Andere Faktoren mit ähnlich negativer Wirkung haben nicht eine vergleichbar exkulpierende Funktion. Sie schlagen sich voll in
der Gesamtnote und der Leistungsziffer nieder, die dann für
weiterführende Schulbildung und bessere Berufs- und Lebens-
aussichten die entscheidenden Maßwerte darstellen.

Unter diesen besonderen Umständen, unter denen der Recht-
schreibebereich im schulischen Ausbildungsprozeß steht,
drängt sich die Vermutung auf, daß die besonderen Schwierigkeiten des Dialektsprechers, die er in der Schule hat und
die zu einem nachweisbar geringeren Schulerfolg führen[6],
vielleicht gerade im elementaren Bereich des Schreibenlernens
und des Rechtschreibens überhaupt liegen oder zumindest dort
ihren fatalen Ausgang nehmen.

2. Fehlerstichprobe

Eine Fehlerstichprobe aus 250 Diktaten zweier Hauptschul-
klassen aus einem kleinen Dorf (A) und einem etwas größeren
Mittelpunktsschulort (B) des Untersuchungsgebietes hat folgenden Zusammenhang zwischen Fehlerhäufigkeit und "Dialekt-
Fehlern" erbracht. (Als Dialektfehler wurden nach spontaner
Entscheidung des Autors solche Fehler eingestuft, die als
direkte Verschriftung von Dialektlauten anzusehen waren oder
als krampfhaftes Vermeiden solcher vermeintlicher Dialekt-
Schreibungen.)

Ort A: (Rohwerte aus 119 Diktaten einer 8. Klasse)[7]

Schüler	Fehler pro Diktat	Dialektfehler gesamt	%	zum Vergleich Längebez. ges.	%
1.	27,7	61	15 %	75	19 %
2.	16,5	18	8 %	36	26 %
3.	15,6	20	9 %	38	18 %
4.	14,1	20	14 %	12	8 %
5.	14,0	21	12 %	33	19 %
6.	9,9	17	11 %	24	15 %
7.	9,7	15	15 %	20	20 %
8.	9,2	17	20 %	11	14 %
9.	5,5	10	13 %	15	19 %
10.	4,0	0	0 %	3	15 %

Ort B: (Rohwerte aus 131 Diktaten einer 9. Klasse)

Schüler	Fehler pro Diktat	Dialektfehler gesamt	%	Längebez. (nicht ausgezählt)
1.	39	28	10 %	
2.	28	18	8 %	
3.	24	8	4 %	
4.	21	5	3 %	
5.	20	11	7 %	
6.	19	0	0 %	
7.	19	20	13 %	

Schüler	Fehler pro Diktat	Dialektfehler gesamt	%	Längebez. (nicht ausgezählt)
8.	17	5	4 %	
9.	16	11	8 %	
10.	13	8	8 %	
11.	11	5	5 %	
12.	6	0	0 %	
13.	4	0	0 %	
14.	4	0	0 %	
15.	3	0	0 %	
16.	1,2	0	0 %	

Die Vergleichszahlen machen deutlich, daß zwischen der Fehlerhäufigkeit in Diktaten und der Zahl der dialektbedingten
Fehler ein gewisser Zusammenhang besteht. Schlechte Recht-
schreibleistung ist gepaart mit einem relativ hohen Anteil
an Dialektfehlern, obwohl diese an der Gesamtfehlerzahl nur
mit 8 - 20 % beteiligt sind[8]. Die hohe Gesamtfehlerzahl resultiert also nicht aus der hohen Dialektfehlerzahl. Der
Zusammenhang von relativ hohem Dialektfehleranteil und Fehlerzahl überhaupt scheint jedoch erwiesen. Umgekehrt sind
relativ gute Diktatleistungen dialektfehlerfrei.

Dialektbedingte Rechtschreibfehler stehen der Häufigkeit
nach hinter der Groß/Klein-Schreibung (28 %), der Längen-
bezeichnung (18 % - nur bei Ort A ausgezählt), und noch hinter der Zeichensetzung (18 %) mit durchschnittlich 13 % an
4. Stelle. Die Fehlerstichprobe zeigt, daß durch den Dialekt wohl eine zusätzliche negative Beeinflussung besonders
bei ohnehin schlechten Rechtschreibern gegeben ist. Gute
Schüler haben unter dieser zusätzlichen Benachteiligung
nicht zu leiden[9].

3. Linguistisch-graphematischer Hintergrund der einheitssprachlichen Verschriftungsprozesse[10]

Daß fehlerfreie Beherrschung der Orthographie zu den Grund-
fähigkeiten des Alphabetismus (der abendländischen Bildung)
gezählt wird und niemand dadurch, daß er richtig schreiben
kann, als besonders gebildet oder intelligent erscheint,
muß einigermaßen wundernehmen, wenn man den linguistisch-
graphematischen Hintergrund kennt: das Verhältnis von gesprochener Sprache und geschriebener Sprache und die Mecha-
nismen, die bewußt oder unbewußt spielen müssen, wenn Laut-
ketten von einer akustisch-auditiven in eine optisch-geome-
trische Erscheinungsform übergeführt werden, oder, anders
formuliert, wenn Laute verschriftet werden sollen.
  Man muß sich wundern, daß es angesichts der prinzipiellen Schwierigkeiten bei diesem Verschriftungsprozeß überhaupt zu Fehlerlosigkeit kommen kann - oder daß das fehlerfreie Beherrschen der Rechtschreibung keinen höheren Stellenwert in der allgemeinen Wertschätzung einnimmt.

Bevor man die besondere Benachteiligung des Dialektsprechers
beim richtigen Schreiben mit der Diskrepanz zwischen dialektalem Lautsystem als Ausgangsstufe und dem einheitssprachlichen Schriftsystem linguistisch begründet, sollte man zunächst einmal den auf den ersten Blick weniger benachteiligten "Normalfall" betrachten, bei dem die Hochlautung der
Einheitssprache in die korrekte Einheits-Schreibung übergeführt wird. Die deutsche Sprache hat wie alle übrigen Kul-
tursprachen keine reine Lautschrift. Sie benutzt die Buchstaben des lateinischen Alphabets, die in der lateinischen
Sprache lautlich definiert sind. Abgesehen von zahlreichen
Verschiebungen im Verhältnis zwischen lautlichen Entsprechungen und Buchstaben, die sich im Laufe der Zeit durch
die beharrende Tendenz der Schrift gegenüber dem gesprochenen Laut ergeben haben, ist eine 1:1-Entsprechung von Laut
und Schriftzeichen in nicht-lateinischen Sprachen schon vom
Ansatz her unwahrscheinlich. Die deutsche Einheitssprache
kennt ungefähr 42 verschiedene Laute (Phoneme), die mit Hilfe von 28 Buchstaben oder Schriftzeichen des lateinischen
Alphabets abgebildet werden. Zählt man feste Buchstabenver-
bindungen wie *eh, ee, öh, ie, sch, tz* als eigene Zeichen,
so werden die 42 Phoneme durch insgesamt 68 Schriftzeichen
wiedergegeben. Die folgende Übersicht zeigt, daß man das
richtige Schreiben auch auf der Basis des richtigen Sprechens nicht fehlerfrei erlernen kann. Der "kategorische
Imperativ": "Sprich deutlich!" oder "Sprich richtig!", der
über den meisten Rechtschreibfibeln steht, ist demnach kein
Wundermittel für richtiges Schreiben: Nur 8 Laute [a, ə, i,
ɔ, oe, ʌ, ɣ, aˆ] werden eindeutig und immer nur mit ein und
dem selben Schriftzeichen geschrieben. Die andern 32 Laute
haben eine oder mehrere Buchstaben-Entsprechungen. Insbesondere haben alle langen Vokale mindestens zwei, oft aber
drei Schreibmöglichkeiten ‹e, ee, eh›, und die Konsonanten
haben häufig die Variante der Doppelschreibung, allerdings
mit einer bestimmten lautlichen Bedingung: nur wenn der
vorausgehende Vokal kurz ist und wenn nicht schon zwei Konsonanten stehen, es sei denn, der zweite Konsonant gehöre
zu einer Endung: *knurren,* aber: *kurz* und *du knurrst.* Nach
der Übersicht bleiben gut 10 Entsprechungsbereiche, wo die
schriftlichen Alternativen nicht durch eine eindeutige Be-
dingsregel (wenn, dann...) lösbar sind, wo man also konse-
quenterweise die richtige Schreibung wortweise erlernen
muß und richtiges Schreiben identisch ist mit einem visuellen Gedächtnis und der Fähigkeit, bestimmte Formen und
Muster als gleich, ähnlich oder verschieden zu identifizieren oder wiederzuerkennen.

Übersicht über die Laut/Buchstaben-Relationen in der
Einheitssprache[11]:

| 42 Laute | : | 68 Schriftzeichen |
| 19 Vokale | : | 25 Vokalzeichen (8 Einzel-, 17 Doppelzeichen) |

/a/	a
/a:/	aa
	ah
/ə/	e
/e:/	ee
	eh
/ɛ/	ä
/ɛ:/	äh
/i/	i
/i:/	ih
	ie
/ɔ/	o
/o:/	oo
	oh
/oe/	ö
/ö:/	öh
/ʌ/	u
/u:/	uh
/ɣ/	ö
/ɣ:/	üh
/a^i/	ei
	ai
/a ʌ/	au
/ɔə/	eu
	äu

23 Konsonanten   :   40 Schriftzeichen (19 Einzel-,
                                 21 Kombinationszeichen)

/b/	b	/F/	f
	bb		v
/p^h/	p	/ç, x/	ch
	pp		-g
/d/	d	/h/	h
	dd	/l/	l
/t^h/	t		ll
	tt	/m/	m
	dt		mm
/g/	g	/n/	n
	gg		nn
/k^h/	k	/ŋ/	ng
	ck		nk
	ch-(s)	/r,R/	r
	k-k		rr
/v/	w	/ks/	x
	v		chs
	qu	/ts/	z
/z/	s		tz
/s/	ß		ts
	ss		
	(t)7		
/ʃ/	sch		
/j/	j		

Die einheitssprachlichen Rechtschreibregeln gehen von diesen
Grundverhältnissen aus. Für die linear umsetzbaren Fälle
fordert eine Grundregel deutliches Sprechen, insbesondere
um Verschleifungen im Konsonantenbereich zu vermeiden oder
um lange von kurzen Vokalen zu unterscheiden, damit gegebenenfalls Doppelkonsonant geschrieben werden kann, falls posi-
tionelle Einschränkungsregeln (*du knurrst*, aber: *kurz*) dies
nicht verhindern.

Diejenigen Schreibalternativen, für die keine Regeln aufgestellt werden können, müssen einzeln und wortweise gelernt
werden, z. B.: /f/——→ v, f, ich——→ich, -ig, /i:/——→i,
ie, ih, /s/——→ s, ss, ß[12].

Die Rechtschreibung bietet also auch für jemanden, der
von der korrekten Aussprache ausgeht, eine Reihe von nicht
lösbaren Schwierigkeiten. Die Bereiche Groß/Klein-Schrei-
bung und Zeichensetzung sind hierbei gar nicht berücksichtigt. Auch für den Sprecher der Einheitssprache wird also
korrektes Schreiben zu einem großen Teil von der Art und
Intensität des Schreibtrainings der nicht lösbaren und zweifelhaften Fälle abhängig sein. Die Zahl der Wörter und Silben, die lautgetreu bzw. mit Hilfe der mechanischen Regeln
für Dehnung und Schärfung richtig geschrieben werden können,
ist jedoch beträchtlich, vor allem, wenn man die Zahl der
Ableitungen und grammatischen Erweiterungen hinzunimmt,
die man gleichfalls schreiben kann, sobald man die Normalform oder das Grundwort beherrscht. Bei den Zweifelsfällen
ist der lautliche Hintergrund (z. B. bei den *e*-Lauten oder
bei -*ig*- und -*ich*-Schreibung) der Einheitssprache eher hinderlich. Hier muß der Schreiber gewissermaßen lautfrei verschriften - ein Vorgang, der für den Dialektsprecher die
Regel ist.

4. Die graphematische Situation des Dialektsprechers

Ein kleiner Ausschnitt der Umsetzungs-Beziehungen von Laut-
zu Schriftzeichen, wie sie sich dem alemannischen Dialektsprecher darstellen, wenn er seine Lautbasis mit den einheitssprachlichen Schriftzeichen zusammenbringt, zeigt, daß
lineare Umsetzung (Laut——→lateinischer Buchstabe) im
Vokalbereich in keinem einzigen Fall möglich ist. Die dialektale Lautbasis ist also sehr weit von der Schrift entfernt, wenn man für die lateinischen Buchstaben einmal einen
allgemeingültigen Lautwert ansetzt, der sich auf die lateinische Sprache ausgerichtet hat und zu einem großen Teil
auch für die Einheitssprache gilt (a - e - i - ∂ - u). Der
Dialekt eignet sich also überhaupt nicht als lautlicher
Ausgangspunkt für korrekte Verschriftung im Deutschen:

Dialektale (alemann.) Laute	Einheitssprachliche[13] Schriftzeichen	
/i:/	ei	
/i/	i	
	ü	
	ie	
	ih	
/ɛ/	e	
/e/		ö
	ee	
/e:/	eh	öh
	ä	
/ä:/	äh	
/a/	a	
/a:/	aa	
	ah	

Keinem Dialektsprecher kommt es denn auch in den Sinn, als
Grundlage des Schreibens oder zur Kontrolle für orthographische Zweifelsfälle seine dialektale Aussprache zu Hilfe zu
nehmen. Der Ausgangspunkt für ihn ist der Buchstabe und das
geschriebene Wort. Er kann soviel von der Einheitssprache
schreiben, lesen und sprechen, wieviel er einzeln und der
Reihe nach an Wörtern, Silben und Wendungen gelernt hat.
Der Umfang des einheitssprachlichen aktiven Wortschatzes
ist für den Dialektsprecher identisch mit der Zahl der im
Schreib- und Leseunterricht eingeübten Wörter[14]. Das richtige Schreiben beruht beim Dialektsprecher zu Anfang also ausschließlich auf visueller Reproduktion der erlernten Wort-,
Silben- und Buchstabenbilder. Wenn er den Lautwert der Buchstaben und Buchstabenkombinationen kennt und dazu die Deh-
nungs- und Schärfungsregeln, so kann er die Rechtschreibregeln zum richtigen Lesen verwenden[15]. Hat der Dialektsprecher vergessen, wie man ein Wort oder einen Wortteil richtig
schreibt, so ist er am Ende seiner Schreibkunst. Wo dem einheitssprachlichen Sprecher die subsidiären Schreibregeln
als Distributions- oder Stellungsregeln oder als grammati-

tische Erweiterungstests zur Verfügung stehen, kann dem Dialektsprecher diese Hilfe nicht angeboten werden.
　　Beispiel: Kein Doppelkonsonant nach langem Vokal: *holen,*
sieben, Wagen, sagen; Dialekt: *holə, sibə, wagə, sagə* (mit
kurzem Vokal), oder: *du sperrst* - Inf.: *sperren*; Dialekt:
spe:rə (mit langem Vokal), oder: *verdirbt,* weil Inf.: *ver-*
derben, aber: *zirpt,* weil Inf.: *zirpen,* dagegen Dialekt
(Oberrhein): Inf.: *verderbə* und *zirbə* oder: *merkt, werkt,*
weil Inf.: *merken, werken* Dialekt (Oberrhein): Inf.: *merge,*
werg ə usw.[16]. Der Dialektsprecher mit einem schlechten
Schriftgedächtnis, der also in Zweifelsfällen Hilfsregeln
bräuchte, weil er das Schriftbild nicht rekonstruieren kann,
ist entschieden benachteiligt. Richtiges, überdeutliches
Diktieren als Ersatz für fehlende Regeln hilft nicht viel,
da selbst phonetisch ausgebildete Sprecher Mühe haben, Laute,
die sie selbst nicht sprechen, mit dem Ohr überhaupt wahr-
zunehmen. Nichtdialektale Laute (z. B. hartes p, t, k oder
stimmhaftes s) wird der Dialektsprecher gar nicht hören,
geschweige denn richtig umsetzen können.

5. Die dialektale Basis als Störfaktor bei orthographischen Problemfällen

5.1. Interferenzen bei Verschriftung unbekannter Wörter

Der Dialektsprecher kann im Diktat mit Wörtern, die er noch
nie geschrieben oder gelesen hat, wenig anfangen. Wenn das
Wort darüber hinaus auch inhaltlich neu ist, kommt das
Schreibergebnis in eine verdächtige Nähe zur Legasthenie.
Beispiele aus einem einzigen Diktatheft einer Schülerin der
8. Hauptschulklasse: *Formelarre* (Formulare), *mononon* (mono-
ton), *Staatus* (Status), *Ziermonikafallten* (Ziehharmonikafal-
ten), *Irachi* (Hierarchie), *Invtiviewalität* (Individualität),
jouristist (juristisch), *Endpersönlichtum* (Entpersönlichung),
Nathahn (Nathan), *Eßbahn* (S-Bahn), *Demungstradion* (Demonstra-
tion), *Rejaktzions* (Reaktions-); oder in einer Nacherzählung
einer 7. Klasse sind folgende Varianten für "Schildbürger"
belegt: *Schilfbürger, Schildbruder, Schilfbewohner;* für
"Späher": *Speere, Spere, Seber, Sperre, einen Sper, Spächer,*
Sperrer.
　　Eine selbständige Erweiterung der aktiven Schreibkompe-
tenz ist beim Dialektsprecher nur im Ableitungsbereich möglich, vorausgesetzt, er kann das Grundwort richtig schreiben. Ist ihm das Wort, z. B. *spähen,* bekannt, so kann er auch
Ableitungen richtig schreiben: *Späher, ausspähen, er spähte*
(aber: *späte Gäste*). Umgekehrt führt semantische Unkenntnis
des Grundwortes auch zu falschen Schreibungen im Ableitungsbereich. Soll er ein unbekanntes Wort schreiben, so ist
dieses ganz dem Störbereich seines dialektgeprägten Gehörs
ausgeliefert. Hier treten dann die sogenannten lautlichen
Interferenzen auf, also Fälle, wo Dialekt-Aussprache verschriftet wird: *Egschblosion* (Explosion), *Kribbel* (Krüppel),
oder wo um jeden Preis dialektverdächtige Schreibung vermieden werden soll und alles, was dafür gehalten wird (sogenannte hyperkorrekte Schreibung).

Hierbei ist zu berücksichtigen, daß der Dialekt beim Schüler oft ein derart schlechtes Prestige hat, daß er alles für richtig hält, wenn es nur nicht wie Dialekt aussieht, so daß er bewußt eine falsche Variante wählt, nur weil ihm die Anwendung einer richtigen Regel ein dialektverdächtiges Wort präsentiert: *Klätscher* (Gletscher), *Prot* (Brot), *Krunt* (Grund), *Pensin* (Benzin).

Auf Grund der kontrastiven Analyse von dialektalem Laut- und einheitssprachlichem Schreibsystem haben sich folgende Bereiche als fehlerträchtig erwiesen, da sie den dialektalen Interferenzen ausgesetzt sind, sobald unbekannte Wörter nach Gehör geschrieben werden sollen oder das Schriftbild von bekannten Wörtern nicht geläufig ist:

(1) Rundungsbezeichnung: ü, üh, öh, eu, äu.
(2) Der e/ä-Bereich besonders vor Nasalen: *Schwämme, schwemmen, Ränke, einrenken.*
(3) Dehnungsbezeichnung generell (oft fälschlicherweise mit Doppelkonsonant): *schlaffen, Formularre.*
(4) Wörter auf: -ir und -ich: *wir, Tier, Gericht, Gesicht.*
(5) Kürzungsbezeichnung durch Doppelkonsonant: *hollen* (holen), *Signall* (Signal).
(6) Verschlußlaute (b, d, g, p, t, k) am Wortanfang: *Tante, Post, Busch, Ballast, Palast,* und am Wortende in Kombination: *Abt, nackt.*
(7) Verschlußlautkombinationen am Wortanfang: *drei, treiben,* und im Wortinnern: *Knorpel, Erker, Ärger, Kurbel.*
(8) Alle Endungen auf -er, -es, -em, -en (*an einem schönen Morgen, in weitem Bogen*).

Ein weiterer Nachteil kommt beim Dialektsprecher hinzu, wenn es stimmt, daß die Schreibung inhaltlich bekannter Wörter leichter fällt: Der Dialektsprecher lebt häufig in einer nicht literarischen Umgebung, wo die Kulturwörter der Schulsprache nicht so häufig vorkommen wie bei den Sprechern der Einheitssprache. Die Zahl der Fälle, bei denen er eigentlich Schreibhilfe durch Regeln bräuchte, weil ein Wort gänzlich unbekannt ist, dürfte beim Dialektsprecher demnach besonders hoch liegen. In welchem Ausmaß für den Dialektsprecher scheinbar harmlose Wörter nicht geläufig sind, läßt sich leicht durch Stichproben ermitteln, bei denen die Schüler in einem Text spontan anstreichen müssen, was sie nicht verstehen. Folgende Wörter und Wendungen aus ANDERSENs Märchen wurden von schweizerischen 12-13jährigen Realschülern nicht verstanden: *Beifall, Betrüger, außerordentlich, allerliebst, es erging ihm wie dem Minister, er versicherte ihm, er fuhr fort die Augen aufzusperren, ich will meinen Minister senden*[17]. Hier ist zu fragen, ob die in den Hilfsmitteln angebotenen Musterdiktate, die alters- und problemspezifisch konzipiert sind, der dialektspezifischen Situation immer gebührend Rechnung tragen.

5.2. Scheinbare Flüchtigkeitsfehler: Wortlücken

Der Dialekt als Grundsprache kann sich bei Diktaten als erheblicher Störfaktor auch dann bemerkbar machen, wenn ein
vorgesprochener Satz zwar inhaltlich verstanden und in der
Vorstellung realisiert wird, beim nachträglichen Nieder-
schreiben die abgespeicherten Wörter aber nicht am einheitssprachlichen Laut- und Formengedächtnis kontrolliert werden
können. Dies führt dann zu großen Schreibproblemen, die
sich nicht selten als Wortlücken niederschlagen, die wie
Konzentrationsfehler aussehen. So könnte z. B. das Wort
Gehweg in einem Satz sich als Vorstellung einprägen, und
beim Schreiben, wenn nicht mehr diktiert wird, kommt die
Vorstellung in der Lautgestalt [*trotwa*] (Trottoir) wieder
zurück - eine Wortlücke wird die Folge sein. Hier muß bei-
läufig betont werden, daß das Lesen- und Schreibenlernen
mit der sogenannten Ganzheitsmethode, die ohnehin in letzter
Zeit sehr ins Gerede gekommen ist, für Dialektsprecher ver-
heerende Folgen haben kann[18].

5.3. Scheinbare Flüchtigkeitsfehler: Fehlende Buchstaben

Ein weiterer Fehlertyp, der offensichtlich dialektbedingt
ist, erscheint oberflächlich als Flüchtigkeitsfehler. Die
alemannischen Dialekte unterscheiden bei der Flexion von
Artikel, Adjektiv und Substantiv die verschiedenen Kasus
nicht durch verschiedene Endungen wie die Einheitssprache.

	Dialekt	Einheitssprache
Nom.	də klei ma:	der kleine Mann
Gen.	fom kleinə ma:	des kleinen Mannes
Dat.	əm kleinə ma:	dem kleinen Mann(e)
Akk.	də klei ma:	den kleinen Mann
	ən kleinə ma:	ein kleiner Mann
	fomə kleinə ma:	eines kleinen Mannes
	əmə kleinə ma:	einem kleinen Mann(e)
	ən kleinə ma:	einen kleinen Mann

Der Dialektsprecher hat in seinem morpho-phonemischen Inventar als Endungen nur -ə oder nichts, -*m* und -*n* sind ihm
mit Ausnahme der Artikelform əm ungeläufig. Beim Diktat
besteht also die Gefahr der morphologischen Substitution,
daß der Dialektsprecher, gerade wenn er den Text inhaltlich
versteht, sein Endungssystem mithört und beim Schreiben
völlig orientierungslos schwankt zwischen -e, -er, -en,
-em (*im weitem Bogen, trotz rasches Ausgraben, in den
kalte Nächte*). Diese Fehler signalisieren äußerlich eine
besonders reduzierte orthographische Kompetenz und wirken

wie Leichtsinnsfehler. Sie resultieren in Wirklichkeit aus
der Interferenz des dialektalen Flexionssystems mit dem
einheitssprachlichen. Deutliches Diktieren nützt hier wiederum nicht viel. Nur das Einüben der einheitssprachlichen
Flexion verschafft dem Dialektsprecher die Möglichkeit,
auch die grammatischen Kasus-Proben als Rechtschreibhilfe
zu benutzen[19].

6. Vorteile des Dialektsprechers beim Schreiben

Der begabte Dialektsprecher wird von Anfang an seine Rechtschreibung "lautfrei" erlernen und sich ganz auf das visu-
elle Gedächtnis und seine grammatischen Kenntnisse zur Ableitung und Erweiterung der Wörter stützen. Er wird die
Schreibsprache als eine zweite Sprache erlernen, die er
genau in dem Maße, wie er sie schreiben kann, auch mündlich
beherrscht. Durch das frühe lautfreie Schreiben wird er
später bei schwierigen Wörtern (*Katarrh, Ökonomie, Hierarchie*) weniger Mühe haben, da er gewohnt ist, nach dem
Schriftbild zu schreiben. Der Verzicht auf die Lautbasis
ist letztlich gegenüber dem Einheitssprecher ein Vorteil,
der durch das "Sprich deutlich!" zwar einige Vorteile hat,
aber auch alle lautbedingten Probleme aus der Einheitssprache einzeln bewältigen muß, da er gewohnt ist, die
Schrift am Laut zu überprüfen.
    Darüber hinaus hat die dialektale Lautbasis in Einzelfäl-
len, falls sie dennoch als Schreibhintergrund eine Rolle
spielt, gelegentlich eine positive Wirkung, wenn nicht
durch falsches Üben und durch eine generelle Diskriminierung der dialektalen Aussprache bereits eine pauschale Ver-
unsicherung eingetreten ist. Solche positiven Bereiche
sind z. B.:

(1) eh/äh-Bereich: *Ehre, Ähre.*
(2) Auslautverhärtung: Der Dialektsprecher spricht, wie
    man schreibt.
(3) -ig/-ich: Der Dialektsprecher spricht, wie man schreibt.
(4) Stimmhafte/stimmlose *s*: Der Dialektsprecher hat nur
    ein *s*, das kurz (s) oder lang (ss, ß) gesprochen wird.
(5) Doppelkonsonanten werden (im alem. Osten) oft auch
    doppelt gesprochen: *schellen, Wetter, Lappen.*
(6) Das Erlebnis einer frühen Zweisprachigkeit hat ein in-
    tensiveres Sprachbewußtsein zur Folge. Der Dialekt-
    sprecher ist vermutlich stärker als andere motiviert
    zu ausgesprochenen sprachlich-grammatischen Übungen.

Für den Lehrer ist es gut zu wissen, daß der Dialektsprecher
auch Vorteile hat. Damit sei nicht empfohlen, in diesen
Fällen ausdrücklich von der Dialektbasis auszugehen. Dies
hätte für die viel häufigeren negativen Transferbereiche
ungünstige Folgen. Das Wissen um die Vorteile sollte dem
Lehrer jedoch die Möglichkeit geben, gewisse Übungen der
Fibeln und Sprachbücher auszulassen und dafür andere umso
intensiver zu betreiben.

7. Zusammenfassung und praktische Schlußfolgerungen

Der Dialektsprecher kann beim Erlernen von Lesen und Schreiben nicht von seiner Muttersprache ausgehen. Er lernt mit Schreiben und Lesen eine neue Sprache, die Schriftsprache, nach der er dann auch sprechen lernt. Er wird gerade soviel Wörter in Wort und Schrift können, wie er einzeln im Schreib- und Leseunterricht gelernt hat. Für den Fall, daß er das Schriftbild eines Wortes oder einer Silbe vergessen hat oder daß er ein ihm unbekanntes Wort verschriften soll, stehen ihm keine subsidiären Schreibregeln zur Verfügung, die dem einheitssprachlichen Sprecher die meisten der Problemfälle lösen helfen. Der besondere Nachteil liegt darin, daß er viel öfter in die Lage gerät, ihm unbekannte Wörter verschriften zu müssen, daß also der Fall, wo er nach Regeln schreiben müßte - die für ihn aber nicht gelten -, bei ihm häufiger eintritt als bei anderen und die daraus resultierenden Fehler oft wie Flüchtigkeitsfehler oder wie eine Lese-Rechtschreibschwäche aussehen, in Wirklichkeit aber aus dem Zusammentreffen zweier verwandter, aber doch lautlich verschiedener Sprachsysteme entstanden sind.

Für die Praxis ergibt sich folgende Schlußfolgerung: Der Dialektsprecher muß eine möglichst große Zahl von Wörtern visuell durch Training erlernen, um die Zahl der Fälle, bei denen er nach Regeln schreiben sollte, möglichst gering zu halten. Regeln sollten nur dann eingesetzt werden, wenn sie Bedingungen im Schriftbereich angeben und nicht auf die Aussprache zurückgreifen: z. B. "kein Doppelkonsonant, wenn schon ein zweiter Konsonant steht", oder "oo und aa werden nicht als Doppelvokal umgelautet" usw. Eine Bezugnahme auf die Aussprache, z. B. auf kurze oder lange Vokale oder stimmhafte oder stimmlose Konsonanten ist sinnlos und verunsichert nur. Die Devise: "Sprich deutlich!" klingt für den Dialektsprecher geradezu zynisch. Der Lehrer sollte unbedingt jene dialektalen Interferenzbereiche kennen, bei denen sich der Lauthintergrund des Dialekts als Störfaktor bemerkbar macht.

Die Forderung nach einer Orthographiereform stellt sich vor dem Fall der dialektbedingten Schreibschwierigkeiten nicht zwingend. Auch nach einer Reform, die sich dem einheitssprachlichen Lautstand nähern würde, hätte der Dialektsprecher seine Schwierigkeiten. Viel eher muß man die Forderung nach vermehrtem Schreib- und Lesetraining und grammatischen Übungen stellen, die manche orthographische Hilfsregeln (Erweiterungstests) erst anwendbar machen[20]. Die Reformdiskussion birgt sogar eher eine Gefahr, daß nämlich mancher Lehrer die Normtoleranz in der Weise falsch versteht, daß er dem Einüben der Orthographie keine Beachtung mehr schenkt und die von Hause aus ohnehin Benachteiligten durch eine falsche Fortschrittlichkeit noch weiter in ihrer Ungleichheit beläßt. Solange eine Schreibnorm auf der Basis der einheitssprachlichen Hochlautung bestehen wird, wird der Dialektsprecher nur durch intensives Üben, insbesondere in den Bereichen, wo der Dialekt ein lautlicher Störfaktor ist, eine ungefähre Chancengleichheit erfahren.

Der begabte Dialektsprecher dürfte mit der Rechtschreibung
keine besonderen Schwierigkeiten haben. Der mittelmäßig begabte, der die Hilfsregeln bräuchte, die für ihn aber nicht
gelten, ist stattdessen auf das Verständnis des Lehrers angewiesen, der auf Grund seiner Einsicht in die grammatischen
und pragmatischen Hintergründe der Dialektsituation den Mut
hat, die Ungleichheit durch vermehrtes Üben zu kompensieren.
Da die meisten Hilfsmittel in Form von Fibeln, Sprachbüchern
oder Diktatvorschlägen nicht auf regiospezifische Besonder-
heiten Rücksicht nehmen[21], wäre es Sache des einsichtigen
und fachlich ausgebildeten Lehrers, diesen Mangel durch eigene Übungen und Texte auszugleichen. Es sollte auf diesem
Hintergrund nicht als Regional-Patriotismus ausgelegt werden, wenn man zum Schluß den einheimischen Lehrer fordert
als die beste Chance des dialektsprechenden Kindes. Die
Chance des Dialektsprechers ist weniger sein Elternhaus als
vielmehr der verständnisvolle Lehrer mit einer zweisprachigen Kompetenz und einer optimalen sprachlich-didaktischen
Ausbildung.

Anmerkungen

1) Vgl. LÖFFLER/BESCH (1977).

2) Für Einzelheiten sei auf das Heft 'Alemannisch/Hoch-
   sprache' verwiesen (LÖFFLER/BESCH (1977)). Für andere
   Regionen sind bereits erschienen: HASSELBERG/WEGERA
   (1976): Hessisch; ZEHETNER (1977): Bairisch; AMMON/
   LÖWER:Schwäbisch. In Druck bzw. in Bearbeitung sind
   weitere Hefte für das Pfälzische, das Mittelrheinische;
   zuletzt erschienen: NIEBAUM (1977) Westfälisch.

3) Zum jüngsten Stand der Orthrographiediskussion, ihre
   linguistischen Grundlagen und die didaktisch-methodischen oder bildungspolitischen Implikationen (vgl.
   die Sammelbände AUGST (1974), KLUTE (1974), DIGESER
   (1974), SCHÜLEIN (1974), DREWITZ-REUTER (1974).

4) Stellvertretend für viele: S. JÄGER, Der gegensatz zwischen herrschender rechtschreibung und sprachrichtig-
   keit und seine folgen in schule, beruf und familie.
   In: DREWITZ/REUTER (1974), S. 53-65, bes. S. 59 f.

5) Vgl.die entsprechenden Beiträge von VALTIN und ANGER-
   MAIER. In: SCHÜLEIN (1976), 227 ff. und KOSSOW (1975).

6) Vgl. AMMON (1972 b) und zuletzt REITMAJER (1975),
   HASSELBERG (1976), REITMAJER (1976).

7) Die Zahlen stammen aus LÖFFLER (1974a),110 f.

8) In Aufsätzen und mündlichen Äußerungen liegen die Anteile der dialektbedingten Fehler bei 40 - 70 %. Vgl.
   REITMAJER (1975), 318 f. und AMMON (1972 b), 233.

9) Es wurde allerdings nicht geprüft, ob alle guten Schüler auch Dialektsprecher waren. Dennoch gilt: Schlechte
   Diktatleistung und Dialektfehler gehören ebenso zusammen (mit Ausnahme von Schüler Nr. 6, Ort B) wie gute
   Diktatleistungen und keine Dialektfehler.

10) Vgl. hierzu die Beiträge von BIERWISCH (1976) und
    AUGST (1974 a).

11) Vgl. ähnliche Tabellen bei AUGST (1974 a), 10 f. und
    VEITH/BEERSMANS (1973). Die 80 Laut-Buchstaben-Relatio-
    nen betreffen hier nur Verschriftungen von autochthonen
    Lauten. Nimmt man die Schreibregeln für Fremdwörter
    hinzu und ihre fremde Orthographie, wie das VEITH/
    BEERSMANS (1973) tun, so ergeben sich gerade noch ein-
    mal soviele Umsetzungsregeln.

12) Stellvertretend für die Rechtschreiblehren: MENTRUP
    (1968) und H. u. J. EBNER (1971).

13) Vgl. LÖFFLER (1974a),114.

14) Die Darstellung geht vom "idealen" Fall eines Nur-
    Dialektsprechers aus. In Wirklichkeit wird der einzelne

Sprecher alle möglichen Schattierungen und Mischungen
von Dialekt und Einheitssprache in seiner individuellen
Kompetenz vorfinden. Der Kontrast Dialekt/Einheitsspra-
che dürfte jedoch nur quantitativ, dem Ausmaß nach anders sein und der Anzahl der daraus resultierender Fehler, nicht aber der Qualität nach.

15) Für den Dialektsprecher gilt demnach vorbehaltlos die
Regel: "Sprich, wie du richtig schreibst!" vgl. MENTRUP
(1968), 14.

16) Diese und weitere Beispiele aus LÖFFLER/BESCH (1977),
Nr. 3, 5, 10 u.a.

17) STRÜBIN (1976), 109, Anm. 31. Vgl. auch das aufschluß-
reiche Kapitel über das schlechte Abschneiden der Dialektsprecher unabhängig von ihrem Sozialstatus bei den
sprachlichen Analogie- und Wortschatztests bei HASSEL-
BERG (1976), 77-98.

18) Auch AMMON (1973), 121 ff. hat auf diese besondere
Schwierigkeit hingewiesen, die für den Dialektsprecher
mit der "Ganzheitsmethode" beim Lesenlernen gegeben
ist. MÜLLER (1976), 80 ff. weist empirisch nach, daß
die "Ganzheitsmethode" bei weniger begabten Kindern
zu schlechteren Ergebnissen führt als die synthetische
Methode.

19) Hier sei auch auf die unterschiedliche Auswirkung des
Fremdsprachenunterrichts auf die dialektbedingten
Sprachprobleme hingewiesen. Die Folgen dürften positiv
oder negativ sein, je nachdem, ob die Fremdsprache z.B.
eine Lautschrift hat und endungsflektierend ist wie
das Latein oder eine historische, lautferne Orthographie
und keine endungsflektierten Formen wie das Englische.
Diese Zusammenhänge sind jedoch noch nicht untersucht.
Auf den umgekehrten Zusammenhang, daß Dialekt als Primärsprache im ganzen mit schlechteren Englischleistun-
gen korreliert, hat HASSELBERG (1976), 117 ff. hingewiesen. Vgl. hierzu auch BURGSCHMIDT/GÖTZ (1972).

20) Den entscheidenden Einfluß der Art und Intensität des
Trainings und des Verständnisses seitens des Lehrers
auf die Rechtschreibleistungen gerade bei sozial und
intelligenzschwächeren Schülern betont MÜLLER (1976),
87 in seiner Auswertung einer empirischen Erhebung an
1560 Schülern aus 2. und 3. Klassen.

21) Vgl. die Zusammenstellung bei AMMON (1973 a), 119.

Bernd-Ulrich Kettner

Niederdeutsche Dialekte, norddeutsche Umgangssprache und die Reaktion der Schule

1. Die niederdeutschen Dialekte im deutschen Diasystem

Das heutige deutsche Sprachgebiet war jahrhundertelang
sprachlich zweigeteilt. Neben dem hochdeutschen (hd.) Diasystem im Süden bestand im Norden ein eigenes niederdeutsches (nd.) Diasystem, ein Diasystem, dessen die einzelnen
Dialekte überdachende Varietät, die mittelniederdeutsche
(mnd.) Schriftsprache, weit über das eigentliche nd. Sprachgebiet hinaus im gesamten Ostseeraum als Rechts- und Ver-
waltungssprache Geltung hatte. In den Umwälzungen des 16.
und frühen 17. Jahrhunderts ging dieses nd. Diasystem mit-
samt der mnd. Schriftsprache unter. Das Hd. breitete sich
als allgemeine Rechts-, Verwaltungs- und Literatursprache
über ganz Norddeutschland aus, es entstand ein, nun das gesamte deutsche Sprachgebiet umfassendes, "deutsches" Diasystem. Die nd. Dialekte wurden Teil dieses Diasystems, sie
wurden Dialekte des Deutschen[1].
   Heute unterscheiden sich die nd. Dialekte, was ihre geringe räumliche Erstreckung, ihren eingeschränkten Verwen-
dungsbereich, ihre geringe kommunikative Reichweite und den
im allgemeinen geringen sozialen Status ihrer Sprecher angeht, - bei aller Unterschiedlichkeit zwischen den verschiedenen nd. Dialektgebieten - grundsätzlich nicht von
den anderen deutschen Dialekten. Wie nicht anders zu erwarten, haben sich die nd. Dialekte unter dem jahrhundertelan-
gen und in den letzten Jahrzehnten immer stärker werdenden
Einfluß der deutschen Einheitssprache, der "Standardvarie-
tät" des deutschen Diasystems, strukturell in mancherlei
Hinsicht an das ("Hoch"-)Deutsche angepaßt. Aber trotz
partieller Anpassung trennen die nd. Dialekte noch so viele
strukturelle Eigentümlichkeiten von der deutschen Einheitssprache und den anderen deutschen Dialekten, daß sie im
deutschen Diasystem durchaus einen eigenen Status einnehmen.
   Der relativ große Unterschied zwischen der Struktur des
einzelnen nd. Dialekts und der nd. Dialekte zusammengenom-
men einerseits und der Struktur der deutschen Einheitssprache andererseits hat zur Folge, daß es den für Mittel-
und Süddeutschland typischen vielstufigen, mehr oder weniger gleichmäßigen Übergang vom "reinen" Dialekt über die
verschiedenen Erscheinungsformen des überregionalen Dialekts und der mehr oder weniger dialektgefärbten "Umgangssprache" bis zur "reinen" Einheitssprache in Norddeutsch-

land nicht gibt. Zwar bemüht sich auch der nd. Dialektsprecher, außerhalb seines Heimatortes bestimmte, ausgesprochen lokale Phänomene seiner Sprache zu vermeiden, und insofern kann man auch im nd. Dialektgebiet mit überregionalen Dialektformen rechnen[2], aber der große strukturelle Unterschied zwischen nd. Dialekt und deutscher Einheitssprache begrenzt diesen Prozeß des überregionalen Systemausgleichs: In bestimmten kommunikativen Situationen bleibt dem Dialektsprecher nur noch die Möglichkeit des deutlichen Systemwechsels. Für Norddeutschland typisch ist daher eine - auch für Nichtlinguisten erkennbare - scharfe strukturelle Grenze zwischen den verschiedenen Erscheinungsformen des Dialekts einerseits und den verschiedenen Erscheinungsformen der deutschen Einheitssprache andererseits[3].

Der strukturelle Unterschied zwischen nd. Dialekten und deutscher Einheitssprache hat aber noch eine weitere Konsequenz. Da selbst die überregionalen Erscheinungsformen des nd. Dialekts dem Sprecher der Einheitssprache in der Regel unverständlich bleiben, ist Kommunikation zwischen Dialektsprecher und Nicht-Dialektsprecher nur dann möglich, wenn der Dialektsprecher auch die Einheitssprache beherrscht. Und da unter den heutigen gesellschaftlichen Bedingungen Kommunikation mit Nicht-Dialektsprechern selbst in den abgelegensten Gebieten beinahe tägliche Notwendigkeit ist, kann man davon ausgehen, daß es den Nur-Dialektsprecher im Gebiet der nd. Dialekte faktisch nicht - mehr - gibt: Jeder Sprecher eines nd. Dialekts - und das gilt im Grundsatz schon für die Kinder vor ihrer Einschulung - beherrscht neben seinem Dialekt noch eine zweite Sprache[4], die der deutschen Einheitssprache zumindest sehr ähnlich ist[5].

Selbstverständlich ist diese "zweite Sprache" nicht mit der kodifizierten Form der deutschen Einheitssprache gleichzusetzen. Sehr ähnlich ist sie der Einheitssprache aber insofern, als sie ihrem Charakter nach nicht nd., sondern hd. ist, hd. mit einem mehr oder weniger umfangreichen nd. Substrat allerdings. Und da diese Sprache in erster Linie gesprochene Sprache ist, soll sie hier - vorläufig - als "norddeutsche Umgangssprache" eingeführt werden[6].

Da die nd. Dialekte, wie ausgeführt, ein größerer struktureller Unterschied von der deutschen Einheitssprache trennt als die mittel- und süddeutschen Dialekte und da in der Regel Interferenzen zwischen nahe verwandten Sprachen häufiger sind als zwischen entfernt verwandten, sollte man annehmen, daß der dialektbedingte Fehler beim mündlichen und schriftlichen Gebrauch der deutschen Einheitssprache in den norddeutschen Schulen eine sehr viel geringere Rolle spielt als in den Schulen im Bereich der hd. Dialekte[7]. Daß es den Nur-Dialektsprecher im nd. Dialektgebiet nicht gibt, die Kinder also bereits zweisprachig in die Schule kommen, kann diese Hypothese von der geringen Häufigkeit dialektbedingter Fehler in den norddeutschen Schulen nur stützen[8]. In den norddeutschen Landschaften schließlich, in denen der nd. Dialekt praktisch zu einer Sprache der älteren Generation geworden ist und die Schüler Nd. allenfalls noch verstehen, aber nur in den seltensten Fällen sprechen können, dürfte es dialektbedingte Fehler eigentlich überhaupt nicht geben[9].

2. Analyse von Fehlern in Aufsätzen 12-13jähriger Schüler an norddeutschen Schulen

2.1. Ziel und Gang der Untersuchung

Wie oben dargestellt, scheint es plausibel zu sein, daß dialektbedingte Fehler beim Gebrauch der Einheitssprache im Gebiet der nd. Dialekte nicht eine so große Rolle spielen wie im Gebiet der mittel- und süddeutschen Dialekte. Anhand der Analyse von Fehlern in Schulaufsätzen ca. 12- 13jähriger Schüler soll die Berechtigung dieser Hypothese geprüft werden.

Durchgeführt wurde die fehleranalytische Untersuchung an der Hauptschule in Westrhauderfehn (Kr. Leer)[10] und an der Hauptschule in Dassel (Kr. Northeim). Zusätzlich war eine vergleichende Untersuchung an den Realschulen dieser beiden Orte geplant, leider war das nur in Dassel[11] möglich[12].

In Westrhauderfehn - wie auch sonst in Ostfriesland - ist der Anteil der Dialektsprecher an der Gesamtbevölkerung relativ groß[13]; der Gebrauch des nd. Dialekts ist hier weder auf die Familie noch auf bestimmte Schichten beschränkt, der Dialekt funktioniert vielmehr als öffentliche Sprache im ganzen nichtamtlichen Bereich. Unter diesen Bedingungen müßten dialektbedingte Fehler beim Gebrauch der Einheitssprache in der Schule häufig sein - sehr viel häufiger jedenfalls als in Dassel. Dort nämlich ist der Gebrauch des Dialekts - wie im ganzen südniedersächsischen Bereich - in den letzten Jahrzehnten stark zurückgegangen; zwar wird der nd. Dialekt wohl von den meisten Erwachsenen verstanden und bei bestimmten seltenen Gelegenheiten auch noch gebraucht, die große Mehrzahl der Kinder aber kann den Dialekt allenfalls noch verstehen, jedoch nicht mehr sprechen[14].

Die Untersuchung beschränkt sich auf die Analyse von Fehlern in schriftlichen Arbeiten der Schüler - und zwar auf jeweils drei[15] korrigierte Aufsätze[16] in jeweils drei Klassen der genannten Schulen[17]. Daß ausschließlich korrigierte schriftliche Schülerarbeiten für die Untersuchung herangezogen wurden, obwohl mit einem sehr viel stärkeren Einfluß des Dialekts auf die spontane, nachträglich nicht korrigierbare mündliche Rede zu rechnen ist, bedarf der Begründung.

Zum einen werden die sprachlichen Fähigkeiten der Schüler kaum an ihren Leistungen im mündlichen Gebrauch, sondern vor allem an ihren Leistungen im schriftlichen Gebrauch der Einheitssprache gemessen, von sprachlichen Fähigkeiten beeinflußte Noten sind also in erster Linie Noten für schriftliche Leistungen. Bei einer Untersuchung, die

zur Klärung der Frage beitragen will, ob und wie Dialekt
sprechende Schüler ihren nicht Dialekt sprechenden Mit-
schülern gegenüber benachteiligt sind, lag es daher nahe,
dort mit der Analyse anzusetzen, wo dialektbedingte Fehler
die weitestreichenden Konsequenzen haben, also bei den
schriftlichen Arbeiten der Schüler.

Zum anderen kann durch die Beschränkung auf korrigierte
Arbeiten auf eine abstrakte Diskussion darüber verzichtet
werden, welche Regionalismen mit Blick auf die Norm der Einheitssprache toleriert werden können, welche Regionalismen
aber als Verstoß gegen diese Norm zu werten sind. Es war
vielmehr möglich - und da letztlich für die Bewertung der
sprachlichen Fähigkeiten der Schüler nicht eine irgendwo
kodifizierte Norm, sondern das Normbewußtsein des einzelnen
Lehrers von Bedeutung ist[18], auch sinnvoll -, pragmatisch
vorzugehen und das als Verstoß gegen die einheitssprachliche Norm zu behandeln, was der Lehrer durch seine Korrek-
tur als Verstoß kenntlich gemacht hatte.

Durch den Vergleich der Systeme von nd. Dialekt und
deutscher Einheitssprache soll nun versucht werden, die einzelnen Fehler[19] - Rechtschreib- und Zeichensetzungsfehler
sowie einige stilistische Unzulänglichkeiten ausgenommen[20,21]
- daraufhin zu prüfen, ob sie als Interferenz zwischen Dialekt und Einheitssprache, also als dialektbedingt erklärt
werden können. Voraussetzung für eine methodisch angemessene Untersuchung wäre allerdings, daß unabhängig von der
Untersuchung entstandene, vollständige Beschreibungen der zu
vergleichenden sprachlichen Systeme benutzt werden könnten.
Es gibt nun aber für keinen einzigen nd. Dialekt eine solche vollständige Beschreibung: Die vorliegenden Dialekt-
grammatiken sind kaum mehr als Lautgrammatiken, und einige
wenige Aufsätze über syntaktische oder morphologische Probleme können diese Lücken nicht füllen[22]. Unter diesen Umständen bleibt nur, die Fehler in den Aufsätzen vorläufig
zu kategorisieren und dann Dialektsprecher gezielt nach
vergleichbaren dialektalen Strukturen zu befragen[23], eine
letztlich unbefriedigende Methode, da sie die Gefahr einschließt, daß der Dialektsprecher durch die gezielten Fragen zu stark beeinflußt wird und daher unrichtige Angaben
macht.

Diese methodischen Probleme und der geringe Umfang des
untersuchten Materials, aber auch der Verzicht darauf, die
Schüler in soziale Schichten einzuordnen[24] und damit die
Möglichkeit zu schaffen, dialektbedingte von schichtenspezifischen Sprachschwierigkeiten analytisch zu trennen,
machen es notwendig, ausdrücklich darauf hinzuweisen, daß
eine Untersuchung unter diesen Umständen zwar Tendenzen aufzeigen kann, die erste Einblicke in die Verhältnisse im Gebiet der nd. Dialekte gestatten und gezieltes Weiterarbeiten
erlauben, keinesfalls aber mit endgültigen Aussagen zu
Häufigkeit und Art dialektbedingter Fehler in Norddeutschland zu rechnen ist.

2.2. Dialektbedingte Fehler an der Hauptschule in West-rhauderfehn (Kr. Leer)

Im folgenden werden d i e Fehler in den Aufsätzen der Westrhauderfehner Schüler erörtert und nach Kategorien geordnet dargestellt, die mit einigem Recht als dialektbedingt gelten können. Die Darstellung erfaßt ca. 96% der in den Aufsätzen belegten dialektbedingten Fehler; nur eine Reihe von Fehlern, die lediglich ein- oder zweimal belegt sind und sich in die nachstehend erwähnten Kategorien nicht einordnen lassen, bleiben unbehandelt.

Auf eine Darstellung der Fehler, die nicht aus dem Dialekt erklärt werden können, mußte aus Platzmangel verzichtet werden; es handelt sich vor allem um Wortauslassungen und Wortverdoppelungen, um unvollständige oder sonstwie mißglückte Sätze, um Verstöße gegen die Kongruenz von Genus und Numerus, um spontane Wortbildungen und um die Verwendung falsch verstandener, dem Schüler offensichtlich unbekannter Wörter und Ausdrücke.

2.2.1. Übernahme von Wörtern mit nd. Lautstand in den einheitssprachlichen Text

Für direkte Übernahme von Wörtern mit gänzlich nd. Lautstand in den einheitssprachlichen Text der untersuchten Aufsätze lassen sich nur wenige Beispiele finden ("Mit *achtein* Jahren kann ich den Führerschein machen"[25]: vgl. nd. *achtein* 'achtzehn'; "Von *dien* Taschengeld wird die Reparatur bezahlt": vgl. nd. *dīn* 'dein'). Mehr als einmal belegt ist nur das nd. *denn*, das für das einheitssprachliche *dann* - Adverb und Konjunktion - steht ("Wenn die Biene jemand sticht, *denn* darf man sie totschlagen"); hier ist auch einmal eine hyperkorrekte Form belegt ("Wann gibt es das Fußballspiel *dann* im Fernsehen?").

Die dialektale Apokopierung des tonlosen -e am Wortausgang - eine Eigenart nd. Dialekte im Norden des nd. Sprachgebiets, darunter der Dialekt von Westrhauderfehn - setzt sich gelegentlich bis in die einheitssprachlichen Texte fort (" Der *Jung* stand vor dem Haus"; "Ich kaufe mir eine *Schallplatt*")[26].

Schließlich sind hier noch einige Formen zu erwähnen, die durch falsche Umsetzung aus dem Nd. zu erklären sind. So findet sich z.B. der falsche Satz "*Sie heiß Heidi*" (vgl. *Se hēt Heidi*) oder der hyperkorrekte Satz "*Er weißt das nun*" (vgl. *He wēt dat nu*[27]).

2.2.2. Syntaktische Fehler

2.2.2.1. Deklination

Das Nd. kennt neben dem Nominativ nur eine weitere Kasuskategorie, die einheitssprachlichem Dativ u n d Akkusativ entspricht (*Dat kind geit nä hüs*; *Ik heb dat kind sen*; *Ik gēf dat kind en mark*); der Genitiv wird mit *van* oder - vor allem beim possessiven Genitiv - mit dem Possessivpronomen *sin* umschrieben (*Da kwēm de vader van mīn fründ*; *Da kwem min fründ sin vāder*).

Es kann daher nicht verwundern, wenn in den untersuchten Aufsätzen sehr häufig Dativ und Akkusativ verwechselt werden ("Der Gorilla *kam aus die Käfigtür*"; "Udo *kam wieder in der Schule*"; "Er *hatte Angst vor die Affen*"; "Die Wärter haben die Tiere wieder *in den Käfigen gebracht*"; "*Hast du dich wehgetan?*"; "Dann *setzte* ich *mir ins Sofa*"); auch hyperkorrekte Formen sind häufig ("Es gibt auch Kinderbücher, *in denem* ist mehr Text"; "Er streckte die Hand *mit dem Nüssen* aus"). Der Genitiv wird im allgemeinen analytisch mit *von* gebildet ("*Das Auto von meinem Vater* war kaputt")[28], aber Umschreibungen mit dem Possessivpronomen sind ebenfalls häufig ("Ist das *dein Vater sein Auto?*"; "Die Biene flog *auf Hans sein Kopf*"); noch häufiger sind aber mißglückte Versuche, den synthetischen Genitiv der Einheitssprache zu bilden ("*Eines Mittag* spielten wir vor dem Haus"; "Wir spielten *auf meinem Freunds Hof*").

Die Schwierigkeiten des Dialektsprechers mit dem einheitssprachlichen Deklinationssystem werden noch dadurch vergrößert, daß - trotz kategorialer Unterschiede - im Nd. an vielen Stellen des Systems Formen lautlich zusammenfallen. So sind z.B. die Possessivpronomen in beiden nd. Kasus bei Maskulinum und Neutrum unflektiert (*Mīn vāder is dōt*; *Ik sē mīn vāder*; *Ik heb hōr vāder sēn*). Entsprechend häufig sind daher Fehler, die aus der direkten Umsetzung solcher Formen zu erklären sind ("Er *drehte sein Kopf* um"; "*Geh* wieder in *dein Käfig* zurück!"; "Plötzlich summte eine Biene *um ihr Teller herum*"). Ebenso erklären sich Fehler bei den entsprechenden Formen des unbestimmten Artikels und des Indefinitpronomens *kein* ("Wir *aßen in ein Restaurant*"; "Ich *legte* aber *kein Gang ein*"); hier sind auch hyperkorrekte Formen nicht selten ("Vater *nahm einen Handtuch*"; "Du *bekommst keinen Taschengeld mehr*").

Durch die Apokopierung des tonlosen -*e* am Wortausgang entfällt der formale Unterschied zwischen Maskulinum und Femininum und zwischen Singular und Plural bei der Flexion der Possessivpronomen und Adjektive (*Mīn vāder is dumm*; *Mīn kat is dōt*; *Mīn katten sünd dōt*). Dadurch entstehen typische Fehler beim Gebrauch der Einheitssprache ("*Mein Mutter* war krank"; "*Mein klein Schwester* saß am Tisch"; "*Sein Eltern* kamen zu der Unfallstelle"; "*Mein Geschwister* sitzen auf der Eckbank"). Auch für bestimmte Fehler bei der Bildung der Pluralform ist die Apokopierung des -*e* verantwortlich zu machen ("Es war so kalt, daß *ihre Bein* zitterten").

Falsche Pluralformen entstehen aber auch dadurch, daß Formen, die im Nd. mit anderen Morphemen als in der Einheitssprache gebildet werden, direkt umgesetzt werden. So lassen sich bestimmte Fehler in den Aufsätzen ("Hier, ich habe *die Schlüssels* für dich"; "Meine Oma schält *Kartoffels*") direkt aus dem Dialekt erklären (*schlöddels*; *tuffels*).

Es sei schließlich noch erwähnt, daß einige Substantive
im Dialekt von Westrhauderfehn - wie auch sonst im Ostfriesischen - ein anderes Genus als in der Einheitssprache
haben; so sind z.B. *stof* 'Staub' und *dek* 'Decke' neutrum[29]
und *īm* 'Imme, Biene' und *wispel* 'Wespe' maskulinum[30]. Bestimmte Genusfehler in den untersuchten Aufsätzen erweisen
sich daher als dialektbedingt ("Sie saugen *das Blütenstaub*
aus"; "Er schaute *unter dem Bettdecke*"; "Paß auf, da sitzt
ein Biene. Soll ich *ihn* totschlagen?")[31].

2.2.2.2. Konjugation, Verbalkategorien

Obwohl zwischen dem Konjugationsparadigma des Nd. und dem
der Einheitssprache einige auffällige kategoriale und formale Unterschiede bestehen, resultieren daraus nur wenige
Fehler in den untersuchten Aufsätzen[32]. So wird an einigen
Stellen das Partizip des Präteritums - wie im Nd. (*Ik heb
dīn vāder sēn*) - ohne das Präfix *ge-* gebildet ("Er *war* ganz
allein *zu Hause blieben*"; "Nun wußte ich, *wo das Knallen
herkommen war*"), und ein paar Mal führt eine von der Einheitssprache lauthistorisch abweichende Form des starken
Präteritums im Nd. (*ik lēs* 'ich las'; *ik stōk* 'ich stach'[33])
zu Fehlern ("An einem Sonntagmorgen *lies mein Vater die
Zeitung*"; "*Die Biene stoch Herrn Schulze*"). Die große Mehrzahl der Fehler erklärt sich jedoch aus dem im Nd. von der
Einheitssprache abweichenden G e b r a u c h bestimmter
Verbalformen.
Die nd. Dialekte haben zwar - im Unterschied zu den süddeutschen - Präteritum u n d Perfekt als Kategorien erhalten, das Präteritum kommt im Sprachgebrauch aber nur selten vor; die normale Erzählzeit ist das Perfekt[34]. Es kann
daher nicht überraschen, wenn die Schüler in ihren Aufsätzen
oft ein falsches Perfekt anstelle von Präteritum gebrauchen.
Aus der grundsätzlichen Ungeübtheit des Dialektsprechers im
Gebrauch des Präteritums erklären sich auch die vielen
schwachen - und d.h. falschen - Präteritalformen starker -
auch im Nd. starker! - Verben (" Die Sonne *scheinte*"; "Da
fliegte die Wespe auf meinen Teller"; "Mein Vater schimpfte
und *schreite*"; "Ich *schließte* die Tür auf"; "Ich *rufte* nach
ihm")[35]. In diesen Zusammenhang gehören auch die gelegentlich zu belegenden Präteritalformen starker Verben mit aus-
lautendem -e in der 1. Pers. Sing. (*"Ich ginge* raus"; "Ich
fande den Täter nicht").
Der Konjunktiv wird im Nd. im allgemeinen nur als Optativ
oder als Irrealis - und dann formal gleich mit der Präteritalform des Indikativs - gebraucht (*Harr ik dat man
wist!*; *As ik dat wist harr, wēr dat anders kōmen*); in der
indirekten Rede steht Konjunktiv allenfalls dann, wenn der
Sprecher eine sehr starke Distanz zu dem Berichteten ausdrücken will *(He sē, he harr mī dat geld gēben, āber dat
stimmt nich)*, sonst steht Indikativ *(He sē, he het mī dat geld
gēben)*[36]. Mit einiger Berechtigung kann man es daher für
dialektbedingt halten, wenn in den Aufsätzen in indirekter

Rede sehr häufig Indikativ statt Konjunktiv[37] oder ein falscher präteritaler Konjunktiv verwendet wird ("Ich rief ihm
zu, *er soll rauskommen*"; "Er sagte, *ich sollte das nicht so
genau nehmen*")[38].

In einigen nd. Dialekten - darunter der von Westrhauderfehn - wird unter bestimmten Bedingungen die finite Form
des Vollverbs im abhängigen Satz mit dem Verb *don* umschrieben (*As Hans sin schnemann sen de, fung he an te lachen*),
seltener kommt diese Umschreibung im Hauptsatz vor (*De
polizei de't all meten*)[39]. Auch diese dialektale Eigenart
wird gelegentlich direkt umgesetzt und führt zu Fehlern im
einheitssprachlichen Text ("Als Hans seinen Schneemann *sehen
tat*, fing er an zu lachen"; "Die Polizei *tat* alles *messen*").

Hinsichtlich der verbalen Kategorien besteht ein charak-
teristischer Unterschied zwischen Dialekt und Einheitssprache
insofern, als für bestimmte reflexive Verben der Einheitssprache (*sich setzen, sich legen* u.a.) in einigen nd. Dialekten eine Umschreibung des entsprechenden Intransitivums
mit *gan* eintritt (*He geit in't sessel sitten* 'Er setzt sich
in den Sessel'); entsprechende Formulierungen finden sich
nicht selten im einheitssprachlichen Text der untersuchten
Aufsätze ("Dann *ging* er wieder *im Sofa liegen*"; "Meine
Mutter *ging* neben mir *im Sessel sitzen*").

2.2.2.3. Präpositionen

Der Bestand an Präpositionen ist im Nd. im großen Ganzen
der gleiche wie in der Einheitssprache, allerdings werden
einige Präpositionen grundsätzlich oder unter bestimmten
Kontextbedingungen anders als in der Einheitssprache gebraucht.

Die häufigsten Fehler auf diesem Gebiet entstehen dadurch, daß die Präposition *nå* 'nach' im Nd. auch dort verwendet wird, wo einheitssprachlich *zu* oder - seltener - *in*
steht (*Wī gan nå mīn oma; Ik gå na't dȫr* - "Sie liefen *nach
einem Bauern*"; "Ich gehe *nach meiner Mutter*"; "Dann ging ich
nach der Garage"; "Sie fuhren *nach dem Ausland*").

Ähnliche Unterschiede zwischen dem Nd. und der Einheitssprache und entsprechende, allerdings nur gelegentliche
Fehler in den untersuchten Aufsätzen zeigen sich bei den
Präpositionen *bī* 'bei' (statt *zu: He kwåm bī sīn ōma* -
"Er *kam bei seiner Oma*"), *an* 'an' (statt *zu: He het dat
an våder seggt* - "Er hat das *an Vater* gesagt"), *up* 'auf'
(statt *in: Mīn süsters gån up bet* - "Wir *gehen aufs Bett*"),
in 'in' (statt *auf: Mīn våder liggt in't sofa* - "Mein
Vater *liegt im Sofa*"), *mit* 'mit' (statt *innerhalb von: Mit
fīf minuten geit't lös* - "*Mit fünf Minuten* beginnt das
Rennen") und *vȫr* 'vor' (statt *gegen, an: Mīn våder is vȫr't
mȫr fårn* - "Meine Tante ist mit dem Wagen *vor einen Baum gefahren*").

2.2.2.4. Vergleichspartikel, Konjunktionen

Das Nd. hat - im Gegensatz zur Einheitssprache - nur ein Ver-
gleichspartikel: Nordnd. *as* steht für *als* u n d *wie* (*He
is oller as ik*; *He is sō ōld as ik*). Von daher wird die
häufige falsche Verwendung der einheitssprachlichen Ver-
gleichspartikel erklärlich ("Er ist älter *wie* sie"; "Sie
lief so schnell *als* sie konnte").
Daß hier einem nd. *as* unter Umständen ein einheitssprachliches *wie* entspricht, mag mit die Ursache dafür sein, daß
auch die temporale Konjunktion *as* nicht selten in einheitssprachlich falsches *wie* umgesetzt wird ("*Wie* sie das merkte,
schrie sie auf").
Eine Besonderheit des Dialekts von Westrhauderfehn
scheint zu sein, daß die kausale Präposition *wegen* auch als
nebensatzeinleitende Konjunktion benutzt wird (*Wēgen he grōt
is, het he't stūr*); auch in den Aufsätzen wird diese Konjunktion einige Male benutzt ("*Wegen er grö̂ßer ist als die
anderen*, haben alle Angst vor ihm").

2.2.2.5. Andere syntaktische Fehler

Pronominaladverbien wie *dafür* (nd. *dārvōr*), *dabei* (nd.
dārbī), *wohin* (nd. *wōrhen*) usw. werden im Nd. normalerweise
getrennt (*Dār kannst du mī nich bī helpen*); entsprechende
Formulierungen im einheitssprachlichen Text sind häufig
("*Da* habe ich nichts *von* gehört"), werden aber in Westrhauderfehn in der Regel toleriert[40]. Nicht toleriert wird
dagegen, wenn der präpositionale Teil des Pronominaladverbs
- wie im Nd. häufig - wiederholt wird (*Dārbī kannst du mī
nich bī helpen* - "*Dabei* kannst du mir nicht *bei* helfen").
Die Präposition wird im Nd. auch in anderen Kontexten häufig
wiederholt (*He is dōr't hek dōrkrōpen*); auch dadurch entstehen Fehler im einheitssprachlichen Text ("Wir sind *durch
das Loch durchgekrochen*").
Typisch für das Nd. ist, daß an bestimmten Stellen des
Satzes gern ein Demonstrativpronomen eingefügt wird, das
im einheitssprachlichen Text als überflüssig und unbeholfen
empfunden wird (*Mīn schnēmann dē was umfallen*; *As de vāder
dat hȫrde, dat de jung krank wēr, ...* - "*Mein Schneemann
der war umgefallen*"; "*Als Vater das hörte, daß der Junge
krank war, ...*").
Indirekte Rede wird im Nd. ohne Konjunktion und mit Zweit-
stellung des finiten Verbs gebildet (*He sē, he het mī dat
geld gēben*). Obwohl diese Form der indirekten Rede in der
Einheitssprache - neben der Form mit *daß* und Endstellung
des finiten Verbs - ebenfalls üblich ist[41], wird sie von
den Lehrern oft als fehlerhaft angestrichen ("*Er sagt, ich
soll den Fernseher anmachen*")[42].
Gelegentlich ist im Nd. auch die Wortstellung anders als
in der Einheitssprache. So führt etwa die Stellung der Präposition in nd. *De vāder rēp to sīn sōn* zu falschem einheitssprachlichen "*Der Vater rief zu seinem Sohn*" oder die

Reihenfolge der Objekte in nd. *Denn gifst du hör sē* zu falschem einheitssprachlichen *"Dann gibst du ihr sie"*.

Temporaler Akkusativ anstelle einer präpositionalen Wendung ist in der Einheitssprache auf wenige Fälle wie *dieses Jahr* oder *diese Woche* beschränkt, im Nd. ist dieser temporale Akkusativ sehr viel häufiger (*Ik wēr den nāmiddag up't feld; Ik wēr de ērst minūt ganz verstött*); entsprechende Fehler ("Ich hatte *den Nachmittag* geübt"; "Ich war *die ersten Minuten* ganz erschüttert") sind nicht selten.

Als letztes sei schließlich erwähnt, daß im Nd. in bestimmten Wendungen statt eines Substantivs wie in der Einheitssprache ein temporales Adverb steht (*'t wūr ābends; Se schilt tuffels vör söndāgs*); entsprechende Fehler in den Aufsätzen (*"Er wurde abends"; "Sie schält die Kartoffeln für sonntags"*) erweisen sich dadurch als dialektbedingt.

2.2.3. Lexikalische und idiomatische Fehler

Das Vorkommen dialektbedingter lexikalischer und idiomatischer Fehler ist abhängig von Gegenstand und Art der untersuchten einheitssprachlichen Texte. Wegen des geringen Umfangs des untersuchten Materials können die aufgefundenen lexikalischen und idiomatischen Fehler daher ebenfalls als Beispiel dienen - und als Beweis dafür, daß Dialektsprecher auch auf diesem Gebiet Schwierigkeiten beim Gebrauch der Einheitssprache haben.

Trotz dieser Einschränkung lassen sich bei den lexikalischen Fehlern doch einige charakteristische Fehlergruppen feststellen.

Zu einer ersten Gruppe zählen nd. Wörter, die kein einheitssprachliches Pendant haben, die also eigentlich unübersetzbar sind. Hierher gehören etwa nd. *gulf* 'ein bestimmter Teil der Scheune' und nd. *krabber* 'eine bestimmte Art von Hacke'[43]. Werden solche Wörter im einheitssprachlichen Text verwendet (*"Der Gulf war schon voll Heu"; "Hol mal einen Krabber"*), finden sie in der Regel die ausdrückliche Mißbilligung des Lehrers[44].

In einer zweiten Gruppe lassen sich nd. Wörter zusammenfassen, die zwar, was ihre Bedeutung angeht, eine Entsprechung in der Einheitssprache haben, deren einheitssprachliches Pendant aber mit einem anderen Präfix oder Suffix als im Nd. gebildet ist. Beispiele sind nd. *beleben* 'erleben' und *klappen* 'klappern'. Auch solche Unterschiede zwischen dem Nd. und der Einheitssprache führen zu charakteristischen Fehlern ("Dort *belebten* sie noch eine Menge Spaß"; "Der Fensterladen *klappte* im Wind").

Eine dritte Gruppe bilden nd. Wörter, die zwar ihre genaue lautliche Entsprechung in der Einheitssprache haben, deren Bedeutung sich aber von der des entsprechenden einheitssprachlichen Worts unterscheidet. Zu dieser Gruppe gehören z.B. nd. *bold* 'beinahe, fast' und nd. *anners* 'sonst', die zu fehlerhaften Sätzen wie *"Das fällt bald nicht auf"* und *"Das Buch ist auch nicht so dick, anders wäre es für*

Kinder nicht so spannend" in den untersuchten Aufsätzen
führen.

Fehler wie die bisher beschriebenen sind zwar in den Aufsätzen nicht gerade selten, aber an der Gesamtzahl der lexikalischen Fehler haben sie doch nur einen geringen Anteil.
Wesentlich mehr Fehler entstehen - und das ist die vierte
Fehlergruppe -, wenn ein nd. Wort eine weitere Bedeutung
hat als das ihm lautlich entsprechende Wort der Einheitssprache. Das bei der Untersuchung der Aufsätze gewonnene
Material macht deutlich, daß es offensichtlich für den Dialektsprecher schwer ist, die Verwendung eines ihm von seinem Dialekt her bekannten einheitssprachlichen Wortes in
seiner nur nd. Bedeutung zu vermeiden. So bedeutet z.B.
nd. *fragen* neben 'fragen' auch 'bitten' (*He frog sin vader
um geld*) und nd. *gan* bedeutet nicht nur 'gehen' sondern
steht für alle Arten der Fortbewegung (*De wispel geit dör't
fenster* 'Die Wespe fliegt durch das Fenster'; *Geist du mit
bus of mit auto na Leer?* 'Fährst du mit dem Bus oder mit
dem Auto nach Leer?'[45], entsprechende Fehler finden sich in
den Aufsätzen ("*Er fragte den Wärter um etwas Geld*", "*Die
Wespe ging in das Eßzimmer*"; "*Wir gingen mit dem Auto nach
Leer*").

Eine fünfte Fehlergruppe ergibt sich aus Schwierigkeiten,
die Dialektsprecher haben, wenn das einem nd. Wort lautlich
entsprechende einheitssprachliche Wort zwar bedeutungsgleich,
aber in der s c h r i f t l i c h e n Form der Einheitssprache unerwünscht oder tabuisiert ist. Zu der allgemeinen
Schwierigkeit des Dialektsprechers, sich in einem anderen
sprachlichen System ausdrücken zu müssen, kommt hier noch
ein besonderes Problem, daß nämlich dieses zu erlernende
andere System in einige von der Verwendungsweise her bestimmte Subsysteme gegliedert ist.

Die nd. Wörter *kregen*, *schmiten* und *bekiken* z.B. haben
ihre lautlichen Entsprechungen in einheitssprachlichem
kriegen, *schmeißen* und *begucken*; diese Wörter gehören aber
nur zum Vokabular der g e s p r o c h e n e n Form der
Einheitssprache; werden sie im Aufsatz verwendet ("Jeder
kriegt ein Eis"; "Er *schmiß* nach dem Schneemann"; "Wir wollten das neue Haus *begucken*"), ersetzt sie der Lehrer in der
Regel durch *bekommen*, *werfen* und *ansehen/besichtigen*, Wörter, für die es im Nd. k e i n e lautliche Entsprechung gibt.
Ähnlich ist es mit Wörtern wie *töten* oder *schließen*, an
deren Stelle im Nd. in der Regel die Verben *maken* oder *don*
in Verbindung mit bestimmten Adjektiven stehen (*He makt de
wispel dot* 'Er tötet die Wespe'; *He deit't dör dicht* 'Er
schließt die Tür'); eine genaue Umsetzung solcher Wendungen
("Er wollte die Wespe *totmachen*"; "Holger *tat die Tür zu*")
würde wohl allenfalls in gesprochener Sprache toleriert,
im Aufsatz stößt sie auf die Mißbilligung des Lehrers.

Zu dieser Fehlergruppe können schließlich auch Wörter
wie *Scheiße* oder *Arsch* gezählt werden, die in der Einheitssprache als stark emotionell oder obzön empfunden werden,
deren lautliche Entsprechung im Nd. aber weder das eine
noch das andere ist. So wäre etwa der nd. Satz *Dat is schit*

am besten mit 'Das ist schlimm' oder 'Das ist schlecht' zu
übersetzen, die genaue lautliche Umsetzung ("Das ist
Scheiße") unterscheidet sich von dem nd. Ausdruck nicht nur
durch ihre starke Emotionalität, sie wird wegen ihrer
"Obszönität" vom Lehrer durchweg angestrichen oder verbessert.
    Für eine versuchsweise vorläufige Gruppierung der lexi-
kalischen Fehler war das untersuchte Material immerhin noch
umfangreich genug. Jedenfalls konnte ziemlich deutlich gezeigt werden, welcher Art die Fehler sind, die der Dialektsprecher normalerweise beim schriftlichen Gebrauch der Einheitssprache machen wird. Eine Klassifizierung der idiomatischen Fehler ist jedoch auf der gegebenen Materialgrundlage nicht möglich: Fehler dieser Art sind nicht selten,
aber mehr oder weniger zufällig. So sollen hier nur einige
Beispiele zeigen, daß auch idiomatische Fehler vom Dialektsprecher zu erwarten sind.
    Ein recht seltsam anmutender - und vom Lehrer als fal-
scher Satz behandelter - Ausdruck wie "*Ich kam gerade aus
der Schule frei*", was etwa 'Die Schule war gerade aus'
heißen soll, findet seine Erklärung, wenn man ihn mit dem
nd. Ausdruck *Ik kwem netegrad van schöl frē* vergleicht. Auch
Sätze wie "*Es ist gut in Kleidung*", "*Er will den Schneemann
über Kopf stoßen*" oder "*Ein VW war hinter uns reingefahren*"
sind Umsetzungen nd. idiomatischer Ausdrücke (*He_is god in
kledung* 'Er ist gut gekleidet'; *He stöt den schnemann över't
kopp* 'Er stößt den Schneemann um'; *De VW is achtern uns rin-
farn* 'Der VW ist von hinten auf unser Auto gefahren').

2.2.4. Kontraktion und Elision

Typisch für gesprochene Sprache - also für Dialekt u n d
gesprochene Einheitssprache - ist eine Vielzahl von Kontraktionen und Elisionen. Wenn diese in der geschriebenen
Sprache der Aufsätze zu Fehlern führen, ist also nur schwer
oder gar nicht zu bestimmen, ob der Grund darin liegt, daß
die Schüler Dialektsprecher sind, oder darin, daß für die Schüler auch die Einheitssprache vor allem gesprochene Sprache
ist. Allerdings ist nicht zu übersehen, daß die Tendenz zu
Kontraktion und Elision vom Dialekt her wesentlich verstärkt wird. Denn der Sprecher der Einheitssprache verwendet zwar beim Sprechen eine Vielzahl kontrahierter oder
elidierter Formen, kann aber auch - etwa bei prononciertem
Sprechen - die unkontrahierte oder unelidierte Vollform benutzen. Im nd. Dialekt dagegen sind bestimmte Wörter allein
und ausschließlich in der kontrahierten oder elidierten
Form vorhanden, die Verwendung der Begriffe "Kontraktion"
und "Elision" hätte also unter diesen Umständen nur in einer
diachronischen Beschreibung des Dialekts ihren Sinn. So kann
z.B. der Sprecher der Einheitssprache - je nach Situation -
zwischen *etwas* und *was*, zwischen *raus* und *hinaus* oder
heraus wechseln, während im Nd. nur die Wörter *wat* und *rut*
zur Verfügung stehen.
    Diese Überlegungen haben dazu geführt, daß derartige Feh-
ler in den untersuchten Aufsätzen hier unter die dialektbe-

dingten Fehler subsumiert werden[46].

Am häufigsten zu belegen sind Kontraktionen zwischen Präposition und folgendem Artikel, seltener zwischen Adverb oder Konjunktion und folgendem Artikel ("Er flog mit dem Kopf *in Schnee*"; "Er stellte den Teller *aufn Tisch*"; "Du bist mir *son Rennfahrer*"; "Was hat *denn Schneemann* hier verloren?"; mit falschem Kasus: "Sie blieben noch *in Tierpark*"; "Ich hing *an Balken*").

Der Bezug zum Dialekt wird deutlicher bei den beinahe ebenso häufig auftretenden kontrahierten Formen *runter*, *rauf*, *raus* usw. Hier scheint ein kategorialer Unterschied zwischen nd. Dialekt und Einheitssprache - auch in ihrer gesprochenen Form - zu bestehen. Das Nd. unterscheidet nämlich nicht zwischen *herunter* und *hinunter*, *herauf* und *hinauf*, *heraus* und *hinaus*, sondern kennt ausschließlich die kontrahierten Formen *runner*, *rup* und *rut* (*He kummt rut*; *Ik ga nu rut*). Die Annahme eines kategorialen Unterschieds würde jedenfalls insbesondere gelegentlich vorkommende hyperkorrekte Formen erklären können ("*Ich schaute zum Fenster heraus*"; "*Die Affen kamen aus ihrem Haus hinaus*").

Elision ist für das bereits erwähnte *etwas* ("Ich verstehe *was* von Autos") und für *einmal* ("Guck dir das Haus *mal* an") besonders häufig zu belegen. Es finden sich aber auch elidierte Formen von *zuerst* ("Der Affe wollte *erst* keine Bananen") und *entlang* ("Hier kommt doch niemand *lang*").

2.3. Dialektbedingte Fehler an der Hauptschule und an der Realschule in Dassel (Kr. Northeim) - Summarische Darstellung

Obwohl sich die Dialekte von Dassel und Westrhauderfehn stark von einander unterscheiden, gehören die dialektbedingten Fehler in den Aufsätzen der Dasseler Schüler - und das gilt für die Schüler der Dasseler Hauptschule genauso wie für die Schüler der Dasseler Realschule - im großen Ganzen zu denselben Kategorien wie die dialektbedingten Fehler der Westrhauderfehner Schüler. Die dialektbedingten Fehler an den Dasseler Schulen können daher hier summarisch abgehandelt werden.

Die Übernahme von Wörtern mit nd. Lautstand in den einheitssprachlichen Text (vgl. unter 2.2.1.) ist in Dassel äußerst selten; nur das nd. *denn* für einheitssprachliches *dann* ist einige wenige Male belegt[47].

Genauso häufig wie in Westrhauderfehn - prozentual sogar ein wenig häufiger - sind in Dassel Deklinationsfehler. Abgesehen von den durch die Apokopierung des tonlosen -*e* am Wortausgang verursachten Fehlern[48] sind alle in Westrhauderfehn belegten Fehlerkategorien auf diesem Gebiet (vgl. unter 2.2.2.1.) auch in den Dasseler Aufsätzen nachzuweisen[49].

Die Andersartigkeit des Dialekts von Dassel hat zur Folge, daß einige in Westrhauderfehn belegte Konjugationsfehler in Dassel nicht entstehen können[50]; dialektbedingte

Fehler auf diesem Gebiet sind daher in Dassel seltener als
in Westrhauderfehn. Neben Fehlern, die durch direkte Umsetzung dialektaler Verbalformen entstanden sind[51], sind
auch hier in der Mehrzahl Fehler belegt, die ihren Grund
in der von der Einheitssprache abweichenden, dialektalen
Verwendung des Präteritums sowie des Perfekts und des Konjunktivs haben (vgl. unter 2.2.2.2.).

Bei den Präpositionen führt - wie in Westrhauderfehn -
hauptsächlich die dialektale Verwendung der Präposition
nach zu Fehlern (vgl. unter 2.2.2.3.); aber auch der fehler-
hafte Gebrauch anderer Präpositionen ist nicht selten[52].

Mit der Unterscheidung der einheitssprachlichen Ver-
gleichspartikel *als* und *wie* haben die Dasseler Schüler die
gleichen Schwierigkeiten wie die Westrhauderfehner Schüler;
auch die Verwendung von *wie* anstelle der temporalen Konjunktion *als* ist häufig (vgl. unter 2.2.2.4.). Nur für
Dassel ist dialektbedingte finale Verwendung der Konjunktion *daß* ("Du mußt den Mantel gleich kaufen, *daß* ihn nicht
ein anderer kaufen kann") und dialektbedingtes *trotz(dem)*
daß anstelle von *trotz(dem)* oder *obwohl* und *bis daß* anstelle
von *bis* ("*Trotz daß* wir noch im März gefahren sind, hatten
wir keinen Schnee mehr"; "Er blieb zu Hause, *bis daß* alle
gesund waren") belegt[53].

Bis auf die nur in Westrhauderfehn belegte falsche Verwendung temporaler Adverbien[54] sind alle unter 2.2.2.5.
beschriebenen Kategorien dialektbedingter syntaktischer
Fehler auch in den Aufsätzen der Dasseler Schüler nachzuweisen.

Auch auf dem Gebiet der lexikalischen und idiomatischen
Fehler (vgl. unter 2.2.3.) sind keine wesentlichen Unterschiede zwischen den Westrhauderfehner und den Dasseler Aufsätzen festzustellen[55].

Die unter 2.2.4. gegebene Darstellung der durch Kontraktion oder Elision entstandenen Fehler in den Westrhauderfehner Aufsätzen gilt - z.T. bis in die Beispiele - auch
für Dassel.

3. Niederdeutsche Dialekte, norddeutsche Umgangssprache und die Reaktion der Schule – Statistische Auswertung und Interpretation der Ergebnisse

Die vorliegende Untersuchung hatte es sich zum Ziel gesetzt,
die Hypothese zu überprüfen, daß wegen des relativ großen
Unterschieds zwischen dem System der nd. Dialekte und dem
System der deutschen Einheitssprache im Gebiet der nd. Dialekte Interferenzen zwischen Dialekt und Einheitssprache -
und d.h. dialektbedingte Fehler beim Gebrauch der Einheitssprache - selten, jedenfalls seltener als im Bereich
der mittel- und oberdeutschen Dialekte seien. Die Analyse
der einzelnen Fehler in Kap. 2 hat gezeigt, daß Fehler, die
aus dem System des nd. Dialekts erklärt werden können, sowohl in einem Gebiet mit hohem Anteil der Dialektsprecher
an der Gesamtbevölkerung - in Westrhauderfehn (Kr. Leer) -

als auch in einem Gebiet mit niedrigem Anteil der Dialektsprecher - in Dassel (Kr. Northeim) -[56] in den schriftlichen Arbeiten 12-13jähriger Schüler vorkommen. Daß diese
dialektbedingten Fehler keine in der pädagogischen Arbeit
zu vernachlässigende Randerscheinung, sondern durchaus ein
wichtiges didaktisches Problem darstellen, zeigt die statistische Auswertung des untersuchten Materials.

Für Westrhauderfehn ergibt die Auszählung einen Anteil
der dialektbedingten Fehler von 78,59%[57] an der Gesamtfehlermenge, im Durchschnitt finden sich 3,4 dialektbedingte Fehler gegenüber nur 0,93 nicht dialektbedingten
Fehlern pro hundert Wörter Text in den untersuchten Aufsätzen. In Dassel konnte ein Anteil der dialektbedingten
Fehler von 69,04% für die Hauptschule und 64,44% für die
Realschule[58] festgestellt werden, in der Hauptschule begegnen dem Leser der Aufsätze durchschnittlich 1,48 dialektbedingte und 0,66 nicht dialektbedingte Fehler pro
hundert Wörter Text, in der Realschule sind es 0,65 dialektbedingte und 0,36 nicht dialektbedingte Fehler[59].

In allen drei Schulen ist der Anteil der dialektbedingten Fehler an der Gesamtfehlermenge also ziemlich hoch[60],
und es ist offensichtlich, daß die Schule solchen Fehlern
mit Hilfe zu entwickelnder didaktischer Strategien gezielt
begegnen muß[61].

Es wäre allerdings voreilig, wollte man hier mit der
Feststellung, die eingangs aufgestellte Hypothese von der
geringen Häufigkeit dialektbedingter Fehler im Gebiet der
nd. Dialekte sei eindrucksvoll widerlegt, die Untersuchung
abschließen. Ebenso wäre es verfrüht, die oben dargestellten Ergebnisse dahingehend zu interpretieren - und die
ständige Verwendung des Begriffs "dialektbedingter Fehler"
könnte dazu verführen -, daß Fehler der beschriebenen Art
nur von dialektsprechenden Schülern gemacht werden, daß
also in den Gebieten Norddeutschlands, in denen der nd.
Dialekt keine Rolle als Kommunikationsmittel - mehr -
spielt, die Häufigkeit solcher Fehler kein didaktisches
Problem ist.

Denn die für die Fehleranalyse in Kap. 2 gewählte
Methode des strukturellen Vergleichs zwischen nd. Dialekt
und deutscher Einheitssprache läßt nur Aussagen darüber zu,
ob ein bestimmter Fehler im einheitssprachlichen Text aus
der Struktur des Dialekts erklärt werden kann; wenn ein Fehler dialektbedingt genannt wird, kann das unter diesen methodischen Voraussetzungen also nur heißen, daß dieser Fehler
eine strukturelle Entsprechung im System des nd. Dialekts
hat. Darüber, w i e dieser Fehler entstanden ist, über
den V o r g a n g der Übernahme dialektaler Strukturen
in die Einheitssprache können dagegen mit dieser Methode
keine Erkenntnisse gewonnen werden - und zwar vor allem
deshalb nicht, weil das Fehler machende, Dialekt oder
nicht Dialekt sprechende Individuum von einem solchen strukturellen Vergleich nicht erfaßt wird.

Unter diesen Umständen muß also zunächst offen bleiben,
ob es sich bei den in Kap. 2 beschriebenen dialektbedingten Fehlern um "echte" Interferenzen zwischen nd. Dialekt
und Einheitssprache handelt, ob die Fehler also dadurch

| | Dialektbedingte Fehler | | | | | | |
	1. Wörter mit nd. Lautform	2. Syntaktische Fehler	3. Lexikalische u. idiomatische Fehler	4. Kontraktionen u. Elisionen	5. Summe der Sp. 1-4	6. Anteil der dialektbedingten Fehler an der Gesamtzahl der Fehler (in %)	7. Zahl der dialektbedingten Fehler pro 100 Wörter Text	8. Anteil der dialektsprechenden Schüler in den untersuchten Klassen (in %)
Hauptschule Westrhauderfehn	45	1143	158	86	1432	78,59	3,40	78,35
Hauptschule Dassel	1	690	84	79	854	69,04	1,48	9,64
Realschule Dassel	4	475	58	12	549	64,44	0,65	8,08

entstanden sind, daß die Dialekt sprechenden Schüler
Schwierigkeiten hatten, das System ihres Dialekts eindeutig
vom System der Einheitssprache zu trennen. Denn es ist ja
auch möglich, daß diese dialektbedingten Fehler gar nicht
direkt auf den Dialekt, sondern auf das nd. Substrat der in
Kap. 1 erwähnten "norddeutschen Umgangssprache" zurückzuführen sind, daß also diese Fehler nicht Interferenzen
zwischen Einheitssprache und nd. Dialekt sind, sondern als
Interferenzen zwischen Einheitssprache und norddeutscher
Umgangssprache interpretiert werden müssen[62]. Dann aber
wären "dialektbedingte" Fehler nicht nur ein Problem der
Dialektsprecher, sondern auch und vor allem ein Problem
aller die norddeutsche Umgangssprache sprechenden Schüler;
daß dann auch die didaktische Reaktion der Schule auf diese
Fehler eine andere sein müßte, liegt auf der Hand.

Zur Klärung der Frage, ob die dialektbedingten Fehler als
Interferenzen zwischen Dialekt und Einheitssprache oder als
Interferenzen zwischen Umgangssprache und Einheitssprache
anzusehen sind, kann die statistische Bearbeitung des untersuchten Materials einige Anhaltspunkte geben[63].

Wie oben bereits erwähnt beträgt der Anteil der dialektbedingten Fehler an der Gesamtfehlermenge an der Hauptschule in Westrhauderfehn 78,59%, für die Hauptschule und
die Realschule in Dassel lauten die entsprechenden Zahlen
69,04% und 64,44%; der Anteil der dialektbedingten Fehler
ist also in Westrhauderfehn nur wenig höher als in Dassel.
Ein ziemlich großer Unterschied zwischen den beiden Orten
ergibt sich dagegen beim Anteil der Dialektsprecher an der
Gesamtmenge der in die Untersuchung einbezogenen Schüler:
In Westrhauderfehn sind es 78,35%, in Dassel dagegen an der
Hauptschule nur 9,64%, an der Realschule nur 8,08%. Diese
auffällige Diskrepanz zwischen annähernd gleicher Häufigkeit dialektbedingter Fehler einerseits und starker Unterschiedlichkeit bei der Zahl der Dialektsprecher andererseits wird nur erklärlich, wenn man annimmt, daß für die
dialektbedingten Fehler in beiden Orten vor allem die norddeutsche Umgangssprache verantwortlich ist[64]; die wenigen
Dialektsprecher in Dassel für den hohen Anteil dialektbedingter Fehler verantwortlich zu machen, wäre jedenfalls
absurd.

In dieselbe Richtung weist auch die vergleichende Be-
rechnung der Häufigkeit dialektbedingter Fehler bei Dialektsprechern und Nicht-Dialektsprechern[65]. In Westrhauderfehn liegt der Median[66] der Dialektsprecher bei 2,57, der
Median der Nicht-Dialektsprecher bei 2,82 dialektbedingten
Fehlern pro hundert Wörter Text; die entsprechenden Zahlen
lauten in Dassel für die Hauptschule 1,25 und 1,34, für die
Realschule 0,47 und 0,54 dialektbedingte Fehler pro hundert
Wörter Text. Auch hier zeigt sich also wieder weitgehende
Übereinstimmung zwischen Dialektsprechern und Nicht-Dialektsprechern - und als Ursache für die annähernd gleiche Häufigkeit der dialektbedingten Fehler in den beiden Gruppen
kommt wieder nur die norddeutsche Umgangssprache in Frage.

Als Ergebnis der Untersuchung kann man also die Hypothese aufstellen, daß in Norddeutschland - auch in den norddeutschen Landschaften, in denen der Anteil der Dialektsprecher an der Gesamtbevölkerung hoch ist - nicht so sehr der nd. Dialekt als vor allem die norddeutsche Umgangssprache besondere Schwierigkeiten beim Erlernen des richtigen Gebrauchs der deutschen Einheitssprache verursacht[67].

Bevor diese Hypothese aber weiter entwickelt und für die didaktische Arbeit in der Schule fruchtbar gemacht werden kann, gilt es, System, Funktion und Verwendungsbereiche der norddeutschen Umgangssprache zu untersuchen, denn wir wissen darüber so gut wie nichts[68].

Vielleicht kann die vorgelegte Untersuchung die Erforschung der norddeutschen Umgangssprache anregen.

Anmerkungen

1 Zum früheren und zum heutigen Status des Nd. und zur mnd. Schriftsprache vgl. GOOSSENS 1973.

2 Solche überregionalen Dialektformen sind insbesondere für die nd. Dialektliteratur und für das sog. "Funkplatt" typisch.

3 Im Bewußtsein des Dialektsprechers ist der Wechsel des phonologischen Systems d a s Kriterium für die Aufgabe des Dialekts zugunsten des "Hochdeutschen". Nd. sprechen heißt, ein phonologisches System zu benutzen, das durch die nicht verschobenen Konsonanten charakterisiert ist. Das hat für den Linguisten den Vorteil, daß auf die Frage nach der Fähigkeit, Dialekt zu sprechen, im Bereich der nd. Dialekte insofern eine eindeutige Antwort zu erwarten ist. - Daß das phonologische System als Kriterium für die Scheidung der nd. Dialekte von den angrenzenden niederländischen und hd. Dialekten allein nicht ausreicht, sei hier nur angedeutet; vgl. dazu die zusammenfassende Darstellung bei GOOSSENS 1973, 13ff. und 22ff.

4 Dieser Zwang zur Zweisprachigkeit ist wohl ein Grund dafür, daß gerade in Norddeutschland in den letzten Jahrzehnten - auch in einigen ländlichen Gebieten! - die Zahl der Dialektsprecher stark zurückgegangen ist.

5 Zur Zweisprachigkeit der Kinder im Bereich der nd. Dialekte vgl. WESCHE 1960, 285: "Auch in unseren besten Gebieten wird von den kleinsten Kindern hochdeutsch verstanden und gesprochen". Ähnlich auch NIEKERKEN 1953, 65f. und NIEKERKEN 1960, 115f.; vgl. auch MUNSKE 1975/76, 178f.

6 Ich folge dabei der Definition von RADTKE 1973, 170: "Wir bezeichnen mit *Umgangssprache* die gesprochene deutsche Sprache ..., die überregional gesprochen und verstanden wird, nicht fachgebunden (Fachsprache) und verhüllend (Sondersprache) ist, aber durchaus landschaftliche Züge ... aufweisen kann", mit dem Unterschied allerdings, daß für mich "landschaftliche Züge", d.h. ein dialektales Substrat, nicht nur möglich, sondern geradezu ein Charakteristikum der "Umgangssprache" sind. Insofern deckt sich der hier verwendete Begriff von Umgangssprache mit der von BICHEL aus der germanistischen Literatur herausgearbeiteten Bedeutung "landschaftliche Sprache" (vgl. BICHEL 1973, 377: *Umgangssprache* 3). - Das Problem der Umgangssprache wird in der vorliegenden Untersuchung nicht eigentlich erörtert; man vgl. die Forschungsberichte von BICHEL 1973 und RADTKE 1973.

7 Zu Schwierigkeiten von Dialektsprechern beim Gebrauch
der deutschen Einheitssprache in der Schule im Bereich
der hd. Dialekte vgl. u.a. AMMON 1972, bes. 132ff.,
AMMON 1972 b, BESCH 1974, HASSELBERG 1972, HASSELBERG 1976,
JÄGER 1971, LÖFFLER 1972, LÖFFLER 1974a und REITMAJER
1975.

8 Einen Hinweis auf die geringe Häufigkeit dialektbedingter Fehler in Norddeutschland scheint die weit verbreitete, beinahe sprichwörtliche Ansicht zu geben, die Norddeutschen sprächen "das beste Deutsch".

9 Anlaß zu der Vermutung, daß diese zunächst plausibel
scheinende Hypothese die Verhältnisse an den norddeutschen Schulen nicht richtig erfaßt, geben zunächst Arbeiten wie die von W. NIEKERKEN (NIEKERKEN 1953,
NIEKERKEN 1960), in denen, allerdings ohne daß der Gebrauch der Einheitssprache in der Schule konkret untersucht würde, eine ganze Reihe von typischen Schwierigkeiten der nd. Dialektsprecher beim Gebrauch der Einheitssprache beschrieben werden. Aber auch die tägliche Erfahrung der Lehrer an den norddeutschen Schulen scheint
diese Hypothese zu widerlegen: Fast alle Lehrer, die im
Gespräch oder durch Fragebogen nach den häufigsten
Deutschfehlern und möglichen Gründen für diese Fehler
gefragt wurden, erwähnen - ohne daß in der Befragung das
Problem Dialekt angesprochen wäre! - Fehler, die sich aus
dem Dialekt erklären lassen, und geben ausdrücklich den
Dialekt als Grund für einige häufige Fehler an - und
zwar nicht nur in den Gebieten, in denen der Dialekt sich
relativ gut erhalten hat, sondern auch dort, wo die Schüler in der Regel keinen Dialekt sprechen.

10 Infolge der niedersächsischen Gebietsform ist Westrhauderfehn heute Ortsteil und Mittelpunkt der Großge-
meinde Rhauderfehn.

11 Das Kollegium der Kreisrealschule Overledingerland in
Westrhauderfehn konnte sich wegen Auseinandersetzungen
der Schule mit vorgeordneten Behörden nicht zur Unterstützung des Projekts entschließen.

12 Für verständnisvolle und tatkräftige Unterstützung danke
ich dem Kollegium der Hauptschule I in Westrhauderfehn
- insbesondere Herrn Deepen, Herrn Liessmann, Herrn
Opolka und Herrn Schmidt -, dem Kollegium der Grund- und
Hauptschule in Dassel - insbesondere Herrn von der
Straten, Frau Bordewisch, Frau Reimer und Frau Rudolph -
und dem Kollegium der Rainald-von-Dassel-(Real)Schule
in Dassel - insbesondere Herrn Rewerts, Frau Feest, Herrn
Müller und Frau Schultze-Lutter - sehr herzlich.

13 Nach einer Fragebogenerhebung des Niedersächsischen Wör-
terbuchs sprachen 1938/39 im Kreis Leer 90,7% der Eltern
mit ihren Kindern und 92,6% der Kinder mit ihren Schulkameraden Nd.; für die Nachbarorte von Westrhauderfehn
Collinghorst und Holte - Westrhauderfehn wurde von der
Erhebung nicht erfaßt - lauten die entsprechenden Zahlen
97% und 97% bzw. 100% und 100% (vgl. JANSSEN 1943, 14 und
42). Neuere statistische Untersuchungen über den Anteil
der Dialektsprecher an der ostfriesischen Bevölkerung
sind mir nicht bekannt. - Nach eigenen Angaben sprechen
ca. 78% der in die vorliegende Untersuchung einbezogenen
98 Schüler der Hauptschule I in Westrhauderfehn Nd., fast
alle auch außerhalb der Familie mit Nachbarn, mit Freun-
den, beim Einkaufen usw.; von ca. 12% der Schüler liegen
keine Angaben vor, nur ca. 9% der Schüler können nach
eigenen Angaben nicht Nd. sprechen.

14 Die in Anm. 13 erwähnte Erhebung ergab, daß im Kreis
Einbeck, zu dem Dassel bis zur niedersächsischen Gebiets-
reform gehörte, 1938/39 43,1% der Eltern mit ihren Kindern und 37% der Kinder mit ihren Schulkameraden Nd.
sprachen; für Dassel selbst und für die im Einzugsgebiet
der Hauptschule in Dassel liegenden Orte Mackensen und
Sievershausen lauten die entsprechenden Zahlen 43% und
31% bzw. 57% und 68% bzw. 65% und 68% (vgl. JANSSEN 1943,
35 und 44). - Eine Erhebung aus dem Jahre 1962 zeigt, wie
stark der Gebrauch des Nd. zurückgegangen ist: Im Kreis
Einbeck sprachen nur noch 6,3% der Eltern mit ihren Kindern und nur noch 2,1% der Kinder mit ihren Schulkameraden Nd.; für Dassel, Mackensen und Sievershausen lauten
die entsprechenden Zahlen 8% und 3% bzw. 23% und 0% bzw.
12% und 2% (vgl. PLÜMER 1963, 137). - Nur ca. 10% der in
die vorliegende Untersuchung einbezogenen 83 Schüler der
Hauptschule und ca. 8% der in die Untersuchung einbezogenen 99 Schüler der Realschule in Dassel geben an, Nd.
sprechen zu können; weitere Fragen ergaben allerdings,
daß selbst die Angehörigen dieser kleinen Gruppe nur gelegentlich und fast ausschließlich mit bestimmten Fami-
lienangehörigen - meistens den Großeltern - Nd. sprechen.

15 Von einigen wenigen Schülern lagen nur zwei Aufsätze vor.

16 Bei den Aufsätzen handelt es sich um Nacherzählungen -
einschließlich Nacherzählungen von Bildergeschichten -
und um Erlebnisberichte, beides Gattungen, die dem Schüler relativ große Freiheit bei der Auswahl der sprachlichen Mittel lassen.

17 In der Hauptschule in Westrhauderfehn waren es eine 6.
Klasse des Schuljahres 1975/76 sowie eine 6. und eine 7. Klasse des Schuljahres 1974/75, an der Hauptschule in Dassel
zwei 6. und eine 7. Klasse(n) des Schuljahres 1974/75 und
an der Realschule in Dassel eine 6. und zwei 7. Klasse(n)
des Schuljahres 1974/75. - Da sich weder bei der Häufig-

keit der Fehler überhaupt noch bei der Häufigkeit der
dialektbedingten Fehler zwischen den 6. und den 7. Klassen signifikante Unterschiede ergeben haben, werden die
Ergebnisse der Untersuchung für die einzelnen Schulen zusammengefaßt dargestellt.

18 Wenn hier zwischen Normbewußtsein des Lehrers und kodi-
fizierter Norm der Einheitssprache unterschieden wird,
soll damit selbstverständlich nicht unterstellt werden,
daß die Lehrer nicht mit Blick auf die einheitssprachliche Norm korrigieren. Damit wird vielmehr der Tatsache
Rechnung getragen, daß die Standardisierung und Kodifi-
zierung der deutschen Einheitssprache gerade bei der Behandlung von Regionalismen Lücken aufweist - zwischen den
verschiedenen Grammatiken und Wörterbüchern lassen sich
auf diesem Gebiet leicht Unterschiede feststellen - und
daher letztlich die Normvorstellungen des einzelnen
Lehrers zum Maßstab für die Tolerierung oder Ablehnung
von Regionalismen werden.

19 Als Verstoß gegen die Regeln der Einheitssprache wurde alles
gewertet, was der Lehrer verbessert, kommentiert oder "angestrichen" hatte (vgl. jedoch Anm. 20 und 21); eine Differenzierung der Fehler nach der Art der Behandlung durch
den Lehrer war nicht möglich, da zu unterschiedlichen
Konventionen gefolgt wurde.

20 Daß Rechtschreib- und Zeichensetzungsfehler hier ausgeschlossen werden, bedeutet nicht, daß bestritten würde,
daß dialektgeprägte, von der Norm abweichende Aussprache
einheitssprachlicher Wörter zu typischen dialektbedingten
Rechtschreibfehlern führen kann. Da aber das phonologische Prinzip nur e i n Prinzip des deutschen orthographischen Systems ist (vgl. AUGST 1974a),haben auch ak-
zentfreie Sprecher der Einheitssprache manchmal Schwierigkeiten, die Aussprache eines Wortes mit seiner Schreibung
in eine logische Beziehung zu bringen. Aussprachebedingte
Rechtschreibfehler sind also nicht nur ein Problem für
den Dialektsprecher - und bedürfen daher einer eigenen
Untersuchung.

21 Folgende von den Lehrern häufig bemängelte stilistische
Unzulänglichkeiten wurden von der Fehleranalyse nicht erfaßt: 1. Wiederholungen, 2. Wechsel von Tempora der Vergangenheit zum Präsens an "spannenden" Stellen der Er-
zählung und 3. Hypotaxe anstelle vom Lehrer gewünschter
Parataxe oder umgekehrt. Die stilistische Qualität dieser
drei Phänomene läßt sich abstrakt nicht bestimmen, sie
muß im konkreten Text ermittelt werden. Analysen ganzer
Texte aber würden den Rahmen dieser Untersuchung sprengen.

22 Zu dieser Einschätzung der dialektologischen Literatur
vgl. HARTIG/KESELING 1968, 161ff.

23 Für diese Befragung haben sich mir Herr Ernst Zimmermann, Oldenburg, - für den Dialekt von Westrhauderfehn - und Herr August Bönig, Dassel-Sievershausen, zur Verfügung gestellt; ihnen gilt mein herzlicher Dank für ihre Hilfe.

24 Soziale Daten und Daten zum "kulturellen Milieu" der Schüler sind im Zuge der Untersuchung zwar abgefragt worden, die Zahl der in die Untersuchung einbezogenen Schüler war für eine Auswertung dieser Daten jedoch zu klein.

25 Satzbelege aus den untersuchten Aufsätzen stehen stets in doppelten Anführungszeichen. Außerhalb des kursiv geschriebenen Teils der Satzbelege wurden eventuell vorhandene grammatische Fehler verbessert; Rechtschreib- und Zeichensetzungsfehler wurden durchweg - also auch im kursiv geschriebenen Teil - korrigiert.

26 Bemerkenswert ist, daß apokopierte Formen im einheitssprachlichen Text nur für Wörter vorkommen, die von der hd. Lautverschiebung nicht betroffen waren oder erst in jüngster Zeit aus dem Hd. entlehnt worden sind, Wörter also, deren nd. Lautstand sich von dem in der Einheitssprache nur unwesentlich unterscheidet.

27 Bei der Wiedergabe der nd. Beispielsätze - sie stammen von den in Anm. 23 genannten Gewährsleuten - wurde eine stark vereinfachende, der hd. Orthographie angepaßte Schreibweise verwendet; auf genaue phonetische Wiedergabe der Beispiele wurde verzichtet.

28 In Westrhauderfehn wird diese analytische Form des Genitivs von den Lehrern toleriert, in Dassel dagegen gelegentlich als Fehler angestrichen.

29 Vgl. TEN DOORNKAAT KOOLMAN 1879ff., III 323 bzw. I 288.

30 An den entsprechenden Stellen bei TEN DOORNKAAT KOOLMAN 1879ff. ist das Genus von $\overline{\imath}m$ und *wispel* nicht erkennbar.

31 In Sätzen wie "*Willst du einen Banane haben?*" oder "Er geht *mit den Kind* nach Hause" scheint ebenfalls falsches Genus vorzuliegen, auch die Lehrer interpretieren derartige Fehler gelegentlich so. Im ersten Fall handelt es sich jedoch um eine hyperkorrekte Form für das nd. $\overline{e}n$ 'ein', der zweite Fall muß als mißglückter Versuch, einen Dativ zu bilden, angesehen werden.

32 Erstaunlich ist besonders, daß der nd. Einheitsplural an keiner einzigen Stelle der untersuchten Aufsätze Fehler verursacht hat. - Schon NIEKERKEN 1960, 119 hat darauf aufmerksam gemacht, daß das hd. Verbalsystem dem Dialektsprecher sehr viel geringere Schwierigkeiten bereitet als das Nominalsystem.

33 Vgl. TEN DOORNKAAT KOOLMAN 1879ff., II 497f. bzw. III
   306f.

34 Bei den Hilfsverben und bestimmten anderen Verben scheint
   das Präteritum häufiger gebraucht zu werden. Eine Untersuchung des Gebrauchs der Vergangenheitstempora in den
   nd. Dialekten wäre sehr zu wünschen; HOOGE 1973 kann,
   wegen der Abgelegenheit der von ihm untersuchten nd.
   Mundart, allenfalls Ansätze geben. - Daß die Präteritalformen tatsächlich selten gebraucht werden, zeigt sich
   auch, wenn man von Dialektsprechern diese Form erfragen
   will: Sie geben zunächst immer die Perfektform, und es
   bedarf vieler Nachfragen und Erklärungen, bis man die
   Präteritalform zu hören bekommt.

35 Die Vermutung, daß die Verwendung der schwachen Präteritalformen auf die grundsätzliche Ungeübtheit der Dialektsprecher im Gebrauch des Präteritums zurückzuführen ist,
   findet eine Stütze darin, daß die Verben, für die solche
   schwachen Formen belegt sind, im Partizip des Präteritums
   ausnahmslos stark, also richtig gebraucht werden.

36 Zur Schwierigkeit, "indirekte Rede" zu definieren, und
   zum Gebrauch des Konjunktivs in der geschriebenen und gesprochenen Einheitssprache vgl. JÄGER 1971a, 30ff.

37 Es darf allerdings nicht übersehen werden, daß auch in
   der gesprochenen Einheitssprache der Konjunktiv in der
   indirekten Rede nur selten gebraucht wird; vgl. JÄGER
   1971a, a.a.0.

38 Auch hyperkorrekte Formen (*"Er war froh, daß das Rennen
   wiederholt werde"*) kommen - allerdings äußerst selten -
   vor.

39 Zu diesen periphrastischen Formen vgl. KESELING 1968.

40 In Dassel dagegen werden getrennte Formen der Pronominaladverbien in der Regel als Fehler behandelt.

41 Vgl. JÄGER 1971a, 30.

42 Zum Gebrauch des Konjunktivs in indirekter Rede vgl.
   unter 2.2.2.2.

43 Die Worterklärung für *gulf* von TEN DOORNKAAT KOOLMAN
   1879ff., I 706 macht sehr deutlich, daß es in der Einheitssprache keine Entsprechung für dieses Wort gibt:
   "Scheunenfach od. eine abseits von der Dreschdiele in die
   Scheune hineingehende Ausweitung od. Vertiefung, bz. der
   sich zwischen dem Vorderhause u. dem Pferdestall, od.
   zwischen diesem u. einem Ständer etc., od. zwischen zwei
   Ständern nebst den *gebindts-balken* befindliche u. von
   diesen eingefasste, an der Dielenseite offene Raum

(Zwischenraum), der sich wie ein offener Busen in das
Innere der Scheune hinein erstrekt u. so zu sagen den
Busen od. Bauch der Scheune bildet, wohinein das unge-
droschene Getreide u. Heu gebracht u. worin es bis zum
Dreschen etc. aufbewahrt u. geborgen wird". - Vgl. ebd.
II 336 zu *krabber* : "eine Hacke od. Karst mit kleineren
u. grösseren Zinken zum Aufkratzen u. Auflockern des Erd-
reichs, bz. zum Anscharren u. Anerden der Kartoffeln u.
sonstiger Gemüsepflanzen".

44 Bei der Verwendung von solchen Wörtern im einheitssprachlichen Text wäre Toleranz der Lehrer wohl angebracht,
denn dem Schüler bleibt sonst nur die Alternative, unge-
nau zu sein.

45 Natürlich kennt das Nd. auch Wörter für *fliegen* und *fahren*, aber in Sätzen wie den oben angeführten, wo nicht
die Art, sondern die Tatsache der Fortbewegung von Bedeutung ist, wird anstelle der entsprechenden differenzierenden Wörter in der Regel das umfassende *gān* verwendet.

46 Bei der statistischen Auswertung der dialektbedingten
Fehler in den untersuchten Aufsätzen sind die auf Kontraktion und Elision beruhenden Fehler getrennt ausgezählt; sie sind daher ohne Schwierigkeit aus der Gruppe
der dialektbedingten Fehler auszuscheiden, falls die oben
vorgetragenen Überlegungen nicht überzeugen.

47 Die Tatsache, daß nur das nd. *denn* in Dassel eine Rolle
als Ursache von Fehlern der hier behandelten Kategorie
spielt, läßt Zweifel entstehen, ob diese Fehler hier
richtig eingeordnet sind: Möglicherweise wäre die Verwendung von *denn* anstelle von *dann* besser zu den lexikalischen Fehlern zu zählen.

48 Im Dialekt von Dassel - wie überhaupt in den südlichen
nd. Dialekten - wird das auslautende tonlose -*e* n i c h t
apokopiert.

49 Zur Behandlung des analytischen Genitivs mit *von* durch
die Dasseler Lehrer vgl. Anm. 28.

50 Im Dialekt von Dassel wird die finite Verbform im abhängigen Satz nicht mit *dōn* umschrieben, periphrastische
Formen kommen allenfalls gelegentlich im Hauptsatz vor;
auch die Verwendung von mit *gān* umschriebenen Intransi-
tiven anstelle von Reflexiven ist in diesem Dialekt nicht
üblich (zu diesen Umschreibungen vgl. unter 2.2.2.2.).
Das Präfix *ge*- beim Partizip des Präteritums hat sich
im Dialekt von Dassel - abgeschwächt - erhalten (*ik bin
ekōmen*).

51 Es handelt sich zum einen um bestimmte Präteritalformen
   ("Da stand ein Mann, *der noch wunk*"; "*Ich frug* meinen
   Freund"), zum anderen um abweichend vom Kodex der Einheitssprache umgelautete oder nicht umgelautete Formen
   der 2. und 3. Pers. Sg. des Präsens ("Vielleicht *käuft*
   ihn ein anderer"; "Sie *ladet* zum Geburtstag viele Kinder
   ein").

52 Außer der Präposition *mit* 'innerhalb von' sind alle unter
   2.2.2.3. aufgeführten Präpositionen auch in Dassel in feh-
   lerhafter Verwendung belegt - allerdings z.T. in anderen
   Kontexten. So wäre z.B. der in Westrhauderfehn belegte Satz
   "*Wir gehen aufs Bett*" in Dassel nicht möglich: In Dassel
   geht man - auch im Dialekt - "ins" Bett; Verwendung von *auf*
   statt *in* belegt aber der Satz "*Wir wohnen auf einer Siedlung*"

53 Die für Westrhauderfehn belegte nebensatzeinleitende Konjunktion *wegen* (vgl. unter 2.2.2.4.) ist im Dialekt von
   Dassel nicht gebräuchlich.

54 Vgl. den in Westrhauderfehn belegten Satz "*Es wurde
   abends*".

55 Das gilt allerdings nur für die unter 2.2.3. konstituierten Fehler k a t e g o r i e n; die falsch verwendeten Wörter und idiomatischen Ausdrücke sind in Dassel zu
   einem großen Teil andere als in Westrhauderfehn. Neben
   dem Zufall ist dafür letztlich die Unterschiedlichkeit
   der Lexika der beiden Dialekte verantwortlich.

56 Zum Anteil der Dialektsprecher in den beiden Gebieten
   vgl. Anm. 13 und 14.

57 Ohne die durch Kontraktion oder Elision entstandenen
   Fehler , deren Dialektbedingtheit man für zweifelhaft
   halten kann (vgl. unter 2.2.4.), würde sich immer noch
   ein Anteil der dialektbedingten Fehler von 73,87% an der
   Gesamtfehlermenge ergeben. Selbst wenn man noch einige
   weitere Fehlerkategorien - z.B. die Verwendung des Indikativs in indirekter Rede (vgl. unter 2.2.2.2.) - als nicht
   dialektbedingt ausscheiden würde, bliebe der Anteil der
   dialektbedingten Fehler weit über 50%.

58 Ohne Berücksichtigung der durch Kontraktion oder Elision
   entstandenen Fehler würde sich ein Anteil der dialektbedingten Fehler von 62,65% für die Hauptschule und von
   63,03% für die Realschule in Dassel ergeben.

59 Der Unterschied in der Fehlerhäufigkeit - bei fast
   gleichem Anteil der dialektbedingten Fehler - zwischen
   der Hauptschule und der Realschule in Dassel erklärt sich
   wohl daraus, daß bei der Aufteilung der Schüler auf die
   Schulformen des dreigliedrigen Schulsystems nach Abschluß der Grundschule auch und gerade die sprachlichen

Fähigkeiten des einzelnen Schülers eine wichtige Rolle
spielen. - Für die Tatsache aber, daß an der Hauptschule
in Westrhauderfehn - bei nur wenig höherem Anteil der
dialektbedingten Fehler - mehr als doppelt so viel Fehler in den Aufsätzen zu finden sind als an der Hauptschule in Dassel, fehlt eine überzeugende Erklärung;
allenfalls könnte man mit Blick auf den hohen Anteil von
Dialektsprechern an der Schülerschaft in Westrhauderfehn
(78,35%) vermuten, daß die Zweisprachigkeit der dialektsprechenden Schüler zu einer allgemeinen sprachlichen Unsicherheit führt, die dann Fehler in größerer Zahl -
auch nicht dialektbedingte - nach sich zieht.

60 Beim Vergleich der hier gegebenen Zahlen mit den Ergebnissen ähnlicher Untersuchungen in den Gebieten anderer
Dialekte möge man berücksichtigen, daß hier bestimmte
Fehlerkategorien von vornherein aus der Untersuchung ausgeschlossen worden sind (vgl. Anm. 20 und 21).

61 Die Herausgabe der Reihe "Dialekt/Hochsprache - kontrastiv. Sprachhefte für den Deutschunterricht" durch
W. BESCH, H. LÖFFLER und H.H. REICH ist ein erster wichtiger Schritt auf dem Wege zu solchen didaktischen Pro-
grammen; zu diesem Projekt vgl. BESCH/LÖFFLER 1973.

62 In diese Richtung scheinen Überlegungen W. NIEKERKENs zu
gehen; vgl. NIEKERKEN 1960, 119: "Die Lehrkräfte in platt-
sprechenden Gebieten sind in den letzten Jahrzehnten
z.T. bereits zu der Erkenntnis gekommen, daß weniger das
Niederdeutsche die hd. Sprache verdirbt, als vor allem
das verkehrte Hochdeutsch, das im einfachen Volk seit
dem 1. Weltkrieg in vielen Häusern gesprochen und den
Kindern zu ihrem Unglück schon vor der Schulzeit beigebracht wird". - Vgl. aber auch SPANGENBERG/WIESE 1974,
die bei Fehleranalysen in Jena, Potsdam und Berlin
nachweisen konnten, daß gerade die landschaftliche - vom
Dialekt geprägte - Umgangssprache der Schüler die Ursache einer Vielzahl von Fehlern beim Gebrauch der Einheitssprache ist.

63 Nur Anhaltspunkte, weil die Zahl der in die Untersuchung
einbezogenen Schüler (vgl. Anm. 13 und 14) für gesicherte
Aussagen zu klein ist.

64 Damit soll selbstverständlich nicht bestritten werden,
daß es auch Interferenzen zwischen D i a l e k t und
Einheitssprache in Norddeutschland gibt. Die unter 2.2.1.
beschriebene Übernahme von Wörtern mit nd. Lautstand in
den einheitssprachlichen Text kann - das nd. *denn* für
einheitssprachliches *dann* allerdings ausgenommen - nur
mit direkter Übernahme aus dem Dialekt erklärt werden;
auch eine Reihe von lexikalischen oder idiomatischen
Fehlern sind sicher Interferenzen zwischen D i a l e k t
und Einheitssprache. Eine genauere Analyse der einzelnen

Fehler in dieser Hinsicht setzt allerdings Kenntnisse über das System der Umgangssprache voraus (s. dazu unten).

65 Die Gruppe der Schüler, für die keine Angaben über die Fähigkeit, Dialekt zu sprechen, vorliegen, bleibt hier unberücksichtigt.

66 Um den jeweiligen Grenzwerten nicht zu viel Gewicht zu geben - in allen drei Schulen gibt es einige wenige Schüler mit extrem vielen Fehlern -, werden hier nicht die arithmetischen Mittel, sondern die Mediane gegenübergestellt.

67 Daß Interferenzen zwischen Umgangssprache und Einheitssprache so häufig, Interferenzen zwischen nd. Dialekt und Einheitssprache dagegen relativ selten sind, erklärt sich wohl dadurch, daß die Umgangssprache systematisch sehr nahe mit der Einheitssprache verwandt ist, während nd. Dialekt und Einheitssprache - wie oben mehrmals ausgeführt - sich systematisch relativ stark voneinander unterscheiden und daher auch vom linguistisch nicht gebildeten Sprecher klar gegeneinander abgegrenzt werden können.

68 So auch MUNSKE 1975/76, 181f. - Daß die norddeutsche Umgangssprache überhaupt systematischen Charakter hat, müssen wir voraussetzen: Anders läßt sich nicht erklären, daß Schüler, die den nd. Dialekt nie erlernt haben, weitgehend die gleichen Fehler machen wie Dialekt sprechende Schüler; auch daß bestimmte Fehler n i c h t gemacht werden (vgl. Anm. 32), spricht für ein System dieser Umgangssprache. Außerdem wissen wir, daß die norddeutsche Umgangssprache insbesondere durch ihr nd. Substrat charakterisiert wird; ob aber das nd. Substrat der einzige Unterschied zur Einheitssprache ist und wo im System nd. Elemente in die Umgangssprache Eingang gefunden haben, muß erst untersucht werden. Schließlich deutet einiges darauf hin, daß die norddeutsche Umgangssprache in den Gebieten, in denen kein Dialekt mehr gesprochen wird, die Funktion(en) des Dialekts übernommen hat (vgl. MUNSKE 1975/76, 184f.).

Ludwig Zehetner

Kontrastive Morphologie: Bairisch/Einheitssprache

0. Vorbemerkungen

0.1. Eine ausführliche kontrastive Analyse der Morphologie in einem so knappen Rahmen, wie er hier gesteckt ist, vorzulegen, erscheint von vornherein problematisch, wenn nicht unmöglich. Eine umfassende Darstellung muß einer größeren Veröffentlichung vorbehalten bleiben; alles Folgende kann nur e x e m p l a r i s c h e n C h a r a k t e r haben, exemplarisch in vierfacher Hinsicht:

0.1.1. Im Rahmen dieses Bandes dient das Bairische (= B.) als Fundgrube für morphologische Kontraste zwischen Dialekt und Einheitssprache (= E.). In allen anderen deutschen Dialekten ließen sich analoge Differenzen in der Formenlehre finden.

0.1.2. Innerhalb des B. muß eine dialektgeographische Präzisierung vorgenommen werden; denn d a s B. ist ohne grobe Verallgemeinerung nicht greifbar. Anstatt leichthin zu generalisieren und ein hypothetisches Allgemeinbairisch zu postulieren oder etwa die städtische Umgangssprache Münchens heranzuziehen (so MERKLE 1975, 7; vgl. KUFNER 1961 und 1964), stehe das (W e s t -) M i t t e l - b a i r i s c h e , wie es im nördlichen Oberbayern und westlichen Niederbayern gesprochen wird, als eine der zur Wahl stehenden regionalen Ausprägungen des bairischen (= b.) Dialekts (ZEHETNER 1970; GLADIATOR 1971; z. T. auch KELLER 1976).

0.1.3. Nicht nur regional, sondern auch sozial sind Grenzen zu ziehen, die sich allerdings nur sehr schwer fassen lassen. Für Zwecke der Kontrastierung mit der E. eignet sich am besten die als "echte" Mundart empfundene Grundschicht des Dialekts, deren Gebrauch für die ländlichen Bereiche und die bäuerliche Bevölkerung typisch ist und generationsmäßig auf die älteren Sprachbenutzer festgelegt ist (s. KRANZMAYER 1956, S. III). Dialekt wird also hier ver-

standen als mehr oder weniger "reine Mundart", die nicht
mit der regionalen Umgangssprache zu verwechseln ist, der
er als einer ihrer (historischen) Basiswerte zugrundeliegt.

0.1.4. Selbstverständlich muß aus der Morphologie insgesamt
und in jedem Teilbereich noch einmal eine Auswahl getroffen
werden. Räumliche Beschränkung ist dafür verantwortlich, daß
auf ausführliche Beispiele und Wortlisten verzichtet werden
mußte, ebenso wie auf ganze Kapitel, etwa auf eines über Ge-
nusdifferenzen.

0.2. Die Dialektbeispiele werden überwiegend   i n   t y p i -
s i e r t e r   F o r m   angegeben, etwa so, wie sie in einem
Dialektwörterbuch als Lemmata erscheinen könnten; sie sind
also   k e i n e   Phonogramme. Das bedeutet, daß grundsätzlich von den für den Regionaldialekt charakteristischen
Lautgesetzen abstrahiert wird, nach denen die tatsächliche
Lautgestalt der Dialektwörter zustandekommt. - Im Bereich
des Konsonantismus fallen hier in erster Linie ins Gewicht:
die Vokalisierung der Liquiden (KRANZMAYER 1956, 119 ff.;
MERKLE 1975, 23-25; ZEHETNER 1977, 70-72) und der Endung -*en*
(KRANZMAYER 1956, 115 ff. (§ 46 h)); die mittelbairische Kon-
sonantenschwächung (KRANZMAYER 1956, § 34 et passim) in ihren Erscheinungsformen: (totale) Assimilation (s. z. B.
MERKLE 1975, 34-36; ZEHETNER 1977, 59 f.) und Spirantisie-
rung (KRANZMAYER 1956, § 30 b); die fehlende Opposition zwischen Stark- und Schwachtonformen der Verschluß- und Reibe-
laute (sog. "Halbfortes"; WEINHOLD 1867, §§ 121, 124, 140,
141, 145; BANNERT 1976, 23 ff.; ZEHETNER 1977, 42 ff.). -
Im Vokalismus sind u. a. zu nennen: dialektspezifische Mono-
und Diphthongierungen (s. z. B. MERKLE 1975, 13-15), Umlaut-
entrundung (KRANZMAYER 1956, 39), Verdumpfung des *a* und Pala-
talisierungen. - Jedenfalls muß das b. Umlauts-*à* (‹ mhd.
e, *ä*, *ae*) als helles *à* (API [a, æ] graphisch vom verdumpf-
ten Normal-*a* unterschieden werden: *i war* = ich war; *i wàr*
= ich wäre; *Gartn* = Garten Sg.; *Gàrtn* = Gärten Pl. bzw.
Gerte(n) (s. dazu KRANZMAYER 1956, 23-25; MERKLE 1975, 16;
ZEHETNER 1977, 30 f.).

1. Zur Flexionsmorphologie des Verbs

1.1.   Infinite Formen

1.1.1. Das Infinitivzeichen ist in beiden Sprachebenen einheitlich -(*e*)*n* bzw. -*n*. Im B. kann das Morphem auf Grund
der geltenden Lautsetze je nach lautlicher Umgebung unterschiedlich realisiert sein (KRANZMAYER 1956, § 46 h; KUFNER
1961, 69-74):

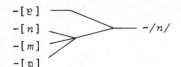

-[ɐ] ———— laufen, singen, hocken, ...
-[n] ———— -/n/ finden, beißen, opfern, handeln,...
-[m] ———— schreiben, schleppen, ...
-[ŋ] ———— legen, schauen, ...

1.1.2. Die Verwendungsmöglichkeiten des Präsenspartizips
(= Part. 1), B. -àd/E. -end, sind im B. größer als in der E.
Im Dialekt wird es als attributives und prädikatives Adjektiv verwendet (a làffàds Wasser; des is babbàd = laufendes
Wasser; pappend = klebrig; fließender Übergang zum reinen
Adjektiv; REIFFENSTEIN 1969, 173 ff; KELLER 1976, 96; beide
mit weiterer Lit.), ferner zu einer Inchoativfügung (er
werd gehàd = er fängt zu gehen an, wird unruhig; SALTVEIT
1962, 48 ff.; ULVESTAD 1967) und zur Ableitung von Verbal-
substantiven (Ràffàds, Sauffàds = Rauferei, Besäufnis;
REIFFENSTEIN 1969, 180).

1.1.3. Das Partizip Perfekt (= Part. 2) ist in beiden Ebenen
gleichwertig. Prinzipiell ergeben sich - von Einzelfällen
abgesehen - keine Differenzen; doch bedingen die lautlichen
Sonderwege des B. dennoch einige Schwierigkeiten:

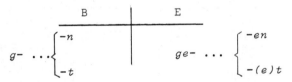

$$g\text{-} \ldots \begin{cases} \text{-}n \\ \text{-}t \end{cases} \qquad ge\text{-} \ldots \begin{cases} \text{-}en \\ \text{-}(e)t \end{cases}$$

B   E

Zur Realisation des /n/ s. o. 1.1.1. Das Präfix ge- ist
nach Synkopierung des e zur lautlichen Angleichung bereit:
Vor Verschlußlauten wird es totalassimiliert, d. h. es verschwindet vor b,d,g,p,t,k und diesen Lauten + Konsonant
(z. B. "qu, z"):

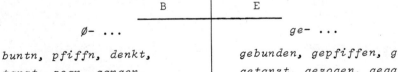

B   E

ø- ...   ge- ...

buntn, pfiffn, denkt,   gebunden, gepfiffen, gedacht,
tanzt, zogn, gangen,   getanzt, gezogen, gegangen,
kauft, ...   gekauft, ...

1.2. Personalformen des Verbs: Präsens-Flexion

1.2.1. (a) Grundschema

B	$-\emptyset$	$-st$	$-t$	$-n^1/-ma^2$	$-ts$	$-n(d)$
E	$-e$	$-st$	$-t$	$-en$	$-t$	$-en$

(b) bei Verben auf *-eln, -ern, -men, -nen (handeln, wandern, widmen, ordnen)*

B	$-(e)t$	$-(e)tst$	$-(e)t$	$-(a)n/-(a)tma$	$-(a)ts$	$-(a)n$
E	$-e$	$-(e)st$	$-(e)t$	$-(e)n$	$-(e)t$	$-(e)n$

(c) bei Verben, deren Stamm auf *d* oder *t* endet (*melden, arbeiten*)

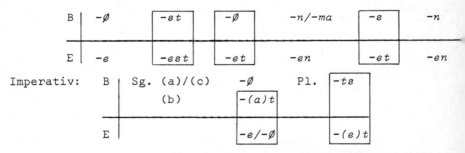

B	$-\emptyset$	$-st$	$-\emptyset$	$-n/-ma$	$-s$	$-n$
E	$-e$	$-est$	$-et$	$-en$	$-et$	$-en$

Imperativ:

	B	Sg. (a)/(c)	$-\emptyset$	Pl.	$-ts$
		(b)	$-(a)t$		
	E		$-e/-\emptyset$		$-(e)t$

Auch die normalen Personalformen 2. Sg. werden im B. in imperativischer Bedeutung verwendet (*Da gehst her!*). Ferner gibt es den analytisch gebildeten Imperativ: *Tu brav sein! Tuts nur essen!* = Sei brav! Eßt nur! (MERKLE 1975, 75 f. (§§ 5, 7, 10)).

1.2.2. Veränderungen im Stammvokal: Singular Präsens[3]

Im Hinblick auf den Umlaut des Stammvokals ergeben sich drei Kategorien von Differenzen:

```
        Sg.   1      2      3
(a)  B |      i      i      i      nimm, -st, -t
     ──┼──────────────────────────────────────────
     E |      e      i      i      nehme, nimmst, -t

(b)  B |      e      e      e      wer, werst, werd
     ──┼──────────────────────────────────────────
     E |      e      i      i      werde, wirst, wird

(c)  B |      a      a      a      fahr, -st, -t
     |        o      o      o      stoß, -t, -t
     |        au     au     au     lauf, -st, -t
     ──┼──────────────────────────────────────────
     E |      a      ä      ä      fahre, fährst, -t
     |        o      ö      ö      stoße, stößt, -t
     |        au     äu     äu     laufe, läufst, -t
```

In jedem Fall ist für den Dialektsprecher die gewohnte Einheitlichkeit des gesamten Singulars durchbrochen, so daß
die Duden-Norm in diesen Punkten oft nicht erfüllt wird.

1.2.3. Verbenlisten zu 1.2.2.

(a) *brechen, dreschen, essen, fressen, erschrecken, geben,
    helfen, kommen (B kemmen), nehmen, schelten, sehen,
    sprechen, stechen, sterben, treffen, treten, verderben,
    vergessen, werben, werfen*

(b) *befehlen, fechten, flechten, lesen, löschen* (intr.)*,
    messen, werden*

(c) *backen, blasen, braten, fahren, fallen, fangen, graben,
    halten, laden, lassen, raten, schlafen, schlagen, tragen,
    wachsen, waschen; laufen, saufen, stoßen*

1.3.   Die Vergangenheiten

1.3.0. Kontrastive Übersicht über das Tempussystem[4]

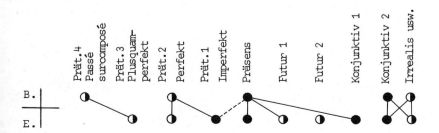

Das Tempussystem des Dialekts ist gegenüber dem der E. wesentlich vereinfacht; es kennt nur: Gegenwart, Vergangenheit und Vorvergangenheit, formal vertreten durch: Präsens,
Prät. 2 und Prät. 4. Letzteres, das sog. Passé surcomposé
(GREBE 1966, § 780; 1973, § 196), ist im Süddeutschen erforderlich, da das Plusquamperfekt wegen seiner formalen Abhängigkeit vom Prät. 1 der Hilfsverben *haben/sein* ausscheidet.
Das Prät. 1, die Einwortform der Vergangenheit, ist in den
oberdeutschen Dialekten gänzlich ausgestorben; das (formale)
Perfekt übernimmt die Funktion der Vergangenheit schlechthin
(LINDGREN 1957; DAL 1960): *Wir haben bereits gessen gehabt,
wie er (ge)kommen ist* = Wir hatten bereits gegessen, als er
kam. - Ein Futur kennt das B. nicht. Die in der E. dafür
verwendete Fügung "werden + Infinitiv" hat hier rein modale
Bedeutung: *Er werd schlaffn* = Er schläft vielleicht/wahr-
scheinlich (Potentialis). Die Funktion des Futurs wird vom
Präsens übernommen (SALTVEIT 1962), das übrigens auch Erzähl-
tempus sein kann und selbstverständlich in der indirekten
Rede anstelle des Konjunktivs 1 steht (wie zunehmend auch
in E.). Zum Konjunktiv 2 s. u. 1.4.

1.3.1. Unregelmäßige Verben

Da das B. keine Prät.-1-Formen mehr kennt, mit der die 2.
Ablautsstufe vertreten wäre[5], werden bei der Darstellung
der ablautenden Verben nur Infinitiv und Part. 2 als Stamm-
formen aufgeführt; die Prät.-1-Formen sind für den Dialektsprecher in jedem Fall Fremdformen und daher eine bedeutende
Fehlerquelle beim Gebrauch der E.[6]

1.3.2. Eine Reihe von Verben, die laut Duden-Norm zu den
starken = ablautenden oder zu den rückumlautenden Verben
gehören, bilden im B. das Part. 2 regelmäßig schwach, d. h.
mittels /ge/-...-t und ohne Vokalveränderung:

bittn - bitt	*bitten (bat) gebeten*
denkn - denkt	*denken (dachte) gedacht*
hebn - ghebt	*heben (hob) gehoben*

usw. (*brennen, fangen, fechten, gären, hängen, hauen, kennen,
nennen, rennen, scheinen, scheren, schwellen, schwören, senden, weisen, wenden, wissen*)[7]. Die Part.2-Formen schwacher
Verben mit Stammausgang *d/t* büßen im B. eine Silbe ein:

wettn - gwett	*wetten (wettete) gewettet*
reden - gredt	*reden (redete) geredet*

usw.

1.3.3. Umgekehrt bildet eine Reihe von Verben im B. ihr
Part. 2 durch Abtönung des Stammvokals + -*n*-Suffix, sie stellen
sich damit also zu den sog. starken Verben, während sie laut
Duden-Norm zu den schwachen (= regelmäßig ableitenden) zählen:

läutn - glittn   *läuten (läutete) geläutet*
derwischn - derwuschn   *erwischen (erwischte) erwischt*

usw. (*schneien, schneuzen, scheu(ch)en; niesen, (schliefen); brennen, hinken, schimpfen, winken, wünschen, zünden; fürchten, setzen*).

1.4. Zum Konjunktiv 2

Während in der E. die nicht umschriebene Einwortform des Konjunktiv 2 zusehends aus dem aktiven Gebrauch verschwindet und bei vielen Verben bereits vollends außer Übung gekommen ist, sind im B. synthetische Konjunktiv-2-Formen dank des dialekteigenen Suffixes *-at* lebendiger Bestandteil der Sprache geblieben (DAL 1955/56, 138). Das B. kann zu   j e d e m   Verb eine unverwechselbare einfache Konjunktiv-2-Form bilden. Bei den ablautenden Verben tritt das Suffix *-at* entweder an den Präsens- oder an den Prät.-1-Stamm an. Zusätzlich existiert bei einer Reine von Verben auch noch die nicht-suffigierte Form mit dem inneren Konjunktiv-Zeichen des Umlauts (*i gàb*). Zusammen mit der analytischen Fügung "täte + Infinitiv" stehen bei bestimmten Verben insgesamt v i e r   Möglichkeiten als stilistische Varianten zur Verfügung, bei jedem Verb aber mindestens   z w e i ,   (a) und (d)[8]:

	B	E			B	E
(a)	*er kemmat*	-.-		(a')	*er machat*	-.-
(b)	*er kàmat*	-.-			-.-	-.-
(c)	*er kàm*	*er käme*		(c')	-.-	(*er machte*)[9]
(d)	*er tàt kemmen*	-.-			*er tàt machn*	-.-
(e)	-.-	*er würde k.*			-.-	*er würde m.*

2. Zur Normalflexion im allgemeinen

Bei den Differenzen in der Nominalflexion (Deklination des bestimmten und unbestimmten Artikels, der Possessivpronomina, des Adjektivs und Substantivs) ergeben sich folgende Schwerpunkte[10]:

2.1. Anstelle des Genitivs stehen im Dialekt grundsätzlich umschreibende Ersatzstrukturen: Präpositionalfügung mit *von*, oder Dativ + Possessivpronomen (s. a. GREBE 1973, 195, Fn. 1). Von den vier Possessivkonstruktionen kennt das B. nur mehr die beiden letzten: (a) *meines Vaters Haus*, (b) *das Haus meines Vaters*, (c) *das Haus von meinem Vater*, (d) *meinem Vater sein Haus*[11].

2.2. Im Plural verzichtet das B. gänzlich auf eine Differenzierung der Kasus: Einheitsform des Plurals (s. u. 3.3.5.).

2.3. In der Bildung des Plurals zeigen sich vielfältige Unterschiede und Überschneidungen zwischen Dialekt und E.

2.4. Der zunehmende Abbau der Kasusendungen wird begünstigt
durch phonetische Entwicklungstendenzen des B. So führt etwa
die Reduktion der Endung -m (Dat. Sg. m) auf -n dazu, daß
den in der Duden-Norm so klar von einander abgesetzten Kasus
Dativ und Akkusativ mask. im Dialekt nur mehr   e i n
Objektsfall gegenübersteht:

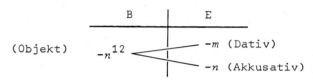

2.5. Hier beim Maskulinum steuert der Dialekt auf drei klar
strukturierte und funktional gerechtfertigte Deklinations-
kategorien des Nomens zu:

    (a) Nennform Singular
    (b) Objektform Singular
    (c) Plural (einheitliche Form).

Dementsprechend geht der Dialekt in nicht wenigen Fällen
über die in der Normgrammatik vorgesehenen Markierungsmög-
lichkeiten hinaus und kennzeichnet - abweichend von der E. -
die Kategorien (b) und (c) mit zusätzlichen Endungen
(s. 4.2.2.).

3. Flexion der Artikelformen, der Possessivpronomina und der Pronomina ein, kein

3.1. Neben der (unbetonten) Normalform des bestimmten Artikels gibt es im B. die Reduktionsform, die v. a. nach Präpositionen steht, und die betonte Form, die zwar an sich
mehr oder weniger demonstrative Bedeutung hat, jedoch vor
Adjektiv + Substantiv obligatorisch ist (d Wirtin, aber:
de junge Wirtin). Teilweise fällt der unbestimmte Artikel
formal mit dem bestimmten zusammen (dazu KELLER 1961, 221;
MERKLE 1975, 85-91; KELLER 1976, 95).
    Die Indexziffern in den folgenden Übersichten verweisen
auf die Erläuterungen in den entsprechend numerierten Unter-
abschnitten 3.3.1.-7; + = Anm. 12 (s. d.).

	Singular									Plural		
	mask.			neutr.			fem.					
best.Art.	Nom.	Akk.	Dat.	Nom.	Akk.	Dat.	Nom.	Akk.	Dat.	Nom.	Akk.	Dat.
betont	dea	den	den^{1+}	$d\bar{e}s$	$d\bar{e}s$	den^{1+}	de	de	$dera$	de^5	de^5	$dene$
DUDEN-NORM	der	den	dem^1	das	das	dem^1	die	die	der	die^5	die^5	den^5
normal	da	an^2	an^{1+2}	as^2	as^2	an^{1+2}	d^4	d^4	da	d^4	d^4	de^5
reduziert		n^3	n^{+3}	s^4	s^4	n^{+3}	–	–	–	–	–	–
unbest.Art.	a^6	an^2	an^{1+2}	a^6	a	an^{1+2}	a^6	a^6	a^6 / ara	–	–	–
DUDEN-NORM	ein	einen	einem	ein	ein	einem	eine	eine	einer	–	–	–

3.2. Ein Vergleich der Flexionsendungen der Possessivpronomina (zu den Grundformen s. 6.1; MERKLE 1975, 138 f.; ZEHETNER
1977, 88-91) ergibt folgende Differenzen:

		Singular									Plural		
		mask.			neutr.			fem.					
		Nom.	Akk.	Dat.	Nom.	Akk.	Dat.	Nom.	Akk.	Dat.	Nom.	Akk.	Dat.
B.		$-\emptyset$	$-n$	$-n^+$	$-\emptyset$	$-\emptyset$	$-n^+$	$-\emptyset$	$-\emptyset$	$-a$	$-e$	$-e$	$-e$
		7		1	7	7	1	6	6				5
E.		$-\emptyset$	$-en$	$-em$	$-\emptyset$	$-\emptyset$	$-em$	$-e$	$-e$	$-er$	$-e$	$-e$	$-en$

3.3. Fehlerprognose

Interferenz tritt in erster Linie auf bei den in 3.1. - 2 mit
den Ziffern 1 - 7 gekennzeichneten Differenzen.

3.3.1. Im Maskulinum fallen Dativ und Akkusativ zusammen in
einer Form (s. o. 2.4.). Damit ist die laut Duden-Norm obligatorische Markierung des Dativ mask. durch die Endung *-m*
in den Bereich der kombinatorisch bedingten Lautvarianten
geraten[12]. *Den, einen* statt *dem, einem* erweist sich in der
Praxis als der Fehlertyp, der - zusammen mit der Umkehrung:
-m statt *-n* als Hyperkorrektur - alle übrigen Fehlerarten
zahlenmäßig übertrifft: in mündlichen Äußerungen 64,1 %,
in schriftlichen 51,3 % (nach REITMAJER 1975, 320; s. a.
ZEHETNER 1977, 84); es ist d e r Grammatikfehler
schlechthin.

3.3.2. Weniger folgenschwer, doch immerhin bedeutsam ist die Tatsache, daß die b. Normalform des bestimmten Artikels im Akkusativ Dativ mask. neutr. und Nominativ neutr. Sg. den sonst dafür charakteristischen Anlaut *d-* eingebüßt hat, so daß die Kategorien "bestimmter" und "unbestimmter" Artikel hier nicht mehr voneinander geschieden sind (s. MERKLE 1975, 88 (§ 10)).

3.3.3. Die Reduktion des Artikels bedeutet nicht nur den Verlust seiner Silbenwertigkeit, sondern führt infolge Assimilation an die Anschlußlaute zum scheinbaren Ausfall des Artikels. So jedenfalls dokumentiert sich dieser Sachverhalt in Normverstößen wie: *Wir gehen in Keller. Er war in Haus drin. Er steigt von Dach herunter.* Dialektales *in* ist zu interpretieren als *in-n* < *in den* bzw. *in dem = im.* Entsprechend können in analogem syntaktischen Zusammenhang aufgelöst werden: *an* als *an-n* < *an den/dem/am; von* als *von-n* < *von den/dem/vom.*

3.3.4. Ähnlich in der Auswirkung sind die auf das konsonantische Element reduzierten Artikelformen *d* und *s*, die vor homorganem Anschlußlaut nicht mehr eigenständig in Erscheinung treten: *Tante = d Tante = die Tante; Seil = s Seil = das Seil.* In einem Satz wie *Dem Opa tun Zähn weh* ist dialektales *Zähn* zu verstehen als *d Zähn = die Zähne.* Die Artikelform *d* kennt die kombinatorisch bedingten Allomorphe [*b/p, g/k*], die vor labial bzw. guttural artikulierten Anschlußkonsonanten auftreten. In Sätzen wie *Ich trag den Brief auf Post. Wir gehen in Kirch* ist *Post* zu interpretieren als *p Post*, assimiliert aus *d Post = die Post*, und *in Kirch* als *in k Kirch* < *in d Kirch = in die Kirche.* (Dazu MERKLE 1975, 87; KELLER 1976, 95.).

3.3.5. Die Umsetzung von dialektalem *de* in einheitssprachliches *die* erbringt im Dativ Pl. Normverstöße vom Typ *mit die Händ(e), er fährt zu seine Äcker* statt *mit den Händen, zu seinen Äckern.* Die in der Tabelle 3.1. mit der Ziffer 5 markierten Formen machen deutlich, daß die erwartete Artikelform *den* (Dat. Pl.), vom dialektalen System her gesehen, einen Fremdkörper darstellt und die Umsetzung *de ⟶ den* an der richtigen Stelle erhebliche Schwierigkeiten bereitet, zumal auch die Substantivform des Dativ Pl. nicht von Nominativ/Akkusativ abgesetzt ist.

3.3.6. Beim unbestimmten Artikel unterscheidet das B. nicht zwischen den Genera:

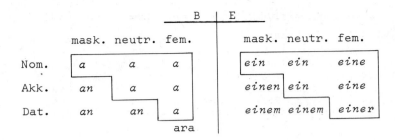

<table>
<tr><th></th><th colspan="3">B</th><th colspan="3">E</th></tr>
<tr><td></td><td>mask.</td><td>neutr.</td><td>fem.</td><td>mask.</td><td>neutr.</td><td>fem.</td></tr>
<tr><td>Nom.</td><td>a</td><td>a</td><td>a</td><td>ein</td><td>ein</td><td>eine</td></tr>
<tr><td>Akk.</td><td>an</td><td>a</td><td>a</td><td>einen</td><td>ein</td><td>eine</td></tr>
<tr><td>Dat.</td><td>an</td><td>an</td><td>a</td><td>einem</td><td>einem</td><td>einer</td></tr>
<tr><td></td><td></td><td>ara</td><td></td><td></td><td></td><td></td></tr>
</table>

Während in der E. das Femininum jeweils besonders markiert ist, gilt im B. die endungslose Grundform im Nominativ für alle drei Genera, im Akkusativ für Neutr. und Fem., im Dativ fürs Femininum. (Die Pronomina behalten die Unterscheidung im Dativ fem. bei; s. o. 3.2.).

3.3.7. Im B. ist die Deklinationsform me͂i (Nom. Akk. neutr. fem., Nom. mask.) phonetisch eindeutig von *mein* (Dativ, Akkusativ mask., Dativ neutr.) unterschieden. Bei der Umsetzung in die Schriftlichkeit jedoch laufen die einschlägigen Formen der Pronomina mit Stammausgang n (*ein, kein, mein, dein, sein*) und des unbestimmten Artikels Gefahr, undifferenziert als *mein* usw. dargestellt zu werden, weil sich der Buchstabe n als naheliegendster graphischer Ausdruck für die Nasalität des Diphthongs anbietet. Auf diese Weise manifestiert sich ein weiterer "Strukturverlust" der dialektalen gegenüber der Norm-Grammatik als ein nur scheinbarer.

3.3.8. Übersicht über die wichtigsten Fehlerquellen beim Artikel

(Die einfachen Linien zeigen Entsprechungen an, die dicken Pfeile die Richtung der interferenzbedingten Normverstöße.)

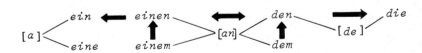

Man beachte die Vielwertigkeit der b. Artikelform *de*:

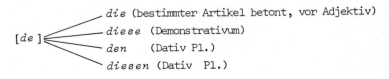

4. Zur Flexionsmorphologie des Substantivs

4.1.   Pluralbildung

4.1.1. Übersicht über die Arten der Pluralbildung (dazu allg. s. WERNER 1969), bei denen Interferenz auftreten kann. (Abkürzungen: St = Singularwortstamm unverändert; Uml = Stammvokal umgelautet; StB = unterschiedliche Singularform im B.: *Aff/Affe, Frag/Frage; Blasn/Blase; Hent/Hand;* SSW = Silbenschnittwechsel: Sg. schwach-, Pl. scharfge-schnitten[13]).

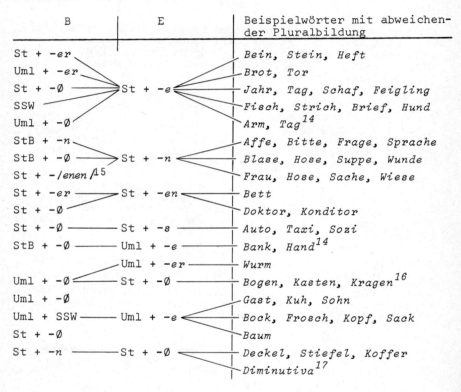

B	E	Beispielwörter mit abweichender Pluralbildung
St + *-er*		*Bein, Stein, Heft*
Uml + *-er*		*Brot, Tor*
St + -∅	St + -*e*	*Jahr, Tag, Schaf, Feigling*
SSW		*Fisch, Strich, Brief, Hund*
Uml + -∅		*Arm, Tag*[14]
StB + *-n*		*Affe, Bitte, Frage, Sprache*
StB + -∅	St + -*n*	*Blase, Hose, Suppe, Wunde*
St + -/*enen*/[15]		*Frau, Hose, Sache, Wiese*
St + -*er*	St + -*en*	*Bett*
St + -∅		*Doktor, Konditor*
St + -∅	St + -*s*	*Auto, Taxi, Sozi*
StB + -∅	Uml + -*e*	*Bank, Hand*[14]
	Uml + -*er*	*Wurm*
Uml + -∅	St + -∅	*Bogen, Kasten, Kragen*[16]
Uml + -∅		*Gast, Kuh, Sohn*
Uml + SSW	Uml + -*e*	*Bock, Frosch, Kopf, Sack*
St + -∅		*Baum*
St + -*n*	St + -∅	*Deckel, Stiefel, Koffer*
		Diminutiva[17]

4.1.2. Schematische Übersicht: Entsprechungen und Über-
       schneidungen, die oft Interferenz verursachen
       (vgl. BURGSCHMIDT/GÖTZ 1974, 276):

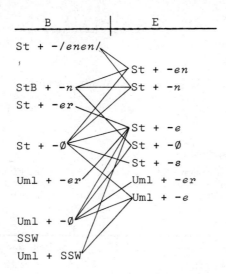

B	E
St + -/enen/	
	St + -en
StB + -n	St + -n
St + -er	
	St + -e
St + -Ø	St + -Ø
	St + -s
Uml + -er	Uml + -er
	Uml + -e
Uml + -Ø	
SSW	
Uml + SSW	

Im B. kommt dem Nullmorphem besondere Bedeutung zu, im
mündlichen Sprachgebrauch auch dem Silbenschnittwechsel und
der Endungsdoppelung, während die Morpheme -e und -en aus
phonetischen Gründen nicht existieren. Dem Wechsel der
Silbenzahl (z. B. Sg. ein-, Pl. zweisilbig) entspricht im
Dialekt der Wechsel der Silbenqualität (Sg. schwach-, Pl.
scharfgeschnitten). Diese dialekteigenen Möglichkeiten der
Wurzelveränderung und der Suffigierung bewahren die Kategorien des Numerus auch in solchen Fällen, wo sie aus lautlichen Gründen (Apokope, Synkope) nivelliert erscheinen
würden (vgl. 2.5.).

4.2.   Zur Singular-Flexion gewisser Substantiva, bei denen
        sich Differenzen ergeben hinsichtlich des -n in den
        obliquen Kasus:

4.2.1.

B	E
Nom. *Hirt*	Nom. *Hirt*
Akk. Dat. *Hirt-Ø*	Akk. Dat. Gen. *Hirt-en*

Ebenso bei: *Bauer, Fürst, Graf, Held, Kamerad, Mensch,
Nachbar, Narr, Prinz, Soldat, Spatz,* ...
*Diplomat, Dirigent, Drogist, Fabrikant, Jurist, Patient,
Polizist, Präsident, Student,* ...

Viele dieser Maskulina können auch, v. a. umgangssprachlich,
zur Gruppe 4.2.2. wechseln, womit sie dann der Duden-Norm
entsprechen.

4.2.2.

	B	E
Nom.	*Bruder*	*Bruder*
Akk. Dat.	*Bruder-n*	*Bruder-Ø*

Der schwachen Deklinationsklasse angeschlossen haben sich
Bruder, Vater, Koffer, Ader, ... auch der Personenname
Peter, so daß es heißen kann: *I gib's am Bruadan (= dem
Bruder).* (Vgl. PAUL 1916/21, III § 115.)

5. Zur Flexion des Adjektivs

5.1. Attributivisch gebraucht, weisen die Adjektive die
gleichen Differenzen auf wie Artikel, Pronomen und Substantiv; die Formen des Dativ Pl. verursachen am stärksten
Interferenz:

	B	E
Nom.Akk.Pl.	*de hohen Berg*	*die hohen Berge*
	kleine Kinder	*kleine Kinder*
Dat. Pl.	*(von) de hohen Berg-Ø*	*(von) den hohen Berge-n*
	(mit) kleine-Ø Kinder-Ø	*(mit) kleine-n Kinder-n*

5.2. Eine Eigenart des B. findet in der E. keine Entsprechung:
Das "prädikative Attribut" trägt, unbeeinflußt von Numerus
und Genus des Substantivs, auf das es sich bezieht, die
Endung *-er: Der Hund frißt das Fleisch roher. Die Wäsche
wird nasser wieder hereingeholt. Der Gockel kommt (als) ge-
schlacht(et)er und gerupfter in die Kühltruhe. Wir machen
es zu dritter.* Siehe dazu MERKLE 1975, 171 f., wo vermutet
wird, die Form dieser nachträglichen Artangabe gehe auf ein
entsprechendes Adverb auf *...-er-weise* zurück.

5.3. Bei der Steigerung verzichtet das B. häufig auf eine
eigene Form des Superlativs, dessen Funktion vom Komparativ
übernommen wird:

	B	E
Positiv:	*lang, dick, viel*	*lang, dick, viel*
Komparativ:	*länger, dicker, mehrer*	*länger, dicker, mehr*
Superlativ:	*am längern, der dicker, die mehrern*	*am längsten, der dickste, die meisten*

6. Pronomina

6.1. Kontrastive Übersicht über den Formenbestand wichtiger Pronomina, soweit sie Interferenz verursachen können. Angaben zur Flexion der Possessivpronomina finden sich in 3.2. Die Ziffern verweisen auf die Unterabschnitte in 6.2.

Personalpronomina: Nominativ:

						[2]		[3]			[1]
B	*i*	*du*	*(d)er*	*si/de*	*(d)es*	*mia*		*es*	*si/de*	*Si*	
1	*-i*	*-st*	*-a*	*-s*	*-s*	*-ma*		*-ts*	*-s(a)*	*-S*	
E	*ich*	*du*	*er*	*sie*	*es*	*wir*		*ihr*	*sie*	*Sie*	

Akkusativ:

			[4]				[3]		[4]
B	*mi*	*di*	*eam*	*si/de*	*(d)es*	*uns*	*eng(g)*	*si/de*	*Eana*
			-n	*-(a)s*	*-(d)s*			*-(a)s*	
E	*mich*	*dich*	*ihn*	*sie*	*es*	*uns*	*euch*	*sie*	*Sie*

Dativ:

							[3]		
B	*mia*	*dia*	*eam*	*iara*	*eam*	*uns*	*eng(g)*	*eana/dene ẽã*	*Eana*
	ma	*da*		*ia*					
E	*mir*	*dir*	*ihm*	*ihr*	*ihm*	*uns*	*euch*	*ihnen*	*Ihnen*

"Präpositionalis"[11] (formal: Genitiv):

B *meina deina seina iara*

Reflexivpronomina:

						[5]
B	*eam*	*ia(ra)*	*eam*		*si*	*Eana*
E	*sich*	*sich*	*sich*		*sich*	*sich*

Possessivpronomina:

				[6]			[3]		[7]
B	*mein*	*dein*	*sein*	*sein*	*sein*	*unser*	*eng(g)er*	*eana*	*Eana*
E	*mein*	*dein*	*sein*	*ihr*	*sein*	*unser*	*euer*	*ihr*	*Ihr*

D e m o n s t r a t i v p r o n o m i n a :

Direkte Entsprechungen für *dieser, jener* fehlen im B.;
dafür stehen Formen des betonten bestimmten Artikels (3.1.).

R e l a t i v p r o n o m i n a :

B | *der wo, de wo, des wo*   oder einfache "nota relationis" $\boxed{wo}$ [8]
   (ohne eigentliches Pronomen)

E | *der, die, das / welcher, -e, -es*

I n d e f i n i t p r o n o m e n :

B | $\boxed{etwer}$ [9]   *niemt* [nḙ̃mt]   *ma/mia* $\boxed{eine\ [\widetilde{o\!e}]}$ [10]

E | $\boxed{jemand}$ *niemand*   *man* $\boxed{welche}$

6.2. Anmerkungen zu 6.1.

6.2.1. Das B. unterscheidet bei den Personalpronomina eine
Vollform und eine Reduktionsform, die als Enklitikon auftritt, wobei es seine Selbständigkeit ganz verliert und als
Suffix mit anderen Wörtern verschmilzt. So erklären sich
die b. Sonderformen bei den Konjugationsendungen (1.2.1.)
sowie die sog. Flexion der Konjunktionen und anderer Wortarten (SCHMELLER 1821, § 722; PFALZ 1918; DAL 1955/56, 144;
MERKLE 1975, 127 f., 189 f.; KELLER 1976, 98 f.):
*Kimmst wannst magst. ..., weilst du nix sagst. ... an welchan
Schuachst willst* u. dgl. (Zur Polysemie von *-s*: MERKLE 1975,
130).

6.2.2. Die 1. Pl. nähert sich lautlich dem Indefinitprono-
men *man*, das auf Grund dieser Verwechslung eine diphthongische Nebenform *mia* entwickelt hat. Beide sind homophon mit
mir (1. Sg. Dat.).

6.2.3. Für die 2. Pl. hat das B. ein ihm eigenes Pronomen
mit den Formen *eß, enk, enker* [e:s, eŋ/eŋg, eŋ /eŋgɐ]
(KRANZMAYER 1954). Diese Reste ehemaliger Dualformen gehören zu den Kennwörtern des B. (KRANZMAYER 1960; zur Verwendung: KELLER 1976, 168 f.).

6.2.4. Die Tendenz zur Vereinheitlichung von Akkusativ und
Dativ ist auch im pronominalen Bereich wirksam (s. o.
2.5. - 6.). Allerdings erfolgte hier der Ausgleich zugunsten der (historischen) Dativform *ihm* [ẽɐm], die auch für
den Akkusativ gilt ("Objektiv"). Dies trifft auch zu für
die Höflichkeitsanrede *Sie*, deren Objektsform im B. einheitlich [ẽɐnɐ]= *Ihnen* lautet, während die E. unterscheidet zwischen Akk.*Sie* und Dat. *Ihnen*. Auf diese Weise ist die Pola-

risation Nominativ - Objektiv (2.5.) auch hier verwirklicht.
Die formale Absetzung der Höflichkeitsanrede *Sie* vom semantischen Plural *sie* ist interferenzträchtig: B. *Ich hab Ihnen
gesehen.*/ E. *Ich habe Sie gesehen.*

6.2.5. Dies gilt auch für die reflexive Verwendung:
Da habn-S Eana girrt. = *Da haben Sie Ihnen geirrt.*/ E. ...
Sie sich. Was in der E. nur durch Groß- und Kleinschreibung
differenziert ist, wird im Dialekt grammatisch unterschieden (s. MERKLE 1975, 131, 133 f.):

> *Wolln sa se waschn?*   *Wollen sie sich waschen?*
> *Wolln-S Eana waschn?*   *Wollen Sie sich waschen?*

Im Präsens stehen die Personalformen in reflexiver Funktion:

> *Sie hat iara net traut.* *Sie hat sich nicht getraut.*

6.2.6. Beim Possessivpronomen unterscheidet der Dialekt in
der 3. Sg. normalerweise nicht zwischen den Genera: *Der
Mutter sein Mantel, iara des seine* = *das ihre/ihrige.*

6.2.7. Die Grundform des Possessivpronomens der 3. Pl. ist
im B. zweisilbig: *ihner* [$\widetilde{e\varepsilon n e}$]. Die mhd. Ausgangsform dafür
ist *in-ir*, d. h. eine pronominale Parallele zum üblichen
Genitiversatz durch Dativ + Possessiv (2.1.).

6.2.8. Die unveränderliche Relativpartikel *wo* des Dialekts
steht v. a. bei Kasusgleichheit allein (*Den Fisch, wo i
gfangt hab, habn-ma schon gessn.*); ansonsten zusammen mit
den entsprechenden Pronomen (*der wo, die wo, den wo, ...*).

6.2.9. B. *etwer, etwas* sind in den Assimilationsformen
[ɛpɤ, ɛpɤs] geläufig.

6.2.10. Formal ist dieses *eine* (im Sinne von E. *welche, irgendwelche, überhaupt welche*) der Plural des unbestimmten
Artikels. *Da sån bereits oa drin. Mia habn-s mit oa aus-
gmacht.* (*Da sind bereits welche drinnen. Wir haben es mit
(irgend)welchen (Leuten) ausgemacht.*)

6.2.11. Eigentümlich ist der in der Grundschicht des Dialekts übliche Präpositionalkasus, der formal dem Genitiv
entspricht: *vor meiner, hinter meiner, neben seiner, ohne
deiner, zwegn iara* - E. *vor mir, hinter mir, neben ihm,
ohne dich, wegen ihr* (= *ihretwegen*).

Anmerkungen

1) Phonetische Realisationen s. 1.1.1.

2) Enklitisches Personalpronomen, s. 6.2.1.

3) Nicht hierher gehören Verben, die im B. von Haus aus keinen Umlaut haben: *bucken, drucken, hupfen, schaumen,* ... Auch andere Differenzen im Formenbestand mancher Verben bleiben hier ausgeklammert (*sein, tun, gehen, stehen, sehen, schauen* u.v.a.m.).

4) Einwortform (synthetisch); Umschreibung (analytisch).

5) Von gewissen Verben tritt die 2. Ablautsstufe als dialektale Konj.-2-Form auf (mit Umlaut).

6) Fehlerhäufigkeit: 34,8 % (REITMAJER 1975, 320).

7) Bestimmte schwache Formen sind auch Duden-Norm, allerdings oft mit Bedeutungsdifferenzierung: (*Der Bote wird gesandt, das Hörspiel wird gesendet.*).

8) Die morphologische Überlegenheit des Dialekts gegenüber der E. entspricht dem im B. viel weiter gefächerten Anwendungsbereich: Irrealis, Konditionalis, Optativ, Potentialis, Konjunktiv der Hypothese, des Zweifels, der Befürchtung, der Ablehnung, der bescheidenen Äußerung, der höflichen Bitte, des erreichten Resultats u.a.m.

9) Präteritum-1-Form als Ersatz.

10) Zur Rechtfertigung der traditionellen Klassifikation in der Grammatik s. jüngstens B. PLATZ (1977): Kritisches zur Kritik an der traditionellen Grammatik. In: Wirk. Wort 27, 104-119; mit Lit. dazu.

11) Genitivformen finden sich in erstarrten festen Fügungen wie *seinerzeit, deswegen, um Himmelswillen, um Gotteswillen, Muttergottes,* ... - Den Genitiv regierende Präpositionen kennt das B. nicht (dazu GREBE 1973, § 831-838). Siehe aber die Präpositionalform der Personalpronomina: 6.1.

12) Zu diesem Morphem /n/ existiert das Allophon [m], das meist kombinatorisch bedingt ist (infolge Assimilation an den labialen Anschlußlaut im folgenden Wort), jedoch nicht darauf beschränkt ist.

13) Sog. Silbenschnittgesetz oder PFALZsche Regel, nach PFALZ 1913, 9. Dazu ZEHETNER 1970, 103-112; ders. 1977, 49; BANNERT 1976 passim; HINDERLING demnächst. Diese Art der Pluralbildung fehlt bei MERKLE; dazu WICKHAM/ZEHETNER 1977, auch KELLER 1976, 93.

14) Nur in der Grundschicht des Dialekts (nach 0.1.3.).

15) Suffixdoppelung; s. SCHIRMUNSKI 1958; z. B. *Frau -*

Frau-enen = [*fraun*], *Sach* – *Sach-enen* = [*sa:x n*].

16) Die Plurale *Bögen, Kästen, Krägen* usw. sind in Süddeutschland hochsprachliche Norm (GREBE 1973, § 417).

17) Vor allem gilt das für die aus dem B. in die E. übernommenen (idiomatisierten) Diminutive wie *Brettl/n,
(Brat-)Hendl/n, Zuckerl/n, Mädel/n* usw. (GREBE 1973,
§ 408; KARGL 1976, 243 ff.).

Beate Henn

Kontrastive Syntax: Pfälzisch-Einheitssprache

1. Zielsetzung und Zugang

1.1. Ziel

Am Beispiel des Pfälzischen - herausgegriffen wird hier das
Nordwestpfälzische der Gegend Kaulbach-Kreimbach, Wolfstein,
an einzelnen Stellen wird zusätzlich verwiesen auf das Vor-
derpfälzische von Großbockenheim - sollen paradigmatisch
syntaktische Kontraste zwischen Dialekt und Einheitssprache gezeigt werden. Paradigmatisch soll die Untersuchung
insofern sein, als ich zeigen will, daß es sich um zwei
verschiedene syntaktische Systeme handelt, man die *Syntax*
und deren *morphologische Markierungen* nicht als lautliche
Varianten zur Einheitssprache beschreiben sollte, sondern
als selbständiges System. Problematisiert wird dabei die
Abgrenzung von *System* und *Norm* (im Sinne COSERIUs 1975)
einerseits und Merkmalen, die aus der spezifischen *Sprechsituation* des Dialekts resultieren, andererseits.

1.2. Die Ortspunkte

Das Pfälzische gehört zum Rheinfränkischen und damit zum
Westmitteldeutschen. Die beiden Ortspunkte wurden aus
praktischen Gründen gewählt: Um eine Beschreibung des
Pfälzischen zu geben, muß man zumindest das Vorhandensein
der beiden durch viele Merkmale unterscheidbaren Varianten Westpfälzisch und Vorderpfälzisch berücksichtigen.
Kaulbach-Kreimbach und Wolfstein liegen in der nördlichen
Westpfalz, es gibt Tonbandaufnahmen[1] aus dieser Gegend und
ich habe in einem anderen Zusammenhang (HENN 1978) syntaktische Merkmale dieser Gegend beschrieben, gestützt
nicht ausschließlich auf das Corpus des Instituts für
deutsche Sprache (IdS), sondern auch auf meine Native-
speaker-Kompetenz. Großbockenheim liegt im Kreis Frankenthal in der nördlichen Vorderpfalz. Zwei Tonbandaufnahmen dieses Ortspunktes wurden in einer der Phonai-Mono-
graphien von Dieter KARCH behandelt und auch in Bezug auf
syntaktische Merkmale kommentiert.

Im allgemeinen ist, wie CHLOUPEK (1967, S. 131) betont,
"die Syntax nur an einem Ort oder wenigstens auf einem
mundartlich einheitlichen Gebiet zu untersuchen", wenn
nicht eine verschiedenen Dialekten gemeinsame Syntax erstellt bzw. eine Einheitlichkeit fingiert werden soll, die
es aufgrund etwa von phonologischen Isoglossen nicht gibt.
Ich werde die Aussagen über den vorderpfälzischen Ortspunkt
nur als sporadische zusätzliche Hinweise auf Gleichheiten
und Divergenzen innerhalb der unter dem Namen "Pfälzisch"
zusammengefaßten Region verwenden.

1.3. Die syntaktische Beschreibung

Syntax verstehe ich hier in einem weiteren Sinne als die
herkömmliche Dialektologie, nämlich als Beschreibung
aller Kombinationsregeln von Lexemen und Morphemen, d.h.
z.B., daß auch die traditionell aus der Syntax ausgeklammer-
ten Gebiete Morphologie und Wortbildung einbezogen werden.
Für Aufbau und Terminologie der Kontrastierung werde ich
den in der Deutschen Grammatik von HELBIG und BUSCHA (im
folgenden abgekürzt H. u. B.) gegebenen Rahmen verwenden.
Die funktional-syntaktische Beschreibung der Satzglieder
ist dort aufgebaut auf den heuristischen Operationen:
Feststellung der 1) Abhängigkeitsstruktur, 2) Substitutions-
möglichkeiten, 3) Transformationsmöglichkeiten, 4) Valenz-
eigenschaften (H. u. B. 1975, S. 475). Dabei wird der semantische Aspekt syntaktischer Verschiedenheiten in der
Beschreibung mit einbezogen. Dies scheint mir für eine
kontrastive Syntax sehr wichtig, insbesondere wo es um die
Verwendung von Konjunktionen, Tempora u.a. geht, da in Dialekt und Einheitssprache oft ein ähnliches/dasselbe Morphem-
inventar, ähnliche Syntagmen vorhanden sind, diese syntaktisch und inhaltlich aber anders aufgefaßt/verwendet werden.
Die Grammatik von H. u. B. ist, soweit ich sehe, eine
der klarsten und am leichtesten zu handhabenden Grammatiken der deutschen Einheitssprache. Wohl könnte man in manchen Fällen aufgrund der genannten Kriterien auch andere Entscheidungen[2] treffen. Ich werde darauf im folgenden nicht eingehen, da ich hier weniger eine Syntaxtheorie kritisieren,
als vielmehr in dem mit ihr vorgegebenen Rahmen bestimmte
Kontraste aufzeigen will. Da es in diesem Artikel nicht um
eine vollständige Kontrastierung der beiden Syntaxsysteme,
sondern nur um paradigmatisches Herausstellen von Kontrasten
geht, ist es auch nicht unbedingt erforderlich, ein forma-
lisiertes Beschreibungssystem zu haben.
Aufgrund der Wahl dieses syntaktischen Rahmens werden
sich dann bestimmte Divergenzen zwischen Mundart und Einheitssprache als Divergenzen des *Systems* (der im System
vorgegebenen Möglichkeiten) aufzeigen lassen, andere als
Divergenzen in der Regelung der *Anwendung* (COSERIUs *"Norm"*
engl. *usage*, vgl. COSERIU 1975, bes. S. 11-101)erscheinen,
d.h. als Divergenzen in der Ausnutzung der vom System vor-

gegebenen Möglichkeiten. So entsprechen sich z.B. Mundart und Einheitssprache darin, daß es eine (funktionale) Opposition zwischen Ø-Kennzeichen und Präteritum-Kennzeichen gibt: *weiß : wußte* [vɛ:s] : [vŭšd]. Das ist eine gemeinsame Eigenschaft der°beiden *Systềme*. Daß aber in der Mundart das Präteritum-Kennzeichen nur mit sehr wenigen Verben kombinierbar ist, werde ich als Divergenz in der Regelung der *Anwendung (usage, Norm)* beschreiben. *Norm (usage)* ist also hier - nach COSERIU - als deskriptiver Begriff verwendet.

1.4. Die Auswahl bei der Kontrastierung

Einige Regeln der Mundart sollen beschrieben werden, die ganz oder teilweise, d.h. in ihrer Anwendungsbreite von der Einheitssprache abweichen, dabei werden auch Regeln aufgenommen, die die Mundart mit der engeren und - selten - der weiteren Umgangssprache gemeinsam hat.

1.5. Die Schreibweise der Beispiele

Mundartliche Syntagmen werden in phonetischer Schrift gegeben[3], einheitssprachliche Syntagmen in üblicher Orthographie, d.h. natürlich, daß Laute mit Graphemen verglichen werden.
   Das führt beim Deutschen deshalb nicht zu Schwierigkeiten, weil z.B. den Graphemfolgen, die syntaktische Markierungen repräsentieren, systematisch die lautlichen Folgen entsprechen[4], *-er* ≙ [ᵉ], *-en* ≙ [ən]. Im übrigen wird durch dieses Verfahren die Lesbarkeit erleichtert gegenüber der ausschließlichen Verwendung von Lautschrift für die Beispiele. Größere mundartliche Einheiten werden in einheitssprachlicher Interlinearübersetzung angegeben.

1.6. Die Anordnung

Kontrastiert werden 1. die Satzmodelle, 2. die Satzglieder, 3. die Attribute, 4. die Möglichkeiten zusammengesetzter Sätze, 5. syntaktische Markierungen, 6. Wortbildungsmuster, 7. Wortstellung.

2. Kontrastierung

2.1. Satzmodelle

Die meisten der bei H. u. B. (§ 3.5) genannten Satzmodelle - festgelegt durch die Verbvalenz, durch die obligatorischen und fakultativen Aktanten - sind als Strukturbeschreibungen mundartliche Sätze ebenso brauchbar wie als Strukturbeschreibung der Sätze der Einheitssprache.

Da Mundart aber generell gesprochene Sprache ist (Mundart-Dichtung u.a. weist immer deutlich retroaktive Interferenzen auf und wird hier nicht einbezogen) kommen bei allen, insbesondere bei älteren und wortkargen Sprechern auch isolierte Syntagmen, Ausklammerungen (Prolepsen) und sukzessive Nachträge[5] vor.

In der Mundart gibt es - im Gegensatz zur Einheitssprache - die Möglichkeit der Ellipse des Subjekts. Es sind meistens Ellipsen von *ich*. Sie kommen vor allem dann vor, wenn *ich* Subjekt einer Reihe von Sätzen war, ein Satz mit anderem Subjekt folgte und dann Sätze mit *ich* als Subjekt wieder aufgenommen werden[6]. Ellipsen anderer Subjekte finden sich z.B. in: *es ist ja heute noch so, machen es ja heute noch* [mɐxəs jo: haiḑ nox]; *waren wir drüben mit dem Rad und* [sc.: *es/das Rad*]° *war fix und fertig* (Aufnahme 1690). KARCH (1972, 72) weist auf eine für beide Ortspunkte gegebene Möglichkeit der Ellipse von *du* hin, "wenn das Verhältnis durch direkte Rede unzweifelhaft nachgewiesen ist"[7]: ... [gəse:ḑ ɣo: ɣʌᵉẙ̌ən], *... gesagt wo warst denn*. Diese Möglichkeit°ist so internalisiert, daß sie von Sprechern auch auf die Einheitssprache übertragen wird, z.B. findet sich: *"sagte die Marktfrau: da kriegst deine Äpfel"* in einem der von mir analysierten (HENN 1978) Aufsätze von nordwestpfälzischen Schülern.

Ellipse des Prädikatsteiles tritt vor allem dort auf, wo das Verb *gehen* o.ä. erwartet wird: ... *haben das Rad dort heraus gemacht* ... *und heim* (Aufnahme 1690) auch: ... *und nichts wie ab*. In der Mundart sind dies praktisch feststehende (d.h. in der Norm festgelegte) Syntagmen. Ähnlich finden sie sich auch in der Umgangssprache: *nur weg* u.a.

"Obligatorisch" - "nichtobligatorisch" ist keine Frage des Systems, es ist eine Frage der Norm. Anakoluthe treten vor allem in folgender Form auf: ... *geht jede Minute geht ein Zünder los,* (Aufnahme 1684) und: *da ist mir mal abends bin ich spät noch zum Bahnhof* ... (Aufnahme 1685). D.h. die Sätze haben die Form: ... Prädikat + Adverbiale Bestimmung + Prädikat ... Auch dies ist ein Merkmal, das mundartliche Äußerungen mit vielen anderen gesprochenen Äußerungen gemeinsam haben. Eine andere, ähnliche Form von Anakoluth ist: das letzte Syntagma eines Satzes ist gleichzeitig das erste des folgenden: ... *das war fünfundneunzig bin ich eingerückt* (Aufnahme 1685). Diese Möglichkeiten scheinen - auch wenn es rein intuitiv schwer fällt, diese als Eigenschaften des Systems der Mundart oder der Norm zu beschreiben - in gewisser Weise zugelassen. Der Übergang allerdings zu "Abweichungen", unverständlichen Sätzen, ist fließend. Auf die Problematik dieser Abgrenzung werde ich im letzten Abschnitt eingehen.

Gegenüber der Einheitssprache fehlen folgende Satzstrukturen: Es gibt in der Mundart keinen Aktanten, der ein Substantiv im Genitiv ist (H. u. B., § 3.5.2, Satzmuster 33,

46, 57, 84): *X gedenkt des Y, Z bedarf keines Beweises*
etc.; Ausnahmen sind feste Fügungen, die man als Substantiv im Genitiv interpretieren kann:
(1) [ɖə ĩŋãŋ is eːỹənᵉ ɛːᵉɖ] *der Eingang ist zu ebener*
                                                    Erde,
(2) [ɛːᵉ is sẹinəs koɓs] *"er ist seines Kopfes" d.h. dick-*
                              köpfig.
Soweit ich sehe, ist auch das Satzmodell nur einheitssprachlich, das in Sätzen wie *X entgegnet (Y) (auf dessen Frage),*
daß er aufgepaßt habe (H. u. B., § 3.5, Satzmuster 78) vorliegt. In der Mundart wird in solchen Fällen für Aktant (4)
auf dessen Frage wohl immer ein Nebensatz gesetzt, den man
dann als freie Angabe, als Adverbialsatz zu beschreiben hat.
Alle anderen Satzmuster kommen in der Mundart vor.

2.2. Die Satzglieder

2.2.1. Prädikat

In bestimmten Fällen ist mundartlich (und umgangssprachlich) das finite Verb nicht obligatorisch, wie in Abschnitt 2.1. gezeigt.

2.2. Prädikate aus "finitem Verb + grammatischem Prädikatsteil"

Mundartlich wie einheitssprachlich werden Verbindungen aus
finitem und infinitem (grammatischem) Prädikatsteil (H. u.
B. § 3.1.3.1.2.) dazu benutzt, um Tempora, Passiv, Konjunktiv und Modalitäten auszudrücken. *Haben* und *sein* werden
syntaktisch und semantisch in Einheitssprache und Mundart
gleich verwendet, d.h. in komplementärer Verteilung bei
bestimmten Verben zur sog. Perfekt- und Plusquamperfekt-
bildung: [iš sẹin/ɣʌᵉ fɔᵉɖ ǧãŋ] *ich bin/war fort gegangen,*
[iš hãn/hʌɖ ǧəkoxɖ] *ich habe/hatte gekocht.* Daneben gibt
es weitere Plusquamperfektbildungen, die in der Einheitssprache nicht vorhanden sind: [iš hãn ǧəkoxɖ ǧəhʌɖ] *ich*
habe gekocht gehabt[8] und: [iš hʌɖ ǧəkoxɖ gəhʌɖ] *ich hatte*
gekocht gehabt, d.h. also mit doppeltem grammatischen Prädikatsteil[9]. Während sich hier Mundart und Einheitssprache strukturell, d.h. in der Möglichkeit von Verkettungen und Mehr-
fachverkettungen finiter Verben mit grammatischen Prädi-
katsteilen, gleichen, sind die "Anwendungen" dieser vom
System vorgegebenen Möglichkeiten verschieden geregelt.
Z.B. gibt es verschiedene Plusquamperfektbildungen, z.B.
muß[10] in der Mundart in indirekter Rede kein Konjunktiv
stehen, obwohl es die Möglichkeit der Konjunktivbildung
im Sprachsystem gibt.
Einheitssprachlich *würde* hat in der Mundart keine Entsprechung. Semantisch dieselbe Funktion wie die einheits-

sprachlichen Konstruktionen mit *würde* hat mundartlich die Konstruktion mit [d̥u:ⁿ] (*tun*) + Konjunktivendung + Infinitiv als Aktant[2]: [iš d̥e:d̥ kũmə] **ich täte kommen, ich würde kommen*.

Es wird also mundartlich nicht eine Konstruktion mit grammatischem Prädikatsteil verwendet, sondern eine Konstruktion mit *tun* in einer in der Einheitssprache nicht vorkommenden Valenz dieses Verbs.

In der Einheitssprache ist der "grammatische Prädikatsteil" obligatorisch, in der Mundart kann er bei bestimmten finiten Teilen fehlen, wenn *fahren, gehen* oder *kommen* zu ergänzen ist:

mundartlich: *ich soll nach X,* ≙ einheitssprachlich: *ich soll nach X fahren/gehen/kommen*[11].

mundartlich: *ich bin fort* ≙ *ich bin fortgegangen*.

Solch eingeschränkte Ellipsen sind am besten als Regelungen der Norm zu beschreiben, nicht als sprechaktbedingte Möglichkeiten.

2.2.3. Prädikate aus "finitem Verb und Prädikativ"

In der Mundart ist die Möglichkeit, Adverbien als Prädikative zu verwenden, breiter als in der Einheitssprache: *Der Anzug ist von gestern/für werktags/*für gewöhnlich* (d.h. für täglich) /*für daheim 'rum/ für besser*, [fũn g̊ešd]/ [fæᵉ vɛ:ᵉd̥ə:xs] / [fæᵉ g̊əvɛ̃:nliš]/[fæᵉ d̥əhɛ̃:m ə xũm]/[fæᵉ b̥esᵉ]. Die mit * bezeichneten Prädikative sind in der Einheitssprache abweichend, zumindest ungewöhnlich.

In der Mundart kann als Prädikativ beim Verb *sein* auch der Dativ eines substantivischen Personalpronomens stehen: *der Bleistift ist mir/dir/euch*, einheitssprachlich: *gehört mir/dir/euch*. Dies ist als Divergenz der Systeme aufzufassen.

2.2.4. Subjekt

Wie in Abschnitt 2.1, Satzmodelle, gezeigt, gibt es in der Mundart die Möglichkeit von Subjektellipsen.

2.2.5. Objekt

Akausativ-, Dativ- oder Präpositionalobjekt gibt es mundartlich wie einheitssprachlich, in der Einheitssprache zusätzlich auch Genitivobjekte. Dies ist eine Divergenz der Systeme. Divergenzen der Norm, d.h. verschiedene Verwendbarkeit der Kasus, liegen darin, daß die Mundart oft andere Objekte als die Einheitssprache erfordert: *etwas gedenkt mir*, einheitssprachlich: *ich erinnere mich an etwas*, mundartlich: *ich kann mich soweit zurückdenken*, einheitssprachlich: *ich kann soweit zurückdenken, mich soweit zurückerinnern*.

2.2.6. Objekt zum Prädikativ

Prädikative Adjektive (H. u. B. § 3.1.3.3.6.) können von
ihnen abhängige Objekte haben: *Er ist s e i n e m V a t e r/
i h m ähnlich, er ist e s wert, X ist wütend ü b e r Y*
etc. In der Mundart können solche Aktanten auch zu einem
prädikativ verwendeten Possessivpronomen treten: *diese
Tasche ist d e r A n e t t e ihre, das ist i h m seine/
d e n L e u t e n ihre.* Diese Möglichkeit ist allerdings
beschränkt auf die 3. Person Singular und Plural.

2.2.7. Adverbialbestimmungen

Hier zeigen sich wieder Divergenzen in der Möglichkeit der
Ausnutzung bestimmter Strukturen. In der Einheitssprache
ist die Möglichkeit, ein Substantiv im Akusativ als Adver-
bialbestimmung (H. u. B. § 3.2.2.4.) zu verwenden im wesentlichen auf wenige temporale Adverbialbestimmungen eingeschränkt, und zudem muß das einheitssprachliche Substantiv
den Artikel *dies-* oder ein Adjektiv bei sich haben, in der
Mundart kann auch unbetonter Artikel stehen: [iš kŭm ḓi ɣox]
⁺ich komme die Woche (≙ einheitssprachlich *diese Woche*); in
den Fällen [ḓə meḓe:x], [də (ʌnərə) mɔᵉjə], [ḓi: o:šḓɪə] *den
Mittag (≙ heute mittag), den (anderen) Morgen (≙ am nächsten Morgen), die Ostern (≙ an Ostern)* wird einheitssprachlich ein
Adverb oder Substantiv mit Präposition gewählt. Mundartlich
kommen Substantive im Akkusativ auch als modale Adverbialbestimmungen vor: [ɛ:ᵉ siṇḓ s šɛ̃nšḓ] *er singt 'das Schönste'*
≙ *am schönsten,* [ɛ:ᵉ kʌn seɪⁿ sɛx s°bešḓ] *er kann seine
Sache 'das Beste'* ≙ *am besten* (daneben gibt es auch: [ʌm
šɛ̃nšḓə / ɓešḓə])[12].

2.3. Attribute

2.3.1. Adjektiv und Adverb

Attributive Adjektive und Adverbien (H. u. B. § 3.3.1.3.1.)
gibt es mundartlich wie einheitssprachlich: *der fleißige X,
der X dort.* In der Mundart kann das Adverb
a) in derselben Stellung auftreten wie das attributive Ad-
jetiv: [ḓi ḓo: fɪe:] *⁺diese da Frau*[13], oder wie einheitssprachlich [ḓo: ḓi fɪe:] *da diese Frau,* [ḓi fɪe: ḓo:] *diese
Frau da;*
b) können mehr Adverbien in dieser Weise als Attribute verwendet werden als in der Einheitssprache: [ɪn ḓə miḓə kiš]
⁺in der mitten Küche (entspricht dem mundartlichen und
einheitsprachlichen *mitten in der Küche*), [meɪⁿ sũnḓe: g̊s
g̊lɛ:ḓ][14] *⁺mein sonntag Kleid.* Neben den attributiv ver-
wendbaren Adverbien [ḓo:] und [sũnḓe:gs] gibt es auch die
(flektierten) Adjektive: [ḓi ḓo:ə fɪe:], [ḓes sũnḓe:gsə
g̊lɛ:ḓ].

2.3.2. Partizip I und II

Partizipien I sind in der Mundart äußerst selten, es kommen praktisch nur [kŭmənᶢ] [kŭməᶢ] *kommend,* [fʌːɹənᶢ] *fahrend,* [ĝeːənᶢ] *gehend,* [b̥ʌsənᶢ] *passend* vor, und diese vorwiegend in festen Wendungen wie: *kommende Woche, richtig gehend schön* (d.h. *wirklich schön*).
Partizipien II sind etwas häufiger: [ĝəfildə ĝneb̥] *gefüllte Klöße,* (Aufnahme 1692), [fɹiš ĝəɣešənᵉ səleːᶢ] *frisch gewaschener Salat,* [hɛːᵉĝəlof] *hergelaufen.* Formen wie *anzuerkennen* fehlen, soweit ich sehe, ganz - sind also auch nicht als vom System vorgegebene Möglichkeiten anzusehen.

2.3.3. Substantiv

Substantive im Genitiv kommen nicht vor, Ausnahmen sind Familiennamen: [milᵉš haus] *Müllers Haus,* [mɛd̥iːns aišɛːn] *Martins Eugen.* Bei diesen Familiennamen ist dann aber das Nominalmorphem [-š]/[s] identisch mit der Pluralmarkierung, wie einheitssprachlich und umgangssprachlich *Müllers kommen, Müllers Haus* etc. Sonst gibt es lediglich in festen Fügungen Formen, die man als Genitive interpretieren kann: [sŭnšd̥joːᵉṣ] *"sonst-jahres",* *in anderen Jahren* (Aufnahme 4606), [ŭm god̥əs ɣilə] *um Gottes Willen.*
    Mundartlich (und umgangssprachlich) stärker ausgenutzt als einheitssprachlich wird die Möglichkeit, attributive Substantive mit *von* zu verwenden: *das Buch vom Lehrer.* Dadurch wird das Fehlen von attributiven Genitiven kompensiert.

2.3.4. Erweiterung und Verbindung von Attributen

Obligatorisch-notwendige Erweiterungsglieder von Attributen (H. u. B. § 3.3.2.4.), wie einheitssprachlich: *der s e i n e r S o r g e n ledige X, der i n L e i p z i g wohnhafte Y, der d a s B u c h a u f d e n T i s c h legende Z.* etc. kann ich für die Mundart nicht belegen. Fakultativ-notwendige Erweiterungsglieder kommen vor, sind aber sehr selten: [mɛᶢ ĝrɛːm ĝəfildə kuxə] *mit Creme gefüllte Kuchen.*
    Statt freier Erweiterungsglieder wie in: *ein g a n z verspäteter Winter,* d.h. Adverbien zum attributiven Adjektiv, kann mundartlich im Gegensatz zur Einheitssprache auch eine subordinative Verbindung (H. u. B. S. 534) stehen: [ə ĝãnsᵉ fəšbeːd̥ᵉ vĩnᵉ] *ein ganzer verspäteter Winter.* Es besteht also mundartlich keine Opposition "freies Erweiterungsglied": "subordinative Verbindung" mit entsprechender semantischer Verschiedenheit, sondern die beiden Möglichkeiten sind Varianten.

2.3.5. Attribute beim Possessivartikel

Im Gegensatz zur Einheitssprache gibt es - und das ist
wieder ein systematischer Unterschied, nicht einer der
Anwendung - in der Mundart Attribute zum Possessivarti-
kel[15]:

der A n e t t e ihr Dialekt
der A. ihre Mundart
dem F. seine Mundart
den K i n d e r n ihr Dialekt
Diese Möglichkeit eines Dativattributes beschränkt sich
allerdings auf [saĩⁿ], [e:ᵉ] *(sein, seine, ihr, ihre)*.

2.4. Zusammengesetzte Sätze

2.4.1. Koordinative Verbindungen

Mundartlich wie einheitssprachlich gibt es asyndetische Verbindungen von Hauptsätzen (ohne Konjunktion) und syndeti-
sche (mit Konjunktionen). Daß diese Möglichkeiten in der
Mundart sehr intensiv genutzt werden (in der Aufnahme 1683
finden sich Reihungen mit bis zu 9 Sätzen zu einem einmal
genannten Subjekt) kann nur als stilistische, nicht einmal
als Divergenz der Normen von Einheitssprache und Mundart
beschrieben werden. Das Inventar der Konjunktionaladverbi-
en ist mundartlich anders als einheitssprachlich, z.B.
fehlt mundartlich *denn, sowohl, infolgedessen*. Bei vielen
Mundartsprechern treten Kontaminationen zwischen koordina-
tiven und subordinativen Satzverbindungen auf; diese sind
wie die oben in 2.1. behandelten Anakolute so häufig, daß
die Entscheidung, sie eventuell als Möglichkeiten des Systems oder der Norm zu beschreiben, zumindest erwogen werden sollte. Beispiel: ... *wenn manchmal die Uhr nicht
richtig geht, und dann sagen sie* ... oder: *Ich weiß zum
Beispiel, wenn's Lina Waffeln backt und wenn's Bettchen
Kartoffelpfannkuchen hat, und's Elschen hat gefüllte
Klöße* ... (Aufnahme 1692).

2.4.2. Subordinative Verbindungen

Bei Adverbialsätzen unterscheiden sich Mundart und Einheitssprache vorwiegend in Bezug auf das Inventar der Konjunktionen; diese Divergenzen sind vorwiegend als Divergenzen des Lexikons beschreibbar. In der Mundart gibt es
darüber hinaus eine modale Konjunktion, die einheitssprachlich
keine Entsprechung hat: [ɣɛs]: *Er schreibt, was das Zeug
hält. Er läuft, was er kann*. Dies ist auch umgangssprachlich. *Indem* hat mundartlich keine Entsprechung. Lediglich dieses Fehlen von *indem* bewirkt das Fehlen eines Ne-
bensatztyps (Instrumentalsatz), und damit eine Divergenz
der syntaktisch-semantisch beschriebenen Systeme von Einheitssprache und Mundart.

Unterschiede zwischen Mundart und Einheitssprache gibt
es weiter im Bereich bestimmter Relativsätze, in denen in
der Einheitssprache nach der Beschreibung von H. u. B. Ellipse des Substantivs, auf das sich der Attributsatz bezieht,
vorliegt: *Wer wagt, gewinnt. Er heult, worüber andere lachen*[16]. *Das gehört, wem es gehört.* Hier wird mundartlich
ein Pronomen oder Substantiv explizit genannt, auf das sich
der Attributsatz bezieht: *Wer nicht kommt, d e r kriegt
nichts. Er heult ü b e r S a c h e n , über die andere
lachen. Das gehört d e m , dem es gehört.* Im Anschluß an
die Beschreibung von H. u. B. handelt es sich hier nicht um
Divergenzen des Systems, sondern nur um Divergenzen der Anwendung: lediglich die Ellipse des Beziehungswortes ist
mundartlich nicht möglich, die Nebensatzart ist dieselbe.
Oft wird in solchen Fällen mundartlich eine Konstruktion mit
Adverbialsatz bevorzugt: *er heult, wo andere lachen* oder
eine koordinative Konstruktion (2 Hauptsätze): *er heult
über Sachen, da täten andere lachen.*

In der Mundart kann zur Einleitung eines Relativsatzes
wo oder *der wo* oder *der* unter bestimmten Bedingungen verwendet werden. Einheitssprachlich ist die unmarkierte Form
wo nur als Einleitung von Adverbialsätzen oder Relativsätzen
bei Zeit und Ort ausdrückenden Substantiven möglich[17]. Einheitssprachlich wird das Relativpronomen sonst immer kasus-
markiert. In der Mundart kann die syntaktische Position un-
markiert bleiben, wenn es sich um Nominativ, Akkusativ oder
lokale Angaben handelt. Mundartlich kommen hier alle 3 Fälle vor: *der Mann, w o / d e r / d e r w o immer kommt,
der Mann w o / d e n / d e n w o wir kennen, die Leute w o / b e i d e n e n / b e i d e n e n w o ich
arbeite*[18].

Die syntaktische Position bleibt mundartlich immer un-
markiert, wenn das Relativpronomen die Position einer temporalen Bestimmung: *in der Zeit, w o das passierte* (nicht:
in der/in der wo) oder die Position eines präpositionalen
Attributs einnimmt: *der Mann, w o ich die Frau kenne*
(nicht: *von dem/von dem wo*). Immer markiert dagegen ist
die syntaktische Position, wenn es sich um Dativ handelt:
der Mann, d e m w o / d e m ich das gegeben habe.

2.4.3. Infinitivkonstruktionen und Partizipialkonstruk-
tionen als Teile subordinativer Verbindungen

Infinitivkonstruktionen (H. u. B. § 3.6.1.5.) kommen - eingeleitet mit [fæᵉ...sə] *für...zu* (≙ einheitssprachlich
um...zu) - in der Mundart vor; als Beispiel für Partizipialkonstruktionen (H. u. B. § 3.6.1.6.) dagegen läßt sich für
die Mundart praktisch nur: *mit Sahne angemacht wird die
Soße gut, dort angekommen, ist er* ... [ɖɔᵉɖ ʌⁿküm] anführen,
Partizipialkonstruktionen mit Partizipien auf *-end* fehlen
ganz. Diese Partizipien werden nur als attributive Adjektive verwendet.

2.5. Syntaktische Markierungen

2.5.1. Person- und Numerusmarkierungen bei Verben

Geht man von der Einteilung in 1.-3.Person Singular und
1.-3.Person Plural aus, so haben wir im Singular mundartlich wie einheitssprachlich eine unterschiedliche Markierung aller 3 Personen[19] mit Ausnahme der Verben wie *sollen,
dürfen*[20].
　　Der Plural hat mundartlich eine ihn nur vom Singular unterscheidende, aber nicht Personen differenzierende Markierung [-ə]/[ən][21], einheitssprachlich werden auch die 1. und
3.Person von der 2. differenziert.

2.5.2. Tempusmarkierungen

"Tempus" fasse ich als syntaktische Kategorie, soweit es
sich in morphologischen Markierungen manifestiert. "Zu-
sammengesetzte Tempora" wurden oben unter zusammengesetzten
Prädikaten behandelt. Die Tempusmarkierungen entsprechen
sich mundartlich wie einheitssprachlich: [-d̥] bzw. *t* ist
Präteritummarkierung: *ich muß, ich mußte* [mus], [mušd̥].
Verben die einheitssprachlich eine andere Tempusmarkierung haben (*rufe, rief* u.a.) kommen mundartlich nicht mit
Präteritummarkierungen vor, außer: [vʌ:ᵉ] *war*, [kãm] *kam*.

2.5.3. Modusmarkierungen

Die Modusmarkierungen sind mundartlich wie einheitssprachlich nicht in allen Fällen von der Tempusmarkierung zu unterscheiden: *sollte, wollte*. Im Gegensatz zur Einheitssprache ist in der Mundart [d̥] die einzige Modusmarkierung:
[kɛ̃:md̥], einheitssprachlich: *käme*. Bei einigen Verben kommt
mundartlich wie einheitssprachlich Vokaländerung hinzu.

2.5.4. Kasus- und Numerusmarkierungen bei Substantiven

In der Einheitssprache kommen Numerusmarkierungen und bei
einigen Substantivklassen *(Fürst, Frau* etc.) auch Kasusmarkierungen vor, die Mundart hat generell keine Kasus-
markierung des Substantivs (daß es in der Mundart dennoch
die syntaktische Kategorie Kasus gibt, wird ersichtlich
aus den Artikel-, Adjektiv- und Pronominamarkierungen).
Die Substantivmorpheme sind ausschließlich Numerusmarkierungen.

2.5.5. Kasus-, Numerus- und Genusmarkierungen der Pronomina

Genitive der Pronomina fehlen mundartlich, sonst ist das System der Markierungen der syntaktischen Kategorien mundartlich wie einheitssprachlich gleich für *wer, ich, du, er* mit jeweils verschiedenen Kasusmarkierungen[22], für *keine, keines, sie, es* und *sie* (Plural), bei denen Nominativ und Akkusativ nicht differenziert, aber von Dativ unterschieden werden[23], bei *wir* und *ihr* werden Akkusativ und Dativ nicht differenziert, aber von Nominativ unterschieden[24].

Unterschiedlich zum einheitssprachlichen System ist die Markierung des Maskulinums von Pronomina wie *keiner*. Hier werden einheitssprachlich Nominativ, Akkusativ und Dativ unterschieden, mundartlich Nominativ und Akkusativ einerseits von Dativ andererseits: *keiner, keinen, keinem*, [kɛ̃:nᵉ], [kɛ̃:nᵉ], [kɛ̃:m].

Für den vorderpfälzischen Ortspunkt sind die Formen im einzelnen verschieden, das Markierungssystem dagegen ist dasselbe. Im Gegensatz zur Einheitssprache haben die Personalpronomina der Mundart häufig Alloformen bis zu Enklitika, in der Einheitssprache variiert nur die Betonung. Beispiel: *dir* [dᵉ], [dəᵉ], [dæᵉ], [dɛ:ᵉ] oder nur [ə] in: [solšə] *sollst du*; vgl. auch°[ᵉ] in: [dʌsᵉ] *daß er* u.a. Es können auch mehrere Pronomen enklitisch hintereinandergestellt werden: [hešᵉ] ≙ [heš də e:ᵉ] *hast du ihr*, [hʌnšmᵉ] *habe ich mir* u.a.

2.5.6. Adjektivmarkierungen

In der Mundart ist wie in der Einheitssprache zu unterscheiden zwischen 1. dem Paradigma von Adjektivmarkierungen aus dem ausgewählt wird, wenn *der, des-, jed-, manch-* vorausgeht, 2. dem Paradigma bei *ein, kein, mein* und 3. dem Paradigma bei Ø-Artikel. In der Mundart ist das 1. Paradigma aufzuteilen in: Adjektivmarkierungen nach betontem bestimmten Artikel und Adjektivmarkierungen nach unbetontem bestimmten Artikel. Beide unterscheiden sich z.B. in Bezug auf die Akkusativmarkierung im Maskulinum Singular: *den großen Zug* [dɛ̃nə g̊ɾo:sə d̥su:x], [də g̊ɾo:s d̥us:x] und die Dativmarkierung im Maskulinum Singular: *dem großen Zug* [d̥ɛ̃m g̊ɾo:sə d̥su:x], [d̥ɛ̃m g̊ɾo:s(ə) d̥su:x], d.h. bei betontem bestimmten Artikel wird das Adjektiv markiert, bei unbetontem Artikel nicht immer. Im Nominativ ist das Adjektiv nicht markiert: [d̥ə / dɛ:ᵉ   g̊ɾo:s d̥su:x].

Bei dem 2. Paradigma handelt es sich einheitssprachlich im Maskulinum Singular um ein Akkusativ und Dativ gleich markierendes, aber vom Nominativ unterscheidendes Paradigma: *ein groß e r Zug, einen groß e n Zug, einem groß e n Zug*. In der Mundart dagegen sind Nominativ und Akkusativ gleich markiert: [ə g̊ɾo:sᵉ d̥su:x] allerdings läßt sich für den Akkusativ auch eine°Alloform (Aufnahme 1692) nachweisen [ə g̊ɾo:sə d̥su:x].

In Bezug auf das 2. Paradigma will ich nur auf folgende
auffallende Besonderheit eingehen: Der Dativ wird in der
Mundart markiert [ə g̊ɹo:səm d̥su:x] und [əmə g̊ɹo:sə d̥su:x]
aber nicht wie in der Einheitssprache durch Markierung des
Artikels u n d des Adjektivs mit [-m], sondern durch Markierung des Artikels o d e r des Adjektivs mit [-m]. Diese Beispiele für die systematische Verschiedenheit der Adjektivmarkierungen sollen hier genügen.

2.5.7. Artikelmarkierungen

In der Einheitssprache unterscheidet man morphologisch im
allgemeinen zwei Gruppen von Artikeln: *der, dieser, jener,
mancher* ... (bestimmte Artikel) und *ein, mein, kein* ...
(unbestimmte und possessive Artikel). In der Mundart muß
die erste Gruppe unterteilt werden in: betonte und unbetonte Artikel. Der unbetonte Artikel [d̥ə] hat keine Akkusativ
von Nominativ unterschiedene Markierung im Maskulinum, der
betonte hat Nominativ Maskulinum [d̥æᵉ], [d̥ɛ:ᵉ], Akkusativ:
[d̥ɛnə], [dɛ:nə].
     Bei der 2. Gruppe (unbestimmte und possessive Artikel)
k a n n der Akkusativ maskulinum vom Nominativ unterschieden markiert werden: [meiⁿ d̥su:x] *mein/meinen Zug,* [meĩnə
d̥su:x] *meinen Zug.* Einheitssprachlich ist die Kasusmarkie-
rung erforderlich. Pluralmarkierungen fehlen mundartlich
in dieser Gruppe: [meiⁿ d̥su:x], [meiⁿ d̥si:š] *mein Zug,
meine Züge.* Schon aus diesen rudimentären Hinweisen ist
zu entnehmen, daß hier wie bei den Adjektivmarkierungen
markierte und unmarkierte Alloformen vorkommen und systematische Unterschiede zwischen Mundart und Einheitssprache
bestehen.

2.5.8. Präpositionen

Bei den Präpositionen gibt es einige Kontraste (die man aber
statt als syntaktische Kontraste auch als Kontraste in Bezug
auf das Lexeminventar analysieren könnte): *bei* läßt sich
z.B. mundartlich mit Dativ und Akkusativ konstruieren: *bei
meiner Tante (wo?), bei meine Tante (wohin?),* das einheitssprachliche *zu* gibt es in der nördlichen Westpfalz nicht.
KARCH weist darauf hin, daß *seit* und *in* mundartlich kombinierbar sind: *seit im Frühjahr,* wobei *in* seine präpositionale Funktion verlöre (KARCH 1972, S. 139), *seit im* ist dann
äquivalent *seit dem.*

2.6. Wortbildungsmuster

In Bezug auf Wortbildung unterscheiden sich Mundart und Einheitssprache nicht systematisch, sondern vor allem in Bezug
auf die Anwendung, die Produktivität der einzelnen Muster.

2.7. Wortstellung

Die mundartliche Wortstellung unterscheidet sich von der
einheitssprachlichen vor allem dadurch, daß das Prädikat
an erster Stelle des Satzes stehen kann: *Dann zapfen wir
dort unsere Wagen voll und fahren sie ins Brechwerk, kip-
pen wir sie dort und fahren wieder herein* (Aufnahme 1684).
War nachher das Wingertschneiden (KARCH 1972, S. 75).
    In Hauptsätzen wie in Nebensätzen treten häufig nachge-
stellte Teile auf: *und da sind wir morgens zu dritt hinaus
um 5 Uhr* (KARCH 1972, S. 63). Auch die aus finitem und infinitem Teil zusammengesetzten Prädikate weisen oft andere
Wortstellung auf als einheitssprachliche: *hab müssen den
Anfang machen* (KARCH 1972, S. 70).
    In Nebensätzen findet sich häufig keine Endstellung des
Prädikats: *Wenn die Luft geht und die Sonne scheint ein
bißchen* ... Worstellungsprobleme sind im hier gegebenen
Zusammenhang nicht als Probleme systematischer Divergenzen,
sondern nur als Probleme der Norm *(usage)* aufzufassen, da
Wortstellungen von mir nicht als syntaktische Markierung ge-
wertet wurden, eventuell sogar nur als sprechaktbedingte
Eigenschaften des aktuellen Textes anzusehen sind.

3. Eigenschaften von Systemen und Norm versus Sprechaktmerkmale

Mundart und Einheitssprache unterscheiden sich a) in Bezug
auf das syntaktische System (z.B. einheitssprachlich 4-Ka-
sus-System, gegenüber mundartlich 3-, bzw. 2-Kasus-System),
b) in Bezug auf die Norm d.h. die verschieden geregelte Aus-
nützbarkeit von in beiden Systemen vorhandenen Strukturen.
Berücksichtigt man, daß Dialekt als gesprochene Sprache an
bestimmte Redesituationen gebunden ist, so ergibt sich für
eine syntaktische Deskription folgende Aporie, auf die
auch CHLOUPEK (1967) hinweist: sind einige der Merkmale,
so wie sie oben kontrastiv beschrieben wurden, vielleicht
lediglich Merkmale der S p r e c h a k t e in einer
spezifischen Kommunikationssituation (z.B. können weniger
differenzierte Kennzeichnungen von Nebensätzen und Ellipsen
schon deshalb gewagt werden, weil die damit ausgefallene
Information bei tatsächlichem Mißverstehen jederzeit nach-
getragen werden könnte) oder sind es tatsächlich Merkmale
des *Systems* (z.B. des Konjunktionssystems) und der *Norm*
(nichtobligatorische, automatisierte Wendungen) die aber
eventuell verursacht sind, durch die bei Mundart gegebene
Sprechsituation? Dies ist keine Frage, die durch das Zu-
sammenspiel von Corpus-Analysen und Native-speaker-Intuition
gelöst werden könnte oder durch einen Vergleich aller Dia-
lekte/gesprochenen Sprachen des deutschen Sprachraums (diese können auch systematische Eigenschaften gemeinsam haben).
Selbst die Entscheidung zwischen Funktion im System und
Möglichkeit im Sprechakt, die z.B. für die Beschreibung der
Kasus klar ist, läßt sich für andere Aspekte nicht ohne
Dezisionismus fällen.

Anmerkungen

1 Deutsches Spracharchiv im Institut für deutsche Sprache
(IdS), Bonn.

2 Vgl. z.B. die Problematik der Partizipzuordnung zu
"Wortklassen" in H. u. B. § 2.4.2.2.2., die sich bei
morphologisch definierten "Wortarten" nicht ergäbe.

3 Ich verwende außer den internationalen phonetischen Zeichen [̥], [̊] als Zeichen für Stimmlosigkeit, [š] für
einen mundartlichen Laut, der zwischen den in der Einheitssprache verwendeten [ʃ] und [ç] liegt, [ʊ] für
einen etwa halb geschlossenen Hinterzungenvokal, [~]
für schwache Nasalierung des darunter stehenden Vokals,
[ⁿ] für starke Nasalierung des vorangehenden Vokals.

4 Im Unterschied etwa zum Französischen, wo die Pluralmarkierung graphemisch *s*, phonemisch aber [ε:] ist: *le
chien - les chiens* [lə çiεⁿ], [lε çiεⁿ].

5 *Peter, der hat einen Schneemann gebaut* (Prolepse)*, und
da war es ein bißchen größer geworden, der Betrieb.*

6 Aufnahme 1963 des IdS: ... *habe ich ... und bin ich ...,
und das war auch ganz gut, und habe auch dort ...,* ähnliches in allen Aufnahmen.

7 KARCH analysiert dies allerdings als "Verschwinden in
Kontraktionen".

8 Vgl. dazu Duden-Grammatik, 1974, § 196 "Tempussystem im
Oberdeutschen", wonach im Oberdeutschen allerdings ausschließlich *habe ge- ... -t gehabt* als Plusquamperfekt
auftritt.

9 D.h. statt des Präteritums des Hilfsverbs kann auch das
Perfekt des Hilfsverbs verwendet werden.

10 Ein Beleg für Konjunktiv in indirekter Rede findet sich
z.B. in Aufnahme 4606.

11 Solche Fälle ließen sich eventuell auch als Verwendung
der sog. Modalverben als "Vollverben" erklären.

12 Vgl. Pfälzisches Wörterbuch, s.v. *das*.

13 Vgl. Aufnahme 1691: [d̥ε:ᵉ d̥o: g̊ri:š] *der letzte Krieg*.

14 Wichtig ist hier die Betonung: nicht [sűnd̥ə:g̊sg̊lε:d̥]
wie einheitssprachlich Sonntagskleid - daß kommt mundartlich auch vor - sondern [sűnd̥ə:gs g̊lέ:d̥]

15 H. u. B. (§ 3.3.2.5.) verwenden *Possessivpronomen,* aus
    Gründen der Distribution ziehe ich *Possessivartikel* vor.

16 H. u. B. (S. 563) nehmen hier elliptische Bezugswörter
    an, andere Grammatiken nehmen - sehr einlechtend -
    Ergänzungssätze als Subjekt bzw. Objekt an, d.h. Neben-
    sätze, die mit Substantiven im Nominativ, bzw. Substan-
    tive mit Präposition kommutieren.

17 *Die Zeit wo es blüht. Der Ort, wo es wächst.*

18 Belege nach Pfälzisches Wörterbuch, Pfälzisches Wörter-
    buch-Archiv, Native-speaker-Information. Nicht belegbar:
    ⁺*der Mann bei den wo/wo/ bei den wir gehen (≙ zu dem wir
    gehen).*

19 Beispiele:
    [ɹu:f], [ɹu:fə]   *rufe*   [ɣeš], [ɣešə] *wasche*
    [ɹu:fš], [ɹu:fšd̥]   *rufst*   [ɣešd̥]   *wäscht*
    [ɹu:fd̥], [ɹi:fd̥]   *ruft*   [vešd̥]   *wäscht*
    [g̊i:n], [g̊e:n], [g̊ɛ̃:n]   *gehe*
    [g̊e:š], [g̊e:šd̥]   *gehst*
    [g̊e:d]   *geht*
    Bei *waschen* fallen durch Kontraktion des im Stamm vor-
    handenen und die 2. Person markierenden [š] 2. und 3.
    Person zusammen.

20 [u̥il], [u̥ilš(d)], [u̥il] *will, willst, will.*

21 [ɹu:fə], [ɹu:fən] *rufen, ruft, rufen,* [-ə] und [-ən]
    sind Alloformen.

22 [vɛ:ᵉ], [vẽnə], [vẽm] *wer, wen, wem,* [iš], [miš],
    [m̥i:ᵉ] *ich, mich, mir.*

23 [si:], [si:], [e:ᵉ] *sie, sie, ihr.*

24 [e:ᵉ], [aiš], [aiš] *ihr, euch, euch.*

25 Vgl. KARCH, Großbockenheim, S. 132, wo der unmarkierte
    Akkusativ [uf mɑinə fɹa: iɹ g̊əbuɹdsda:] vorkommt und
    KARCH, Morphologie vorderpfälzischer Dialekte.

Bernhard Kettemann und Wolfgang Viereck

Muttersprachiger Dialekt und Fremdsprachenerwerb Dialekttransfer und Interferenz: Steirisch-Englisch

1. Dialekt und Schule

Trotz der Unkenrufe, die uns seit Jahrzehnten erreichen, die Dialekte würden aussterben und man müßte sich mit ihrer Erfassung beeilen, trotz Einfluß der Massenmedien, trotz Einfluß der Schule, ist festzuhalten, daß sich die Dialekte gegenwärtig bester Gesundheit und Lebendigkeit erfreuen. Dies gilt mit gewissen geographischen Einschränkungen für die englischsprachigen Länder ebenso wie für die deutschsprachigen. So mancher von uns dürfte sich an mit erhobenem Zeigefinger ausgesprochene Lehrerrügen erinnern: "Das ist kein Ohrenschmaus für jemanden, der 'gutes Deutsch' spricht" oder "So schreibt 'man' nicht". Wie 'man' spricht und schreibt, darüber geben mannigfache Anweisungen in deutschen und österreichischen Sprachbüchern über 'gutes Deutsch' Auskunft bzw. die berühmt-berüchtigten Miss Fidditches über 'correct English' (die noch nicht einmal den sich wandelnden Sprachgebrauch der Einheitssprache zur Kenntnis nehmen und bringen, geschweige denn Dialekte). Dabei ist natürlich immer impliziert, daß andere Sprech- und Schreibweisen 'schlecht' und 'inkorrekt' sind - Bewertungen, die aus linguistischer Sicht unhaltbar sind. PINSKER meint zu Recht: "... [die] Schule ... [hat] uns eine abschätzige Einstellung gegenüber der Mundart eingeimpft ..., wenn auch zugegeben sei, daß die in der Schule vermittelten Vorurteile infolge ihrer emotionalen Aufgeladenheit meist besser haftenbleiben als die bloß rational übernommenen Erkenntnisse und Kenntnisse" (1975, 118). Diese wohl älteste und am weitesten verbreitete Methode, mit Dialektproblemen in der Schule fertig zu werden, die im Englischen unter der Bezeichnung eradication bekannt ist, hat trotz eifriger Bemühungen bislang nicht zum gewünschten Erfolg geführt und wird es auch wohl nicht. Gott sei Dank kann man hinzufügen, und zwar aus mehrerlei Gründen, wovon hier lediglich die gerade für Kinder so wichtigen Komponenten der Identität und Solidarität genannt seien. Nicht zuletzt führt ein Beharren des Lehrers auf der Eliminierung von Dialekteigentümlichkeiten beim Schüler häufig zu sprachlicher Unsicherheit mit all den negativen Konsequenzen, die sich daraus ergeben (können). Aufschlußreich sind in diesem Gesamtkom-

plex die Ausführungen von Peter ROSEGGER (1843-1918), der
in steirischem Dialekt aufwuchs und in der Schule dem Druck
nach Eliminierung dialektaler Eigentümlichkeiten nolens vo-
lens ausgesetzt war. Er schreibt: "Ich hatte lange zu tun,
um von den Verheerungen der Grammatik mich zu erholen; nach
diesem schrecklichen Buche war ja alles 'inkorrekt', was
sonst schön und in frischer Eigenart gewirkt hatte. Erst
als die grammatischen Regeln und Vergewaltigungen wieder
gründlich vergessen waren, konnte an eine schriftstelleri-
sche Existenz gedacht werden. Heute sündigt vielleicht jeder meiner Sätze gegen das Schuldeutsch, aber das Ding wird
wahrscheinlich verstanden. Und daß sie verstanden wird, ist
meiner unmaßgeblichen Meinung nach bei einer Sprache die
Hauptsache" (zit. nach POLLAK o.J., 86).

Weitere Sichtweisen, wie man sich mit dem Problem der
Dialekte in der Schule auseinandersetzen kann, hat uns die
in den USA in den letzten eineinhalb Jahrzehnten mit besonderer Heftigkeit entbrannte Diskussion um das sog. Black
English aufgezeigt (vgl. z.B. SHUY 1972). Neben der eradication wird der functional bi-dialectalism bzw. - um das stig-
matisierte Wort dialect nicht zu gebrauchen - der biloquialism
approach verfochten, demzufolge beide Formen, Einheitssprache und Dialekt, gleichberechtigt nebeneinanderstehen. Dialektsprechende Kinder sollen ihren Dialekt nicht aufgeben,
zusätzlich zu ihrem Dialekt wird ihnen die Einheitssprache
beigebracht. Schließlich wird die Meinung vertreten, daß
auf dem sprachlichen Sektor überhaupt nichts zu ändern sei.
Jeder, der wolle, solle seinen Dialekt sprechen. Zu ändern
sei vielmehr die Haltung gegenüber unterschiedlichen Sprachformen. Es müsse die Einsicht gefördert werden - und die
Schule sei der rechte Ort, damit zu beginnen -, daß sich
Sprache in unterschiedlichen Erscheinungsformen präsentie-
re, die völlig gleichwertig seien. Dies ist ein frommer
Wunsch, könnte man einwenden, angesichts der gesellschaftlichen Sanktionen gegen diejenigen, die nicht zuletzt auch
gegen sprachliche Normen verstoßen. Es ist jedoch nicht zu
übersehen, daß sich gerade auf diesem Gebiet bisher festge-
schrieben geglaubte Einstellungen zu ändern beginnen - sogar in Großbritannien. So berichtet TRUDGILL (1975, 56)
über eine kürzlich in Glasgow durchgeführte Studie, die als
wichtiges und wohl überraschendes Ergebnis die Tatsache erbracht hat, daß die Mehrheit der befragten Arbeitgeber und
Personalchefs, auch von Banken und Versicherungsgesellschaf-
ten, der Aussprache der Bewerber keine Bedeutung beimessen
(vgl. MACAULAY/TREVELYAN 1973). Selbstverständlich sind
hier weitere Untersuchungen - vor allem in England - vonnöten. Immerhin scheinen Ausspracheeigentümlichkeiten bei
späterer Stellensuche wesentlich weniger von Belang zu sein,
als es viele britische Lehrer wahrhaben wollen. Noch ein
weiterer Aspekt ist in diesem Zusammenhang beachtenswert.
Subjektive Reaktionstests im Rahmen der sog. matched-guise
technique (vgl. dazu HOLMES 1976) haben nämlich ergeben,
daß Received Pronunciation (RP)-Sprecher zwar als intelli-
genter und mit größerer Autorität behaftet eingestuft wer-

den, Dialektsprechern jedoch größere persönliche Integri-
tät und gesellschaftliche Attraktivität attestiert wird
(vgl. die in der Bibliographie genannten Arbeiten von
GILES). Hier muß nochmals auf TRUDGILL (1975, 57) verwiesen werden, der ein weiteres diesbezügliches Experiment
folgendermaßen zusammenfaßt: "A particularly important
experiment ... involved tape-recordings of an argument
against capital punishment recorded by the same speaker
using both R.P. and regional accents. The results showed
that those listeners who heard the R.P. version of the argument evaluated it more favourably than those who heard
the regional accent versions. In other words, the quality
of the argument was rated as higher when it was spoken in
R.P. than when it was spoken in a regional accent. But the
experiment also measured how effective the argument actually
was by investigating how many listeners changed their minds
after being exposed to it. Here it emerged that the regional-
ly accented versions of the argument were much more success-
ful. So, while listeners stated that the R.P. argument was
better, it was actually the regional accents that were more
persuasive and convincing". Bleibt als Fazit aus dem Ge-
sagten festzuhalten, daß eine dialektale Aussprache keineswegs immer ein sozialer Nachteil ist (auch nicht in Großbritannien). So gesehen, erscheint die zuletzt angesprochene und zu fördernde Toleranzhaltung sprachlichen Unterschieden gegenüber doch nicht so utopisch zu sein. Es ist gegenwärtig absolut kein Grund ersichtlich, weshalb sich der
gegenüber früher deutliche Wandel[1] nicht künftighin verstärkt fortsetzen sollte. Allerdings ist dies ohne Frage
ein längerer Prozeß.

Anhänger der eradication Methode sollten nun beginnen,
mit den Realitäten zu leben und die Dialekte bei Schulbe-
ginn wohl sogar anstelle, später aber neben der Einheitssprache leben lassen. Natürlich gilt es hier, geographisch
zu differenzieren. Für die überwiegende Mehrzahl der österreichischen Schüler ist zweifelsohne ein mehr oder weniger
stark ausgeprägter Dialekt die Muttersprache. Daher gilt
für diesen Raum das eben Gesagte ganz besonders (vgl. auch
POLLAK o.J. und PINSKER 1975)[2].

Für Mutter- und Fremdsprachenlehrer ist es in jedem Fall
von großem Vorteil, wenn sie neben der Einheitssprache auch
die Dialekte (zumindest passiv) beherrschen, die in den
Gebieten gesprochen werden, in denen sie unterrichten. Dadurch würde im Muttersprachenunterricht so mancher 'Fehler'
als Dialekteigentümlichkeit erkannt und - auf Grund des an
Pädagogischen und anderen Hochschulen über das Wesen der
Sprache Gehörten - unpassende Kommentare vermieden. (Zu
einigen Lehrerreaktionen auf die Schüler bzw. deren Sprache
vgl. SELIGMAN et al. 1972 und in der Bibliographie genannte Arbeiten von GILES.) Natürlich gibt es keine "reinen"
Dialekte, etwa im WRIGHTschen Sinne, aber auf Grund des
während der Ausbildung zu erhaltenden Rüstzeuges - dafür
wäre in den Studienplänen Sorge zu tragen - sollte der
Lehrer in der Lage sein, auch ausgangssprachliche Misch-

formen zur Zielsprache - sei es die muttersprachige Einheitssprache oder die Fremdsprache - in Beziehung zu setzen.
Für den Fremdsprachenlehrer ergibt sich die Möglichkeit, ja
die Notwendigkeit, den muttersprachigen Dialekt in den Unterricht einzuplanen. Wie bereits JAMES 1974, 101, vermerk-
te, ist es effizienter, "direkt vom Dialekt in die Fremdsprache überzugehen statt über die Einheitssprache zu verfahren". Der des jeweiligen muttersprachigen Dialekts kun-
dige Lehrer sollte diese Kenntnis beim Erkennen der spezifischen Probleme, die die dialektsprechenden Schüler beim
Erlernen der Fremdsprache haben, nutzbar machen und somit
den Fremdsprachenunterricht effektiver gestalten. Der Dialektsprecher hat beim Erlernen der Fremdsprache andere
Schwierigkeiten zu überwinden als der Sprecher der Einheitssprache. Auf der anderen Seite können muttersprachige
dialektale Eigentümlichkeiten, die sich in der Einheitssprache nicht finden, den zu erlernenden fremdsprachlichen
Strukturen entsprechen. Diese Lernhilfen sollten konsequent
genutzt werden - selbstverständlich unter Hinweis auf die
unterschiedlichen Sprachebenen. So fehlt z.B. im Steirischen - wie im Englischen - die in der deutschen Einheitssprache obligatorische Inversion in untergeordneten Nebensätzen: Steirisch: "*Är dut dös net w e i l ä r i s
b l e t*" - englisch: "*He does not do it b e c a u s e
h e i s s t u p i d*". Der Lehrer sollte sich dieser Dinge bewußt sein und sich dieser mannigfachen Hilfen, die
der Dialekt bietet, bei der Gestaltung des Unterrichts-
materials bedienen. Dies gilt insbesondere für Schul-
buchautoren.

Nimmt man die Autoren österreichischer Unterrichtswer-
ke des Englischen als Maßstab, so muß man feststellen, daß
sie dieses Problem nicht sehen bzw. die sich hier bieten-
den Möglichkeiten nicht nutzen: von insgesamt fast 50 (!)
vom zuständigen Bundesministerium für die verschiedenen
Schultypen und -stufen, in denen Englisch gelehrt wird,
approbierten Lehrbüchern des Englischen, fällt lediglich
e i n (!) Schulbuch wenigstens durch sporadische Hinweise,
die unser Problem betreffen, aus dem Rahmen[3] - alle anderen schweigen sich hierzu völlig aus.

Wir wollen nun im folgenden den Versuch unternehmen,
die Lernhilfen und Lernschwierigkeiten, die ein Dialekt
beim Erwerb einer Fremdsprache bietet, aufzuzeigen.

2. Begriffsbestimmungen

Bei der folgenden Analyse handelt es sich um den exempla-
rischen, diagnostischen, primär segmentphonologischen Kontrast eines österreichischen Dialektes (des südlichen Murtales bei Graz) als Ausgangssprache, mit dem schulischen
Standard des Englischen, einer steirischen RP-Näherungs-
variante, als Zielsprache. [In österreichischen Schulen
wird britisches Englisch, BBC-Englisch, wie es kategorisch

im Gesetzestext heißt, gelehrt.] Die Analyse ist insofern prognostisch, als sie ceteris paribus auf andere Populationen ähnlicher Provenienz und Struktur übertragbar sein soll.

Es wird angenommen, daß die prädiktive Kraft (d.h. die Vorhersage von Fehlermöglichkeiten) einer kontrastiven Analyse von Lautsystemen von Ausgangs- und Zielsprachen dort explanativ wirksam werden kann, wo die Vorhersagen über mögliche Interferenzen empirisch in der Lernersprache validiert werden können. Die Arbeit selbst geht rein diagnostisch vor. Es werden nur erhobene Fehlermöglichkeiten dargestellt, die sich (neben möglicherweise anderen Ursachen) auch aus Interferenzen ableiten lassen.

Im dargestellten segmentphonologischen Bereich werden Interferenzen als Abweichungen von der zielsprachlichen Norm, verursacht durch ein System von Oberflächenstrukturbedingungen der Ausgangssprache über lernersprachlicher Rezeption und Produktion interpretiert. Im Laufe der zielsprachlichen Instruktion wird dieses System abgebaut.

Unter starker Interferenz verstehen wir die Übernahme ausgangssprachlicher Systemteile in die Lernersprache, die von der Zielsprache abweichen. Schwache Interferenz liegt dann vor, wenn eine lernersprachliche Äußerung von ausgangs- und zielsprachlichen Akzeptabilitätsnormen abweicht.

Transfer nennen wir die Übernahme ausgangssprachlicher Systemteile in die Lernersprache, wenn diese nicht von der zielsprachlichen Akzeptabilitätsnorm abweichen[4]. Neben den bereits genannten Beispielen (vgl. auch Anm. 3) sind in dieser Kategorie noch die steirischen Diphthonge [ei] und [oʊ] zu nennen, die keine Entsprechungen in der deutschen Einheitssprache, wohl aber in der Zielsprache haben.

Die Annahme einer zielsprachlichen Eingabe für den Lernprozeß stellt eine starke Vereinfachung dar, die der Realität widerspricht. Vielmehr ist die Lehrersprache die Eingabe für den fremdsprachlichen Lernprozeß für unsere Population. Diese Lehrersprache ist eine Annäherungsvariante der Zielsprache. Dies bedeutet, daß einige der in 7. dargestellten Interferenzen gar nicht Interferenzen in der Lernersprache sind, sondern richtig reproduzierte Eingaben der Lehrersprache, die diese aufgrund der dortigen Interferenzregeln (sicher nicht immer nur performatorisch bedingt) produzierte. Die Darstellung der Interferenzen der Lehrersprache würde eine weitere Ableitungsstufe auf dem Weg von Zielsprache zu lernersprachlicher Leistung notwendig machen, ohne jedoch prinzipielle Veränderungen der Derivation zu bewirken. Es wird deshalb (und aus technischen Gründen) auf eine Darstellung der Lehrersprache als Eingabe verzichtet und stattdessen die schulpraktische Lehrnorm der Zielsprache als Eingabe angegeben. Grundsätzlich ist jedoch das Zweitsprachenerwerbsmodell, das NICKEL 1971, 8f., präsentiert, um diese Stufe zu erweitern.

Die Lernersprache wird als regelhaftes und durch Vorkommensbedingungen modifiziertes Sprachverhalten innerhalb einer bestimmten, zielspracheeingabeabhängigen, instabilen

Übergangskompetenz zwischen Ausgangs- und Zielsprache definiert[5]. KÜHLWEIN 1975, 117, nennt die Lernersprache die (verschiedenen) Annäherungsstadien der Fremdsprachenbeherrschung. Diese bedürfen der didaktisch-methodischen Programmierung seitens des Lehrers und der adäquaten Einplanung in den Unterricht.

Ein Fehler liegt dann vor, wenn eine lernersprachliche Äußerung von der entsprechenden zielsprachlichen Akzeptabilitätsnorm abweicht oder zielsprachlich nicht zu interpretieren ist.

Ein interferenzbedingter Fehler liegt dann vor, wenn die lernersprachliche Äußerung durch eine ausgangssprachliche Oberflächenbedingung von der zielsprachlichen Akzeptabilitätsnorm abgeleitet werden kann bzw. jene diese ersetzt.

3. Material

Dialektphonologische Interferenzen beim englischen Spracherwerb haben bisher SCHUBIGER (1937, 1938), BURGSCHMIDT/ GÖTZ (1972) und JAMES (1974, 1976a) innerhalb der deutsch-englischen Sprachkontrasts behandelt. Über den Einfluß des steirischen Dialektes auf den englischen Spracherwerb liegen bisher keine Untersuchungen vor. Steirische Dialekte, meist in Form einer Lautgeschichte, behandeln EISELT (1950), KRANZMAYER (1931), LEITINGER (1939) und PILZ (1938). Über steirische Dialekte des Murtales südlich von Graz und Graz selbst gibt es bislang keine punktuellen dialektphonologischen Untersuchungen. Das Gebiet, in dem unsere Erhebungen durchgeführt wurden, gehört - großräumig betrachtet - zum süddonaubairischen Dialektgebiet, das eine Übergangszone zwischen mittelbairischen und südbairischen Dialekten darstellt (vgl. HUTTERER 1975, 381; zu genauerer regionaler Gliederung vgl. WIESINGER 1967)[6].

Bei der Datenaufnahme wurden von jedem Informanten lernersprachliche und ausgangssprachliche Produktionen ausgewertet. Die Informanten sprachen beide Male frei bzw. lernersprachlich auch teilweise durch Bilder gesteuert, wenn Pausen entstanden. Die 46 Informanten waren zum Zeitpunkt der Aufnahme (März 1977) zwischen 10 und 14 Jahren alt, hatten zwischen 7 und 19 Monate lang jeweils 1-5 Stunden wöchentlich Englischunterricht (ohne Sprachlabor) genossen, lassen sich nach den Kriterien der Media-Analyse homogen der unteren Mittelschicht zuordnen und stammen aus dem südlichen Graz, Eggenberg, Puntigam, Wetzelsdorf, Karlsdorf, Wildon, Lebring, St. Margarethen, Lang, Jöß, Bachsdorf, Ödt[7]. Die Auswahl der Informanten war willkürlich. Die Altersgruppe und die soziale Schicht wurden gewählt, weil hier eine stark dialektal gefärbte Ausgangssprache erwartet werden konnte.

4. Kontrast der Artikulationsbasis und der suprasegmentalen Elemente

4.1. Artikulationsbasis

In dem südsteirischen Dialekt ist der subglottale Atemdruck schwächer als in der Zielsprache, was dort zur Lenisierung mehrerer Konsonanten und zu relativ geringer Spannung bestimmter Vokale führt. Die Glottis ist in der Ausgangssprache im allgemeinen etwas gesenkt, relativ zu ihrer Lage in der RP-Variante der Zielsprache, was dort zu einer Vergrößerung des pharyngalen Resonanzraumes führt, was wiederum eine Vergrößerung der hinteren Mundhöhle bewirkt. Dies äußert sich bei der Vokalartikulation durch eine allgemeine Velarisierungstendenz der Ausgangssprache[8].

4.2. Junktur

Im südsteirischen Dialekt gibt es ebenso wie in der RP offene und geschlossene Junkturen, wobei in der Ausgangssprache die offenen Junkturen überwiegen. Bei fehlendem Silbenanlaut geht jedoch nicht immer ein glottaler Verschluß dem Vokaleinsatz voraus. Offene Junkturen, ebenso wie fading, Tempoverlust und Pausen verhindern die kombinatorischen, kontextuell gesteuerten Lautveränderungen (Sandhi). Die Zielsprache weist eine größere Zahl von Sandhierscheinungen auf als die Ausgangssprache.

4.3. Satzakzent

In Ausgangs- und Zielsprache fällt der Satzakzent bei topikalisierungsneutralen Sätzen auf das Satzende. Bei thematischem Akzent können Unterschiede der Wortstellung verschiedene Akzentsetzung in entsprechenden Sätzen verursachen. Bei emphatischer, kontrastiver oder logischer Satzbetonung sind kaum Interferenzen zu erwarten.

4.4. Wortakzent

Im Gebrauch des Wortakzents unterscheiden sich Ausgangs- und Zielsprachen bei einfachen Wörtern so geringfügig, daß es im erhobenen Material nicht auftritt. Bei Wortzusammensetzungen nehmen wir für die Zielsprache drei Akzente an: haupttonig ('), nebentonig (`) und unbetont (), während man für die Ausgangssprache wohl mit zwei Wortakzenten auskommt, betont (') und unbetont (). Wortzusammensetzungen erscheinen im erhobenen Material nicht. Sie treten im Unterrichtsmaterial erst zu einem späteren Zeitpunkt auf. Es wird bei PILCH (1966) angenommen, daß der ausgangssprachliche Nebenakzent in Wortzusammensetzungen derivationsmorphologisch bedingt ist und nicht durch phonetische Regeln erfaßt werden kann.

4.5. Intonation

Intonation ist die Stimmbewegung zwischen hohen und nie-
drigen Tonhöhen, meistens innerhalb eines Satzes. Hierzu
gehören auch Rhythmus (Silbenfüllung, Silbenlänge), Tempo,
Pausen und Lautstärke. In der Ausgangssprache ist die Ton-
höhenbandbreite insgesamt geringer und tiefer als im Englischen, die Lautstärke etwas größer und das Tempo etwas
langsamer. Intonationsmuster übermitteln neben syntaktisch/
semantischer vor allem pragmalinguistische Information, wie
Interesse, Aufmerksamkeit, Desinteresse, Langeweile, Auf-
regung usw. Diese pragmalinguistischen Kontexte fehlen
jedoch im beobachteten und wohl auch allgemein im Unterricht, was zu dem gerade bei der Intonation wichtigen ha-
bituativen Lernen wenig motiviert. Aufgrund der geringen
Bandbreite der ausgangssprachlichen Tonhöhenbewegungen
bereiten schon einfache fallende oder steigende Intonationskonturen der Zielsprache Schwierigkeiten, so daß sie
in der Lernersprache vermieden werden. Im erhobenen Material sind kaum Intonationskonturen nachzuweisen. Wir haben
deshalb auf eine Analyse der Intonationsfehler verzichtet.
Wir werden zu einem späteren Zeitpunkt mit einer alters-
mäßig anders zusammengesetzten Population eine kontrastive Darstellung der ausgangssprachlichen Mischform/Ziel-
sprache auf der Ebene der Suprasegmentalia vorlegen[9].

4.6. Spannung

Die segmentale Spannung kann von der Intonation, der Sil-
benposition, der Artikulationsintensität, der Artikulationsart und dem Eigenspannungsgrad des jeweiligen Lautes
abhängen. Es läßt sich auch hier nur eine allgemeine Tendenz der Ausgangssprache feststellen zu weniger gespannten
Artikulationen als in der Zielsprache. Ausnahmen bilden
z.B. [ei] und [th], die gespannter artikuliert werden als
ihre zielsprachlichen Entsprechungen in den entsprechenden kombinatorischen Positionen.

5. Das ausgangssprachliche Segmentinventar

5.1. Der Vokalismus

Segment:	Beispiele für das Auftreten in ver- schiedenen Stellungen:
[ia], [ea]	ihn, Hühner, nie ['iam] (auch ['e͂am]), ['he͂ana] (auch ['hiana] , ['nia]
[ɪ], [i]	ich, Hütten, hinaus ['ɪ], ['i], ['ɪç], ['hɪɾn̩], ['au sɪ]
[e], [ei]	Edi, Bett, Sulmsee ['eidɪ], ['eɾɪ], ['beith], ['sʊlmˋsei]
[ɛ]	erzählt, kommen, sie (Pl.) [ˋɛ'dsɔ̈lth], ['khɛmn̩], ['sɛ]
[ɛə], [æ], [æ:]	er, dürfen ['ær], ['ɛə], ['æ:r], ['æ:ə], ['dæ:fn̩]
[a], [a:]	Kaffee, Bäume [kha'fe], ['ba:ma], ['ba:m̩]
[ü], [i], [üə]	über, Brüder, viel ['üβə], ['iβə], ['brüəda], ['briəda], ['fül], ['füɨ]
[ü̇]	übrigens, wild, zuviel ['ü̇brɪg̊ənd̥s], ['βü̇ɨth], ['d̥sfü̇ɪ]
[ö]	öd ['öth]
[ɔ̈]	elf, Geld ['ɔ̈ɨf], ['g̊ɔ̈lth]
[ə]	alleine, abgeschabt, depperte [ə'laɪnikh], [ə'lã:ni(kh)], ['ɔbg̊ʃɔ:bəɨth], ['d̥ɛˋbad̥ə]
[aɪ]	hinein, Heu ['aɪnɪ], ['haɪ]
[ɔə], [ɔa], [aiə]	Eier, heißen, Haare ['ɔə], ['ɔa], ['aiə], ['hɔasn̩], ['hɔə], ['hɔa]
[aʊ]	auf, taugt, schlau ['aʊf], ['d̥aʊg̊th], ['ʃlaʊ]
[ʊə], [ʊa]	Uhr, Mutter, Bub ['ʊə], ['ʊa], ['mʊəd̥a], ['bʊə], ['bʊa]
[ʊ]	hinüber, Wolf ['ʊmɪ], ['βʊɨf]
[oʊ]	Ostern, Hosen, so ['oʊsd̥ən], ['hoʊsn̩], ['soʊ]
[ɔ], [ɔʊ]	Otto, hoffen ['ɔɾɔ·], ['hɔfn̩], ['hɔʊfn̩]

[ɔː]   Abend, Hasen, Kar (Hecke) ['ɔːb̥m̥ntʰ],
['hɔːsn̥], ['kʰɔː]
[ɔɪ] (Peripher)   Europa [ˈɔɪˈrɔb̥a]

5.2. Der Konsonantismus

Segment: Beispiele für das Auftreten in verschiedenen Stellungen:

[b̥]   Prater, Lappen, Alp ['b̥rɔːd̥a], ['lɔb̥m̥],
['ɔlpʰ]
Braten, haben, Kalb ['b̥rɔːd̥n̥], ['hɔːm],
['hɔːb̥m̥], ['kʰɔlpʰ(n̥)]

[d̥]   deutsch, baden, Rad ['daɪd̥š], ['b̥ɔːd̥n̥],
['rɔːtʰ], ['rɔːd̥l̩]
Tal, gehalten, Rat ['d̥ɔːl], ['kʰɔld̥n̥],
['rɔːtʰ]

[ǧ]   klauben, getrocknet ['ǧlaʊb̥n̥], [ǧəˈd̥roʊǧnətʰ]
glauben, taugt ['ǧlaʊb̥n̥], ['daʊǧtʰ]
gut, weg (!) ['ǧʊətʰ], ['βɛkʰ]

[kʰ]   Kunst, weck (!) ['kʰʊnstʰ], ['βɛkʰ]

[m]   Mutter, kommt, kalben ['mʊɾə], [kʰɪmtʰ],
['kʰɔl(b̥)m̥], ['kʰælb̥ən]

[n]   nähen, Hühner, Ostern ['naən], ['hiana],
['heana], ['oʊsd̥ən]

[ŋ]   hingegangen, Ordnung ['hɪ̆ganə], ['ʊədnʊŋ]

[b̥f]   Pfarrer, schöpfen, Schlupf ['b̥fɔra],
['šɛb̥fn̥], ['šlʊb̥f], ['šlʊpf]

[d̥s]   zehn, fünfzehn, Weizen ['d̥sein], ['fʊxd̥sn̥],
['βɔad̥s], ['βɔats]

[d̥š]   Tschuschen, Lutscher, deutsch ['d̥šʊšn̥],
['lʊd̥ša], ['daɪd̥š]

[f]   vier, Ofen, elf ['fia], ['oʊfn̥], ['ɔ̆ɫf]

[ß]   Wasser, schwer ['βɔsa], ['šßaː]

[s]   sind, gesucht, weiß ['sãn], ['ǧsʊəxtʰ],
['βaːs]

[š]   Stall, Melkgeschirr, Pfusch ['šd̥ɔl],
['mɔ̆ɫxkʰšɪr], ['b̥fʊš]

[x]	acht, Koch ['ɔxtʰ], ['kʰoux]
[ç]	möchte, Milch ['mɛçtʰ], ['mülç]
[h]	heißes, behinderten ['ha:səs], ['hɔasəs],
	[bə'hɪnda̯rn̩]
[l], [ɫ]	Lebring, helfen, viel ['leib̥rɪŋ], ['hɔlfn̩],
	['hɔɫfn̩], [füɫ]
[j]	Jahr ['jɔ:(r)]
[r]	hineingeben, fressen ['rain`g̥ɛm],
	['frɛsn̩]

5.3. Erläuterungen

Im folgenden wird das zielsprachliche segmentale System in
seiner Struktur und Distribution als bekannt vorausgesetzt
und hier nicht im einzelnen dargestellt[10]. Die Ausgangssprache verwendet silbenan- und wortinlautend nur stimmlose Lenisverschlüsse ([b̥, d̥, g̥]); dasselbe gilt für die
Affrikaten [b̥f], [d̥s] und [d̥š]. Im Silbenauslaut treten
jedoch stark°aspirierte Fortis-Varianten auf ([pʰ, tʰ, kʰ,
pf, tš]). Der stimmlose, dorsovelare Fortisverschluß tritt
auch am Silbenanfang vor Vokalen aspiriert auf. In dieser
Stellung scheint er mit der Lenis-Variante frei zu wechseln.
Im Silbenanlaut treten der dorsovelare Nasal [ŋ] und die
stimmlosen dorsopalatalen bzw. dorsovelaren Frikative [ç],
[x] nicht auf. Da diese Frikative zielsprachlich nicht auftreten, stellen sie keine Interferenzursachen dar, im Gegensatz zu den Lenisverschlüssen, die zielsprachlich distri-
butionell und merkmalsmäßig anders strukturiert sind (vgl.
9.). Die ausgangssprachliche stimmhafte bilabiale Frikative
[ß] dürfte für zwei lernersprachliche Interferenzerschei-
nungen beim Erwerb und Gebrauch der zielsprachlichen stimmhaften labiodentalen Frikative [v] und des Approximanten
[w] verantwortlich sein. Das ausgangssprachliche Fehlen
der apicodentalen Frikativen [θ], [ð] sowie der stimmhaften apicoalveolaren und palatalen Frikativen [z], [ž] dürfte für die lernersprachlichen Prozesse der Entfrikatisie-
rung [θ] → [d̥] und Alveolarisierung [θ] → [s] verantwortlich sein. In der Ausgangssprache ist [j] eine stimmhafte
dorsopalatale Frikative, in der Zielsprache ein frontopala-
taler Approximant. Hier handelt es sich jedoch um einen
artikulatorischen und nicht um einen funktionalen Unterschied. Ähnliches gilt für [r], das ausgangssprachlich fast
immer ein konkaver dorsouvularer Vibrant oder _flap_ ist,
zielsprachlich hingegen als ein apicoalveolarer retroflexer
halbgerundeter geräuschloser Dauerlaut artikuliert wird.
   Bei den Vokalen liegt die am häufigsten (neben den Diphthongierungen) auftretende Interferenzerscheinung in der
Lernersprache in der zielsprachlich notwendigen Trennung
von mittleren und unteren, vorderen, kurzen, halboffenen,
gespreizten Vokalen [ɛ] und [æ], die in der Ausgangssprache
fehlt.

6. Graphische Interferenzen

Hier werden die in freier Rede auftretenden intralingualen
(d.h.: die phonetische Repräsentation orientiert sich an
mehreren, sich in ihrer Strukturbeschreibung überlappenden Umsetzungsregeln der Zielsprache, z.B. -ough: [af],
[ɔ:f], [a:f], [oʊ], ...) und interlingualen (d.h. die
phonetische Repräsentation arbeitet gemäß den Umsetzungsregeln der Ausgangssprache, z.B.: kn: [kn] statt [n]) Divergenzen zwischen graphischer und phonetischer Repräsentation nicht getrennt. Die Beispiele graphischer Interferenz wurden nicht speziell untersucht, vielmehr wird graphische Interferenz als Erklärungshypothese für die folgenden Beispiele von lernersprachlichen Produktionen angeboten. Die entsprechenden lernersprachlichen Regelappli-
kationen werden entweder als bekannt vorausgesetzt oder
ergeben sich zweifelsfrei aus den jeweiligen Beispielen.

icecream ['ɪskrɪm]   clouds ['kloʊd̥s]

walk ['βɔlk]   are ['ærə]

hear ['hɛ:(r)]   sweets ['svɛts]

buys ['bʊɪs]   some ['sɔm]

Sunday ['sʊnd̥ɪ]   picture ['bɪkd̥ə]

Monday ['mɔnd̥ɪ]   knocked ['knɔk(h)tʰ]

brown [br̥ɔ:n]   to ['d̥oʊ]

answered ['ansβəd̥]   toes ['d̥ʊəs]

above [ə'b̥oʊf]   has ['has]

said ['seɪd̥]

7. Phonologische Interferenzen

Es wird angenommen, daß die folgenden lernersprachlichen
Äußerungen als phonologisch starke Interferenzen erklärt
werden können. Hierzu wird die zielsprachliche Norm und
die lernersprachliche Produktion/Rezeption durch ausgangssprachliche phonetische Oberflächenbedingungen in Beziehung
gesetzt. Zehn der häufigsten, durch diese Bedingungen mo-
tivierte Prozesse, die zum lernersprachlichen Fehlersystem
führen, werden dargestellt.

7.1. Stimmtonverlust, Quantitätsreduktion und Fortisierung

In der Ausgangssprache wirkt die Auslautverhärtungsregel
des Deutschen. In den Fällen, in denen schon in der Zielsprache kein Stimmton vorhanden ist, tritt lernersprachlich entweder eine Quantitätsreduktion oder eine Fortisierung auf.

Zielsprachliche   Lernersprachliche
Realisation   Realisation   (LR)
     (ZR)

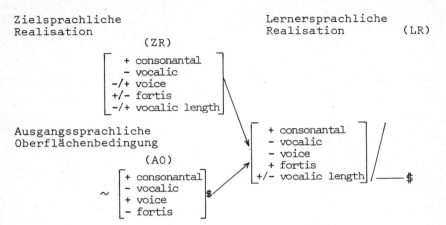

Ausgangssprachliche
Oberflächenbedingung

     (AO)

(Die phonologischen Merkmale in den Regeln sind die der
generativen Phonologie; vgl. SCHANE 1973, 24-34 oder
MAYERTHALER 1974, 10-16.)

ZR	LR
Richard's ['rɪtša·dz]	['rɪd̥šḁds], ['rɪd̥šats]
clouds ['kʰlḁʊdz]	[g̥laʊts]
eyes ['aɪ·z]	['aɪs]
egg ['ɛ·g], ['ɛːg̥]	['ɛkʰ]
rib ['rɪ·b], ['rɪːb̥]	['rɪpʰ]

7.2. Silbenanlautlenisierung

Die ausgangssprachliche Oberflächenbedingung läßt lernersprachlich nur mit [- fortis] spezifizierte Segmente im
Silbenanlaut zu (außer [kʰ] vor Vokal).

ZR

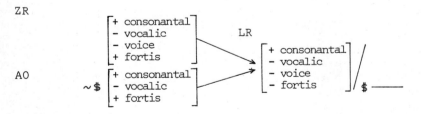

AO

ZR	LR
piece ['pʰis]	['b̥is]
took ['tʰʊk]	['d̥ʊkʰ]
cook ['kʰʊk]	['g̊ʊkʰ]
chair ['tˇʃɛ·ə]	['d̥ˇʒæa]
apples ['æp!z]	['æb̥l̩s]

7.3. Silbenauslautaspiration

Im Silbenauslaut werden aufgrund einer ausgangssprachlichen
Oberflächenbedingung nur aspirierte Segmente lernersprachlich zugelassen.

ZR

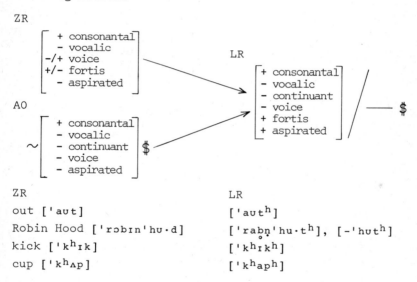

ZR	LR
out ['aʊt]	['aʊtʰ]
Robin Hood ['rɔbɪn'hʊ·d]	['rab̩n'hu·tʰ], [-'hutʰ]
kick ['kʰɪk]	['kʰɪkʰ]
cup ['kʰʌp]	['kʰapʰ]

7.4. Stimmtonverlust silbenanlautender Verschlüsse

Die ausgangssprachliche Oberflächenbedingung läßt lernersprachlich nur mit [- voice] spezifizierte Segmente im
Silbenanlaut zu.

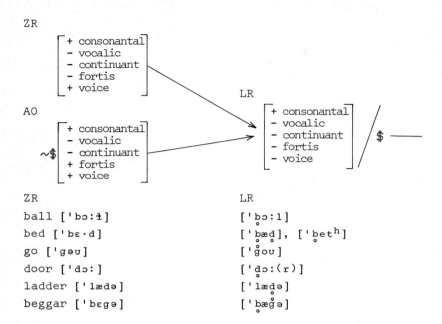

ZR	LR
ball ['bɔ:ɫ]	['b̥ɔ:l]
bed ['bɛ·d]	['b̥æd], ['b̥etʰ]
go ['gəʊ]	['g̊ou]
door ['dɔ:]	['d̥ɔ:(r)]
ladder ['lædə]	['lædə]
beggar ['bɛgə]	['b̥æg̊ə]

7.5. Entfrikatisierung der dentalen Frikative

In der Ausgangssprache fehlt eine entsprechend spezifizierte Merkmalskombination. Lernersprachlich wird deshalb auf den artikulatorisch ähnlichen ausgangssprachlichen
Verschluß ausgewichen (vgl. auch 7.6.).

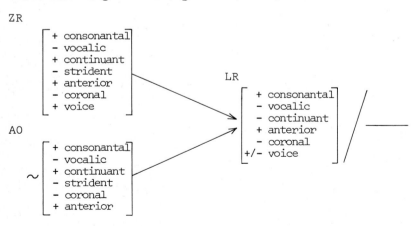

ZR	LR
with ['wɪð]	[' βi t̲]
then ['ðɛn]	['dɛn̥]
the ['ðə]	['də̥]
into the woods ['ɪntʊðə'wʊdz]	['ɪn'ˈt̲ʰu't̲ʰə'βu̥d̥z̥]
clothes ['kləʊðz]	['g̊lau̲t̲ʰ]

7.6. Alveolarisierung der dentalen Frikative

Hier wird nicht, wie in 7.5., die Artikulationsart des zielsprachlichen Lautes verändert, sondern der Artikulations-
ort. Es kann sein, daß die Stimmhaftigkeit der zielsprachlichen Frikative den Prozeß steuert, jedoch ist unser Datenmaterial nicht ausreichend, um diese Hypothese zu
sützen. Falls die Hypothese falsch ist, muß die lernersprachliche Entscheidung zwischen den Prozessen in 7.5.
und 7.6. als zufällig angesehen werden. Auch ist noch zu
klären, warum nicht die labiodentale Frikative [f] lernersprachlich eingesetzt wird, die zielsprachlich als auditiv
phonetisch ähnlicher angesehen wird als [t, d] oder [s].

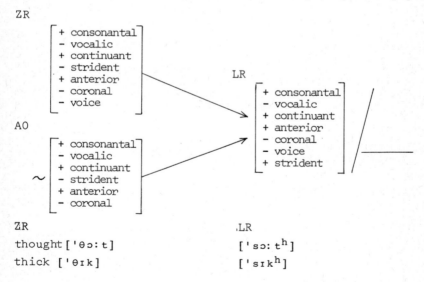

ZR	LR
thought ['θɔːt]	['sɔːt̲ʰ]
thick ['θɪk]	['sɪkʰ]

7.7. Frikatisierung des bilabialen Approximanten

Die lernersprachlichen Produktionen einer bilabialen Frikative [ß] in der zielsprachlichen Funktion des Approximanten [w] dürften eindeutig auf der Übernahme des ausgangssprachlichen Phonems beruhen.

ZR

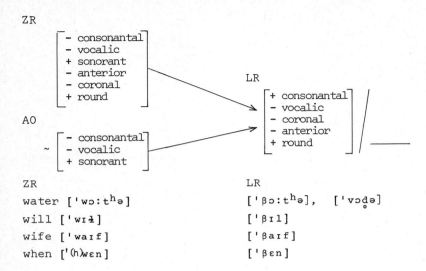

ZR

	LR
water ['wɔ:tʰə]	['βɔ:tʰə], ['vɔ̥də]
will ['wɪɫ]	['βɪl]
wife ['waɪf]	['βaɪf]
when ['(h)wɛn]	['βɛn]

7.8. Entvelarisierung des Laterals

Die Velarisierung des Laterallautes ist in der Ausgangssprache, im Gegensatz zur Zielsprache, nicht kombinatorisch geregelt, sondern eine freie Variationsmöglichkeit.
Diese Freiheit führt zu lernersprachlichen Interferenzen.

ZR

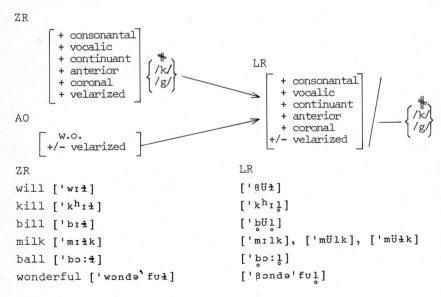

ZR

	LR
will ['wɪɫ]	['βü̥ɫ]
kill ['kʰɪɫ]	['kʰɪl̥]
bill ['bɪɫ]	['bü̥l]
milk ['mɪɫk]	['mɪlk], ['mülk], ['mü̥ɫk]
ball ['bɔ:ɫ]	['bɔ:l̥]
wonderful ['wɔndəˀfuɫ]	['βɔndəˀful̥]

7.9. Rundung

Der zielsprachliche hohe vordere Vokal [ɪ] wird lernersprachlich oft gerundet, was auf eine ausgangssprachliche,
in ihrer Verwendung jedoch beschränkte Oberflächenbedingung
zurückzuführen sein dürfte.

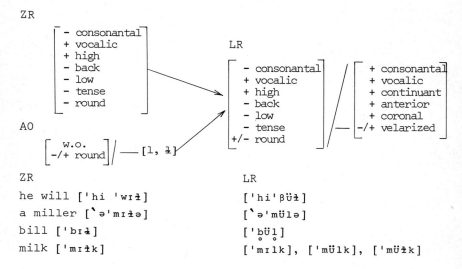

ZR

he will ['hi 'wrɪɫ]

a miller ['ə'mrɪɫə]

bill ['brɪɫ]

milk ['mrɪɫk]

LR

['hi'βü̥ɫ]

['ə'mülə]

['bü̥ḷ]

['mrɪlk], ['mülk], ['mü̥ɫk]

7.10. Diphthongierung

Mehrere zielsprachliche Monophthonge werden lernersprachlich diphthongiert. Hier wird nur ein Beispiel dargestellt:
die Diphthongierung des hohen vorderen Vokals. In der Ausgangssprache hat dieser Vokal mehrere diphthongische Varianten; vgl. 5.1.

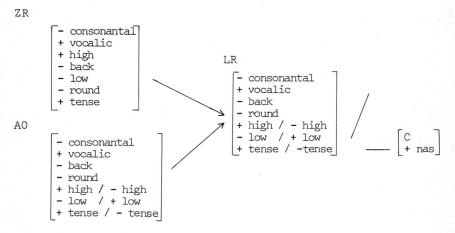

ZR	LR
keen ['kʰin]	['kʰian], ['kʰeãn]
seen ['sin]	['sian]
mean ['min]	['mian], ['meã(n)]
leaned ['lind]	['liantʰ]
seemed ['simd]	['siamtʰ]

8. Lernsprachliche Neutralisationen

Die Lernersprachen wiesen zum Zeitpunkt der Untersuchung
folgende Neutralisierungen zielsprachlicher Oppositionen
in Minimal- und Quasiminimalpaaren auf. Es wird angenommen,
daß ausgangssprachliche graphische und phonologische Interferenzen (vgl. 6. und 7. oben) die Fehlerursache darstellen. Gleichzeitig eignet sich diese Liste auch durch kognitive Betonung der Gegensätze als Ausgangspunkt für diskri-
minatorische Korrekturmaßnahmen.

eyes / ice	['aɪs]	boy / buy	['bɔɪ]
pick / big	['bɪkʰ]	set / said	['sɛtʰ]
father / mother	[{'f / 'm} aðə]	bed / bad	['bæd]
Paul / ball	['bɔːl]	hands / pants	[{'h / pʰ} ænts]
able / apple	['eibl̩]	pond / bond	['bɔntʰ]
bees / piece	['bis]	low / law	['lɔʊ]
her / hear	['hɪr]	toe / do	['dʊə]
hear / hair	['hɛːr]	thick / sick	['sɪkʰ]
utter / other	['atə]	ten / then	['tʰɛn]
sweet / sweat	['svɛtʰ]		

9. Hyperkorrektionen

Lernersprachliche Hyperkorrektionen entstehen durch Über-
generalisierung zielsprachlicher Regeln auf zielsprachlich nicht zulässige Kontexte. Ein Beispiel möge genügen,
da es nur um die prinzipielle Darstellung einer Fehler-
möglichkeit geht:
dirty Nelly wird lernersprachlich als ['tʰə:ˈtʰɪ'nɛlɪ] realisiert. Die eingeschlagene Korrekturstrategie ist grundsätzlich richtig, jedoch muß die Strukturbeschreibung genauer gefaßt werden. Der ausgangssprachlichen Lenisierung
wird durch Fortisierung und Aspiration entgegengewirkt,
jedoch auch in Kontexten, in denen zielsprachlich eine
stimmhafte Lenis notwendig ist. Hervorgerufen wird der
Fehler sowie die übergeneralisierende Korrekturstrategie
durch die unterschiedliche subphonematische Spezifikation
und die unterschiedliche Distribution in Ziel- und Aus-
gangssprachen.

Ausgangssprache:	Apicodentaler Verschluß	
Distribution:	Silbenanlaut vor Vokal	Silbenauslaut nach Vokal
Spezifikation:	$\begin{bmatrix} -\text{ voice} \\ -\text{ fortis} \\ -\text{ aspirated} \end{bmatrix}$	$\begin{bmatrix} -\text{ voice} \\ +\text{ fortis} \\ +\text{ aspirated} \end{bmatrix}$
Umgebungsbedingungen:	Keine	Keine
Beispiele:	trau, Drau [ˊɡrau]	Rat, Rad [ˊrɔ:tʰ]

Zielsprache:	Apicoalveolarer Verschluß				
Distribution:	Silbenanlaut vor Vokal		Silbenauslaut nach Vokal		
Spezifikation:	$\begin{bmatrix} +\text{voice} \\ -\text{fortis} \\ -\text{aspirated} \end{bmatrix}$	$\begin{bmatrix} -\text{voice} \\ +\text{fortis} \\ +\text{aspirated} \end{bmatrix}$	$\begin{bmatrix} +\text{voice} \\ -\text{fortis} \\ -\text{aspirat.} \end{bmatrix}$	$\begin{bmatrix} -\text{voice} \\ -\text{fortis} \\ -\text{aspirat.} \end{bmatrix}$	$\begin{bmatrix} -\text{voice} \\ +\text{fortis} \\ -\text{aspirat.} \end{bmatrix}$
Umgebungsbedingungen:	lexikalisch		nach langem V	nach halb- langem V	
				lexikalisch	
Beispiele:	dead ['dɛd]	Ted ['tʰɛd]	bead ['bid]	bid ['bɪ·d̥]	bit, beat ['bɪt], ['bit]

Aus dieser Tabelle wird ersichtlich, daß in der Ausgangssprache das Merkmal [voice] keine distinktive Funktion
übernimmt, diese kommt vielmehr den Merkmalen [fortis]
und [aspirated] zu. In der Zielsprache ist das Merkmal
[voice] distinktiv und immer mit den vorzeicheninversen
Merkmalen [fortis] und [aspirated] kombiniert (im Anlaut).
Im Auslaut kann es jedoch bei einer Kombination mit
[- fortis] und [- aspirated] in Stellungen nach langen oder
halblangen Vokalen irrelevant werden, ist jedoch wiederum
distinktiv, wenn es mit [+ fortis] kombiniert wird. Diese

Veränderungen im zielsprachlichen funktionalen Status des
Merkmals [voice] und die ausgangssprachliche Koppelung dieses Merkmals mit der Lenis-Fortis Unterscheidung führen
lernersprachlich zu einer falschen automatischen Koppelung
der Merkmale [voice] und [fortis]. Wenn die Spezifikationen
[- fortis] und/oder [+ voice] durch die lernersprachliche
Eigenkorrektur vermieden werden, bleibt nur noch die stimmlose, aspirierte Fortis produzierbar.

10. Lernsprachliche Korrekturstrategien

Lernersprachliche Korrekturstrategien können die festgestellten Interferenzen unabhängig weiter validieren, indem
sie Kontexte schaffen, in denen ausgangssprachliche Oberflächenbedingungen nicht lernersprachlich anwendbar sind.
Auch hier möge ein Beispiel genügen: *the big jug says* wird
lernersprachlich als ['ðə'bigə'dʒʌ·gə'sɛs] realisiert. Diese lernersprachliche Strategie vermeidet die Erzeugung von
Kontexten, in denen die ausgangssprachliche Oberflächenbedingung 7.1. Anwendung finden müßte, durch den Einschub des
Neutralvokals am Wortende, wodurch der zweite Konsonant aus
der Silbenauslautstellung der ersten Silbe in die Silbenan-
lautstellung der zweiten Silbe gerät. Diese Stellung entspricht nicht der Strukturbeschreibung der Regel 7.1. Jedoch birgt diese Eigenkorrektur des auffälligsten Fehlers
leider weniger auffällige neue Fehler: Vokalinsertion, falsche Syllabifikation, leichte Längung und Spannungserhöhung
des Vokals der ersten Silbe. Diese kognitive Korrekturstrategie birgt somit die Gefahr, daß die nicht ebenso auffälligen Folgefehler nicht gleichfalls kognitiv erfaßt werden
und sich habituativ verfestigen.

11. Morphonologische Interferenzen

Es wird angenommen, daß die folgenden Beispiele lernersprachlicher Äußerungen aufgrund morphonologisch starker
Interferenzen auftreten:

Zielsprachliche Repräsentation		Ausgangssprachliche Repräsentation		Lernersprachliche Repräsentation
he came (to a bridge)	['hi'kʰeɪm]	er kam	['kʰaːm]	['hi'kʰaːm]
he blew (his horn)	['hi 'blu]	er blies	['b̥lias]	['hi'bl̥i]
(a strong man) stands	['stændz]	steht	['šd̥eːtʰ]	['stæntʰ]

Bei dem ersten Beispiel kann jedoch auch eine graphische Interferenz fehlerverursachend wirken. Auch ist eine konkurrierende Interferenz selten auszuschließen. Dominante Interferenzen lassen sich durch fertigkeitsorientierte Tests feststellen.

12. Intrasprachliche Interferenzen

Die folgenden lernersprachlichen Fehler lassen sich als schwache Interferenzen beschreiben und als gegenseitige Beeinflussung noch nicht gefestigter zielsprachlicher Formen erklären. (Trotz der primär phonologischen Ausrichtung der vorliegenden Arbeit seien noch im Material zufällig auftretende Interferenzen auf anderen linguistischen Beschreibungsebenen angeführt.)

Angestrebte zielsprachliche Form

Interferierende zielsprachliche Form

Lernersprachliche Realisation

phonet.:	narrow ['nærəʊ]	near	['nirəʊ]
morph.:	farm-house ['fɑːm'haʊs]	farmer	['fɑːmə'haʊs]
lexik.:	above	about	flying about the cloud
syntak.:	hundreds of years ago	a hundred years	a hundred of years ago

13. Syntaktische Interferenzen

Wortstellung:

Ausgangssprachliche Realisation	Lernersprachliche Realisation
Wenn du mich gehen läßt ...	When you me let go ...
Geh du zurück!	Go you back!

Artikeleinschub:

AR	LR
Die Geschichten von dem Robin Hood ...	The stories of the Robin Hood ...

Präposition:

AR	LR
Robin fiel zuerst ins Wasser.	Robin fell at first in the water.
Der Fremde stieß ihn ins Wasser.	The stranger pushed him in the water.

Am letzten Beispiel wollen wir kurz zeigen, warum wir hier
einen interferenzbedingten Fehler in der Lernersprache annehmen:
Bei der Wahl der falschen Präposition handelt es sich um
einen lernersprachlichen Subkategorisierungsfehler. Statt
der zielsprachlichen Subkategorisierung

$$
\left. \begin{array}{l}
\textit{into} \quad \begin{bmatrix} + \text{ direction} \\ - \text{ resultative} \end{bmatrix} \\[2em]
\textit{in} \quad \begin{bmatrix} - \text{ direction} \\ + \text{ resultative} \end{bmatrix}
\end{array} \right\}
+ \quad \textit{the} \quad \begin{bmatrix} + \text{ definite} \\ + \text{ singular} \end{bmatrix}
$$

übernimmt der lernersprachliche Lexikoneintrag die ausgangssprachliche syntaktische Subkategorisierung von in:

$$
\textit{in} \quad \begin{bmatrix} +/- \text{ direction} \\ +/- \text{ resultative} \end{bmatrix}
+ \left\{ \begin{array}{l}
\textit{das} \quad \begin{bmatrix} - \text{ resultative} \\ + \text{ definite} \\ + \text{ direction} \end{bmatrix} \\[3em]
\textit{dem} \quad \begin{bmatrix} + \text{ definite} \\ - \text{ direction} \\ + \text{ resultative} \end{bmatrix}
\end{array} \right.
$$

Hierdurch wird die zielsprachliche kategoriale Trennung
aufgehoben, da zum einen der ausgangssprachliche Merkmalskomplex der Präposition, der dort neutralisiert ist, im
Hinblick auf die Direktionalität und zum anderen der zielsprachliche Merkmalskomplex des Artikels, der dort neutralisiert ist, im Hinblick auf die Direktionalität in der
Lernersprache kombiniert werden. Obwohl in Ausgangs- und
Zielsprachen das Merkmal [direction] vorhanden ist, bleibt
es in der Lernersprache unspezifiziert, da eine Merkmals-
übertragung nicht stattfindet:

$$
\textit{in} \quad \begin{bmatrix} +/- \text{ direction} \\ +/- \text{ resultative} \end{bmatrix}
+ \quad \textit{the} \quad \begin{bmatrix} + \text{ definite} \\ + \text{ singular} \end{bmatrix}
$$

14. Daten-vs. modellorientierte Theorien und Schule

Analysen wie die vorangegangene erlauben eine effektivere
Therapie beim Erlernen einer Fremdsprache. Kontrastive Analysen, wie sie MOULTON 1962 und KUFNER 1971 im Rahmen des
taxonomisch-strukturalistischen Modells vorgelegt haben,
sind für deutschsprachige Englischlernende unzureichend
und wenig brauchbar. MOULTON berücksichtigt zwar ausgangssprachliche regionale Differenzierungen, aber seine Ausgangssprache ist das vornehmlich im Osten der USA gesprochene Englisch, und die Probleme lassen sich natürlich
nicht einfach umkehren, während KUFNER primär von SIEBS
ausgeht und auf regionale Differenzierungen des Deutschen
kaum eingeht. In unserer Untersuchung haben wir uns des
theoretischen Rahmens bedient, den die transformationelle

generative Grammatik bietet. Dies hat insofern Vorteile,
als hier jeweils die einzelnen Merkmalsspezifikationen
aufgeführt werden und somit sofort ersichtlich wird, an
welchem Merkmal Korrekturen anzusetzen haben und hierdurch
bereits die möglichen Korrekturstrategien näher bestimmt
werden. Eine "Umsetzung", wie dies z.B. in der Analyse von
JAMES 1974 erforderlich ist, ist hier überflüssig; sie wird
bereits durch die Darstellung selbst geleistet. Grundsätzlich stimmen wir jedoch KOHLER (1973, 94f.) zu: "Es darf
nicht mehr gefragt werden, welche phonologische Theorie
unter den existierenden am besten anwendbar für [den Fremd-
sprachenunterricht] ist ... Es muß vielmehr aus dem Fremdsprachenunterricht heraus eine neue, für diese Zielrich-
tung angemessene phonologische Theorie erst entwickelt
werden. Das bedeutet, ... daß es über das empirische Un-
tersuchungsfeld des Fremdsprachenunterrichts zu einer neu-
en phonologischen Theoriebildung kommen muß". Es ist erfreulich, daß auch in diesem Bereich eine Stimme hörbar
wird, die für eine solide empirische Basis eintritt. Natürlich gilt dies nicht nur für die Phonologie. Im allgemeinen, muß bedauerlicherweise festgestellt werden, ver-
laufen die Aktivitäten jedoch gegenläufig. Ein gutes Beispiel dafür bietet die Arbeit von BURGSCHMIDT/GÖTZ (1974).
Sie besteht aus insgesamt 8 Kapiteln, von denen die ersten
fünf, d.h. fast drei Viertel des Buches, theoretischen Fragen gewidmet sind. Anordnung und Gewichtung weisen in dieselbe Richtung: die Theorien existieren vor den Sprachdaten,
anstatt daß sich erstere aus letzteren ergeben! Natürlich
ist die hier vorgeschlagene intensive empirische Vorgangs-
weise zeitraubender und mühsamer und führt nicht so schnell
zu Ergebnissen.

Was wir hier vorgelegt haben, ist lediglich ein Anfang.
Es wurde bereits erwähnt, daß Untersuchungen zur dialektalen Interferenz im Bereich der prosodischen Merkmale
folgen sollen. Damit verbunden ist die Satzphonologie.
KOHLER hat zu Recht auf diesen Punkt hingewiesen: " ...
over and above phenomena tied to the word the sentence has
its own phonetic regularities which are equally important
for language interference and for foreign language teaching"
(1974, 131).

15. Zielsprachliche Heterogenität und Fremdsprachenunterricht

Abschließend noch eine Bemerkung zur Heterogenität der
Zielsprache - bezogen auf den Fremdsprachenunterricht. Auf
der grammatischen Ebene ist die sog. common core - Grammatik, so wie sie QUIRK und seine Mitarbeiter 1972 vorgelegt haben, von primärer Wichtigkeit. Es ist dies, wie es
im Vorwort heißt, eine Grammatik des "educated English
current in the second half of the twentieth century in the
world's major English-speaking communities" (S. V), d.h.

es wird deutlich gemacht, daß es d i e englische Sprache nicht gibt. Es handelt sich vielmehr um ein sehr heterogenes Gebilde, dessen allen educated variants gemeinsamer Kern unter Berücksichtigung des Sprachgebrauchs hier
beschrieben wird. Schüler zumindest der Oberstufe der
Gymnasien sollten zwar eine überregionale Varietät der Fremdsprache können, aber regional- und sozialsprachliche Varietäten der Fremdsprache kennen. Auf die Ausspracheebene übertragen heißt das, daß man auch hier der sprachlichen Wirklichkeit Rechnung tragen und an der Received Pronunciation
im Unterricht nicht mehr so starr festhalten sollte. Einmal wird dieses sog. Ideal von der Mehrheit der deutschsprachigen Englischlehrer ohnehin kaum erreicht und zum
anderen von der Mehrheit der englischsprachigen Lehrer gar
nicht gesprochen, selbst dann nicht, wenn man z.B. die amerikanischen Lehrer unberücksichtigt läßt. Selbstverständlich sind die beiden genannten Komponenten streng voneinan-
ander zu trennen, aber aus der letzten ergibt sich, daß es
nicht mehr sinnvoll erscheint, in der Schule hierzulande
unbedingt auf der Received Pronunciation zu bestehen.

Anmerkungen

1   Vgl. hier die Studie "An Examination of the Attitudes of
    the N[ational] C[ouncil] of T[eachers] of E[nglish] to-
    ward Language", hg. v. R. I. McDAVID, Jr. 1965, in der die
    Haltung dieser wichtigen Organisation der englischen
    Sprache gegenüber seit 1911 beleuchtet wird. Die folgen-
    den Prinzipien, erst 1956 veröffentlicht, sind vorbe-
    haltslos zu unterstreichen: "(1) language changes con-
    stantly; (2) change is normal and represents not corrup-
    tion but improvement; (3) spoken language is the lan-
    guage; (4) correctness rests upon usage; (5) all usage
    is relative" (S. 49). Leider haben sich diese Grundsätze
    weder in amerikanischen und englischen Schulen bislang
    in wünschenswerter Weise herumgesprochen. - Auf den in
    Großbritannien eingetretenen Wandel in Richtung auf ein
    Akzeptieren von Regionalismen in der Sprache machen auch
    WALLWORK und BORNEMAN aufmerksam. WALLWORK 1970, 102,
    schreibt: "It is difficult to say when the change of
    attitude started; probably a combination of the great
    movements of population occasioned by the two wars,
    especially the second, the years in power of Labour
    governments, some of whose greatest men never modified
    their regional speech ... the influence of radio and
    television, all these and other factors have tended
    to break down prejudices in respect of regional speech,
    though such prejudices are by no means extinct" (zit.
    nach POLLAK o.J., 82). "Als der Liverpool-Akzent der
    Beatles zum erstenmal auf Schallplatten erklang, schau-
    derten die einen und lachten die anderen. Aber bald ver-
    ging ihnen das Lachen, denn es war der Anfang vom Ende
    der britischen Semantokratie; nun begann die Revolu-
    tion der Vulgatsprache, die das gesamte Gefüge einer
    auf public schools aufgebauten Elite innerhalb weniger
    Jahre zusammenbrechen ließ ... zum erstenmal in hundert
    Jahren herrscht heute auf den britischen Inseln eine
    Demokratie des Akzents" (BORNEMAN 1976, 35). Zweifel-
    los ist dies eine zu optimistische Sicht.

2   "'Grünes Licht' für den Dialekt auch im Unterricht for-
    derten erneut Wissenschaftler auf der Zweiten Inter-
    nationalen Arbeitstagung für Mundartliteratur in Krems
    in Niederösterreich, wo ... rund 100 Experten den Dia-
    lekt in Kunst, Kultur und Gesellschaft diskutierten. Wie
    Univ. Prof. Dr. Wolfgang POLLAK, Universität Wien, in
    einem Interview feststellte, würde damit das sprachliche
    Selbstbewußtsein der Mehrzahl der Schüler gestärkt, das
    Erlernen der hochdeutschen Sprache somit direkt unter-
    stützt" (Informationsdienst für Bildungspolitik und
    Forschung Nr. 565 v. 10.9.1976). Unter hochdeutscher
    Sprache in Österreich ist - auf die Aussprache bezogen -
    natürlich nicht die SIEBSsche Hochlautung gemeint. Auf
    beizubehaltende österreichische Eigentümlichkeiten ver-
    wies bereits LUICK 1904/05. (Weitere diesbezügliche Ti-
    tel in der Bibliographie.)

3 Es handelt sich hierbei um W. KACOWSKY, Ann and Pat,
Bd. 1, ein Lehrbuch für die erste Klasse der Hauptschulen und der Allgemeinbildenden Höheren Schulen. Dort
heißt es: "[ɛə] in *there*: Fn. 3: 'Vgl. nachlässige Aussprache von leer, mehr, i m Ö s t e r r e i c h. D i a -
l e k t'" (sic, unsere Hervorhebung) (S. 10); "[ɔ:] e.g.
in *morning*: Fn. 4: 'Vgl. Dialektform für 'hinunter':
(ɔ:bi); oder '(zieh) ab' (ɔ:)'" (ibid.); S. 13: "We
write *an* and speak [ən]: Fn. 2: Vergleiche Mundart 'I
hab an Apfel'"; S. 20: "This is a 'dark l': Fn. 1: Denke etwa an die Dialektaussprache von 'Poldl'" und S. 43:
"*Do* I learn?: Fn. 1: Denke an die Frageform im Dialekt!
(*Tuast heut' learna?)*". Diese Hinweise betreffen verschiedene Bereiche. - Die Schulbücher, die auf unser
Problem nicht eingehen, wurden hier nicht bibliographisch
erfaßt.

4 Vgl. die Beschreibung der Schwierigkeiten bei der Abgrenzung Interferenz - Transfer bei RATTUNDE 1977.

5 Eine exakte und teilweise auch formalisierte Definition
der Lernersprache bietet KOHN 1976.

6 "Mit Ausschluß des alemannischen Vorarlberg werden in
allen Bundesländern Österreichs b a i r i s c h -
ö s t e r r e i c h i s c h e M u n d a r t e n gesprochen.
Dementsprechend sind für die geschriebene, noch mehr
für die gesprochene Variante der deutschen Hochsprache
in Österreich die Merkmale des Bairischen charakteristisch. Dabei spielt die Hauptstadt W i e n eine
entscheidende Rolle. Der Wiener Dialekt gilt heute schon
in allen Städten Österreichs als maßgebliche Norm und
drängt dadurch auch die urtümlichen B a u e r n m u n d -
a r t e n immer mehr zurück" (HUTTERER 1975, 380). Es
dürfte nicht wenige geben, die dem letzten Satz obiger
Passage nicht zustimmen.

7 Die Aufnahmen wurden durchgeführt in der 2. Klasse des
4. Bundesgymnasiums in Graz, der 1. und 2. Klasse der
Hauptschule Lebring - St. Margarethen und der 4. Klasse der Volksschule Lebring - St. Margarethen. Wir danken Herrn Dr. KRAUTSDORFER, Herrn Direktor PUCHTLER,
Frau WAGNER, Herrn Direktor FRUHWIRTH und Frau GURKE,
die die Datenaufnahmen ermöglicht und unterstützt haben.
Außerdem danken wir Herrn Dr. BIERBAUMER, der freund-
licherweise die Ergebnisse mit uns diskutiert hat.

8 Den Einfluß der Artikulationsbasis auf die lernersprachliche Produktion beleuchtet KELZ 1971.

9 Eine kontrastive Untersuchung der Intonation schwäbi-
scher Dialektsprecher beim Englischerwerb legt JAMES
1976a vor.

10 Vgl. etwa GIMSON [2]1970. Er macht deutlich, daß auch die
RP nicht monolithisch ist.

Alphabetisches Verzeichnis der im Text und in den Anmerkungen angeführten Literatur

ADER, D. (1976): Sprachübungen. In: Praxis Deutsch 15, 16-20.

ALSCHNER, R. (1951): Lebensvolle Sprachübungen in Sachgruppen des Alltags. 13. Aufl. Bonn.

AMMON, U. (1972): Dialekt, soziale Ungleichheit und Schule. Weinheim.

AMMON, U. (1972a): Dialekt, Sozialschicht und dialektbedingte Schulschwierigkeiten. In: Linguistische Berichte 22, 80-93.

AMMON, U. (1972b): Dialekt als sprachliche Barriere. Eine Pilotstudie über Schwierigkeiten von Dialektsprechern im Schulaufsatz. In: Muttersprache. 82. Jg., 224-237.

AMMON, U. (1973): Dialekt und Einheitssprache in ihrer sozialen Verflechtung. Eine empirische Untersuchung zu einem vernachlässigten Aspekt von Sprache und sozialer Ungleichheit. Weinheim und Basel.

AMMON, U. (1973a): Die Schwierigkeiten der Dialektsprecher im Leseunterricht. In: BAUSINGER, Hrsg., 111-132.

AMMON, U. (1973b): 2. Aufl. von AMMON (1972).

AMMON, U. (1974): Dialektforschung und Sprachwissenschaft im Rahmen der empirischen Kulturwissenschaft. In: Attempto. Zf. d. alma mater Tübingensis 59/60, 81-88.

AMMON, U. (1975): Zur Relevanz der Soziolinguistik für die Sprachbehindertenpädagogik. In: G. LOTZMANN, Hrsg.: Sprachrehabilitation durch Kommunikation. München, Basel, 39-52.

AMMON, U. (1977): Probleme der Soziolinguistik. 2. Aufl. Tübingen.

AMMON, U. (1978): Empirische Untersuchungen zu den Schulschwierigkeiten der Dialektsprecher. Weinheim, Basel (im Druck).

AMMON, U. und U. LOEWER (1977): Dialekt/Hochsprache - kontrastiv: Schwäbisch. Düsseldorf.

ANDRAE, O. (1976): Klein Jan. In: Quickborn. Jg. 66, Nr. 3, 120-121.

ANGER, H. (1970): Entstehung und Wandel sozialer Einstellung. In: O.W. HASELOFF, Hrsg.: Struktur und Dynamik des menschlichen Verhaltens. Stuttgart-Berlin-Köln-Mainz, 126-138.

APEL, K.-O. (1973): Transformation der Philosophie. 2 Bde. Frankfurt/M.

ARBEITSGRUPPE BIELEFELDER SOZIOLOGEN, Hrsg. (1973): Alltagswissen, Interaktion und gesellschaftliche Wirklichkeit. 2 Bde. Reinbek/Hamburg.

ARGYLE, M. und A. KENDON (1972): The Experimental Analysis of Social Performance (1967). In: J. LAVER and S. HUTCHESON, eds.: Communication in Face to Face Interaction. Harmondsworth, 19-63.

AUGST, G., Hrsg. (1974): Deutsche Rechtschreibung mangelhaft? Materialien und Meinungen zur Rechtschreibreform. Heidelberg.

AUGST, G. (1974a): Die linguistischen Grundlagen der Rechtschreibung und Rechtschreibreform. In: AUGST 1974, 9-47.

BACH, A. (1931): Mundart im Unterricht. In: Die Neue Deutsche Schule. Bd. 5, H. 4, 278-289.

BAHRDT, P. (1969): Die moderne Großstadt. Hamburg.

BAHRDT, P. (1974): Umwelterfahrung. München.

BANNERT, R. (1976): Mittelbairische Phonologie auf akustischer und perzeptorischer Grundlage. Lund (=Travaux de l'Institut de Linguistique de Lund, 10).

BAUER, A. (1972): Ein Verfahren zur Messung des für das Bildungsverhalten relevanten sozialen Status. - BRSS - . Deutsches Institut für Internationale Pädagogische Forschung. Frankfurt/M.

BAUMGARTNER, H. (1940): Stadtmundart und Landmundart. Beiträge zur bernischen Mundartgeographie. Bern.

BAUR, G./H.R. FLUCK (1976): Warum im Dialekt? Bern und München.

BAUSINGER, H. (1971): Subkultur und Sprache. In: Sprache und Gesellschaft (=Sprache der Gegenwart, 13). Düsseldorf, 45-62.

BAUSINGER, H. (1972): Dialekte, Sprachbarrieren, Sondersprachen. Frankfurt/M.

BAUSINGER, H. (1973): Dialekt als Sprachbarriere? In: BAUSINGER, Hrsg.: 1973a, 9-27.

BAUSINGER, H., Hrsg. (1973a): Dialekt als Sprachbarriere? Ergebnisbericht einer Tagung zur alemannischen Dialektforschung. Tübingen.

BAUSINGER, H. (1976): Die Internationale der Dialektdichtung. In: DIE ZEIT Nr. 48 v. 19.11.1976, 48.

BAUSINGER, H. (1976a): Fußgängerzone. In: Akzente. H. 4, 364-368.

BECK, J. (1974): Lernen in der Klassenschule. Untersuchungen für die Praxis. Reinbek b. Hamburg.

BEKH, W.J. (1973): Richtiges Bayerisch. Ein Handbuch der bayerischen Hochsprache. Eine Streitschrift gegen Sprachverderber. München.

BELLACK, A. et al. (1974): Die Sprache im Klassenzimmer. Düsseldorf.

BENSE, M. (1969): Wechselwirkung zwischen Sprache und Kulturprozeß. In: W. HASELOFF, Hrsg.: Kommunikation. Berlin, 92-99.

BERNSTEIN, B. (1970): Der Unfug mit der "kompensatorischen" Erziehung. In: betrifft:erziehung. Jg. 3, H. 9, 15-19.

BERNSTEIN, B. (1974): Eine Kritik des Begriffs "Kompensatorische Erziehung" (1969). In: Studien zur sprachlichen Sozialisation. 3. Aufl. Düsseldorf, 278-291.

BESCH, W. (1967): Sprachlandschaften und Sprachausgleich im 15. Jahrhundert. Studien zur Erforschung der spätmittelalterlichen Schreibdialekte und zur Entstehung der neuhochdeutschen Schriftsprache. (=Bibliotheca Germanica, 11). München.

BESCH, W. (1974): Dialekt als Barriere bei der Erlernung der Standardsprache. In: Sprachwissenschaft und Sprachdidaktik. Düsseldorf, 150-165.

BESCH, W./H. LÖFFLER (1973): Sprachhefte: Hochsprache/Mundart - kontrastiv. In: H. BAUSINGER, Hrsg.: Dialekt als Sprachbarriere? Tübingen, 89-110.

BESCH, W./H. LÖFFLER (1977): Dialekt/Hochsprache - kontrastiv: Alemannisch. Düsseldorf.

BESCH, W./H. LÖFFLER/H. REICH, Hrsgg. (1976ff.): Dialekt/Hochsprache - Kontrastiv. Sprachhefte für den Deutschunterricht. Düsseldorf.

BICHEL, U. (1973): Problem und Begriff der Umgangssprache in der germanistischen Forschung. Tübingen.

BIERWISCH, M. (1976): Schriftstruktur und Phonologie. In: F. SCHÜLEIN, Hrsg.: Rechtschreibung, 47-72.

BLUMER, H. (1973): Der methodologische Standort des Symbolischen Interaktionismus. In: ARBEITSGRUPPE BIELEFELDER SOZIOLOGEN, Hrsg.

BOGART, L. (1972): Fernsehen. In: W. BERNSDORF, Hrsg.: Wörterbuch der Soziologie. Bd. 1. Frankfurt/M., 231-234.

BOIS-REYMOND, M. du (1971): Strategien kompensatorischer Erziehung. Das Beispiel der USA. Frankfurt/M.

BOLLNOW, O.F. (1964): Zum Begriff der hermeneutischen Logik. In: Argumentationen. Festschrift für J. KÖNIG. Göttingen, 20ff.

BOLLNOW, O. (1969): Sprache und Erziehung. 2. Aufl. Stuttgart.

BORNEMANN, E. (1976): Autobiographisches zur Geschichte der Sexuallinguistik. In: Manuskripte. H. 54, 33-44.

BROWELEIT, V./J. ECKHARDT/H. HELMERS/G. MEYER (1975): Grundlagen der Reform des Deutschunterrichts. Köln.

BRUMLIK, M. (1973): Der symbolische Interaktionismus und seine pädagogische Bedeutung. Mit einem Vorwort von K. MOLLENHAUER. Frankfurt/M.

BUCK, G. (1969): Lernen und Erfahrung. Zum Begriff der didaktischen Induktion. 2. verb. Aufl. Stuttgart.

BÜNTING, K.-D./D.C. KOCHAN (1973): Linguistik und Deutschunterricht. Kronberg/Ts.

BURGSCHMIDT, E./D. GÖTZ (1972): Kontrastive Phonologie Deutsch - Englisch und Mundartinterferenz. In: Linguistik und Diadaktik 11, 209-225.

BURGSCHMIDT, E./D. GÖTZ (1974): Kontrastive Linguistik. Deutsch/Englisch. Theorie und Anwendung. München.

BUSSE, E.v. (1942): Philosophische Psychologie. Zu Hans Lipps' letztem Buch: Die menschliche Natur. In: Blätter für deutsche Philosophie. Bd. 15 (1941/42), 434-455.

CHLOUPEK, J. (1967): Bemerkungen zur Theorie und Praxis der Dialektsyntax. In: Die Welt der Slaven XII. H. 2, 130-141.

CHRISTMANN, E./J. KRÄMER (1965ff.): Pfälzisches Wörterbuch. Wiesbaden. (Bisher erschienen: A-B/P, D/T-F/V).

CLAESSENS, D. (1968): Rolle und Macht. München.

COSERIU, E. (1971): Sprache - Strukturen und Funktionen. 2. Aufl. Tübingen.

COSERIU, E. (1975): System, Norm und Rede. In: E. COSERIU: Sprachtheorie und allgemeine Sprachwissenschaft. 5 Studien. München, 11-101.

DAL, I. (1955/56): Systemerhaltende Tendenzen in hochdeutschen Mundarten. In: Wirkendes Wort 6, 138ff.

DAL, I. (1960): Zur Frage des süddeutschen Präteritumschwunds. In: Indogermanica. Festschrift für W. KRAUSE. Heidelberg, 1-7.

DECKER,T./K. DEGELMANN (1974): Das Niederdeutsche als Sprachbarriere bei Schulanfängern, dargestellt an empirischen Untersuchungen im Raum Aurich. Examensarbeit Oldenburg.

DIALEKT IM SCHULUNTERRICHT? In: Informationsdienst für Bildungspolitik und Forschung Nr. 565 v. 10.9.1976, o.O., o.S.

DIGESER, A., Hrsg. (1974): Groß- oder Kleinschreibung? Beiträge zur Rechtschreibreform. Göttingen.

DITTMAR, N. (1971): Möglichkeiten einer Soziolinguistik. Zur Analyse rollenspezifischen Sprachverhaltens. In: Sprache im technischen Zeitalter 38, 87-105.

DITTMAR, N. (1973): Soziolinguistik. Exemplarische und kritische Darstellung ihrer Theorie, Empirie und Anwendung. Frankfurt/M.

DOORNKAAT KOOLMAN, J. Ten (1879ff.): Wörterbuch der ostfriesischen Sprache. 3 Bde. Norden.

DREWITZ, J./E. REUTER (1974): vernünftiger schreiben - reform der rechtschreibung.

EBNER, H. u. J. (1971): Übungen zur deutschen Rechtschreibung I. Die Schreibung schwieriger Laute. Duden-Taschenbücher Bd. 12. Mannheim.

ECKEL, K. (1975): Unterricht mit dem Komputer (II). Deutsches Institut für Internationale Pädagogische Forschung. Frankfurt/M.

EHLICH, K./J. REHBEIN (1976): Sprache im Unterricht - Linguistische Verfahren und schulische Wirklichkeit. In: Studium Linguistik 1, 47-69.

EISELT, F. (1950): Die Mundart des Jokellandes. Lautgeschichte. Diss. Graz.

ERBEN, J. (1966): Abriß der deutschen Grammatik. 9. Aufl. München.

ERIKSON, E.H. (1975): Dimensionen einer neuen Identität. Frankfurt/M.

ERIKSON, E.H. (1976): Identität und Lebenszyklus. Drei Aufsätze. 3. Aufl. Frankfurt/M.

ERZIEHUNG UND WISSENSCHAFT (1976): Niedersachsen. Nr. 9. Hannover.

ESSEN, E. (1968): Methodik des Deutschunterrichts. 7. Aufl. Heidelberg.

FERCHLAND, G. (1935): Volkstümliche Hochsprache. Vom deutschen Sprachunterricht in der Volksschule. Hamburg.

FERGUSON, C.A. (1959): Diglossia. In: Word. Jg. 15, 325-340.

FERGUSON, C.A. (1962): The Language Factor in National Development. In: Anthropological Linguistics. Jg. 4, 23-27.

FLANDERS, N. (1970): Analyzing Teaching Behavior. Reading/Mass.

FREUDENTHAL, H. (1936/37): Volkstümliche Erziehung und Bildung als Aufgabe nationalsozialistischer Volksschularbeit. In: Die Volksschule. 32. Jg., 217-227.

FREUDENTHAL, H. (1957): Volkstümliche Bildung. Begriff und Gestalt. München.

GADAMER, H.-G. (1972): Die Unfähigkeit zum Gespräch. In: Sprache - Brükke und Hindernis. München, 175-186.

GADAMER, H.-G. (1975): Wahrheit und Methode. Grundzüge einer philosophischen Hermeneutik. 4. Aufl. Tübingen.

GAUGER, H.M. (1976): Sprachbewußtsein und Sprachwissenschaft. München.

GEHLEN, A. (1975): Einblicke. Frankfurt/M.

GEISSNER, K.H. (1955): Der Mensch und die Sprache. Studien zur Philosophie von Hans Lipps. Diss. (Masch.) Frankfurt/M.

GERHARD, D. (1947): Zu den Epochen der deutschen Mundartforschung. In: Zeitschrift für Phonetik und allgemeine Sprachwissenschaft 1/2, 5-18, 130-147.

GILES, H. (1971): Patterns of Evaluation to R.P., South Welsh and Somerset Accented Speech. In: British Journal of Social and Clinical Psychology. Jg. 10, 280-281.

GILES, H. (1971/72): Teachers' Attitudes towards Accent Usage and Change. In: Educational Review. Jg. 24, 11-25.

GILES, H. (1973a): Communicative Effectiveness as a Function of Accented Speech. In: Speech Monographs. Jg. 40, 330-331.

GILES, H. (1973b): Accent Mobility: a Model and Some Data. In: Anthropological Linguistics. Jg. 15, 87-105.

GILES, H., D.M. TAYLOR, and R.V. BOURHIS (1973): Towards a Theory of Interpersonal Accomodation Through Language: some Canadian Data. In: Language in Society 2, 177-192.

GIMSON, A.C. (1970): An Introduction to the Pronunciation of English. 2. Aufl. London.

GLADIATOR, K. (1971): Untersuchungen zur Struktur der mittelbairischen Mundart von Großberghofen. (=Münchner Studien zur Mundartforschung, Bd. 2). München.

GLASER, W.R. (1972): Soziales und instrumentales Handeln. Probleme der Technologie. Stuttgart.

GLOY, K. (1977): Überreaktion auf Petitessen? Zur Entstehung und Verbreitung von sprachlichen Konventionen. In: Osnabrücker Beiträge zur
Sprachtheorie (OBST) 2, 118-135.

GLÜCK, H. (1976): Sprachbewußtsein und Sprachwandel. Untersuchungen zur
Geschichte des Ruhrgebietsdialekts. In: Osnabrücker Beiträge zur
Sprachtheorie (OBST) 1, 33-68.

GOEPPERT, S. und H.C. GOEPPERT (1973): Sprache und Psychoanalyse. Reinbek b. Hamburg.

GOEPPERT, S. und GOEPPERT, H.C. (1975): Redeverhalten und Neurose. Reinbek b. Hamburg.

GÖSCHEL, J., NAIL, N. und VAN DER ELST, G., Hrsgg. (1976): Zur Theorie
des Dialekts. (=ZDL, Beih., N.F. Nr. 16). Wiesbaden.

GOFFMAN, E. (1959): The Presentation of Self in Every Day Life. New York.

GOOSSENS, J. (1973): Niederdeutsche Sprache - Versuch einer Definition:
In: J. GOOSSENS, Hrsg.: Niederdeutsch - Sprache und Literatur. Eine
Einführung. Bd. 1: Sprache. Neumünster, 9-27.

GREBE, P. (1973): Grammatik der deutschen Gegenwartssprache. 3. Aufl.
Mannheim (=Der große Duden Bd.4).

GREER, S. (1956): Urbanism Reconsidered: A Comparative Study of Local
Areas in a Metropolis. In: American Sociological Review 21.

GREVERUS, I.M. (1972): Der territoriale Mensch. Ein literaturanthropolo-
gischer Versuch zum Heimatphänomen. Frankfurt/M.

GREYERZ, O. von (1900): Deutsche Sprachschule für Berner. Bern.

GUCHMANN, M.M. (1961): Über die Begriffe "Literatursprache", Sprache der
"Volkschaft", "Nationalsprache". In: Beiträge zur Geschichte der deutschen Sprache und Literatur. Jg. 82, H. 3, 321-332.

GUCHMANN, M.M. (1969): Der Weg zur deutschen Nationalsprache. Teil 1 und
2. Berlin/DDR.

GUMPERZ, J.J. (1971): Language in Social Groups. Stanford.

GUMPERZ, J.J. (1975): Sprache, lokale Kultur und soziale Identität.
Düsseldorf.

HABERMAS, J. (1967): Zur Logik der Sozialwissenschaften. In: Philosophische Rundschau. Beiheft 5.

HABERMAS, J. (1967a): Arbeit und Interaktion. In: Natur und Geschichte.
K. LÖWITH zum 70. Geburtstag. Stuttgart.

HABERMAS, J. (1968): Theorie der Sozialisation. Stichworte und Litera-
turhinweise zur Vorlesung im SS 1968. Hektographiertes Ms. Frankfurt/M.

HABERMAS, J. (1971): Vorbereitende Bemerkungen zur kommunikativen Kompetenz. In: J. HABERMAS/N. LUHMANN: Theorie der Gesellschaft oder So-
zialtechnologie. Frankfurt/M., 101-141.

HALL, E.T. (1969): The Hidden Dimension (1966). Garden City N.Y.

HANHART, D. (1972): Das Freizeitverhalten von Arbeitern. In: E.K. SCHEUCH/
R. MEYERSOHN, Hrsg.: Soziologie der Freizeit. Köln, 230-242.

HARTIG, J./G. KESELING (1968): Niederdeutsche Mundartforschung der Stamm-
lande. In: Germanische Dialektologie. Festschrift für W. MITZKA zum
80. Geburtstag. Zeitschrift für Mundartforschung, Beih., N.F. 5, 155-
179.

HARRELSIEPEN, H. (1913): Hinter der Pflugschar. Unsere Sprache der Landschaft. Delmenhorst.

HASSELBERG, J. (1972): Die Abhängigkeit des Schulerfolgs vom Einfluß des
Dialekts. In: Muttersprache. Jg. 82, H.4, 201-223.

HASSELBERG, J. (1976): Dialekt und Bildungschancen. Eine empirische Untersuchung an 26 hessischen Gesamtschulen als Beitrag zur soziolinguistischen Sprachbarrierendiskussion. Weinheim und Basel.

HASSELBERG, J. (1976a): Dialektsprecher in der Förderstufe hessischer
Gesamtschulen. In: Deutsche Sprache. H. 2, 165-180.

HASSELBERG, J./K.-P. WEGERA (1975): Diagnose mundartbedingter schulschwierigkeiten und ansätze zu ihrer überwindung. In: Wirkendes Wort.
Jg. 25, H. 4, 243-255.

HASSELBERG, J./K.-P. WEGERA (1976): Dialekt/Hochsprache - kontrastiv:
Hessisch. Düsseldorf.

HAUG, F. (1972): Kritik der Rollentheorie und ihrer Anwendung in der
bürgerlichen Soziologie. Frankfurt/M.

HAUGEN, E. (1966): Dialect, Language, Nation. In: American Anthropolo-
gist. Jg. 68, 922-935.

HEER, N. (1973): Gesprochene Sprache als Auslöser stereotyper Inferenz-
prozesse. Diss. (vervielfältigt) Bern.

HEGER, K. (1969): "Sprache" und "Dialekt" als linguistisches und soziolinguistisches Problem. In: Folia Linguistica. H. 3, 46-67.

HEGEL, G.W.F. (1809): Gymnasialrede vom 29.9.1809. In: Sämtliche Werke
(Ed. GLOCKNER). Bd. 3. Stuttgart 1949.

HEIDEGGER, M. (1927/1976): Sein und Zeit. Bd. 2 der Gesamtausgabe, hrsg.
v. F.W. v. HERRMANN. Frankfurt/M.

HEIDEGGER, M. (1959): Gelassenheit. Pfullingen.

HEIDEGGER, M. (1975): Grundprobleme der Phänomenologie. (=Marburger Vorlesung SS 1927). Bd. 24 der Gesamtausgabe, hrsg. v. F.W. v. HERRMANN.
Frankfurt/M.

HEINSOHN, W. (1963): Die Verbreitung der plattdeutschen Sprache unter
der Bevölkerung Hamburgs. In: Korrespondenzblatt des Vereins für niederdeutsche Sprachforschung. H. 70, 22-25, 35-38.

HELBIG, G./J. BUSCHA (1975): Deutsche Grammatik. Ein Handbuch für den
Ausländerunterricht. Leipzig.

HELMERS, H. (1970): Didaktik der deutschen Sprache. 5. Aufl. Stuttgart.
(9. Aufl. 1976).

HELMERS, H. (1975): Die Hauptschule und die Reform des Deutschunterrichts. In: Demokratische Erziehung. H. 2, 59-67.

HENN, B. (1978): Mundartinterferenzen. Wiesbaden (=Zeitschrift für Dialektologie und Linguistik. Beih., N.F. 24).

HENZEN, W. (1954): Schriftsprache und Mundarten. Ein Überblick über ihr Verhältnis und ihre Zwischenstufen im Deutschen. 2. verb. Aufl. Bern.

HERDER, J.G. (1768/69): Über Riedels Theorie der schönen Künste. Kritische Wälder. Viertes Wäldchen. Teil II,2 (=H. DÜNTZER, Hrsg.: Herders Werke. 20. Teil, 434ff.). Berlin (o.J.).

DER HESSISCHE KULTUSMINISTER, Hrsg. (1969): Förderstufe - Schritt auf dem Weg zur Bildungsgerechtigkeit. Informationen des Hessischen Kultusministers. Wiesbaden.

DER HESSISCHE KULTUSMINISTER, Hrsg. (1972): Rahmenrichtlinien Sekundarstufe I Deutsch. o.O., o.J. (Wiesbaden).

HILDEBRAND, R. (1908, urspr. 1868): Vom deutschen Sprachunterricht in der Schule und von deutscher Erziehung und Bildung überhaupt. 11. Aufl. Leipzig.

HINDERLING, R. (demnächst): Fortis und Lenis im Bairischen. Versuch einer morphophonematischen Interpretation. In: Zeitschrift für Dialektologie und Linguistik.

HÖRMANN, H. (1976): Meinen und Verstehen. Grundzüge einer psychologischen Semantik. Frankfurt/M.

HOFFMANN-NOWOTNY, H.-J. (1973): Soziologie des Fremdarbeiterproblems. Eine theoretische und empirische Analyse am Beispiel der Schweiz. Stuttgart.

HOFSTÄTTER, P.R. (1960): Das Denken in Stereotypen. Göttingen.

HOFSTÄTTER, P.R. (1966): Einführung in die Sozialpsychologie. 4. Aufl. Stuttgart.

HOFSTÄTTER, P.R. (1973): Sozialpsychologie. 5. Aufl. Berlin, New York.

HOLZKAMP, K. (1973): Sinnliche Erkenntnis - Historischer Ursprung und gesellschaftliche Funktion der Wahrnehmung. Frankfurt/M.

HOOGE, D. (1973): Tempusform und Aktionsart in der niederdeutschen Mundart. In: Muttersprache. 83. Jg., 270-278.

HORNBÜSSEL, K./E. ROSE/W. STUKENBERG (1948): Sprachbuch für die deutsche Volksschule. Ausgabe A. Erstes Heft (2. Schulj.). Braunschweig.

HORNBÜSSEL, K./E. ROSE/W. STUKENBERG (1952): Sprachbuch für die deutsche Volksschule. Ausgabe A. Zweites Heft (3.+4. Schulj.). Braunschweig.

HOTES, L. (1936/37): Muttersprache. In: Die Volksschule. 32. Jg., 781-785.

HÜNERT-HOFMANN, E. (1968): Soziologie und Mundartforschung. In: W. MITZKA, Hrsg.: Wortgeographie und Gesellschaft. Festgabe für LUDWIG ERICH SCHMITT zum 60. Geburtstag am 10. Februar 1968. Berlin, 3-9.

HUMBOLDT, W.v. (1827): Ueber den Dualis. In: Ders., Gesammelte Schriften. Hrsg. v. A. LEITZMANN. Bd. IV. Berlin, 4-30. (Werke. Hrsg. v. A. FLITNER, K. GIEL. Bd. III. Darmstadt 1963, 113-143.)

HUMBOLDT, W.v. (1835): Ueber die Verschiedenheit des menschlichen Sprachbaues und ihren Einfluß auf die geistige Entwicklung des Menschengeschlechts. In: Ders., Gesammelte Schriften. Hrsg. v. A. LEITZMANN, Bd. VII, Berlin, 1-344 (Hrsg. FLITNER/GIEL: Bd. III. Darmstadt 1963, 144-367).

HUTTERER, C.J. (1975): Die Germanischen Sprachen. Ihre Geschichte in Grundzügen. Budapest.

HYMES, D.H. (1972): Die Ethnographie des Sprechens (1968). In: H. HOLZER/K. STEINBACHER, Hrsgg.: Sprache und Gesellschaft. Hamburg, 296-317.

HYMES, D.H. (1973): Die Ethnographie des Sprechens. In: ABS II, 338-432.

IRLE, M./ M. v. CRANACH/H. VETTER, Hrsgg. (1973): Texte aus der experimentellen Sozialpsychologie. 2. Aufl. Neuwied-Darmstadt.

ISING, G. (1974): Struktur und Funktion der Sprache in der gesamtgesellschaftlichen Entwicklung. In: G. ISING, Hrsg.: Aktuelle Probleme der sprachlichen Kommunikation. Berlin/DDR, 9-36.

JÄGER, S. (1971): Sprachnorm und Schülersprache. Allgemeine und regional bedingte Abweichungen von der kodifizierten hochsprachlichen Norm in der geschriebenen Sprache bei Grund- und Hauptschülern. In: H. MOSER, Hrsg.: Sprache und Gesellschaft. Düsseldorf, 166-233.

JÄGER, S. (1971a): Der Konjunktiv in der deutschen Sprache der Gegenwart. Untersuchungen an ausgewählten Texten. München, Düsseldorf.

JÄGER, S. (1973): Standardsprache. In: H.P. ALTHAUS/H. HENNE/H.E. WIEGAND, Hrsgg.: Lexikon der Germanistischen Linguistik. Tübingen, 271-275.

JAMES, A.R. (1974): Dialekt, Fremdsprache und phonischer Transfer. Eine kontrastive Analyse Schwäbisch-Englisch. In: Linguistische Berichte. H. 32, 93-110.

JAMES, A.R. (1976a): Dialektaler Transfer in der Prosodie. Auswirkungen des Schwäbischen in der englischen Intonation. In: Linguistik und Didaktik. H. 28, 261-272.

JAMES, A.R. (1976b): Muttersprachiger Dialekt im fremdsprachlichen Unterricht: Ergebnisse und Implikationen einer Umfrageaktion. In: Praxis des Neusprachlichen Unterrichts. Jg. 23, 201-203.

JÁNOSSY, F. (1966): Das Ende des Wirtschaftswunders. Frankfurt/M.

JANSSEN, H. (1943): Leben und Macht der Mundart in Niedersachsen. Oldenburg.

JOHANN, E. (1974): Deutschland deine Pfälzer (1971). Reinbek b. Hamburg.

KACOWSKY, W. (o.J.): Ann and Pat. Lehrgang der englischen Sprache. 1. Bd., 14. Aufl. Salzburg.

KAINZ, F. (1972): Über die Sprachverführung des Denkens. (=Erfahrung und Denken Bd. 38). Berlin.

KAMP, K./W. LINDOW (1967): Das Plattdeutsche in Schleswig-Holstein. Neumünster.

KAMPER, D. (1973): Geschichte und menschliche Natur. Die Tragweite gegenwärtiger Anthropologiekritik. München.

KAMPER, D., Hrsg. (1974): Sozialisationstheorie. Studienführer zur Einführung in das kritische Studium der Erziehungs- und Sozialwissenschaften. Freiburg.

KARCH, D. (1972): Großbockenheim Kr. Frankenthal, Kallstadt Kr. Neustadt an der Weinstraße. (=Phonai. Lautbibliothek der Europäischen Sprachen und Mundarten. Deutsche Reihe. Bd. 11, Monographien 5). Tübingen.

KARGL, J. (1976): Die Verkleinerungsformen in den Mundarten von Niederbayern und Oberpfalz. In: Verhandlungen des Historischen Vereins für Oberpfalz und Regensburg. 116. Bd., 227-250.

KELLER, R.E. (1961): German Dialects. Manchester.

KELLER, Th.L. (1976): The City Dialect of Regensburg. (=Hamburger phonetische Beiträge. Bd. 19). Hamburg.

KELZ, H. (1971): Articulatory Basis and Second Language Teaching. In: Phonetica. Jg. 24, 193-211.

KELZ, H. (1976): Phonetische Probleme im Fremdsprachenunterricht. IKP-Forschungsberichte II. 59. Hamburg.

KESELING, G. (1968): Periphrastische Verbformen im Niederdeutschen. In: Niederdeutsches Jahrbuch. Jg. 91, 139-151.

KESELING, G. (1973): Bemerkungen zur Mundart und zum sog. restringierten Kode. In: Niederdeutsches Jahrbuch. Jg. 96, 127-138.

KETTEMANN, B. (1976): Perceptual Phonetic Correction in Foreign Language Teaching Using the 'Suvag-Lingua'. In: Grazer Linguistische Studien. H. 4, 61-80.

KLAUS, G./M. BUHR (1975): Philosophisches Wörterbuch. 11. Aufl. Berlin.

KLOSS, H. (1967): "Abstand Languages" and "Ausbau Languages". In: Anthropological Linguistics. Jg. 9, 29-41.

KLOSS, H. (1976): Abstandsprachen und Ausbausprachen. In: J. GÖSCHEL/N. NAIL/G. VAN DER ELST, Hrsgg.: Zur Theorie des Dialekts. Wiesbaden, 301-322.

KLUTE, W., Hrsg. (1974): Orthographie und Gesellschaft. Materialien zur Reflexion über Rechtschreibnormen. Frankfurt.

KNOOP, U. (1974): Sprachbegriff und Sprachunterricht. Eine Kritik der Hessischen Rahmenrichtlinien - Sekundarstufe I: Deutsch. In: Germanistische Linguistik 1-2/74, 37-71.

KNOOP, U. (1975a): Sprachnorm und Verstehen. In: Muttersprache. 85. Jg., 234-243.

KNOOP, U. (1975b): Die Historizität der Sprache. In: Sprachtheorie. Hrsg. v. B. SCHLIEBEN-LANGE. Hamburg, 165-187.

KNOOP, U. (1976): Die Differenz von Dialekt und Schriftlichkeit. Ein vorläufiger Überblick. In: Germanistische Linguistik 3-4/76, 21-54.

KÖNIG, J. (1929): Besprechung von Hans Lipps' Untersuchungen zur Phänomenologie der Erkenntnis (1928). In: Deutsche Literatur Zeitung. N.F.
6. Jg., H. 19, 891-895.

KOHLER, K.(1973): Anwendungsorientierte Phonetik. Sinn und Unsinn der
kontrastiven Phonologie für den Fremdsprachenunterricht. In: Hambur-
ger Phonetische Beiträge. H. 9, 85-97.

KOHLER, K. (1974): Contrastive Sentence Phonology. In: G. NICKEL, Hrsg.:
Association Internationale de Linguistique Appliquée. Third Congress.
Copenhagen 1972. Proceedings Volume I: Applied Contrastive Linguistics.
Heidelberg, 129-136.

KOHN, K. (1976): Lernersprache aus linguistischer Sicht. In: Linguistische Berichte. H. 46, 47-60.

KOSS, G. (1972): Angewandte Dialektologie im Deutschunterricht. In: Blätter für den Deutschlehrer 16, 92-102.

KOSSOW, H.-J. (1975): Zur Therapie der Lese-Rechtschreibschwäche. Aufbau
und Erprobung eines theoretisch begründeten Therapie-Programms. Berlin
(DDR).

KRANZMAYER, E. (1931): Sprachschichten und Sprachbewegungen in den Ost-
alpen. I. Wien.

KRANZMAYER, E. (1954): Der pluralische Gebrauch des alten Duals "eß" und
"enk" im Bairischen. In: Festschrift für D. KRALIK. Horn, 249-259.

KRANZMAYER, E. (1956): Historische Lautgeographie des gesamtbairischen
Dialektraumes. Wien.

KRANZMAYER, E. (1960): Die bairischen Kennwörter und ihre Geschichte.
Graz/Wien/Köln.

KRAPPMANN, L. (1975): Soziologische Dimensionen der Identität. 4. Aufl.
Stuttgart.

KÜHLWEIN, W. (1975): Kontrastive Linguistik. In: A. BARRERA-VIDAL und W.
KÜHLWEIN: Angewandte Linguistik für den fremdsprachlichen Unterricht.
Eine Einführung. Dortmund, 108-131.

KUFNER, H.L. (1961): Strukturelle Grammatik der Münchner Stadtmundart.
München.

KUFNER, H.L. (1964): München. (=Lautbibliothek der deutschen Mundarten,
Bd. 35). Göttingen.

KUFNER, H.L. (1971): Kontrastive Phonologie: Deutsch-Englisch. Stuttgart.

KUHLEN, R. (1977): Sprachbarriere als europäische Informationsgrenze. In:
FAZ Nr. 131 v. 8.6.1977, 10.

KURZ, G. (1976): Warnung vor dem Wörtchen "Kode". In: Linguistik und Didaktik 26, 154ff.

LABOV, W. (1972): Das Studium der Sprache im sozialen Kontext (1970). In:
W. KLEIN und D. WUNDERLICH, Hrsgg.: Aspekte der Soziolinguistik. Frank-
furt/M., 123-206.

LABOV, W. (1973): The Linguistic Consequences of Being a Lame. In: Language and Society 2, 81-115.

LACHNER, J. (1969): 999 Worte Bairisch. Eine kleine Sprachlehre. München.

LAERMANN, K. (1974): Kneipengerede. In: Kursbuch 37, 168-180.

LEITINGER, G. (1939): Die Mundart des Oberen Sulmtales. Lautlehre. Diss. Graz.

LENZ, R. (1968): Hippies und Compagnie. Neue Lebens- und Protestformen einer Jugendbewegung. Ein Bericht. Feature des Südwestfunks (1. Programm) v. 29.8.1968. Textabzug (mimeo).

LEWANDOWSKI, T. (1975): Standardsprache. In: T. LEWANDOWSKI: Linguistisches Wörterbuch. Bd. 3. Heidelberg, 688-689.

LEY, K. und S. AGUSTONI (1977): Die politische Integration von ausländischen Arbeitnehmern: Eine Pilotstudie zur Einbürgerungsproblematik in der Schweiz. Zürich.

LINDGREN, K.B. (1957): Über den oberdeutschen Präteritumschwund. Helsinki.

LINDGREN, K.B. (1963): Über Präteritum und Konjunktiv im Oberdeutschen. In: Neuphilologische Mitteilungen 64, 264-283.

LINKE, K. (1913): Sprachlehre in Lebensgebieten. Ein Handbuch für Lehrer. Hamburg.

LIPPS, H. (1927/28): Untersuchungen zur Phänomenologie der Erkenntnis. Teil I (1927) und Teil II (1928). (=Werke Bd. I. 1976): Frankfurt/M.

LIPPS, H. (1938, 1976): Untersuchungen zu einer hermeneutischen Logik. (=Werke. Bd. II). Frankfurt/M.

LIPPS, H. (1941): Die menschliche Natur. Frankfurt/M.

LIPPS, H. (1945): Die Verbindlichkeit der Sprache. Frankfurt/M. (2. Aufl. 1958).

LIPPS, H. (1954): Die Wirklichkeit des Menschen. Frankfurt/M.

LITT, Th. (1959): Das Bildungsideal der deutschen Klassik und die moderne Arbeitswelt. 6. Aufl. Bonn.

LÖFFLER, H. (1974): Probleme der Dialektologie. Eine Einführung. Darmstadt.

LÖFFLER, H. (1974a): Deutsch für Dialektsprecher: Ein Sonderfall des Fremdsprachenunterrichts? Zur Theorie einer kontrastiven Grammatik Dialekt/Hochsprache. In: Deutsche Sprache. H. 2, 105-122.

LÖFFLER, H./W. BESCH (1977): Dialekt/Hochsprache - kontrastiv: Alemannisch. Düsseldorf.

LORENZER, A. (1977): Sprachspiel und Interaktionsformen. Frankfurt/M.

LOSER, F. (1968): Sachunterricht als Sprachunterricht. Das exemplarische Lernen und sein Beitrag zu einer pädagogischen Theorie des Lehrens und Lernens. In: Pädagogische Rundschau 8, 398ff.

LUCKMANN, Th. (1972): Die Konstitution der Sprache in der Welt des Alltags. In: B. BADURA und K. GLOY, Hrsgg.: Soziologie der Kommunikation. Stuttgart-Bad Cannstatt, 218-237.

LUICK, K. (1904/05): Bühnendeutsch und Schuldeutsch. In: Die Neueren Sprachen. Jg. 12, 345-357.

MACAULAY, R.K.S./G.D. TREVELYAN (1973): Language, Education and Employment in Glasgow. Social Science Research Council Report (noch nicht in Buchform erhältlich).

MATTHES, J./F. SCHÜTZE (1973): Alltagswissen, Interaktion und gesellschaftliche Wirklichkeit. In: ABS I, 11-53.

MAYERTHALER, W. (1974): Einführung in die generative Phonologie. Tübingen.

McCALL, G.J./J.L. SIMMONS (1974): Identität und Interaktion. Untersuchungen über zwischenmenschliche Beziehungen im Alltagsleben. Düsseldorf.

MCDAVID, R.I., Jr., Hrsg. (1965): An Examination of the Attitudes of the N(ational) C(ouncil) of T(eachers) of E(nglish) Toward Language. Research Report No. 4. Champaign, Ill.

MEIN SPRACHBUCH. (1962): Für Norddeutschland. Wege zur Selbsttätigkeit und Differenzierung im muttersprachlichen Unterricht. Drittes Schuljahr. Hrsg. v. O. HOLM/M. STEINERT. Hannover.

MENTRUP, W. (1968): Die Regeln der deutschen Rechtschreibung. (=Duden Taschenbücher 3). Mannheim/Wien/Zürich.

MERKLE, L. (1975): Bairische Grammatik. München.

MERVELDT, D. Graf v. (1971): Großstädtische Kommunikationsmuster. Soziologische Darstellung von Kommunikationsmustern zur Kennzeichnung des Großstädters in seiner Umwelt. Köln.

MIRONOW, S.A. (1957): Vergleichende Formenlehre der deutschen Mundarten. In: Beiträge (Halle) 79, 388-414.

MITSCHERLICH, A. (1965): Die Unwirtlichkeit unserer Städte. Frankfurt/M.

MITZKA, W. (1946): Beiträge zur hessischen Mundartforschung. Gießen. (= Gießener Beiträge zur deutschen Philologie 87).

MITZKA, W. (1968): Kleine Schriften zur Sprachgeschichte und Sprachgeographie. Hrsg. v. L.E. Schmitt. Berlin.

MÖSSLANG, F.H. (1977): Deutschland deine Bayern. Reinbek b. Hamburg.

MOLLENHAUER, K. (1972): Theorien zum Erziehungsprozeß. München.

MOLLENHAUER, K. (1973): Erziehung und Emanzipation. Polemische Skizzen. 6. Aufl. München.

MORRISON, D.E./R.E. HENKEL (1970): The Significance Controversy. Chicago.

MOULTON, W.G. (1962): The Sounds of English and German: A Systematic Analysis of the Contrasts between the Sound Systems. Chicago.

MÜLLER, R. (1976): Rechtschreibung und Fehleranalyse. In: F. SCHÜLEIN, Hrsg., 74-87.

MÜLLER-IBOLD, K. (1962): Städte verändern ihr Gesicht. In: neues bauen - neues wohnen. Schriftenreihe des Bundesministeriums für Wohnungswesen, Städtebau und Raumordnung. Stuttgart.

MUMM, S. (1977): Zur Propädeutik der Linguistik: Wort und Zeichen. Mit einem Beitrag zur hermeneutischen Humboldt-Rezeption. Demnächst in: Germanistische Linguistik 1-2/77.

MUNSA, F. (1975): Deutsche Hochsprache und österreichische Mundart. In: Muttersprache. 85. Jg., 334-341.

MUNSKE, H.H. (1975/76): Kontrastive Linguistik im Bereich des Niederdeutschen. In: Niederdeutsches Jahrbuch 98/99, 176-192.

NEGT, O. (1971): Soziologische Phantasie und exemplarisches Lernen. Zur Theorie der Arbeiterbildung. 2. überarb. Aufl. Frankfurt/M.

NEUMANN, S. u. W. (1976): Tendenzwende im Beratungsbereich? In: Neue Praxis 6, 4, 350-352.

NICKEL, G. (1971): Contrastive Linguistics and Foreign-Language Teaching. In: G. NICKEL, Hrsg.: Papers in Contrastive Linguistics. Cambridge, 1-16.

NICKEL, G., Hrsg. (1973): Fehlerkunde. Beiträge zur Fehleranalyse, Fehlerbewertung und Fehlertherapie. 2. Aufl. Berlin.

NIEBAUM, H. (1977): Dialekt/Hochsprache - kontrastiv: Westfälisch. Düsseldorf.

DER NIEDERSÄCHSISCHE KULTUSMINISTER, Hrsg. (1962): Richtlinien für die Volksschulen des Landes Niedersachsen. In: R. HAUER, Hrsg. (1964): Die Schule in Niedersachsen. Bd. III. Hannover. II., 7-141.

DER NIEDERSÄCHSISCHE KULTUSMINISTER (1974): Materialien zur Vorbereitung von Rahmenplänen für den Sekundarbereich I. Hannover.

DER NIEDERSÄCHSISCHE KULTUSMINISTER (1975): Rahmenrichtlinien für die Grundschule. Hannover.

NIEDERSÄCHSISCHES SCHULVERWALTUNGSBLATT (1972). Hannover.

NIEKERKEN, W. (1953): Zu den Problemen der Zweisprachigkeit im niederdeutschen Raum. In: Niederdeutsches Jahrbuch. Jg. 76, 64-76.

NIEKERKEN, W. (1960): Probleme der Sprachschichten im niederdeutschen Raum. In: Niederdeutsches Jahrbuch. Jg. 83, 115-125.

NIEPOLD, W. (1970): Sprache und soziale Schicht. Berlin.

OEVERMANN, U./L. KRAPPMANN/K. KREPPNER (1973): Bemerkungen zur Diskussion der sogenannten "Kode-Theorie". In: Linguistische Berichte 23, 59ff.

PÄD-EXTRA LEXIKON (1975): Stichwort: Identität I. In: Päd-extra 1-2 v. 15.1.1975.

PALAGYI, M. (1924): Naturphilosophische Vorlesungen. 2. Aufl. Leipzig.

PAUL, H. (1970, urspr. 1880): Prinzipien der Sprachgeschichte. Wiederabdruck der 8. Aufl. Tübingen.

PAUL, H. (1916/21): Deutsche Grammatik. Teile I-V. Halle.

PIERCE, Ch. S. (1967, 1970): Schriften. Hrsg. v. K.-O. APEL. 2 Bde. Frankfurt/M.

PFALZ, A. (1913): Die Mundart des Marchfeldes. Wien.

PFALZ, A. (1918): Suffigierung der Personalpronomina im Donaubairischen. In: Sitzungsberichte der Österr. Akademie der Wiss., phil.-hist. Kl./ 190, Bd. 2. Wien.

PFEIL, E. (1963): Zur Kritik der Nachbarschaftsidee. In: Archiv für Kommunikationswissenschaften 2, 39-54.

PFEIL, E. (1969): Soziologische Erwartungen an die zukünftige Stadt. In: L. LAURITZEN, Hrsg.: Städtebau der Zukunft. Düsseldorf.

PILCH, H. (1966): Das Lautsystem der hochdeutschen Umgangssprache. In: Zeitschrift für Mundartforschung. Jg. 33, 247-266.

PILZ, F. (1938): Die Mundart des Semriacher Beckens in der Mittelsteiermark. Lautgeschichte. Diss. Graz.

PINSKER, H. (1975): Die Chancen der Mundart. In: Wissenschaft und Weltbild. Jg. 28, 115-123.

PLÜMER, E. (1963): Die gegenwärtige Verbreitung des Plattdeutschen im Kreise Einbeck. In: Neues Archiv für Niedersachsen 11, 16, H. 2, 136-141.

POLLAK, W. (o.J.): Strategien zur Emanzipation. Pädagogik der Gegenwart Nr. 110. Wien.

POPITZ, H.: Der entfremdete Mensch. Zeitkritik und Geschichtsphilosophie des jungen Marx. 2. Aufl. Frankfurt/M.

QUASTHOFF, U. (1973): Soziales Vorurteil und Kommunikation - Eine sprachwissenschaftliche Analyse des Stereotyps. Frankfurt/M.

QUIRK, R./S. GREENBAUM/ G. LEECH /J. SVARTVIK (1972): A Grammar of Contemporary English. London.

RADTKE, I. (1973): Die Umgangssprache. Ein weiterhin ungeklärtes Problem der Sprachwissenschaft. In: Muttersprache. 83. Jg., 161-171.

RADTKE, I. (1976): Soziolinguistische Untersuchungen sprachlicher Variation und ihre Folgerungen für den Sprachunterricht. In: Beiträge zu den Sommerkursen 1975. München: Goethe-Institut, 199-208.

RADTKE, I. (1978): Dialekt, Dialektologie und "Dialekt und Schule". Einige einführende Bemerkungen zum Symposium "Dialekt und Schule" am 29./30. Juni 1977 in Marburg. Demnächst in: Germanistische Linguistik 3/1977.

RADTKE, I./U. KNOOP (1976): Angewandte Dialektologie. Bemerkungen zum Thema 'Dialekt und Schule'. In: Muttersprache. 86. Jg., 294-308.

RAMGE, H. (1976): Spracherwerb und sprachliches Handeln. Düsseldorf.

RAMGE, H. (1977): Zur sprachwissenschaftlichen Analyse von Alltagsgesprächen. In: Diskussion Deutsch 36, 391-406.

RATTUNDE, E. (1977): Transfer - Interferenz? Probleme der Begriffsdefinition bei der Fehleranalyse. In: Die Neueren Sprache. N.F. 26, 4-14.

RAUMER, R. v. (1857, urspr. 1851): Der Unterricht im Deutschen. In: K.v. RAUMER: Geschichte der Pädagogik. 3. Theil. 3. Aufl. Stuttgart, 99-246.

REIFFENSTEIN, I. (1969): Endungszusammenfall in diachroner und synchroner Sicht. In: Sprache der Gegenwart. Bd. 5 (=Jb. 1968). Düsseldorf.

REIFFENSTEIN, I. (1973): Österreichisches Deutsch. In: A. HASLINGER, Hrsg.: Deutsch Heute. Materialien der 3. Internationalen Deutschlehrertagung Salzburg 1971. München, 22-25.

392

REIN, K./M. SCHEFFELMANN-MAYER (1975): Funktion und Motivation des Gebrauchs von Dialekt und Hochsprache im Bairischen. In: ZDL 42, 257-290.

REITMAJER, V. (1975): Schlechte Chancen ohne Hochdeutsch. Zwischenergebnis einer dialektologisch-soziolinguistischen Untersuchung im bairischen Sprachraum. In: Muttersprache. 85. Jg., 310-324.

REITMAJER, V. (1976): Empirische Untersuchung über den Einfluß von Schicht- und Sprachzugehörigkeit auf die Deutschnote an Gymnasien. In: Linguistik und Didaktik 26, 87-112.

RICHTLINIENKOMMISSION DEUTSCH (1975): Orientierungsstufe. Garbsen (Niedersachsen). Unveröff. Papier.

RIEDEL, W. (1974): Hochsprache. In: Diskussion Deutsch 5, 2 ff.

RIS, R. (1973): Dialekte und Sprachbarrieren aus Schweizer Sicht. In: H. BAUSINGER, Hrsg. (1973a), 29-62.

RIS, R. (1977): Berndeutsch. In: U. DICKERHOF/B. GIGER, Hrsgg.: Tatort Bern. Bern, 191-194.

Ris, R. (1977a): Möglichkeiten und Grenzen der sprachlichen Verständigung. In: Wiener Kongreßkolloquium. Proceedings. Basel, 5-18.

RIS, R. (1977b): Die Mundartwelle - nur eine Modeerscheinung? In: Neue Zürcher Zeitung Nr. 278 v. 26./27.11.1977, 63.

RIS, R. (1978): Dialektologie zwischen Linguistik und Sozialpsychologie. Zur "Theorie des Dialekts" aus der Sicht der deutschen Schweiz. In: J. GÖSCHEL, Hrsg.: Akten des Symposiums "Zur Theorie des Dialekts". (Demnächst als Beih., N.F. der ZDL).

RIS, R. (1978a): Nameneinschätzung und Namenwirklichkeit. Ein Beitrag zur empirischen Sozioonomastik. Demnächst in: Onoma.

RIS, R. (1979): Dialekte und Einheitssprache in der deutschen Schweiz. Erscheint in: International Journal of the Sociology of Language.

ROBINSON, W.P. (1972): Language and Social Behavior. Harmondsworth.

ROSENKRANZ, H. (1963): Der Sprachwandel des Industrie-Zeitalters im Thüringer Sprachraum. In: H. ROSENKRANZ/K. SPANGENBERG: Sprachsoziologische Studien in Thüringen. Berlin. (=Sitzungsberichte der Sächs. Akad. d. Wiss., Phil.-hist. Kl. 108,3).

RUDOLPH, J. (1969): Städtebauliche Strukturelemente. In: ZAPF/HEIL/RUDOLPH: Stadt am Stadtrand. München, 44-102.

RUMPF, H. (1963): Das Fach, das Sprache und Dichtung erledigt. In: Neue Sammlung 3, 441ff.

RUMPF, H. (1976): Unterricht und Identität. Perspektiven für ein humanes Lernen. München.

RUMPF, H. (1976a): Gespräch mit Martin Wagenschein. In: Neue Sammlung 16, 442.

RUPP, H. (1965): Gesprochenes und geschriebenes Deutsch. In: Wirkendes Wort 15, 19-29.

SALOMON, E.v. (1976): Deutschland deine Schleswig-Holsteiner (1971). Reinbek b. Hamburg.

SALTVEIT, L. (1962): Studien zum deutschen Futur. Bergen (=Acta Universitatis Bergensis, Sr. Hum.Litt. 1961, No. 2).

SAUSSURE, F. de (1967, urspr. 1916): Grundfragen der allgemeinen Sprachwissenschaft. Berlin.

SCHÄFER, K. H./K. SCHALLER (1973): Kritische Erziehungswissenschaft und kommunikative Didaktik. 2. verb. u. erw. Aufl. Heidelberg.

SCHANE, S.A. (1973): Generative Phonology. Englewood Cliffs, N.J.

SCHIRMUNSKI, V.M. (1958): Verstärkte Wortformen in den deutschen Mundarten. In: Zeitschrift für Mundartforschung 26, 225-238.

SCHIRMUNSKI, V.M. (1962): Deutsche Mundartkunde. Vergleichende Laut- und Formenlehre der deutschen Mundarten. Berlin/DDR.

SCHLEICHER, A. (1874, urspr. 1860): Die deutsche Sprache. 3. Aufl. Stuttgart.

SCHLIEBEN-LANGE, B. (1973): Soziolinguistik. Eine Einführung. Stuttgart.

SCHLIEBEN-LANGE, B. (1975): Metasprache und Metakommunikation. Zur Überführung eines sprachphilosophischen Problems in die Sprachtheorie und in die sprachwissenschaftliche Forschungspraxis. In: B. SCHLIEBEN-LANGE, Hrsg.: Sprachtheorie. Hamburg, 189-205.

SCHLOTTHAUS, W. (1971): 'Lernziel Kommunikation'. In: betrifft: erziehung nr. 4.

SCHMELLER, J.A. (1821): Die Mundarten Bayerns grammatisch dargestellt. München. Neudruck 1929/30.

SCHMID, R. (1973): Dialekt und Vorurteil: Zur Beurteilung von Dialektsprechern. In: Papiere zur Linguistik 5, 116-135.

SCHMIDT, U. (1976): Kneipe als Therapie für Einsame. Vom Unvermögen der Großstädter, untereinander umzugehen. In: DIE ZEIT Nr. 22, 62.

SCHRAMM, H.E. (1971): Schwaben wie es lacht. 2. Aufl. Frankfurt/M.

SCHUBIGER, M. (1937-38): Alemanic English I-IV. In: Supplements to English Studies 19/4, 4-6; 19/5, 5-6; 20/1, 5-6.

SCHÜLEIN, F., Hrsg. (1976): Rechtschreibung. Aspekte zur Theorie und Praxis des Deutsch-Unterrichts. Paderborn.

SCHÜTZ, A. (1960): Der sinnhafte Aufbau der sozialen Welt. 2. Aufl. Wien.

SCHULENBERG, W. (1970): Schule als Institution der Gesellschaft. In: J. SPECK/G. WEHLE, Hersgg.: Handbuch pädagogischer Grundbegriffe. Bd. II. München.

SCHULENBERG, W. (1974): In: A. v. CUBE/J. DIKAN/O. NEGT/W. SCHULENBERG/ H. TIETGENS/L. ZIMMERMANN: Kompensation oder Emanzipation? Braunschweig.

SCHULZ, W. (1967): WITTGENSTEIN. Die Negation der Philosophie. Pfullingen.

SCHULZ, W. (1974): Philosophie in der veränderten Welt. 2. Aufl. Pfullingen.

SCHURIG, M. (1975): Einige Aspekte des Zusammenhangs zwischen sozialer Herkunft und Fremdsprachenunterricht. In: Linguistik und Didaktik. H. 24, 270-287.

SELIGMAN, C.R./G.R. TUCKER/W.E. LAMBERT (1972): The Effects of Speech Style and Other Attributes on Teacher's Attitudes Towards Pupils. In: Language in Society. Jg. 1, 131-142.

SHUY, R.W. (1972): Bonnie and Clyde Tactics in English Teaching (urspr. 1969). Nachgedruckt in: D.L. SHORES, Hrsg.: Contemporary English. Change and Variation. Philadelphia, New York, Toronto, 278-288.

SIEBS, Th. (1961): Deutsche Hochsprache, Bühnenaussprache. Hrsg. v. H. de BOOR und P. DIELS. 18. Aufl. Berlin.

SINCLAIR, J./R.M. COULTHARD (1975): Towards an Analysis of Discourse. London.

SINGER, G. (1976): Person, Kommunikation, soziales System. Wien - Köln - Graz.

SKASA-WEISS, E. (1975): Deutschland deine Franken. Reinbek b. Hamburg.

SOWINSKI, B. (1970): Germanistik I: Sprachwissenschaft. Köln - Wien. (2. überarb. Aufl. 1974).

SPANGENBERG, K./J. WIESE (1974): Sprachwirklichkeit und Sprachverhalten sowie deren Auswirkungen auf Leistungen im muttersprachlichen Unterricht der Allgemeinbildenden Polytechnischen Oberschule. In: Aktuelle Probleme der sprachlichen Kommunikation. Soziolinguistische Studien zur sprachlichen Situation in der Deutschen Demokratischen Republik. Berlin/DDR, 285-337.

SPRACHE UND SPRECHEN (1971a): Arbeitsmittel zur Sprachförderung in der Primarstufe. 2. Schuljahr. Hg. v. D.C. KOCHAN/D. ADER/J. BAUER/W. HENZE. Hannover.

SPRACHE UND SPRECHEN (1971b): Arbeitsmittel zur Sprachförderung in der Primarstufe. Lehrerband. 2. Schuljahr. Hrsg. v. D.C. KOCHAN/D. ADER/ J. BAUER/W. HENZE. Hannover.

SPRACHE UND SPRECHEN (1971c): Arbeitsmittel zur Sprachförderung in der Primarstufe. Arbeitsheft 2. Hrsg. v. D.C. KOCHAN/D. ADER/J. BAUER/W. HENZE. Hannover.

SPRANGER, E. (1955): Der Eigengeist der Volksschule. Heidelberg.

STARK, G. (1973): Theorie und Praxis der Leistungsmessung in Gesamtschulen. H. 1. Deutsches Institut für Internationale Pädagogische Forschung. Frankfurt/M.

STEGER, H. (1964): Gruppensprachen. Ein methodisches Problem der inhaltbezogenen Sprachbetrachtung. In: ZMF 31, 125-138.

STEGER, H. (1972): Gesprochene Sprache und geschriebene Sprache. In: Sprache - Brücke und Hindernis. 23 Beiträge nach einer Sendereihe des 'Studio Heidelberg', Süddeutscher Rundfunk. München, 203-214.

STEIN, M. (1960): The Eclipse of Community. Princeton.

STEINIG, W. (1976): Soziolekt und soziale Rolle. Untersuchungen zu Bedingungen und Wirkungen von Sprachverhalten unterschiedlicher gesellschaftlicher Gruppen in verschiedenen sozialen Situationen. Düsseldorf.

STENZEL, J. (1925/1958): Sinn, Bedeutung, Begriff, Definition. (Nachdruck der Ausgabe von 1925). Darmstadt.

STENZEL, J. (1934): Philosophie der Sprache. In: Handbuch der Philosophie. Abteilung IV. München.

STEWART, W.A. (1962): An Outline of Linguistic Typology for Describing Multilingualism. In: F.A. RICE, Hrsg.: Study of the Role of Second Languages in Asia, Africa and Latin America. Washington, D.C., 15-25.

STIJNEN, P.J. (1975): Leerkrachten over het spreken van dialect in verband met onderwijs in Kerkrade, Nijmegen.

STORZ, G. (1975): Sprachanalyse ohne Sprache. Bemerkungen zur modernen Linguistik. Stuttgart.

STRAUSS, A. (1968): Spiegel und Masken. Die Suche nach Identität. Frankfurt/M.

STRÜBIN, E. (1976): Zur schweizerdeutschen Umgangssprache. In: Schweizerisches Archiv für Volkskunde 72, 97-145.

SÜLZER, R. (1973): Architektonische Barrieren öffentlicher Kommunikation. Thesen zur städtischen Verkehrsform. In: J. AUFERMANN, Hrsg.: Gesellschaftliche Kommunikation und Information. Bd. 2. Frankfurt/M, 602-630.

THOMAS, K., Hrsg. (1971): Attitudes and Behavior. Harmondsworth.

TRENSCHEL, W. (1977): Das Phänomen der Nasalität. Berlin (=Schriften zur Phonetik, Sprachwissenschaft und Kommunikationsforschung 17).

TRIER, U.P./H. FISCHER (1962): Das Verhältnis zwischen Deutschschweizer und Westschweizer. Bern.

TROLL, Th. (1977): Deutschland deine Schwaben (urspr. 1967). Reinbek b. Hamburg.

TROLL, Th. (1975): Preisend mit viel schönen Reden (urspr. 1972). Reinbek b. Hamburg.

TRUDGILL, P. (1975): Accent, Dialect and the School. Explorations in Language Study. London.

ULVESTAD, B. (1967): Die Fügung 'werden + Partizip Präsens' im Bairischen. In: Zeitschrift für Mundartforschung 34, 258-280.

VACHEK, J. (1971, urspr. 1964): Zu allgemeinen Fragen der Rechtschreibung und der geschriebenen Norm der Sprache. In: E. BENEŠ/J. VACHEK, Hrsg.: Stilistik und Soziolinguistik. Berlin, 102-122.

VEITH, W.H./F. BEERSMANS (1973): Materialien zur Rechtschreibung und ihrer Reform. Wiesbaden (=ZDL Beih., N.F. 10).

VEREIN ARBEITSGEMEINSCHAFT MEDIA-ANALYSE, Hrsg. (1973): Media-Analyse 1972/73. Wien.

VIERECK, W. (1969): Schulphonetik und Sprachwirklichkeit. Divergenzen und Konvergenzen. In: Englisch an Volkshochschulen. H. 21, 332-337.

WAGENSCHEIN, M. (1972): Naturwissenschaftliche Bildung und Sprachverlust. In: Sprache - Brücke und Hindernis. Sendereihe des Süddeutschen Rundfunks. München, 75ff.

WAGENSCHEIN, M. (1975): Wissenschafts-Verständigkeit (am Beispiel der Kosmologie). In: Neue Sammlung 15, 315ff.

WAGENSCHEIN, M. (1975a): Verstehen lehren. 5. erw. Aufl. Darmstadt.

WALLWORK, J.F. (1970): Language and Linguistics. London.

WEBER, M. (1956): Wirtschaft und Gesellschaft. Köln.

WEGENER, L. (1915): Schulkunde. 2. Aufl. Oldenburg. (=W. OSTERMANN/L. WEGENER: Lehrbuch der Pädagogik. V. Teil).

WEGENER, Ph. (1880): Über deutsche dialectforschung. In: ZfdtPh. 11, 450-480.

WEINHOLD, K. (1853): Ueber deutsche Dialectforschung. - Die Laut- und Wortbildung und die Formen der schlesischen Mundart. Mit Rücksicht auf verwantes in deutschen Dialecten. Ein Versuch von Dr. Karl WEINHOLD. Wien.

WEINHOLD, K. (1867): Bairische Grammatik. Berlin.

WEISGERBER, L. (1954): Zum Energeia-Begriff in Humboldts Sprachbetrachtung. In: Wirkendes Wort 4, 37ff.

WEISGERBER, L. (1956/1976): Die Leistung der Mundart im Sprachganzen. Münster. Wiederabdruck in: J. GÖSCHEL/N. NAIL/G.v.d. ELST, Hrsgg.: Zur Theorie des Dialekts. Wiesbaden, 89-108.

WERNER, O. (1969): Das deutsche Pluralsystem: Strukturelle Diachronie. In: Sprache - Gegenwart und Geschichte. Düsseldorf, 92-128.

WESCHE, H. (1960): Die Lage der Mundarten in Niedersachsen. In: G. HOFFMANN/G. JÜRGENSEN, Hrsgg.: Hart, warr nich mööd. Festschrift für CHRISTIAN BOECK. Hamburg-Wellingsbüttel, 282-292.

WICKHAM, C.J./L. ZEHETNER (1977): Besprechung von MERKLE (1975): Bairische Grammatik. Demnächst in: ZDL.

WIESINGER, P. (1967): Mundart und Geschichte in der Steiermark. Ein Beitrag zur Dialektgeographie eines österreichischen Bundeslandes. In: Deutsche Dialektgeographie Bd. 51. Marburg, 83-184 (13 Karten).

WILDT, D. (1977): Deutschland deine Sachsen (urspr. 1965). Reinbek b. Hamburg.

WILLMS, B. (1971): Funktion - Rolle -Institution. Zur politiktheoretischen Kritik soziologischer Kategorien. Düsseldorf.

WÖRTERBUCH KRITISCHE ERZIEHUNG (1972), hrsg. v. E. RAUCH/W. ANZINGER. Starnberg.

WÜNSCHE, K. (1974): Die Wirklichkeit des Hauptschülers. 2. Aufl. Köln.

WUNDERLICH, H. (1894): Unsere Umgangsprache in der Eigenart ihrer Satzfügung. Weimar und Berlin.

WYGOTSKI, L.S. (1964): Denken und Sprechen. Berlin.

ZABEL, H. (1977): Angewandte dialektologie und fachdidaktik deutsch. In: Mitteilungen des deutschen Germanistenverbandes 24, 34-35.

ZEHETNER, L.G. (1970): Freising. In: Phonai. Lautbibliothek der europäischen Sprachen und Mundarten. Deutsche Reihe Bd. 7. Monographien 2. Tübingen, 91-185.

ZEHETNER, L.G.(1977): Dialekt/Hochsprache - kontrastiv: Bairisch. Düsseldorf.

NACHTRÄGE

DILLARD, J.L. (1969): The DARE-ing Old Men on Their Flying Isoglosses or, Dialectology and Dialectgeography. In: Florida Foreign Language Reporter 7, Nr. 2, 8-10, 22.

DILLARD, J.L. (1974): Lay My Isogloss Bundle Down: The Contribution of Black English to American Dialectgeography. In: Linguistics 119, 5-14.

HOFMANN, E. (1963): Sprachsoziologische Untersuchungen über den Einfluß der Stadtsprache auf mundartsprechende Arbeiter. In: Marburger Universitätsbund, Jahrb. 1963, Bd. 2, 201-281.

HOLMES, J. (1976): A Review of some Methods of Investigating Attitudes to Languages, Dialects and Accents. In: W. VIERECK, Hrsg.: Sprachliches Handeln - Soziales Verhalten. Ein Reader zur Pragmalinguistik und Soziolinguistik. München, 301-330 und 370.

TAPPOLET, E. (1905): Über die Bedeutung der Sprachgeographie mit besonderer Berücksichtigung französischer Mundarten. In: Aus romanischen Sprachen und Literaturen. Festschrift für HEINRICH MORF. Halle a.d. Saale, 385-416. (Wiederabdruck in: H.H. CHRISTMANN, Hrsg. (1977): Sprachwissenschaft des 19. Jahrhunderts. Darmstadt, 294-314.)

Die Autoren und Herausgeber

ULRICH AMMON, geb. 1943, Studium an den Universitäten Tübingen, Göttingen, Frankfurt/M. und Wesleyan, Conn., USA, 1972 Promotion zum Dr. phil. in Tübingen. Seit 1974 Wissenschaftlicher Rat und Professor für germanistische Linguistik/Sprachdidaktik an der GHS Duisburg.
Veröffentlichungen: Aufsätze zur Soziolinguistik, Sprachdidaktik, Dialektologie und Sprachbehinderten-Pädagogik; Dialekt, soziale Ungleichheit und Schule. Weinheim 1972 (2. Aufl. 1973); Probleme der Soziolinguistik. Tübingen 1973 (2. Aufl. 1977; dän. Übersetzung 1977); zusammen mit GERD SIMON: Neue Aspekte der Soziolinguistik. Weinheim 1975; zusammen mit UWE LOEWER: Dialekt/Hochsprache - kontrastiv: Schwäbisch. Düsseldorf 1977; Schulschwierigkeiten der Dialektsprecher. Empirische Untersuchungen. Weinheim (im Druck); zusammen mit GERD SIMON Herausgeber der Reihe "Pragmalinguistik" beim Beltz-Verlag Weinheim.
Adresse: Gesamthochschule Duisburg, Fachbereich 3, Germanistik, Lotharstraße 65, 4100 Duisburg.

VOLKER BROWELEIT, geb. 1944, Dipl.-Päd., wissenschaftlicher Assistent an der Universität Oldenburg, Schwerpunkt Sprachdidaktik.
Veröffentlichungen: VOLKER BROWELEIT/JULIANE ECKHARDT/HERMANN HELMERS/ GEROLD MEYER: Grundlagen der Reform des Deutschunterrichts. Köln 1975.
Adresse: Korsorsstraße 25, 2906 Südmoslesfehn.

KLAUS GLOY, geb. 1941, Dr. phil., Privatdozent am Fachbereich 3 der GHS Duisburg; Forschungsschwerpunkte: Kommunikationssoziologie, Sprachliche Normen und Konventionen, Theorie der Verständigung.
Veröffentlichungen: zahlreiche Aufsätze zu den o.g. Forschungsgebieten; zusammen mit B. BADURA, Hrsg.: Soziologie der Kommunikation. Stuttgart 1972; Sprachnormen I. Stuttgart 1975; zusammen mit G. PRESCH, Hrsg.: Sprachnormen II. Sprachnormen III. Stuttgart 1976.
Adresse: Gesamthochschule Duisburg, Fachbereich 3, Germanistik, Lotharstraße 65, 4100 Duisburg.

JOACHIM HASSELBERG, geb. 1938, Oberstudienrat, Pädagogischer Leiter der Gesamtschule Lollar.
Veröffentlichungen: zahlreiche Publikationen zum Thema "Dialekt und Schule"; Dialekt und Bildungschancen. Eine empirische Untersuchung an 26 hessischen Gesamtschulen als Beitrag zur soziolinguistischen Sprachbarrierendiskussion. Weinheim 1976; zusammen mit K.-P. WEGERA: Dialekt/Hochsprache - kontrastiv: Hessisch. Düsseldorf 1976.
Adresse: Lindenstraße 2, 6301 Krofdorf-Gleiberg.

BEATE HENN, geb. 1947, wissenschaftliche Assistentin am Fachbereich 3 der GHS Duisburg; Fachgebiet: germanistische Linguistik, Dr. phil.
Veröffentlichungen: Aufsätze zu Problemen der Interferenz; Einführung in die generative Transformationsgrammatik. Stuttgart 1974; Mundartinterferenzen. Wiesbaden 1978 (erscheint als Beiheft der Zeitschrift für Dialektologie und Linguistik, N.F. 24).
Adresse: Wupperstraße 7, 4000 Düsseldorf.

REINER HILDEBRANDT, geb. 1933, Studium in Bonn und Marburg a.d. Lahn,
Dr. phil.; Habilitation 1970 in den Fachgebieten Linguistik des Deutschen und ältere deutsche Literatur, seit 1971 Professor an der Philipps-
Universität Marburg; bis 1973 Abteilungsleiter, ab 1974 Geschäftsführen-
der Direktor des Forschungsinstituts für deutsche Sprache "Deutscher
Sprachatlas; Leiter der Abteilung "Allgemeine und empirische Dialektfor-
schung".
Veröffentlichungen: zahlreiche Aufsätze zur Dialektologie, Wortforschung
und Problemen empirischer Sprachwissenschaft; Publikation und Edition
von: Deutscher Wortatlas (ab Bd. 12ff., 1962ff.). Gießen; Summarium Hein-
rici Bd. 1. Berlin, New York 1974; Ton und Topf. Zur Wortgeschichte der
Töpferware im Deutschen. Gießen 1963; Herausgeber der Reihe "Deutsche
Dialektographie" (ab Bd. 101). Marburg 1975ff.
Adresse: Forschungsinstitut für deutsche Sprache "Deutscher Sprachatlas",
         Kaffweg 3, 3550 Marburg 1.

BERNHARD KETTEMANN, geb. 1946, Wissenschaftlicher Assistent am Institut
für englische Philologie der Universität Graz, Dr. phil., M.A., M.I.L.
Veröffentlichungen: zahlreiche Aufsätze zu Methodik und Anwendung der
Phonologie; Praxis der natürlichen generativen Phonologie. Frankfurt/M.
1977; zusammen mit R.St. CLAIR, Hrsg.: New Approaches to Language Acqui-
sition. Tübingen 1977.
Adresse: Institut für Englische Philologie, Karl-Franzens-Universität
         Graz, Heinrichstraße 26, A-8010 Graz.

BERND-ULRICH KETTNER, geb. 1939, Studium von Deutsch und Geschichte in
Göttingen und Groningen, Dr. phil., seit 1972 Professor für Linguistik
des Deutschen an der Philipps-Universität Marburg; von 1973-1975 Vize-
präsident der Philipps-Universität Marburg. Forschungsschwerpunkte: So-
ziolinguistik, Dialektologie, Namenkunde.
Veröffentlichungen: zahlreiche Aufsätze zu den o.g. Gebieten, speziell
Onomastik und niederdeutsche Dialektologie.
Adresse: Institut für Germanistische Sprachwissenschaft, Abteilung für
         Linguistik des Deutschen, Krummbogen 28, Block A, 3550 Marburg 1.

ULRICH KNOOP, geb. 1940, wissenschaftlicher Mitarbeiter am Forschungsinstitut für deutsche Sprache "Deutscher Sprachatlas", Dr. phil.; Forschungsgebiete: Sprachphilosophie und -theorie, Sprachgeschichte, mittelalterliche Philologie, Dialektologie.
Veröffenlichungen: zahlreiche Aufsätze zu den o.g. Gebieten; Das mittelhochdeutsche Tagelied. Inhaltsanalyse und literarhistorische Untersuchungen. Marburg 1976; Mitherausgeber der Zeitschrift "Germanistische
Linguistik". Hildesheim: Olms 1969ff.; Mitherausgeber des Handbuches
"Dialektologie". Berlin: de Gruyter (demnächst).
Adresse: Forschungsinstitut für deutsche Sprache "Deutscher Sprachatlas",
         Kaffweg 3, 3550 Marburg 1.

HEINRICH LÖFFLER, geb. 1938, Dr. phil., Professor für Germanistik an der
Universität Basel. Forschungsgebiete: Orts- und Personennamen, historische Sprachgeographie, Dialektologie, insbesondere deren soziolinguistische Aspekte, Probleme der mißglückten Kommunikation, sprachliche Ironie, ältere deutsche Literatur.
Veröffentlichungen: zahlreiche Aufsätze zu den o.g. Bereichen; Probleme
der Dialektologie. Eine Einführung. Darmstadt 1974; Mitherausgeber der

Reihe "Dialekt/Hochsprache - kontrastiv. Sprachhefte für den Deutschunterricht. Düsseldorf 1976ff.; zusammen mit WERNER BESCH: Dialekt/Hoch-
sprache - kontrastiv: Alemannisch. Düsseldorf 1977.
Adresse: Unterer Batterieweg 142, CH-4052 Basel.

SUSANNE MUMM, geb. 1939, Dr. phil., Dozentin für germanistische Linguistik und Philologie an der Philipps-Universität Marburg. Forschungsschwerpunkte: hermeneutische Sprachphilosophie, Theorie der Wortbedeutung, Geschichte und Methode der Sprachkritik, sprachtheoretische Grundlagen der Sprachdidaktik.
Veröffentlichungen: Aufsätze zu den o.g. Gebieten; Die Konstituenten des
Adverbs. Computer-orientierte Untersuchung auf der Grundlage eines früh-
neuhochdeutschen Textes. Einzelheft der "Germanistischen Linguistik"
3-4, 1974. Hildesheim.
Adresse: Institut für Germanistische Sprachwissenschaft, Abteilung für
         Linguistik des Deutschen, Krummbogen 28, Block A, 3550 Marburg 1.

INGULF RADTKE, geb. 1944, Studium von Germanistik, Politik und Erzie-
hungswissenschaften in Marburg, 1972-1977 wissenschaftlicher Mitarbeiter am Forschungsinstitut für deutsche Sprache "Deutscher Sprachatlas",
1973/74 Lektor für Deutsch am Bedford College, Universität London, seit
März 1978 wissenschaftlicher Mitarbeiter an der Deutschen Akademie für
Sprache und Dichtung in Darmstadt. Forschungsschwerpunkte: Sprachnormen
in Deutschland, Sprachvariationsforschung, Soziolinguistik, Dialektologie und dialektbezogene Sprachdidaktik.
Veröffentlichungen: zahlreiche Aufsätze zu den o.g. Gebieten.
Adresse: Deutsche Akademie für Sprache und Dichtung, Alexandraweg 23
         (Glückert-Haus), 6100 Darmstadt.

HANS RAMGE, geb. 1941, Dr. phil., Professor für deutsche Gegenwartssprache und ihre Dialekte am Fachbereich 8 "Neuere Sprach- und Literaturwis-
senschaft" der Universität des Saarlandes.
Veröffentlichungen: zahlreiche Aufsätze zu Erscheinungen der Sprache der
Gegenwart, Konversationsanalyse und Spracherwerb; Spracherwerb. Grundzüge der Sprachentwicklung des Kindes. Tübingen 1973; Spracherwerb und
sprachliches Handeln. Düsseldorf 1976.
Adresse: Tilsiterstraße 3, 6301 Biebertal 1.

ROLAND RIS, geb. 1939, Dr. phil., o. Universitätsprofessor an der ETH
Zürich; 1969 o. Professor an der Universität Bern und Direktor des Seminars für Germanistik und Dialektologie (1972-1976); Präsident der
Schweizerischen Sprachwissenschaftlichen Gesellschaft. Forschungsschwerpunkte: Deutsche Sprachwissenschaft, Dialektologie, Sprachsoziologie, Na-
menforschung.
Veröffentlichungen: zahlreiche Aufsätze zu den o.g. Gebieten; Das Adjektiv 'reich' im mittelalterlichen Deutsch. Berlin 1971.
Adresse: Hostalen 190, CH-3037 Herrenschwanden.

FRITZ VAHLE, geb. 1942 , Dr. phil., wissenschaftlicher Mitarbeiter am
Germanistischen Institut der Universität des Saarlandes im Bereich Linguistik. Forschungsschwerpunkte: Analyse von Alltagsgesprächen, sprachwissenschaftliche Analyse von literarischen Texten für Kinder.
Veröffentlichungen zu pragmalinguistischen, volkskundlichen und didaktischen Themen; Promotion über "Möglichkeiten pragmatischer Sprachanalyse

unter besonderer Berücksichtigung des Sprachgebrauchs in einer ländlichen Arbeiterwohngemeinde" 1976; zusammen mit M. BRAUNROTH/G. SEYFERT/ K. SIEGEL: Einführung in die Pragmatik. Probleme materialistischer Sprachtheorie. Frankfurt 1975.
Adresse: Talstraße 13, 6304 Salzböden.

WOLFGANG VIERECK, geb. 1937, Dr. phil., Professor für Englische Philologie und Vorstand des Instituts für Englische Philologie der Universität Graz. Forschungsschwerpunkte: Dialektologie, Phonologie, Soziolinguistik, Philologie und Fremdsprachenunterricht.
Veröffentlichungen: Lexikalische und grammatische Ergebnisse des Lowman-Survey von Mittel- und Südengland. 2 Bde. München 1975; Regionale und soziale Erscheinungsformen des britischen und amerikanischen Englisch. Tübingen 1975; Sprachliches Handeln - Soziales Verhalten. Ein Reader zur Pragmalinguistik und Soziolinguistik. München 1976 (Hrsg.); dazu weitere Buchveröffentlichungen und zahlreiche Aufsätze zu den o.g. Forschungsgebieten.
Adresse: Institut für Englische Philologie, Karl-Franzens-Universität Graz, Heinrichstraße 26, A-8010 Graz.

LUDWIG ZEHETNER, geb. 1939, Studium von Germanistik und Anglistik in München und Southampton (Großbritannien), Dr. phil. des., Oberstudienrat. Mitarbeiter der Kommission für Mundartforschung bei der Bayerischen Akademie der Wissenschaften, München; 1967/68 University of Kansas, Lawrence, USA; jetzt Oberstudienrat an einem Regensburger Gymnasium; 1977 Promotion (Dissertation über die Mundart der Hallertau.)
Veröffentlichungen: mehrere Publikationen über das Bairische; Dialekt/ Hochsprache - kontrastiv: Bairisch. Düsseldorf 1977.
Adresse: Martin-Ernst-Straße 17a, 8400 Regensburg.

Linguistik

Ulrich Schmitz
Gesellschaftliche Bedeutung und sprachliches Lernen

Entwürfe für eine tätigkeitsbezogene Semantik und Didaktik. 1978. Ca. 370 S. ca. DM 38,– (55013)
Hier werden an der Praxis orientierte Vorschläge zum Sprachunterricht angeboten, die das Lernen als Aneignung und kritische Reflexion gesellschaftlicher Bedeutungen auffassen und Kommunikation und Verallgemeinerung als die beiden Funktionen der Sprechtätigkeit aufeinander beziehen.

Ammon/Simon
Neue Aspekte der Soziolinguistik

1975. 155 S. DM 18,– (55005)
Einführend wird die spezifische Entwicklung der Disziplin in der BRD dargestellt und gesellschaftspolitisch gedeutet. Weitere Abhandlungen befassen sich mit der Unabdingbarkeit der Soziolinguistik, ihre eigene gesellschaftliche Bedingtheit zu reflektieren; mit dem Beleg für die Unhaltbarkeit der neuerdings allgemein akzeptierten „Differenzhypothese"; schließlich mit einem differenzierten Entwurf einer Soziologie der Fremdsprachenkenntnisse.

Albrecht Schau
Kritisches Deutschlehrerstudium

Grundkurs und Arbeitsbuch für Studienanfänger. 1978. 268 S. DM 20,– (51129)
In diesem Grundkurs wird der Studienanfänger zum Zentrum der pädagogischen Bemühun-

gen gemacht. Neben Beschäftigung mit den Studienbedingungen werden Möglichkeiten eines selbstorganisierten Lernens konkretisiert. Das Lernkonzept „Baukastensystem" stellt innerhalb eines gegebenen materialistischen Rahmens Arbeitsvorhaben bereit, mit denen bestimmte Themenkomplexe selbst erarbeitet werden sollen.

Brigitte Hauswaldt-Windmüller
Sprachliches Handeln in der Konsumwerbung

Eine herrschaftsbestimmte Form der Kommunikation. Politökonomische, pragmatische und ideologiekritische Aspekte bei der Untersuchung sprachlicher Handlungen in der Konsumwerbung am Beispiel der Rundfunkwerbung. 1977. 170 S. DM 22,– (55007)
Die Arbeit geht von einem gesellschaftswissenschaftlich begründeten Verständnis des Phänomens Werbung aus und gelangt von dort zu für die Werbesprache wesentlichen Bestimmungen.

Herbert Dormagen
Theorie der Sprechtätigkeit

Soziolinguistische Begründung und didaktische Probleme. 1977. 205 S. DM 20,– (55009)
Vor dem Hintergrund der konkreten gesellschaftlichen Situation erörtert der Autor Probleme dialektisch-materialistischer Methodologie einer soziolinguistischen Theorie der Sprechtätigkeit. Thesenhaft wird eine Theorie begründet, die einerseits an die marxistische politische Ökonomie anschließt, andererseits empirische Verhältnisse aufgreift.

Jürgen Ziegler
Kommunikation als paradoxer Mythos

Analyse und Kritik der Kommunikationstheorie Watzlawicks und ihrer didaktischen Verwertung. 2., durchgesehene Auflage 1978. 146 S. DM 15,– (55006)
Watzlawicks Theorie wird zur Begründung einer „kommunikationsorientierten" Didaktik ebenso herangezogen wie zur Kritik gesellschaftlicher Verhältnisse. Im Gegensatz dazu gelangt diese Analyse zu dem Ergebnis, daß die wesentlichen Stücke der Theorie auf logisch sinnlosen Konstruktionen beruhen, denen Rückgriffe auf „exakte" Wissenschaften ein objektives Gewand verleihen sollen.

Lothar Paul
Geschichte der Grammatik im Grundriß

Sprachdidaktik als angewandte Erkenntnistheorie und Wissenschaftskritik. 1978. Ca. 610 S. Leinen DM 49,– (55014)
Im ersten Teil erhält die linguistische Grundlagenforschung ein neues wissenschaftlich vertieftes Fundament. Der Hauptteil bringt die Geschichte der Sprachwissenschaft, die hier nach logisch wie historisch strengen Prinzipien verfaßt worden ist. Der dritte Teil behandelt die Grundlegung der Sprachdidaktik als wissenschaftlich verstandene Didaktik.

BELTZ

Beltz Verlag
Weinheim und Basel
246.78